# 林友笛詩文集

鄭定國主編

林友笛原著

臺灣近百年研究叢刊
文史哲出版社印行

國家圖書館出版品預行編目資料

林友笛詩文集 / 鄭定國主編, 林友笛原著. --
初版. -- 臺北市: 文史哲, 民97
　　面； 　公分（臺灣近百年研究叢刊；16）
　　ISBN 978-957-549-787-3 (平裝)


851.486　　　　　　　　　97096052

臺灣近百年研究叢刊　16

# 林友笛詩文集

主　　編：鄭　　　定　　　國
原 著 者：林　　　友　　　笛
校 對 者：黃　　　博　　　儒
出 版 者：文 史 哲 出 版 社
　　　　http://www.lapen.com.tw
登記證字號：行政院新聞局版臺業字五三三七號
發 行 人：彭　　　正　　　雄
發 行 所：文 史 哲 出 版 社
印 刷 者：文 史 哲 出 版 社
　　　　臺北市羅斯福路一段七十二巷四號
　　　　郵政劃撥帳號：一六一八〇一七五
　　　　電話886-2-23511028 · 傳真886-2-23965656
實價新臺幣六四〇元
中華民國九十七年（2008）五月初版

# 林友笛相關照片

林友笛夫婦合影

林友笛當年參加南北管聚會之情形

日治時期林友笛家族照

台灣省第二期戶政幹部人員講習班雲林縣學員留影記念
（民國四十年十二月31日）

林友笛夫婦與王天賞夫婦合影。
右一右二為林友笛夫婦，後排為林友笛的兒子與女兒

林友笛三女惠珠（前座左二）攝於三子婚禮時

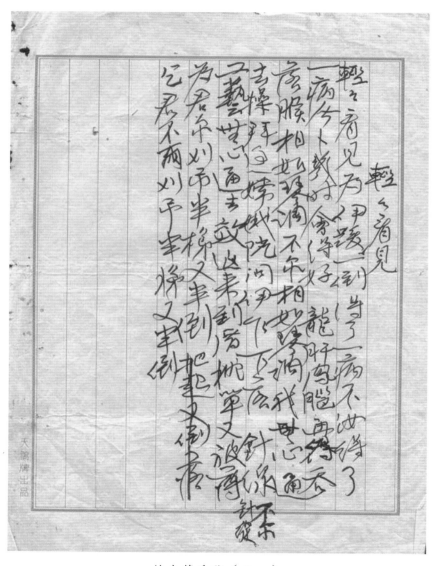

林友笛手稿（之一）

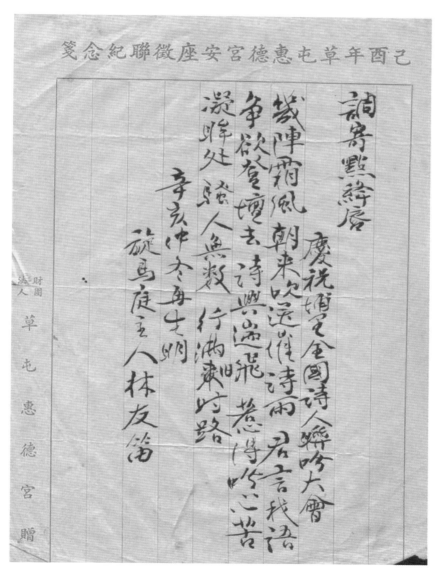

調寄點絳唇

慶祝壇宇全國詩人聯吟大會

機陣霜風朝來吹送催詩雨　君言我語

爭欲登壇去　詩興遄飛　慈得吟心苦

凝眸處　路人無救　行洒涼吟路

辛亥仲冬毎生明

旋鳥庭主人林友笛

財團
法人　草屯惠德宮贈

林友笛手稿（之二）

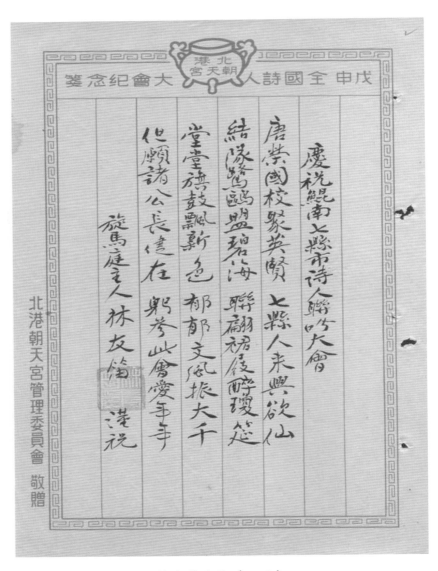

戊申 全國詩人大會紀念箋

慶祝鯤南七縣市詩人聯吟大會

唐榮國校聚英賢　七縣人來興欲仙
結隊鶯鷗盟碧海　聯翩裙屐醉瓊筵
堂堂旗鼓飄新色　郁郁文風振大千
但願諸公長健在　旋馬庭主人林友笛　謹祝

北港朝天宮管理委員會　敬贈

林友笛手稿（之三）

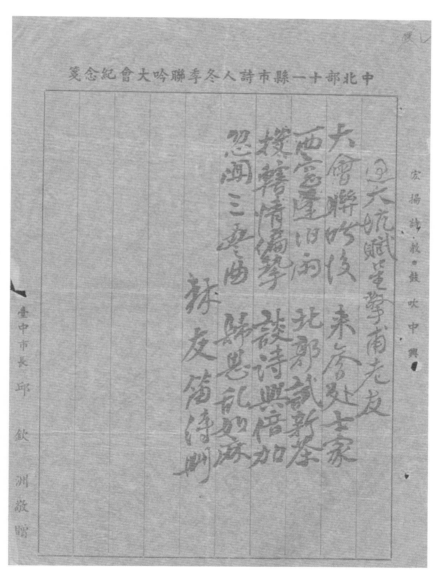

中北部十一縣市詩人冬季聯吟大會紀念箋

宏揚詩教·鼓吹中興

迎大坑賦登孝節老友

大會吟哦後 來參節士家

西室蓬旧雨 北郭試新茶

撥轄情偏摯 談詩興倍加

怨倒三更酒 歸思亂如麻

林友笛浮吼

臺中市長 邱 欽 洲 敬贈

林友笛手稿（之四）

九十五年三月林友笛參子林清鏞全家福

六十六年林友笛次子清樵攝於屏東的全家福

# 作者原序

　　竊謂凡物當有可觀焉，苟有可觀，即皆可記，作詩亦然。不必吟風弄月，登臨弔古，而後謂之大著。不必戛玉敲金，藻思翻新，而後謂之傑作。夫詩者，言志也。既可言志，不論目視之、心思之、意繫之，苟能適吾性、怡吾情，或遣興而消悶，或觸景而生情，一觴一詠皆可傳之於書，泐之於筆，以爲後之考。

　　余學詩以來，閱歷尚淺，吟詠雖多，存稿偏少，生恐失稿。詩之優劣，學之進否，難以自知。是以，每於風前月下，思欲蒐集舊稿，編之成冊，以爲參考。無如風塵作客，一隙難假，未遂初願。

　　迨昭和甲戌麥秋，退職還鄉，賦閒在家，以無聊人而作無聊事。窗前刪舊稿，屋後種新蔬，閒來即詠，詠後即錄，得新舊詩數百首，集之成冊。中有宿古寺、登高山、遊勝蹟、過新巖等作，讀之情景依稀如在目前，幾疑身到其間。

　　自知賸水殘山之作，非比陽春白雪之韻，然於教子談詩導雅之意，養性藏真避俗之方，即未必無小補哉。爰是，自述數言，以爲自序云爾。

昭和乙亥暮春之晦（1935 年）

旋馬庭主人林友笛誌於朴子大菜園之靜舍

# 編者序文

　　日治時期雲林古典文學史有四大文學發展體系：其一斗六文學重鎮，從清治龍門書院、斗山吟社、雲峰吟社，直至光復後的海山蒼吟社。其二西螺文學重鎮，從清治振文書院、修文書院、西螺同芸社葵社、光復後懿德堂詩人聯吟會。其三北港文學重鎮，從清治聚奎閣書院、民聲吟社、彬彬吟社、汾溪吟社、汾津吟社、鄉勵吟社。其四李西端「求得軒書齋」文學重鎮，暨其後由北港遷來的「鄉勵吟社」形成雲林海隅培育人才的自發性體系。此雲林四大古典文學發展體系，各自輻射發展，流風影響所及包括莿桐地區、古坑地區、斗南地區、大埤地區、虎尾地區、土庫地區、元長地區、水林地區，甚且縣延至嘉義竹崎、梅山、東石、朴子等地發展傳播者，其文學之盛紀錄在昔，今編《林友笛詩文集》是其全豹之一斑。

　　林榮先輩，曾以林友笛的筆名和笛藝聞震三臺。他生於朴子，卒於四湖。早年加入岱江吟社、朴雅吟社，其後五十年定居四湖，游走雲林嘉義各吟社，無拘無束，自號旋馬庭主人。日治時期雲林的古典詩家，以吳景箕學養佳，意境深，遣詞雅，最為冠軍，堪擠身為臺灣一流詩家，而林友笛、蘇鴻飛輩則差肩左右可居次之。尤以林友笛原係接受臺灣本土基層教育出身，詩文能有如此清新雅麗豐碩的成就，其用工

之勤奮，秉賦之天真，殊屬難能可貴矣。

余夙志有從事編輯《林友笛詩文集》之願望，九十四年二月適從雲林科技大學漢學所移硯明道管理學院中文系，不意獲得明道管理學院首肯補助《林友笛漢詩研究》的計畫案，於是水到渠成，予以出書。今值出版之際，爰置數語，刊爲書序。先室謝世，雖逾經年，余心驚慌意未定，編務匆忙，倘有疏漏之處，尚祈大雅方家指正，俾作他日修正時重要的參考。

甫欲梓行，林氏後代又尋獲一大批手稿和典籍，爲求全備，勢必增補，不僅篇幅益增，校對更要費神，吾人爲臺灣文學的付出當有目共睹。手稿中除親炙臺灣當代百位古典詩家的書迹內涵，尚得賴惠川〈詩屑小札〉工筆手書一卷，翰墨清芬，猶有紅色小印私章，想是他著作〈詩屑小札〉出版前的手稿，只謄數本分贈好友。這些豐富的文化遺產，值得保留並作研究之資糧。

雲林鄭定國謹記

2007 年初春

# 林友笛詩文集

## 目　次

### 一、林友笛詩集

#### 七絕類

## 七律類

## 五絕類

**五律類**

### 古詩類

## 曲　　類

## 詞　　類

## 童謠類

## 對聯詩鐘類

## 二、林友笛文集

### 文章類

### 書信類

## 祝辭類

# 三、其他相關資料

## 不　詳

## 心元禪師（大仙寺）

## 王友芬

## 王東燁

## 王柳園

## 王桂木

## 王茶客

## 陳輝玉

## 陳錫津（指迷）

## 四、附錄

# 林友笛漢詩析論

鄭 定 國

## 一、林友笛的生平－岱江風光好，朴子人才佳

1893 年 5 月 17 日，在嘉義縣的風水寶地朴子街誕生一位文學人才，名叫林榮。他在 23 歲的時候得到一支古笛，所以取字友笛，此後便以字行於世，人稱林友笛先生。友笛先生故鄉的庭院，雅而匪廣，僅容旋馬，故自稱旋馬庭主人，詩稿文稿均見如此的署名。

友笛先生，農家出身，幼時家境清苦，仍勉力向學，於 17 歲完成朴子公學校的教育。據手邊資料，仍不知他在何時開始學習漢詩，初估可能在 30 歲之前早已學會寫古典詩。目前根據他的親筆自傳記載，他 18 歲開始在嘉義廳衛生試驗室囑託職服務，這是他一生公職生涯的開端。

俟後，友笛先生轉調南勢竹區書記、庶務、財務、總務主任。又轉調布袋庄役場書記、庶務係主任、財務係主任等職。直到 44 歲時轉任民營的東石自動車株式會社會計主任。

這一次的調整職務，讓他飽受管理錢財不易的危機。

爲了躲避人事人情的困擾，他選擇逃離原先重用他的東家。又爲了避免公司財務常有原因不明的減少，他決定遠離

嘉義是非圈，而自願調到雲林縣四湖庄役場服務，以至於有將近 50 年的日子在雲林度過。友笛先生在雲林四湖半個世紀的生活寫下了許多饒富地方鄉土民情的漢詩，成為雲林詩國的大將之一。友笛先生服務於雲林，寫詩於雲林，更把寶貴的生命遺留在雲林，他在民國 73 年 92 歲時去世。他生前曾親自多次編輯自己的詩稿，並寫了序文。為何最終沒有成書？原因不詳。可能經濟能力和子孫的意願也是重要因素吧！從目前蒐集的詩稿和文稿觀察，《林友笛文稿》偏重祭文、應酬文和雜文，包括書信在內。其中雜文見個性、祭文見真情，而《林友笛詩草》則各種題目、各類體裁都有，早年常參加例會擊鉢吟，有許多應酬詩作。而朋友之間的真性情的作品也不少。中年以後，定居雲林四湖，不斷有許多熱愛大自然真情感的作品。晚年，雲遊四方，遊記類作品非常多，或許也可以按旅遊時、地考查出他的晚景心境和詩風變化。

## 二、古笛菊情寫詩心

友笛先生的古笛當年有八十多齡，至今已超過一百五十齡。笛深褐色，沈亮亮的，帶有寶光，形狀卻如同一般的橫吹短笛。詩人愛笛似狂，用以取字，用以撫慰日治時期生活在亂世的飄泊心靈。23 歲，詩人得笛，40 歲嘉義出差時遺失古笛，既著急又傷神，於是在報紙上刊登失笛廣告，結果有人拾獲送還，於是詩人大喜，特地寫了〈失笛復得記〉，為笛子的故事增添一段佳話。這篇文章是這樣的：

壬申[1]之歲，參秋之月，乙亥之日，余適公餘旋梓，攜
笛於朴子青雲閣。是夜笛吹太平，樂奏鈞天，宮商一
韻，風月雙清，覺心中氣爽，胸次塵消。迨乎鐘鳴十
二，盡興而歸；腔中尚餘嘹亮，夢裡尤聽悠揚。翌朝
拂曉，笛掛輕車，雙輪疾走，如飛如馳，至役場檢視，
始覺笛已遺失矣。

急託友人沿途查尋，杳如黃鶴，莫知所之，不禁愁緒
填胸，鬱悶莫遣。或告余曰：一笛區區，何足鬱抑？
余嘆曰：夫樂之器，果非樂樂之人，焉能知其器之貴
哉。余此笛，曾經老樂人賞識，乃係八十餘年之古器，
且余自得此笛之後，於茲十有七年矣。不特韻清高，
而尤適口勢，公餘之日，藉此排悶，旅中如添一伴，
豈黃金之所能易耶。況余辛未藝菊，菊遭馬害；壬申
弄笛，笛竟遺失，命途之蹇，何甚於此。然此笛乃適
意之物，胡可一朝失去，置之度外，必也復得而後已。
越週復歸梓，再託栗子崙家水決君，代為細查，始知
為蔡鵠君所得。氏係岱江人，現寓栗子崙，原有一面
之識，因是日出稼州子，於中途拾之，自得笛之後，
日夜憂思，寢不成寐，恐俗所謂為迎木主之人故意而
拋棄者。及聞乃余之遺失物，竟慨然攜笛來歸，不受
謝而去，真潔己也。余乃以微物表謝，非敢云報也。
於是攜笛而歸，學桓伊三弄，傍素娥一吹，聲音嘹亮，
依舊清高，始信古人云亡羊補牢，不禁喜出望外。爰

---

1 壬申年即 1932 年。

是不揣孤陋，辛成失笛復得之記，以誌其韻事云爾。

據友笛先生的後代林清鏞先生口述，他的父親晚年頗喜歡南管；筆者在整理友笛先生的散稿時，也發現二、三十頁的南管調譜，有漁家傲，有紅樓夢，也有其他戲的調譜。

藝菊，是文人的雅興。菊花高貴而不貴，日治時期許多文人種植菊花，一方面固然可以彰顯自己孤標高蹈的人格，一方面基於現實上樹梅種蘭都不易。友笛先生以吹笛藝菊打發清閒時光和調適生活。何時雅好藝菊？據友笛先生〈壬辰六十書懷〉四首之三的詩云：

素性耽吟又嗜茶，老來奚患眼將花。

燈前志讀翻三國，案上詩評愛七家。

笛失壬申遺印象，菊栽辛未尚塗鴉。

白駒過隙嗟何及，往事茫茫感倍加。

因此知道辛未年（1931 年、昭和 6 年），他所種植菊圃被住在隔壁同事的馬匹踐踏，遭馬害而大毀。這樣，事情仍不清楚，直到看見詩友楊樹德（楊笑儂）所寫的一首很長的詩題，有〈岱江林友笛君，本年初藝菊，成績頗佳，聞將滿開，忽被同僚一駑馬嚼去大半，悲憤交集，詩以慰之〉，因此真相大白。從這件事觀察，友笛先生種菊蒔花恐怕仍在這一年之前，而且許多雅士有了種花經驗後一輩子都會喜歡做下去的，這是嗜好、癖好。這裡有一封他寄給鳳山林金樹宗兄的手稿，寫在 1966 年 12 月 7 日，文中提及為了護衛待放的菊花，寧可不去參加「關廟五條王醮的詩人大會」，原文說：「弟雖門寒，且喜吟軀尚健。每日以奏樂、吟詩、品茗為樂，俗事無關。籬邊理菊，清晨灌溉，其葉青青，盡看娛目。而

架上還有數十之（只）小盆菊，現正含蕊，大約再半個月，即能全放。……廿五關廟五條王醮，因護惜菊花，大約不能離身，幸祈諒之。」看起來友笛先生對菊花的癡情是相當深的。在《林友笛詩草》中談論到菊花的詩不少，今試舉數例敘述之：

　「滿園風月興偏賒，擬欲重為藝菊家」

　　　林友笛〈李少庵先生以四十初度書懷詩索和次韻奉酬〉

　　　　　　　　　　　　　1933.8.15《詩報》65 號

　「藝菊何妨為菊痴」

　　　林友笛〈次韻王槐庭詞兄五十書懷〉1943.4.23《詩報》294 號

　「吟詩情更重，種菊興偏長」

　　　張立卿〈謹步林友笛先生次周鴻濤先生七十書懷原玉〉

　　　　　　　　　　　　　1957.3《中華藝苑》5 卷 3 期

　　蒔菊不是友笛先生的最愛，在吹笛、吟詩、品茗、釣蛙之外，充其量也只能佔第三、四位。由於先生喜好藝菊，內心多半也欽服愛菊的陶靖節，心景仰之，而詩親近之。上述五種藝文生活構成友笛先生詩題、詩心、詩風的重要元素。下列作品都是與藝菊有關，尤其是九首菊花被駕馬嚼去後的「悲憤詩」，把惜菊、憐菊、泣菊、哭菊的悲情一股腦都傾倒而出，簡直大動性情，換了面貌，不像頗具道家性格的友笛先生，足見詩人為此傷情到極點。

　　籬邊朵朵燦光輝，髣髴新高白雪飛。
　　浥露玲瓏同月碧，芳姿那肯讓楊妃。

　　　　　　林友笛〈詠菊新高山〉《友笛詩草》約 1931 年
　　隨風簇簇舞籬東，穠豔嬌姿色淡紅。

知汝花紋非俗比，玉書那肯吐盆中。

林友笛〈麒麟舞之一〉《友笛詩草》約 1931 年

天姿獨秀笑悠悠，五色花紋孰足儔。

何不尼山吐書去，復生宣聖作春秋。

林友笛〈麒麟舞之二〉《友笛詩草》約 1931 年

這裡三首菊花詩，著重在描繪菊花的姿態，像詠菊「新高山」指出新高山品種白菊的飄逸雷同玉山白雪紛飛之狀。麒麟也是菊花的品種，五色花紋，有紅色有粉色，美不勝收。

穠豔芳姿獨出群，籬邊簇簇類聞言。

惱他駑馬無情甚，飽吃黃花十八盆。

林友笛〈余初藝菊，花正盛開，忽被隔鄰駑馬嚼去，<br>悲憤交集，賦此以志之一〉

紛紛委地嘆凋零，玉蕊偏遭廢馬憎。

獨惜清風明月夜，憐他四美失良朋。

林友笛〈余初藝菊，花正盛開，忽被隔鄰駑馬嚼去，<br>悲憤交集，賦此以志之二〉

狼籍籬東百憾生，返魂無術恨難平。

可憐風月雙清夜，無復幽香縈我情。

林友笛〈余初藝菊，花正盛開，忽被隔鄰駑馬嚼去，<br>悲憤交集，賦此以志之三〉

紅稀綠暗景堪傷，蜂蝶聞知總斷腸。

枉我經年勤護惜，未曾人賞馬先嘗。

林友笛〈余初藝菊，花正盛開，忽被隔鄰駑馬嚼去，<br>悲憤交集，賦此以志之四〉

一年辛苦又心勞，藝菊何當作馬槽。

　　孽畜剿花狼惡極，屠他端合用牛刀。

> 林友笛〈余初藝菊，花正盛開，忽被隔鄰駕馬嚼去，
> 悲憤交集，賦此以志之五〉

　　古人說：「殺雞焉用牛刀」，詩人說：「屠他端合用牛刀」，比較之下友笛先生，菊花被馬剿，痛心直陳，惱恨深重。難怪，一年多的辛勞，換得事後滿地殘香的景況，自是恨悔煎心。

　　自遭馬口任風飄，滿地枝梢景寂寥。
　　忍向夕陽空寫恨，偶聞流水便魂銷。

> 林友笛〈余初藝菊，花正盛開，忽被隔鄰駕馬嚼去，
> 悲憤交集，賦此以志之六〉

　　蝴蝶紛紛過短牆，早知駕馬損孤芳。
　　纔欣架上沿盆綠，忽報階前委地黃。
　　太息殘梢秋寂寞，空餘乾土夜淒涼。
　　花香杳杳魂千里，欲返無方枉斷腸。

> 林友笛〈余初藝菊，花正盛開，忽被隔鄰駕馬嚼去，
> 悲憤交集，賦此以志之七〉

　　籬邊此夕碎黃金，愁煞當空月夜沈。
　　獨秀麒麟悲失伴，忍教蝴蝶哭知音。[2]
　　餘香渺渺牆頭繞，殘葉瀟瀟砌下侵。
　　惆悵花魂招不返，低迴無語淚沾襟。

> 林友笛〈余初藝菊，花正盛開，忽被隔鄰駕馬嚼去，
> 悲憤交集，賦此以志之八〉

---

2 友笛自註：花有麒麟舞及蝴蝶舞故云。

霜葩片片等飛灰，莫怪香魂喚不回。

顧我詩心淡似水，憐渠玉蕊委於灰。

冰姿皎皎遭三物，月影離離賦七哀。[3]

旋馬庭園寬半畝，那知伏櫪竟為災。

林友笛〈余初藝菊，花正盛開，忽被隔鄰駕馬嚼去，

悲憤交集，賦此以志之九〉

　　第八首詩說：「忍教蝴蝶哭知音」，詩人將自己化身為蝴
蝶，為了報答知音已香消玉殞，不勝噓唏。第九首詩說：「月
影離離賦七哀」，詩人將自己擬化為月影，逐花之碎瓣而徘
徊，如同曹植賦七哀詩。「浮沈各異勢，會合何時諧？」令人
傷心沾襟。

## 三、朴子、羅山、布袋時期

　　嘉義廳、布袋庄、東石庄是友笛先生前半生工作的場域，
從小在朴子長大，工作地點也圍繞著朴子而發展，上述這些
地方距離朴子不遠但總是離家，湧鄉愁有思念。

　　友笛先生曾自編詩草，並作序文，但不知何故沒有成書，
今翻閱他所編的底稿，發覺他曾試圖按編年的方式分類收
存，由於這樣的編法，讓我們比較容易去找出那些作品是屬
於朴子時期的，那些作品是屬於羅山、布袋時期的。

　　友笛先生在序文中說：「吟詠雖多，存稿偏少，生恐失

---

3 疑指曹子建〈七哀詩〉：「明月照高樓，流光正徘徊。上有愁思婦，悲
　嘆有餘哀。借問嘆者誰？自云客子妻，君行逾十年，孤妾常獨棲。君
　若清路塵，妾若濁水泥；浮沈各異勢，會合何時諧？願為西南風，長
　逝入君懷。君懷時不開，賤妾當何依？」

稿。……每於風前月下思欲蒐集舊稿，編之成冊，以爲參考。
年如風塵作客，一隙難假，未遂初願。迨昭和甲戌（1934年，
友笛42歲）麥秋退職還鄉，賦閒在家，以無聊人而作無聊事，
窗前刪舊稿，屋後種新蔬，閒來即詠，詠後即錄，得新舊詩
數百首，集之成冊。……」這一段是說明編輯的經過，至於
爲何而編？他也有解釋，在此編序文的最後，提到「於教子
談詩導雅之意，養性藏真避俗之方，即未必無小補……。」
所以說編輯的目的，一爲教子導雅一爲修身養性。這種觀點
已經不是純爲個人，隱然含有益世的用心，類似功利的文學
觀。這點也許還需要其他證據來解說。

　　從序末的編輯地標示著「朴子大榮園的靜舍」，看來所編
的就是友笛先生早期的作品。所謂新舊詩都是1934年以前所
作的作品，因此我們就以這個時期來分期，視友笛先生自編
的《友笛詩草》爲他朴子、羅山、布袋時期的詩集。後來友
笛先生又有二次整理詩集的動作，分別是在1964年友笛72
歲、1974年友笛82歲，如此高壽尚念念不忘己作，他對著
作的執著，令人感佩不已。但是這兩次的編輯都不是全面的，
都只是部分倡酬的整理而已。

　　我們選擇若干友笛先生早期詩集的作品，來說明這一段
時期的詩風：

## （一）關心社會百態

### 1、關懷女性

　　友笛先生對於女性的關懷是多方向的，他的視角不僅著
眼於女性在人性方面的需求面，更擴及談到農家、貧富的社
會現象。〈蠶婦〉三首，關心勞工階層女性的辛苦，也關心征

夫行役離家的苦痛。

> 曉起桑田採葉頻，玉容不理見情真。
> 憐他拜簇終朝苦，畢竟絲絲為別人。
>
> 〈蠶婦之一〉（手稿本）
>
> 倚籬散葉自留神，為被蒼生錦繡身。
> 晝夜殷勤情疑疑，憂桑憂繭不憂貧。
>
> 〈蠶婦之二〉（手稿本）
>
> 採葉終朝歷苦辛，玉顏消瘦負青春。
> 養來他蝶成雙處，回首征夫悶煞人。
>
> 〈蠶婦之三〉（手稿本）

另外〈從良妓〉寫出妓女從良的心理和從良之後尚需面對的現實問題。此類作品，在背景上呈現出日治時期的社會現象。

〈還俗尼〉對比丘尼還俗前後掙扎的心理有入木三分的刻畫。如「笑脫袈裟」、「蓄髮求春」都描述的很生動。

> 閱盡郎心險似狼，向平有願出平康。
> 而今不是青樓女，浪蝶休教過妾牆。
>
> 〈從良妓之一〉（手稿本）
>
> 青樓窮苦覺難禁，為愛于歸鼓瑟琴。
> 好合渾如陳仲子，灌園食力也甘心。
>
> 〈從良妓之二〉（手稿本）[4]
>
> 笑脫袈裟斷佛恩，歸來寶帳語溫溫。
> 從茲重作巫山夢，一片禪心付浪翻。
>
> 〈還俗尼之一〉（手稿本）

---

4 陳仲子，戰國齊人，能安貧樂道。

袈裟脫落出空門，了卻僧緣謝佛尊。

蓄髮但求春意返，禪心舊夢杳無痕。

〈還俗尼之二〉（手稿本）

玉作顏容水作魂，不堪冷落在空門。

憐卿性本持齋慣，底事無心奉佛尊。

〈還俗尼之三〉（手稿本）

## 2、關懷民生問題

民生問題在友笛先生詩集中不是強項，他比較注意鄉愁、生活趣味、友情、個人幽怨、旅遊等等主題。只有少數詩篇談到民生性的題目，像〈庸醫〉詩的怒吼之類，已是大動性情。友笛先生的朋友或朋友的眷屬，有許多人在青壯之年便魂歸西天，這一點特別讓詩人感受到庸醫誤人誤事的可惡，如詩語中所說「滿門捐命鬼」，實在是對庸醫痛恨到極點了。又像〈西瓜價落偶感〉同情農民的痛苦，詩曰：「畢竟西瓜變苦瓜」看似幽默，實欲反諷，這種狂歌當哭的呼救，農政當局聽到了嗎？

未學岐軒術，妄誇國手賢。

誤人非淺鮮，雄鬼合纏綿。

只解虛名傳，那關性命捐。

寒溫都不管，一例處方箋。〈庸醫之一〉


氣口脈難認，湯頭訣未研。

臨床偏退後，撿案竟趨前。

佛手人多畏，狼心汝獨專。

滿門捐命鬼，號笑日沖天。〈庸醫之二〉

## 西瓜價落偶感（手稿本）

### 序

日前，因往巡佃途逢農友，問余何往？余曰：欲往巡佃。友曰：何不到吾家談談。余曰：我有佳茗、請到我家一試。客曰：我有一甲六分餘之苦瓜未賣，那有工夫到汝家。余曰：苦瓜時價每斤三元左右，汝今富矣。友曰：若真苦瓜固當可喜事，實西瓜。日前約賣一瓜販每台斤九角六文，定金貳百元，因價暴落，願將定金取消，現每斤五角半，尚無買手，豈不苦嘆，故曰：苦瓜。余聞之不禁同情，故有是作。

> 曾記流行種苦瓜，苦瓜利不及西瓜。
> 西瓜逢雨愁難賣，畢竟西瓜變苦瓜。

這首西瓜詩，通體圓潤。詩人利用頂真的句法和迴文循環的效果，達到表達西瓜價賤的可憐和瓜農不能掌握農政資訊的可悲。「苦」的內涵自然跳躍而呼之欲出。

### （二）岱江風情

朴子是友笛先生的故鄉，布袋是他服務十多年的土地，鯤鯓是鄰縣。鄉土之情從友笛先生所作〈岱江晚眺〉、〈岱江竹枝詞〉、〈岱江曉望〉等作品顯然可以見到。臺灣鄉土文學的靈魂就在臺灣人對土地的感受，從土地汲取的營養是臺灣文學不可或缺的。友笛先生能夠早早覺悟這種區域文學的屬性，算是聰明人在寫聰明的詩歌。雲嘉地區喜作「竹枝詞」的首號詩人應是賴尚義 842 首[5]，其次趙凌霜，數量多且有系統。其他如蘇鴻飛、曾仁杰等也有。

---

5 翁聖峰：《清代台灣竹枝詞之研究》。（台北：文津出版社，1996 年），頁 196 至 202。

晚來閒立岱江邊，看徹清波入繫船。
幾點歸帆新月色，數聲漁笛夕陽天。
餘霞映水疏煙抹，暮靄橫空翠浪鮮。
真個風光無限好，也應沽酒醉陶然。

〈岱江晚眺之一〉

紀念碑前豁兩眸，天風颯颯夕陽收。
一竿新月懸洲畔，萬頃蒼波漾岸頭。
暮色空濛催過客，斜暉燦爛掛歸舟。
始知塵世千年樂，不及清江半日愁。

〈岱江晚眺之二〉

石碑之畔暮濤聲，十里風波一望平。
流水潺湲催月出，歸舟欸乃趁風行。
長江白鷺眠沙急，壽島烏鴉繞樹鳴。
空際凝眸霞片片，幾疑赤壁又燒兵。

〈岱江晚眺之三〉

環植千竿竹，瀟騷響不停。
聲號疑鶴舞，勢湧震霄霆。
韻奪鯤鰷浪，清如鹿耳泠。
我來頻側耳，振觸感柯亭。

〈斐亭聽濤〉

寂寂空門淡淡秋，錦靈密佈滿宮幽。
老僧說法頻撾鼓，山鳥聽經亦點頭。
兩座金剛睜眼耀，一尊泥佛臥身修。
始知塵世千年樂，不及上方半日悠。

〈宿靈泉寺〉

　　友笛先生年輕時曾多年服務於布袋庄役場，對於岱江的風光朝夕相處，情感融入甚深。不過從「暮色空濛催過客，斜暉燦爛樹歸舟。始知塵世千年樂，不及清江半日愁。」的詩句看來，詩人仍是有濃郁的鄉愁的。詩人手稿將〈斐亭聽濤〉的作品抄錄在一起，似乎是同時期的作品，再從詩句「韻奪鯤鯓浪，清如鹿耳冷」判斷，這二首詩乃遊歷臺南安平附近所作。值得注意的是〈宿靈泉寺〉末句「始知塵世千年樂，不及上方半日悠」與〈岱江晚眺之二〉末句的句法雷同，但文義卻相反，研究此等處也許可以觀察詩人造句的技法。當然要更多的分析才知道優缺如何。

　　　　半路店過是岸頭，岸邊漁父駕漁舟。
　　　　歸來滿載爭開看，多半鳥鰡與釣柔。

〈岱江竹枝詞之一〉

　　　　製鹽產額冠全臺，莫怪觀光客遠來。
　　　　步過役場五溝口，如雲婦女拾蠔回。

〈岱江竹枝詞之二〉

　　　　三公宮後白砂宮，綠女成群燒好香。
　　　　惟願熊羆來入夢，明年廟口謝豬羊。

〈岱江竹枝詞之三〉

　　　　海埔埔口剖生蠔，男自挑來女獨操。
　　　　絕好新鮮無浸水，一朝上市價應高。

〈岱江竹枝詞之四〉

　　〈竹枝詞〉為接近民間文學的作品，詩人作詩的內涵，將布袋海邊漁民、鹽民生活作活靈靈的呈現，是記錄日治時期布袋民風的好資料。

曉煙雲影綠波光，寫入天風萬里長。

壽島晨雞催落月，岱江漁父唱歸航。

遊人傍岸思鄉切，飛雁橫空返塞忙。

對此逍遙無限好，詩情炯炯洒胸堂。

〈岱江曉望寄知己吟侶之一〉

疏鐘殘月海天清，雲霧微茫望未明。

綠樹煙籠人影杳，滄江波打石頭鳴。

曉帆茫茫隨風轉，過客招招待渡行。

宿露不知天欲曙，松間猶自滴聲聲。

〈岱江曉望寄知己吟侶之二〉

　　描寫岱江風光已有晚眺，自然可以再寫曉望。曉望的詩題有「寄知己吟侶」的字眼，表明詩人在異鄉思念吟侶的心境。詩句有「宿露不知天欲曙，松間猶自滴聲聲」刻畫得很美，有詩心有聲情，不輸韋應物「空山松子落，幽人應未眠」[6]句。

## （三）人情澆薄的牢騷

　　世態炎涼，固然是人生常事，但每逢詩人遭遇之，便深受切膚之痛，非常敏感。友笛因為多次幫助事業東家而為書吏，但是不能瞭解事業主為何不能正常營業而致虧損連連，讓他覺得助人並不快樂，反而覺得君子之交情意淡薄，才是久交之道。每遇自己遭遇困擾，需要別人援手之時，似乎並沒有友人願意稍伸援引之手拉一把，故詩人在作品中對人情澆薄，牢騷非常多。

---

6 韋應物：〈秋夜寄丘二十二員外〉詩。

浪跡江湖幾度秋。半生飄泊等浮舟。

忍將禿筆消愁悶，恥向權門效應酬。

笛韻年來吹漸減，讒言日盛恨難休。

早知人海巇危甚，悔不當初訪許由。

〈客中偶感〉

小隱家園詩思寬，茲從菽水日承歡。

歸來且喜吟軀健，不復遭人冷眼看。

〈閒居感作四首之二〉

共署伊誰置腹心，茫茫人海任浮沈。

相逢莫問榮枯事，說到人情感不禁。

〈閒居感作四首之三〉

自笑飄零志未伸，吟軀到此復依人。

謀生本是浮生分，敢怨勞勞歷劫塵。

〈奉職東石自動車會社為會計感而有作〉

# 四、四湖鄉居及鄉勵吟社時期

大約在 1936 年底，1937 年初，四十六歲壯年的友笛先生離開嘉義，來到陌生的雲林四湖庄，過著小隱避世的生活，悠游於鄉居，雖然每日仍需服務庄役場，一遇閒暇，總會憶起嘉義的友人、親戚和往事，所以在這時期多有憶舊之作。又因為地近口湖地區的鄉勵吟社，所以他偶而也會參加擊鉢例會的活動，只是年事漸高，盡量以逍遙而不遠遊為尚。

## （一）遠懷朴子、羅山、布袋吟友及鄉愁之作

離愁萬斛塞胸間，欲寫偏教下筆難。

會計關心經一載，故鄉分手為三餐。

千杯濁酒情高厚，十里飛沙路渺漫。

醉月樓中勞惜別，四湖湖上望吟壇。

〈將之四湖留別朴雅諸吟友〉1939.4.1《詩報》198 號

簾外瀟瀟慈恨生，淋漓頃刻水成泓。

自憐我是風塵客，滴碎鄉心夢未成。

〈嘉義嘉福旅館小集〉1941.3.21《詩報》244 號

十七年前離朴津，天涯尤自歷風塵。

怕聞臘鼓鼕鼕響，忽見桃符戶戶新。

殺妓石崇休恃富，祭詩賈島不為貧。

遠蛇騎馬思回梓，準擬晨昏奉老親。

〈癸己除夕書懷〉1954.5.1《詩文之友》2 卷 5 期

　　將近五十年的光陰，詩人在雲林四湖度過，所以懷遠鄉愁之作很多。此處略舉三例。第一首詩是離別朴子，想像今後將「四湖湖上望吟壇」。第二首將是出差嘉義時的感受，其實「自憐我是風塵客」是詩人一生飄泊的感受，除了十七歲以前居住在朴子老宅外，其餘歲月多在外謀職奔波，所以鄉愁是詩人所有作品的重心。第三首詩透露每逢桃符更新的新年，詩人就為不能在老家侍奉親人而感到抱憾。

## （二）參加鄉勵吟社擊鉢活動

不同百結不縫絲，礦物身章製入時。

一著飄浮天上去，古來虞舜已無奇。

〈太空衣〉鄉勵課題 1965.9.1《詩文之友》22 卷 5 期

　　鄉勵吟社創立於 1933 年，至 1966 年併入雲林聯吟會。金湖黃篆、曾仁杰等人創設，後來邱水謨、張清輝、洪天賜、蘇鴻飛等輪作詞宗，指導金湖、口湖、四湖、北港地區的青

年漢詩作家。四湖友笛先生居處雖近金湖、北港，但多半與
北港前輩作家洪大川、龔顯昇及斗六前輩作家吳景箕、張立
卿等較易投緣，鄉勵大多青年作家，年齡有差異，所以目前
看起來，友笛先生參加汾津吟社和斗六吟壇的作品較多，參
加鄉勵吟社的作品非常少。

### （三）四湖小隱的閒適生活

　　晚年閒適的心情為友笛先生帶來幽默和野趣的詩歌，我
以為他晚年的詩歌最足以代表他的詩風，非常接近宋人俚俗
野趣的一面，心境和詩境都有宋人小詩的韻味。

　　　　四湖湖上雨初晴，遠近頻聞打稻聲。

　　　　佐飯時收肉豆子，驅蜂日傍菜瓜棚。

　　　　清吟蕘我迎茶客，狂醉看人鬪酒兵。

　　　　六十書懷過半載，問君有約可曾行。

　　　〈夏日雜詠次楊嘯天韻之一〉1953.4.20《詩文之友》1卷6期

　　　　柳陰深處是吾家，刺竹為籬綠滿笆。

　　　　小酉山中搜舊史，聽松庵內試新茶。

　　　　藏嬌人喜營金屋，卻炭妻偏用火叉。

　　　　難得湖邊閒歲月，清和諷詠景堪嘉。

　　　〈夏日雜詠次楊嘯天韻之二〉1953.4.20《詩文之友》1卷6期

　　　　新詩一讀興偏長，消夏韻偏愛七陽。

　　　　幾見簫清能引鳳，豈真曲妙足求凰。

　　　　浮瓜我每師吳質，難弟人爭仰季方。

　　　　漫笑騷壇生意淡，門前索和去來忙。

〈夏日雜詠次楊嘯天韻之三〉1953.4.20《詩文之友》1卷6期

閱世徒嘆歲月薪[7]，天涯今尚歷風塵。

盤中每苦珠輪米，爨下誰憐桂似薪。

跳躑雄風防市虎。崚嶒傲骨嘆勞人。

漫空火傘炎威日，陟屺朝朝望老親。

〈夏日雜詠次楊嘯天韻之四〉1953.4.20《詩文之友》1卷6期

漫空如火熱難支。準擬風凰到武夷。

品茗時燃甘蔗粕。防飢日曝地瓜絲。

稱心鳥喜聽吹笛。接踵人來索和詩。

真箇農村多樂趣。高歌諷詠總相宜。

〈夏日雜詠賦似知己吟侶之一〉1954.1.15《詩文之友》2卷3期

松陰竹影沒庭花。雜入書軒亂似麻。

案上猶存文柦柚。瓶中久缺武夷茶。

興詩擬待興中國。學筆還須學大家。

難得小園寬半畝。菜瓜收後又冬瓜。

〈夏日雜詠賦似知己吟侶之二〉1954.1.15《詩文之友》2卷3期

寒村寂寂感無聊。孤負湖邊景色饒。

解渴人耽甘蔗節。生津我愛苦瓜條。

堪嗟濁世輕風雅。戲把清詩易俚謠。

何日東山樓一角。樂書樂樂樂逍遙。

〈夏日雜詠賦似知己吟侶之三〉1954.1.15《詩文之友》2卷3期

　　夏日炎炎，「如何消夏」好像是詩人欲發表的主題。日子過得不富有，從「品茗時燃甘蔗粕，防飢日曝地瓜絲」、「盤

---

7 歲月「薪」疑歲月「新」之誤植。

中每苦珠輸米，爨下誰憐桂似薪」的詩句可以清楚了解，但是詩人並不以清貧爲苦。像「驅蜂日傍菜瓜棚」、「稱心鳥喜聽吹笛」、「戲把清詩易俚謠」貧苦中猶能作樂，甘願受樂觀想的生活態度令人十分激賞。

> 潭畔高峰潭內天。山光水色慶新年。
>
> 此間風景佳於畫。造化靈鍾大自然。
>
> 〈四十三年元旦漫遊碧潭山即作用林爾嘉前遊韻〉
>
> 1954.5.1《詩文之友》2卷5期

> 鐵條木板架當空。彷彿長虹一例同。
>
> 潭內隱鉤魚怯釣。渡頭無箭馬疑弓。
>
> 人如天馬行空際。君似金龍出水中。
>
> 選勝剛逢元旦午。逍遙過此樂何窮。
>
> 〈詠新店吊橋〉1954.5.1《詩文之友》2卷5期

> 聞道獅頭山景幽。尋詩到此快清遊。
>
> 果然絕好神仙境。惹我逍遙樂不休。
>
> 〈遊獅頭山廣照寺達通上人索詩賦此留念之一〉
>
> 1954.5.1《詩文之友》2卷5期

> 獅頭風景擁山巔。拾級來探大自然。
>
> 俯瞰潭中舟點點。仰觀崗上草鮮鮮。
>
> 雅僧見客殷相問。野鳥迎人意更虔。
>
> 到此婉如員嶠[8]好。禪房猿鶴亦神仙。

---

8 員嶠，海中仙山，見《列子・湯問篇》。

〈遊獅頭山廣照寺達通上人索詩賦此留念之二〉

1954.5.1《詩文之友》2 卷 5 期

重探臺北大橋中。俯仰乾坤氣轉雄。

萬點燈光同白晝。一彎弓影訝長虹。

濟人來往多如鯽。架海逍遙欲斷鴻。

三十年前曾過此。即今利涉昔時同。

〈夜遊臺北橋即作〉1954.5.1《詩文之友》2 卷 5 期

　　詩人在早期的旅遊，多半是因為工作奉派出差，順路一遊，致使逍遙之情不是那麼自在。而且陪伴的人以朋友居多，不像晚年出遊以親人相伴為主，無時間壓力，親人又可以無話不談，自在逍遙又歡樂。

赤帝司權似火煎，漫空漠漠起烘煙。

避炎教我趨何處，吳質浮瓜亦枉然。

〈夏日雜詠‧己巳天貺之一〉1965.7 手稿

茅齋何物縈懷思，無是無非愛此時。

讀睡餐餘三韻事，嗜茶奏樂與談詩。

〈夏日雜詠‧己巳天貺之二〉1965.7 手稿

宦海風波任意翔，退休歸引復何言。

東山日暖眠常足，養性修真寡出門。

〈夏日雜詠‧己巳天貺之三〉1965.7 手稿

靜中偶然嘆浮生，老到還須隱姓名。

無那詩魔頻繞戶，逸情壓不過吟情。

〈夏日雜詠‧己巳天貺之四〉1965.7 手稿

幽居之樂樂如何，曉起開門便唱歌。

數畝庭花餐自足，不貪富貴夢春婆。

〈夏日雜詠‧己巳天貺之五〉1965.7 手稿

一竿風月自怡神，懶比嵇康性率真。

餓死果因風雅累，來生不願作詩人。

〈夏日雜詠‧己巳天貺之六〉1965.7 手稿

1965 年詩人已經 68 歲，那些年輕時的人情困擾、鄉愁旅愁已不復在意，反而把修真善性、閒適過日子當成生涯的重點，自謂「一竿風月自怡神」是詩人晚年心境很好的寫照。

古木森森欲接天，曾聞石洞有神仙。

此行帶得生花筆，描寫風光大自然。

〈漫遊屏東國立公園〉

入洞當先不忌猜，指迷專待有仙來。

燈光黯黯仙何處，唯見山腰盡石苔。

〈入遊仙洞之一〉

步行到底見天窗，詩未成時氣未降。

洞內蕭然人跡少，一空何足慰吟腔。

〈入遊仙洞之二〉

漫遊車駕太平洋，湖賞澄清樂未央。

九曲橋中堪釣月，三如亭畔好尋涼。

高丘望海收全景，柳岸觀蓮有異香。

真個風光描不盡，年年來訪又何妨。

〈漫遊澄清湖〉

步到環湖畔，偶觀眾樂台。

翬飛誇秀麗，幽雅絕塵埃。

畫棟分朱墨，觀光任去來。

新營工未畢，不許戶門開。

〈過眾樂台〉

琉球鄉內小琉球，久願偷閒快一遊。

今日有緣來到此，欣看風景足清幽。

〈漫遊小琉球之一〉手稿本

欣看風景足清幽，願學東坡泛小舟。

海靜天清人盡樂，能詩端可賦臨流。

〈漫遊小琉球之二〉手稿本

能詩端可賦臨流，滌卻胸中萬斛愁。

身自逍遙神自爽，不貪富貴夢封侯。

〈漫遊小琉球之三〉手稿本

不貪富貴夢封侯，自愛江間下釣鈎。

八百乾坤此中得，太公千古有誰儔。

〈漫遊小琉球之四〉手稿本

太公千古有誰儔，敢向沿江釣一周。

抵為煙霞情興重，那管社稷有耶否。

〈漫遊小琉球之五〉手稿本

那管社稷有耶否，萬里煙波一望收。

君問方壺何處是，琉球鄉內小琉球。

〈漫遊小琉球之六〉手稿本

上陸東探寶島亭，民營遊覽笑相迎。

區中還有佳風景，肯否觀光試一行。

〈過寶島亭之一〉

回頭偶聽水潺湲，漁夫擔魚去復返。

文物生疏人地異，方知身已離臺灣。

〈過寶島亭之二一〉

養豚畢竟異農家，無厝無稠足縛麻。

糞尿有肥人不捨，謀生全靠水之涯。

〈過寶島亭之三〉

靈山塔下日身修，底事靈山有寺籌。

禮佛靈山休遠涉，靈山只在此心頭。

〈謁靈山寺〉[9]手稿本

晚年，詩人常去高雄、屏東孩子居住的地方旅遊，探親兼旅行，心境愜意，不復早年出差時的那份無奈。值得觀察的，詩人晚年的詩句，不重雕琢，遣詞平淡白描，可謂繁華落盡見純真，猶待進一步發覺。

## 五、晚年安享交遊之樂，為雲林流傳漢詩佳作

### （一）交遊之樂

旅遊之外，友誼互訪的交遊生活，也是詩人晚境之一。友笛先生與斗六吳景箕、斗六張立卿、斗六陳錫津、斗南石龜溪葉清河、大埤張禎祥、褒忠李維喬、土庫蘇平祥、金湖黃篆、邱水謨、葵社蘇鴻飛、江耕雨，都是因地緣關係而認識。晚年他常與雲林縣詩人往來倡酬。詩社一般的倡酬也許僅是文字上的友誼，而友笛先生和以上十多位詩人的私交篤厚，情誼契合。

五柳先生已退閒，北窗高臥掩松關。

嗜茶癖過盧仝癮，弄笛情深趙嘏嫻。

曾奏管弦遊曲水[10]，聯吟石鼎憶湖山。

老猶致意斯文重，詩稿燈前久未刪。

吳景箕〈有懷友笛詞兄即寄〉（手稿本）

---

9 這首詩初步判斷作品時間為 1965 年前後，詩人去屏東高雄子嗣宅時順路旅遊而寫

10 曲水指鄭氏家園，湖山指斗六湖山岩風景區。

解組歸田意轉閒，柴門雖設日常關。

餐英我過秋公癖，煮史君多孔子嬋。

窗外風吹人面竹，夢中魂繞枕頭山。

老來漸覺嵇康懶，舊稿蕪詞久未刪。

林友笛〈次韻奉酬寄懷原玉〉

　　這兩首相互酬答的詩。吳、林兩人與斗六張立卿、陳錫津常約往斗南，大埤等詞友的花園拜訪。斗南的葉清河是前輩詩人，大埤三秀園的張禎祥是豪宅的主人，他們之間過從甚勤，友情自深。

落擬風情締友情，高軒過後倍輸誠。

客窗最愛宵聞笛，影事空傳夢叶庚。

賈傅治安原有策，逋仙詩品本來清。

孤山梅鶴千秋業，又見才人間世生。

李維喬〈敬似見贈原玉〉[11]

莫羨知還鳥倦飛，茅廬盡日掩柴扉。

身同鐵漢凌霜雪，口似金人卻是非。

客舍歲晨仍寂寞，故園風月認依稀。

何當臘鼓催寒夜，妻子移爐笑共圍。

林友笛〈次李維喬先生除夕感詠原玉〉
1954.10.1《詩文之友》3卷1期

細雨霏霏候，當春萬物妍。

出門搔白首，入社訪青蓮。

愧失三餘學，寧工五字聯。

倡酬愧潦草，祇為表心虔。

---

11　這首詩是友笛先生與李氏初識，對李氏的讚美詞。

林友笛〈過褒忠重訪李維喬先生賦呈〉

1954.5.1《詩文之友》2卷6期

天假公餘半日緣，褒忠三次訪詩仙。

分身無術師莊子，大腹深知慕孝先。

滿座春風欣擊鉢，多情明月照吟筵。

鰍生自笑非徐穉，下榻難酬地主虔。

〈詣張立卿先生重訪李維喬先生蒙主人設席賦此奉酬〉

1954.5.1《詩文之友》2卷6期

李維喬是福建惠安人，客居褒忠，因軍中退役，高才落魄，課業為生，清苦度日。以詩而論，李維喬的詩格與吳景箕較近，而高出其餘諸君子，惜懷才不遇。嘉義詩人黃傳心〈輓李維喬先生詩〉云：「家山萬里一身孤…可愛青蓮同酒癖…英雄業失文章賤…」約略可知身世。李氏褒忠居處名「頤園」，友笛先生等屢次參訪，大概都是志在相互討教、慰心。

慕藺經年久，登龍此日過。

德衰悲濁世，士雅仰清河。

設席情偏厚，談詩興更多。

春風吹滿座，賓主共吟哦。

〈過石龜溪葉清河先生談飲賦此奉酬〉

1954.10.1《詩文之友》3卷1期

盡將勝景眼中收，到處逍遙總自由。

八秩壽登欽益壯，七言詩惠慰離愁。

素崇關聖朝參廟，頻效蘇公夜泛舟。

如許長生深得訣，願聞清誨興悠悠。

張禛祥手稿〈敬次友笛詞兄閒中偶成原玉〉1971.5.27

駐顏得訣似青童，詠夏詩新仰是翁。

沈李何須胸有竹，嗜茶自會腋生風。

最宜身隱四湖上，猶可神遊三島中。

期望旋庭栽火棗，熟時同享樂無窮。

張禎祥手稿〈次友笛詞兄麥秋偶成原玉〉1971.5.

樂奏修園宅，悠悠樂賞心。

簫清休弄笛，琶雅勝彈琴。

漫笑知音寡，居然用意深。

韻高聽未畢，抵向夢中尋。

林友笛〈春日訪陳錫津先生恪逢堂上奏樂喜作〉

1954.5.1《詩文之友》2卷6期

壽比南山大德臻，鶯鳴燕語值良辰。

刪詩君喜週花甲，晉酒人來頌岳申。

室有桂蘭欣繞砌，園多桃李恰爭春。

牢騷笑我天涯客，也幸登堂飲賀醇。

林友笛〈壽陳錫津先生六十晉一誌慶〉

1954.5.1《詩文之友》2卷6期

訪未經週有二蘇，二蘇俱是好詩娛。[12]

詩娛於我毫無忌，無忌能知款大儒。

林友笛手稿〈喜蘇平祥詞兄過訪〉1966.8.28

　　蘇平祥與陳錫津警界出身，葉清河、張禎祥均為前輩，諸人中以蘇平祥較為資淺，學詩亦晚。諸人相見，多年談詩，友誼詩興皆長遠可風。諸人的詩作見證了雲林的詩風，蔚成

---

12 友笛先生自註：廿三日蘇鴻飛、廿八日蘇平祥過訪故云。

雲林地區文學的寶藏。

### （二）爲雲林流傳佳作

　　友笛先生書法娟秀，詩法森嚴。細觀詩集，一改再改，凡有朋友提供建議也不厭其詳的翻尋舊作，仔細推敲。從他的詩作文集，我們感覺到一股文人的真情，穿透紙張，向我們打招呼，讓我們更容易了解他。他作品中對自然、對土地、對親友的人道精神，值得我們尊敬和作深一步的鑽研。今綜觀手邊所握有的友笛先生七大冊詩稿，其中倡酬集約 36 首詩，詩稿約 1000 多首以及從《詩報》、《詩文之友》等詩刊尋得剪貼成冊的也有 130 首左右，如果刪去重複，友笛先生至少在雲林詩壇留下了近一千餘篇的詩歌，並且尙有雜文、書札、祭文之作、南管之作，可說爲雲林文壇、樂壇也留下不少風雅記錄，斯人可謂不朽，功在雲林了。

林友笛先生平日使用的其他笛子及茶具

林榮（林友笛）年輕時照片

# 林榮（林友笛）年譜

1893　光緒 19 年　癸巳　1 歲
　　　林榮號友笛誕生於 5 月 17 日，朴子人。祖父經營藥種，家境
　　　稍裕，多行善舉。

1895　光緒 21 年　乙未　3 歲
　　　清政府割讓臺灣於日本，日人治臺時期開始。

1900　明治 33 年　庚子　8 歲
　　　入學朴子公學校。

1906　明治 39 年　丙午　14 歲
　　　林氏在朴子公學校第四回畢業。欲進臺北醫學院就讀，因家
　　　產未分，嬸母不許而進學之願未遂。

1907　明治 40 年　丁未　15 歲
　　　林氏失怙，父親林蹺去逝，時母親李柔及祖母李不仍在世。
　　　今年林氏受聘從事代書事務。

1910　明治 43 年　庚戌　18 歲
　　　就職明治製糖株式會社蒜頭工，爲結晶罐的工員。

1911　明治 44 年　辛亥　19 歲
　　　就職朴子代書人黃炳焜處爲代筆生。

1912　明治 45 年　大正元年　壬子　20 歲
　　　娶六竹鄉更寮陳鵝之長女陳榜（陳榜，1896 年生）爲妻，其
　　　後生四男三女，男有清淇、清樵、清鏞、清巖，女有清秀、
　　　清梅（送給他人）、惠珠。

1913　大正 2 年　癸丑　21 歲
　　　經友人介紹，奉職爲嘉義廳警務課衛生試驗囑託，鑑定賣藥
　　　製造許可等。

1915　大正 4 年　乙卯　23 歲
　　　林氏得八十餘年的鐵製古董短笛，有古笛如故友，相伴一生，
　　　故取字號爲「友笛」。
　　　今年七月染寒熱疾，故辭職。

1917　大正 6 年　丁巳　25 歲
　　　元月受聘爲朴子阿片小賣人龔大鉆翁之帳房，處理帳目。七

月就職麻仔草駐在所為外勤補員，從事原料採取。今年開始因雅好樂音而學習音律。日治時期，林友笛因家境清寒，不得已，外出謀生。縱有文才，依然如尺蠖有志難伸。

今年 9 月生長子清淇。

1918　大正 7 年　戊午　26 歲
受聘為朴子煙草賣辦人黃楷侯之內外帳房。

1919　大正 8 年　己未　27 歲
今年元月任職嘉義廳南勢竹區書記、庶務、財務、總主任。
今年 10 月生長女清秀。

1920　大正 9 年　庚申　28 歲
今年 10 月 1 日起臺灣地方制度改正，區長役場改為街庄役場。林氏 10 月起至 1924 年 7 月 7 日止服務於布袋庄役場書記庶務係主任。

1922　大正 11 年　壬戌　30 歲
朴子朴雅吟社，新港毅音吟社，北港汾津吟社同年成立。林友笛為朴雅吟社的中堅成員。三社聲氣相通，常有往來，因此三社詞友私交亦篤。林氏與蘇鴻飛在汾津相識。

1923　大正 12 年　癸亥　31 歲
林氏染膀胱結石之疾。

1924　大正 13 年　甲子　32 歲
壯年時曾遊臺北大橋，橋上人來人往熙熙攘攘，熱鬧非凡。林氏在布袋庄役場服務至 7 月 7 日。因膀胱結石赴臺北住院而辭職。病癒後，賦閒在家，得詩數百首，集之成冊。

1926　昭和元年　丙寅　34 歲
今年 1 月 6 日起至 1934 年 9 月 23 日止服務於布袋庄役場財務係主任。

1927　昭和 2 年　丁卯　35 歲
仲夏時，朴雅吟社社友詹仁傑病逝。
今年 3 月生次男清樵。

1929　昭和 4 年　己巳　37 歲
今年 5 月 6 日臺灣地方制度改正，懸賞論文，文題為〈街庄之補助機關區總代最為有效適切活躍之方策如何〉，林氏獲得

二等入賞，獎金十元。

今年生次女清梅。

1930　昭和 5 年　庚午　38 歲

今年 9 月生三女惠珠。

1931　昭和 6 年　辛未　39 歲

今年種菊，卻遭馬害，菊圃被殘毀。

林氏參加岱江小集，席上聯吟。詞友楊笑儂等作〈贈林友笛君〉一首。

詞友楊樹德（笑儂）作〈岱江林君友笛本年初藝菊成績頗佳，聞將滿開，忽被同僚一駑馬嚼去大半，悲憤交集，詩以慰之〉。

5.1　林氏作〈次楊笑儂先生過訪見朴子贈原韻〉，又作〈贈楊笑儂詞兄〉、〈贈粘漱雲詞兄〉（詩報 11 號）。

8.1　林氏作〈次趙君凌霜過訪布袋見贈原韻〉三首（詩報 17 號）。

8.15　林氏作〈次楊爾材先生五十初度書懷韻〉三首（詩報 18 號）。

9.15　林氏作〈次楊爾材先生五十初度壽筵上韻〉（詩報 20 號）。

1932　昭和 7 年　壬申　40 歲

1.15　詞友蔡如笙作〈次友笛詞兄客中書懷瑤韻〉三首（詩報 28 號）。

詞友蔡如笙作〈垂釣敬次友笛詞兄瑤韻〉六首（詩報 28 號）。

2.6　詞友布袋蔡清福作〈友笛詞兄種菊忽遭馬害賦此慰之〉（詩報 34 號）。

2.24　林氏作〈追悼故社友詹仁傑君〉（詩報 30 號）。

3.15　林氏作〈次笑濃詞兄冬夜書懷瑤韻〉二首（詩報 31 號）。

4.　壬申麥秋月（孟夏七月）林友笛出差時遺失古笛。

林氏作〈祝楊爾材先生長令郎生意君新婚誌喜〉（詩報 34 號）（朴雅吟社顧問楊爾材為其長令郎生意君舉行結婚式，在三月廿七日，於慈心物療科院自宅開催擊鉢吟宴，題擬〈合歡杯〉，林友笛得右元）。

5.1　林氏作〈祝員林寺落成〉（詩報 34 號）。

林氏作〈炳揚詞兄過岱江以詩見贈次韻〉（詩報 34 號）。

6.1　林氏作〈詞友布袋粘漱雲君招飲席上賦呈〉（詩報 36 號）。

林氏作〈呈植卿先生即次笑儂呈韻〉（詩報 36 號）。

6.15　林氏作〈途中遇雨訪笑儂詞兄偶占〉三首（詩報 37 號）。

8.15 林氏作〈失笛復得記〉文（詩報 41 號）。

林氏作〈次笑儂初夏書懷韻〉（詩報 41 號）。

林氏作〈次笑儂兄夜話瑤韻〉二首（詩報 41 號）。

9.1 林氏作〈次黃瘦峰君遇訪見贈韻〉（詩報 42 號）。

林氏作〈次李冠三君過訪見贈〉（詩報 42 號）。

林氏作〈次笑儂詞兄東岱江諸吟友〉（詩報 42 號）。

1933 昭和 8 年 癸酉 41 歲

2.15 楊笑儂詞兄重懸壺岱江寄知己諸吟侶瑤韻（詩報 53 號）。

2.26 林氏作〈客中書懷〉（瀛洲詩集 164 頁）。

3.11 今年生三男清鏞。

4.1 林氏作〈次楊笑儂詞兄寄岱江諸吟侶瑤韻〉二首（詩報 56 號）。

5.1 林氏作〈次楊笑儂詞兄除夕偶作瑤韻〉（詩報 58 號）。

林氏作〈次周鴻濤詞兄感懷瑤韻〉（詩報 58 號）。

6.15 林氏作〈次施月樵詞兄入社偶感瑤韻〉（詩報 61 號）。

7.15 林氏作〈楊近樗先生慶獲雙生孫賦此祝之〉（詩報 63 號）。

8.15 林氏作〈李少庵先生以四十初度書懷詩索和次韻奉酬〉四首（詩報 65 號）。

10.15 林氏作〈次楊笑儂詞兄自適四首瑤韻〉（詩報 68 號）。

林氏作〈哭林純卿宗先生〉（詩報 69 號）。

11.15 林氏作〈蔡君夢花（蔡如笙）招飲席上次呂漢生詞兄過岱江見贈瑤韻〉二首（詩報 70 號）。

1934 昭和 9 年 甲戌 42 歲

林氏因布袋庄長易人，而退職返鄉，再度賦閒。

3.1 林氏作〈楊石華遊岱江與諸吟侶唱和依韻感作〉（詩報 240 號）。

3.30 林氏作〈時世粧〉（東寧擊鉢吟前集）。

9.25 林氏服務於布袋庄役場至今天為止。受黃媽典之邀轉任自動車株氏會社之民間公司。

1935 昭和 10 年 乙亥 43 歲

今年元月生四男清巖。

朴雅吟社擊鉢，林氏作〈國姓梅〉（詩報 96 號）。

1.15　林氏作〈次韻蔡國樑詞友遊天性園賦贈主人〉二首（詩報 97
號）。

3.1　朴雅吟社擊鉢，林氏作〈吟禪〉三首（詩報 100 號）。

3.15　朴雅吟社擊鉢，林氏作〈蒲鞭〉三首（詩報 101 號）。

7.15　林氏作〈和吳萱草詞兄上京留別瑤韻〉（詩報 109 號）。

　　　朴雅吟社擊鉢，林氏作〈蝸牛〉二首（詩報 117 號）。

12.15　朴雅吟社擊鉢例會，林氏作〈茶前〉二首（詩報 119 號）。

1936　　昭和 11 年　丙子　44 歲

7.1　林氏參加朴雅吟社擊鉢，作〈西瓜〉（詩報 133 號）。

7.16　林氏參加朴雅吟社擊鉢，作〈冰枕〉（詩報 133 號）。

10.1　林氏任嘉義東石自動車株式會社會計主任。

10.2　林氏作〈寓齊書懷〉三首（詩報 138 號）。

11.16　朴雅吟社 15 周年擊鉢，林氏作〈紀念杯〉（詩報 141 號）。

9.17　林氏作〈次韻黃傳心夏日書懷寄知己吟侶〉二首（詩報 137
號）。

11.2　林氏作〈次韻周鴻濤詞兄嘉社大會後同楊爾材、林友笛、薛
咸中諸先生乘車至蒙招飲旗亭賦此道謝〉（詩報 140 號）。

1937　　昭和 12 年　丁丑　45 歲

　　　林氏作〈乾電池〉（詩報 144 號）。

8.1　林氏作〈次韻周鴻濤友笛詞兄遊關仔嶺戲贈〉（詩報 158 號）。

1938　　昭和 13 年　戊寅　46 歲

　　　今年 7 月長子清淇娶妻。

　　　年底林氏為了三餐，為了奉養老親，調往四湖生活，任四湖
庄役場書記命庶務係主任。

1939　　昭和 14 年　己卯　47 歲

　　　今年 7 月林氏得長孫武雄。

4.1　林氏卜居在湖邊，柳陰深處，有矮屋，有刺竹為短籬，外加
紅莧紫茄三畝菜田。林氏作〈將之四湖留別朴雅諸吟友〉（詩
報 198 號）。

1940　　昭和 15 年　庚辰　48 歲

　　　詞友施梅樵作〈友笛五十自壽詩索和次韻兼述鄙懷〉二首見

《鹿江集》。

5.21 林氏作〈飢鶴〉三首（詩報 224 號）。

10.1 林氏作〈江山樓席上賦呈龔（顯昇）、蘇（鴻飛）、陳（培坤）諸兄〉（詩報 233 號）。

10.18 林氏作〈呈汾津吟社諸君子〉（詩報 234 號，汾津吟社唱和錄）。

11.2 林氏作〈中秋旅次喜晤傳心鴻飛兩詞兄〉（詩報 235 號）。

11.19 林氏作〈汾津夜泊〉（詩報 236 號）。

　　　 林氏作〈中秋夜於林宅席上拈韻〉（詩報 236 號）。

12.17 詞友周鴻濤作〈秋日懷友笛詞兄〉一首（詩報 238 號）。

1941　昭和 16 年　辛巳　49 歲

1.20 友笛與黃瘦峰至嘉義麗澤吟社擊鉢，林氏作〈問梅〉一首（詩報 240 號）。

2.4 林氏作〈陳春林過北港次韻奉酬〉（詩報 240 號）。

3.21 嘉義嘉福旅館小集林氏作〈雨聲〉（詩報 244 號）。

　　　 林氏作〈祝施天福君令尊堂雙壽〉（詩報 244 號）。

4.2 林氏作〈次韻周鴻濤春日攜兩孫遊關仔嶺懷友笛〉（詩報 245 號）。

12.17 楊爾材先生的妻子去逝，林氏作詩以慰之，有〈慰楊爾材夫子悼亡謹次原韻〉六首（上）（詩報 262 號）。

1942　昭和 17 年　壬午　50 歲

　　　 曾在汾津與蘇鴻飛詩酒相識。與汾津王東燁先生同庚，所以王氏今年亦五十歲。王東燁作〈和林友笛詞兄五十書懷原玉〉詩二首。林氏作〈慰楊爾材夫子悼亡謹次原韻〉六首（下）（詩報 264 號）。

　　　 林氏作〈謹次爾材夫子六十自訟原韻〉六首（詩報 264 號）。

5.　 林氏作〈五十書懷擬知己吟侶〉七律二首。

1943　昭和 18 年　癸未　51 歲

1.　 林氏作〈過基隆寄懷張一泓〉（詩報 287 號）。

4.23 林氏作〈吟筵席上賦呈施梅樵先生〉（詩報 294 號）。

　　　 林氏作〈次韻槐庭詞兄五十書懷〉（詩報 294 號）。

5.9 路經彰化寄詩給彰化詞友賴和、楊笑儂等。林氏作〈過彰化寄懷賴懶雲詞兄〉（詩報 295 期）。

　　　　林氏作〈過彰化寄懷陳渭雄先生並擬聲社諸君子〉（詩報 295
　　　　期）。
　　　　林氏作〈同寄懷楊笑儂詞兄〉（詩報 295 期）。
　6.7　林氏作〈重過彰化輓賴懶雲先生〉（詩報 297 期）。
　　　　林氏作〈祝朴雅吟社附屬研究會成立〉。
12.12　林氏作〈遊北投入山即景〉（詩報 286 期）。
　　　　林氏作〈休憩新樂園〉（詩報 286 期）。
　　　　林氏作〈過天狗庵〉（詩報 286 期）。
1944　　昭和 19 年　甲申　52 歲
　2.11　林氏作〈和辜一瀰先生將之泰國留則原玉〉（詩報 310 期）。
　3.1　林氏作〈過基津賦呈李石鯨先生〉（詩報 311 期）。
　　　　林氏作〈倒疊韻奉酬辜一瀰先生將之泰國〉二首（詩報 311
　　　　期）。
　　　　林氏作〈次辜一瀰先生將之泰國留別原韻〉（詩報 311 期）。
　3.20　林氏作〈過羅山賦呈林臥雲先生〉（詩報 312 期）。
1946　　民國 35 年　丙戌　54 歲
　　　　林氏在四湖鄉公所，任總務股主任。
1951　　民國 40 年　辛卯　59 歲
　　　　林氏兼任違禁書報雜誌影劇檢查員。同年調任戶籍課長，至
　　　　退休。在戶籍課共 13 年。
1952　　民國 41 年　壬辰　60 歲
　　　　3 月調任為四湖鄉戶籍課長。是年林氏六十歲生辰，有〈六十
　　　　書懷〉詩。
1953　　民國 42 年　癸巳　61 歲
　10.1　林氏作〈壬辰六十書懷〉四首（詩文之友 1 卷 6 期）。
　　　　林氏作〈次楊嘯天夏日雜詠韻〉四首（詩文之友 1 卷 6 期）。
　　　　詞友楊嘯天作〈次韻傳心詞兄山居即事〉（詩友 1 卷 6 期）及
　　　　〈次韻 友笛社兄六十書懷〉四首和二首（詩友 1 卷 6 期）。
　954　　民國 43 年　甲午　62 歲
　　　　年來林氏有高血壓的病症。夏初瀟湘漁父在北港舉行詩書畫
　　　　展，林氏酬以詩。林氏作〈過襃忠賦呈李維喬先生〉。而李氏
　　　　亦有和詩（詩友 43 卷 4 期）

林氏作〈以詩代柬寄李維喬先生〉（詩友 43 卷 4 期）。

5.1 林氏作〈夏日雜詠賦擬知己吟侶〉三首（詩友 2 卷 3 期）。

林氏自號旋馬庭主人，乃因闔庭僅可容馬迴旋，自喻四湖鄉的居室甚爲狹隘。詞友李維喬作〈次旋馬庭主人林友笛先生六十書懷原韻〉四首（詩友 2 卷 5 期）。

6.1 林氏作詩鐘〈詩酒〉一首。

林氏作〈43 年元旦漫遊碧潭山即作用林爾嘉前遊韻〉（詩友 2 卷 5 期）。

林氏作〈詠新店吊橋〉（詩友 2 卷 5 期）。

林氏作〈遊獅頭山廣照寺達通上人索詩賦此留念〉二首（詩友 2 卷 5 期）。

林氏作〈夜遊臺北橋即作〉（詩友 2 卷 5 期）。

林氏作〈癸巳除夕書懷〉（詩友 2 卷 5 期）。

6.15 林氏作〈元旦漫遊碧潭吊橋獅頭山廣照寺歸後憶作〉四首（詩友 2 卷 6 期）。

林氏作〈反攻〉詩鐘一組（詩友 2 卷 6 期）。

林氏作〈義士〉（詩友 2 卷 6 期）。

林氏作〈寄陳雲翔〉（詩友 2 卷 6 期）。

林氏作〈寄盧少白〉（詩友 2 卷 6 期）。

林氏作〈寄陳義山〉（詩友 2 卷 6 期）。

林氏作〈春日訪陳錫津先生恪逢堂上奏樂喜作〉（詩友 2 卷 6 期）。

林氏作〈壽錫津先生六十晉一誌慶〉（詩友 2 卷 6 期）。

林氏作〈過裦忠重訪李維喬先生賦呈〉（詩友 2 卷 6 期）。

林氏作〈詣張立卿先生重訪李維喬先生蒙主人設席賦此奉酬〉（詩友 2 卷 6 期）。

7.15 林氏作〈甲午仲夏之初瀟湘漁父先生於汾津舉行書畫展以詩索和次韻奉酬〉（詩友 3 卷 1 期）。

林氏作〈次李維喬先生除夕感詠原韻〉（詩友 3 卷 1 期）。

林氏作〈過石龜溪葉清河先生談飲賦此奉酬〉（詩友 3 卷 1 期）。

1955　民國 44 年　乙未　63 歲

2.16　林氏作〈漫遊竹溪寺韻用溪、西、雞、齊、啼〉（詩苑1卷1
　　　期）。
　　　林氏作〈旅社夜話席上賦呈劉梁、蔡錦棟〉（詩苑1卷1期）
　　　。
　　　林氏作〈次劉孟梁先生客中遣懷瑤韻〉七律一首。

1956　　民國45年　丙申　64歲
　　7.　林氏作〈訪杰仁先生感作〉（詩苑4卷1期）。
　　　林氏作〈次張立卿（張卓）在吳景箕府第奏樂偶成瑤韻〉（詩
　　　苑4卷1期）。
　12.　林氏與張立卿、陳錫津三人同訪住在斗南石龜溪的葉清河先
　　　生處，是年葉氏七十歲。詞友陳錫津在斗南組織「海山蒼吟
　　　社」，並擔任社長。
　　　林氏作〈次張立卿詞弟訪清河先生感作原玉〉（詩苑　4　卷　1
　　　期）。

1957　　民國46年　丁酉　65歲
　　　林氏今年正式自四湖鄉公所退休，據林氏家人說林氏退休後
　　　仍得延長服務若干年。平日喜種菊爲樂。今年春天漫遊梅山。
　3.1　林氏作〈餞菊〉（詩友7卷1期，觀詩5卷2期）。
　5.1　林氏作〈次周鴻濤70書懷〉（詩友7卷3期）。

1958　　民國47年　戊戌　66歲
　　4.　林氏作〈蘇巡佐高昇巡榮轉土庫，詩以祝之〉（詩友8卷6期）。
　　　林友笛遊嘉義梅山，作〈丁酉春漫遊梅山即作〉二首。另作
　　　〈遊真理亭〉、〈遊介壽亭〉、〈遊洗心亭〉、〈遊梅仔坑〉。
　　　林氏因詞友洪寶昆來遊，作〈喜寶昆先生過訪賦此奉酬〉，而
　　　洪氏酬以〈敬和友笛先生原玉〉詩一首。

1959　　民國48年　己亥　67歲
　　3.　林氏作〈己亥春攜笛漫遊過溝偶作〉七律一首。
　　9.　林氏作〈弔朴子高明寺住持陳添貴祭文〉一篇。

1962　　民國51年　壬寅　70歲
　　4.　詞友張立卿作〈謹次林友笛先生贈吳景箕詞兄原玉〉（藝苑15
　　　卷4期）。
　　5.　林氏代四湖鄉長吳修量作〈弔四湖鄉海上遭難亡身壯士吳鞭

等十三人〉祭文。

林氏作〈七十初度書懷乞諸大方家斧正〉七律四首。

6.29　詞友林天能作〈謹和林友笛詞長七十書懷擬諸吟侶原玉〉七律四首。

詞友林天能作〈另呈一律爲友笛老先生七秩壽慶〉七律一首。

7.　詞友張立卿作〈謹次林友笛先生七十書懷原玉〉（藝苑 15 卷 7 期）。

8.　詞友張立卿作〈謹次林友笛先生七十書懷原玉〉（藝苑 16 卷 2 期）。

9.1　蘇鴻飛詞兄作〈汾津重晤林友笛詞兄〉（詩友 16 卷 6 期）。

林氏作〈次韻蘇鴻飛汾津重晤奉酬鴻飛兄〉。

林氏作〈倒疊韻蘇鴻飛汾津重晤奉酬鴻飛兄〉。

蘇鴻飛詞兄作〈次答林友笛詞兄七十書懷瑤韻〉四首。

1963　民國 52 年　癸卯　71 歲

5.　林氏今年退休後遊於舊庄三秀園、關子嶺、大仙寺及嘉義半天巖、斗六湖山禪寺等名勝。詞友張立卿作〈謹次林友笛先生癸卯春三月重遊三秀園原玉〉（藝苑 17 卷 5 期）。

林氏作〈癸卯麥秋之晦漫遊半天巖〉詩七絕六首，七律一首。

6.1　林氏作詞四闋,〈謹祝嘉社聯吟大會（調寄長相思）〉（詩友 18 卷 2 期）。

10.10 林氏雙十節作〈爲洪竹旺吟長榮轉於土庫分駐所賦詩〉七絕一首。

1964　民國 53 年　甲辰　72 歲

林氏作〈祝陳志淵先生 68 華誕詩〉七律一首。

3.　林氏代四湖鄉長吳修量作〈故林順仕先生祭文〉一篇。

8.1　林氏退休後又延年服務至今年。林氏作〈次李可讀五十書懷瑤韻〉二首（詩友 20 卷 4 期）。

12.1　林氏作〈東港小集〉（藝苑 20 卷 2 期，又詩友 21 卷 2 期）。

1965　民國 54 年　乙巳　73 歲

林氏作〈慶祝國父百年誕辰紀念〉五律一首。

乙巳年中秋夜爲品茗會開於晉生參藥行賦詩留念，林氏作〈品茗會賦詩留念〉又作〈次張達修先生見示瑤韻〉。

3. 林氏因周文俊、翁文登詞兄遇訪而作〈北港鯤南七縣市聯吟後荷蒙過訪，以詩見贈，次韻奉酬〉一首及〈次見贈瑤韻〉一首。另作〈次翁文登韻奉酬〉七絕一首。

5. 林氏因乙巳麥秋與張立卿兄重遊三秀園，而作〈過仁里橋〉、〈重訪張禎祥處士於三秀園〉、〈詠蝴蝶蘭〉、〈戲詠老松〉、〈過押鷺亭〉、〈樹下閒談〉共六首。

7. 林氏作〈過大仙巖〉、〈曉行關仔嶺〉、〈觀劇有感〉、〈夏日雜詠〉七絕六首等。

9.1 林氏參加鄉勵吟社課題作〈太空衣〉（詩友 22 卷 5 期）。

12. 林氏作〈乙巳臘月下弦重遊湖山巖禮佛偶作詩〉七律一首。

1966　民國 55 年 丙午　74 歲

元旦，林氏之孫林炳昇就讀屏東國校四年級，因期考各科皆列 90 分以上，林氏書獎狀予之。

林氏作〈丙午春日重遊三秀園賦呈主人〉，又作〈過南浦田〉、〈過即名山〉、〈過池外池〉、〈過半月池〉。

3.1 林氏作〈和高文淵先生六十書感原韻〉七律四首（詩友 22 卷 5 期）。

4.1 參加丙午全國詩人聯吟，林氏作〈中和節懷顏思齊〉（詩友 23 卷 6 期）。

8. 林氏作〈溪頂昭安府沿革誌〉一文。

9.9 林氏作〈丙午重陽節重遊養氣園偶作〉七絕二首，又作〈養氣園邂逅相逢賦呈步教導先生〉七絕一首。

10.31 林氏作〈蔣公總統八秩華誕〉七律一首，五律一首，壽聯一首。並代其子林清樵作五律一首。

1967　民國 56 年 丁未　75 歲

林氏親作自傳，函寄周澄秋，為編輯所需。今年又作〈夜宿高明寺〉七律一首、〈拂曉烹茶奉佛〉七絕二首、〈退隱偶成〉、〈慶祝丁未孔子誕辰暨詩文之友創刊 15 周年〉七律一首。

林氏於年底參加醒靈寺課題〈倒啖蔗〉入選二首。

林氏作〈慶祝丁未孔子誕辰暨詩文之友創刊十五周年〉七律一首。

林氏作〈何南史先生以旅泊佳作見示次韻奉酬〉七律三首。

3. 林氏為蘇平祥詞長的令郎蘇志忠君結婚，而賦〈志忠君榮諧伉儷之慶賦此以留念〉七律一首，又為文忠先生作〈詠太公釣魚圖〉七絕一首。

1968　民國 57 年　戊申　76 歲

林氏作〈凌霜詞兄以戊申竹枝詞見贈次韻奉酬〉七絕十首。

林氏作〈謹次周澄秋戊申元旦書懷瑤韻〉七律一首。

又作〈謹次周澄秋五十年回顧瑤韻〉七律一首。

1.7 林氏應周澄秋詞兄之求，作〈汐止北港拱北殿仙公廟的廟聯〉一首。

4.1 林氏作〈謹次吳雲鶴（吳石祥）先生八秩初度書懷瑤韻〉七律二首。

5. 林氏作〈戊申清明節夜宿四知堂賦贈主人〉五律一首。

林氏作〈清明節蒙侯鎮長設席席上賦呈並似在座諸君子〉七律一首。

5.31 林氏作〈次趙凌霜六六紀生期瑤韻〉古詩三首。

6. 林氏參加戊申詩人節聯吟大會，以〈儒林懷古〉一首勇奪金榜，入選第十一名。

1969　民國 58 年　己酉　77 歲

3.30 林氏作〈題臺灣擊鉢詩選第二輯〉七律一首。

林氏作〈春秋筆〉二首（臺灣擊鉢詩選二輯）。

11. 林氏代四湖鄉長蔡梯作〈弔吳火爐先生〉祭文

林氏作〈己酉孟秋之晦釣蛙得詩〉八首（詩友 31 卷 1 期）。

林氏云：「己酉孟秋下弦前二日，庭前瓊花盛開，擬欲沽酒對之，無如酒不欲我，乃廣邀知友品茗閒談以賞花光，爰賦五絕四首以為留念。」

1970　民國 59 年　庚戌　78 歲

林氏作〈七八自嘲〉（見曾人口《金湖春秋》）。

3. 林氏詞友周鴻濤去逝，故作〈周鴻濤弔辭〉一篇。

1971　民國 60 年　辛亥　79 歲

林氏作〈謹次高文淵歲暮賦寄原玉〉七律一首。

5. 林氏作〈秋日書懷〉。

林氏次子喜得男孫，於是他當上了曾祖父，故作〈次得男孫

　　　　　喜賦瑤韻〉。

　　　　　林氏又作〈麥秋偶成〉。

1972　　　民國 61 年　壬子　80 歲

　　7.　　林氏作〈八十書懷〉七律二首。

　　　　　林氏作〈謹次壬子元旦書懷原玉〉五絕一首。

　1973　　民國 62 年　癸丑　81 歲

　　　　　林氏作〈敬次李瀾平先生七十生日書懷瑤韻〉七律二首。

1974　　　民國 63 年　甲寅　82 歲

　　1.　　林氏作〈謹次王寶書八十書懷瑤韻〉七律六首。

　　5.　　林氏生辰，次男林清樵遠從屏東水門攜妻子祝壽，林氏作七
　　　　　律一首以誌韻事。

　　8.　　林氏作〈甲寅季夏之月，為林繼紀君與鄭璧琤小姐結婚之慶，
　　　　　賦此以為留念〉。林氏作〈朴子鎮安宮聯〉三首。

1979　　　民國 68 年　己未　87 歲

　　3.　　林氏作〈四湖同寅吳頓之祭文〉。

　1984　　民國 73 年　甲子　92 歲

　　　　　今年 11 月 26 日林氏去世。

　　　　　1989 年林氏妻陳榜以 94 歲高齡別世。

# 林友笛漢詩創作的時代
# 意義與價值

謝錦味 ※

## 一、前　言

　　旋馬庭主人林友笛（1893～1984）原名林榮，生於清領末期，長於日據時期，幼年除接受嚴父傳統漢學薰陶及日本公學校教育，並於畢業後立雪張麟書門下，潛心研究漢文。嗣後歷任嘉義廳衛生試驗室囑託、南勢竹區庄役場書記、布袋庄役場書記庶務、東石自動車株式會社會計、四湖庄役場書記、四湖鄉公所主任等職。

　　總之，友笛早歲因身世困頓以致須課衣食營生而流離於嘉雲各地，不料因此開展出他特殊的生命歷程，更有幸因為加入岱江、朴雅、麗澤吟社，繼而出入汾津、鄉勵等社，並因緣際會而得廣結同道，除了與雲嘉義地區詩人往來頻仍外，他更將觸角延伸到彰化、高雄、屏東及其他各地，在深耕雲嘉詩壇之餘拓展出更開擴的場域。正因生當亂世兼以雅好吟哦，有意以詩歌書寫懷抱，留存生命點滴，反因此揮灑

※　謝錦味：國立土庫商工國文教師，雲林科大漢學所碩士。

出不同其他文人的一片詩香。雖無驚世的創作理念和以詩不朽的壯懷，但仍足以見證時代社會、且自抒性靈，有其可觀之處。

友笛早年以故里朴子及鄰近之東石、布袋、嘉義爲其活動範圍，詩歌中每每摹寫地方風物、發抒客愁餘恨；中年以後落籍雲林四湖，又以他鄉作故鄉，除書寫雲林、寄情述懷外，猶一心以文化承續爲己任，直到生命終了。職是之故，不管在故鄉或他鄉，林氏都寫下了生命中值得紀念的扉頁，也留下了可供傳承的詩篇，爲雲嘉古典詩壇增添璀璨的輝光。尤其可貴的是，林氏享壽 92 高齡，漢詩創作超過半世紀，一生親歷日治時期、臺灣光復等數十年歲月，親眼見證了這一塊土地上所上演的一幕幕故事，承受了一次次政權更迭或時局動盪的衝擊，一枝生花妙筆寫出一個臺灣鄉土人物的心境與慨嘆。他的詩每每暗藏對國事、天下事的關心以及個人遭遇坎坷的辛酸苦澀，留下了大時代變奏中新舊文學交替創作者面臨轉變卻執著不悔的另一種典型，有別於呼籲變革及全力反撲新聲的兩種不同做法。他甘爲新舊文學論戰戰火外圍的無名小卒，只以最熟悉、最能表白素心的傳統詩文寫懷述志，無視塵世紛紛擾擾，但求以詩言志，其心曲之委婉動人，非深入其中者不能感悟。

因爲長年的飄泊、以他鄉作故鄉，林氏成爲日治時岱江詩壇曇花一現的過客、桃城詩壇上的一頁傳說，江寶釵《嘉義古典文學發展史》上竟無一字提及其人其詩，斯事原不足爲奇，正如連雅堂〈臺灣通史自序〉所云：「斷簡殘編，蒐羅匪易，郭公夏五，疑信相參，則徵文難；老成凋謝，莫可

諮詢，巷議街譚，事多不實，則考獻難。重以改隸之際，兵
馬倥傯，檔案俱失，私家收拾，半付祝融，則欲取金匱石室
之書，以成風雨名山之業，而有所不可。然及今為之，尚非
甚難。若再經十年、二十年而後修之，則真有難為者。」筆
者因緣巧合中能有幸附驥林友笛散佚詩篇、手稿之整理研
究，亦覺與有榮焉。[13]

　　筆者本文就其創作的時代意義與價值述評，肯定他能揚
風扢雅，是文化傳承與發揚的身體力行者；能以詩言志，是
寫實詠懷、純然性靈的鄉土人物典型；又能見證歷史，堪稱
跨時代區域文人自我完型的真實個案。

## 二、揚風扢雅 —— 文化傳承與發揚的身體力行者

　　從日據以迄光復後數十年，新文學興起以及傳統詩文沒
落可謂其來有自，王文華《日治時期苗栗傳統詩社研究－以
栗社為中心》中如此析論：[14]

> 傳統詩文組織和影響力的瓦解，很重要的原因是來自
> 政治、社會、經濟型態的改變；也是中國傳統流散的
> 象徵，新的社會型態須要新的作家，和新的文字和體
> 裁來表現，那些高唱新文學創作理論的人，也是因為
> 新時代的來臨才被大眾接受的。新文學受到歡迎以及
> 傳統詩文的萎縮，是對應於中國國勢衰微，民心思變

---

13 詳見筆者碩論《林友笛漢詩研究》（雲林：雲林科技大學漢學資料整
　　理研究所，2006 年）。本文摘錄、修訂自該論文第六章三節。
14 王幼華：《日治時期苗栗傳統詩社研究 —— 以栗社為中心》（台中：
　　中興大學中文所在職專班，2001），頁 148。

的潮流，所謂新文學……也如同中國或日本的政治、社會、經濟或國家組織一般，都有模擬、複製先進國家的情形。傳統詩文在新文學浪潮侵襲下，雖仍存在，但因無法在內容和形式上突破，成為一種比較僵滯的文學系統，也退出了文學的主脈，惟有在漢語世界裡才能顯現它的意義。

總之，西風東漸、白話文學運動等因素作用下，政治、社會、經濟型態的改變使新文學成為主流，因為新文化運動如火如荼展開之際，傳統詩文已不敷使用，為加速其退場，有人大力撻伐本屬時勢所趨，但不能以此實際功利之急迫性而全然宣判舊有一切作法為無用、廢物而全盤推翻，固守傳統而一意捍衛、力圖為其延齡續命的傳統文人亦非一無可取。作為以「揚風扢雅」為己任的文化傳承發揚者中的一員，友笛原是罕為今日臺灣文學研究者知悉的地方鄉土人物，但他身體力行、投入無悔的精神卻值得肯定。

林友笛步入詩社、作品頻頻見刊分別在 1920 年代以及 1931 年後，正好與「新臺灣教育令」頒布，書房急遽減少、詩社蔚然成立及後來禁絕漢文教育，舊式書房遭到從嚴管理、取締等史事遙相呼應，可以看出他之投入詩社、積極以詩言志乃出於「維繫漢文於一線」的嚴肅使命感而非意存功利，想自抬身份博取美名，更不僅止於風雅唱和，切磋詩文、溝通聲息、敦睦情誼而已，詩人所謂的「揚風扢雅」實指的是更嚴肅的意涵，「存續漢文、漢詩」之用意實等同於維護民族自尊與文化。龔顯宗教授〈從獨立到日殖 — 論臺南縣五位文學家五位作家〉文中對林人文、王文德、林逢春、林馨

蘭、黃清淵諸人多所肯定，讚許他們「全力維持民族自尊，維護固有文化，即使對統治者偶有頌揚，但對象一定是好官或寓藏著諷勸，從未被馴化，向日人傾斜、靠攏。更難得是他們不因涵養舊學而鄙棄拒絕新知，在酬唱中仍能言志、載道，堅持理念。」林翠鳳〈鄭坤五及其九曲堂詩集初探〉中也強調「鄭坤五一生寫作大量的傳統詩，一方面舒暢個人詩歌創作才藝，一方面也是有意識地藉此延續因政權遞換所可能面臨式微的漢文化。在日據時代裏，詩人這樣的意識，是與許多臺灣在地文人相近似的心緒，這也正是此一特殊時代背景下，文學界的共識與特殊使命。」筆者以為：上述讚譽與論評移諸友笛亦極貼切傳神，總之，林友笛之投入漢詩創作與聯吟酬唱是以個人情志為出發，又以文化傳承與發揚為職志，背後有其時代因素與集體意識影響，他的精神更值得推崇。

　　試看：友笛〈李少菴先生以四十初度書懷詩索和次韻奉酬〉[15]中「劫後文章難復古」之嘆，與王大俊〈用笑儂先生原韻呈林友笛先生〉[16]「漫道文章遭末劫」同出一轍，友笛〈寓齋書懷〉[17]「自憐塵世文章賤」、手稿〈遣懷四首次笑儂詞兄瑤韻〉「太息文章難復古」、「道德陵夷嗟此日」及〈歸梓訪嘯天兄賦呈〉[18]「斯文掃地嗟何極，生恐人嗤不合時」所慨嘆關心、寄寓的都是此種情懷。

---

15　《詩報》65 號 1933.8.15。
16　《台南新報》11532 期：8 頁　1934.02.16。
17　《詩報》138 號 1936.10.2。
18　《詩報》202 期：5 頁 1939.06.05。

1943 年朴雅吟社附屬研究會成立，友笛亦賦〈祝朴雅吟社附屬研究會成立〉詩以祝之，揭櫫的仍是這種精神：

> 附屬吟壇慶已成，恰逢新曆賀新正。
> 堂堂旗鼓添春興，濟濟衣冠萃俊英。
> 繼起斯文憑後進，維持風雅賴先生。
> 牢騷笑我湖邊客，末席叨陪聽鉢聲。

林友笛〈祝朴雅吟社附屬研究會成立〉<br>《詩報》297 號 1943.7.7

從日據到光復政治局勢容或已經轉變，但這批早期出入詩社，以漢詩之吟哦風氣興盛與否為「漢學存續」指標的傳統詩人，他們面對的是更不利於漢詩創作與推行的環境，普通話的新文學書寫正式成為主流，再不會有起死回生的「第三次擊鉢吟」盛況奇蹟性的改變漢詩走向衰頹的命運，但詩人仍專一以漢詩為文化傳承之命脈所繫，努力發揚、參與，其結局雖屬無奈，但其態度卻教人欽佩。友笛寄與高文淵、周文俊的詩篇中頻見肺腑真情的告白，如：

> 狂瀾力挽賴伊誰，末俗頹風費所思。
> 太息文章難問世，故將竹葉醉傾卮。
> 看君刮目經三日，顧我虔心盡一時。
> 山水寺遊神未倦，老猶身健自家知。

林友笛〈三疊誰字韻又寄文淵〉《詩文之友》26.4 號 1967.8

> 索詩邂逅客來頻，心思雖煩滿面春。
> 唱和能教垂另眼，聯吟倍覺爽吟身。
> 自慚笨伯胸無墨，卻羨濂溪筆有神。
> 數畝庭花餐自足，憂時憂道不憂貧。

林友笛〈次文俊詞兄七十初度感懷瑤韻〉<br>《詩文之友》29.5 期 1969.3

　　又如 1970 年所作〈次嘯天詞兄朴雅吟社憶舊原玉〉更為
「朴雅詩社」社史留下可貴文獻，友笛極力彰顯他人功勳，
卻隻字不提自己；不以此妄自尊大，更無意沽名釣譽，只以
「存續漢學」為念之態度自然可風：

> 卅年情景費搜羅，往事茫茫付逝波。
> 霸戰雄軍為鬼半，即今舊侶已無多。　（其一）
> 素性猶耽放浪吟，岱江籬下富黃金。
> 每週得假回鄉日，擊鉢何嫌到夜深。　（其二）
> 青木尚賢鬢亦霜，安閒未許出他鄉。
> 兩間桃李栽無數，魯殿多增一線光。　（其三）
> 社長近樗尚古風，亡身樸雅老詩翁。
> 慶朝顏蚌皆為鬼，面目而今總不同。　（其四）

林友笛〈次嘯天詞兄朴雅吟社憶舊原玉〉

　　〈八一偶成（請廖榮貴先生斧削賜和）〉中一再抒寫的仍
不出此種心境：

> 榮顯家風漫說奇，爭如觸景便吟詩。
> 誰憐道德淪亡日，卻怨文章不入時。
> 李白百篇猶可作，盧仝七椀復何辭。
> 朝來閒把諸孫弄，娛目分甘笑展眉。

林友笛〈八一偶成（請廖榮貴先生斧削賜和）〉

《詩文之友》38.5 期 1973.10

　　詩人雖不免抱怨所作「文章」已不合時宜，但仍日日以
此自遣自娛且與同道互慰互勉，一心以此傳續文化，「力挽頹
風」的用心昭昭若揭！明知其不可而為之的精神更令人肅然
起敬。

## 三、以詩言志 ── 寫實詠懷、純出性靈的
## 鄉土人物典型

　　縱觀友笛一生創作與行藏，可以歸納出他意在以詩言
志、抒寫性靈，但無意於騷壇競逐聲名、爭勝騁才，對於積
極投入詩社運作，執其牛耳更興趣索然。國運時局、社會民
生是他所深切關心的焦點所在，自然成爲其不時擷取入詩的
素材；生活情趣或生命坎坷引發之興味或悲鳴低語也都出自
肺腑胸臆；對地方風物的書寫則來自日常的實際參與、沉思；
至於大量寫詩向同道索和、刻意締結鷗鷺盟儔皆是純出天性
使然，絕無藉此干名求榮、貪緣取祿之意圖。早年困於國難
當頭、時局艱難與個人遭遇，因此不免時有憂國傷時懷才不
遇之慨；晚年則堪稱蔗境彌甘、仙鶴遐齡，但仍不時有「道
德淪亡」、「文章不入時」之嘆，總之，皆爲其真情至性之素
心與告白，正是古來詩人詩以言志、直抒性靈的實際踐履者，
值得吾人由衷感佩推崇，從諸多篇章中可以看出他志趣所在
與心之所繫，當以「詩道」與「閒情」兩端最爲執著，而對
詩學、文化之傳承發揚已如前述，至於他的吟詠言志亦不勝
枚舉，吟詩、蒔花、品茗、弄笛、釣蛙、漫遊、與知己酬答
聚會都是他書寫的大宗，以下且且臚列數首以茲爲證：

　　　　閒中我每縈懷思，滿腹牢騷未改移。

　　　　巷尾有時貪奏樂，案頭無日不吟詩。

　　　　弄孫柚喜分文旦，款客茶甘用武夷。

　　　　旋馬庭園寬半畝，充飢好曝地瓜絲。

林友笛〈閒中偶成〉《詩文之友》28.6 期 1968.10

西風何事過花台，暑退涼生雁又來。

不聽寒蟬知口噤，偶逢吟友笑顏開。

傲霜日理籬邊菊，踏雪時尋隴上梅。

籬外秋聲頻入耳，鏡中怕見鬢毛催。

林友笛〈理菊偶作〉《詩文之友》33.4 期 1971.2

白雪何關兩鬢侵，茶家樂友喜相尋。

消閒有笛憑三弄，得意無詩費一吟。

太息卞和空識玉，誰如楊震貴辭金。

為官日見趨崔烈，銅臭休嫌愧內心。

林友笛〈冬日書懷〉《詩文之友》35.3 期 1971. 11

詩茶樂備友寥寥，遊玩奚辭去路迢。

笛自橫吹心自樂，西螺來往過長橋。　　（其一）

東山日暖豈知紛，那管邊城起戰雲。

曲唱霓裳分左右，四湖能得幾回聞。　　（其二）

栽花品茗爽吟情，塵世何須博大名。

願與寒蟬同禁口，餐風葉底不鳴聲。　　（其三）

乾坤能貯一壺中，豈獨如來法不窮。

太息臥龍今已杳，神機無復祭東風。　　（其四）

倫理綱常未可提，忍看父子較高低。

董狐今日人如在，鐵筆難容不史題。　　（其五）

評詩奏樂不知煩，黃菊盆栽置小垣。

秋到宏開金滿地，菊城遊遍又花園。　　（其六）

林友笛〈竹峰先生以夏日雜詩見寄次韻奉酬〉

《詩文之友》41.2 期 1975.11

友笛「堅持抒情閒詠，比興言志」之作頗多，是「日據

到光復後詩壇每以擊鉢吟作多而抒情言志之作不足」遺憾中
的一點安慰，這段長達五十年、跨越日治到光復的流金歲月，
友笛所書寫的詠懷多有不同偏重，揆諸今日各地進行區域文
學整理研究時常面臨文獻佚失、耆老凋零無從採錄的遺憾，
以此反思林友笛漢詩手稿得以保存、提供研究，便顯得彌足
珍貴。

## 四、見證歷史 —— 跨時代區域文人自我完型的真實個案

從朴子到布袋，友笛寫下了漁村海陬的人文地貌，也譜
下漂泊遊子的悲歌，〈岱江竹枝詞四首〉、〈次笑儂詞兄雨中
閒臥瑤韻〉、〈岱江曉望寄知己吟侶〉、〈岱江晚眺錄三〉、〈次
韻江亭消暑二首〉等皆足以刻劃布袋以漁、鹽為主的區域風
貌，詩人行吟、諷誦的版畫構圖中歷歷可見漁船、歸帆、江
風、濤聲……；臨海近灘各處的埤、潭、塘、水圳、溝渠等
場域，更是詩人徜徉垂釣的好地方，釣蛙也作詩，百吟不厭
的騷人形象宛然在目。除了呈現布袋漁村特有的人文風景，
寫出「漫天風雨撼江邊」、「長江白鷺眠沙急，壽島烏鴉繞樹
鳴」、「曉煙雲影綠波光，寫入天風萬里長。壽島晨雞催落月，
岱江漁父唱歸航」的壯景與幽情外，友笛仍不時感懷個人遭
遇、寄寓家國之思：〈次笑儂詞兄除夕書懷瑤韻〉中所謂「屺
山東望添惆悵」、「眼看人海波濤險，洗耳何時傍石居」、
「新詩短笛日相親，忘卻生平歷劫塵」、「半世勞勞走客途」、
「榮華畢竟春婆夢」，或〈蔡君夢花招飲席上次呂漢生詞兄

過岱江見贈瑤韻〉[19]哀鳴「太息干戈操不息，桃源何處避強秦」都是詩人發自肺腑的聲音，也是他站在不同時空背景下譜出的生命韻律，是一個跨時代、區域文人不甘消音、不肯淹沒於滾滾濁流中的清唱！雖然幽微，卻不應被置若罔聞。

　　1938 年友笛自嘉義轉職四湖庄役場，從此在四湖度過後半生，四十多年的歲月中他深深愛上了這片土地，不只常常悠閒地享受小村中特有的農家風景，更於「小西湖」畔築屋而居，暇餘仍到水澤淺草池塘釣蛙尋詩；不幾年足跡更踏遍了大雲林地區的許多寺院、山嶺，廣結當地同道詩友。光復以後，友笛重返騷壇，詩寫雲林的篇章更源源不絕，但他絕不因遁世逃俗、遠居鄉野荒僻邊陲而真正放棄以詩為史、見證時代的職志。〈次韻嘯天夏日雜詠〉中除詠歌地方之美、農村風情，仍不免感嘆詩壇寂寥、米珠薪桂、時局險惡。「跳擲雄風防市虎」、「漫空火傘炎威日」是日據時詩人常寄意暗諷以對抗言論箝制、政治苛暴的手法，光復後友笛猶出此言，殆出於二二八事件及白色恐怖的威脅代之而起，詩人不能暢所欲言、又不肯噤口吞聲，所以有此一說。此外，友笛對四湖隱逸生活的刻劃亦清新絕俗，教人心嚮往之。

> 四湖湖上雨初晴，遠近頻聞打稻聲。
> 佐飯時收肉豆子，驅蜂日傍菜瓜棚。
> 清吟惹我迎茶客，狂醉看人鬧酒兵。
> 六十書懷過半載，問君有約可曾行。　（其一）
> 柳陰深處是吾家，刺竹為籬綠滿笆。

---

19　《詩報》70 號 1933.11.15。

小酉山中搜舊史，聽松庵內試新茶。

藏嬌人喜營金屋，卻炭妻偏用火叉。

難得湖邊閒歲月，清和諷詠景堪嘉。　（其二）

新詩一讀興偏長，消夏韻偏愛七陽。

幾見簫清能引鳳，豈真曲妙足求凰。

浮瓜我每師吳質，難弟人爭仰季方。

漫笑騷壇生意淡，門前索和去來忙。　（其三）

閱世徒嘆歲月新[20]，天涯今尚歷風塵。

盤中每苦珠輸米，爨下誰憐桂似薪。

跳躑雄風防市虎，崚嶒傲骨嘆勞人。

漫空火傘炎威日，陟屺朝朝望老親。　（其四）

　　　林友笛〈次韻嘯天夏日雜詠〉《詩文之友》1.6 期 1953 .10. 1

　　　除了四湖美景，友笛詩作詠嘆的地方風光還包括雲林其
他地區，如鄰近的梅山、斗六湖山岩、北港等地，但詩人最
心儀而深情的仍是四湖，有別於卜居初始興發「四湖久滯難
歸里」的悲嘆，在〈次澄秋先生六十書懷瑤韻〉中已吟出「四
湖鄉內西湖景，彷彿桃源別有天」、「四湖我已棲遲慣，客舍
依稀似故園」的樂章；79 歲高齡時更以青眼賞看四湖之美，
而有「綠竹迎風綠滿湖。簾前飛燕聽呼雛」[21]之佳句記此景
緻，並寄贈給同道高文淵：

　　　綠竹迎風綠滿湖，簾前飛燕聽呼雛。

---

20 原刊作「薪」，今據詩意改為「新」。
21 高文淵有詩〈寄旋馬庭主人〉：「旋馬庭前綠四湖，熟梅時節燕呼雛。
吟詩每自開生面，對酒還教醒宿儒。蠶女抽絲甘作繭，鮫人落淚便成
珠。撐腸我乏書千卷，徒負推敲撚斷鬚。」此首是林友笛的次韻，用
以回贈。

清新茶喜迎騷客，得意詩當獻大儒。

自笑拋磚貪引玉，豈同買櫝竟還珠。

年來白髮垂雙鬢，遮口思除八字鬚。

　　　　林友笛〈次韻寄旋馬庭主人〉《詩文之友》35.3 期 1971.11

　　友笛生於清領後期、長於日治、悠遊於光復，他前後出入傳統詩壇，論籍貫應屬嘉義朴子人，以其「壯年書劍舞羅城」的歷程，又曾服務於布袋庄役場十餘年，視同「嘉義詩人」為理所當然；但 46 歲後轉職雲林四湖，更廣結本地詩友，如吳景箕、張立卿、陳錫津、葉清河和客居褒忠的李維喬……等，初期亦積極參與本地詩社之活動，並寫下許多與雲林史事、風物有關之詩作，直到 92 歲去世後更埋骨於斯，就此而論，稱之為「雲林詩人」絕無不可。筆者以為，論其際遇、創作則不妨將之定位為跨越多元時代、場域的「臺灣詩人」。

# 五、結　言

　　江寶釵《嘉義地區古典文學發展史》中有謂：「在嘉義地區，朴子、布袋、東石，或還可以包括義竹鄉，它們遠離陸地，靠近海岸，不但民情風俗與諸羅城迥異，也自成一個文學聚落。這些詩人的作品在主題內容上自樹一幟，與嘉義市區的詩人群多有不同」[22]，因此論述嘉義地區古典文學發展時將之與嘉義市「分開討論」。今以林友笛而論，其成長背景、經歷確實影響其生命格調，進而滲入其創作中，形成他創作有特定的主題、作風，不僅如實見證他游學謀食嘉義、

---

22 江寶釵：《嘉義地區古典文學發展史》（嘉義：嘉義市立文化中心，1998 年）頁 311。

雲林的歷史脈絡，也可以視爲一個沒有特定社經、文化、地方勢力奧援的鄉土人物，他堅持走入詩社、終身吟詠漢詩的不平凡案例，顯示出他是臺灣鄉土文學中「自我完型」的可貴例證與典範。

# 一、林友笛詩集

## 七絕類

註：凡未註明出處者，系出自於手稿本

### 1. 乙巳中秋夜爲品茗會開於晉生參藥行賦此以爲留念

七絕一首 1965 年

今宵月朗勝常年，品茗會開聚眾仙。
不遜聽松庵韻事，主人風雅信無邊。

### 2. 乙巳麥秋與立卿兄重遊三秀園 過仁里橋 七絕一首 1965 年

誰將仁里架川遙，利涉人多朝復朝。
信是近村風俗美，互鄉未可過斯橋。

### 3. 一漚詞兄以進德錄見贈讀後賦呈 七絕一首

詩文之友 33 卷 1 期 1970.11.1

詩意鏗鏘筆有神，連篇累牘句驚人。
嘔將心血知多少，盡是先賢未問津。

### 4. 八月槎 七絕一首 七絕寒韻

中秋月朗覺心寬，一葉飄飄入廣寒。
但聽天孫來喚渡，人間能得幾人看。

### 5. 丁未王春爲慶祝志忠君榮諧伉儷，歸途訪文忠先生於府上，索詠壁上太公釣魚圖，賦此以爲塞責 七絕一首 1967 年

詩文之友 26 卷 6 期 1967.10.1（又見手稿本）

釣璜至竟爲興周，豈望鯨鯢上此鉤。
漫笑漁翁生意淡，乾坤八百一竿頭。

### 6. 丁酉仲春重遊松園感作 七絕一首 1957 年

拜石重來憶舊遊，松園倍覺景清幽。
主人閒逸能如許，千古米顛孰疋儔。

旋馬庭主人林友笛題

## 7. 丁酉孟秋望後釣蛙六首 七絕六首之一 1957 年

廢竿此日復攜竿，爲易垂綸志更難。
保長湖邊投遍遍，了無蛙黽轉心寒。

　　林友笛自註：廢竿此日復攜竿，六年前釣蛙詩有擬自今秋廢釣竿。

## 8. 丁酉孟秋望後釣蛙六首 七絕六首之二 1957 年

鯤南詩苑 3 卷 2 期 1957.9.16 （又見手稿本）

蝌蚪全無付一嘆，荒郊十里路漫漫。
生涯便覺經年淡，老到還須廢釣竿。

## 9. 丁酉孟秋望後釣蛙六首 七絕六首之三 1957 年

鯤南詩苑 3 卷 2 期 1957.9.16 （又見手稿本）

垂到新庄興轉饒，池塘淺草怒蛙囂。
此君也有英雄氣，虎視眈眈逐餌跳。

　　註：虎視眈眈，手稿一作放膽睜睜。

## 10. 丁酉孟秋望後釣蛙六首 七絕六首之四 1957 年

哀怨筌中斷續鳴，昆蟲何事太輕生。
香鉤本是無情物，上釣難逃五鼎烹。

## 11. 丁酉孟秋望後釣蛙六首 七絕六首之五 1957 年

綸收不覺夕陽斜，空際依稀欲落霞。
晚景沿途無限好，誰知樂趣在漁家。

## 12. 丁酉孟秋望後釣蛙六首 七絕六首之六 1957 年

罷釣歸來月滿庭，呼童沽酒醉忘形。
收音機唱清音曲，逸韻悠揚夢裡聽。

## 13. 丁酉春漫遊梅山即作 七絕一首 1957 年

詩文之友 8 卷 6 期 1958.3.1 （又見手稿本）

久欲梅山快一遊，欣探風景是清幽。
那知花蕊都凋落，有願偏教未即酬。

　　註：風景，手稿一作勝蹟。有願偏教未即酬，手稿一作畢竟無緣願未酬。

## 14. 入遊仙洞 七絕二首之一

詩文之友 25 卷 6 期 1967.4.1（又見手稿本）

入洞當先不忌猜，指迷專待有仙來。
燈光黯黯仙何處，唯見山腰盡石苔。

## 15. 入遊仙洞 七絕二首之二

步行到底見天窗，寫不成詩氣未降。
洞內蕭然人蹟少，一空何足慰吟腔。
註：寫不成詩，一作詩未成時。

## 16. 人影 七絕二首之一

月下花間逐隊行，分明欲語不聞聲。
叮嚀漫為含沙射，祇恐捐軀恨未平。

## 17. 人影 七絕二首之二

伊誰花月看分明，兩兩成雙結隊行。
最是有情憑對語，幾番開口不聞聲。

## 18. 己酉孟秋之晦釣蛙得詩八首 七絕八首之一 1969 年

詩文之友 31 卷 1 期 1969.11.1

攜竿豈獨作閒遊，欲釣鯨鯢向急流。
那識臨淵乖夙願，了無蛙黽上銀鉤。

## 19. 己酉孟秋之晦釣蛙得詩八首 七絕八首之二 1969 年

詩文之友 31 卷 1 期 1969.11.1

業績興衰不可期，十年重整此綸絲。
池塘淺草垂將遍，不釣鳴蛙只釣詩。

## 20. 己酉孟秋之晦釣蛙得詩八首 七絕八首之三 1969 年

詩文之友 31 卷 1 期 1969.11.1

蝌蚪全無實可歎，荒郊十里路漫漫。
生涯自怨經年淡，擬復收綸廢釣竿。

## 21. 己酉孟秋之晦釣蛙得詩八首 七絕八首之四 1969 年

詩文之友 31 卷 1 期 1969.11.1

垂到羊稠興更生，池邊喜聽怒蛙鳴。
昆蟲也有英雄氣，兩眼睜睜逐餌爭。

## 22. 己酉孟秋之晦釣蛙得詩八首 七絕八首之五 1969 年

詩文之友 31 卷 1 期 1969.11.1

閣閣筌中斷續鳴，似陳哀怨乞餘生。
香鉤本是無情物，上釣難逃五鼎烹。

### 23.己酉孟秋之晦釣蛙得詩八首 七絕八首之六 1969 年

詩文之友 31 卷 1 期 1969.11.1

垂釣渾如七里灘，也知有趣更忘餐。
俗夫不識余心樂，將謂生涯賴此竿。

### 24.己酉孟秋之晦釣蛙得詩八首 七絕八首之七 1969 年

詩文之友 31 卷 1 期 1969.11.1

綸收恰值夕陽斜，孤鶩飛來興倍加。
風月一竿蛙八箇，應知樂趣在漁家。

### 25.己酉孟秋之晦釣蛙得詩八首 七絕八首之八 1969 年

詩文之友 31 卷 1 期 1969.11.1

罷釣歸來月滿窗，敲詩煮茗興無雙。
詩家清雅漁家樂，一例牢騷氣不降。

### 26.大貝湖即景 七絕二首之一

鯤南詩苑 1 卷 6 期 1956.12.16

湖外青峰湖內天，湖光水色兩悠然。
此間風景佳於畫，惹我行吟興欲仙。

### 27.大貝湖即景 七絕二首之二

鯤南詩苑 1 卷 6 期 1956.12.16

萬象臺中瞰水流，滔滔萬頃景清幽。
平生頗有煙霞癖，敢效嚴陵駕小舟。

### 28.下坡感作 七絕一首

回顧霏霏雨欲狂，下坡奚必又心忙。
即今久雨逢甘澍，濕遍吟衣總不妨。
　　註：回顧霏霏雨欲狂，一作任是霏霏雨轉狂。
　　　　久雨，一作久旱。

### 29.久雨錄二 七絕二首之一

痴雲不散罩山顛，徹夜淋漓漲滿川。
鄴架經書都浥遍，望霓何日見青天。

### 30.久雨錄二 七絕二首之二

瀟瀟不息響窗前，上浣淋漓到下弦。
太息女媧今已杳，伊誰妙術補高天。

## 31.文化復興 七絕一首 七絕先韻

道德不隨秦火滅，春秋應共魯靈傳。
願教獅子聲長吼，喚起文風振大千。

## 32.文淵先生以次顏其碩先生瑤韻我次韻奉酬 七絕一首

南山瑞靄喜翻新，羊去猿來踐歲頻。
莫嘆滄桑多世變，東山久已作頑民。

## 33.弔吳鳳公 七絕四首之一

普救同胞見性真，捐軀敢詡爲成仁。
故來多少蕃通事，義勇如公有幾人。

## 34.弔吳鳳公 七絕四首之二

德化蕃人志竟成，爲神無憾死猶生。
英名不朽留青史，凜凜光同日月爭。

## 35.弔吳鳳公 七絕四首之三

斷頭抵死眼醒醒，赫化高山族有靈。
太息精忠人已杳，中埔埔草爲誰青。

## 36.弔吳鳳公 七絕四首之四

欲弔吳公下筆難，鳳鳴祀典豈無端。
杜鵑聲裡斜陽影，疑是英雄血未乾。

　　　　　　　　　　　　　旋馬庭主人林友笛未定稿

註：本詩附有小札一封：
　　日前傳心兄曾來相訪，囑我作弔吳鳳公之詩，聞此題係女史之倡徵，故不得不
　　索枯腸而勉作，登臨弔古之詩，洵非易易，恐貽笑大方，敢乞揮椽筆郢正如。

## 37.月夜雞聲 七絕六首之一

皎皎當空迷旅舍，膠膠振翅唱平秋。
問渠茅店三更月，曾否啼聲及祖劉。

## 38.月夜雞聲 七絕六首之二

荒雞報曉入公廳，韻滿欄干月滿庭。
我正哦詩眠欲去，吟魂剛被汝催醒。

## 39.月夜雞聲 七絕六首之三

皎皎蟾光催鳥急，膠膠雅韻和鶯聲。
惱殺五更聲喔喔，泥人香夢夢難成。

## 40. 月夜雞聲 七絕六首之四

月朗頻聞喔喔鳴，驚回旅夢夜三更。
此時喚起劉昆舞，帽影鞭絲趁曉行。

## 41. 月夜雞聲 七絕六首之五

茅簷蟾影正朦朧，何處靈雞唱曉風。
猶記當年劉祖夢，一聲喚起兩英雄。

## 42. 月夜雞聲 七絕六首之六

天街唱徹五更天，茅舍悽悽夜不眠。
風月一竿聲喔喔，英雄趁早著吟鞭。

## 43. 太空衣 七絕一首

鄉勵吟社課題
詩文之友 22 卷 5 期 1965.9.1

不同百結不縫絲，鑛物身章製入時。
一著飄浮天上去，古來虞舜已無奇。

## 44. 中秋前一日於考試潭釣蛙得詩四首 七絕四首之一

攜竿帶笠獨徘徊，到處垂綸亦快哉。
後壁寮溝蛙閣閣，爭吞香餌上鉤來。

## 45. 中秋前一日於考試潭釣蛙得詩四首 七絕四首之二

閣閣筌中鬧不堪，似知悔卻餌偏貪。
香鉤畢竟無情物，莫怪昆蟲誤再三。

## 46. 中秋前一日於考試潭釣蛙得詩四首 七絕四首之三

綸收不覺日將曛，入眼蛾眉兩隊分。
纖手持鐮歸去急，渾如孫武教行軍。

## 47. 中秋前一日於考試潭釣蛙得詩四首 七絕四首之四

罷釣歸來月滿庭，呼童沽酒醉難醒。
鄰家有女彈箏巧，逸韻悠揚夢裡聽。

## 48. 中秋旅次喜晤傳心鴻飛兩詞兄 七絕二首之一

詩報 275 號 1942.7.10

疏狂人本愛中秋，說到吟哦車自留。
公事爭如詩事重，牢騷滿腹倩誰收。

## 49.中秋旅次喜晤傳心鴻飛兩詞兄 七絕二首之二

詩報 275 號 1942.7.10

旅思消從一讀餘，勝教獵遍未燒書。
爲他白戰耽吟苦，忘卻歸途去買車。

## 50.天務詞兄過訪以詩見贈即次瑤韻 七絕一首 1967 年

中郎來訪亦文明，伴有高朋壯此行。
不爲堪輿生意重，撥忙話舊更多情。

丁未孟春下浣　旋馬庭主人林友笛甫稿

## 51.水鏡六首 七絕六首之一

波作菱花海作臺，珠光皎皎絕塵埃。
不須磨拂同秦鏡，照出興亡事可哀。

## 52.水鏡六首 七絕六首之二

蕭洒菱花絕點埃，朝朝懸向海中來。
知君願鑑蛟龍影，未許佳人掛玉臺。

## 53.水鏡六首 七絕六首之三

大海澄澄寶鑑開，清光潋灩絕塵埃。
蜃樓不夜如燈市，爭照嫦娥入鏡來。

## 54.水鏡六首 七絕六首之四

碧水潭清一鑑開，印空如月耀蓬萊。
而今世道闇濛日，合藉珠光照幾回。

## 55.水鏡六首 七絕六首之五

玉壺清淨絕塵埃，現出菱花掛玉臺。
絕似秋江懸夜月，嫦娥擬向鏡中來。

## 56.水鏡六首 七絕六首之六

岱江江水佳於畫，湧出龍盤絕點埃。
鷗鷺不知波影耀，幾疑誤作曉妝臺。

## 57.四十七年元旦漫遊彌陀寺即作 七絕一首 1958 年

方外王春作勝遊，欣探佛院景清幽。
有緣來到彌陀寺，喜得參禪夙願酬。

## 58.四十三年元旦攜孫漫遊於新店碧潭偶作即用林爾嘉前遊韻 七絕一首 1954年

詩文之友 2 卷 5 期 1954.5.1 （又見手稿本）

潭畔高峰潭內天，山光水色慶新年。
此間風景佳於畫，造化靈鍾大自然。

## 59.四湖庄昇天祭前一日送諸神之於天堂 七絕一首

赫赫神威庇四方，香煙經歷幾滄桑。
信徒今已皇民化，願速昇天佐玉皇。

## 60.丙午春日重遊三秀園賦呈主人 七絕四首之一 1966年

詩文之友 24 卷 2 期 1966.6.1 詩文之友 26 卷 1 期 1967.5.1 （又見手稿本）

三秀園中景物妍，風光卻喜勝前年。
此行不爲爭名利，自愛尋鷗續舊緣。

## 61.丙午春日重遊三秀園賦呈主人 過南浦田 七絕四首之二 1966年

詩文之友 26 卷 1 期 1967.5.1 （又見手稿本）

南浦池邊南浦田，水清禾秀兩幽然。
還珠不費相如勇，到此方知地主賢。

## 62.丙午春日重遊三秀園賦呈主人 過則名山 七絕四首之三 1966年

詩文之友 26 卷 1 期 1967.5.1 （又見手稿本）

則名應有住神仙，王子來求大自然。
信是雲遊還未返，山空唯聽鳥談天。
　　註：另有一題爲過即名山。

## 63.丙午春日重遊三秀園賦呈主人 過池外池 七絕四首之四 1966年

詩文之友 26 卷 1 期 1967.5.1 （又見手稿本）

山外青山池外池，騷人到此可無詩。
水光瀲灩花光好，鑿地雖偏景亦奇。

## 64.丙午重陽節重遊養氣園偶作 七絕二首之一 1966年

養氣園門午未開，尋芳有客叩關來。
風光未許騷人賞，得詠新詩亦快哉。

## 65.丙午重陽節重遊養氣園偶作 七絕二首之二 1966年

園中花木異當年，到處奇芭亦鬥妍。
真個風光佳似畫，此間景色出天然。

## 66.戊申中秋待月 七絕二首之一　1968 年

詩文之友 29 卷 2 期 1968.12.1　（又見手稿本）

十五驚看兔未昇，漫空黯淡感難勝。
舉杯枉我邀無月，無月今宵變賞燈。

## 67.戊申中秋待月 七絕二首之二　1968 年

詩文之友 29 卷 2 期 1968.12.1　（又見手稿本）

待到三更始滿盈，談詩品茗爽吟情。
寄言來歲中秋月，莫似今宵再失明。

## 68.戊申仲夏下弦前二日適晉生藥行月下美人花盛開與諸生君合奏清音於花下賦此以爲留念 七絕一首　1968 年

奏樂看花樂未央，滿堂興味氣揚揚。
今宵不遜隋楊賞，韻事長留永不忘。

## 69.戊申秋月上弦與立卿、竹模、俊謀諸吟友漫遊曲水園次俊謀詞兄原玉贈主人以爲留念 七絕一首　1968 年

詩文之友 29 卷 2 期 1968.12.1　（又見手稿本）

俊逸高風見性真，世家來往盡騷人。
架同二酉藏書富，和藹謙恭誼可親。

　　註：手稿一作詩題爲：戊申仲秋再生明後二日與立卿、竹模、
　　　　俊謀諸吟友漫遊曲水園次俊模詞兄原玉以爲留念。

## 70.戊申端月下弦前二日漫遊赤山龍湖巖 七絕二首之一　1968 年

詩文之友 27 卷 6 期 1968.4.1

久欲龍湖快一遊，欣探佛院景清幽。
慨然來到圓通寺，天假奇緣夙願酬。

## 71.戊申端月下弦前二日漫遊赤山龍湖巖 七絕二首之二　1968 年

詩文之友 27 卷 6 期 1968.4.1

雨後登山締夙緣，也知佛法總無邊。
寺中花木都蒼翠，恍似桃源別有天。

## 72.戊申暮秋重遊三教寶宮偶作 七絕四首之一 1968 年

詩文之友 29 卷 3 期 1969.1.1　（又見手稿本）

詩家端合重尋詩，滿腹風騷莫改移。
辰自遊山昏奏樂，旅中端可解吾頤。

### 73.戊申暮秋重遊三教寶宮偶作 七絕四首之二 1968 年

詩文之友 29 卷 3 期 1969.1.1 （又見手稿本）

俯瞰無涯景足幽，隘寮溪水自悠悠。
平生未學神仙術，難效坡翁作快遊。

### 74.戊申暮秋重遊三教寶宮偶作 七絕四首之三 1968 年

詩文之友 29 卷 3 期 1969.1.1 （又見手稿本）

步月登山散客愁，暮秋皓月似中秋。
宮前風景佳於畫，吟到仙泉韻轉幽。

### 75.戊申暮秋重遊三教寶宮偶作 七絕四首之四 1968 年

詩文之友 29 卷 3 期 1969.1.1 （又見手稿本）

重陽已負菊花杯，品茗談詩亦快哉。
自是孫曹知我趣，仙泉嵩汲上山來。

### 76.甲辰仲冬之月重遊關子嶺宿靜樂旅舍 七絕一首 1964 年

怪底社稱靜樂名，徹宵總不聽囂聲。
老來倍覺趨閒逸，一枕何愁夢未成。

### 77.甲辰仲秋上浣過水林蒙蔡秘書設席賦此奉酬 七絕一首 1964 年

甲寅孟秋之月倡酬詩稿集

重逢舊雨覺心寬，多謝情深鋏不彈。
刻日輪蹄旋客舍，吹將我笛報平安。

### 78.甲寅秋末爲架上蘭花復開詩以詠之 七絕一首 1974 年

詩文之友 41 卷 2 期 1975.1.1

曄曄幽香又秀妍，葉如壯士復如仙。
是真王者高風貴，一季還須賦一篇。

### 79.民國五十二年雙十節爲洪所長榮轉於土庫分駐所賦此以壯行旌 七絕一首 1963 年

民主精神政有聲，蒲鞭示辱久揚名。
胡期載道驪歌起，垂柳依依繫我情。

七十一叟林友笛謹賦

### 80.以畫菊見贈賦此奉酬 七絕一首

客裡相逢笑語親，欣看健筆妙傳神。
惠來一幅東籬菊，勝卻王宏進酒人。

### 81.以詩代柬寄李維喬先生 七絕一首

詩文之友 2 卷 4 期 1954.4.1

惠來滿紙盡珠璣，塵慮消從一讀餘。
愧我詩才同笨伯，拋磚引玉幸何如。

### 82.以詩代柬寄漱雲寶書兩兄 七絕一首

詩文之友 27 卷 2 期 1967.12.1 （又見手稿本）

重遊鹿港覺心寬，多謝情深鋏不彈。
此日輪蹄旋逆旅，吹將我笛報平安。

### 83.以詩代柬謹呈陳皆興先生 七絕一首

詩文之友 28 卷 6 期 1968.10.1 （又見手稿本）

風雅深交倍有情，新詩促我速南行。
爲他豪雨愁難息，不是閒鷗敢背盟。

### 84.北港鯤南七縣市聯吟後荷蒙文俊先生過訪以詩見贈次韻奉酬 七絕二首之一

茅齋何幸聚吟鷗，品茗談詩笑打遊。
脫粟相留慚簡慢，盡爲地主誼難周。

### 85.北港鯤南七縣市聯吟後荷蒙文俊先生過訪以詩見贈次韻奉酬 七絕二首之二

客到無菸但品茶，難尋異種敢相誇。
生平若問何爲趣，半愛詩家半樂家。

### 86.甘蔗花 七絕六首之一

蕭蕭摵摵盡瓊枝，冷艷無香節有飴。
絕似蘆花初吐蕚，風來搖曳更多姿。

### 87.甘蔗花 七絕六首之二

渺茫開遍一枝枝，恍似蘆花爛熳時。
節有糖霜能解熱，花無香味自多姿。

### 88.甘蔗花 七絕六首之三

枝枝濃艷任風吹，摵摵凝寒節有飴。
空與蘆花誇秀色，未曾人插入羅帷。

## 89. 甘蔗花 七絕六首之四

如茫花放一枝枝，素艷蕭蕭逞妙姿。
稻帶香炊君積密，老農佳境總堪期。

## 90. 甘蔗花 七絕六首之五

一望如茫皎潔姿，霜能映鷺節含飴。
稜稜十畝皆銀色，不減天花散漫時。

## 91. 甘蔗花 七絕六首之六

映鷺隨風絕妙姿，冬來艷放一枝枝。
而今絕鳥多佳種，何用開花自逞奇。

## 92. 冰山 七絕二首之一

寒威疊疊看玲瓏，髣髴孤峰聳碧空。
倘使驕陽來一照，移山不用倩愚公。

## 93. 冰山 七絕二首之二

積水成峰北岳同，寒威凜凜碧玲瓏。
叮嚀漫爲驕陽照，恐負當年九仞功。

## 94. 冰枕 七絕一首

朴雅吟社擊鉢
詩報 133 號 1936.7.16

蒸蒸雪塊貯盈囊，載寢涼於白玉床。
熱客多君能下熱，勝教飲藥問倉岡。

## 95. 朴子示範公墓春祭 七絕一首

詩文之友 29 卷 3 期 1969.1.1

碑前拂拭恰三春，示範坵前剪紙頻。
祭罷獨添風木感，思親不覺淚沾巾。

## 96. 朴雅吟社秋季例會以書達我，因徵收不果以詩代柬

七絕一首

晨昏團結奉公班，況復徵收路渺漫。
國稅關頭租稅重，吟身未許一偷安。

## 97.西瓜 七絕一首

朴雅吟社擊鉢
詩報 132 號 1936.7.1

圖形玉質勝蟠桃，腹裡藏涼價更高。
大地炎炎人盡渴，瓜分願速濟吾曹。

## 98.西瓜滿田無人問津豪雨不止瓜主傷神分明西瓜反謂苦瓜 爰賦西瓜吟以賦之 七絕一首

詩文之友 30 卷 3 期 1969.7.1

近報流行種苦瓜，苦瓜利不及西瓜。
西瓜遭雨愁難盡，苦極西瓜變苦瓜。

## 99.西瓜價落偶感 七絕一首

曾記流行種苦瓜，苦瓜利不及西瓜。
西瓜逢雨愁難賣，畢竟西瓜變苦瓜。

> 林友笛自註：日前因往巡佃，途逢農友，問余何往。余曰：欲往巡佃。友曰：何
> 不到吾家談談？余曰：我有佳茗，請到我家一試。客曰：我有一甲
> 六分餘之苦瓜未賣，那有工夫到汝家。余曰：苦瓜時價每斤三元左
> 右，汝今富矣。友曰：若真苦瓜固為可喜事，實西瓜，日前約賣一
> 瓜販每台斤九角，交定金貳佰元，因價暴落，願將定金取消，現每
> 斤五角半，尚無買手，豈不苦嘆，故曰苦瓜。余聞之，不禁同情，
> 故有是作。

## 100.西施 七絕一首

詩文之友 23 卷 6 期 1966.4.1

傾城傾國不凡姝，受寵吳王掌上珠。
無任風流呈媚態，美人禍水實堪吁。

## 101.同次蔡國樑君原韻 七絕一首

詩報 97 號 1935.1.15 （又見手稿本）

如畫風光滿眼前，奇花異卉笑爭妍。
園中人樂原天性，不減淵明陸地仙。

## 102.同感懷瑤韻 七絕一首

浮生奚必嘆蜉蝣，早覺空門素行修。
用到無心空色相，重關一過自悠悠。

### 103.次江擎甫老友見贈瑤韻 七絕二首之一
詩品真同白樂天，每將富貴看浮煙。
庭花數畝充饑足，閒逸何殊陸地仙。

### 104.次江擎甫老友見贈瑤韻 七絕二首之二
慕蘭偏欣作遠朋，竹林風月總堪憑。
書齋大有騷人氣，傑士高談又法僧。
> 林友笛自註：傑士指丘先生，法僧指法師而言。
> 註：偏欣，一作今朝。
> 騷人，一作牢騷。
> 高談，一作來談。

### 105.次江擎甫先生遊關子嶺瑤韻 七絕一首
閒雲橋畔記雲青，風景全搜志未成。
太息濯纓人已杳，出山泉水爲誰清。

### 106.次周文俊君遣懷瑤韻錄一 七絕一首
身外浮沉總不知，樂詩樂樂樂無涯。
齊家自笑才偏拙，半世生涯筆一枝。

### 107.次周鴻濤先生戲贈瑤韻 七絕一首

詩報 158 號 1937.8.1

名山聞說有神仙，策杖來探大自然。
一夜風光觀不盡，月明有客伴花眠。

### 108.次周鴻濤詞兄六十書懷瑤韻 七絕四首之一
耳順欣逢丁亥年，老來風雅更無邊。
藏修游息終成趣，鐵硯磨穿志益堅。

### 109.次周鴻濤詞兄六十書懷瑤韻 七絕四首之二
守分何須限富貧，謀生共喜有津薪。
而今慈母欣同在，敘樂天倫略等倫。

### 110.次周鴻濤詞兄六十書懷瑤韻 七絕四首之三
喜停場場復疆疆，說到三民意轉長。
太息文章空復古，凌夷道德日堅張。

### 111.次周鴻濤詞兄六十書懷瑤韻 七絕四首之四

天涯淪落感蹉跎，對鏡驚看雪鬢皤。
劫歷吟軀欣尚健，興來坎地且狂歌。

### 112.次林臥雲先生瑤韻贈彩雲女史 七絕一首

詩報 273 號 1942.6.5

盼盼詞華是後身，胸懷瀟灑總堪親。
煙花姊妹知多少，風雅如卿有幾人。

### 113.次香圃先生過岱江見贈韻 七絕一首

海外當年懷蘭久，客中此夕識荊初。
相逢恨晚歸何急，無計攀留再駐車。

### 114.次張立卿先生土庫看勝錦珠瑤韻 七絕二首之一

燦燦珠光耀眾星，柔聲雅韻總堪聽。
女優昆島從頭算，藝鮮如卿性有靈。

### 115.次張立卿先生土庫看勝錦珠瑤韻 七絕二首之二

太平人愛太平歌，側耳貪聽逸興多。
勝錦珠班都艷體，動人無處不秋波。

### 116.次張立卿詞弟訪葉清河先生感作原玉 七絕一首

中華詩苑 4 卷 6 期 1956.12.1

石龜潛伏在清溪，訪勝人過處士家。
倒屣相迎情意厚，何妨談到日沉西。

### 117.次清明節踏青山瑤韻 七絕一首

久欲逃名傍石隈，新詩短笛日相催。
但逢風月雙清夜，一夕依山弄幾回。

### 118.次粘漱雲先生七十書懷瑤韻 七絕一首

風雅無邊實可敦，斯文未喪感天存。
共知伐桂攀龍手，心法相傳自孔門。

### 119.次開昆上人瑤韻 七絕一首

選勝尋詩此寺來，枕頭山下待君回。
空門大有修真趣，莫怨滄桑歲月催。

## 120.次辜尙賢先生史論三首原玉 <sub>七絕三首之一</sub>

詩文之友 28 卷 3 期 1968.7.1 （又見手稿本）

塵世滔滔怨數奇，由來氣運有興衰。
王維折柳歌三疊，楊震辭金畏四知。

　　註：滔滔，一作何須。
　　　　由來氣運，一作官名一例。

## 121.次辜尙賢先生史論三首原玉 <sub>七絕三首之二</sub>

詩文之友 28 卷 3 期 1968.7.1 （又見手稿本）

九人治外欽周武，按轡徐行羨漢文。
一例聖明堪示範，至今青史尙留芬。

## 122.次辜尙賢先生史論三首原玉 <sub>七絕三首之三</sub>

詩文之友 28 卷 3 期 1968.7.1 （又見手稿本）

得失興衰本有因，何須頂禮去求神。
漢家社稷周家業，八百鴻基爲得人。

　　註：本詩附有小札一封：
　　　　賜和之作兄又失於推敲矣，轉句反調結局出韻，希再推敲訂正示我，以便發刊。
　　註：何須，一作不須。
　　　　八百鴻基爲得人，一作一統皇基繼得人。

## 123.次辜尙賢先生有懷友笛兄瑤韻 <sub>七絕二首之一</sub>

詩文之友 28 卷 1 期 1969.5.1

此生君我原同癖，老到何方避索詩。
最好晨昏親陸羽，吟哦藉此爽心脾。

## 124.次辜尙賢先生有懷友笛兄瑤韻 <sub>七絕二首之二</sub>

詩文之友 28 卷 1 期 1969.5.1

君難吹我梅花笛，我卻輸君一局棋。
同是詩家風雅事，手談三弄總相宜。

## 125.次辜尙賢先生時事瑤韻 <sub>七絕三首之一</sub>

百恨天時難逆料，復慚人士竟何之。
孽龍入網人開放，肯使深淵復振鰭。

## 126.次辜尙賢先生時事瑤韻 <sub>七絕三首之二</sub>

貴子官家易得妻，有才無諂難求仕。
金銀世界嘆而今，崔烈滔滔俱可鄙。

## 127.次辜尚賢先生時事瑤韻 七絕三首之三

爲官偏喜千言諾，赴任何曾一口辭。
但識揚揚登寶座，不知費盡幾人資。

## 128.次辜尚賢先生攜泉遠贈賦謝瑤韻 七絕一首

三教爲名水德馨，寶宮路遠費心情。
仙泉應煮仙人種，雋味須知我意誠。

　　註：本詩附有小札一封：
　　　　所詢吟友住址如左：
　　　　王寶書　彰化縣鹿港鎭龍山里金門路一一六號
　　　　粘　泉　彰化縣鹿港鎭龍山里杉竹街六三號

## 129.次辜尚賢先生讀書雜詠瑤韻 七絕四首之一

夜自挑燈日負薪，焚書奚忍憶亡秦。
老來嗜學君休笑，五典三墳更密親。

## 130.次辜尚賢先生讀書雜詠瑤韻 七絕四首之二

咕畢吚唔雜四鄰，詩書日夜喜相親。
隔牆有客閒吟詠，略一聞聲便起身。

## 131.次辜尚賢先生讀書雜詠瑤韻 七絕四首之三

鄴架經書晝夜摩，雪窗日日起吟哦。
非花畢竟淫人甚，不到雞聲不放他。

## 132.次辜尚賢先生讀書雜詠瑤韻 七絕四首之四

年來愛讀凌霜句，夜靜貪吟白雪詩。
任彼文章憎命甚，倡酬須喜不須悲。

## 133.次楊石華君留別瑤韻 七絕四首之一

話到投機興轉酣，無多酒量酒偏貪。
只愁明日長亭別，垂柳依依盡向南。

## 134.次楊石華君留別瑤韻 七絕四首之二

肝膽論交稱腹心，天涯至竟寡知音。
餞君忍唱陽關曲，生恐離情感不禁。

## 135.次楊石華君留別瑤韻 七絕四首之三

對酒談心到夜闌，論才倍覺愛才難。
臨岐勿吝生花筆，好寫風光寄我看。

### 136.次楊石華君留別瑤韻 七絕四首之四
風雅如君更惜春，傲遊未忍作閒人。
客中漫起家山感，我亦天涯寄此身。

### 137.次楊笑儂詞兄小圃獨酌瑤韻 七絕二首之一
覓醉狂吟傍石扉，一竿風月認依稀。
小園寂寞無聊賴，煮酒花間看落暉。

### 138.次楊笑儂詞兄小圃獨酌瑤韻 七絕二首之二
半畝庭園數點山，攜鋤耕月水雲間。
放懷具有黃花酒，一醉能教意轉閒。

### 139.次楊笑儂詞兄自適四首瑤韻 七絕四首之一
詩報 68 號 1933.10.15
茫茫人海欲何之，厭見遼東豕逞奇。
身似浮萍無著處，豈真誤我為耽詩。

### 140.次楊笑儂詞兄自適四首瑤韻 七絕四首之二
詩報 68 號 1933.10.15
客來捫虱作狂談，世味係於詩味諳。
我與盧仝名嗜癖，品茶喜傍聽松庵。

### 141.次楊笑儂詞兄自適四首瑤韻 七絕四首之三
詩報 68 號 1933.10.15
閒倚籬邊看菊紅，餐英煮酒累家童。
有時拈起桓伊笛，信口吹來萬慮空。

### 142.次楊笑儂詞兄自適四首瑤韻 七絕四首之四
詩報 68 號 1933.10.15
滿腹新愁強作歡，在公安有一時寬。
即今嘗遍辛酸味，始信依人難又難。

### 143.次楊笑儂詞兄雨中閒臥瑤韻 七絕二首之一
美酒葡萄一榻煙，漫天風雨撼江邊。
朝來夢覺衣衾冷，莫怪千杯醉欲眠。

### 144.次楊笑儂詞兄雨中閒臥瑤韻 七絕二首之二
瀟瀟滴瀝打蒼苔，惹我蕉窗閉不開。
幾卷經書供嘯傲，草堂睡足賦歸來。

## 145.次楊笑儂詞兄春日小集瑤韻 七絕二首之一
得意筵開得意春，四知堂上賦詩頻。
欣看滿座探驪手，盡是羲皇以上人。

## 146.次楊笑儂詞兄春日小集瑤韻 七絕二首之二
華筵白戰到宵深，咳唾隨風滿地金。
我亦有緣陪末席，貪聽雅韻和琴音。

## 147.次楊笑儂詞兄除夕書懷瑤韻 七絕四首之一
除夕祭詩酒未溫，聲聲爆竹響漁村。
屺山東望添惆悵，纍母思兒別故園。

## 148.次楊笑儂詞兄除夕書懷瑤韻 七絕四首之二
臘鼓鼕鼕歲欲除，半籌莫展愧奚如。
眼看人海波濤險，洗耳何時傍石居。

## 149.次楊笑儂詞兄除夕書懷瑤韻 七絕四首之三
新詩短笛日相親，忘卻生平歷劫塵。
惱殺家家催臘鼓，明朝作客共迎春。

## 150.次楊笑儂詞兄除夕書懷瑤韻 七絕四首之四
半世勞勞走客途，岱江三閱暮雲徂。
榮華畢竟春婆夢，不羨鮫人泣淚珠。

## 151.次楊笑儂詞兄除夕偶作瑤韻 七絕四首之一
詩報 58 號 1933.5.1 （又見手稿本）
濟世羨君春滿囊，英雄漫把客心傷。
飄零我亦風塵慣，餞歲年年滯異鄉。

## 152.次楊笑儂詞兄除夕偶作瑤韻 七絕四首之二
詩報 58 號 1933.5.1 （又見手稿本）
懶同王粲復登樓，客舍愁看暮色幽。
惹我鄉心渾似醉，數聲爆竹響江頭。

## 153.次楊笑儂詞兄除夕偶作瑤韻 七絕四首之三
詩報 58 號 1933.5.1 （又見手稿本）
夙願難償只自憐，消愁藉酒醉陶然。
每逢此夕思親切，惆悵鄉關隔臘煙。

## 154.次楊笑儂詞兄除夕偶作瑤韻 七絕四首之四

詩報 58 號 1933.5.1 （又見手稿本）

羊質明知愧虎皮，不關俗事只耽詩。
吾行吾素藏吾拙，那管人誇得意時。

## 155.次楊嘯天詞兄朴雅吟社憶舊原玉 七絕四首之一

詩文之友 32 卷 2 期 1970.6.1 （又見手稿本）

卅年情景費搜羅，往事茫茫付逝波。
霸戰雄軍爲鬼半，即今舊侶已無多。

## 156.次楊嘯天詞兄朴雅吟社憶舊原玉 七絕四首之二

詩文之友 32 卷 2 期 1970.6.1 （又見手稿本）

素性猶耽放浪吟，岱江籬下富黃金。
每週得假回鄉日，擊鉢何嫌到夜深。
　　註：回鄉日，手稿一作歸鄉日。

## 157.次楊嘯天詞兄朴雅吟社憶舊原玉 七絕四首之三

詩文之友 32 卷 2 期 1970.6.1 （又見手稿本）

青木尙賢鬢亦霜，安閒未許出他鄉。
兩間桃李栽無數，魯殿多增一線光。
　　註：鬢亦霜，手稿一作鬢已霜。

## 158.次楊嘯天詞兄朴雅吟社憶舊原玉 七絕四首之四

詩文之友 32 卷 2 期 1970.6.1 （又見手稿本）

社長近樗尙古風，亡身朴雅老詩翁。
慶朝顏蚌皆爲鬼，面目而今總不同。
　　註：本詩附有小札一封：
　　嘯天兄雅鑒：
　　本日方欲午睡，忽郵遞來兩信，一封立卿，一封即君信也，啓視之，頗爲同
　　感，乃信手呵成以爲塞責，造句不周，希勿哂之爲幸。

三月十九日下午二時　林友笛

## 159.次趙凌霜兄憶舊瑤韻 七絕二首之一

登樓擊鉢韻難忘，攜酒狂歌解鬱腸。
尤記當年同覓句，池塘驚起兩鴛鴦。

## 160.次趙凌霜兄憶舊瑤韻 七絕二首之二

自從糊口出荒城，淪落天涯過半生。
十里家山雲樹隔，望鄉關裡動鄉情。

### 161.次趙凌霜先生病足瑤韻 七絕四首之一

詩文之友 31 卷 4 期 1970.2.1　（又見手稿本）

應喜兒孫膝下樂，不同歲月客中遷。
莫愁欲界難逃險，足好逍遙天外天。

### 162.次趙凌霜先生病足瑤韻 七絕四首之二

詩文之友 31 卷 4 期 1970.2.1　（又見手稿本）

胸中未許一塵侵，方外優遊樂賞心。
自是天涯同趣寡，詩茶樂備幾知音。

### 163.次趙凌霜先生病足瑤韻 七絕四首之三

詩文之友 31 卷 4 期 1970.2.1　（又見手稿本）

卅載飄零尚客中，攜竿權作一漁翁。
曾經淺草垂綸去，禁釣庸夫背古風。

### 164.次趙凌霜先生病足瑤韻 七絕四首之四

詩文之友 31 卷 4 期 1970.2.1　（又見手稿本）

詩裔驚心多後起，不堪回首憶前塵。
滄桑歷劫精神健，今尚天涯寄此身。

　　註：本詩附有小札一封：

　　　　總統華誕特別節目觀賞時，忽接佳作，不禁詩興為之一發，草草就之，造句
　　　　不周在所不免，希勿哂之。

### 165.次趙凌霜先生感事瑤韻 七絕三首之一

詩文之友 31 卷 4 期 1970.2.1

不是吟詩便唱歌，那關宦海起風波。
東山日暖眠常足，忘卻滄桑世變多。

### 166.次趙凌霜先生感事瑤韻 七絕三首之二

詩文之友 31 卷 4 期 1970.2.1

颱後庭花任雨飄，未修花架怕陽驕。
遊人索我花重賞，忍說無花手自搖。

### 167.次趙凌霜先生感事瑤韻 七絕三首之三

詩文之友 31 卷 4 期 1970.2.1

添足何曾及畫蛇，辭金楊震在誰家。
效忠口號知多少，報國虛心似落霞。

## 168.次趙凌霜先生過訪布袋見贈原韻 七絕一首

詩報 17 號 1931.8.1

砂映波光沿岸碧，煙迷帆影滿江幽。
胸中壘塊都消盡，眼底依稀豁十洲。

## 169.次澈淨上人留別瑤韻 以澈淨上人冠首 七絕二首之一

澈悟禪機見性真，淨修玄理幾經春。
上方有意存超援，人世何須嘆劫塵。

## 170.次澈淨上人留別瑤韻 七絕二首之二

乍證三生石上緣，胡期一別隔雲天。
觀音亭畔多花木，掛錫修真樂似仙。

## 171.次鄭海先生七十晉一感詠瑤韻 七絕三首之一

詩文之友 35 卷 3 期 1972.1.1

自怨文章不入時，悲秋歐子復生悲。
中原怕見烽煙起，何日收殘半局棋。

## 172.次鄭海先生七十晉一感詠瑤韻 七絕三首之二

詩文之友 35 卷 3 期 1972.1.1

一讀新詩笑展眉，杖朝在即總堪期。
鄭虔三絕人爭仰，索畫求書正合宜。

## 173.次鄭海先生七十晉一感詠瑤韻 七絕三首之三

詩文之友 35 卷 3 期 1972.1.1

朝來品茗夜吟詩，娛目分甘自樂之。
大道無形宗老子，若愚於我漫相嗤。

## 174.次劍峰先生五十述懷瑤韻 七絕五首之一

杖國徒增十二秋，勞勞愧未出人頭。
榮華每作浮雲看，自愛吟詩互唱酬。

## 175.次劍峰先生五十述懷瑤韻 七絕五首之二

逝者如斯去不留，歐風今日遍贏州。
宦場名顯今何在，往事茫茫逐水流。

## 176.次劍峰先生五十述懷瑤韻 七絕五首之三

一日吟懷一日悠，不欽諸葛展鴻謀。
鞠躬盡瘁成何事，抵死唯爭相與侯。

## 177.次劍峰先生五十述懷瑤韻 七絕五首之四

富貴明知未可求，東山早日賦歸休。
堯堦未探忘憂草，藉酒城攻及莫愁。

## 178.次劍峰先生五十述懷瑤韻 七絕五首之五

新詩短笛破離愁，疆易聲喧嘆不休。
收復家山還未得，乏夫有責合含羞。

　　　註：家山，一作河山。

　　　　　合含羞，一作應含羞。

　　　註：本詩附有小札一封：

　　　　　未有能詩之名，偶然來詩索和，誠爲奇特，且造句清新，押韻自在，不愧新
　　　　　進作家，如再出入於唐宋名集之間，用典遣詞神而化之，其成就當未可量，
　　　　　故特次韻以提高風雅之氣，第四首起句安平樂道應改爲安貧樂道，以合君子
　　　　　之素行。

## 179.次蕭獻三先生丁巳新春病起喜賦瑤韻 七絕四首之一

馳逐騷壇東復西，作詩未許爲詩迷。
老來且喜吟軀健，曉起晨遊聽曉雞。

## 180.次蕭獻三先生丁巳新春病起喜賦瑤韻 七絕四首之二

年來老眼力無差，遠近能看未有涯。
黃菊滿園觀不盡，春回還發舊時花。

## 181.次蕭獻三先生丁巳新春病起喜賦瑤韻 七絕四首之三

詩多賈島前宵祭，酒縱劉伶此日仍。
寺號大仙仙應有，仙人不見只看僧。

## 182.次蕭獻三先生丁巳新春病起喜賦瑤韻 七絕四首之四

丙辰轉眼過新年，身世猶懷厚得天。
但願向平完了後，佛緣締後又仙緣。

1977 年王春上弦　林友笛甫稿

## 183.次韻江村即事 七絕一首

高樓品茗共誅茅，盡是當年莫逆交。
羈旅雖多幽雅趣，鄉心到底未曾抛。

## 184.次韻江亭消暑二首 七絕二首之一

隔岸尋涼引興多，短亭盡日看滄波。
不須吳質浮瓜避，習習江風拂面過。

### 185.次韻江亭消暑二首 <sub>七絕二首之二</sub>

江水悠悠萬丈深，波堤垂柳綠成陰。
孤亭日午天風急，卻暑閒吟樂賞心。

### 186.次韻春日攜兩孫遊關子嶺懷友笛詞兄 <sub>七絕一首</sub>

詩報 245 號 1941.4.2

吟軀久不浴溫泉，辜負桃源別有天。
風景被君都賞盡，放懷無慮一詩仙。

### 187.次韻偶成原玉 <sub>七絕一首</sub>

甲子翻新原有定，文章復古總堪期。
論財嫁娶趨夷虜，力挽頹風正此時。

　　註：本詩附有小札一封：
　　　　賜和放浪吟及偶成佳作，業經拜讀矣，篇篇擲地可作金聲，勝原作十倍，謝
　　　　謝。七八自嘲拙作和到者十八家，除凌霜、文淵而外，皆年過古稀之吟友，
　　　　業經以年順寄和詩文之友，尚不見佳作，暇時敢蒙賜和為盼。

### 188.次韻諸羅曉發 <sub>七絕一首</sub>

四湖野鳥報春寒，蹤蹟雖憐客夢單。
久羈羅山人欲別，語絲無力繫吟鞍。

### 189.次韻憶舊錄二 <sub>七絕二首之一</sub>

劫歷多從險路過，傷心往事盡消磨。
自憐筆墨生涯淡，枉卻年年釣渭河。

### 190.次韻憶舊錄二 <sub>七絕二首之二</sub>

記曾浪跡輒餐霞，晚釣江間石作家。
月滿江頭魚滿罟，蛙聲閣閣和歸鴉。

### 191.次櫻痴詞兄暴風雨中小學生被害原韻 <sub>七絕二首之一</sub>

聞道東都劫後災，馮夷箕伯肆威來。
傷心大地成滄海，英物無辜竟被摧。

### 192.次櫻痴詞兄暴風雨中小學生被害原韻 <sub>七絕二首之二</sub>

太息蒼天降禍災，滔滔洪水厄英才。
爭妍桃李傷摧折，辜負春風用意栽。

## 193.次蘇平祥詞兄於元宵節偕友漫遊三秀園瑤韻 七絕四首之一

詩文之友 32 卷 2 期 1970.6.1

交情回首憶當年，已締三生石上緣。
此日重來神氣爽，名園題句讓君先。

## 194.次蘇平祥詞兄於元宵節偕友漫遊三秀園瑤韻 七絕四首之二

詩文之友 32 卷 2 期 1970.6.1

蔡邕倒屣笑相迎，賓主聯歡雅興生。
議改親家新制度，幼稱爲弟長稱兄。

## 195.次蘇平祥詞兄於元宵節偕友漫遊三秀園瑤韻 七絕四首之三

詩文之友 32 卷 2 期 1970.6.1

草木逢春欲鬪妍，雙柑斗酒醉陶然。
參天松影風梳竹，疑是園中奏管絃。

## 196.次蘇平祥詞兄於元宵節偕友漫遊三秀園瑤韻 七絕四首之四

詩文之友 32 卷 2 期 1970.6.1

春風習習爽吟身，南浦池寬絕點塵。
回首還珠當日事，主人人品記清新。

## 197.次蘇鴻飛先生過訪四湖瑤韻 七絕一首 1966 年

詩文之友 24 卷 6 期 1966.10.1　（又見手稿本）

難得東坡自遠來，詩心共喜未曾灰。
縱談品茗終成趣，過午忘餐亦快哉。

民國五十五年八月二十三日

## 198.次蘇鴻飛先生汾津轉四湖訪晤瑤韻 七絕一首

詩文之友 27 卷 1 期 1967.11.1　（又見手稿本）

鴻飛有爪印西湖，訪我何曾住足躕。
促膝談心神未倦，閒中端可慰吟孤。

## 199.次聽吹簫原韻 七絕一首

悲歌慘慘恨難消，頓使錢塘起怒潮。
項羽八千諸子弟，一時離散爲聞簫。

　　林友笛自註：時在三十五年小陽之晦，臺灣東石鄉旋馬庭主人林友笛寫於四湖湖
　　　　畔之靜舍。芳烈先生雅囑。

## 200.次鑑塘詞兄青潭覽詠雜感瑤韻 七絕八首之一

詩文之友 36 卷 6 期 1972.10.1 （又見手稿本）

近況勞君報故知，東漸歐化復何奇。
推腰露體求人賞，猶自桃唇逞艷姿。

## 201.次鑑塘詞兄青潭覽詠雜感瑤韻 七絕八首之二

詩文之友 36 卷 6 期 1972.10.1 （又見手稿本）

偶因蠅利便趨前，不是猶人亦怨天。
太息世風漸日下，挽回無力嘆徒然。

## 202.次鑑塘詞兄青潭覽詠雜感瑤韻 七絕八首之三

詩文之友 36 卷 6 期 1972.10.1 （又見手稿本）

添足明知又畫蛇，迎人更有水仙花。
娉婷見我開顏笑，賞識何妨夕照斜。

## 203.次鑑塘詞兄青潭覽詠雜感瑤韻 七絕八首之四

詩文之友 36 卷 6 期 1972.10.1 （又見手稿本）

偶逢佳景便凝眸，滾滾青潭水逆流。
如此風光如此好，有能一日擬親遊。

## 204.次鑑塘詞兄青潭覽詠雜感瑤韻 七絕八首之五

詩文之友 36 卷 6 期 1972.10.1 （又見手稿本）

潭內剛逢日正中，潭邊習習拂清風。
真情賞到無心處，不覺胸懷萬慮空。

## 205.次鑑塘詞兄青潭覽詠雜感瑤韻 七絕八首之六

詩文之友 36 卷 6 期 1972.10.1 （又見手稿本）

天際風雲變態中，危機何處覓英雄。
垂綸欲釣英雄膽，禁釣庸夫背古風。

## 206.次鑑塘詞兄青潭覽詠雜感瑤韻 七絕八首之七

詩文之友 36 卷 6 期 1972.10.1 （又見手稿本）

賢者無為枉立功，阮郎幾見闖途窮。
買官崔烈多今日，銅臭無嫌臭滿空。

## 207.次鑑塘詞兄青潭覽詠雜感瑤韻 七絕八首之八

詩文之友 36 卷 6 期 1972.10.1 （又見手稿本）

男女駢肩得意遊，頹風筆貶及春秋。
河山還我今猶昔，道德休教付水遊。

### 208.竹峰先生以夏日雜詩見寄次韻奉酬 七絕六首之一

詩文之友 41 卷 2 期 1975.1.1

詩茶樂備友寥寥，遊玩奚辭去路迢。
笛自橫吹心自樂，西螺來往過長橋。

### 209.竹峰先生以夏日雜詩見寄次韻奉酬 七絕六首之二

詩文之友 41 卷 2 期 1975.1.1

東山日暖豈知紛，那管邊城起戰雲。
曲唱霓裳分左右，四湖能得幾回聞。

### 210.竹峰先生以夏日雜詩見寄次韻奉酬 七絕六首之三

詩文之友 41 卷 2 期 1975.1.1

栽花品茗爽吟情，塵世何須博大名。
願與寒蟬同禁口，餐風葉底不鳴聲。

### 211.竹峰先生以夏日雜詩見寄次韻奉酬 七絕六首之四

詩文之友 41 卷 2 期 1975.1.1

乾坤能貯一壺中，豈獨如來法不窮。
太息臥龍今已杳，神機無復祭東風。

### 212.竹峰先生以夏日雜詩見寄次韻奉酬 七絕六首之五

詩文之友 41 卷 2 期 1975.1.1

倫理綱常未可提，忍看父子較高低。
董狐今日人如在，鐵筆難容不史題。

### 213.竹峰先生以夏日雜詩見寄次韻奉酬 七絕六首之六

詩文之友 41 卷 2 期 1975.1.1

評詩奏樂不知煩，黃菊盆栽置小垣。
秋到宏開金滿地，菊城遊遍又花園。

### 214.乩童 七絕二首之一

案上喃喃惑眾頻，草菅生命詐稱神。
治安縱有西門豹，一刻難容此賊人。

### 215.乩童 七絕二首之二

捏造謠言大不仁，神前搖首惑良民。
光明拳起伊誰手，掃盡喃喃罪惡人。

## 216.休憩新樂園 七絕一首

詩報 286 號 1943.12.12

莫怪斯園號樂名，風光端可爽吟情。
溫泉滾滾清如許，一浴能教興味生。

## 217.舌劍 七絕二首之一

鋒芒三寸泛波瀾，口內深藏認未乾。
屢戰不磨留勇氣，刺他吳士膽齊寒。

## 218.舌劍 七絕二首之二

不用雄師緩涉難，東周遊說壯盟壇。
怪他一口鋒稜甚，三寸偏教六國安。

## 219.孝子 七絕六首之一 七絕魚韻

雲林縣詩人聯吟會 1976 年 2 月第六期課題
詩文之友 26 卷 1 期 1967.5.1 （又見手稿本）

臥冰求鯉信無虛，史策王祥孝有餘。
凜凜精神感天地，得魚奉母不須漁。
　　註：精神，手稿一作精誠。

## 220.孝子 七絕六首之二 七絕魚韻

雲林縣詩人聯吟會 1976 年 2 月第六期課題
《臺灣擊鉢詩選第二集》1969
詩文之友 26 卷 1 期 1967.5.1 （又見手稿本）

父命難違忍御車，體寒失紖怨能除。
單衣順母終留母，孝悌雙全孰有如。
　　註：紖，手稿一作靷。
　　　　怨能除，手稿一作怨偏除。
　　　　終留母，手稿一作能留母。

## 221.孝子 七絕六首之三 七絕魚韻

雲林縣詩人聯吟會 1976 年 2 月第六期課題

戲彩娛親志未疏，老萊子孝有誰如。
只愁父母知年邁，色養關心廢讀書。

## 222.孝子 七絕六首之四 七絕魚韻

雲林縣詩人聯吟會 1976 年 2 月第六期課題

林間地裂筍抽初，孝感蒼穹信有諸。

董永賣身君哭竹，為親一例博榮譽。

　　註：蒼穹，手稿一作倉天。

　　　　信有諸，手稿一作信有餘。

### 223. 孝子 七絕六首之五 七絕魚韻

雲林縣詩人聯吟會 1976 年 2 月第六期課題

晨昏定省願成虛，葬父無能枉讀書。

養育劬勞恩未報，此身易賣孝難除。

### 224. 孝子 七絕六首之六 七絕魚韻

雲林縣詩人聯吟會 1976 年 2 月第六期課題

道左悲聲孔駐車，聞風不息感皋魚。

即今逆理勞親役，禽獸還須誚不如。

　　註：本詩附有小札一封：

　　　　李清水先生斧正：

　　　　弟以年邁，各界徵詩未敢應徵，唯本期課題旨堪脫俗，又適時宜，足可藉以

　　　挽既倒之狂瀾，故不揣劣陋勉作數首以為獻醜，至於入選與否在所不計也。

### 225. 辛丑秋七月上弦與澤清萬成兩詞友夜話於萬成興樓上得詩六首體用聯珠 七絕六首之一 1961 年

高樓品茗到三更，笑謔還須讓萬成。

徹夜閒談神未倦，窗間隱隱漏雞聲。

### 226. 辛丑秋七月上弦與澤清萬成兩詞友夜話於萬成興樓上得詩六首體用聯珠 七絕六首之二 1961 年

窗間隱隱漏雞聲，說法談經有澤清。

人性分明存八德，有形色相是浮生。

### 227. 辛丑秋七月上弦與澤清萬成兩詞友夜話於萬成興樓上得詩六首體用聯珠 七絕六首之三 1961 年

有形色相是浮生，聖帝垂青及子榮。

二對中聯威赫赫，參天宮內永留名。

### 228. 辛丑秋七月上弦與澤清萬成兩詞友夜話於萬成興樓上得詩六首體用聯珠 七絕六首之四 1961 年

參天宮內永留名，沿革搜羅細且精。

讀到聖神功化句，伊誰不發舊吟情。

## 229. 辛丑秋七月上弦與澤清萬成兩詞友夜話於萬成興樓上得詩六首體用聯珠 七絕六首之五 1961年

伊誰不發舊吟情，乘興龍團繼續烹。
飲盡盧仝茶七碗，徹宵無夢到天明。

## 230. 辛丑秋七月上弦與澤清萬成兩詞友夜話於萬成興樓上得詩六首體用聯珠 七絕六首之六 1961年

徹宵無夢到天明，何處殘蟬噪樹鳴。
側耳庭中憑一聽，窗間隱隱漏雞聲。

## 231. 辛亥元宵前夕爲美佳女史亦隨達聰君榮獲日本國立新潟大學醫學博士學位賦此誌賀 七絕一首 1971年

達聰伉儷總賢明，醫博雙登分外榮。
大業從茲傳遠近，書香不斷振家聲。

旋馬庭主人八十叟林友笛

## 232. 辛亥暮春過三地門攜孫重遊三教寶宮 七絕六首之一 1971年

詩文之友 34 卷 1 期 1971.5.1 （又見手稿本）

緩步逍遙興欲仙，山光水色兩幽然。
重來卻喜春猶媚，吟到靈泉草亦妍。
　　註：春猶媚，手稿一作春明媚。

## 233. 辛亥暮春過三地門攜孫重遊三教寶宮 七絕六首之二 1971年

詩文之友 34 卷 1 期 1971.5.1 （又見手稿本）

入眼春光笑展眉，涼風習習爽吟脾。
隘寮溪水宮前月，爭向騷人欲索詩。
　　註：爭向騷人欲索詩，一作見我來時便索詩。

## 234. 辛亥暮春過三地門攜孫重遊三教寶宮 七絕六首之三 1971年

詩文之友 34 卷 1 期 1971.5.1 （又見手稿本）

宮名三教漫相疑，畫棟朱楹景亦奇。
上帝仙公分兩座，城隍合祀總相宜。

## 235. 辛亥暮春過三地門攜孫重遊三教寶宮 七絕六首之四 1971年

詩文之友 34 卷 1 期 1971.5.1

品茗宮中見性真，三杯茶喜敬三神。

但逢仙佛伸虔意，不望靈威庇我身。

　　註：又見手稿〈參觀屏東縣山地鄉民族歌謠舞蹈比賽有感〉。

## 236.辛亥暮春過三地門攜孫重遊三教寶宮 七絕六首之五 1971 年

詩文之友 34 卷 1 期 1971.5.1

俯瞰溪中水缺流，無波十里莫行舟。
沿途頑石知何用，不及丁丁伐未休。

　　註：又見手稿〈參觀屏東縣山地鄉民族歌謠舞蹈比賽有感〉。

## 237.辛亥暮春過三地門攜孫重遊三教寶宮 七絕六首之六 1971 年

詩文之友 34 卷 1 期 1971.5.1

罷詠歸來日欲斜，諸孫共喜飲名茶。
詩家清景天倫樂，一例胸懷興倍加。

　　註：又見手稿〈參觀屏東縣山地鄉民族歌謠舞蹈比賽有感〉。

## 238.余初藝菊，花正盛，聞忽被隔鄰駑馬嚼去，悲憤交集，賦此以誌 七絕六首之一

穠豔芳姿獨出群，籬邊簇簇欲聞言。
惱他駑馬無情甚，飽吃黃花十八盆。

## 239.余初藝菊，花正盛，聞忽被隔鄰駑馬嚼去，悲憤交集，賦此以誌 七絕六首之二

紛紛委地嘆凋零，玉蕊偏遭廢馬憎。
獨惜清風明月夜，憐他四美失良朋。

## 240.余初藝菊，花正盛，聞忽被隔鄰駑馬嚼去，悲憤交集，賦此以誌 七絕六首之三

狼籍籬東百憾生，返魂無術恨難平。
可憐風月雙清夜，無復幽香繫我情。

## 241.余初藝菊，花正盛，聞忽被隔鄰駑馬嚼去，悲憤交集，賦此以誌 七絕六首之四

紅稀綠暗景堪傷，蜂蝶聞知總斷腸。
枉我經年勤護惜，未曾人賞馬先嘗。

## 242.余初藝菊，花正盛，聞忽被隔鄰駑馬嚼去，悲憤交集，賦此以誌 七絕六首之五

一年辛苦又心勞，藝菊何當作馬槽。
孽畜剿花狼惡極，屠他端合用牛刀。

## 243.余初藝菊，花正盛，聞忽被隔鄰駕馬嚼去，悲憤交集，賦此以誌 七絕六首之六

自遭馬口任風飄，滿地枝梢景寂寥。
忍向夕陽空寫恨，偶聞流水便魂銷。

## 244.吳起 七絕一首

殺妻爭得一干城，那管鄉中月旦評。
抵為魯君疑不用，忍教齊女作犧牲。

## 245.弄笛後以詩見贈次韻奉酬 七絕一首

品茗評詩話幾時，不將往事繫懷思。
生平具有桓伊癖，短笛攜來信口吹。

## 246.初鹿香菇湯 七絕一首

詩文之友 30 卷 2 期 1969.6.1 （又見手稿本）

遠東寺過雨霏霏，初鹿關山嘆力微。
正午中餐何處是，香菇湯亦可充饑。

## 247.吟禪 七絕三首之一

朴雅吟社擊鉢
詩報 100 號 1935.3.1 （又見手稿本）

坐禪得句漫相嘲，合掌還聞字字敲。
詩自豪吟經自讀，那關滄海日騰蛟。

## 248.吟禪 七絕三首之二

朴雅吟社擊鉢
詩報 100 號 1935.3.1 （又見手稿本）

牢騷滿腹漫笑嘲，蒲團靜坐獨推敲。
禪房寂寞甘消受，一片詩心未忍拋。

　　註：手稿又作：
　　　　牢騷滿腹好推敲，禪室耽吟漫笑嘲。
　　　　風月一竿經兩卷，作詩偏喜用三看。

### 249.吟禪 七絕三首之三

朴雅吟社擊鉢
詩報 100 號 1935.3.1 （又見手稿本）

說法談詩漫笑嘲，每逢花月便推敲。
禪機悟徹吟哦趣，盡把人間萬慮拋。

註：談詩，手稿一作哦詩。

便推敲，手稿一作自推敲。

吟哦趣，手稿一作豪吟趣。

### 250.杜鵑鳥 七絕二首之一

巴山啼血夜三更，惹我哦詩句未成。
今日人間多險惡，勸君緘口且吞聲。

### 251.杜鵑鳥 七絕二首之二

故國年年悲帶恨，巴山夜夜忍吞聲。
春來歐盡心中血，似為人間訴不平。

### 252.孤山梅 七絕六首之一

玉容遜雪三分白，月貌凌霜十倍芬。
自愛孤山高士臥，花魁獨占更超群。

### 253.孤山梅 七絕六首之二

品格清高獨出群，孤山香滿雪紛紛。
冬來數點留天地，疑是浩然尚踏勤。

註：疑是浩然尚踏勤，手稿又作為勞浩然踏苦勤。

### 254.孤山梅 七絕六首之三

瓊姿遜雪只三分，勁節凌霜氣不群。
寂守孤山甘耐冷，未容屈北放些薰。

### 255.孤山梅 七絕六首之四

不同庾嶺占花魁，自是高山處士栽。
嫁得逋仙香更遠，冬來含雪帶寒開。

註：原稿作「廋」，顯係「庾」之誤字。

### 256.孤山梅 七絕六首之五

瓊枝瀟灑絕塵埃，和靖山中處處栽。
占斷風情甘寂寞，月明鶴子共追陪。

### 257. 孤山梅 七絕六首之六
自嫁逋仙處士來，晨昏鶴子喜相陪。
任他疏影隴頭放，未許花魁奪一回。

### 258. 空中列車 七絕一首

詩報 284 號 1942.11.25

形同雁陣過蒼江，萬里長虹作軌杠。
天馬行空君載物，運輸一例爲家邦。

### 259. 坡中逢小雨 七絕一首
好漢坡巔欲下時，恰逢小雨浥絲絲。
任他山石都生滑，涉險何曾一刻遲。

### 260. 坡邊感作 七絕一首
坡中石級起傾斜，震後無修計已差。
來往遊人多似鯽，防危有責在誰家。

### 261. 於布袋官鹽配運館聯吟 七絕三首之一
滿天星斗夜雲輕（漱雲），寫入春風萬里情（友笛）。
好是未栽紅芍藥（曙村），更深門外尙啼鶯（漱雲）。

### 262. 於布袋官鹽配運館聯吟 七絕三首之二
落花流水已春殘（曙村），把酒東風付一歎（友笛）。
金谷繁華成畫餅（漱雲），曲屏題句懶憑欄（曙村）。

### 263. 於布袋官鹽配運館聯吟 七絕三首之三
茶香縷縷潤詩腸（友笛），歌管鄰家興正長（曙村）。
我亦今宵同一樂（漱雲），貪聽雅韻協商宮（友笛）。

### 264. 於汾津諧繼昌詞兄重訪大川兄於崙子有作 七絕六首之一
兩次尋鷗此地遊，登龍今日願初酬。
主人見我情偏摯，共喜敲詩樂自由。

### 265. 於汾津諧繼昌詞兄重訪大川兄於崙子有作 七絕六首之二
話到投機恨轉長，評論月旦及凌霜。
而今祖國欣光復，未可輕身入法場。

## 266.於汾津諧繼昌詞兄重訪大川兄於崙子有作 七絕六首之三

惠我圓方餅更奇，不同彩畫好充飢。
呼童檢點時間表，生恐乘車去較遲。

## 267.於汾津諧繼昌詞兄重訪大川兄於崙子有作 七絕六首之四

舍路經田越鐵杖，恰逢乘客下車時。
驛夫不信從崙子，見我偏來索運資。

編者註：杖，原作車字，疑指鐵軌。

## 268.於汾津諧繼昌詞兄重訪大川兄於崙子有作 七絕六首之五

衰頹世道不堪論，風雅而今竟出群。
笑煞罔知師範輩，之無略識便誇文。

## 269.於汾津諧繼昌詞兄重訪大川兄於崙子有作 七絕六首之六

行到汾津恰未時，換書源本卻遲遲。
為他區署完公務，車發難歸悔已遲。

林友笛自註：換書即往購古人詩。

## 270.知本溫泉 七絕一首

詩文之友 30 卷 2 期 1969.6.1 （又見手稿本）

泉稱知本久馳名，清比滄浪可濯纓。
太息時間嚴有限，徒觀未足爽吟情。

## 271.庚戌王春奏樂養氣園賦呈主人 七絕六首之一 1970 年

詩文之友 31 卷 6 期 1970.4.1

不怕王春氣尚寒，談詩奏樂覺心寬。
吟聲清雅歌聲雜，賓主今朝各盡歡。

## 272.庚戌王春奏樂養氣園賦呈主人 七絕六首之二 1970 年

詩文之友 31 卷 6 期 1970.4.1

斯園自昔號怡園，春到花芳鳥語喧。
真箇清幽堪養氣，山光水色滿書軒。

## 273.庚戌王春奏樂養氣園賦呈主人 七絕六首之三 1970 年

詩文之友 31 卷 6 期 1970.4.1

品茗高歌樂賞心，君謨今喜遇知音。
社區建設功成日，準擬宏開擊鉢吟。

### 274.庚戌壬春奏樂養氣園賦呈主人 七絶六首之四 1970 年

詩文之友 31 卷 6 期 1970.4.1

步過園心一角樓，花宮花草兩幽悠。
此間風景佳於畫，應有高人樂未休。

### 275.庚戌壬春奏樂養氣園賦呈主人 七絶六首之五 1970 年

詩文之友 31 卷 6 期 1970.4.1

半山山畔半山亭，花柳環山景自成。
山下防空還有洞，山中流水更多情。

### 276.庚戌壬春奏樂養氣園賦呈主人 七絶六首之六 1970 年

詩文之友 31 卷 6 期 1970.4.1

園中風景總無邊，花果纍纍大自然。
半讀半耕餐可足，主人閒逸儼神仙。

### 277.庚戌仲秋前二日四湖圍棋支會比賽賦此以爲留念

七絶三首之一 1970 年

黑白關心戰一秤，幾疑漢楚復交兵。
交鋒不見持刀戟，惟有神機尚鬪爭。

### 278.庚戌仲秋前二日四湖圍棋支會比賽賦此以爲留念

七絶三首之二 1970 年

長談坐隱興偏賒，巧用心兵設計嘉。
髣髴中原人逐鹿，不知鹿死在誰家。

### 279.庚戌仲秋前二日四湖圍棋支會比賽賦此以爲留念

七絶三首之三 1970 年

評茶品種限臺灣，苦茈清香總不關。
若問酪奴何處是，半由凍頂半文山。

### 280.庚戌長夏雨中訪金樹宗兄 七絶六首之一 1970 年

詩文之友 32 卷 6 期 1970.10.1

冒雨來登處士堂，宗親今喜願初償。
座中有客多風雅，品茗談心樂未央。

### 281. 庚戌長夏雨中訪金樹宗兄 <small>七絕六首之二</small> 1970 年

詩文之友 32 卷 6 期 1970.10.1

話到投機興轉酣，燈光君我影成三。
買車未即言歸去，爲與宗兄竟夕談。

### 282. 庚戌長夏雨中訪金樹宗兄 <small>七絕六首之三</small> 1970 年

詩文之友 32 卷 6 期 1970.10.1

簾外瀟瀟惹恨生，幾番合眼夢難成。
誰憐我是他鄉客，此夕何當聽雨聲。

### 283. 庚戌長夏雨中訪金樹宗兄 <small>七絕六首之四</small> 1970 年

詩文之友 32 卷 6 期 1970.10.1

澈夜霏霏景寂寥，隔牆又聽打芭蕉。
無情最是今宵雨，滴碎鄉心恨未銷。

### 284. 庚戌長夏雨中訪金樹宗兄 <small>七絕六首之五</small> 1970 年

詩文之友 32 卷 6 期 1970.10.1

沛然又聽一時傾，頃刻窗前盡水聲。
樓內晨雞聞喔喔，庭中雨打石頭鳴。

### 285. 庚戌長夏雨中訪金樹宗兄 <small>七絕六首之六</small> 1970 年

詩文之友 32 卷 6 期 1970.10.1

雨後東方天欲明，滿園花木爽吟情。
晨遊對此歡無極，來訪何曾負此行。

### 286. 岱江竹枝詞四首 <small>七絕四首之一</small>

半路店過是岸頭，岸邊漁父駕漁舟。
歸來滿載爭開看，多半烏鯧與釣柔。

### 287. 岱江竹枝詞四首 <small>七絕四首之二</small>

製鹽產額冠全臺，莫怪觀光客遠來。
步過役場五溝口，如雲婦女拾蠔回。

### 288. 岱江竹枝詞四首 <small>七絕四首之三</small>

三公宮後白砂宮，綠女成群燒好香。
惟願熊羆來入夢，明年廟口謝豬羊。

### 289.岱江竹枝詞四首 <sub></sub>七絕四首之四

海埔埔口剖生蠔，男自挑來女獨操。
絕好新鮮無浸水，一朝上市價應高。

### 290.明妃出塞 七絕三首之一

淚血沾襟出禁圍，此身寧作北蠻妃。
漢王畢竟胸無竹，教妾和戎計已非。

### 291.明妃出塞 七絕三首之二

獨抱琵琶馬上彈，驪歌欲唱淚汎瀾。
傷心從此中原別，無復龍床夢合歡。

### 292.明妃出塞 七絕三首之三

畫圖底事獻蠻王，累卻峨眉出帝鄉。
笑殺朝中無猛將，和戎偏忍用王嬙。

### 293.阿里山 七絕二首之一

神木參天獨占魁，堪誇阿里產良材。
須知我國多樑棟，端賴斯山貢獻來。

### 294.阿里山 七絕二首之二

阿里山中古木多，登臨人競喜吟哦。
風光曾荷親王賞，臺駕轟轟此地過。

### 295.夜坐聽雨 七絕一首

小樓寂寂一燈殘，孤雁誰憐旅夢單。
驟雨敲窗來急急，淋漓滴瀝惹心酸。

### 296.夜話偶成 七絕二首之一

重來煮酒共誅茅，誼屬當年莫逆交。
徹夜聯吟神未倦，詩成潦草未推敲。

### 297.夜話偶成 七絕二首之二

話到宵深興轉酣，燈光君我影成三。
買車未即歸南去，爲與先生竟夕談。

旋馬庭主人林友笛甫稿

### 298. 夜聽琵琶 七絕一首

半生筆墨作生涯，老到漸知眼又花。
此夜詩魔降未得，湖中何處弄琵琶。

### 299. 迎春見寄 七絕一首

一年容易又新正，退隱驚看歲幾更。
杖國已過齡有五，吟詩尚是愛求精。

### 300. 雨淋鈴 七絕三首之一

張徽一曲夜頻催，南門無人月影陪。
祇為肅宗虧子道，應教心緒不勝哀。

### 301. 雨淋鈴 七絕三首之二

棧道瀟瀟夜雨來，鈴聲聒耳惹悲哀。
更添路過羊腸險，回首虛宮念未灰。

### 302. 雨淋鈴 七絕三首之三

霏霏細雨濕寒梅，滴瀝鈴聲入耳來。
棧道殘光人影亂，渾疑妃子夜追陪。

### 303. 雨聲 七絕一首

詩報 244 號 1941.3.21

簾外瀟瀟惹恨生，淋漓頃刻水成泓。
自憐我是風塵客，滴碎鄉心夢未成。

### 304. 東港小集 七絕一首

詩文之友 21 卷 2 期 1964.12.1

縱酒言歡樂未終，東隆抗手盡詩雄。
今朝不減蘭亭會，韻事長留誌雪鴻。

### 305. 拂曉烹茶奉佛 七絕二首之一 1967 年

詩文之友 27 卷 3 期 1968.1.1 （又見手稿本）

曉起聽經入釋門，步虛聲喜解憂煩。
清晨奉佛情偏摯，敬禮茶烹用狀元。

　　林友笛自註：狀元，斗六芳茂佳茗。
　　註：釋門，手稿一作祇園。

### 306. 拂曉烹茶奉佛 七絕二首之二 1967年

詩文之友 27 卷 3 期 1968.1.1 （又見手稿本）

自笑無端到上方，參禪隻手覺荒唐。
此行未帶青精飯，惟獻虔心一瓣香。

丁未暮秋下弦

### 307. 臥禪詞兄旋梓賦此壯行 七絕一首

五載難忘共署情，驪歌奚忍聽三聲。
臨岐自笑無他贈，薄酒新詩壯此行。

### 308. 奉職東石自動車會社為會計感而有作 七絕四首之一

自笑飄零志未伸，吟軀到此復依人。
謀生本是浮生分，敢怨勞勞歷劫塵。

### 309. 奉職東石自動車會社為會計感而有作 七絕四首之二

蝟務紛紜力倦疲，騷壇近況總難知。
一宵精算卅車質，安得偷閒去賦詩。

### 310. 奉職東石自動車會社為會計感而有作 七絕四首之三

晨昏會計總留神，片刻難離費苦辛。
恰似春蠶絲吐盡，自憐自縛自由身。

### 311. 奉職東石自動車會社為會計感而有作 七絕四首之四

人生成敗等雞蟲，得失何須恨未窮。
浪說英雄造時勢，誰知時勢造英雄。

### 312. 到龜山入山即景 七絕一首

○○我久仰龜山，不怕登山去路難。
○○抵應三地有，人間能得幾回看。
　　　　註：原稿殘闕。

### 313. 架上蘭花初開爰賦七絕以誌之 七絕一首

詩文之友 40 卷 3 期 1974.7.1 （又見手稿本）

曄曄孤高有異香，煌煌丹穎豈尋常。
如斯王者高風貴，惹我吟詩興更狂。

### 314. 春日荷蒙文登先生過訪以詩見贈次韻奉酬 七絕一首

難得高軒此地行，春風滿座慶清平。
詩星朗朗吟懷爽，茅室光輝頃刻生。

### 315. 春秋筆 七絕二首之一 七絕元韻

赤虹化玉認依稀，端賴中書傳至微。
崇孔願留修國史，獲麟慎莫漏先幾。

### 316. 春秋筆 七絕二首之二 七絕元韻

《臺灣擊鉢詩選第二集》1969
詩文之友 27 卷 1 期 1967.11.1 （又見手稿本）

孝經傳就麟經絕，吾道難行世道非。
大野叔孫傷獲後，此君無復仲尼揮。

### 317. 春寒 七絕一首

詩文之友 24 卷 1 期 1966.5.1

纔傳塞北霜凝瓦，又見江南雪滿門。
簾外煙濃人未起，錦袍頒到沐皇恩。

### 318. 癸卯秋季鯤南七縣市詩人聯吟大會高雄聯吟後與立卿詞
### 兄漫遊左營偶作 七絕六首之一 1973 年

久欲左營作勝遊，欣探有閣號春秋。
快然來到蓮池畔，喜得奇緣此日酬。

### 319. 癸卯秋季鯤南七縣市詩人聯吟大會高雄聯吟後與立卿詞
### 兄漫遊左營偶作 謁啓明宮 七絕六首之二 1973 年

聖廟居然號啓明，傲遊來謁更心誠。
祇因宮對春秋閣，惹得騷人亦筆評。

### 320. 癸卯秋季鯤南七縣市詩人聯吟大會高雄聯吟後與立卿詞
### 兄漫遊左營偶作 春秋閣止步 七絕六首之三 1973 年

春秋閣外駐吟身，來拜尼山大聖人。
那悉關門堅閉鎖，親參無怯感頻頻。

### 321. 癸卯秋季鯤南七縣市詩人聯吟大會高雄聯吟後與立卿詞
### 兄漫遊左營偶作 僧人啓關門 七絕六首之四 1973 年

難得僧人為啓門，登樓未拜聖賢尊。
巍巍兩閣分文武，史績昭彰今尚存。

### 322.癸卯秋季鯤南七縣市詩人聯吟大會高雄聯吟後與立卿詞

兄漫遊左營偶作 春秋閣懷古 七絕六首之五 1973 年

閣對池蓮水自流，登臨此日讀春秋。

獲麟回首無窮感，絕筆而今嘆不休。

　　　註：而今，一作如今。

### 323.癸卯秋季鯤南七縣市詩人聯吟大會高雄聯吟後與立卿詞

兄漫遊左營偶作 柳岸納涼 七絕六首之六 1973 年

習習涼風拂面來，沿堤楊柳是誰栽。

垂青豈爲春秋閣，助我尋詩亦快哉。

### 324.癸卯秋訪李姜老友於過溝深夜聽雨偶成 七絕四首之一 1973 年

詩文之友 38 卷 6 期 1973.10.1

簾外瀟瀟惹恨生，終宵無夢到天明。

自憐我是他鄉客，此夕何當聽雨聲。

### 325.癸卯秋訪李姜老友於過溝深夜聽雨偶成 七絕四首之二 1973 年

詩文之友 38 卷 6 期 1973.10.1

入耳瀟瀟景寂寥，隔牆又聽打芭蕉。

不堪澈夜敲窗急，滴碎鄉心恨未銷。

### 326.癸卯秋訪李姜老友於過溝深夜聽雨偶成 七絕四首之三 1973 年

詩文之友 38 卷 6 期 1973.10.1

沛然驟雨一時傾，頃刻涼涼水滿庭。

何事終宵偏密灑，淋漓滴瀝不堪聽。

### 327.癸卯秋訪李姜老友於過溝深夜聽雨偶成 七絕四首之四 1973 年

詩文之友 38 卷 6 期 1973.10.1

一宵風雨繫吟情，又聽蛙聲閣閣鳴。

自是農民堪擊壤，一犁秋水足深率。

### 328.癸卯麥秋之晦漫遊半天巖 七絕六首之一 1973 年

半天巖上古禪關，寺自清幽景可觀。

禮佛今朝來到此，吟心喜得一時寬。

### 329.癸卯麥秋之晦漫遊半天巖 七絕六首之二 1973 年

莫怪巖名號半天，居然勝蹟勢巍然。

風光多荷騷人賞，不減蓬萊會眾仙。

## 330.癸卯麥秋之晦漫遊半天巖 七絕六首之三 1973 年

獨步巖巔樂賞心，諸峰一望盡森林。
寺前草綠無長短，疑是庭舖滿地金。

## 331.癸卯麥秋之晦漫遊半天巖 七絕六首之四 1973 年

七變花邊步幾回，頓教終久費疑猜。
知君也解騷人意，見我來時帶笑開。

## 332.癸卯麥秋之晦漫遊半天巖 七絕六首之五 1973 年

寂寂空門耀佛燈，半天巖上紫雲騰。
寺中規律嚴他寺，不住男僧住女僧。

## 333.癸卯麥秋之晦漫遊半天巖 七絕六首之六 1973 年

一負怪石自天然，蹤蹟爭傳印八仙。
足蹋長留七雙半，不知經歷歲千年。

旋馬庭主人林友笛甫稿

## 334.洞房月 七絕一首

詩文之友 32 卷 2 期 1970.6.1<br>雲林縣詩人聯吟會擊鉢稿

輪滿今宵分外明，洞房春暖愛更更。
記曾蘇妹成婚夜，三難新郎得大名。
　　註：祝蘇平祥先生令次郎志誠君與美瓊小姐嘉禮。

## 335.穿針樂序 七絕一首

杖朝七七老夫妻，此夕穿針戲作題。
不上一分穿得過，惠珠笑我爲金迷。
　　林友笛自註：惠珠吾女穿過後各贈百金故云。

## 336.施家賞菊樂園輪巨堪稱厚物之秀巧得藝術之精爰賦七絕
##　　一首戲贈雲從仙人 七絕一首

詩文之友 29 卷 4 期 1969.2.1

識得西施善種花，樂園輪厚美堪誇。
朴津藝菊從頭數，妙技推君第一家。
　　林友笛自註：樂園菊名厚物菊格。

### 337. 信陵君 七絕三首之一

背魏非關誅晉鄙，竊符端爲破秦軍。
相如完璧君全義，一例勤王策大勳。

### 338. 信陵君 七絕三首之二

人道孟嘗真得士，我云無忌是庸君。
畏秦不納魏齊困，孤負虞卿一路勤。

### 339. 信陵君 七絕三首之三

不負平原託意殷，竊符背魏破秦軍。
趙王攜酒勞功績，千古英賢獨讚君。

### 340. 星期日漫遊萬華龍山寺途中口占 七絕一首

團中訓練束吟軀，爭及逍遙樂自娛。
臺北名山遊遍遍，那管合格有耶無。

### 341. 俗詩 七絕二首之一

風雅全無句不新，吟成七字險頻頻。
詞中帶有塵埃氣，一唱偏教笑殺人。

### 342. 俗詩 七絕二首之二

七字吟成意不新，篇中混雜盡埃塵。
也同朽木材無用，句句真堪俗了人。

### 343. 重遊臺中公園 七絕一首

詩文之友 30 卷 2 期 1969.6.1 （又見手稿本）

不忍池邊續舊遊，風光無異昔年幽。
重來不帶生華筆，美景還須放眼收。

### 344. 重遊養氣園賦呈主人 七絕一首

詩文之友 26 卷 6 期 1967.10.1

養氣園門午未開，尋芳有客叩關來。
風光未即騷人賞，得詠新詩亦快哉。

### 345. 重過義竹寅夜與鴻濤文俊兩兄夜訪文登先生府上作竟夕清談賦此奉酬 七絕六首之一

步行共喜訪吟鷗，黯黯燈光趁夜遊。
不怕崎嶇來路險，騷人何事太風流。

### 346.重過義竹寅夜與鴻濤文俊兩兄夜訪文登先生府上作竟夕 清談賦此奉酬 七絕六首之二

品茗閒談及古成，茶煙裊裊夜沉沉。
瓶中畢竟名奇種，玉露爭云價萬金。

### 347.重過義竹寅夜與鴻濤文俊兩兄夜訪文登先生府上作竟夕 清談賦此奉酬 七絕六首之三

話到宵深興轉酣，燈光花影雜成三。
吟軀未即言歸去，爲與群仙竟夕談。

### 348.重過義竹寅夜與鴻濤文俊兩兄夜訪文登先生府上作竟夕 清談賦此奉酬 七絕六首之四

庭中待月夜三更，席上聯吟興倍生。
白戰終宵神未倦，窗間隱隱漏雞聲。

### 349.重過義竹寅夜與鴻濤文俊兩兄夜訪文登先生府上作竟夕 清談賦此奉酬 七絕六首之五

蟾光燈影遍欄干，知是雞聲夜已闌。
難得主人明指導，回時容易去時難。

### 350.重過義竹寅夜與鴻濤文俊兩兄夜訪文登先生府上作竟夕 清談賦此奉酬 七絕六首之六

興盡歸來小納涼，簾溪欗子潤吟腸。
詩家倩影茶家癖，一例牢騷信不妨。

### 351.重過義竹蒙文登先生飲我以玉露名茶賦此奉酬 七絕一首

津津不減武夷茶，氣味清香興倍加。
助我詩腸枯復潤，始知異種在君家。

### 352.是歲祖母喪中擊鉢於信用組合樓上聞鄰家作樂感作 七絕一首

誰家響喨半浮沉，入耳鏗鏘夜已深。
我正悲劉心倍痛，何堪一側聽哀音。

## 353.祈夢失望 七絕一首

詩文之友 30 卷 4 期 1969.8.1

拾級登山力倦疲，擬將祈夢問仙機。
遠從千里來騷客，鎮日無方會主持。

## 354.看劍 七絕二首之一

鋒鋩三尺露光寒，血氣腥痕認未乾。
今日中原還逐鹿，不堪久作匣中看。

## 355.看劍 七絕二首之二

誰將巨瀾掛窗間，閃閃霜鋒耀碧欄。
入眼豪光生殺氣，奸雄一見膽應寒。

## 356.香霧 七絕二首之一　七絕冬韻

漠漠如煙罩幾重，太真未醒正芳濃。
問渠氣滿隨風散，秉燭誰憐減玉容。

## 357.香霧 七絕二首之二　七絕冬韻

逐鹿迷濛計不從，麗涓氣馥自薰風。
豈同陰堅長埋險，瀚浡深宮抹玉容。

## 358.南寶樹脂 七絕四首之一

南有鯤南寧馨兒，**寶**藏興國及公司。
樹人化學為宗旨，脂最糊粘性不移。

## 359.南寶樹脂 七絕四首之二

南州化學品優良，寶貴資材製異方。
樹種人欽符國際，脂膏不易永留芳。

## 360.南寶樹脂 七絕四首之三

南縣人爭望慶雲，寶藏化學品超群。
樹功不獨傳西港，脂性粘香遠近聞。

## 361.南寶樹脂 七絕四首之四

南蠻曲唱喜聲聲，寶炬雙輝慶落成。
樹立宏基長鞏固，脂粘不易價連城。

註：本詩附有小札一句：陳昌言先生斧正。

362.**拜讀吳景箕先生佳什喜而有作** 七絕八首之一
滿紙堂皇盡玉珠，拋磚引玉愧寒儒。
尋鷗喜得親鷗鷺，勝向權門諂媚謏。

363.**拜讀吳景箕先生佳什喜而有作** 七絕八首之二
雅取雙星號景箕，便便大腹豈唯詩。
雲林文物從頭數，才學如君更有誰。

364.**拜讀吳景箕先生佳什喜而有作** 七絕八首之三
新厝飄然賦隱居，十年讀破五車書。
市囂遠隔閒如許，學足三餘尙有餘。

365.**拜讀吳景箕先生佳什喜而有作** 七絕八首之四
文字分○○淡交，擬將名利一齊拋。
但逢風月雙清日，○○豪吟句自敲。
　　註：原稿殘闕。

366.**拜讀吳景箕先生佳什喜而有作** 七絕八首之五
身外是非總不妨，樂詩樂樂樂無量。
真情賞到興忘處，那管生平願未償。

367.**拜讀吳景箕先生佳什喜而有作** 七絕八首之六
敢怨心兵費苦勞，騷壇擊鉢尙牢騷。
催詩債務來書急，助我吟懷興更豪。

368.**拜讀吳景箕先生佳什喜而有作** 七絕八首之七
江淹夢筆正生花，爲訊來尋處士家。
一自登龍還印象，君才繡虎我塗鴉。

369.**拜讀吳景箕先生佳什喜而有作** 七絕八首之八
倚傲南窗遠北窗，不圖建國與安邦。
薄田二頃充饑足，一片詩心尙未降。

370.**海水浴** 七絕三首之一
閒來邀友浴天池，滌暑逍遙鎭日嬉。
游泳莫貪深處去，蟄龍今日正威施。

371.**海水浴** 七絕三首之二
午來乘興到天池，游泳消炎獨賦詩。
此日枕流無限感，人間往事嘆如斯。

## 372.海水浴 七絕三首之三

碧海浮沉泳不疲，波光瀲灩濯鬚眉。
舞雲諷詠消塵慮，浴罷歸來繫我思。

## 373.夏日雜詠 七絕六首之一 乙巳天貺 1965 年

詩文之友 23 卷 2 期 1965.12.1 （又見手稿本）

赤帝司權似火煎，漫空漠漠起烘煙。
避炎有願知何處，吳質浮瓜亦枉然。

　　註：避炎有願知何處，手稿一作避炎教我趨何處。

## 374.夏日雜詠 七絕六首之二 乙巳天貺 1965 年

詩文之友 23 卷 2 期 1965.12.1 （又見手稿本）

茅齋何物繫懷思，無是無非愛此時。
讀睡餐餘三韻事，嗜茶奏樂與談詩。

## 375.夏日雜詠 七絕六首之三 乙巳天貺 1965 年

詩文之友 23 卷 2 期 1965.12.1 （又見手稿本）

宦海風波未題論，無官無事轉堪尊。
東山日暖眠常足，養性修真寡出門。

　　註：未題論，手稿一作任意翻。

　　　　無官無事轉堪尊，手稿一作退休歸隱復何言。

## 376.夏日雜詠 七絕六首之四 乙巳天貺 1965 年

詩文之友 23 卷 2 期 1965.12.1 （又見手稿本）

靜中偶爾嘆浮生，老到還須隱姓名。
無那詩魔頻繞戶，逸情壓不過吟情。

## 377.夏日雜詠 七絕六首之五 乙巳天貺 1965 年

詩文之友 23 卷 2 期 1965.12.1 （又見手稿本）

幽居之樂樂如何，曉起開門便唱歌。
數畝庭花餐自足，不貪富貴夢春婆。

## 378.夏日雜詠 七絕六首之六 乙巳天貺 1965 年

詩文之友 23 卷 2 期 1965.12.1 （又見手稿本）

一竿風月自怡神，懶比嵇康性率真。
餓死倘因風雅累，來生不復作詩人。

　　註：不復，手稿一作不願。

　　　　懶，手稿一作爛。

　　　　倘因風雅累，手稿一作果因風雅累。

## 379.時世妝 七絕二首之一

《東寧擊鉢吟前集》1934.3.30

入時短褲纔經膝，合式輕衫未及腰。
服飾而今新巧甚，可憐狗尾續狐貂。

## 380.時世妝 七絕二首之二

裸體燒毛鬭色嬌，堪嗟妓女趁時潮。
輸他刻畫無鹽甚，尤自痴心比二喬。

## 381.時潮 七絕二首之一

滾滾瀠洄各有方，汪洋萬里看茫茫。
長流莫怪隨歐化，時勢年來亦變妝。

## 382.時潮 七絕二首之二

朝來常往晚回忙，滾滾如斯看渺茫。
歐化東漸嗟似汝，狂流欲挽恨無方。

## 383.秧尖 七絕一首

森森籤小千畦綠，簇簇柔尖滿地金。
虞舜製衣君補綴，人間一例沐恩深。
　　註：一作詩題爲：秧鍼。

## 384.浴池即事 七絕一首

踏遍關山作勝遊，溫泉權作片時休。
池中滾滾清如許，滌卻胸中萬斛愁。
　　註：胸中，一作胸間。

## 385.浴後感作 七絕一首

逝者如斯不注流，水含藥質有誰儔。
濯纓濯足分清濁，滌卻胸中萬斛愁。

## 386.浴罷即作 七絕一首

莊中泉水浴吟身，滌盡胸中萬斛塵。
浴罷歸來風習習，心清端可健精神。
　　註：另作詩題爲：湯池浴罷。
　　註：滌盡，一作滌卻。

### 387.浴罷偶作 七絕一首

浴罷歸來雅興生，涼風習習爽吟情。
勞勞塵世成何事，未若深山隱姓名。
註：一作詩題為：浴罷歸來。

### 388.旅舍書懷 七絕一首

身外浮沉總不爭，樂詩樂樂樂心情。
迎人自笑才偏短，半世生涯一管城。
註：浮沉，一作虛榮。

### 389.書味 七絕二首之一

不同世味有酸辛，自是揚雄七字新。
我比孝標耽更甚，嘗來滿口盡生津。

### 390.書味 七絕二首之二

鄴業書分甲乙篇，藏修游息趣無邊。
蔗甘適口多嘗遍，略一聞香興欲仙。

### 391.高射炮 七絕一首

射敵分明中不偏，國防賴汝作中堅。
任他一等飛行士，爆發端教性命捐。

### 392.桐花鳳 七絕七首之一

五色靈禽兆吉祥，深花叢裡散餘香。
此君也解長生法，春曉棲梧飲露漿。

### 393.桐花鳳 七絕七首之二

誰解仙翰五色光，應時呈瑞散餘香。
巷東獨秀梧桐樹，願借濃陰作舊鄉。

### 394.桐花鳳 七絕七首之三

應時凡鳥宿銀牀，春暮朝朝飲露漿。
金井漫嫌同陋巷，此中堪作一仙鄉。

### 395.桐花鳳 七絕七首之四

怪底高飛集鳳凰，碧梧來往為誰忙。
探花祇為佳人計，盡把文章五色妝。

396.**桐花鳳** 七絕七首之五
不同鳥雀噪華堂，賀世靈音兆吉祥。
祇恐林間遭弋射，碧梧權作養生堂。

397.**桐花鳳** 七絕七首之六
我本靈禽七德香，鳳山原有木棲鳳。
蓬萊多少梗楠樹，不及梧桐自在鄉。

398.**桐花鳳** 七絕七首之七
碧梧老幹放花香，春暮清陰有鳳翔。
漫道成都方應瑞，如斯桐巷可朝陽。

399.**恭祝總統蔣公八秩華誕** 七絕七首之一
將星朗朗壽星光，曲奏霓裳樂未央。
元首蟬聯逢祝釐，國家難得有餘慶。

400.**恭祝總統蔣公八秩華誕** 七絕七首之二
齡高元首與天長，介壽人爭獻賀章。
武有雄兵傳武子，文多德政布文王。

401.**恭祝總統蔣公八秩華誕** 七絕七首之三
掃除奸諜懷仍壯，收復河山志益強。
南極星輝翁八秩，嵩呼聲溢太平洋。

402.**恭祝總統蔣公八秩華誕** 七絕七首之四
桃熟三千會眾仙，霓裳曲奏大羅天。
蔣公元首年逢釐，恭賦詩章祝壽延。

403.**恭祝總統蔣公八秩華誕** 七絕七首之五
齡高八秩享天年，建國功勳躋逸仙。
我也心香虔一瓣，遙遙恭頌九如篇。

404.**恭祝總統蔣公八秩華誕** 七絕七首之六
壽宇宏開燭影紅，杖朝滿面拂春風。
瑤池此日蟠桃熟，偏喜分甘及蔣公。

405.**恭祝總統蔣公八秩華誕** 七絕七首之七
蟬聯元首布仁風，收復河山志更雄。
八秩稱觴逢令旦，九州四海盡呼嵩。

### 406. 倒啖蔗 七絕三首之一 七絕罩韻

醒靈寺第三十四期徵詩
詩文之友 28 卷 3 期 1968.7.1 （又見手稿本）

節有糖霜能解渴，花無香味更生甘。
愷之與我原同癖，佳境漸侵入美談。

### 407. 倒啖蔗 七絕三首之二 七絕罩韻

醒靈寺第三十四期徵詩 （又見手稿本）

凝寒節節有餘甘，食尾漸漸到本探。
味厚留此此洪製，弄孫端可樂飴含。

### 408. 倒啖蔗 七絕三首之三 七絕罩韻

醒靈寺第三十四期徵詩
詩文之友 28 卷 3 期 1968.7.1 （又見手稿本）

參天花蒞稜稜放，適口糖霜節節含。
我愛啖君從末尾，擬同晚境自彌甘。

### 409. 息嬀 七絕一首

忍辱宮中悵不眠，三年無語等寒蟬。
可憐息國江山碎，祇爲名花一朵妍。

### 410. 倡酬偶感賦呈鳴皋先生 七絕一首

甲寅孟秋之月倡酬詩稿集 1974 年
甲辰臘月之望倡酬詩稿集 1964 年
詩文之友 25 卷 4 期 1967.2.1 （又見手稿本）

白戰聯句句出奇，詩風端不遜唐詩。
論交未可藏君善，到處逢人說景箕。
　　　註：不遜，手稿一作不讓。

### 411. 倡酬偶感賦呈鳴皋先生二疊前韻奉酬 七絕一首

甲寅孟秋之月倡酬詩稿集 1974 年
甲辰臘月之望倡酬詩稿集 1964 年
詩文之友 25 卷 4 期 1967.2.1 （又見手稿本）

天資穎悟眾稱奇，和韻無嫌七絕詩。
頓使群仙齊拱手，清風習習問於箕。
　　　註：齊拱手，一作齊抗手。

## 412.倡酬偶感賦呈鳴皐先生三疊前韻奉酬 七絕一首

甲寅孟秋之月倡酬詩稿集 1974 年
甲辰臘月之望倡酬詩稿集 1964 年
詩文之友 25 卷 4 期 1967.2.1 （又見手稿本）

一番白戰一番奇，隻手拈來絕妙詩。
如此大家如此好，景星耿耿耀南箕。

## 413.倡酬偶感賦呈鳴皐先生四疊前韻奉酬 七絕一首

甲寅孟秋之月倡酬詩稿集 1974 年
甲辰臘月之望倡酬詩稿集 1964 年
詩文之友 25 卷 4 期 1967.2.1 （又見手稿本）

莫怪人稱七步奇，曹家才調李家詩。
國風雅頌君須詠，石燕齊飛報與箕。

## 414.倡酬偶感賦呈鳴皐先生五疊前韻奉酬 七絕一首

甲寅孟秋之月倡酬詩稿集 1974 年
甲辰臘月之望倡酬詩稿集 1964 年
詩文之友 25 卷 4 期 1967.2.1 （又見手稿本）

鄭虔三絕本稀奇，下筆居然不俗詩。
自是門高稱望族，文章大業紹裘箕。

## 415.倡酬偶感賦呈鳴皐先生六疊前韻奉酬 七絕一首

甲寅孟秋之月倡酬詩稿集 1974 年
甲辰臘月之望倡酬詩稿集 1964 年
詩文之友 25 卷 4 期 1967.2.1 （又見手稿本）

戰術爭如學術奇，多詩仁裕窖盈詩。
但逢風月雙清夜，耿耿星光詠斗箕。

　　註：燦斗箕，一作詠斗箕。

## 416.倡酬偶感賦呈鳴皐先生七疊前韻奉酬 七絕一首

甲寅孟秋之月倡酬詩稿集 1974 年
甲辰臘月之望倡酬詩稿集 1964 年
詩文之友 25 卷 4 期·1967.2.1 （又見手稿本）

伐桂吳剛獨出奇，神童七歲亦能詩。
古來多少牢騷客，猶愛清風詠北箕。

### 417.倡酬偶感賦呈鳴皋先生倒疊前韻奉酬 七絕二首之一

甲寅孟秋之月倡酬詩稿集 1974 年
甲辰臘月之望倡酬詩稿集 1964 年

煮豆休教燃豆箕，兄因殘弟迫吟詩。
速成青史稱才子，出口贏於七步奇。

### 418.倡酬偶感賦呈鳴皋先生倒疊前韻奉酬 七絕二首之二

甲寅孟秋之月倡酬詩稿集 1974 年
甲辰臘月之望倡酬詩稿集 1964 年

怪底吟星愛聚箕，隨風咳唾便成詩。
是真白戰稱無敵，不似遼東豕亦奇。

### 419.倡酬偶感賦呈鳴皋先生八疊前韻奉酬 七絕一首

甲寅孟秋之月倡酬詩稿集 1974 年
甲辰臘月之望倡酬詩稿集 1964 年
詩文之友 25 卷 4 期 1967.2.1 （又見手稿本）

素性耽詩句未奇，燈前多讀二毛詩。
宵深便覺膏將盡，望見星星欲聚箕。

　　註：耽吟，手稿一作耽詩。

### 420.倡酬偶感賦呈鳴皋先生九疊前韻奉酬 七絕一首

甲寅孟秋之月倡酬詩稿集 1974 年
甲辰臘月之望倡酬詩稿集 1964 年
詩文之友 25 卷 4 期 1967.2.1 （又見手稿本）

嘹喨吟聲逸韻奇，誰家三復白圭詩。
涼風細雨敲窗急，疑是周天畢會箕。

### 421.倡酬偶感賦呈鳴皋先生十疊前韻奉酬 七絕一首

甲寅孟秋之月倡酬詩稿集 1974 年
甲辰臘月之望倡酬詩稿集 1964 年
詩文之友 25 卷 4 期 1967.2.1 （又見手稿本）

才捷休誇七步奇，一官被免爲吟詩。
權威門戶高如許，誰肯庭前學執箕。

### 422.倡酬偶感賦呈鳴皋先生十一疊前韻奉酬 七絕一首

甲寅孟秋之月倡酬詩稿集 1974 年
甲辰臘月之望倡酬詩稿集 1964 年
詩文之友 25 卷 4 期 1967.2.1 （又見手稿本）

才高班馬學精奇，信口呵成白雪詩。
逸韻難賡堪泣鬼，吟星誰不望南箕。

### 423.倡酬偶感賦呈鳴皋先生十二疊前韻奉酬 七絕一首

甲寅孟秋之月倡酬詩稿集 1974 年
甲辰臘月之望倡酬詩稿集 1964 年
詩文之友 25 卷 4 期 1967.2.1 （又見手稿本）

諸葛行軍計出奇，東坡守分好吟詩。
月光都盡兼才盡，友笛從茲拜景箕。

### 424.倡酬偶感賦呈鳴皋先生十三疊前韻奉酬 七絕一首

甲寅孟秋之月倡酬詩稿集 1974 年
甲辰臘月之望倡酬詩稿集 1964 年
詩文之友 25 卷 4 期 1967.2.1 （又見手稿本）

仲弓繡虎有才奇，無敵人稱白也詩。
自是金星長朗朗，相聯夜夜會風箕。

### 425.倡酬偶感賦呈鳴皋先生十四疊前韻奉酬 七絕一首

甲寅孟秋之月倡酬詩稿集 1974 年
甲辰臘月之望倡酬詩稿集 1964 年
詩文之友 25 卷 4 期 1967.2.1 （又見手稿本）

小鳳還欽五鳳奇，大家端愛七家詩。
文豪今日從頭算，遐邇咸尊斗有箕。

### 426.送澈淨上人之觀音亭 七絕二首之一

折柳長亭惹恨生，數聲風笛繫離情。
臨岐自笑無他贈，獨賦新詩壯遠行。

### 427.送澈淨上人之觀音亭 七絕二首之二

陽關一曲已蕭然，瓶柳依依似可憐。
月照離筵添別恨，語絲無力繫吟禪。

### 428.訓練團第一放假日與劉吳兩同學漫遊陽明山

入山即景 七絕八首之一

草山絕勝遍山巔，拾級來探大自然。
到處櫻花開滿樹，行吟賞識亦奇緣。

### 429.訓練團第一放假日與劉吳兩同學漫遊陽明山

過聽泉亭 七絕八首之二

聽泉亭內聽泉聲，泉自長流水自清。
遊客往來多似鯽，繁華端可爽吟情。

### 430.訓練團第一放假日與劉吳兩同學漫遊陽明山

過魚樂國 七絕八首之三

遊魚樂國駐吟身,滌卻胸中萬斛塵。
服務站中呼品茗,一杯端可爽吟神。

### 431.訓練團第一放假日與劉吳兩同學漫遊陽明山

過半山亭 七絕八首之四

一峰高陟半山亭,老體猶堪萬丈登。
自笑吾庚逢六六,年華敢詡比岡陵。

### 432.訓練團第一放假日與劉吳兩同學漫遊陽明山

過小憩亭 七絕八首之五

小憩亭中坐片時,清風習習爽吟脾。
為他山景多詩料,忘卻登高力倦疲。

### 433.訓練團第一放假日與劉吳兩同學漫遊陽明山

過四照亭 七絕八首之六

四照亭中瞰四方,千畦簇簇盡新秧。
知君自守防饑分,不共山花鬥異香。

### 434.訓練團第一放假日與劉吳兩同學漫遊陽明山

過快雪亭 七絕八首之七

快雪何當自號亭,淙淙有韻倩誰聽。
浩然不見尋梅踏,只合名稱聽水廳。

### 435.訓練團第一放假日與劉吳兩同學漫遊陽明山

過小溫泉 七絕八首之八

小溫泉畔聽泉流,泉水潺湲逝未休。
不是滄浪難濯足,聲聲能滌古今愁。

### 436.訓練團第二放假日與蕭楊兩同學漫遊新店碧潭

舟泛碧潭 七絕六首之一

碧潭潭水自悠悠,萬里煙波一葉舟。
如此風光如此好,浮生奚必望封侯。

## 437.訓練團第二放假日與蕭楊兩同學漫遊新店碧潭

過碧亭　七絕六首之二

碧亭屹立在山巔，削壁懸崖景自然。
潭內泛舟人盡樂，太平歌唱自由天。

## 438.訓練團第二放假日與蕭楊兩同學漫遊新店碧潭

海角紅樓　七絕六首之三

海角紅樓壁上懸，山光水色兩幽然。
此間風景佳於畫，惹我吟懷興欲仙。

## 439.訓練團第二放假日與蕭楊兩同學漫遊新店碧潭

舟過賣店　七絕六首之四

輕舟一葉樂逍遙，詩自豪吟景自描。
賣店數間潭畔立，聲聲喚客買芭蕉。

## 440.訓練團第二放假日與蕭楊兩同學漫遊新店碧潭

小渚觀釣　七絕六首之五

潭中風靜不揚波，無數魚兒戲水梭。
漁父攜竿臨渚立，幾番筌滿未嫌多。

## 441.訓練團第二放假日與蕭楊兩同學漫遊新店碧潭

泛罷歸來　七絕六首之六

泛到波心日午時，風光滿眼竟忘疲。
潭中有景都遊遍，印象歸來便賦詩。

## 442.訓練團第三放假日與楊鄧兩同學漫遊圓通寺

中和候車　七絕一首

久待中和一小時，汽車不發奈何之。
步行來到圓通寺，禮佛心堅志不移。

## 443.訓練團第四放假日漫遊內湖 過太陽堂　七絕四首之一

半山一座太陽堂，選勝人來興欲狂。
上盡高峰階級級，神前隱隱放豪光。

### 444.訓練團第四放假日漫遊內湖 遊金龍寺 七絕四首之二

放假高山作勝遊，欣探佛院景清幽。
慨然來到金龍寺，喜得參禪夙願酬。

### 445.訓練團第四放假日漫遊內湖 禮仙公廟 七絕四首之三

仙公廟號指南宮，士子如山禮道場。
我也登高聊致敬，焚香祝後又心香。

### 446.訓練團第四放假日漫遊內湖 點石洞天 七絕四首之四

怪石巍巍號洞天，不知經歷幾千年。
如斯點綴如斯久，曾否成金值一錢。

### 447.祝親翁大廈落成（代郭淵作） 七絕一首

菊黃華廈值良辰，鶴立人居滿面春。
錦上添花神氣爽，龍飛鳳舞慶營新。

### 448.凌霜詞兄以戊申竹枝詞見贈次韻奉酬 七絕十首之一 1968年

詩文之友 27 卷 5 期 1968.3.1 （又見手稿本）

萬戶桃符煥一新，乾坤無處不逢春。
那堪回首離鄉日，昔是童顏今老人。
　　註：那堪，手稿一作今朝。

### 449.凌霜詞兄以戊申竹枝詞見贈次韻奉酬 七絕十首之二 1968年

詩文之友 27 卷 5 期 1968.3.1 （又見手稿本）

爆竹聲聲鬧未安，公開賭博竟分攤。
渾如選舉爭生死，落選人愁克復難。

### 450.凌霜詞兄以戊申竹枝詞見贈次韻奉酬 七絕十首之三 1968年

詩文之友 27 卷 5 期 1968.3.1 （又見手稿本）

安貧除夕漫相嘲，壓歲錢難用美鈔。
但願祭詩宵睡足，明朝試馬去春郊。

### 451.凌霜詞兄以戊申竹枝詞見贈次韻奉酬 七絕十首之四 1968年

詩文之友 27 卷 5 期 1968.3.1 （又見手稿本）

春回歲首福常臨，客到烹茶當酒斟。
坐久不知鐘幾點，門樓鼓打已更深。

## 452.凌霜詞兄以戊申竹枝詞見贈次韻奉酬 七絕十首之五 1968年

詩文之友 27 卷 5 期 1968.3.1 （又見手稿本）

春到深耕欲買牛，吟身忙碌幾時抽。
客年解拉風來襲，枉我農資巨額投。

## 453.凌霜詞兄以戊申竹枝詞見贈次韻奉酬 七絕十首之六 1968年

詩文之友 27 卷 5 期 1968.3.1 （又見手稿本）

未到踏青漫上鞋，尋春偏不到花街。
賭風光日仍無禁，到處輸贏五色牌。

　　註：賭風光日，手稿一作賭風元日。

## 454.凌霜詞兄以戊申竹枝詞見贈次韻奉酬 七絕十首之七 1968年

詩文之友 27 卷 5 期 1968.3.1 （又見手稿本）

送臘迎正例未除，廚中多積過年蔬。
屠蘇豪飲吟懷爽，無限春光映草廬。

　　註：例未除，手稿一作例莫除。

## 455.凌霜詞兄以戊申竹枝詞見贈次韻奉酬 七絕十首之八 1968年

詩文之友 27 卷 5 期 1968.3.1 （又見手稿本）

短氣誰憐白首搔，迎年久不做新袍。
春聯只寫純紅紙，品茗權餐綠豆餻。

　　註：做新袍，手稿一作製新袍。

## 456.凌霜詞兄以戊申竹枝詞見贈次韻奉酬 七絕十首之九 1968年

詩文之友 27 卷 5 期 1968.3.1 （又見手稿本）

年禮從前已變更，門前久已廢花槍。
街頭人立猜燈謎，喜聽謦謦給獎聲。

　　註：已廢花槍，手稿一作不立花槍。

## 457.凌霜詞兄以戊申竹枝詞見贈次韻奉酬 七絕十首之十 1968年

詩文之友 27 卷 5 期 1968.3.1 （又見手稿本）

婦女遊春鬥艷妝，服裝何惜一傾囊。
但知今歲當前樂，不計來年日子長。

## 458.書懷四首錄一 七絕一首

身外浮沉總不知，樂書樂樂樂吟詩。
齊家自笑才偏拙，半世生涯筆一枝。

### 459.宿大仙寺 七絕二首之一
古刹堂堂號大仙，佛堂仙境兩幽然。
比丘尼喜持齋慣，行止毫無俗慮牽。
　　註：堂堂，一作居然。

### 460.宿大仙寺 七絕二首之二
曉起高峰散策遊，無涯一望景清幽。
沛然喜有今宵雨，那管尋詩願莫酬。

### 461.宿大仙巖 七絕二首之一
不宿新巖宿舊巖，祇因禪室景非凡。
寺中花木多蒼翠，玉枕山頭掛石帆。

### 462.宿大仙巖 七絕二首之二
覽勝攜朋仄徑登，枕頭山上白雲騰。
仙巖那有仙人住，香火禪房只見僧。

### 463.宿碧雲莊 七絕一首
碧雲莊上駐吟軀，四面風光入眼娛。
詩料滿山搜易得，免教燃斷數莖鬚。
　　註：搜易得，又作搜不盡。
　　　　莖鬚，又作枝鬚。

### 464.梁夫人抔鼓督戰 七絕四首之一
助戰江濱坎坎頻，韓家忠勇及夫人。
崑崙之鼓卿堪匹，一例英雄孰等倫。

### 465.梁夫人抔鼓督戰 七絕四首之二
清涼居士戰江濱，紅玉催軍擊鼓頻。
一伐之檛推兀朮，裙釵誰及此夫人。

### 466.梁夫人抔鼓督戰 七絕四首之三
黃天蕩鼓響頻頻，氣壯之軍竟絕倫。
兀朮聞聲多鶴唳，論功端不讓良人。

### 467.梁夫人抔鼓督戰 七絕四首之四
援抔提鼓擊金人，娘子軍忠不顧身。
畢竟千秋巾幗輩，誰如紅玉助良臣。

## 468.途中遇雨訪笑儂兄偶成三首 <sub>七絕三首之一</sub>

詩報 37 號 1932.6.5 （又見手稿本）

停車來訪四知堂，豈爲衝風冒雨忙。
濕透衣裳肌又冷，驅寒何幸飲瓊漿。

## 469.途中遇雨訪笑儂兄偶成三首 <sub>七絕三首之二</sub>

詩報 37 號 1932.6.5 （又見手稿本）

簾外頻聞霢霂聲，言歸不得恨難平。
自憐我是風塵客，驟雨何堪徹夜傾。

## 470.途中遇雨訪笑儂兄偶成三首 <sub>七絕三首之三</sub>

詩報 37 號 1932.6.5 （又見手稿本）

喜讀佳章出性靈，相安猿鶴兩忘形。
那知夜雨敲窗急，滴瀝淋漓不忍聽。

## 471.寄文俊文登兩先生 <sub>七絕一首</sub>

詩文之友 28 卷 2 期 1968.6.1　詩文之友 28 卷 3 期 1968.7.1

自笑江湖一散人，偶逢騷客便相親。
此行攜帶茶兼具，不爲文登便國彬。
　　註：便相親，一作倍相親。

## 472.寄定山泰山兩先生 <sub>七絕一首</sub>

詩文之友 28 卷 2 期 1968.6.1

無是無非分外閒，牢騷滿腹未曾刪。
聯吟茶帶仙人種，半飲濂溪半定山。

## 473.寄懷皆興先生 <sub>七絕一首</sub>

聚首羅山豈偶然，望雲今尙仰高賢。
登龍有願知何日，擬在王春月上弦。

旋馬庭主人林友笛鞠躬

## 474.國防 <sub>七絕二首之一</sub>

練兵祇爲濟時艱，要塞偵探莫等閒。
防海防空須仔細，失關生恐及臺灣。

## 475.國防 <sub>七絕二首之二</sub>

飛機戰艦備千般，護衛何曾一日閒。
社稷存亡須謹慎，不堪疏忽失邊關。

## 476.從良妓 七絕二首之一

閱盡郎心險似狼，向平有願出平康。
而今不是青樓女，浪蝶休教過妾牆。

## 477.從良妓 七絕二首之二

青樓窮苦覺難禁，爲愛于歸鼓瑟琴。
好合渾如陳仲子，灌園食力也甘心。

## 478.野狐 七絕一首

穴處千年性更淫，風嗥假虎傍山林。
權門今日凌人甚，似汝施威發怒深。

## 479.苦雨 七絕二首之一

詩文之友 28 卷 6 期 1968.10.1 （又見手稿本）

大地將無不漏家，傾盆驟雨日相加。
瓜田愁已成滄海，畢竟西瓜變苦瓜。

## 480.苦雨 七絕二首之二

田園淹沒幾千家，豪雨狂吹勢轉加。
愁看潦成增物價，充饑爭買邵侯瓜。

## 481.苦雨賦呈皆興先生 七絕二首之一

詩文之友 28 卷 4 期 1968.8.1 （又見手稿本）

沛然奚忍一時傾，頃刻洋洋滿渭城。
郊外水盈埤尾塞，庭中雨打石頭鳴。

## 482.苦雨賦呈皆興先生 七絕二首之二

詩文之友 28 卷 4 期 1968.8.1 （又見手稿本）

傾盆驟雨忍相聯，到處人愁水積田。
大地已無乾淨土，望霓何日見清天。

## 483.苦熱 七絕五首之一

赫赫炎威悵不眠，困人天氣日相煎。
而今大地同爐火，吳質浮瓜亦枉然。

## 484.苦熱 七絕五首之二

酷日真同活火炊，蒸人肌骨苦難支。
早知熱度高如許，悔不當初隱武夷。

### 485.苦熱 七絕五首之三

暑迫重門苦不禁，旱雲如火欲流金。
客中恨少消炎法，只把唐詩次第吟。

### 486.苦熱 七絕五首之四

長空熾日景蕭條，遍野堪憐草木焦。
安得廣寒冰雪降，旱雲飛火一時銷。

### 487.苦熱 七絕五首之五

燒空酷暑怨驕陽，到處真同火傘張。
任是仁風揮不散，可憐畏日似探湯。

### 488.深夜聽雨 七絕三首之一

樓外瀟瀟惹恨生，孤燈獨坐到天明。
自憐我是風塵客，此夕何堪聽雨聲。

### 489.深夜聽雨 七絕三首之二

品茗談詩破寂寥，怕聞簾外響瀟瀟。
無情最是今宵雨，滴碎鄉心恨未消。

### 490.深夜聽雨 七絕三首之三

詩文之友 27 卷 6 期 1968.4.1 （又見手稿本）

那堪入耳盡綿綿，阻我虔心會大仙。
何事終宵偏不息，幾疑法雨灑巖前。
　　註：本詩附有小札一句：大仙寺惠存。

### 491.深夜聽雨六首 七絕六首之一

沛然驟雨一時傾，閃電雷聲旅夢驚。
戶外風搖蕉葉動，簷間水滴石頭鳴。

### 492.深夜聽雨六首 七絕六首之二

簾外瀟瀟惹恨生，徹宵無夢到天明。
自憐我是他鄉客，觸景何堪聽此聲。

### 493.深夜聽雨六首 七絕六首之三

屋後濛濛景寂寥，庭前又聽打芭蕉。
無情最是今宵雨，滴碎鄉心恨未銷。

### 494.深夜聽雨六首 七絕六首之四

打窗驟雨逞神鞭，屋瓦頻敷亦枉然。
滿架經書都濕遍，望霽何日見晴天。

### 495.深夜聽雨六首 七絕六首之五

大雨狂風遍四湖，漫天黑霧認糊塗。
窗前此夕淙淙滴，肯否分些潤硯壺。

### 496.深夜聽雨六首 七絕六首之六

雨勢宵深覺倍加，淋漓猶自灑鄰家。
憐渠孤館瀟瀟滴，不潤心花潤筆花。

### 497.深夜聽雨四首 七絕四首之一

詩文之友 30 卷 2 期 1969.6.1 （又見手稿本）

窗外瀟瀟惹恨生，終宵無夢到天明。
自憐我是他鄉客，觸景何當聽此聲。

　　註：窗外，手稿一作戶外。
　　　　何當聽此聲，手稿一作何當聽雨聲。

### 498.深夜聽雨四首 七絕四首之二

詩文之友 30 卷 2 期 1969.6.1 （又見手稿本）

徹夜霏霏景寂寥，隔牆又聽打芭蕉。
無情最是今宵雨，滴碎鄉心恨未銷。

　　註：徹夜霏霏，手稿一作不注霏霏。
　　　　隔牆，手稿一作隔江。
　　　　無情最是今宵雨，手稿一作淋灘徹夜愁難息。

### 499.深夜聽雨四首 七絕四首之三

詩文之友 30 卷 2 期 1969.6.1 （又見手稿本）

沛然驟雨一時傾，頃刻無溝水不盈。
街上風吹燈火滅，窗間水滴石頭鳴。

　　註：吹，一作催。

### 500.深夜聽雨四首 七絕四首之四

詩文之友 30 卷 2 期 1969.6.1 （又見手稿本）

淙淙洪水任縱橫，泛濫人家鳥獸驚。
陸地逃生何處去，災民叫苦又呼庚。

### 501.雪美人 七絕二首之一

玉骨冰容月色饒，輕盈體態自夭嬌。
憐卿見日溶溶化，剩有情天恨未消。

### 502.雪美人 七絕二首之二

不施脂粉態偏嬌，冷意侵人見日消。
參透情天空是色，憐卿無語更無聊。

### 503.雪花 七絕二首之一

蕭蕭玉蕊看霏霏，應兆豐年遍四圍。
惆悵江南三尺雪，人生看得幾時飛。

### 504.雪花 七絕二首之二

爲兆豐年六出飛，江南無處不霏霏。
荒郊萬里皆銀色，恰似天花散漫輝。

### 505.問梅 七絕一首

麗澤吟社擊鉢（歡迎林友笛、黃瘦峰）
詩報 240 號 1941.1.20

孤山香遠爲誰春，和靖何時締夙因。
倘使卿真能解語，也應我質便傳神。

　　本詩附註：朴雅吟社顧問楊爾材氏，爲其長令郎生意君舉行結婚式，去三月廿七
　　　　　　　日，在慈心物療科院自宅，招待該社社員，開催擊鉢吟宴，午後一時
　　　　　　　定刻一到，社員齊集，題擬合歡杯，七絕陽韻，社員鉤心鬥角，得詩
　　　　　　　四十餘首，共推顏維珍、辜一漚二氏爲左右詞宗，發表後左右元爲楊
　　　　　　　壽徵、林友笛兩氏所得，分呈贈品，至午後六時各扶醉而歸。

### 506.釣蛙六首 七絕六首之一

身閒恰值暮雲收，淺草池邊作釣遊。
那識綸竿垂遍遍，了無一隻試吞鉤。

### 507.釣蛙六首 七絕六首之二

蝌蚪全無付一嘆，煙波十里路漫漫。
生涯便覺經年淡，擬自今秋廢釣竿。

### 508.釣蛙六首 七絕六首之三

垂到新庄興轉饒，海豐溝畔怒蛙囂。
昆蟲也有英雄氣，兩眼眈眈逐餌跳。

### 509. 釣蛙六首 七絕六首之四

哀怨筌中斷續鳴，憐渠也解乞餘生。
須知香餌無情物，上釣難逃割與烹。

### 510. 釣蛙六首 七絕六首之五 1957年

綸收不覺夕陽斜，孤鶩飛來恰落霞。
窄徑牧童驅犢返，歸心急急亂如麻。

### 511. 釣蛙六首 七絕六首之六 1957年

罷釣歸來月滿窗，呼童沽酒對秋釭。
詩家風雅漁家樂，一例牢騷氣不降。

### 512. 釣蛙得絕律各二首寄知己吟侶 七絕二首之一

攜竿何事作閒遊，欲釣鯨鯢向碧流。
那識臨淵乖夙願，憐渠蛙黽上銀鉤。

### 513. 釣蛙得絕律各二首寄知己吟侶 七絕二首之二

閣閣筌中斷續鳴，似陳哀怨乞餘生。
香鉤本是無情物，貪餌終遭五鼎烹。

### 514. 烹茶奉佛 七絕一首

詩文之友 27 卷 6 期 1968.4.1 （又見手稿本）

烹茶奉佛意求新，敬禮還須趁早晨。
大殿觀音三寶殿，虔心一例獻仙人。

　　　　林友笛自註：仙人，斗六芳茂名茶。

　　　　　註：本詩附有小札一句：大仙寺惠存。

　　　　　註：手稿一作詩題為：清晨奉佛。

　　　　　註：意求新，手稿一作意清新。

　　　　　　還須趁早晨，手稿一作吾偏愛早晨。

### 515. 偕登舍利塔 七絕一首

詩文之友 27 卷 6 期 1968.4.1

塔未完工寶未藏，住持僧值離仙莊。
談經尼已談珠貴，目不親觀興轉長。

### 516. 望雲海 七絕一首

急欲登山趁曉行，泉聲淼淼雜雞聲。
茫茫雲海深千尺，不及滄浪濯我纓。

## 517.乾電池 <sub>七絕一首</sub>

詩報 144 號 1937.1.1

不須長藉水之鄉，炭素原充十倍光。
善照如君爭七寶，可愁路險似羊腸。

## 518.偶感得絕詩一首似知己吟侶 <sub>七絕一首</sub>

詩文之友 26 卷 2 期 1967.6.1 （又見手稿本）

詩茶樂備知音寡，山水寺遊得趣多。
太息萬章三碗派，幾人能煮費搜羅。

　　林友笛自註：三碗，昔某友招飲，余拒之，再適，萬章老友在側。戲之曰：「欲
　　　　　　　　款林先生，三碗煮得清。」友問三碗，章曰：「一能品茗，二能南
　　　　　　　　樂，三能作詩。」友曰：「缺二碗！」大笑而歸，余不禁拍掌曰：
　　　　　　　　「知我者萬章兄也」。

　　　　　註：本詩附有小札一封：

　　鴻飛兄哂正：

　　　　　　　　　曩者吟駕光臨，只以脫粟相留，未盡地主之誼，愧甚愧甚。拜讀賜
　　　　　　　　和之絕句，「那堪風笛促人歸」，似有下逐客令之嫌，故欲勞吟駕
　　　　　　　　再為光臨，以作竟夕之談，當倍加虔誠，以洗我笛之慢，若何？雖
　　　　　　　　醉翁之意本不在於酒，然而，騷人韻事逢場作戲亦可，付之以博一
　　　　　　　　笑矣。

　　　　　　　　　　　　　　　　　　　　　　九月十一日　友笛鞠躬

## 519.習靜 <sub>七絕一首</sub>

自移茅屋入深居，不見客停問字車。
日與忘形猿鶴伴，閒來檢讀古人書。

## 520.參觀屏東縣山地鄉民族歌謠舞蹈比賽有感 <sub>司令台偶作</sub>

<sub>七絕八首之一</sub>

何幸躬登司令台，紛紜選手入場來。
待看定刻時將到，炮響三聲運動開。

　　　註：何幸躬登司令台，一作獨立巍巍司令台。
　　　　　紛紜，一作紛紛。

## 521.參觀屏東縣山地鄉民族歌謠舞蹈比賽有感 <sub>觀隊偶成</sub>

<sub>七絕八首之二</sub>

場中各隊照頭排，三地山農復霧台。
獅子瑪家春後日，義來泰武牡丹開。

## 522. 參觀屏東縣山地鄉民族歌謠舞蹈比賽有感 聯環舞

七絕八首之三

山胞數百集聯環，頭隊為先去復還。
彷彿當年龐統計，迎風一望笑開顏。

## 523. 參觀屏東縣山地鄉民族歌謠舞蹈比賽有感 迎賓舞

七絕八首之四

演罷聯環博好評，滿場觀眾喜聲聲。
山胞最重迎賓舞，廳長猶先縣長迎。

## 524. 參觀屏東縣山地鄉民族歌謠舞蹈比賽有感 夜遊內埔

七絕八首之五

老遊夜市漫相嘲，手自攜孫詩自敲。
往往來來人似鯽，埔中多半是山胞。

## 525. 參觀屏東縣山地鄉民族歌謠舞蹈比賽有感 七絕八首之六

品茗宮中見性真，三杯茶喜敬三神。
但逢仙佛伸虔意，不望靈威庇我身。

## 526. 參觀屏東縣山地鄉民族歌謠舞蹈比賽有感 七絕八首之七

俯瞰溪中水缺流，無波十里莫行舟。
沿途頑石知何用，不及丁丁伐未休。

## 527. 參觀屏東縣山地鄉民族歌謠舞蹈比賽有感 七絕八首之八

罷詠歸來日欲斜，諸孫共喜飲名茶。
詩家清景新春樂，一例胸懷興倍加。

林友笛自註：三月三十日上午九時定刻一到，各鄉領隊接續而來，先由三地、霧
台、瑪家、泰武、春日、獅子、牡丹、山農、來義等。

註：本詩附有屏東縣山地鄉民族歌謠舞蹈比賽節目單。

## 528. 雄下好漢坡 七絕一首

踏遍關山力不疲，老猶身健自家知。
直從好漢坡雄下，疑是當年少壯時。

## 529. 賀己酉陽曆新春 七絕一首 1969年

送申迎酉聽雞聲，不獨勞君戒旦鳴。
但得喈喈長振翅，從他反共起雄兵。

### 530.湖山巖曉起 七絕一首

詩文之友 25 卷 5 期 1967.3.1

晨鐘一響起參禪，月色雞聲唱九天。
曉樹含煙珠滴滴，幾疑法雨灑巖前。

### 531.黑水溝 七絕一首
小舟破浪趁高低，黑水滄茫去路迷。
孤島澎湖何處是，澎湖未到已晨雞。

### 532.閒中雜詠 七絕六首之一
樂山樂水樂忘饑，到處留題志不移。
五岳四湖來此訪，皮包只帶樂茶詩。

### 533.閒中雜詠 七絕六首之二
四湖忘卻是他鄉，卅載飄零敢自傷。
年過杖朝神尚健，封侯無望復何妨。

### 534.閒中雜詠 七絕六首之三
跋涉登高力不疲，老猶身健自家知。
東山日暖閒無事，讀睡餐餘便賦詩。

### 535.閒中雜詠 七絕六首之四
為愛書齋破寂寥，騷人樂友日相邀。
南音北譜歌無盡，喜得胸中萬慮消。

### 536.閒中雜詠 七絕六首之五
品茗茶香愛武夷，橫吹短笛學桓伊。
消閒豫種籬邊菊，入眼黃花逞異姿。

### 537.閒中雜詠 七絕六首之六
自笑身閒手不閒，攜鋤耕月水雲間。
養生秘訣知多少，猶是青年體耐寒。
　　　　林友笛手稿

### 538.閒居感作 七絕四首之一
岱江風月認依稀，回首前塵半未非。
畢竟精神能補足，最功效藥是當歸。

### 539.閒居感作 七絕四首之二
小隱家園詩思寬，從茲菽水日承歡。
歸來且喜吟軀健，不復遭人冷眼看。

### 540.閒居感作 七絕四首之三
共署伊誰置腹心，茫茫人海任浮沉。
相逢莫問榮枯事，說到人情感不禁。

### 541.閒居感作 七絕四首之四
滿腹牢騷漫笑嘲，興來耕畝且鋤茅。
小園寂寞閒無事，笛自橫吹詩自敲。

### 542.喜平祥詞兄過訪 七絕一首 1966 年
詩文之友 25 卷 5 期 1967.3.1 （又見手稿本）

訪未經週有二蘇，二蘇俱是好詩娛。
詩娛於我毫無忌，無忌方知款大儒。

民國五十五年八月二十八日

林友笛自註：二蘇，廿三日蘇鴻飛、廿八日蘇平祥過訪，故云。

### 543.喜雨 七絕二首之一
瀟瀟細雨亦知機，滴瀝偏教萬物肥。
潤我秧尖欣簇簇，一犁春水樂忘歸。

### 544.喜雨 七絕二首之二
知時小雨灑春扉，萬物蘇生簇四圍。
喜我硯田枯亦潤，敲詩煮酒樂忘機。

### 545.喜鴻飛兄過訪 七絕一首 1966 年
詩文之友 24 卷 6 期 1966.10.1 （又見手稿本）

一鴻萬里向南飛，為愛談詩寫是非。
老到精神能補足，最功效藥服當歸。

民國五十五年八月二十三日

### 546.喜鴻飛兄過訪賦此奉酬 七絕一首
詩文之友 27 卷 1 期 1967.11.1 （又見手稿本）

話到投機興轉酣，主賓情美盡東南。
囑君未即羅山去，為愛西窗竟夕談。

## 547.琢玉 七絕四首之一

卞和璞玉耀晶瑩，武眼無珠認不明。
差幸匠人來一琢，磨成國器價連城。

## 548.琢玉 七絕四首之二

一拳奇石露光華，如切如磋復琢磨。
恰似人材初造就，修真修飾碧無瑕。

## 549.琢玉 七絕四首之三

磨成良玉藉良工，似造人材一例同。
海內而今多國器，伊誰不賴切磋功。

## 550.琢玉 七絕四首之四

映石多從過魏羅，關心切切復磋磋。
一朝修飾成奎璧，韞櫝深藏待價高。

## 551.登安平古堡 七絕一首

安平古堡屹山巔，拾級來探大自然。
四面風光佳似畫，儘堪搜索入詩篇。

## 552.登赤崁樓 七絕一首

樓稱赤崁自前清，古跡昭彰認得明。
此日登臨無限感，不堪回首憶延平。

## 553.富兒蜜餞 七絕一首 七絕侵韻

戊申詩人節全國詩人聯吟大會課題 1968 年 （又見手稿本）

蜜餞盈豐大富兒，健身報國壯鴻基。
暢銷內外加工品，非本公司更有誰。

## 554.茶前 七絕二首之一

詩報 119 號 1935.12.15
朴雅吟社擊鉢例會（歡迎吳百樓）

慶春樓上會鴻儒，七碗排來盡綠奴。
未飲清香如此好，勝他美酒十千沽。

## 555.茶前 七絕二首之二

詩報 119 號 1935.12.15
朴雅吟社擊鉢例會（歡迎吳百樓）

繞繞茶香與俗殊，一甌欲飲足怡娛。
劉伶已去盧仝杳，綠蟻何須笑綠奴。

### 556. 畫眉筆 七絕一首

記曾張敞愛妻嬌，深淺春山仔細描。
黛影眉光時隱約，豪端尤帶墨花飄。

### 557. 結訓後與張立卿先生漫遊舊庄三秀園 過盍休亭 七絕四首之一

難得亭名號盍休，尋詩偏喜小勾留。
風光滿眼吟懷爽，奚用閒遊到莫愁。

### 558. 結訓後與張立卿先生漫遊舊庄三秀園 過金石亭 七絕四首之二

金石亭中好納涼，滿園風景異尋常。
言詞不爽君須記，語語絲絲可盡藏。

### 559. 結訓後與張立卿先生漫遊舊庄三秀園 過押鷺亭 七絕四首之三

亭臨碧海鷺鷗盟，戲水眠沙自適情。
我亦忘機年已久，漫飛柳岸漫相驚。

### 560. 結訓後與張立卿先生漫遊舊庄三秀園 過車笠亭 七絕四首之四

炎陽天氣柳垂陰，避暑乘涼此地尋。
車笠不知何處有，亭空惟聽鳥聲吟。
　　　註：一作詩題為：春日漫遊三秀園。

### 561. 荊軻刺秦王 七絕四首之一

腥風颯颯拂輕騎，易水潺湲噴淚垂。
凜凜精誠感天地，白虹貫日為君悲。

### 562. 荊軻刺秦王 七絕四首之二

義俠全燕志不移，秦庭揮劍術無奇。
可憐壯士遭菹醢，留得忠精史乘垂。

### 563. 荊軻刺秦王 七絕四首之三

易水豪歌壯志悲，行辭太子作長離。
燕中至竟勤王少，敵愾非君更有誰。

### 564. 荊軻刺秦王 七絕四首之四

太息君揮匕首遲，提囊走柱漫誇奇。
疏疏劍術胸難中，冒險空教一命虧。

### 565.詠聖女春秋 七絕二首之一 1972 年
聖德巍巍佈遠東，女尊媽祖有誰同。
春來功化傳中外，秋水文章更可風。

### 566.詠聖女春秋 七絕二首之二 1972 年
神威赫赫溯湄洲，聖德昭明孰疋儔。
笨港文風今日盛，伊誰不念本來由。

壬子仲冬　八十叟林友笛拜撰

### 567.詠菊　新高山 七絕一首
籬邊朵朵燦光輝，髣髴新高白雪飛。
浥露玲瓏同月碧，芳姿那肯讓楊妃。

### 568.詠蝴蝶蘭 七絕一首
不種盆中種樹坊，分明王者有奇香。
莊周昔日遽遽化，猶是忻忻咲畫堂。

### 569.筆戰 七絕四首之一
驀地風雲紙上生，各憑腕力鬥心兵。
騷壇帶有沙場氣，制勝偏師在管城。

### 570.筆戰 七絕四首之二
食葉春蠶落紙聲，縱橫文陣鬼神驚。
交鋒不見持弓戟，惟有生死一管橫。

### 571.筆戰 七絕四首之三
騰騰殺氣出毫端，橫掃千軍墨未乾。
妙手探驪驚四座，壓他元白膽齊寒。

### 572.筆戰 七絕四首之四
如椽健筆氣凌雲，毛穎鋒銛壓楚氛。
漫道中書君器小，一枝橫掃數千軍。

### 573.無題 七絕一首
品茗時燃甘蔗粕，防饑日曝地瓜絲。
稱心鳥喜聽吟笛，接踵人來索和詩。

## 574. 無題 七絕四首之一

行醫兩載滿洲鄉，藥製雷公泡有方。
縱使活人能幾許，忘餐廢寢又何妨。

## 575. 無題 七絕四首之二

蒼藜症苦繫懷思，一卷龍宮熱讀時。
生死關頭知仔細，不甘疏忽等庸醫。

　　註：症苦，一作疾苦。

## 576. 無題 七絕四首之三

脈分氣口別陰陽，參酌寒溫及處方。
漫道醫家生意淡，晨昏問藥去來忙。

## 577. 無題 七絕四首之四

傷暑傷寒自認真，來迎往診日頻頻。
登山不怕高山險，半利生涯半利人。

## 578. 無題 七絕八首之一

攜竿帶笠步郊隈，垂釣剛逢月影陪。
魚滿江中風浪靜，爭吞香餌上鉤來。

## 579. 無題 七絕八首之二

倚柳垂綸醉一杯，恰逢暮靄下江隈。
欣看極樂群魚國，香餌爭吞不忌猜。

## 580. 無題 七絕八首之三

黃昏閒倚渭河隈，投餌垂綸亦快哉。
八百乾坤此中得，太公千古是奇才。

## 581. 無題 七絕八首之四

煙霞有興未曾灰，檢點絲綸上釣臺。
風月一竿舟一葉，得魚煮酒獨徘徊。

## 582. 無題 七絕八首之五

七里灘頭載酒杯，垂綸不禁笑顏開。
夕陽收盡江風急，忽有鯨鯢上釣來。

583.**無題** 七絕八首之六

垂到黃昏不忌猜，細鱗逐餌遍江隈。
香鉤本是無情物，上釣難逃割與煨。

584.**無題** 七絕八首之七

江頭落月未思回，不爲功名不計財。
釣得巨鰲無限喜，管他蚊簇釁成雷。

585.**無題** 七絕八首之八

投餌垂綸傍水隈，落霞片片逐魚來。
錦鱗滿罟充饑足，未敢抛筌帶笠回。

586.**詩才** 七絕一首

醉臥騷壇過半生，奪魁如草任縱橫。
天心取夾書來日，一句驚他百萬兵。
　　註：一句，又作一管。

587.**詩報** 七絕二首之一

發刊吟稿趁時潮，一讀能教破寂寥。
我寄書懷詩十首，不堪疏忽等洪喬。

588.**詩報** 七絕二首之二

窗前一讀惹心焦，錯誤字多恨未消。
吟稿合刊須校正，免教詩史嘆迢迢。

589.**過大仙巖** 七絕一首

詩典 （又見手稿本）

覽勝攜朋此時登，枕頭山上白雲騰。
仙巖應有仙人住，不見仙人只見僧。
　　註：手稿一作詩題爲：過舊巖。
　　註：此時，一作此寺。

590.**過大禹嶺** 七絕一首

詩文之友 30 卷 2 期 1969.6.1 （又見手稿本）

古木參天富鳥聲，高峰峻嶺急難行。
遍觀山耳無三漏，何事偏稱大禹名。

## 591. 過水火同源 七絕二首之一

火勢炎炎出石邱，不知噴到幾時休。
祝融偏與馮夷伍，無礙同源滾滾流。

## 592. 過水火同源 七絕二首之二

水火同源作舊遊，人山人海看長流。
天然仙草誰除盡，猶自炎炎噴不休。

## 593. 過化雨亭 七絕一首

步到山巔化雨亭，春風化雨柳垂青。
校中桃李盈門種，培養關心未少停。

註：步到山巔，一作上到山巔。
柳垂青，一作眼垂青。

## 594. 過天狗庵 七絕一首

詩報 286 號 1943.12.12

天狗庵前水一泓，不聞狗吠只人行。
而今何用防強盜，法律森嚴早吃驚。

## 595. 過心覺仙莊 七絕一首

一椽小屋兩坪寬，中有僧人期閉關。
聞說月餘長禁口，三年準擬列仙寰。

## 596. 過玉枕山 七絕一首

古蹟重尋玉枕過，千山萬水不辭勞。
同行喜有僧尼伴，指點風光興更豪。

## 597. 過安平 七絕一首

一葉輕舟泛水遊，波清風靜景清幽。
安平岸泊逢中午，飽眼忘餐樂自由。

註：一作詩題爲：舟泛安平。
景清幽，一作景偏幽。
泊，一作著。

## 598. 過正見堂 七絕一首

詩文之友 30 卷 4 期 1969.8.1

正面堂皇正見堂，須知正見是心糧。
聚餐說法談心腹，筆到題詩恰夕陽。

## 599.過功德堂 七絕一首

詩文之友 30 卷 4 期 1969.8.1

功德堂前步幾回，前門堅鎖未曾開。
燈光黯黯魂何處，弔故何當去復來。

## 600.過好漢坡 七絕二首之一

高峰任彼三千丈，直上巍巍好漢坡。
我也今朝稱好漢，免教六九怨年多。

　　　林友笛自註：好漢坡三字爲董朝琴先生所署，其意在能登此坡稱好漢。
　　　　　註：免教六九怨年多，一作免將六八怨年多。

## 601.過好漢坡 七絕二首之二

步到巍巍好漢坡，學童爭上且高歌。
記曾六九經登過，此日重來感鬢皤。

## 602.過杭內坑 七絕一首

寺後高峰杭內坑，山光水色本雙清。
炎荒久旱無霖雨，不聽泉聲聽鳥聲。

## 603.過岱江蒙鴻濤金岳兩先生設席賦此奉酬 七絕六首之一

十四年前離岱江，重逢共喜慰吟○。
即今祖國欣光復，縱酒歡談信不○。

　　　註：原稿殘闕。

## 604.過岱江蒙鴻濤金岳兩先生設席賦此奉酬 七絕六首之二

拂絃偶爲過周郎，品茗敲金聚一堂。
久別今宵重話舊，詩情炯炯興偏長。

## 605.過岱江蒙鴻濤金岳兩先生設席賦此奉酬 七絕六首之三

茶餘酒後看徘優，玩目遊懷樂解愁。
演到興亡今古事，不堪回首嘆東同。

## 606.過岱江蒙鴻濤金岳兩先生設席賦此奉酬 七絕六首之四

行人嘈雜費奔馳，路上相逢半故知。
真個繁華同市鎮，江村面目異當時。

## 607.過岱江蒙鴻濤金岳兩先生設席賦此奉酬 七絕六首之五

旅舍悽悽入夢遲，燈光如豆景參美。
隔江流水潺湲夕，疑是當年作客時。

### 608.過岱江蒙鴻濤金岳兩先生設席賦此奉酬 七絕六首之六

歸來猶憶締吟鷗，促膝談心興倍悠。
設席慇勤情意厚，不知報李在何秋。

### 609.過彼岸橋 七絕一首

詩文之友 30 卷 4 期 1969.8.1

步到西方彼岸橋，慈雲朵朵罩山腰。
回頭是岸君須記，覺路宏開去不遙。

### 610.過長春橋 七絕一首

詩文之友 30 卷 2 期 1969.6.1 （又見手稿本）

長春橋畔聽濤聲，入耳淙淙動客情。
堪與斐亭爭韻事，人來慎莫不平鳴。

### 611.過青草湖 七絕一首

詩文之友 30 卷 2 期 1969.6.1 （又見手稿本）

青草曾聞在岳州，如何此地亦名留。
而今湖水知何處，唯見平田玉粒收。
　　註：唯見平田玉粒收，原作唯見秧尖滿地幽。

### 612.過押鷺亭 七絕一首

押鷺亭教押鷺來，粉牌上寫且徘徊。
根穿橋底由何樹，笑指騷人試一猜。

### 613.過屏東於車站見一老婦頭髮總角偶作 七絕一首

市囂斷續似蛙囂，老婦頭顱暗笑嘲。
孫策周瑜今已杳，問卿總角欲誰交。

### 614.過眺望台 七絕一首

詩文之友 30 卷 2 期 1969.6.1 （又見手稿本）

眺望臺中望故鄉，禪光寺不動天王。
我來卻喜尋詩料，橋過長春興轉長。

### 615.過閒雲橋 七絕二首之一

車馬人過去復還，豈真橋畔尙雲閒。
我來不見青雲集，祇合登高去看山。
　　註：去復還，又作鎮日繁。

### 616.過閒雲橋 七絕二首之二

閒雲橋上樂逍遙，渡涉人爭過此橋。
自是無心能出岫，不知閒到幾時消。

### 617.過會源塔 七絕一首

詩文之友 30 卷 4 期 1969.8.1

會源塔內祀優婆，佛骨無方葬普陀。
自是離山情未忍，故留勝蹟記功多。
　　林友笛自註：優婆，第一代主持。

### 618.過獅頭山 七絕一首

詩文之友 30 卷 2 期 1969.6.1 （又見手稿本）

獅頭山色久名馳，拾級高登力不支。
十八景唯遊一景，風光無分入吾詩。

### 619.過彰化賦呈施梅樵先生 七絕一首

吟到詩心興轉酣，共邀明月影成三。
買車不願歸南去，爲與先生竟夕談。

### 620.過碧雲寺 七絕一首

禮佛登山意更虔，碧雲寺內小西天。
風光除卻天公廟，景色依稀似昔年。

### 621.過羅山片晌訪藜堂先生賦呈 七絕一首

前度閒鷗去復來，胸中茅塞一時開。
重逢共喜吟軀健，談笑無多亦快哉。
　　編者註：藜堂，即嘉義許然。

### 622.過羅山荷蒙苗亨先生設席席上賦呈 七絕一首

羅山此夕會吟鷗，縱酒談詩樂自由。
設席殷勤情意厚，不知報李在何秋。

### 623.過霧峰與春懷老先生共遊故宮博物院偶作

七絕二首之一

故宮博物集中央，歷史悠悠歲月長。
古玩奏章觀不盡，帝王真影更昭彰。

## 624.過霧峰與春懷老先生共遊故宮博物院偶作 七絕二首之二

看到東坡作勝遊，篇中筆跡未曾修。
賦留赤壁人何處，弔古巡宮嘆不休。

## 625.過霧峰蒙春懷老先生厚款賦此奉酬 七絕一首

物煥星移歲又更，退休爭得一身輕。
迎龍共喜東山臥，俗事無關自我榮。

## 626.過寶島亭 七絕三首之一

詩文之友 25 卷 5 期 1967.3.1 （又見手稿本）

上陸來探寶島亭，民營遊覽笑相迎。
區中還有佳風景，肯否觀光試一行。

## 627.過寶島亭 七絕三首之二

詩文之友 25 卷 5 期 1967.3.1 （又見手稿本）

回頭偶聽水潺湲，漁父擔魚去復還。
文物生疏人地異，方知身已離臺灣。

## 628.過寶島亭 七絕三首之三

詩文之友 25 卷 5 期 1967.3.1 （又見手稿本）

養豚畢竟異農家，無厝無稠足縛麻。
糞尿有肥人不拾，謀生專靠水之涯。
　　註：專靠，手稿一作全靠。

## 629.過鐘鼓樓 七絕一首

詩文之友 30 卷 4 期 1969.8.1

前殿東西營百尺，樓分鐘鼓響鏧鏧。
晨昏司者須留意，待客休敲飯後鐘。

## 630.過鐵線橋 七絕一首

步過長蛇鐵線橋，溪中流水聽瀟瀟。
我來祇為尋詩料，不厭登山路去遙。

## 631.過聽水廳 七絕四首之一

庵名抵事改為廳，聽水人來疑問生。
浪說高賓開會議，入庵身價恐因輕。
　　註：恐因輕，一作被看輕。

## 632.過聽水廳 七絕四首之二

二十年前聽水廳，庵名更改總難堪。
爲他昇格爲廳舍，無事無須去一參。

## 633.過聽水廳 七絕四首之三

額首驚看聽水廳，何時更改舊庵名。
此行不爲人爭訟，自愛青山畫管城。

　　　　註：此行，一作我來。

## 634.過聽水廳 七絕四首之四

聽水廳前側耳聽，蕭然不聽水流聲。
當年辦事人何處，唯見萋萋蔓草萌。

## 635.獅子會 七絕一首 七絕庚韻

聚會員忠不背盟，慍然驅虎氣英英。
權衡不服文殊制，一吼雄堪復帝京。

## 636.遊天性園賦贈主人 七絕一首

數畝庭園百種花，慈雲密佈老僧家。
此間大有修真趣，我欲從君學達摩。

## 637.遊月眉山入山即景 七絕二首之一

聞道眉山勝蹟幽，邀朋載酒快清遊。
果然絕好神仙境，喜得奇緣夙願酬。

## 638.遊月眉山入山即景 七絕二首之二

手把生花筆一枝，嫣然寫出景參差。
滿山不減風光好，還有靈泉癒症奇。

## 639.遊介壽亭 七絕一首

詩文之友 8 卷 6 期 1958.3.1 （又見手稿本）

有壽人登介壽亭，壽人壽己壽山僧。
此間浪說神仙境，敢與神仙契友朋。

　　　　註：手稿一作詩題爲：過介壽亭。
　　　　註：契友朋，手稿一作結友朋。

## 640.遊洗心亭 七絕一首

詩文之友 8 卷 6 期 1958.3.1 （又見手稿本）

洗心亭畔漂心清，野鳥迎春得意鳴。
真個山中多絕景，騷人誰不動吟情。

註：手稿一作詩題爲：過洗心亭。

註：漂心情，一作洗心情。

### 641.遊眞理亭 七絕一首

詩文之友 8 卷 6 期 1958.3.1 （又見手稿本）

真理亭中寄此身，春風滿面爽精神。
我來不爲搜詩料，自愛尋真了俗塵。

註：手稿一作詩題爲：過真理亭。

註：我來，手稿一作此行。

### 642.遊梅仔坑 七絕一首

詩文之友 8 卷 6 期 1958.3.1

底事坑名亦號梅，遊人到此費疑猜。
即今玉骨漫山立，信是逋仙去復栽。

### 643.遊開元寺次秋梧上人韻 七絕二首之一

不著儒衣著法衣，那關市井說非非。
有心用到無心處，色相空時自息機。

### 644.遊開元寺次秋梧上人韻 七絕二首之二

爲訪詩僧古寺來，禪房此夕待君回。
老天不遂蒼生願，識面無緣志欲灰。

### 645.遊獅頭山承廣照寺達通上人索詩賦此留念 七絕一首

詩文之友 2 卷 5 期 1954.5.1 （又見手稿本）

聞道獅頭山景幽，尋詩到此快清遊。
果然絕好神仙境，惹我逍遙樂不休。

註：神仙境，手稿一作神仙景。

### 646.遊關子嶺入山即景寄懷錦棟君 七絕四首之一

臺南新報 11576 期 1934.4.1 （又見手稿本）

散策逍遙旅思寬，天然勝跡盡青巒。
奉公未敢偷閒詠，只把山山次第看。

### 647.遊關子嶺入山即景寄懷錦棟君 七絕四首之二

臺南新報 11576 期 1934.4.1 （又見手稿本）

約遊關嶺爽吟情，底事閒鷗竟負盟。
惆悵不來過今夕，泥人無夢到天明。

## 648. 遊關子嶺入山即景寄懷錦棟君 七絕四首之三

臺南新報 11576 期 1934.4.1 （又見手稿本）

聽水庵前樂賞心，擬同流水契知音。
滿山風景多詩料，不見君來只自吟。

## 649. 遊關子嶺入山即景寄懷錦棟君 七絕四首之四

臺南新報 11576 期 1934.4.1 （又見手稿本）

忍負生花筆一枝，空餘削壁景參差。
滿懷詩思偏難詠，君在崁南知不知。

## 650. 試金石 七絕三首之一

砂岩質硬最堪珍，試偽分明妙入神。
寄語硝酸休亂注，密紋消耗辯難真。

## 651. 試金石 七絕三首之二

一磨知偽復知真，炭質多含竟可珍。
有此奇岩原善辯，不愁金塊暗包銀。

## 652. 試金石 七絕三首之三

英岩堅硬絕埃塵，磨擦知金是假真。
卻笑蒼生多肉眼，難分美惡枉爲人。

## 653. 旗亭 七絕一首

艷歌我同是悲歌，紅粉生涯嘆奈何。
賣笑豈真能到老，樂時偏少恨時多。

## 654. 菜根 七絕四首之一

玉版真同白髮蒼，爭傳佳種自南陽。
咬根貧士知多少，識得淡中興味長。

## 655. 菜根 七絕四首之二

汪信民曾信口嘗，淡中風味勝膏粱。
漫嗤腹甲尋常品，濟我寒儒作妙方。

## 656. 菜根 七絕四首之三

皎潔霜根處士嘗，充飢適口異尋常。
夷齊讓國求仁日，咬汝曾經餓首陽。

### 657. 菜根 七絕四首之四
老圃抽來白似霜，淡中有味我曾嘗。
此君未適富豪口，喜與寒儒療餓腸。

### 658. 裴航遇仙 七絕三首之一
瓊漿求飲見雲英，卻勝勞勞上玉京。
蕭史吹簫君搗杵，青都一例永留名。

### 659. 裴航遇仙 七絕三首之二
樊姬指導太多情，始悟籃橋近玉京。
搗盡玄霜憑一見，果然有幸會雲英。

### 660. 裴航遇仙 七絕三首之三
道骨飄然神氣清，籃橋有路不知行。
偶因求得瓊漿飲，便娶雲英夙願成。

### 661. 漫遊小琉球 七絕六首之一
詩文之友 26 卷 2 期 1967.6.1 （又見手稿本）
琉球鄉內小琉球，久欲偷閒快一遊。
今日有緣來到此，欣看風景足清幽。

### 662. 漫遊小琉球 七絕六首之二
詩文之友 26 卷 2 期 1967.6.1 （又見手稿本）
欣看風景足清幽，願學東坡泛小舟。
海靜天清人盡樂，能詩端可賦臨流。

### 663. 漫遊小琉球 七絕六首之三
詩文之友 26 卷 2 期 1967.6.1 （又見手稿本）
能詩端可賦臨流，滌卻胸中萬斛愁。
身自逍遙神自爽，不貪富貴夢封侯。

### 664. 漫遊小琉球 七絕六首之四
詩文之友 26 卷 2 期 1967.6.1 （又見手稿本）
不貪富貴夢封侯，自愛江干下釣鉤。
八百乾坤此中得，太公千古有誰儔。
　　註：江干，一作江間。

### 665.漫遊小琉球 七絕六首之五

詩文之友 26 卷 2 期 1967.6.1 （又見手稿本）

太公千古有誰儔，釣渭人貪愛繼周。
祇爲煙霞情興重，那管社稷有耶不。

　　註：釣渭人貪愛繼周，手稿一作敢向沿江釣一周。

### 666.漫遊小琉球 七絕六首之六

詩文之友 26 卷 2 期 1967.6.1 （又見手稿本）

那管社稷有耶不，萬里煙波一望收。
若問方壺何處是，琉球鄉內小琉球。

### 667.漫遊大貝湖　八景遊五 第一景梅隴春曉 七絕九首之一

知君不是此時開，隴上何須踏雪來。
待到小陽春節後，祇應獨占百花魁。

### 668.漫遊大貝湖　八景遊五 過盡君歡 七絕九首之二

盡君歡號豈真名，擬欲尋歡快一行。
未到亭前三五步，招呼客飲聽聲聲。

### 669.漫遊大貝湖　八景遊五 過迎花架 七絕九首之三

迎花架內獨徘徊，不是名花亦肯來。
我本騷人多韻事，代花傳得笑言開。

### 670.漫遊大貝湖　八景遊五 第二景曲橋釣月 七絕九首之四

一灣橋影夕陽天，孤鶩飛來大自然。
旅近星期難復宿，今宵釣月信無緣。

### 671.漫遊大貝湖　八景遊五 過甘露橋 七絕九首之五

橋名甘露正堪期，選勝人來便賦詩。
步過橫空喉又渴，何曾一滴潤吟脾。

### 672.漫遊大貝湖　八景遊五 第五景深樹鳴禽 七絕九首之六

環湖斷續僅車聲，樵父擔薪薄暮行。
曲徑松陰尋遍遍，樹深不聽有禽鳴。

### 673.漫遊大貝湖　八景遊五 過樂其樂 七絕九首之七

樂其樂裡寄吟軀，晚景真堪入目娛。
底事室空無一物，小人未必樂須臾。

### 674. 漫遊大貝湖　八景遊五 第四景高丘望海 七絕九首之八

遠望無涯景足幽，滔滔萬頃盡清流。
平生具有煙霞癖，敢效東坡駕小舟。

### 675. 漫遊大貝湖　八景遊五 第六景湖山佳氣 七絕九首之九

湖外高峰湖內天，山光水色適神仙。
佳名有景描難盡，氣聳蓬萊史上傳。

### 676. 漫遊半天巖禮佛即作 七絕四首之一

詩文之友 26 卷 4 期 1967.8.1

半天巖上古禪關，寺自清幽景可觀。
禮佛登高來到此，吟心爭得一時寬。

### 677. 漫遊半天巖禮佛即作 七變花 七絕四首之二

詩文之友 26 卷 4 期 1967.8.1

七變花邊步幾回，奇芭易轉費疑猜。
知君也解騷人意，見我來時次第開。

### 678. 漫遊半天巖禮佛即作 八仙石 七絕四首之三

詩文之友 26 卷 4 期 1967.8.1

一員奇石自天然，蹤跡爭傳印八仙。
足凹長留七雙半，不知經歷幾千年。

### 679. 漫遊半天巖禮佛即作 七絕四首之四

詩文之友 26 卷 4 期 1967.8.1

莫怪巖名號半天，居然勝蹟更巍然。
風光多荷高人賞，不減蓬萊會眾仙。

### 680. 漫遊國立公園 七絕一首

詩文之友 25 卷 6 期 1967.4.1（又見手稿本）

古木森森欲接天，曾聞石洞有神仙。
此行帶得生花筆，描寫風光大自然。
　　註：有神仙，手稿一作住神仙。
　　　　帶得，手稿一作帶有。

### 681. 碧綠神木 七絕一首

詩文之友 30 卷 2 期 1969.6.1（又見手稿本）

樹腰五丈七人牽，聳立高峰欲接天。
若問大夫齡幾許，三千二百最高年。

## 682.蝸牛 七絕二首之一

朴雅吟社擊鉢
詩報 117 號 1935.11.18

湖海爲家寄此生，有時頭角露崢嶸。
護身帶得凌波甲，不喘當空皓月明。

## 683.蝸牛 七絕二首之二

朴雅吟社擊鉢
詩報 117 號 1935.11.18

君本江邊水族生，幾時潛得太牢名。
鬩牆兄弟分財日，角上休教小利爭。

## 684.賣冰聲 七絕一首

簾垂涼影拂離離，入耳輕清韻更奇。
我正枯腸搜欲盡，一聲端可沁詩脾。

## 685.德和女史雙孫雙獲日本書畫展金特獎堪謂稀世之榮詩以祝之 七絕一首

才同道韞筆如椽，學祖何殊學鄭虔。
金特雙孫雙獲獎，方知衣鉢是真傳。

## 686.暴風雨 七絕二首之一

黑霧淫雲又迅雷，颱風驟雨一時催。
飛簾偏與馮夷會，危害蒼生劇可哀。

## 687.暴風雨 七絕二首之二

連日狂風大雨催，汪洋頃刻已爲災。
可憐平地成蛟室，到處人呼救護來。

## 688.慶祝己酉全國詩人聯吟大會 七絕四首之一 1969 年

全國聯吟勝會開，騷人濟濟笑登臺。
詩風雅與文風雅，拂面胸懷亦快哉。

## 689.慶祝己酉全國詩人聯吟大會 七絕四首之二 1969 年

拂面胸懷亦快哉，千軍白戰漫相猜。
欣看滿座探驪手，盡是吟龍吐鳳才。

### 690.慶祝己酉全國詩人聯吟大會 七絕四首之三 1969 年
盡是吟龍吐鳳才，伊誰得奪狀元魁。
狀元魁眼花臚翰，一例尼山著意栽。

### 691.慶祝己酉全國詩人聯吟大會 七絕四首之四 1969 年
一例尼山著意栽，精通詩學遍蓬萊。
爲他後起如春筍，全國聯吟勝會開。

旋馬庭主人林友笛鞠躬

### 692.慶祝萬國大旅社開幕誌喜 七絕一首
萬般設備好非常，國際關心匪諜防。
旅客聞聲來接踵，社交完滿業隆昌。

### 693.養氣園邂逅相逢賦呈步教導先生 七絕一首
久欲尋鷗破寂寥，識荊何幸在今朝。
縱談不倦終成趣，忘卻歸鄉路去遙。

### 694.熱帶公園 七絕一首

詩文之友 30 卷 2 期 1969.6.1 （又見手稿本）

國立公園記昔遊，恰逢日午汗珠流。
入場索取觀光費，未若吟身暫息休。

### 695.慰楊爾材夫子悼亡謹次原韻 七絕十二首之一

詩報 262 號 1941.12.17

問字車停憶昔年，深知師母女中堅。
相夫相子全坤範，叔世伊誰可比肩。

### 696.慰楊爾材夫子悼亡謹次原韻 七絕十二首之二

詩報 262 號 1941.12.17

廿九年間勗四知，兒孫撫養佛同慈。
治家節儉能中饋，未忍豪奢等漏巵。

### 697.慰楊爾材夫子悼亡謹次原韻 七絕十二首之三

詩報 262 號 1941.12.17

井臼親操力不疲，夫前舉案每齊眉。
知姑老邁軀孱弱，日夜關心善護持。

### 698.慰楊爾材夫子悼亡謹次原韻 <sub>七絕十二首之四</sub>

詩報 262 號 1941.12.17

婦道何曾一日違，家庭和樂煦春暉。
追隨夫子秋吟夜，漏永渾忘月在衣。

### 699.慰楊爾材夫子悼亡謹次原韻 <sub>七絕十二首之五</sub>

詩報 262 號 1941.12.17

巾幗鬚眉志更牢，自經百折未曾撓。
堅持夫子冤能白，道蘊堪侔膽氣豪。

### 700.慰楊爾材夫子悼亡謹次原韻 <sub>七絕十二首之六</sub>

詩報 262 號 1941.12.17

一病驚傳月未周，黃泉路去不回頭。
四知堂上淒涼甚，怕見兒孫血淚流。

### 701.慰楊爾材夫子悼亡謹次原韻 <sub>七絕十二首之七</sub>

詩報 264 號 1942.1.20

二豎經旬隱肺肝，偏教日日減三餐。
良醫歷盡施仁術，不信仙方活命難。

### 702.慰楊爾材夫子悼亡謹次原韻 <sub>七絕十二首之八</sub>

詩報 264 號 1942.1.20

起死回生乏妙方，怎禁夫子斷吟腸。
執經問難重來日，猶憶前徽道不忘。

### 703.慰楊爾材夫子悼亡謹次原韻 <sub>七絕十二首之九</sub>

詩報 264 號 1942.1.20

病魔不覺入膏肓，續命無絲命竟亡。
怕讀悼吟詩十二，一言一句一悲傷。

### 704.慰楊爾材夫子悼亡謹次原韻 <sub>七絕十二首之十</sub>

詩報 264 號 1942.1.20

眼底無分遠近親，族中圓滿仰斯人。
可憐鸞馭登仙去，聞訃難禁淚濕巾。

### 705.慰楊爾材夫子悼亡謹次原韻 <sub>七絕十二首之十一</sub>

詩報 264 號 1942.1.20

告別人多執紼來，悽風慘雨不勝哀。
招魂惹我傷心泣，未到靈前淚滿顋。

### 706.慰楊爾材夫子悼亡謹次原韻 七絕十二首之十二

詩報 264 號 1942.1.20

數年前記慶銀婚，未屆金婚赴九原。
太息慈容今已杳，空教愁聽鼓莊盆。

### 707.樂毅 七絕三首之一

下齊七十有餘城，韜略孫吳莫與京。
太息惠王偏不用，卻教奔趙恨難平。

### 708.樂毅 七絕三首之二

破齊本爲報昭王，何事田單太不良。
忍向君前讒謗語，惹教歸趙兩心傷。

### 709.樂毅 七絕三首之三

勤王智勇自超群，七十城收策大勳。
惱殺田單讒反間，忍教騎劫代將軍。

### 710.蒙友芬副社長、桂木總經理、泰山副編諸先生惠賜珠玉賦此奉酬 七絕一首

詩文之友 27 卷 3 期 1968.1.1

拋磚引玉愧寒儒，卜璧難容雜碔砆。
多謝情深甘割愛，珍藏貴比惠王珠。

### 711.穎考叔 七絕二首之一

食肉遺親計出奇，婉言能解誓言疑。
莊公母子重相見，孝感非君竟有誰。

### 712.穎考叔 七絕二首之二

忠孝堂堂感鄭公，管教母子復相逢。
申姜脫出眞城苦，策史當推第一功。

### 713.遼東豕 七絕四首之一

遼東有豕白頭姿，只道無雙世上奇。
笑殺誇功人管見，也同此物自相欺。

### 714.遼東豕 七絕四首之二

頭白漫云世上稀，河東群豕盡冰姿。
漁陽太守誇功日，似汝區區亦作奇。

## 715.遼東豕 七絕四首之三

黑豕白頭妄作奇，河東到處盡纍纍。
堪嗟塵世誇功輩，爭及朱浮一笑之。

## 716.遼東豕 七絕四首之四

剛鬣白頭自逞奇，山東偶入悔偏遲。
妄誇功績知多少，合藉將軍一戒之。

## 717.曉起校庭偶作 七絕一首

嚴冬細雨正綿綿，獸炭頻添亦枉然。
人怕氣寒難禦體，我云此候普通天。

## 718.曉望雲海 七絕一首

急欲登山趁曉行，泉聲淼淼雜雞聲。
茫茫雲海深千尺，不及滄浪濯我纓。

## 719.曉遊植物園 七絕二首之一

植物園中眺望臺，晨遊到此且徘徊。
青蓮池畔花含蕊，見我來時得意開。
　　註：且徘徊，一作獨徘徊。

## 720.曉遊植物園 七絕二首之二

漫空漠漠鎖輕煙，景色添來十倍妍。
曉樹含珠珠水滴，幾疑細雨灑簾前。
　　註：簾前，一作庭前。

## 721.曉遊遇雨 七絕二首之一

曉起匆匆出寺遊，杖藜髼鬆到神州。
無情最是今朝雨，阻我尋芳願莫酬。

## 722.曉遊遇雨 七絕二首之二

沛然驟雨又雲晴，曉樹含煙色未明。
對岸山青龍影見，後宮水滴石頭鳴。

## 723.曉鶯 七絕四首之一

嚦嚦佳音似奏笙，漫空淡靄恰平明。
島民今日多酣夢，願汝關關喚幾聲。

724.**曉鶯** 七絕四首之二

花間嚦嚦嬌柔囀，柳外交交斷續鳴。
惱殺五更啼太早，泥人香夢夢難成。

725.**曉鶯** 七絕四首之三

柳外交交聒耳鳴，催他殘月下南荊。
叮嚀人莫彎弓射，留警寒窗早立名。

726.**曉鶯** 七絕四首之四

宛囀佳音睍睆鳴，和他玉笛與簧笙。
為憐啼曙知求友，愧殺人間冷暖情。

727.**錦棟君東渡觀光賦此以壯行旌** 七絕一首

臺南新報 12329 期 1936.4.30

東渡觀光不盡歡，扶桑千里路漫漫。
此行莫負生花筆，好寫風光寄我看。

728.**蒲劍** 七絕二首之一

青青三尺趁波搖，葉葉光芒射碧霄。
晝夜頻磨磨不利，漫誇有銳可驚妖。

729.**蒲劍** 七絕二首之二

三尺青青殺氣饒，舞風爭斬碎江潮。
如斯草木鋒稜銳，桃劍秧針一樣夭。

730.**蒲鞭** 七絕二首之一

此具刑寬最可珍，勝他畫地以牢人。
責民只用斯鞭示，商鞅凶殘太不仁。

731.**蒲鞭** 七絕二首之二

勁節亭亭見性真，犯人偏喜浴深仁。
南陽太守寬刑日，示辱勞君善責民。

732.**擁護總統連任** 七絕三首之一 七絕東韻

武昌起義建奇功，防共誅奸氣益雄。
國際關頭民熱望，繼肩誰不護明公。

**733.擁護總統連任** 七絕三首之二　七絕東韻

　　領袖英明世所崇，南征北伐氣如虹。
　　普天民仰能連任，總統還須屬蔣公。

**734.擁護總統連任** 七絕三首之三　七絕東韻

　　治國才高德望隆，民心久已向明公。
　　河山收復關頭急，斷不蟬聯勢不容。

旋馬庭主人林友笛甫稿

**735.謁八仙洞** 七絕一首

詩文之友 30 卷 4 期 1969.8.1

　　即名久欲締仙緣，頂禮來參意更虔。
　　信是閒遊神未返，雲封猶聽鳥談天。

**736.謁呂祖** 七絕一首

詩文之友 30 卷 4 期 1969.8.1

　　鐘祖事偏識夢中，眾生誰不沐岍嶸。
　　仙風凜凜封孚佑，功德無量是此翁。

**737.謁靈山寺** 七絕一首

　　靈山塔下日身修，底事靈山有寺籌。
　　禮佛靈山休遠涉，靈山只在此心頭。

**738.聯吟大會歸後寄志淵先生** 七絕一首

　　漫遊東港覺心寬，多謝情深鋏不彈。
　　此日輪蹄旋客舍，吹將我笛報平安。

**739.禪房錄音** 七絕一首

詩文之友 30 卷 4 期 1969.8.1

　　不見堂中擊木魚，西軒猶聽錄音初。
　　錄音雜有流行曲，卻勝山僧日步虛。

**740.還俗尼** 七絕三首之一

　　笑脫袈裟斷佛恩，歸來寶帳語溫溫。
　　從茲重作巫山夢，一片禪心付浪翻。

**741.還俗尼** 七絕三首之二

　　袈裟脫落出空門，了卻僧緣謝佛尊。
　　蓄髮但求春意返，禪心舊夢杳無痕。

### 742.還俗尼 七絕三首之三

玉稱顏容水稱魂，不堪冷落在空門。
憐卿性本持齋慣，底事無心奉佛尊。

### 743.講習中深夜聽雨 七絕四首之一

簾外霏霏旅恨生，終宵無夢到天明。
自憐我是他鄉客，此夕何當聽雨聲。

### 744.講習中深夜聽雨 七絕四首之二

沛然驟雨一時傾，頃刻盈渠盡淼聲。
夜半風搖花影亂，後軒水滴石頭鳴。

　　　　註：後軒，一作後堂。

### 745.講習中深夜聽雨 七絕四首之三

入耳淙淙景寂寥，隔牆又聽打芭蕉。
那堪徹夜敲窗急，滴碎鄉心恨未銷。

### 746.講習中深夜聽雨 七絕四首之四

也非喜雨也無亭，何事終宵灑滿庭。
我正憂時心倍感，淋漓滴瀝不堪聽。

### 747.講習逢冬節 七絕一首

關心講習日心焦，離卻家鄉萬里遙。
試問堂中諸學友，補冬記否是今宵。

　　　　註：離卻，一作忘卻。

### 748.戲詠老松 七絕一首

鶴骨經霜氣益堅，不知還歷幾千年。
誰云良樑材無用，老幹堪期配昊天。

### 749.擊楫誓 七絕一首 七絕元韻

醒靈寺第廿九期課題
詩文之友 27 卷 4 期 1968.2.1 （又見手稿本）

中流楫擊水潺湲，為壯孤忠發誓言。
敵愾心堅欽士雅，吞胡義氣貫乾坤。

### 750.戀遷 七絕八首之一

勝友如雲作樂秋，詩吟祝嘏會吟儔。
遙知長港兄周甲，曲奏霓裳滿渡頭。

751.**戀遷** 七絕八首之二
曲奏霓裳滿渡頭，人欣花甲月中秋。
飄零愧我天涯客，無分登堂共唱酬。

752.**戀遷** 七絕八首之三
無分登堂共唱酬，祇因國稅正徵收。
春來早見中秋月，未得江邊締鷺鷗。

753.**戀遷** 七絕八首之四
未得江邊締鷺鷗，負他明月自幽幽。
宵深漸覺無聊賴，短笛橫吹破莫愁。

754.**戀遷** 七絕八首之五
短笛橫吹破莫愁，不因扣角望封侯。
腔中弄得清平調，願祝遐齡與地休。

755.**戀遷** 七絕八首之六
願祝遐齡與地休，年年海屋慶添籌。
得看安祝期頤日，重與吟兄續舊遊。

756.**戀遷** 七絕八首之七
重與吟兄作舊遊，樂詩樂樂樂忘憂。
放懷遣到無心處，共享長生得自由。

757.**戀遷** 七絕八首之八
共享長生得自由，老來倍覺愛風流。
伯牙琴韻桓伊笛，勝友如雲作樂秋。

758.**關子嶺遊紀** 七絕二首之一
裾屐聯翩逸興多，嶺頭嘯傲且高歌。
碧雲寺在枕山畔，準擬參禪踏碧蘿。

759.**關子嶺遊紀** 七絕二首之二
風光如畫紀清遊，消受花香鳥語幽。
關嶺溫泉傳海外，吾儕探勝合勾留。

760.**謹呈陳皆興先生** 七絕一首

詩文之友 27 卷 3 期 1968.1.1 （又見手稿本）

皆仰胸懷絕點塵，興觀群怨愛清新。
先施德政高雄縣，生長人中一偉人。

## 761.謹祝松甫先生蟬聯朴子鎮鎮長 七絕一首

詩文之友 28 卷 3 期 1968.7.1（又見手稿本）

能詩鎮長喜蟬聯，不遜鳴琴子賤賢。
行政自厭同夏日，民無冤枉沐清天。

> 註：子賤賢，手稿一作子夏賢。
> 行政自厭，手稿一作內外政厭。
> 沐清天，手稿一作浴清天。

## 762.謹贈周文俊詞兄 七絕一首

文質彬彬君子氣，俊聲郁郁可人容。
詞源學海風波富，兄貴弟賢信可恭。

## 763.謹贈翁文登先生 七絕一首

文章千古崇司馬，登閣三秋謁臥龍。
先進還慚輸後進，生平說項只知恭。

## 764.歸後寄金樹宗兄 七絕二首之一

詩文之友 32 卷 4 期 1970.8.1 （又見手稿本）

共遊心德覺心寬，多謝情深鋏不彈。
此日輪蹄旋逆旅，吹將我笛報平安。

## 765.歸後寄金樹宗兄 七絕二首之二

詩文之友 32 卷 4 期 1970.8.1 （又見手稿本）

旋馬庭園半畝寬，閒來綠綺手輕彈。
平生未作封侯夢，自愛吟軀日日安。

> 註：本詩附有小札一封：
> 金樹詞兄斧正：
> > 本日又接來函，謂大作欲為訂正，足見關懷，但承句奚字是平音，
> > 恐不適合，必欲訂正，改為到處逍遙古調彈如何？隨字改為凌字，
> > 病榻慶改為今日告，未稔然否？叨哉同宗，又系同庚，用敢冒瀆，
> > 希斟酌之，可行即行，可止即止，謹此奉聞。
> > > 五月十日　友笛鞠躬

## 766.歸耕 七絕四首之一 七絕咸韻

詩文之友第 142 期課題

詩文之友 26 卷 1 期 1967.5.1　詩文之友 26 卷 2 期 1967.6.1　（又見手稿本）

解組歸田自不凡，披荊斬棘且耘芟。
庭花數畝充饑足，卻勝爲官日被讒。

註：自不凡，手稿一作氣不凡。

## 767.歸耕 七絕四首之二　七絕咸韻

詩文之友第 142 期課題

不穿朝服不聞讒，日聽催耕鳥語喃。
風月一竿禾兩穗，好將農友署頭銜。

## 768.歸耕 七絕四首之三　七絕咸韻

詩文之友第 142 期課題

農夫我喜署頭銜，爲厭機關服務嚴。
春雨一犁田二頃，深耕易耨免人監。

## 769.歸耕 七絕四首之四　七絕咸韻

詩文之友第 142 期課題

掛冠歸隱餐黃菊，帶笠披簑傍碧崗。
鳥自催耕人叱犢，分秧汗滴滿衣衫。

## 770.歸梓寄懷岱江諸吟侶 七絕一首

岱江風月認依稀，回首前塵半未非。
畢竟精神能補足，最功效藥是當歸。

## 771.鯉魚潭 七絕一首

詩文之友 30 卷 2 期 1969.6.1　（又見手稿本）

鯉魚山過鯉魚潭，水自澄清景自探。
名產蝦酥爭一盒，佐茶品向聽松庵。

## 772.贈清輝詞兄新品種蔗苗 七絕一首

甲寅孟秋之月倡酬詩稿集 1974 年

二三四五種苗新，田父關心見性真。
願藉春風勤護惜，蔗甘端可啖詩人。

## 773.麒麟兒 七絕四首之一

試周此夕會群英，矩步規行喜氣生。
天上石麟原不俗，他年端可振家聲。

### 774.麒麟兒 七絕四首之二

晬盤會上見規行，溫嶠偏聞有異聲。
賀客滿門來得得，爭云天上送麟嬰。

### 775.麒麟兒 七絕四首之三

肉角奇姿矩步行，不凡之子自奇生。
欣看麟趾呈祥日，跨竈先聞有異聲。

### 776.麒麟兒 七絕四首之四

天上麟兒必異生，須何賓客試啼聲。
甯馨自是奇男子，國器欣聽得大名。

　　　註：錦棟君長令郎週歲擊鉢。

### 777.麒麟舞 七絕二首之一

隨風簇簇舞籬東，穠艷嬌姿色淡紅。
知汝花紋非俗比，玉書那肯吐盆中。

### 778.麒麟舞 七絕二首之二

夭姿獨秀咲悠悠，五色花紋孰疋儔。
何不尼山吐書去，復生宣聖作春秋。

### 779.鬥雞 七絕一首

振翅先鳴膽力加，不辭碎首勇堪誇。
德禽也有英雄氣，兩眼睜睜似怒蛙。

### 780.護花鳥 七絕三首之一

太華山有護花禽，愛惜紅叢費苦心。
鎮日枝頭防不倦，狂蜂未許一相侵。

### 781.護花鳥 七絕三首之二

飲啄關心防紫蕊，飛鳴得意愛霜葩。
恐他蜂蝶顛狂至，叫出聲聲莫損花。

### 782.護花鳥 七絕三首之三

愛花性癖比秋公，葉下聞香樂未終。
啄蠹晨昏愁驟雨，無心擅離舞東風。

## 783.籠中鳥 七絕二首之一
日日悲鳴對鐵窗，搏雲未遂氣難降。
吾曹遭束君遭禁，一例難消恨滿腔。

## 784.籠中鳥 七絕二首之二
晨昏寂寂嘆無聊，暗裡悲鳴恨未消。
萬里雄飛原有志，脫籠何日上雲霄。

## 785.藺相如 七絕一首
爲國丹心秉志誠，不辭冒險入秦京。
只憑舌劍能全璧，留得英雄萬古名。

## 786.歡迎接收委員先生 七絕一首 1946年
歡聲震地出精誠，到處兒童竹馬迎。
一路福星長拱照，民權尊重及民生。

林友笛未定稿
民國三十五年一月二十四日

　　　註：本詩附有小札一句：獻堂先生斧正。

## 787.讀艷體詩五首戲而有作次韻周鴻濤 七絕一首
柳媚花嬌見燕鶯，偶然題句不求精。
風流獨羨羅山客，恣意香中覺有情。
　　　林友笛自註：風流獨羨羅山客，蕭郎。指蕭嘯濤先生而言。

## 788.讀艷體詩五首戲而有作似鴻濤嘯濤兩兄 七絕一首
卿卿我我又鶯鶯，描寫多君筆力精。
五朵名花詩五首，一言一句一芳情。

## 789.驚蟄雷 七絕二首之一
一聲霹靂訝仙傾，震動人間草木生。
破壁有龍驚化劍，飛騰不待雙睛點。

## 790.驚蟄雷 七絕二首之二
發聲震地展神威，響徹山川草木葳。
羨煞蟲蛇均出穴，何時池鯉化龍飛。

## 791.觀山胞踏舞即作 七絕一首
演唱依然節月分，清歌妙舞盡超群。
即今家國關頭日，莫怪聲聲慰海軍。

## 792. 觀醉八仙 七絕一首

賴子清編《中華詩典》後篇 1965 年
詩文之友 25 卷 5 期 1967.3.1 （又見手稿本）

臺上疏狂醉八仙，玉山傾倒亦陶然。
瑤池千古蟠桃會，不信仙姑尙少年。

　　　註：一作詩題爲：觀劇偶作。
　　　註：疏狂，一作分明。

## 793. 觀劇感作 七絕一首

報道排優演鎮南，迎春放下我親探。
那知歌劇非南管，唱念平常聽不堪。

　　　註：那知，一作麗珠。

# 七律類

## 1. 乙巳暮春爲青山老兄七八華誕賦此祝之 七律一首 1965 年

青鳥啣書上玉京，山容如笑日心清。
老猶富貴身無累，兄善交遊友有情。
七歲知懸名士榻，八仙來晉紫霞觥。
華封敢詡人三祝，誕節樽須得意傾。

## 2. 乙巳臘月下弦重遊湖山巖禮佛偶作 七律一首 1965 年

梅林獨步到湖山，禮佛禪言興更嫻。
楊柳瓶豐青柳綠，慈雲池隱白雲閒。
風光滿眼吟懷爽，詩史談心笑帶顏。
真個空門多樂趣，頓教俗慮十分刪。

## 3. 一年一度之賤辰，清樵兒遠自屛東水門攜帶妻子回家祝壽，席間和氣靄靄，滿面春風，何幸如之，爰賦七律一首以誌韻事 七律一首

詩文之友 40 卷 3 期 1974.9.1 （又見手稿本）

燭影搖紅剖蛋糕，呼嵩盈耳氣偏豪。
延年共品冰糖茗，益壽分嘗水蜜桃。
滿眼兒孫欣繞膝，獻詩親友自揮毫。
杖朝又是齡增二，曲譜高歌莫厭勞。

　　　註：友笛八二華誕。

## 4.八一偶成 七律一首

詩文之友 38 卷 5 期 1973.10.1

杖朝晉一復何奇，未若逢人便說詩。
老到羞看牛喘月，曉遊猶愛鳥啼時。
三餐渡日懷常足，兩腋生風興不辭。
笛自橫吹歌自唱，封侯無夢亦揚眉。
　　註：本詩附有小札一句：
　　　　請廖榮貴先生斧削賜和。

## 5.八一偶成疊前韻奉酬廖理事長榮貴先生 七律一首

詩文之友 38 卷 5 期 1973.10.1

榮顯家風漫說奇，爭如觸景便吟詩。
誰憐道德淪亡日，卻怨文章不入時。
李白百篇猶可作，盧仝七椀復何辭。
朝來閒把諸孫弄，娛目分甘笑展眉。

## 6.八十書懷 七律二首之一 1972 年

詩文之友 36 卷 4 期 1972.8.1 （又見手稿本）

虛度光陰八十秋，樂詩樂樂樂忘憂。
俗緣未脫三生債，榮顯奚貪萬戶侯。
作祖無稀經內外，治家有法寡交遊。
老來轉覺吟軀健，為服當歸得自由。

## 7.八十書懷 七律二首之二 1972 年

詩文之友 36 卷 4 期 1972.8.1 （又見手稿本）

三十年來離故鄉，四湖寄蹟豈尋常。
詩聲雅與書聲樂，茶味清於酒味香。
自愧齡徒增馬齒，那關路險似羊腸。
晨遊赤足歡無極，煅煉身心益壽長。

　　　　　　　　　壬子長夏　旋馬庭主人林友笛鞠躬

## 8.七八自嘲 七律一首

曾人口《金湖春秋》1978.7
詩文之友 33 卷 2 期 1971.1.1（又見手稿本）

富貴榮華未可期，駒光過隙復何悲。
問心今日堪娛老，回首當年愛小兒。
抵死無嫌唯品茗，一生難改是吟詩。
若除花甲從頭算，我正青春十八時。

註：未可期，一作未有期。

稱娛老，一作堪娛老。

註：本詩附有小札一封：

曩者登龍，諸多打擾，謝謝。所命之事，直到其宅已三時十五分矣，連呼數聲「凌雲女史」，了無一人答應，僅逢一童，囑其代轉有四湖吟友來訪，答云現尚午睡中，令我再一小時方可。日熱而時有限，那有米國時間乎？噫！登天難，求人更難，而訪人亦如此之難乎？約五分間，步其庭，三時二十餘分，掃興而歸焉。

## 9.七十初度書懷乞諸大方家斧正 七律四首之一

七十人爭羨古稀，即今醫學又何奇。

養生有法休貪酒，抵死無嫌是作詩。

幾見黎民遊化日，不聞工部復憂時。

眼前家國關興廢，勘亂休遲起義師。

## 10.七十初度書懷乞諸大方家斧正 七律四首之二

漫笑生平是學膚，唱酬端可爽吟軀。

河清方許人稱智，世亂誰知我不愚。

刻苦當年頭印象，分甘此日目常娛。

東山未即容吾隱，任彼同寅誚老夫。

## 11.七十初度書懷乞諸大方家斧正 七律四首之三

半世勞勞作馬牛，退休準擬在今秋。

逃名山內師巢父，洗耳溪邊學許由。

勝景好從雲外賞，吟身抵向淡中修。

此間趣味真能識，不羨人封萬戶候。

## 12.七十初度書懷乞諸大方家斧正 七律四首之四

滿腹牢騷氣莫收，放懷天地一吟鷗。

不知杖國年將老，那管成家志未酬。

白髮雖多欣勇健，黃金因少寡交遊。

客中也有銷閒法，短笛橫吹樂自由。

旋馬庭主人林友笛待刪

## 13.丁未王春之月爲平祥詞兄令郎志忠君榮諧伉儷之慶賦此以爲留念 七律一首 1967 年

詩文之友 26 卷 6 期 1967.10.1 （又見手稿本）

樂奏關雎喜溢門，蘇王兩姓慶聯婚。

燭紅寶帳春如海，叠合洞房酒滿樽。
並蒂蓮開香更遠，同心曲唱韻長存。
從茲宜爾和琴瑟，願祝振振盛子孫。

旋馬庭主人林友笛謹祝

　　註：一作詩題爲：祝蘇平祥詞友令郎志忠君與王素女小姐結婚。
　　註：盛子孫，一作富子孫。

## 14.丁未暮秋下弦夜宿高明寺 七律一首 1967年

詩文之友 27 卷 3 期 1968.1.1　（又見手稿本）

高明何幸駐吟身，淨界今宵締佛因。
入寺未聞僧說法，過枝先見鳥修真。
慈雲朵朵籠瓶柳，法雨霏霏浥上人。
最是空門多樂趣，禪房幽雅絕囂塵。

　　註：先見鳥修真，手稿一作先聽鳥修真。

## 15.丁未暮秋之月爲廖當行先生大廈落成賦此以爲留念（代其侄子林清潭作）七律一首 1967年

詩文之友 27 卷 2 期 1967.12.1　（又見手稿本）

華廈營新慶已成，恰逢天上月猶明。
美輪美奐身心爽，肯構肯堂父子榮。
鳥革翬飛迎賀客，鶯鳴燕語祝當行。
幽居從此添風雅，設計承包孰與爭。

任林營造廠林清潭謹祝

## 16.丁酉春漫遊梅山即作 七律一首 1957年

詩文之友 8 卷 6 期 1958.3.1　（又見手稿本）

梅山勝景滿山巓，拾級親探大自然。
介壽亭中風習習，復興路上草芊芊。
遊人來往多於鯽，野鶴安閒樂似仙。
焉得高峰餘一角，退休到此養殘年。

　　註：滿山巓，手稿一作擁山巓。
　　　　親探，手稿一作來探。

## 17.大川先生喜得弄璋之慶賦呈賀之 七律一首

積善知天報不輕，一胎偏喜獲麟嬰。
聞聲有客稱英物，鑑貌憑君識異生。
比武豈真能跨竈，尚文豫兆到簪纓。

龍門定見成龍子，莫怪呱呱得意鳴。

旋馬庭主人林友笛　拜賀

## 18.大俊先生過訪賦此奉贈 七律一首

茅齋何幸駐吟身，竟夕清談見性真。
顧我名心淡於水，羨君健筆妙傳神。
大才有用原超俗，風雅無驕更可親。
卻笑山妻旁午甚，誤將魯酒款詩人。

## 19.己亥正春攜笛漫遊過溝偶作 七律一首 1959 年

遣興閒攜笛一枝，敢因奏樂誤吟期。
春遊恰喜逢元日，友誼何曾異昔時。
自笑牢騷長不改，故教唱和更難移。
此行若問誰為重，半聽清音半作詩。

林友笛自註：為奏樂五社聯吟所作。

## 20.己酉中秋品茗會記盛 七律一首 1969 年

詩文之友 31 卷 2 期 1969.12.1

喉韻回甘各逞奇，簡家業者總相宜。
茶香清濁分雙感，人氣堂望盛一時。
異種龍巖評有序，真欉鹿谷審無私。
會開品茗逢佳節，己酉中秋記賦詩。

## ・ 21.己酉仲夏下弦後一日與立卿詞兄共遊三秀園賦呈主人

七律一首 1969 年

詩文之友 30 卷 5 期 1969.9.1

尋芳今又過怡然，景色多於昔日妍。
松下評詩還說地，案頭品茗且談天。
風生兩腋情猶逸，言放吟懷興欲仙。
忙得主人忘晝寢，頻來款客見心虔。

## 22.五十書懷似知己吟侶 七律二首之一

身世浮沉等聚萍，封侯夢不到今生。
歲知天命心偏壯，口說人情膽自驚。
至道無慚衣食惡，蓄財復恐子孫爭。
期頤過半成何事，敢向東風訴不平。

註：聚萍，一作水萍。

### 23.五十書懷似知己吟侶 七律二首之二

牢騷滿腹倩誰收，短笛橫吹破旅愁。
冷笑時防人面險，暢談日解我心憂。
偏欣學易年能假，轉愧敲詩句未周。
世局紛紜還不息，逃名準擬仿巢由。

林友笛手稿

註：時防人面險，一作須防人面險。
　　紛紜，一作風雲。

### 24.斗六門懷古 七律一首

雲林文獻創刊號 1952.11

回首前山第一城，即今縣址幾番更。
捐軀既仰陳千總，護國須彰戴萬生。
太息昭忠祠化土，空餘他里霧埋名。
雲林文物如雲集，半自芳春半克明。

### 25.壬辰六十書懷 七律四首之一 1952 年

詩文之友 1 卷 6 期 1953.10.1（又見手稿本）

異鄉鄉味故鄉同，滯久渾忘逆旅中。
書記書書書不盡，樂詩樂樂樂無窮。
是非早覺懸秦鏡，得失何須誚楚弓。
莫悔壯時難努力，老猶身健氣豪雄。

### 26.壬辰六十書懷 七律四首之二 1952 年

詩文之友 1 卷 6 期 1953.10.1（又見手稿本）

五十書懷墨未乾，杖鄉又欲染毫端。
國風喜頌家風雅，薪水權承菽水歡。
世味嘗深酸已極，人情閱盡膽猶寒。
文章復古仍無價，奚用憂時發浩歎。

### 27.壬辰六十書懷 七律四首之三 1952 年

詩文之友 1 卷 6 期 1953.10.1（又見手稿本）

素性耽吟又嗜茶，老來奚患眼將花。
燈前志讀翻三國，案上詩評愛七家。
笛失壬申還印象，菊栽辛未尚塗鴉。
白駒過隙嗟何及，往事茫茫感倍加。

林友笛自註：余失笛復得記有辛未藝菊，菊遭馬害，壬申弄笛，笛竟遺失之句故
　　云。

## 28.壬辰六十書懷 七律四首之四 1952年

詩文之友 1 卷 6 期 1953.10.1 （又見手稿本）

敢怨今生命不辰，放懷天地一吟身。
痴聾有假休相信，妄誕無稽莫認真。
訪舊怕聽人化鶴，求新喜讀句驚神。
唱酬縱使詩成窖，隻字何曾可濟貧。

　　註：手稿一作詩題為：六十書懷敢乞諸大方家郢政並賜和。

## 29.中秋節懷顏思齊 七律一首

詩文之友 23 卷 6 期 1966.4.1 （又見手稿本）

花朝正溯曉風曛，開闢洪荒獨憶君。
肝膽照人虹貫日，腥羶滿地氣凌雲。
開基笨港留青史，打獵羅山剩古墳。
今日汾津文物盛，伊誰不記大功勳。

## 30.文齋祖靜七十雙壽冠頭詩 七律二首之一

詩文之友 31 卷 4 期 1970.2.1 （又見手稿本）

文星朗朗壽星光，齋戒稱觴樂未央。
祖德增輝添福祿，靜修無悶喜安康。
七成久仰成功早，十守堪尊守法良。
雙壽雙登雙杖國，慶雲時現李公堂。

## 31.文齋祖靜七十雙壽冠頭詩 七律二首之二

俊逸高明德望隆，功成革命待明公。
衣冠禮樂迎新雨，道義文章尚古風。
杖國獻詩才吐鳳，登堂祝嘏爪留鴻。
問安點頷歡何極，福祿壽全是此翁。

## 32.四十七年元旦漫遊彌陀寺即作 七律一首 1958年

八掌溪中義士橋，渡頭此日雨瀟瀟。
遊人遊玩迎元旦，漁父漁歌送去潮。
禮佛敲鐘聲斷續，留神覓句樂逍遙。
曉來帶有生花筆，總把風光信手描。

## 33.甲午仲夏之初瀟湘漁父先生於汾津舉行詩書畫展以詩索

### 和次韻奉酬 七律二首之一 1954年

詩文之友 3 卷 1 期 1954.7.1

不似漁郎好問津，蓬萊權作避強秦。
未親鐵漢親羅漢，忍拜金人拜聖人。
砌下蟲聲時漸夏，堦前竹色日常春。
鄭虔書法羲之筆，孤島而今孰等倫。

## 34.甲午仲夏之初瀟湘漁父先生於汾津舉行詩書畫展以詩索和次韻奉酬 七律二首之二 1954 年

詩文之友 3 卷 1 期 1954.7.1

丹青展覽會宏開，索畫求書去復來。
自愛餐英時種菊，忍教止渴又思梅。
書藏二酉山中史，緣訂三生石上苔。
博得騷人齊拱手，劉郎聲價重全臺。

## 35.甲寅季夏之月為繼仁君與璧琤小姐結婚之慶賦此以為留念 七律一首 1974 年

林鄭聯婚頌主恩，關雎樂奏喜盈門。
燭紅寶帳春如海，卺合洞房酒滿樽。
並蒂蓮開香更遠，同心曲唱韻長存。
室家宜爾和琴瑟，遙祝振振富子孫。

八二叟林友笛
註：遙祝，一作豫祝。

## 36.丙午春日重遊三秀園賦呈主人 過半月池 七律一首 1966 年

詩文之友 26 卷 1 期 1967.5.1 （又見手稿本）

誰將玉爪印橋東，彷彿娥眉一例同。
池內有鉤魚怯釣，園中無箭鳥疑弓。
晴光未見輝滄海，素影平分耀碧空。
輪滿時逢三五夜，即名南浦照無窮。

旋馬庭主人林友笛未定稿

## 37.丙午暮春之晦與吳大海先生漫遊天龍寺偶作 七律一首 1966 年

詩文之友 25 卷 6 期 1967.4.1

天龍寺外駐吟身，方外同來證佛因。
殿內未聞僧說法，枝頭先見鳥修真。
觀音竹喜迎君子，羅漢松青禮上人。
最是空門堪避世，滿庭花木四時春。

## 38.冬日書懷 七律一首

詩文之友 35 卷 3 期 1972.1.1

白雪何關兩鬢侵，茶家樂友喜相尋。
消閒有笛憑三弄，得意無詩費一吟。
太息卞和空識玉，誰如楊震貴辭金。
爲官日見趨崔烈，銅臭休嫌愧內心。

## 39.戊申端月下弦與六一居士夜宿大仙寺 七律一首 1968 年

詩文之友 27 卷 6 期 1968.4.1（又見手稿本）

寂寂仙巖淡淡秋，晨鐘暮鼓韻悠悠。
老僧說法嚴盤膝，頑石聽經善點頭。
滿殿慈雲籠竹翠，一庭法雨潤花幽。
誰知塵世終生樂，爭及空門半日遊。

註：嚴盤膝，一作仍盤膝。
善點頭，一作亦點頭。
爭及，一作不及。

## 40.戊申暮秋攜孫重遊三教寶宮謁呂祖偶作 七律二首之一 1968 年

詩文之友 29 卷 3 期 1969.1.1（又見手稿本）

寶宮勝蹟擁山巔，拾級重參意更虔。
拂面何來風習習，凝眸是處草芊芊。
神仙有廟疑無洞，好景無邊別有天。
幽賞孫曹嫌日短，貪觀未忍促歸鞭。

註：好景，手稿一作光景。

## 41.戊申暮秋攜孫重遊三教寶宮謁呂祖偶作 七律二首之二 1968 年

詩文之友 29 卷 3 期 1969.1.1（又見手稿本）

綠樹峰煙護寶宮，閒雲朵朵罩長空。
攜孫敢詡來方外，謁祖剛逢逆旅中。
仙水澄清供眾乞，朱楹煥彩奪天工。
神靈赫濯傳遐邇，護國安民大有功。

註：供眾乞，手稿一作供口飲。
大有功，手稿一作進大同。

註：手稿一作詩題爲：戊申暮秋攜孫重遊三教寶宮。

## 42.戊戌中秋家庭歡月會感作 七律一首 1958 年

此夕蟾光勝去年，當空與我共團圓。
作詩既喜逢三五，沽酒何辭費十千。

欣賞玉盤呼子女，敢遊月殿會神仙。
願教輪滿秋常在，四海增輝照不偏。

## 43.立卿詞兄伉儷喜壽雙慶詩以祝之 七律一首

海屋籌添大德明，恰逢天上月輪盈。
懸弧君喜遊金谷，設帨人來晉玉觥。
雙壽雙登雙意洽，一觴一詠一心清。
瑤池此日蟠桃熟，應擬分甘及立卿。

　　　註：恰逢天上月輪盈，一作恰逢歐子賦秋聲。

　　　　　雙登，一作雙星。

　　　　　應擬，一作應許。

## 44.以詩代柬用鳴皋樵隱寄懷前韻奉酬張祉亭先生 七律一首

詩文之友 26 卷 1 期 1967.5.1（又見手稿本）

品格清高異等閒，逃名漸寡出鄉關。
詩同李杜情猶逸，筆訪鍾王興更嫻。
禮佛曾遊圓覺寺，求仙時上則名山。
惠來滿紙多珠玉，工整難容隻字刪。

　　　註：本詩附有小札一封：

　　　祉亭先生雅鑒：

　　　　　拜讀大作，篇篇錦繡，字字珠璣，勝原作十倍，直令人手不釋卷，
　　　　　吟之，韻愈高而調愈清，欽服欽服，弟與兄文字交遊雖久，尚未拜
　　　　　讀佳什，今始讀之，其造句之清新，押韻之幽雅，大有唐人之風，
　　　　　非老手焉能出此，拙作以詩代柬擬欲就正於尊前並聯風雅之氣，非
　　　　　敢班門而弄斧，幸祈諒之。並候吟安。

　　　　　　　　　　　　　　　　　　　旋馬庭主人林友笛鞠躬

## 45.石華君遊岱江與諸吟侶唱和依韻感作 七律一首

詩報 76 號 1934.3.1（又見手稿本）

杯酒言歡當洗塵，海隅何幸駐吟身。
忍聽時局風雲幻，喜締騷壇翰墨親。
愧我無才難用世，讀君佳句可驚神。
相逢同是他鄉客，一例離情嘆苦辛。

　　　註：手稿一作詩題為：次石華君過岱江見贈瑤韻。

## 46.石華君遊岱江與諸吟侶唱和倒疊韻奉酬 七律一首

世味年來酸復辛，勞勞那得養精神。
燒空夏日真堪畏，入座春風倍可親。
我等寒蟬常禁口，君知無渡善持身。

愁看大陸烽煙急，何處桃源避劫塵。

## 47. 左營漫遊後與立卿詞兄同登大岡山謁超峰寺 七律一首

禮佛奚辭萬步艱，超峰此日叩禪關。
寺中早見慈雲集，崖下猶聞綠水潺。
造福人傳金覆鼎，玉成官使瓦飛山。
大營寶殿增雄壯，歷史悠悠異等閒。

## 48. 左營漫遊後與立卿詞兄同登大岡山謁龍湖庵 七律一首

大岡山上古禪庵，拾級同來此日探。
雨灑龍湖花簇簇，雲橫鷲嶺柳毿毿。
老僧說法神偏摯，頑石聽經興轉酣。
絕頂漫嫌秋寂寞，修真養性最相堪。

## 49. 白鸚鵡 七律一首

玉羽翩翩雪淺深，霜姿未許一塵侵。
能歌簾外風聲動，學舞庭前月影臨。
為主白冤稱使者，開籠見日號觀音。
隴山明月疑同色，妒殺蘆花是此禽。

## 50. 次丁酉元旦書懷瑤韻 七律一首 1957年

錦繡江山任品題，新正福喜向君褆。
蘭因拜歲香盈室，女為遊春愛出閨。
不羨中原還逐鹿，欣逢古曆又迎雞。
老天欲報豐年兆，先送和風第一批。
　　註：本詩附有小札一句：何如璋先生哂正。

## 51. 次大俊先生曉發岱江瑤韻 七律一首

欲和新詩下筆難，談心品茗共盤桓。
識荊逆旅情偏摯，折柳離亭曉正寒。
入座春風思淡蕩，隔江滄水望彌漫。
何時得許天緣假，重剪燈煤客思寬。

## 52. 次小遊仙先生還曆自嘲瑤韻 七律四首之一

家國存亡百難秋，賦詩奚忍去臨流。
掀髯顧我辛堪耐，序齒於君甲已周。
近報仙鄉將祝嘏，遙知海屋定添籌。
天南昨夜文星朗，應有輝光射斗牛。

註：辛堪耐，一作辛堪忍。
　　文星朗，一作星輝耀。

## 53.次小遊仙先生還曆自嘲瑤韻 七律四首之二

久欲江湖作散人，側身天地一吟身。
自慚笨伯胸無墨，卻羨羲之筆有神。
教子唯遵司馬訓，秉公不懼長官嗔。
退休年屆難歸隱，今尙勞勞歷劫塵。

## 54.次小遊仙先生還曆自嘲瑤韻 七律四首之三

有價文章未入時，作詩遠不及抽絲。
官廉方可伸冤枉，世亂還須學醉痴。
少壯心雄何處去，老當身健自家知。
眼前宦海風波急，哀樂茫茫費苦思。

## 55.次小遊仙先生還曆自嘲瑤韻 七律四首之四

鄭虔家世仰書香，奚用憂時暗自傷。
字有鍾王留鐵畫，術傳盧扁盡奇方。
不同蝸角爭榮辱，肯向商場較吉殃。
化學三陽工廠守，管他路險似羊腸。

旋馬庭主人林友笛未定稿

## 56.次方書彪先生中秋書懷瑤韻 七律一首

新詩和到是中秋，菊滿籬東月滿頭。
射影有時防鬼蜮，凱歌何日奏神洲。
在公少得三餘學，爲子翻成一病愁。
臥榻呻吟偏不慣，杜康未足解吾憂。

## 57.次王寶書先生七十書懷玉韻 七律六首之一

逾三已享古稀年，那管滄桑世易遷。
人學長房能縮地，猿封大聖更齊天。
豈因好樂情豪放，自是耽詩性豁然。
老到漸知宜守分，讓他祖逖著先鞭。

## 58.次王寶書先生七十書懷玉韻 七律六首之二

鶴算還須頌九如，老莊化蝶夢籧籧。
只愁亂世難藏史，敢悔當年寡讀書。
縱使張弓能射虎，爭如用矧以投魚。
客中盡日無聊賴，離思消從此誦餘。

## 59.次王寶書先生七十書懷玉韻 七律六首之三

遠山近水愛清遊，五嶽歸來復九州。
南縣巍樓探赤崁，左營登閣讀春秋。
隋珠未可輕彈雀，求劍還慚尚刻舟。
最是牢騷長不改，神交千里亦倡酬。

## 60.次王寶書先生七十書懷玉韻 七律六首之四

清白吟軀與宦違，延生妙藥必當歸。
兒孫繞膝堪娛目，詩史談心伴落暉。
契得鄉紳看是是，省聞市井說非非。
壽星昨夜光南極，額首遙遙祝耀輝。

## 61.次王寶書先生七十書懷玉韻 七律六首之五

知君所欲已從心，歸去來辭放浪吟。
難得東山長嘯傲，管他宦海起浮沉。
三更讀易關心切，二酉藏書用意深。
身自安閒胸絕俗，忘機鷗鷺喜相尋。

## 62.次王寶書先生七十書懷玉韻 七律六首之六

在齊深慕子聞韶，恥向人前學折腰。
出站而今由地道，下車於昔過天橋。
自慚笨伯胸無墨，卻羨陶公圃有苗。
惆悵屋梁盈落月，登龍轉恨水迢迢。

旋馬庭主人林友笛待刪

## 63.次丙辰歲暮瑤韻 七律二首之一 1976年

八四齡高氣尚和，索詩逕邇興偏多。
只愁舊雨經常減，難挽頹風喚奈何。
踐歲還須斟濁酒，遊春準擬看清波。
老來且喜吟軀健，猶愛唐音著意哦。

## 64.次丙辰歲暮瑤韻 七律二首之二 1976年

酒債何曾一日賒，仙泉偏喜煮名茶。
齋藏清典軒唐典，園種梅花架菊花。
自愛燕山稽外史，好傳寶島振中華。
忽聞臘鼓鼕鼕響，回首鄉關感天涯。

旋馬庭主人林友笛甫稿

註：本詩附有小札一句：竹峰先生斧正。

## 65.次李可讀先生五十書懷瑤韻 七律二首之一

詩文之友 20 卷 4 期 1964.8.1

爲愛東山寡是非，勞勞塵世喜相違。
欣逢君籙知天命，不覺吾齡過古稀。
市虎當年難禦謗，城狐今日竟施威。
逃名準擬師巢父，適合時宜漫誚譏。

## 66.次李可讀先生五十書懷瑤韻 七律二首之二

詩文之友 20 卷 4 期 1964.8.1

詩中一代棟樑材，灑落胸懷絕點埃。
智比太公收武吉，賢同孔子鑄顏回。
愛花我過迎花架，索債人登避債台。
客到但知留品茗，酒杯不舉獻茶杯。

## 67.次李維喬先生除夕感詠瑤韻 七律一首

詩文之友 3 卷 1 期 1954.7.16（又見手稿本）

莫羨知還鳥倦飛，茅廬盡日掩柴扉。
身同鐵漢凌霜雪，口似金人卻是非。
客舍晨昏仍寂寞，故園風月認依稀。
何當臘鼓催寒夜，妻子移爐笑共圍。

　　註：卻是非，手稿一作不是非。
　　　　仍寂寞，手稿一作秋寂寞。
　　　　催寒夜，手稿一作擊擊響。
　　　　笑共圍，手稿一作笑面圍。

## 68.次吳萱草先生瑤韻 七律一首

詩星朗朗照平明，徹夜清談慰此生。
濁酒一杯消俗慮，春風滿座爽吟情。
客中天許奇緣假，江上人開擊鉢迎。
落紙佳章同白雲，不才深恐韻難賡。

## 69.次吳萱草詞兄上京留別瑤韻 七律一首

詩報（又見手稿本）

破浪權辭一洞天，隨風珠玉落吟邊。
滿江明月窺鷗鷺，萬里春光映客船。
淺草當年參臥佛，蓬萊此日渡飛仙。
神州聞說多幽勝，到處逢迎有袂連。

## 70.次周文俊詞兄七十初度感懷瑤韻 七律一首

詩文之友 29 卷 5 期 1969.3.1（又見手稿本）

索詩遝遝客來頻，心思雖煩滿面春。
唱和能教垂另眼，聯吟倍覺爽吟身。
自慚笨伯胸無墨，卻羨濂溪筆有神。
數畝庭花餐自足，憂時憂道不憂貧。

　　　註：餐自足，手稿一作餐亦足。

## 71.次周澄秋先生六十書懷瑤韻 七律八首之一

弄笛耽詩性不遷，退休準擬樂天年。
客來品茗情偏摯，春到吟懷志益堅。
便覺山中逢石拜，爭如案上伴琴眠。
四湖鄉內西湖景，彷彿桃源別有天。

## 72.次周澄秋先生六十書懷瑤韻 七律八首之二

岱江回首種黃花，四十盆開盡可嘉。
酌酒有時邀月兔，吟詩鎮日傍窗紗。
自慚整圃工夫拙，敢向秋園藝術誇。
息得雙肩權避世，市囂盈耳厭相譁。

## 73.次周澄秋先生六十書懷瑤韻 七律八首之三

莫怨文章不入時，評詩端可展愁眉。
依人自古因生活，遯世而今正適宜。
鼴鼠飲河唯滿腹，鷦鷯巢木只單枝。
愛花君我原同癖，種菊何妨笑菊痴。

## 74.次周澄秋先生六十書懷瑤韻 七律八首之四

往事茫茫付急流，觀光何日赴神州。
滿竿風月三江水，萬里煙波一葉舟。
破浪關心能壯膽，放懷無得任凝眸。
待看收復河山日，祇合隨君作舊遊。

## 75.次周澄秋先生六十書懷瑤韻 七律八首之五

枉教歲月自蹉跎，富貴春婆夢裡過。
慚見兒孫將忤逆，罔知父母幾劬勞。
不貪爵祿人間顯，盡把榮名世外逃。
從此東山高枕臥，免遭宦海日風波。

## 76.次周澄秋先生六十書懷瑤韻 七律八首之六

莫怨崎嶇路不平，心堅難事豈難成。
讀書喜有梅花賞，款客慚無竹葉傾。
錦繡河山期克復，豪雄將士盡忠貞。
即今敵愾知多少，奮勇還須赴遠征。

## 77.次周澄秋先生六十書懷瑤韻 七律八首之七

客中風月自怡神，久把西湖寄此身。
滿眼兒孫娛晚境，一心絃管奏清晨。
高歌少飲言無亂，寡慾多情性本真。
政事無關閒自在，買官不作作詩人。

## 78.次周澄秋先生六十書懷瑤韻 七律八首之八

自愛振振富子孫，晨昏繞膝去來繁。
人心險惡時防諜，世道崎嶇厭出門。
不謂後生無可畏，有些風雅總堪尊。
四湖我已棲遲慣，客舍依稀似故園。

旋馬庭主人林友笛待刪稿

## 79.次周澄秋先生五十初度書懷瑤韻 七律一首

敢怨文章誤此生，硯田無稅喜躬耕。
在公我少三餘學，拔貢人爭七品名。
性不貪花能寡慾，心存好樂是多情。
即今國語推行日，標準音須學北京。

## 80.次周澄秋先生示婿陳文龍瑤韻 七律一首

樂夫三樂是人生，娶室休云為艷情。
但願夫妻長好合，不愁鄉黨小批評。
男應懷抱凌霄志，婦自留神戒旦聲。
難得濂溪賢教訓，修園家世日昌榮。

## 81.次周澄秋先生癸巳元旦書懷瑤韻 七律一首

龍去蛇來慶吉辰，桃紅無處不回春。
雞窗喜聽司晨鳥，客舍慚為入暮賓。
覓醉何曾昏醉眼，耽吟便覺爽吟身。
東山餘地容吾隱，願作逍遙化外民。

## 82.次周澄秋先生送次女淑儀于歸瑤韻 七律一首

慎淑深閨已有年，桃夭方喜離親邊。
寶窗婿既關心選，秋圃花忻鬪色妍。
月老論婚韋固悉，鴻梁巧配孟光賢。
室家宜爾和琴瑟，額祝振振百世傳。

## 83.次周澄秋先生過訪見贈瑤韻 七律四首之一

自笑生涯賴管城，半爲賦讀半爲耕。
愁無籬下餐黃菊，漫有庭前瘁紫荊。
諸葛出師憑一死，李源契友訂三生。
任他枕上春婆夢，富貴非榮學是榮。

　　　　註：生涯，一作謀生。

## 84.次周澄秋先生過訪見贈瑤韻 七律四首之二

商場不戰戰文場，疊韻雖多敢自揚。
老到猶知懷益壯，興來轉覺氣增強。
修真準擬居仁里，退隱還慚滯異鄉。
自是牢騷仍不改，吟詩奏樂愛宵長。

　　　　林友笛自註：疊韻雖多敢自揚，次韻鳴皐樵隱律詩多至二十二疊而不發表故云。

## 85.次周澄秋先生過訪見贈瑤韻 七律四首之三

夢中誰不嘆浮生，逝水偏愁歲易更。
忍負青樓花柳債，欣看碧海鷺鷗盟。
杏壇千古人崇孔，汐止當年我識荊。
莫怨交情文字淡，吟旌來訪感光榮。

　　　　註：誰不嘆浮生，一作我每嘆浮生。

　　　　　　交情，一作交遊。

　　　　　　感光榮，一作我猶榮。

## 86.次周澄秋先生過訪見贈瑤韻 七律四首之四

茅簷何幸駐吟旌，滿座春風分外榮。
祇爲傾心能過訪，卻教倒屐笑相迎。
耽詩敢怨風雲薄，款客還慚禮物輕。
白戰終朝聽嘹喨，四湖邂逅盡吟聲。

　　　　　　　　　　乙巳麥秋上弦　旋馬庭主人林友笛甫稿 1965 年

　　　　註：吟旌，一作文旌。

　　　　註：一作詩題爲：澄秋先生過訪以詩見贈次韻奉酬，

## 87.次周鴻濤詞兄感懷瑤韻 <small>七律一首</small>

詩報 58 號 1933.5.1（又見手稿本）

欲挽頹風愧力微，那管市井說非非。
渭涇水已分清濁，秦越人偏視脊肥。
客舍年多愁寂寞，漆園吏莫夢依稀。
時來大有滄桑感，何日江湖可息機。

## 88.次周鴻濤先生八十初度感懷瑤韻 <small>七律一首</small>

詩文之友 29 卷 5 期 1969.3.1（又見手稿本）

吟軀健可耐風霜，老愈牢騷氣愈強。
至道無慚居陋巷，守身不慣入平康。
東山歲月閒堪臥，宦海風波任激揚。
笛自橫吹詩自詠，忘歸猶滯四湖鄉。

## 89.次近樗先生五十初度書懷瑤韻 <small>七律三首之一</small>

詩報 18 號 1931.8.15（又見手稿本）

罔知歲月去如梭，藝菊東籬樂趣多。
舊雨盈門堂爛熳，春風滿面鬢蒼皤。
著書公喜青燈耀，負級人爭絳帳過。
詩自豪吟花自賞，那關滄海日揚波。

## 90.次近樗先生五十初度書懷瑤韻 <small>七律三首之二</small>

詩報 18 號 1931.8.15（又見手稿本）

清白家傳寡是非，吟情未忍刻相違。
一竿明月消塵慮，三徑黃花燦夕暉。
家有詩書供嘯傲，門多桃李樂忘歸。
人來時雨欣沾化，瀟灑胸懷自息機。

## 91.次近樗先生五十初度書懷瑤韻 <small>七律三首之三</small>

吾道衰微賴復興，恰逢海屋一籌增。
頌詩我愧無佳句，介壽人來有遠朋。
愛讀三章皆白雪，厭聽成市盡蒼蠅。
滄桑劫歷知天命，莫怪炎涼世態憎。

## 92.次施梅樵先生過岱江見贈瑤韻 <small>七律一首</small>

勞勞每愧負三餘，失學安能望五車。
濁酒當筵消悶後，青樓此夕舉杯初。
謀生仍是依門戶，遯世還思學牧漁。
何幸春風吹淡蕩，真叫俗慮十分除。

### 93.次高文淵先生六十書懷瑤韻 七律四首之一

詩文之友 23 卷 5 期 1966.3.1（又見手稿本）

閱世齡三又七旬，命途敢怨不逢辰。
灰心宦海年經久，翹首鄉關日望頻。
得學桓伊甘老我，宿欽仁裕句驚人。
客中恨少消閒法，半畝園耕亦致身。

### 94.次高文淵先生六十書懷瑤韻 七律四首之二

詩文之友 23 卷 5 期 1966.3.1（又見手稿本）

鼓山氣暖美天鍾，奚懼寒侵及柏松。
近報四歌興樂府，故知三祝動華封。
自慚久客難歸梓，猶似浮萍不定蹤。
我與嵇康同是癖，貪眠怕聽響晨鐘。

### 95.次高文淵先生六十書懷瑤韻 七律四首之三

詩文之友 23 卷 5 期 1966.3.1（又見手稿本）

壽星朗朗客飛觴，額首遙遙獻賀章。
共賞秋光非易得，聯吟韻事更難忘。
讀書抵合居仁里，教子還須遠互鄉。
自笑牢騷仍不改，樂詩樂樂樂堂堂。

### 96.次高文淵先生六十書懷瑤韻 七律四首之四

詩文之友 23 卷 5 期 1966.3.1（又見手稿本）

新詩和到是新年，丙午將迎乙巳遷。
鷲嶺聽經慚我後，蟾宮攀桂讓人先。
地中共識非無地，天外分明別有天。
最愛輪盈三五夜，家家也喜照團圓。

### 97.次芳園先生寄贈瑤韻 七律一首

詩文之友 40 卷 5 期 1974.9.1（又見手稿本）

種菊曾經號菊城，橫吹短笛叶吟聲。
不無驀地商羊舞，應有聞天野鶴鳴。
未慣尋花迷楚館，最憐妓女理秦箏。
老來且喜身心健，品茗忘懷自適情。

### 98.次張立卿先生六十一書懷瑤韻 七律四首之一

書懷詩到恰新年，壽宇宏張信有緣。
訟岳人來歌樂府，稱觴客喜醉華筵。

兒孫滿眼心常樂，夫婦齊眉鏡正圓。
蔗境彌甘欣此日，身閒不爲俗情牽。
　　註：訟，一作頌。

## 99.次張立卿先生六十一書懷瑤韻 七律四首之二

崇孔崇耶復業醫，克繩祖武奠鴻基。
主盟牛耳能傳道，方秘龍宮善紹箕。
興到邀朋欣奏樂，神怡品茗愛吟詩。
蘭孫繞膝歡何極，娛目分甘自解頤。

## 100.次張立卿先生六十一書懷瑤韻 七律四首之三

善報於君自彼蒼，故教蘭桂日騰芳。
喜將史上稽今古，懶向人前較短長。
爲愛術精醫虎口，那關路險似羊腸。
晨遊不倦終成趣，諷詠歸來月尙光。

## 101.次張立卿先生六十一書懷瑤韻 七律四首之四

福壽雙全是此生，多詩寡慾更歡迎。
須知世外桃源隱，免受鄉中月旦評。
楚館已嫌觀妓舞，漢宮偏喜聽蟬鳴。
年來晚景閒如許，合唱清歌慶太平。

　　　　　　　　　　　　　　　　　旋馬庭主人林友笛手稿

## 102.次陳月樵詞兄入社偶感瑤韻 七律一首

詩報 61 號 1933.6.15

詩多仁裕氣如虹，一見令人拜下風。
顧我才疏慚笨伯，羨君詞麗等揚雄。
奪標早慕扶輪手，成器專憑琢玉工。
樸雅騷壇深有幸，師賢從此契心同。

## 103.次陳春林先生過北港瑤韻 七律一首

詩報 241 號 1941.2.4

笑啼未敢露人前，翰墨而今幾絕緣。
愧我菲才難揭地，壯君詩膽可包天。
登龍門喜參先輩，繡虎才須讓後賢。
作客汾津能顧舊，追隨也好賦長篇。

## 104.次陳錫津先生斗山話舊瑤韻 七律一首

詩文之友 40 卷 5 期 1974.9.1 （又見手稿本）

見肘曾參漫提襟，安貧儘可發狂吟。
雄雄未敢放粗膽，翼翼還須貴小心。
世態炎涼堪舞昔，人情冷暖嘆方今。
湖邊風景清如許，好聽春鶯弄好音。

## 105.次得男孫喜賦瑤韻 七律一首

詩文之友 42 卷 1 期 1976.6.1 （又見手稿本）

七八吾經作祖公，抱孫君喜獲崇鴻。
聞聲溫嶠稱英物，應兆周公入夢熊。
曄曄香蘭歡不盡，森森玉筍樂無窮。
飴含從此終朝弄，蔗境彌甘可達衷。

## 106.次粘漱雲兄秋夜書懷瑤韻 七律一首

淅瀝秋聲入夜寒，客中敢說托身安。
求人早覺言非易，事母方知色最難。
杜老憂時增感慨，阮郎窮處發悲嘆。
霜華一例侵雙鬢，漫作當年卯角看。

## 107.次粘漱雲先生七十書懷瑤韻 七律十首之一

詩文之友 24 卷 4 期 1966.8.1 （又見手稿本）

卅載飄零離故鄉，勞勞畢竟為誰忙。
駒光逐水人難挽，詩債如山我易償。
太息人心仍不古，卻教世道變非常。
老來共喜吟軀健，甘苦辛酸口已嘗。
　　註：卻教，手稿一作惹教。
　　　　非常，手稿一作無常。

## 108.次粘漱雲先生七十書懷瑤韻 七律十首之二

詩文之友 24 卷 4 期 1966.8.1 （又見手稿本）

異鄉久已慣棲遲，說到歸期未有期。
敢向酒家聊縱酒，偶逢詩友便吟詩。
登堂喜訂三生石，對鏡驚看兩鬢絲。
祖國烽煙何日息，擬同杜甫共憂時。
　　註：敢向，手稿一作敢赴。
　　　　登堂，一作登龍。

## 109.次粘漱雲先生七十書懷瑤韻 七律十首之三

詩文之友 24 卷 4 期 1966.8.1 （又見手稿本）

歲歲王春作勝遊，尋詩奏樂願能酬。
不愁衣食難充足，惟願兒孫早出頭。
大陸湖山何日賞，中原劍戟幾時休。
偏安未許遂吾願，無奈他鄉復小留。

　　註：惟願，一作自愛。
　　　　偏安未許逐吾願，一作求安未敢賦歸去。

## 110.次粘漱雲先生七十書懷瑤韻 七律十首之四

詩文之友 24 卷 4 期 1966.8.1 （又見手稿本）

古來稀必計鴻圖，待兔還慚愛守株。
有價文章時未入，無稽詩史筆難塗。
歲寒且喜身猶健，世亂能知性即愚。
每見諸孫來繞膝，分甘自覺目常娛。

## 111.次粘漱雲先生七十書懷瑤韻 七律十首之五

詩文之友 24 卷 4 期 1966.8.1 （又見手稿本）

退休有日師巢父，洗耳何時效許由。
自愛登龍過虎尾，忍看販狗弔羊頭。
西川難取嗤公瑾，南管貪聽憶子游。
笛弄桓伊賡白雪，樂詩樂樂樂悠悠。

## 112.次粘漱雲先生七十書懷瑤韻 七律十首之六

詩文之友 24 卷 4 期 1966.8.1

憶昔吟旌駐敝鄉，文風鼓吹為詩忙。
多君美譽馳千里，愧我疏頑未一償。
世態炎涼都不管，人情冷暖看尋常。
妖氛靡定同關切，舌底酸甘已備嘗。

## 113.次粘漱雲先生七十書懷瑤韻 七律十首之七

詩文之友 24 卷 4 期 1966.8.1

六六子年四歲遲，每思附驥更難期。
欣看效種陶潛菊，喜聽清吟李白詩。
既得一身無俗累，何嫌雙鬢已成絲。
漫遊不讓巢由獨，玩水觀山樂四時。

### 114.次粘漱雲先生七十書懷瑤韻 七律十首之八

詩文之友 24 卷 4 期 1966.8.1

性同平仲廣交游，才識超群喜唱酬。
配運官璽憑巨擘，刪裁詩筆出高頭。
醉傾醇酒猶嫌少，隱向名山樂未休。
盥誦佳章無限感，慎將麗句篋中留。

### 115.次粘漱雲先生七十書懷瑤韻 七律十首之九

詩文之友 24 卷 4 期 1966.8.1

鶴立雞群突壯圖，上林春暖錦千株。
詩成古艷黃金鑄，韻詠清幽碧玉塗。
風月琴書復至善，文章學識皆非愚。
有時猜得燈前謎，千萬人中共笑娛。

### 116.次粘漱雲先生七十書懷瑤韻 七律十首之十

詩文之友 24 卷 4 期 1966.8.1

高齡杖國享春秋，恰似天袖甲自由。
儘有佳章編腹底，毫無俗慮掛心頭。
富藏五典千家仰，誇得三墳萬里游。
最是鹿江風月好，蘭孫桂子樂悠悠。

### 117.次辜尚賢詞兄元旦書懷瑤韻 七律一首

詩文之友 29 卷 5 期 1969.3.1 （又見手稿本）

蘭釭膏盡興猶酣，鑿壁偷光我是耽。
馬齒徒增年七七，羊腸拓就徑三三。
詩狂坎地無窮感，酒醉憑人笑大憨。
逆理傷風吾未敢，此心自問復何慚。

### 118.次辜尚賢詞兄元旦書懷二疊前韻 七律一首

詩文之友 29 卷 5 期 1969.3.1 （又見手稿本）

讀到雞聲興轉酣，利名難改我書耽。
不愁杖國年逾七，獨愛持身日省三。
應喜河清人即智，誰知世亂我能憨。
飄零尚作天涯客，無計歸鄉只自慚。

### 119.次辜尚賢詞兄元旦書懷三疊前韻 七律一首

詩文之友 29 卷 6 期 1969.4.1

詩興何妨老更酣，酩奴香味口猶耽。

辭金楊震知嫌四，好樂桓伊笛弄三。
人娶小星能得寵，我云大智可伴憨。
浮生易起風塵嘆，一事無成暗自慚。

## 120.次辜尙賢詞兄元旦書懷四疊前韻 七律一首

詩文之友 29 卷 6 期 1969.4.1

書懷四疊韻方酣，吟到忘形興更耽。
莫誦再生天有二，須防處世樂無三。
智囊任彼人稱智，憨性休嗤我是憨。
老到詩心還未死，句難泣鬼轉深慚。

## 121.次辜尙賢詞兄元旦書懷五疊前韻 七律一首

詩文之友 29 卷 6 期 1969.4.1

撚斷吟鬚興轉酣，蔗甘適口味猶耽。
纔聞樂府興歌四，又見華封動祝三。
漫詡文公曾乏食，誰如武子善伴憨。
竊爭七字知多少，不獨人嗤我亦慚。

　　註：本詩附有小札一封：
　　　　來書所問文公乏食一聯，非指韓退之送窮文而擬，乃指晉文公過齊乏食而言。

## 122.次黃啓棠詞兄七十書懷玉韻 七律一首

詩文之友 26 卷 2 期 1967.6.1 詩文之友 26 卷 3 期 1967.7.1

序齒多君僅五年，兒孫共喜滿堦前。
作詩未可居人後，縱酒還須讓客先。
妙術回春勞隻手，狂瀾倒挽繫雙肩。
世家望族醫家德，一例壽高厚得天。

　　註：一作詩題爲：次黃啓棠詞兄七秩大慶瑤韻。

## 123.次黃瘦峰君重遊岱江瑤韻 七律一首

高軒又見賦清遊，回首聯吟歲一周。
偶讀佳章添藻思，欣知傲骨尙風流。
縱談不倦多明日，遣興偏教感暮秋。
喜共巴山重話雨，漫將別淚灑江頭。

## 124.次黃瘦峰君過訪見贈韻 七律一首

詩報 42 號 1932.9.1

何幸芳齋迓大賢，新詩逸韻聳吟肩。
未探二酉山中秘，已訂三生石上緣。

白鳥無知妨白戰，青燈有意會青年。
清談不倦編成趣，忘卻雞聲到枕邊。

## 125. 次新居感懷瑤韻 七律四首之一

孟母三遷爲擇鄰，知君好古善翻新。
黃金滿地空稱富，白雪盈篇豈是貧。
心靜盡堪消俗慮，齋幽端可避囂塵。
新居具有生花筆，描寫風光莫失真。

## 126. 次新居感懷瑤韻 七律四首之二

鳥語書聲雜曉嵐，酉山青史喜親探。
步雲風雅稱無二，友笛牢騷喜弄三。
庭有鳳凰棲綠竹，門多桃李出青藍。
人生富貴春婆夢，衣食住豐自不慚。

註：喜弄三，一作好弄三。

## 127. 次新居感懷瑤韻 七律四首之三

不同雞肋誤楊修，洗耳溪邊慕許由。
行孝豈真唯母養，盡忠檢否爲人謀。
新詩諷詠吟風樂，往事消磨逐水流。
識得顏淵居陋巷，深居幽谷復何阪。

註：筋疑肋之誤。

## 128. 次新居感懷瑤韻 七律四首之四

鎮日逍遙步野郊，採芝端可佐佳肴。
身邊既喜無牽慮，胸次何曾有塞茅。
興到忘懷心自曠，詩成得意手親抄。
喬遷喜得鶯鶯賀，爲愛新巢離舊巢。

## 129. 次楊笑儂兄韻呈大俊先生 七律一首

忍將往事訴蒼天，喜共詩人醉倚筵。
作客頻年仍傲骨，買山何日聳吟肩。
牢騷笑我難諧俗，風雅欽君出自然。
歐化東漸夷魯道，誰如夷甫不言錢。

## 130. 次楊笑儂兄韻呈大俊先生倒疊韻奉酬 七律一首

喜讀文同萬選錢，高風俊逸自超然。
詩如仁裕誇盈窖，字仿羲之待並肩。
惠我佳章原白雪，款君薄酒愧粗筵。
徹宵共話情偏摯，忘卻雞窗報曉天。

## 131.次楊笑儂詞兄冬夜書懷瑤韻 <sub></sub>七律二首之一

詩報 31 號 1932.3.15（又見手稿本）

膏盡蘭釭夜欲闌，霜凝几上冷侵欄。
朱門與我如風馬，濁世伊誰照膽肝。
昔日浮瓜曾避暑，今宵燒火懶驅寒。
崎嶇路過知辛苦，始信依人難復難。

## 132.次楊笑儂詞兄冬夜書懷瑤韻 七律二首之二

詩報 31 號 1932.3.15（又見手稿本）

人海茫茫盡險途，異鄉風景總堪吁。
謀生敢怨青蚨薄，款客還慚白飯粗。
范叔一寒偏刺骨，曾參三省善持軀。
鶉鶉喪典難消渴，濁酒何從向市沽。

## 133.次楊笑儂詞兄初夏書懷瑤韻 七律一首

詩報 41 號 1932.8.15（又見手稿本）

蝸集紛紛費苦吟，望鄉關裡動鄉心。
去讒未許綿山隱，遠色何曾柳巷尋。
鶴瘦荷衰鶯又老，梅紅穀熟樹成陰。
痴聾自笑年來慣，厭聽囂囂萬壑音。

　　　註：蝸，手稿一作蝸。

　　　　　未許，手稿一作未及。

## 134.次楊笑儂詞兄夜話瑤韻 七律二首之一

詩報 41 號 1932.8.15（又見手稿本）

懶將心緒訴穹蒼，吟詠消愁信不妨。
架疊詩書供嘯傲，庭栽花木慰悽涼。
迎人自笑言偏短，作客誰知恨轉長。
陟彼屺山東望日，思親不禁淚成行。

## 135.次楊笑儂詞兄夜話瑤韻 七律二首之二

詩報 41 號 1932.8.15（又見手稿本）

往事真同夢裡過，興來煮酒自狂歌。
天涯畢竟知音少，人世何妨寄慨多。
喜讀新詩聲嘹喨，忍看明月影婆娑。
枉流杜老憂時淚，隔岸烽煙可奈何。

### 136.次楊笑儂詞兄客中書懷瑤韻 七律二首之一

自笑寓齋異斐亭，隔江頻聽怒濤鳴。
客中怕見風波起，夢裡還愁歲月更。
射影含沙人面險，屬垣有耳我心驚。
牢騷滿腹才偏拙，空博吟哦七字名。

　　　註：頻聽，一作時聽。

### 137.次楊笑儂詞兄客中書懷瑤韻 七律二首之二

369 小報 161 號 1932.3.9

能醫國手總相宜，牛耳騷壇賴主持。
萬卷書藏供飽眼，一囊藥貯足匡時。
異鄉畢竟非長住，故里何須嘆暫離。
樹德不望人報德，端教天送石麟兒。

　　　註：能醫，369 小報作能詩。

### 138.次楊笑儂詞兄重懸壺岱江寄知己吟侶 七律一首

詩報 53 號 1933.2.15（又見手稿本）
369 小報 1932.2.19

有骨文章不入時，移家仍傍岱江湄。
術精盧扁能醫俗，字仿鍾王莫療飢。
百尺樓臺爲臥榻，一竿風月作垂帷。
清高具有忘機趣，鷗鷺重逢盡故知。

　　　註：有骨文章，手稿一作有價文章，369 小報作爲嘆文章。
　　　　　岱江，手稿一作舊江，369 小報作舊江。
　　　　　能醫俗，手稿一作兼醫俗，369 小報作兼醫俗。
　　　　　一竿，369 小報作一窗。
　　　　　盡故知，詩報作訂故知。

### 139.次楊笑儂詞兄書懷瑤韻 七律一首

小技雕蟲愧二蘇，吟哦遣興足怡娛。
無腔短笛歌無盡，未洗空壺酒未沽。
素志難償因市虎，大文有價屬鴻儒。
早知人海如斯險，悔不深山寄一隅。

### 140.次楊笑儂詞兄寓齋書懷瑤韻 七律二首之一

高樓夜坐月三更，品茗評詩自適情。
傲骨偏能親墨客，仁心端合濟蒼生。
唱酬愧我無佳句，詞藻欽君有正聲。
白雪陽春非俗比，巴人惟恐韻難賡。

## 141.次楊笑儂詞兄寓齋書懷瑤韻　七律二首之二

畫舸輕搖逐浪波，波光瀲灩照庭柯。
陽春白雪知音寡，剩水殘山寄慨多。
遣興句從天外得，忘機身向海邊過。
寄言子夜聞吹笛，莫似桓伊喚奈何。

## 142.次楊笑儂詞兄過訪朴雅吟社見贈韻　七律二首之一

停驂相訪漫相猜，遣興宜斟瀲灩杯。
有價文章原絕俗，不關時局自無哀。
在公我少三餘學，得句君多七步才。
逸韻鏗鏘聽未畢，偏教破曉急歸來。

## 143.次楊笑儂詞兄過訪朴雅吟社見贈韻　七律二首之二

中原一局碎難收，相近差欣有鷺鷗。
膠漆雷陳情繾綣，文章班馬句溫柔。
鉢聲未入三更夢，笛韻先消萬斛愁。
笑彼孜孜貪利客，勞勞至竟爲誰謀。

## 144.次楊笑儂詞長瑤韻　七律一首

談瀛肯許列仙班，風雨聯吟豈等閒。
即席香留花欲雨，題襟句得玉名環。
論交詩酒忘形外，結客江湖意氣間。
漫道蟫魚空食字，斯文一線總相關。

## 145.次趙凌霜兄過訪瑤韻　七律一首

簾捲西風舊雨來，清談怎禁笑顏開。
聯吟遣興詩長句，共飲消愁酒一杯。
席上無殽慚脫粟，堂中有客不沾埃。
窗前滿地梨花白，敢比孤山處士梅。

## 146.次趙凌霜先生偶作瑤韻　七律三首之一

詩文之友 30 卷 5 期 1969.9.1　（又見手稿本）

遠從三地乞仙泉，分飲於君大自然。
煎作香湯堪浴佛，攜些清菓當參禪。
事無量力空追日，人到狂時欲賣天。
漫笑詩心還未冷，晨昏吟友訪相連。
　　註：空追日，手稿一作嗤追日。
　　　　漫笑，手稿一作自笑。

## 147.次趙凌霜先生偶作瑤韻 七律三首之二

詩文之友 30 卷 5 期 1969.9.1（又見手稿本）

老猶身健自家知，那管文章不入時。
瑞草一杯能解渴，庭花數畝可充飢。
閒來無事還吹笛，興到濃時愛作詩。
祇恐牢騷收未盡，莫貪攘攘或熙熙。

## 148.次趙凌霜先生偶作瑤韻 七律三首之三

詩文之友 30 卷 5 期 1969.9.1（又見手稿本）

東山未許俗塵侵，詩料無多只自尋。
有翅難飛嗤地膽，無蟾易惹怨天心。
閒中且喜風波靜，身外渾忘歲月深。
世味天涯嘗遍遍，了無歸計到而今。

## 149.次趙凌霜先生感作瑤韻 七律一首

詩文之友 28 卷 1 期 1968.5.1

河清自啓我愚蒙，擬學東坡泛小篷。
品茗時教吟興爽，和詩聊表寸心衷。
謀生遑計三餐足，抵死唯求六藝通。
老到氣強堪弄笛，吹來滿面盡春風。

## 150.次趙凌霜先生賦贈瑤韻 七律一首

詩文之友 27 卷 6 期 1968.4.1

巴山話聽鳥談天，語韻雙清勝昔年。
適口君知供米茗，賞心我喜當華筵。
庭堪旋馬懷仍壯，嫁不依人志益堅。
分手漫遊關子嶺，大仙寺內會吟禪。
　　林友笛自註：大仙寺內會吟禪，指心元師而言。

## 151.次趙凌霜詞兄鎮長招飲贈賦瑤韻 七律二首之一

詩文之友 28 卷 3 期 1968.7.1 詩文之友 30 卷 4 期 1969.8.1（又見手稿本）

吟情未許減些兒，大夢醒來便賦詩。
世濁誰知人假醉，河清自覺我非痴。
豬肝適口休貪戀，牛耳騷壇賴主持。
朴雅迎君重入社，珠還合浦得其時。

## 152.次趙凌霜詞兄鎮長招飲贈賦瑤韻 七律二首之二

詩文之友 28 卷 3 期 1968.7.1 詩文之友 30 卷 4 期 1969.8.1（又見手稿本）

柴門雖設叩方開，朱李春桃著意培。
黃菊我知能破萼，白梅誰信得懷胎。
偏欣自足三餘學，不羨人多七步材。
退隱東山高臥慣，讓他蚊族響成雷。

## 153.次鳴皋先生寄懷原玉 七律一首

甲寅孟秋之月倡酬詩稿集 1974 年
甲辰臘月之望倡酬詩稿集 1964 年

解組歸田意轉閒，柴門雖設日常關。
餐英我過秋公癖，煮史君多孔子嫻。
窗外風吹人面竹，夢中魂繞枕頭山。
老來漸竟稽康懶，舊稿蕪詞久未刪。

　　林友笛自註：餐英，辛未藝菊，笑儂詞兄慰我馬食菊花之詩有「餐英自古屬騷客，
　　　　　　馬亦嗜好不尋常」，故云。

## 154.次鳴皋先生寄懷二疊前韻奉酬 七律一首

甲寅孟秋之月倡酬詩稿集 1974 年
甲辰臘月之望倡酬詩稿集 1964 年

小技雕蟲愧等閒，一泥敢詡鎖函關。
書中有味心常樂，身外無求志亦嫻。
縱筆人防文字獄，嗜茶我愛武夷山。
茅齋盡日無聊賴，詩自豪吟稿自刪。

　　註：本詩附有小札一封：
　　　　二疊韻比之原作尤佳，愈出愈奇，真不愧文學士之聲價，使我甘拜下風，所
　　　　囑訂正五字，業經如命矣，順此奉聞。
　　註：雕，一做彫。

## 155.次鳴皋先生寄懷三疊前韻奉酬 七律一首

甲寅孟秋之月倡酬詩稿集 1974 年
甲辰臘月之望倡酬詩稿集 1964 年

疇昔曾偷一日閒，大仙寺外叩禪關。
老僧說法精神至，野鳥聽經意氣嫻。
合掌人欽關子嶺，化身佛自普陀山。
空門悟道知多少，真理伊誰復改刪。

## 156.次鳴皋先生寄懷四疊前韻奉酬 七律一首

甲寅孟秋之月倡酬詩稿集 1974 年
甲辰臘月之望倡酬詩稿集 1964 年

爭得吟身退隱閒，波濤宦海已無關。
客來品茗情猶摯，興到評詩意更嫻。
曾記遊湖過白水，難忘越嶺看青山。
誰知年老雙趺健，滿腹牢騷氣未刪。

　　　註：情猶摯，一作情偏摯。

## 157.次鳴皋先生寄懷五疊前韻奉酬 七律一首

甲寅孟秋之月倡酬詩稿集 1974 年
甲辰臘月之望倡酬詩稿集 1964 年

漫道家居暫賦閒，東山與世不相關。
樽傾北海香難受，經讀南華意轉嫻。
為厭人情薄似紙，不愁詩債夥如山。
任他富貴貧耶賤，未忍輕將士氣刪。

　　　註：意轉嫻，一作意更嫻。
　　　　　為厭，一作最厭。

## 158.次鳴皋先生寄懷倒疊前韻奉酬 七律一首

甲寅孟秋之月倡酬詩稿集 1974 年
甲辰臘月之望倡酬詩稿集 1964 年

俚詞堆案未曾刪，喜共山僧去看山。
聽水廳前流水急，閒雲橋畔暮雲嫻。
詩吟季子恭秦嫂，曲唱昭君出漢關。
真個諸峰多景色，逍遙此日極清閒。

## 159.次鳴皋先生寄懷六疊前韻奉酬 七律一首

甲寅孟秋之月倡酬詩稿集 1974 年
甲辰臘月之望倡酬詩稿集 1964 年

旋馬庭寬意轉閒，不同老吏戀機關。
詩因風雅書因讀，禮自謙恭樂自嫻。
飯愛鮮魚求本海，石堪攻玉藉他山。
倡酬詎計工耶拙，斧鑿痕多費改刪。

## 160.次鳴皋先生寄懷七疊前韻奉酬 七律一首

甲寅孟秋之月倡酬詩稿集 1974 年
甲辰臘月之望倡酬詩稿集 1964 年

滿腹牢騷意鮮閒，詩魔縈戶究難關。
煙霞有癖情猶逸，猿鶴忘形興轉嫻。
一自中華收寶島，數將外史讀燕山。
祇因次韻來重疊，蔓草庭前久未刪。

　　　註：次韻，一作索和。

## 161.次鳴皐先生寄懷八疊前韻奉酬 七律一首

甲寅孟秋之月倡酬詩稿集 1974 年
甲辰臘月之望倡酬詩稿集 1964 年

身世雖閒意不閒，呀唔咕畢滿玄關。
兒孫繞膝心常樂，詩史談心氣益嫻。
學拙難追勤雪案，勢強易盡若冰山。
笑他塵濁權門客，猶有豪驕態未刪。

　　註：塵濁，一作塵世。

## 162.次鳴皐先生寄懷九疊前韻奉酬 七律一首

甲寅孟秋之月倡酬詩稿集 1974 年
甲辰臘月之望倡酬詩稿集 1964 年

得意忙中亦是閒，聯吟鎮日復何關。
聲歌盈耳頻年樂，酒色灰心到老嫻。
流水新音歌將水，高山舊譜奏敲山。
真情賞到忘懷處，總把胸間俗慮刪。

　　註：胸間，一作胸中。

## 163.次鳴皐先生寄懷十疊前韻奉酬 七律一首

甲寅孟秋之月倡酬詩稿集 1974 年
甲辰臘月之望倡酬詩稿集 1964 年

南窗寄傲覺清閒，身外浮沉總不關。
數畝庭花餐自足，一枝古笛韻猶嫻。
知音我唱三更鼓，藏史君多二酉山。
同是此生多樂趣，白雲滿地未曾刪。

　　註：古笛，一作短笛。

## 164.次鳴皐先生寄懷十一疊前韻奉酬 七律一首

甲寅孟秋之月倡酬詩稿集 1974 年
甲辰臘月之望倡酬詩稿集 1964 年
詩文之友 25 卷 3 期 1967.1.1（又見手稿本）

少年時過敢偷閒，野鶴何須學守關。
老到偏加詩意重，爾來倍覺樂情嫻。
欣從蘇子舟遊海，不羨項王力拔山。
抵為倡酬來接踵，水龍吟稿未加刪。

## 165.次鳴皐先生寄懷十二疊前韻奉酬 七律一首

甲寅孟秋之月倡酬詩稿集 1974 年
甲辰臘月之望倡酬詩稿集 1964 年

詩文之友 25 卷 3 期 1967.1.1（又見手稿本）

伐桂吳剛異等閒，大名久已震天關。
詩同李杜才華俊，字比鍾王筆力嫻。
不慣金樽傾北海，喜將玉液頌南山。
惠來絕妙驚人句，滿紙難容隻字刪。

## 166.次鳴皋先生寄懷十三疊前韻奉酬 七律一首

甲寅孟秋之月倡酬詩稿集 1974 年
甲辰臘月之望倡酬詩稿集 1964 年
詩文之友 25 卷 3 期 1967.1.1（又見手稿本）

難得浮生盡日閒，望鄉時上望鄉關。
淡中有味心中樂，身裏無邪夢裏嫻。
說到人情須海海，搜來詩料自山山。
案頭檢點諸吟稿，半是經刪半未刪。

## 167.次鳴皋先生寄懷十四疊前韻奉酬 七律一首

甲寅孟秋之月倡酬詩稿集 1974 年
甲辰臘月之望倡酬詩稿集 1964 年
詩文之友 25 卷 3 期 1967.1.1（又見手稿本）

自笑吟身分外閒，浮沉世事總無關。
草堂睡足神增爽，虛室攻餘句轉嫻。
諸葛心憂無力水，共工頭觸不周山。
古來多少賢丞相，至死忠君愻未刪。

## 168.次鳴皋先生寄懷十五疊前韻奉酬 七律一首

甲寅孟秋之月倡酬詩稿集 1974 年
甲辰臘月之望倡酬詩稿集 1964 年
詩文之友 25 卷 3 期 1967.1.1（又見手稿本）

簡裏乾坤簡裏閒，風塵與我復何關。
清心喜有盧仝癖，傲骨寧無太學嫻。
舊蹟名埋牛食水，荒村神顯馬鳴山。
新詩歷史終宵讀，未可燈前一例刪。

## 169.次鳴皋先生寄懷十六疊前韻奉酬 七律一首

甲寅孟秋之月倡酬詩稿集 1974 年
甲辰臘月之望倡酬詩稿集 1964 年
詩文之友 25 卷 3 期 1967.1.1（又見手稿本）

賦閒畢竟有餘閒，志讀關公過五關。

輔漢忠心昭赫赫，放曹義氣自嫻嫻。
偏欣緣訂三生石，不患功虧一簣山。
自笑篇篇多斧鑿，煩君椽筆復加刪。

## 170.次鳴皋先生寄懷十七疊前韻奉酬 七律一首

甲寅孟秋之月倡酬詩稿集 1974 年
甲辰臘月之望倡酬詩稿集 1964 年
詩文之友 25 卷 3 期 1967.1.1（又見手稿本）

國際休教視等閒，重重疊疊亦難關。
疋夫有責愁無盡，戰士揚威氣更嫻。
破敵何曾辭踏火，衝鋒勢必競登山。
劇憐對壘經年久，疆場萋萋草未刪。

　　註：疋，一作匹。

## 171.次鳴皋先生寄懷十八疊前韻奉酬 七律一首

甲寅孟秋之月倡酬詩稿集 1974 年
甲辰臘月之望倡酬詩稿集 1964 年
詩文之友 25 卷 3 期 1967.1.1（又見手稿本）

敢謂南窗隱逸閒，曲曾三疊唱陽關。
祇嫌宦海風波急，爭得吟軀意氣嫻。
不待彼蒼開慧眼，應知我佛在靈山。
西風有路人難到，鷲嶺春深草未刪。

　　註：意氣嫻，一作意志嫻。
　　　　慧眼，一作惠眼。

## 172.次鳴皋先生寄懷十九疊前韻奉酬 七律一首

甲寅孟秋之月倡酬詩稿集 1974 年
甲辰臘月之望倡酬詩稿集 1964 年
詩文之友 25 卷 3 期 1967.1.1（又見手稿本）

客中非易得消閒，回首當年出故關。
書氣先生雄且壯，詩心未死老猶嫻。
吟風準擬遊松島，選笛曾經上竹山。
鳳尾蕭蕭能作帚，離愁底事更難刪。

　　註：本詩附有小札一封：
　　　　圭字蒙爲指正，謝謝。大作第二聯「賢如屈宋猶居，聖抵樂由不買山」漏寫
　　　　一字，本不當啓齒，因與君倡和疊韻多至如許，尤生平所未逢之老手，雖神
　　　　戶之櫻痴，島內之畫彪、竹梁、笑儂、漱雲、定山、傳心、鴻飛、澄秋、及
　　　　既沒之惠川、如生等，亦不過數疊耳，如君之佳作不無珍藏，故敢冒瀆也，
　　　　望祈示我爲盼，又及。

## 173.次鳴皋先生寄懷二十疊前韻奉酬 <sub>七律一首</sub>

甲寅孟秋之月倡酬詩稿集 1974 年
甲辰臘月之望倡酬詩稿集 1964 年
詩文之友 25 卷 3 期 1967.1.1（又見手稿本）

茅齋日暖覺安閒，門未全開手復關。
世亂唯知身早隱，河清方許智能嫻。
五丁鑿破金牛路，三巳貪遊玉枕山。
真個風光佳似畫，頓教俗慮十分刪。

## 174.次鳴皋先生寄懷二十一疊前韻奉酬 <sub>七律一首</sub>

甲寅孟秋之月倡酬詩稿集 1974 年
甲辰臘月之望倡酬詩稿集 1964 年
詩文之友 25 卷 3 期 1967.1.1（又見手稿本）

回首當年未退閒，岱江來往故鄉關。
菊遭馬害心猶記，笛失人珍興更嫻。
溪笑成三無怒虎，城名第一有前山。
雲林懷古嗟何極，斗六門多史待刪。

> 註：本詩附有小札一封：
> 來函謝謝十二疊韻絕詩之中無一韻字錯在何處，希再示方可訂正。
> （疑為友笛陳述鳴皋信中內容）

## 175.次鳴皋先生寄懷二十二疊前韻奉酬 <sub>七律一首</sub>

甲寅孟秋之月倡酬詩稿集 1974 年
甲辰臘月之望倡酬詩稿集 1964 年
詩文之友 25 卷 3 期 1967.1.1（又見手稿本）

身閒何幸復花閒，名利休教有念關。
方外焉知天外好，杯中爭及鏡中嫻。
四湖久滯難歸里，五嶽回來不看山。
搜得諸峰佳景色，案頭準擬手親刪。

> 註：本詩附有小札一封：
> 拙作存稿分明是詩字，如何誤寫為身字，足見年過古稀之人，精神不如壯年，若十二疊韻之詩不特連吟數次，臨發郵局時亦經一二知友閱過，猶有此誤，實足為愧，竊謂一律一韻到底，連疊二十有二，非為不多，雖無絕後之倡，諒有空前之酬，且弟自與君倡酬本韻以來，於茲四月有餘，尚未外出遊山玩水而訪樂友，擬於不日歸朴子往布袋轉義竹而嘉義、豐原、東勢角等處，順攜帶茶具漫遊於名山秀水之間以樂逍遙而怡精神，乞以本疊韻奉和為息戰若何？夫詩之倡酬本係一種遊戲文章耳，須知興盡當還，又何須以勝敗為榮辱哉。弟年雖老而所學無多，因君之過愛，以寄懷一律為贈，此又不得不索枯

腸而奉和，以聯風雅之氣，豈敢班門而弄斧乎。今觀疊韻多至二十二，尚不終息，因詩中有味痴而不鑑及此，然若長此以往，不知疊至何時，自愧胸中文墨有限，非比山中之風月，搜之不盡目之有餘，以笨伯之才而敵文公之學，渾如丸卵而拒堅石，議者必誚，友笛肉眼不識泰山，即何益矣，願卸甲而拜下風，希諒之。

## 176.次劉竹梁先生過訪賦呈瑤韻 七律四首之一

好劇人偏贈錦旌，非詩我不慣歡迎。
年來倍覺知行樂，興到忘懷自適情。
秦嫂敢看蘇季子，錢奴爭拜孔方兄。
居官羞煞趨崔烈，力挽頹風賴主盟。

## 177.次劉竹梁先生過訪賦呈瑤韻 七律四首之二

序齒何妨作弟兄，分財祇恐瘁庭荊。
痴能藏笛欣三弄，老不知齡樂一生。
便覺評詩漸得趣，故教學譜益求精。
興來邀友和音樂，未慣權門笑面迎。

## 178.次劉竹梁先生過訪賦呈瑤韻 七律四首之三

漫笑迎霜體不支，老還軀健自家知。
岱江聚首懷當日，旅舍棲身悵此時。
莽莽乾坤難逆料，茫茫人世竟何之。
釣蛙舊業思重整，到處絲綸信手垂。

## 179.次劉竹梁先生過訪賦呈瑤韻 七律四首之四

客歲三春賦退休，異鄉到此復刁留。
不談時局談青史，忍締媼朋締白鷗。
人愛尋花原有趣，我能惡酒豈無由。
雙趺煙氣如消盡，再向湖山作舊遊。

林友笛初稿

註：本詩附有小札一句：粘漱雲先生哂正。

## 180.次劉孟梁先生客中遣懷瑤韻 七律一首

守身信不犯奸科，往事茫茫付逝波。
人自寡言交自寡，詩因多作稿因多。
每思奉母歸桑梓，豈望封侯入夢柯。
飄泊四湖年十七，退休何日策馴贏。

旋馬庭主人林友笛甫稿

註：每思奉母歸桑梓，一作果能教子成良棟。
　　豈望封侯，一作卻勝封侯。
　　策馴贏，一作策良贏。

## 181. 次韻奉酬陳春林先生過北港 七律一首

詩報 240 號 1941.2.4

笑啼未敢露人前，翰墨而今幾絕緣。
愧我菲才難揭地，壯君詩膽可包天。
登龍門喜參先輩，繡虎才須讓後賢。
作客汾津能顧舊，追隨也好賦長篇。

## 182. 次韻夏日書懷寄知己吟侶 七律二首之一

詩報 137 號 1936.9.17

海鷗偏不負前盟，相近相親喜氣生。
金谷花殘飛片片，池塘蛙鼓響聲聲。
名留鴻爪人爭署，利逐蠅頭我獨營。
酷日如爐何處避，浮瓜恰喜報班荊。

## 183. 次韻夏日書懷寄知己吟侶 七律二首之二

詩報 137 號 1936.9.17

桐蔭冉冉欲穿櫺，把酒狂歌醉復醒。
案上重翻三國誌，窗前喜讀百年經。
傷心誤我因雞肋，中目看人射雀屏。
蛙鼓囂囂鳴遠近，不平聲勢不堪聽。

## 184. 次韻高文淵先生寄贈原玉 七律一首

詩文之友 35 卷 3 期 1972.1.1（又見手稿本）

綠竹迎風綠滿湖，簾前飛燕聽呼雛。
清心茶喜迎騷客，得意詩當獻大儒。
自笑拋磚貪引玉，豈同買櫝竟還珠。
年來白髮垂雙鬢，遮口思除八字鬚。

　　註：本詩附有小札一封：
　　　　本日方欲午睡，又見玉札瑤頒，賜和佳作，落落大方，勝原作十倍，寄懷瑤
　　　　章，字字珠璣，擲地有金聲，實令人而深羨，弟庭前皇帝豆、肉豆、牛腱匏、
　　　　菜瓜四種野蔬方熟，君其適口乎？且有七碗茶堪品茗，一杯酒可論文，君其
　　　　有趣乎？謹此。順候吟安。
　　註：茶喜，手稿一作日喜。
　　　　得意詩當獻大儒，手稿一作翹首時瞻及大儒。
　　　　竟還珠，手稿一作復還珠。

## 185.次韻高文淵先生寄懷原玉 七律一首

詩文之友 26 卷 4 期 1967.8.1

仁裕多詩更有誰，登龍我久繫懷思。
愛花未忍荒三徑，惡酒何曾醉一卮。
春到風風欣有日，興來樂樂可無時。
西湖明月能蒙賞，擬啓柴扉迓故知。

## 186.次韻高文淵先生寄懷原玉又疊誰字韻 七律一首

詩文之友 26 卷 4 期 1967.8.1

百忍堂中忍是誰，好將師德復尋思。
欣探仁裕詩盈窖，不羨劉伶酒溢卮。
妻病呻吟愁是日，佳章倡和惜非時。
興來檢點諸詞稿，不及君才只自知。

## 187.次韻高文淵先生寄懷原玉三疊誰字韻 七律一首

詩文之友 26 卷 4 期 1967.8.1

狂瀾力挽賴伊誰，末俗頹風費所思。
太息文章難問世，故將竹葉醉傾卮。
看君刮目經三日，顧我虔心盡一時。
山水寺遊神未倦，老猶身健自家知。

## 188.次韻高文淵先生寄懷原玉四疊誰字韻 七律一首

詩文之友 26 卷 4 期 1967.8.1

不同猶豫決伊誰，處事無疑自三思。
架上有書留禿筆，樽中無酒費空卮。
敢從夸父身追日，卻羨文王卦識時。
博學淵源名鼎鼎，清高詩品眾皆知。

## 189.次韻寄懷吳子宏先生 七律一首

半世飄零感水鳧，浮萍與我又何殊。
身同鶴骨經霜傲，貌比梅花見日臞。
市虎有時嗤俗子，登龍何日識鴻儒。
屋梁落月知多少，不禁中腸熱似爐。

## 190.次韻槐庭詞兄五十書懷 七律一首

詩報 294 號 1943.4.23（又見手稿本）

世外浮沉總不知，分甘偏喜有孫兒。
作詩生恐因詩誤，藝菊何妨爲菊痴。

故里爭云堪樂趣，異鄉久已慣棲遲。
問年君我庚同一，百歲齊登或可期。

　　註：世外，手稿一作身外。

　　　　藝菊何妨爲菊痴，手稿一作種菊何關笑菊痴。

　　　　堪樂趣，手稿一作安樂好。

　　　　問年君我庚同一，手稿一作問年汝我同庚說。

　　　　或可期，手稿一作自可期。

## 191. 次蘇鴻飛詞兄有感寄懷瑤韻 七律一首

詩文之友 34 卷 5 期 1971.9.1 （又見手稿本）

老來共喜健心身，忘卻天涯歷劫塵。
莫記江山曾作客，豈貪薪水復依人。
自慚笨伯胸無墨，久羨坡翁筆有神。
三十年前賡此韻，汾津垂話味津津。

　　註：本詩附有小札一封：

　　　　本日方欲午睡，忽接大作，遙頌披誦之餘，方知三十年前江山樓故事，弟卻忘
　　　　記，兄亦善於保存，既有其事，希將原作擲下，茲不揣謭陋撥一小時潦草而就，
　　　　以聯風雅之氣，至於工拙在所不計也。

　　　　　　　　　　　　　　　　　　　　　　七月廿七日　友笛鞠躬

## 192. 寺中偶作 七律二首之一

大仙巖內駐吟身，方外無端證佛因。
暮鼓撾餘僧說法，疏鐘響斷鳥修真。
始知悟道能諧俗，卻勝謀生歷劫塵。
最是空門堪遯世，滿庭花木四時春。

## 193. 寺中偶作 七律二首之二

古寺仙巖暇日遊，禪房肅靜足身修。
老僧說法頻撾鼓，頑石聽經亦點頭。
滿座慈雲籠竹翠，一庭法雨潤花幽。
名場利鎖奔波客，爭及空門樂自由。

## 194. 江山樓席上賦呈龔、蘇、陳諸兄 七律一首

詩報 233 號 1940.10.1

江山樓上駐吟身，對飲狂歌了俗塵。
侑酒何須勞女給，談詩且喜有騷人。
自慚笨伯胸無墨，喜讀東坡句出神。
難得諸君慇設席，頓教齒頰盡生津。

## 195.江亭送別 七律一首

灞岸毿毿盡柳條，未曾把盞已魂消。
劇憐淼淼滄江水，不是來潮便去潮。
白戰亭中號令嚴，未容杯酒濕征衫。
離情萬縷描難盡，忍見江風送曉帆。

## 196.米壽 七律二首之一 七律陽韻

金萱介壽喜筵張，濟濟人文獻賀章。
八秩遐齡添八歲，三從懿德配三光。
和丸教子成騷客，截髮迎賓禮佛堂。
寶婺煌煌增瑞彩，遙遙額首頌如岡。

## 197.米壽 七律二首之二 七律陽韻

文星朗朗壽星光，曲奏霓裳樂未央。
婺煥中天人獻壽，風和大地客稱觴。
能詩桂子堪醫俗，繞砌蘭孫逞異香。
八八遐齡還矍鑠，九如合頌有餘慶。

## 198.西螺大橋 七律二首之一

雲林文獻 2 卷 1 期 1953.3

五里螺溪架鐵條，巍巍高建勢凌霄。
材傾北美無藏寶，功奪東洋第一橋。
從此征人除渡涉，飽他過客樂逍遙。
雲彰兩縣交通便，策史長爭日月昭。

## 199.西螺大橋 七律二首之二

雲林文獻 2 卷 1 期 1953.3

螺溪架設業竣工，利涉征途趣大同。
十里溪聲喧古渡，一條橋影掛長虹。
留題詩擬搜歐北，秉筆功應樹遠東。
安步人來逢月夜，幾疑身在畫圖中。

## 200.同題寄岱江諸吟侶瑤韻 七律二首之一

369 小報 1933.2.19

處方箋每寫烏絲，真個風流不俗醫。
品茗君偏成茗癖，耽詩人竟笑詩痴。
座多劫後牢騷客，家有光前衛馨兒。
曠達懷胸能達變，杯中蛇影復奚疑。

註：所云同題係指〈笑儂詞兄重懸壺布袋以詩索和次韻奉酬〉。

## 201.同題寄岱江諸吟侶瑤韻 七律二首之二

369 小報 1933.2.19

牢騷滿腹漫相嘲，吟詠多從月下敲。
我比新鶯初出谷，君如野鶴復歸巢。
情深鮑叔同心契，義切廉頗刎頸交。
一例天涯飄泊客，年年歸思未曾拋。

## 202.同題寄懷笑儂詞兄 七律一首

詩報 295 號 1943.5.9

停車重訪四知堂，祇爲牢騷氣太狂。
品茗深宵終不倦，談詩盡日復何妨。
漫言此夕攻虛室，猶是當年滯異鄉。
坐久不知天欲曉，雞聲喔喔報來忙。

## 203.辛亥孟春下弦後三日與立卿、連科兩兄漫遊湖山巖玉佛殿前品茗偶成 七律一首 1971 年

詩文之友 33 卷 6 期 1971.4.1 （又見手稿本）

湖山禪寺記前遊，此日重來興倍悠。
玉佛殿中容品茗，金剛座畔喜親鷗。
瓶中綠拂千條柳，池上青籠一葉舟。
漫道空門秋寂寞，晨昏香客進無休。
　　註：手稿一作詩題爲：辛亥暮春下弦後三日與立卿、連科兩兄漫遊湖山巖。
　　註：殿中，手稿一作殿前。

## 204.辛亥暮春上弦前一日於三教寶宮喜遇嘉義師專李瀾平教授賦此奉酬 七律一首 1971 年

老體登高信不艱，宮中邂逅轉心關。
自慚白髮垂雙鬢，喜與青蓮列一班。
仰望高岡花簇簇，俯聽深谷水潺潺。
始知塵世千年樂，不及上方半日閒。

## 205.辛亥暮春過三地門攜孫重遊三教寶宮 七律一首 1971 年

入眼春光笑展眉，涼風習習爽吟脾。
隘寮溪水宮前月，見我來時便索詩。
宮名三教漫相疑，畫棟朱楹景亦奇。
上帝仙公分兩座，城隍合祀總相宜。

## 206.呈汾津吟社諸君子 七律一首

詩報 234 號 1940.10.18
汾津吟社唱和錄

汾津此夕會英賢，品茗歡談興欲仙。
結隊鷺鷗盟碧海，聯翩裙屐醉瓊筵。
登龍喜得參名士，拔幟還須讓少年。
我幸有緣陪末席，喜聽雅韻和吟蟬。

## 207.余初藝菊，花正盛，聞忽被隔鄰駑馬嚼去，悲憤交集， 賦此以誌 七律二首之一

蝴蝶紛紛過短牆，早知駑馬損孤芳。
纔欣架上沿盆綠，忽報堦前委地黃。
太息殘梢秋寂寞，空餘乾土夜淒涼。
花香杳杳魂千里，欲返無方枉斷腸。

## 208.余初藝菊，花正盛，聞忽被隔鄰駑馬嚼去，悲憤交集， 賦此以誌 七律二首之二

籬邊此夕碎黃金，愁煞當空月夜沉。
獨秀麒麟悲失伴，忍教蝴蝶哭知音。
餘香渺渺牆頭繞，殘葉瀟瀟砌下侵。
惆悵花魂招不返，低徊無語淚沾襟。

## 209.志淵先生六八華誕祝詩 七律一首

海屋籌添大德芳，徵詩祝嘏值秋涼。
杖鄉晉八稱觴樂，嵩嶽呼三慶壽康。
座上金樽傾北海，天中青鳥頌如岡。
集成不朽長生籙，凜凜堪爭日月光。

註：本詩附有小札一封：

志淵先生雅鑒：

玉函領悉，老兄六八華誕，更蒙高屏三縣市詩人聯吟大會以為慶祝，誠不遜蘭亭之韻事，足可以留雪泥鴻爪。此會舉而意味深長，使我遙遙額祝，且又徵詩慶祝，命作詩應徵，然徵詩一節臺灣各界日盛一日，而弟數十年來未常應徵，既蒙寵命，此又不得不索枯腸以為塞責，而詩題體韻因退休後以安閒為主，寡閱新聞，無由得知，唯曩者漫遊雲林等處，於錫津兄處所閱者，即七律陽韻，茲即依其體韻草就一律聊表賀意，至其掄元入選與否，在所不計也，希諒之。

旋馬庭主人林友笛甫稿

## 210.志淵先生以寄懷佳什見示次韻奉酬 七律一首

詩文之友 26 卷 4 期 1967.8.1

頭白驚看已晚年，任他世事幾推遷。
月圓我愛逢三五，桃熟誰知歲九千。
酒肆何曾賒酒債，詩壇偏喜締詩緣。
興來攜得梅花笛，信口橫吹萬里天。

## 211.汾津遇鴻飛詞兄話舊良久步行而歸賦此自遣 七律一首

別久重逢不盡歡，奇緣天假豈無端。
縱談國體心猶壯，說到民生意未安。
有馬何關征路遠，無車始覺步行難。
披星帶月勞如許，轉向東風付一歎。

## 212.汾津邂逅相逢又於樓上奏樂賦此留念 七律一首

觀光久已繫懷思，特地汾津訪舊知。
邂逅途中聽奏樂，適情樓上又吟詩。
言歡不覺經三日，唱曲何妨盡一時。
千里神交初會面，相逢恨晚忍分離。

註：本詩附有小札一封：

子統老兄如晤：

弟以菲才，荷蒙諸位先生不以駑駘見棄，汾津邂逅便蒙諸多厚貺，雅誼殷殷，合奏南音於樓上，共賞藝閣於街衢，途中分首，情意綿綿，何幸如之？席上所囑寄青草之譜詞業經抄寫完畢，順爲寄去，此詞乃中國第一才子曹子建之作，其意深沉，幸各位在潛心玩味焉，即幸甚矣。董事長及諸樂友懇祈代叩近安，並賦七律詩一首以聯風雅之氣。

林友笛鞠躬

註：壽康，又作壽長、壽昌。

## 213.步雲先生以新居感懷見示次韻奉酬 七律一首

孟母三遷爲擇鄰，知君好古善翻新。
黃金滿地空稱富，白雪盈篇豈是貧。
心靜盡堪消俗慮，齋幽端可避囂塵。
新居帶有生花筆，描寫風光莫失真。

## 214.杖朝晉二蒙芳園老兄以詩寄祝次韻奉酬 七律一首

詩文之友 40 卷 3 期 1974.9.1

君比淵明陸地仙，騷壇到處締詩緣。
驚看士別經三日，便覺書多讀一年。

笑我栽花非後進，對池隨柳過前川。
歸來囊滿青山景，好繡風光入錦篇。

## 215.吟筵席上賦呈梅樵先生 七律一首

詩報 294 號 1943.4.23（又見手稿本）

天中一鶴過汾津，頓使雞群煥一新。
左傳文風原有味，右軍書法妙傳神。
奪魁不費三撾鼓，放浪能消萬斛塵。
報道吟車停逆旅，門前問字客來頻。

　　註：文風，手稿一作文章。

## 216.松生日（代照乘珠作） 七律二首之一 不拘韻

凌霜傲雪每思陶，華誕逢申氣轉豪。
驀地盤根源永固，參天直幹仰彌高。
繁枝曾宿雲中鶴，翠葉疑翻澗底濤。
我也心香遙慶祝，呼嵩聲雜鳥鳴噪。

## 217.松生日（代照乘珠作） 七律二首之二 不拘韻

梅竹同窗祝壽延，亭亭老幹欲參天。
秦封未若華封好，摩頂多於嶽頂堅。
澗底濤邊驚夢鶴，太宵殿外號昇仙。
業傳十載曾經理，雲友徵詩記永年。

臺灣省雲林縣東勢鄉衛生所　照乘珠

## 218.松柏長青 七律六首之一 不拘韻

凌雲百丈氣堂堂，梅竹良朋祝壽長。
壯自心堅忘歲月，老猶根旺耐風霜。
枝無黃葉經年翠，節有蒼髯蔽日光。
雪愈霏霏神愈健，九如篇首頌如岡。

## 219.松柏長青 七律六首之二 不拘韻

喬木齡高富五鬚，人欣藉此慶懸弧。
蒼髯蔽日根添旺，翠葉凌雲色不殊。
虎尾雞聲逢嶽降，洛中魚甲聽嵩呼。
瑤池此日蟠桃熟，準擬分甘及大夫。

## 220.松柏長青 七律六首之三 不拘韻

歲寒老幹轉繁榮，勁節彌堅孰與京。

沉賴豪情歌不伐，修園祝嘏作題名。
蒼蒼葉永無黃色，句句詩吟有壽聲。
枝自凌霜根自旺，人材儘可享長生。

## 221.松柏長青 七律六首之四

三友同窗祝壽延，亭亭老幹欲參天。
秦封榮遜華封好，摩頂蒼於嶽頂鮮。
澗底濤邊驚夢鶴，太宵殿外儼飛仙。
杖朝人喜身同健，雲縣徵詩記永年。

## 222.松柏長青 七律六首之五

松柏長青詩集（又見手稿本）

蒼髯影雜聽松庵，祝嘏徵詩作美談。
東嶽秦封原不貴，瑤池桃熟待分甘。
人欣齡慶旬逢八，君亦心嚴喜祝三。
翠葉凌雲高百丈，長榮壽可比終南。
　　註：作美談，一作亦美談。
　　　君亦心嚴喜祝三，一作君亦心堅獨祝三。

## 223.松柏長青 七律六首之六

樹因瘦甲心偏壯，人喜逢申氣轉豪。
驀地根盤源永固，參天幹直仰彌高。
枝繁好宿雲中鶴，葉翠疑翻澗底濤。
自是蒼髯長簇簇，華齡敢詡比蟠桃。

## 224.岱江晚眺錄三 七律三首之一

晚來閒立岱江邊，看徹清波入繫船。
幾點歸帆新月色，數聲漁笛夕陽天。
餘霞映水疏煙抹，暮靄橫空翠浪鮮。
真個風光無限好，也應沽酒醉陶然。

## 225.岱江晚眺錄三 七律三首之二

紀念碑前豁兩眸，天風颯颯夕陽收。
一竿新月懸洲畔，萬頃蒼波漾岸頭。
暮色空濛催過客，斜暉燦爛掛歸舟。
始知塵世千年樂，不及清江半日悠。

## 226.岱江晚眺錄三 七律三首之三

石碑之畔暮濤聲，十里風波一望平。
流水潺湲催月出，歸舟欸乃趁風行。
長江白鷺眠沙急，壽島烏鴉繞樹鳴。
空際凝眸霞片片，幾疑赤壁又燒兵。

## 227.岱江遠眺 七律一首

紀念碑前望大江，風光入眼景無雙。
數椽茅屋臨長渚，萬里滄波漾小艭。
空際凝眸霞燦燦，岸邊傾耳水淙淙。
吟聲遙與濤聲和，滿腹牢騷氣未降。

## 228.岱江曉望寄知己吟侶 七律二首之一

曉煙雲影綠波光，寫入天風萬里長。
壽島晨雞催落月，岱江漁父唱歸航。
遊人傍岸思鄉切，飛雁橫空返塞忙。
對此消遙無限好，詩情炯炯灑胸堂。

## 229.岱江曉望寄知己吟侶 七律二首之二

疏鐘殘月海天清，雲霧微茫認未明。
綠樹煙籠人影杳，滄江波打石頭鳴。
曉帆片片隨風轉，過客招招待渡行。
宿露不知天欲曙，松間猶自滴聲聲。

## 230.庚戌詩人節後一日與金樹宗兄漫遊三教寶宮謁呂祖偶作

七律一首 1970 年

詩文之友 32 卷 4 期 1970.8.1（又見手稿本）

緩步逍遙上寶宮，頭銜三教豈尋常。
勞孫去日求仙水，謁祖今朝聽樂章。
茗品堂中香更遠，詩吟方外興偏長。
共遊到此歡無極，過午遲餐亦不妨。
　　註：歡無極，手稿一作歡無邊。

## 231.青年節懷先烈 七律一首

詩文之友 24 卷 1 期 1966.5.1

不惜頭顱一擲輕，知君雖死信猶生。
黃花碧血凝恢漢，赤膽丹心為反清。
正氣凌雲盈宇宙，英靈護國壯軍兵。
青年令節留青史，凜凜光同日月爭。

## 232.放浪吟 七律一首

詩文之友 33 卷 1 期 1970.11.1（又見手稿本）

曉來赤足涉田間，裸體終宵意轉嫻。
萊圃躬耕時灌溉，柴門雖設日常關。
酩奴當酒迎騷客，玉版題詩詠假山。
老到渾忘齡幾許，少年心性未全刪。

　　註：曉來，詩文之友作曉末，非是。今據手稿改之。

## 233.奉祝皇紀二千六百年紀念 七律一首

橿原即位佈仁風，聖德巍巍及亞東。
舉國臣民歌樂府，滿朝文武拜神宮。
大和魂比櫻花麗，旭日旗飄國運隆。
廿六百年基永固，嵩呼萬歲震天中。

## 234.雨港春燈 七律一首

詩文之友 26 卷 4 期 1967.8.1

分明萬盞燦江中，光比鰲山一例同。
入夜高臺燈耿耿，出帆巨艦雨濛濛。
依人秋水如流水，拂面春風祝順風。
自是長宵如白晝，輝煌不斷照基隆。

## 235.夜話偶作 七律一首

出差偶爾繫吟情，來訪吟鷗續舊盟。
聚首岱江緣十載，談心鹿港幸三生。
重逢敢詡千般樂，未寢愁聞五德鳴。
難得巴山長夜話，簾前猶聽雨聲聲。

## 236.夜遊臺北橋即作 七律一首

詩文之友 2 卷 5 期 1954.5.1

重探臺北大橋中，俯仰乾坤氣轉雄。
萬點燈光同白晝，一灣弓影訝長虹。
濟人來往多於鯽，架海逍遙欲斷鴻。
三十年前曾過此，即今利涉昔時同。

## 237.夜遊萬華龍山寺偶作 七律一首

古寺龍山此夕遊，欣看佛殿景清幽。
老僧說法能盤膝，頑石聽經亦點頭。
羅漢未將睜眼合，觀音焉得臥身修。

市囂盈耳終宵雜，不及開元肅靜悠。

　　註：能盤膝，一作仍盤膝。

## 238.近樗先生慶獲雙生孫賦此祝之 七律一首

詩報 63 號 1933.7.15（又見手稿本）

積善知天報四知，一胎偏喜獲熊羆。
聞聲有客稱英物，鑑面勞翁辯異姿。
曄曄香蘭光祖德，森森玉筍耀宗支。
飴含此日雙孫弄，應醉冰人酒百厄。

　　林友笛自註：長令郎余為執柯故云。

## 239.坤霖先生於青年節參加中部書畫展詩以壯之 七律一首

字髣鍾繇學鄭虔，如斯風雅信無邊。
畫家君可同崔白，詩品人爭仰謫仙。
左傳文風才吐鳳，右軍書法筆如椽。
會開展覽逢佳節，入選咸稱是此篇。

旋馬庭主人　林友笛甫稿

## 240.林獻堂先生輓詩 七律一首

《林獻堂先生榮哀錄》1957.9 詩辭 19 頁

東京化鶴灌園翁，愁殺滔滔欲落紅。
寶島鷺鷗悲夜月，神州桃李泣春風。
人材養育真多士，吾道維持大有功。
相見九原成讖語，早知此日壽而終。

## 241.癸巳除夕書懷似知己吟侶 七律一首 1953 年

詩文之友 2 卷 5 期 1954.5.1 （又見手稿本）

十七年前離朴津，天涯尤自歷風塵。
怕聞臘鼓鼕鼕響，忍見桃符戶戶新。
殺妓石崇休恃富，祭詩賈島不為貧。
遠蛇騎馬思回梓，準擬晨昏奉老親。

　　註：手稿一作詩題為：癸巳除夕感作。
　　註：天涯尤自歷風塵，手稿一作勞勞今尚歷風塵。

## 242.癸丑王春為立卿先生式舉金婚之慶賦此留念

七律一首 1973 年

樂奏關雎興欲仙，金婚式舉集群賢。
齊眉夫婦精神健，滿眼兒孫福壽全。

合晉今經年五十，參堂賀喜客三千。
唱隨時聽同心曲，百歲雙登大自然。

## 243. 癸卯春三月重遊關子嶺大仙寺 七律二首之一 1963年

大雄寶殿駐吟身，方外重來締佛因。
寺內未聞僧說法，枝頭先見鳥修真。
當年卓卓巖稱舊，此日堂堂院築新。
最是空門堪遯世，一庭花木有餘春。

　　註：卓卓，一作篤篤。
　　　　最是空門堪遯世，一作真箇空門堪避世。

## 244. 癸卯春三月重遊關子嶺大仙寺 七律二首之二 1963年

佛院營新藝術優，翬飛鳥革景悠悠。
老僧說法長持塵，頑石聽經亦點頭。
漠漠慈雲籠柳翠，霏霏法雨潤花幽。
始知塵世繁華樂，不及空門得自由。

　　註：一作詩題為：癸卯季春重遊大仙寺。
　　註：老僧說法長持塵，一作老僧禮佛仍持塵。
　　　　始知，一作誰知。

## 245. 癸卯麥秋之晦漫遊半天巖 七律一首 1963年

紫雲古寺擁山巔，拾級來探大自然。
鐘鼓樓高風習習，駕鴦梅蔭草芊芊。
旅中有幸遊仙境，方外無端締佛緣。
真個空門堪絕俗，吟身來訪愛年年。

旋馬庭主人林友笛甫稿

## 246. 秋日書懷 七律一首

曾人口《金湖春秋》1978.7
詩文集粹
詩文之友 35 卷 1 期 1971.11.1

湖邊偶爾繫吟情，荐爽西風入晝清。
讀睡餐餘三韻事，詩茶樂備一浮生。
放懷心結忘憂草，誦賦窮憐阮步兵。
友到但思吹短笛，林泉歸隱覺光榮。

## 247. 客中書懷似知己吟侶 七律一首

處世真同大夢濃，痴聾人莫認為傭。
未賒酒債賒詩債，不避刀鋒避筆鋒。

讒口有時防市虎，希顏何日復登龍。
屋樑落月書難盡，臨發郵筒開又封。

## 248. 客中偶感 七律一首

浪跡江湖幾度秋，半生飄泊等浮舟。
忍將禿筆消愁悶，恥向權門效應酬。
笛韻年來吹漸減，讒言日盛恨難休。
早知人海巇嶮甚，悔不當初訪許由。

## 249. 南史先生以旅泊佳什見示次韻奉酬 七律三首之一

客來品茗情偏摯，筆退敲詩句未工。
自愛談天閒釣月，敢將往事訴當空。
二桃功忍誅三士，五霸強時出七雄。
恍似雞蟲多得失，興衰倫理古今同。

## 250. 南史先生以旅泊佳什見示次韻奉酬 七律三首之二

事親我久崇文帝，生子人爭仰仲謀。
吳質浮瓜涼九夏，陶潛種菊愛三秋。
未曾跨海探龍穴，安得遊山到虎邱。
退隱而今閒已慣，新詩短笛樂消愁。

## 251. 南史先生以旅泊佳什見示次韻奉酬 七律三首之三

七星古劍英雄舞，萬里長江舴艋浮。
南圃花開香更遠，西湖風靜景偏幽。
喜將黃菊餐騷客，欲薦伊蒲饌比丘。
我願軍民尊號召，復興文化復神州。

旋馬庭主人林友笛待刪

註：一作詩題為：次何南史先生偶暇同慰襟期瑤韻。

## 252. 為染風寒既蒙診察又蒙厚款賦此奉酬 七律一首 1969 年

症挾傷風力倦疲，才非白也漫相嗤。
遠讒莫怨今無祿，咳唾還慚未有詩。
便覺食桃欣此日，不知報李在何時。
術精盧扁傳遐邇，藥到病除是此醫。

註：本詩附有小札一句：洪坤賢大國手斧正。

己酉麥秋上浣　旋馬庭主人林友笛鞠躬

## 253.重訪張處士於三秀園 七律一首

尋鷗共喜過怡然，來訪淵明陸地仙。
品茗庭中談舊事，納涼樹下論婚緣。
勞君設席情偏摯，愧我敲詩壁未全。
三秀至今還印象，園中風景夥前年。

## 254.重陽後三日喜晤漢英先生於三教寶宮 七律一首

詩文之友 29 卷 3 期 1969.1.1 （又見手稿本）

呂祖來參豈偶然，宮前何幸會詩仙。
自慚白髮垂雙鬢，喜讀新詩富百篇。
習習春風饒客興，霏霏秋雨潤花妍。
天緣得喜今朝假，好締三生石上緣。

## 255.重遊布袋賦呈岱江諸吟侶 七律二首之一

岱江此日駐吟身，鷗鷺重逢竟倍親。
訪舊怕聞人作古，騁懷喜見物翻新。
往來過客多於鯽，內外行商雜似鱗。
有限精神無限爽，滄桑未可嘆頻頻。

## 256.重遊布袋賦呈岱江諸吟侶 七律二首之二

節屆清和雨後天，為尋鷗鷺到江邊。
自慚白髮添雙鬢，愛讀新詩富百篇。
得意春風催客座，多情舊雨伴吟筵。
不才自笑非徐穉，下榻難酬款意虔。

## 257.重遊臺北大橋 七律一首

重遊臺北大橋東，俯仰乾坤氣轉雄。
萬點燈光同白晝，一灣橋影訝長虹。
儕人來往多於鯽，架海逍遙欲斷鴻。
三十年前曾過此，即今利涉昔時同。
　　　　註：一作詩題為：重遊臺北大橋偶作。
　　　　註：重遊臺北大橋東，一作重探臺北大橋中。
　　　　　　橋影，一作弓影。

## 258.重遊澄清湖 七律一首

詩文之友 25 卷 6 期 1967.4.1 （又見手稿本）

漫遊車駕太平洋，湖賞澄清樂未央。
九曲橋邊堪醉月，三如亭畔好尋涼。

高丘望海收全景，柳岸觀蓮逞異香。
真個風光描不盡，年年來訪復何妨。

> 註：九曲橋邊堪醉月，手稿一作九曲橋中堪釣月。
>
> 　逞異香，手稿一作有異香。
>
> 　復何妨，手稿一作又何妨。

## 259. 重遊關子嶺入山即景 七律一首

曉日尋春上翠巒，野花見我笑開顏。
晨鐘響徹靈風石，瀑布流從玉枕山。
仰望高峰花簇簇，俯聽深谷水潺潺。
始知濁世繁華樂，爭及山中隱逸閒。

## 260. 重過彰化輓賴懶雲先生 七律一首

詩報 297 號 1943.7.7

忍別塵寰到九泉，蓬萊長作不歸仙。
寄懷詩未經君讀，報訃書先動我憐。
太息吟魂招不返，空餘高誼默長懸。
重來應社參名士，獨缺先生一惘然。

## 261. 炳揚詞兄過岱江以詩見贈次韻奉酬 七律一首

詩報 34 號 1932.5.1 （又見手稿本）

話到宵深興轉長，識荊何幸在他鄉。
釣璜自笑終難遇，捫虱閒談信不妨。
喜讀新詩消塊壘，忍看濁世藐文章。
羨君大雅扶輪手，力挽頹風志益強。

## 262. 庭中拾翠　以現有實物構成 七律二首之一

詩文之友 30 卷 5 期 1969.9.1 （又見手稿本）

籬邊理菊不污譽，門外愁停問字車。
客到唯知先品茗，興來偷讀未燒書。
柔皇肉豆栽三種，金苦多瓜當百蔬。
牛腿匏長過兩尺，餐餐佐飯有盈餘。

> 註：不污譽，手稿一作不沽譽。
>
> 　門外，手稿一作庭外。

## 263. 庭中拾翠　以現有實物構成 七律二首之二

詩文之友 30 卷 5 期 1969.9.1 （又見手稿本）

瓶中久貯武夷茶，雋味無虧興倍加。

遯世身修三不惑，放懷曲唱五開花。
莫交賭友兼嫖友，不締詩家便樂家。
數畝庭園耕自力，茉瓜收後復多瓜。

旋馬庭主人林友笛甫稿

## 264.夏日雜詠次楊嘯天先生韻 七律四首之一

詩文之友 1 卷 6 期 1953.10.1 （又見手稿本）

四湖湖上雨初晴，遠近頻聞打稻聲。
佐飯時收肉豆子，驅蜂日傍茉瓜棚。
清吟惹我迎茶客，狂醉看人鬥酒兵。
六十書懷過半載，問君有約可曾行。

> 註：清吟惹我迎茶客，手稿一作清吟每喜親茶客，一作嗜茶偏喜親茶客。
> 狂醉看人鬥酒兵，手稿一作惡酒何須藉酒兵。
> 過半載，手稿一作書欲舊。
> 問君有約可曾行，手稿一作記君有約未曾行。

## 265.夏日雜詠次楊嘯天先生韻 七律四首之二

詩文之友 1 卷 6 期 1953.10.1 （又見手稿本）

柳陰深處是吾家，刺竹為籬綠滿笆。
小酉山中搜舊史，聽松庵內試新茶。
藏嬌人喜營金屋，卻炭妻偏用火叉。
難得湖邊閒歲月，清和諷詠景堪嘉。

> 註：綠滿笆，手稿一作綠作笆。
> 閒歲月，手稿一作閒日月，一作閒自在。

## 266.夏日雜詠次楊嘯天先生韻 七律四首之三

詩文之友 1 卷 6 期 1953.10.1 （又見手稿本）

新詩一讀興偏長，消夏韻偏愛七陽。
幾見簫清能引鳳，豈真曲妙足求凰。
浮瓜我每師吳質，難弟人爭仰季方。
漫笑騷壇生意淡，門前索和去來忙。

> 註：興偏長，手稿一作興尤長。
> 簫清，手稿一作吹簫。
> 豈真曲妙足求凰，手稿一作豈真有曲便呼凰。
> 我每師吳質，手稿一作我喜師吳質。

## 267.夏日雜詠次楊嘯天先生韻 七律四首之四

詩文之友 1 卷 6 期 1953.10.1 （又見手稿本）

閱世徒嘆歲月新，天涯今尚歷風塵。
盤中每苦珠輸米，爨下誰憐桂似薪。
跳躑雄風防市虎，崚嶒傲骨嘆勞人。
漫空火傘炎威日，陟岵朝朝望老親。

　　　註：歲月薪，手稿一作新，是也。據改。

　　　　　崚嶒，手稿一作凌霜。

　　　　　崚嶒傲骨嘆勞人，手稿一作不曾辦笑作迎人。

　　　　　漫空火傘炎威日，手稿一作漫空如火炎威盛。

　　　　　朝朝，手稿一作何時。

## 268.夏日雜詠似知己吟侶 七律三首之一

詩文之友 2 卷 3 期 1954.1.15 （又見手稿本）

漫空如火熱難支，準擬風風到武夷。
品茗時燃甘蔗粕，防饑日曝地瓜絲。
稱心鳥喜聽吹笛，接踵人來索和詩。
真箇農村多樂趣，高歌諷詠總相宜。

　　　註：漫空如火，手稿一作漫空如炎。

　　　　　準擬風風到武夷，手稿一作遊泳成群到武夷。

　　　　　稱心鳥喜聽吹笛，手稿一作過枝鳥喜聽吹笛。

## 269.夏日雜詠似知己吟侶 七律三首之二

詩文之友 2 卷 3 期 1954.1.15 （又見手稿本）

松陰竹影沒庭花，雜入書軒亂似麻。
案上猶存文旦袖，瓶中久缺武夷茶。
興詩擬待興中國，學筆還須學大家。
難得小園寬半畝，菜瓜收後又多瓜。

　　　註：沒庭花，手稿一作後庭花。

　　　　　雜入書軒亂似麻，手稿一作日映書軒景最嘉。

　　　　　瓶中久缺武夷茶，手稿一作瓶中已罄武彝茶。

　　　　　擬待興中國，手稿一作準擬興中國。

　　　　　又多瓜，手稿一作復多瓜。

## 270.夏日雜詠似知己吟侶 七律三首之三

詩文之友 2 卷 3 期 1954.1.15 （又見手稿本）

寒村寂寂感無聊，孤負湖邊景色饒。
解渴人耽甘蔗節，生津我愛苦瓜條。
堪嗟濁世輕風雅，戲把清詩易俚謠。
何日東山棲一角，樂書樂樂樂逍遙。

　　　註：本詩附有小札一句：楊囁天詞兄哂正。

## 271.祝石社發會式 七律一首

臺南新報 11526 期 1934.2.10

石社功成氣吐虹，鼓聲響徹海門東。
縱橫吟幟飄新色，蹌蹡盍簪颺古風。
吾道維持資大維，人文蔚起仰諸公。
頌詩我愧無佳句，也幸千秋記爪鴻。

## 272.祝朴雅吟社附屬研究會成立 七律一首

詩報 297 號 1943.7.7

附屬吟壇慶已成，恰逢新曆賀新正。
堂堂旗鼓添春興，濟濟衣冠萃俊英。
繼起斯文憑後進，維持風雅賴先生。
牢騷笑我湖邊客，末席叨陪聽鉢聲。

## 273.祝施天福君令尊堂雙壽 七律一首

詩報 244 號 1941.3.21

海屋籌添大德人，鶯鳴燕語值良辰。
懸弧喜慶周花甲，設帨欣看頌岳申。
有子能詩堪療俗，弄孫娛目自怡神。
牢騷笑我山迂客，也幸登堂飲賀醇。

## 274.祝員林寺落成入佛式 七律一首

詩報 34 號 1932.5.1（又見手稿本）

寶寺員林煥一新，肇飛鳥革慶良辰。
金剛十八初開眼，佛法三千不染塵。
座有異經堪養性，庭多奇卉可修真。
木魚靜聽疏鐘和，色相虛空盡上人。

## 275.祝爾材先生長令郎生慈君新婚誌喜 七律一首

詩報 34 號 1932.5.1（又見手稿本）

樂奏關雎喜溢門，四知堂上慶新婚。
燭紅錦帳春如海，筵啓華堂酒滿罇。
並蒂花開香更遠，同心曲唱韻長存。
百年宜爾和琴瑟，預兆振振富子孫。
　　註：錦帳，手稿一作寶帳。

## 276.祝臺南縣政府移轉新營 七律一首

縣徙新營得地靈，恰逢參議會初成。

堂堂旗鼓增聲色，濟濟衣冠盡萃英。
復古文章光國體，昭明德政庇民生。
願教仁澤同西伯，讓畔多於讓路行。

## 277.祝歐陽君蔚翁八十榮壽 七律一首

海屋壽添大德臻，鶯鳴燕語恰良辰。
杖朝公喜庚逢甲，晉酒人來岳頌申。
室有蘭孫香繞膝，門多桃李笑爭春。
牢騷愧我寒村客，也幸登堂飲賀醇。

## 278.花有麒麟舞及蝴蝶舞故玉 七律一首

霜葩片片等飛灰，莫怪香魂喚不回。
顧我詩心淡似水，憐渠玉蕊委於灰。
冰姿皎皎遭三物，月影離離賦七哀。
旋馬庭園寬半畝，那知伏櫪竟爲災。

## 279.花開並蒂月長圓 七律一首 七律八庚

樂奏關雎慶已成，霓裳豪詠喜聲聲。
燭紅寶帳春如海，客醉華堂酒滿觥。
並蒂蓮開人不俗，同心曲唱月長明。
室家宜爾和琴瑟，壽可雙登到老彭。

## 280.花蓮遇雨 七律一首 宿王母娘娘廟

詩文之友 30 卷 2 期 1969.6.1（又見手稿本）

沛然驟雨一時傾，頃刻盈渠盡水聲。
前殿風吹蓮子亂，後宮雨打石頭鳴。
遊人禮佛歸來急，阻我尋鷗去不成。
何事敲窗偏不息，淋漓滴瀝到三更。

## 281.旅舍夜話席上賦呈劉孟梁、蔡錦棟先生 七律一首

中華詩苑 1 卷 1 期 1955.2.16（又見手稿本）

偷得公休半日閒，登壇何幸雜仙班。
訂緣喜獲三生石，覓句同探二酉山。
口角春風吹瑟瑟，耳邊秋水聽潺潺。
唱酬漫較工耶拙，斧鑿痕多費改刪。

## 282.旅舍書懷呈獻堂宗先生 七律一首 1946 年

客舍悽悽悶煞人，不堪回首憶前塵。

讀書祇合稽今古，守分無須棄賤貧。
令色有時嗤某甲，避讒何日遠同寅。
眼前家國關興廢，未許偷安作逸民。

林友笛未定稿<br>民國三十五年一月二十四日

註：一作詩題爲：旅舍書懷寄知己吟侶。

註：棄賤貧，一作限富貧。

令色，一作佞色。

眼前家國關興廢，一作眼前祖國欣光復，一作即今祖國欣光復。

## 283. 哭林純卿宗先生 七律二首之一

詩報 69 號 1933.11.1<br>臺南新報 11391 期 1933.9.27（又見手稿本）

義方教子乍成名，詎意修文赴玉京。
鄴架經書遺後世，孤山猿鶴哭先生。
傲遊已負西湖願，聯句難尋北閣盟。
太息吟魂招不返，傷心淚每爲翁傾。

註：遺後世，一作傳後世。

## 284. 哭林純卿宗先生 七律二首之二

詩報 69 號 1933.11.1<br>臺南新報 11391 期 1933.9.27（又見手稿本）

塵寰蟬蛻返匆匆，愁煞騷壇賦落紅。
蓬島鷺鷗悲夜月，岱江桃李泣春風。
向平已遂今生願，逋老偏教後起崇。
此去黃泉休飲恨，克家有子勝揚雄。

註：愁煞，手稿一作愁殺。

## 285. 崁南喜會立卿詞兄賦似 七律一首

崁南邂逅亦奇緣，促膝談心興欲仙。
自笑牢騷長不解，卻教風雅抱依然。
王春遊賞經年遍，商展參觀此日先。
畢竟繁華成底事，萬般過眼化雲煙。

註：一作詩題爲：庚子王春參觀商展於臺南邂逅遇立卿詞兄賦此奉酬。

## 286. 恭祝皆興先生七秩華誕 七律六首之一

詩文之友 29 卷 5 期 1969.3.1（又見手稿本）

海屋籌添大德臻，風清月白值良辰。
懸弧公喜從心欲，祝嘏客來滿面春。

遁甲軍攻兵卸甲，逢申人慶嶽生申。

相量願晉蟠桃實，額頌金剛不壞身。

註：晉，一作獻。

額頌，一作豫祝。

## 287.恭祝皆興先生七秩華誕 七律六首之二

詩文之友 29 卷 5 期 1969.3.1（又見手稿本）

高雄縣令舊相知，七秩稱觴笑展眉。

德動華封三祝日，恩覃樂府四歌時。

延齡願獻安期棗，晉酒來賡李白詩。

我具心香虔一瓣，遙遙恭祝到期頤。

## 288.恭祝皆興先生七秩華誕 七律六首之三

壽宇宏開敞綺筵，霓裳曲奏大羅天。

賦詩儘可崇三鳳，晉酒還須醉八仙。

杖國人逢辰九九，稱觴堂滿客千千。

為翁額首當空祝，齡比籛鏗八百年。

## 289.恭祝皆興先生七秩華誕 七律六首之四

詩星朗朗壽筵開，祝嘏人多去復來。

歲自逢申人杖國，酒狂過酉客啣杯。

愛民甘作三年令，長縣原非百里才。

南極增輝翁矍鑠，嵩呼聲滿鳳凰臺。

## 290.恭祝皆興先生七秩華誕 七律六首之五

俊逸丰標碩望隆，高雄德政布明公。

衣冠禮樂彰新雨，道義文章尚古風。

杖國賡詩才吐鳳，登堂祝嘏爪留鴻。

問安點頷歡何極，福祿壽全是此翁。

## 291.恭祝皆興先生七秩華誕 七律六首之六

仁者壽多鶴算難，人間不信有黃安。

家藏詩史關心讀，眼滿兒孫適意看。

賀客滿門來得得，聲歌盈耳聽端端。

古稀未是為稀歲，享到期頤亦簡單。

## 292.恭祝總統蔣公八秩華誕 七律二首之一

詩文之友 26 卷 6 期 1967.10.1（又見手稿本）

海屋籌添大德隆，蟬聯元首更留鴻。

反攻恢禹心猶切，戡亂除奸氣益雄。
治國政厭同夏日，杖朝面喜拂春風。
普天慶祝歡何極，福祿壽全頌蔣公。

　　七十四叟林友笛拜祝

　　註：手稿一作：

　　　　海屋籌添大德豐，蟬聯元首更留鴻。
　　　　反攻準擬傾全力，勘亂居然有大功。
　　　　治國政厭同夏日，杖朝面喜拂春風。
　　　　萬民致祝歡何極，福祿壽多是此翁。

## 293.恭祝總統蔣公八秩華誕 七律二首之二

元首英明世所崇，掃奸除諜氣豪雄。
蟬聯公喜壯全土，雀躍人爭待反攻。
治水殊勳同夏禹，呼嵩滿面拂春風。
青天白日旗抬展，為祝遐齡壽不窮。

## 294.恭輓王桂木先生千古 七律一首

詩文之友 30 卷 3 期 1969.7.1（又見手稿本）

訃報驚看恰午時，先生與世竟長辭。
歲因在酉修文去，日負同寅灑淚悲。
客歲君憂亡孟母，今年我忍哭羲之。
鄭虔書畫王家筆，藝術精工繼有誰。

## 295.恭輓春懷宗兄千古 七律一首

詩文之友 27 卷 6 期 1968.4.1 （又見手稿本）

訃信驚傳日出辰，悲翁化鶴脫凡塵。
才同白也詩無敵，學究倉公術有神。
活國活人難活己，懷仁懷德復懷春。
黃泉此去應瞑目，子孝孫賢可立身。

## 296.凌雲女史以過訪不遇賦詩謝罪愧不敢當謹次瑤韻奉酬

　　七律一首

詩文之友 33 卷 2 期 1970.12.1

漫將往事論陰晴，欲訴吟懷藉管城。
友笛詩篇慚潦草，凌雲心性感虔誠。
親於翰墨情親摯，不為牢騷氣不平。
自愧胸中茅塞慣，幾經戎棘復芟荊。

## 297.凌霜詞兄以閒中戲作索和次韻奉酬 七律一首

詩文之友 33 卷 3 期 1971.1.1　（又見手稿本）

世味辛酸略已嘗，濟貧久不見傾囊。
充饑莫煮烏麻飯，止渴權斟綠豆湯。
尚武逞強非得策，當歸養老是良方。
我吟放浪懷常放，那管頭顱鬢已霜。

註：略已嘗，一作俱已嘗。

註：本詩附有小札一封：

賜和佳作二十六日寄出，二十七日接到，同時有一漚、漱雲兩信。漱雲是和詩，
一漚謹云詩意，是練身體不是放浪，實莫名其妙。君又以一律索和，無賒帳，
復放債，故不得不撥一小時隨手而還，然發出之詩遠自臺北、臺中、彰化、嘉
義、臺南、高雄、屏東、花蓮、宜蘭、對關詩人計四十名，如君之索和，當四
十餘首之律，負擔寧無過重乎？

八月二十七日　友笛鞠躬

## 298.凌霜詞兄用放浪吟韻呵成佳什見示次韻奉酬 七律一首

詩文之友 33 卷 2 期 1970.12.1　（又見手稿本）

龍愛僧繇畫壁間，點睛雷電響聲嫻。
我為地主遊三地，人壯關公過五關。
濯足未經牛尿港，敬神先上馬鳴山。
老來且喜吟軀健，久把功名信念刪。

林友笛自註：八月卅一日接信，九月一日和詩並郵送。

## 299.高雄聯吟翌朝與立卿周抄兩兄同登壽山感作 七律一首

登高每為爽吟情，古蹟同探次第行。
得上壽山稱不老，未遊福海亦長生。
愁看大陸風雲急，忍效中天鷸蚌爭。
俯微往來人似鯽，繁華記否鄭延平。

## 300.訓練團第三放假日與楊鄧兩同學漫遊圓通寺

過圓通寺 七律二首之一

圓通寺內駐吟身，方外無端證佛因。
法雨霏霏籠苦海，慈航刻刻渡迷津。
睡獅有幸聽真理，石象何曾染俗塵。
明白西方原有路，萬千修不到於人。

## 301.訓練團第三放假日與楊鄧兩同學漫遊圓通寺

過慈雲巖 七律二首之二

高峰有剝我曾聞，拾級方知峻十分。
寺外瀟瀟施法雨，巖前漠漠罩慈雲。
禪僧款客情偏摯，野鳥迎人意更勤。
浪說斯庵千古跡，近年新建昔年焚。

## 302.退隱偶成 丁未天中 七律一首 1967 年

詩文之友 26 卷 4 期 1967.8.1

退休不覺幾經年，世事滄桑任變遷。
鑑面誰知齡七五，腹心我愛客三千。
莫愁宦海風波險，好結騷壇翰墨緣。
詩自豪吟茶自飲，庭中時聽鳥談天。

## 303.倒疊韻奉酬一漚先生將之泰國 七律一首

詩報 311 號 1944.3.1

泰國揚風信有緣，壯君隻手可擎天。
吟來甌北詩成趣，說到圖南志更堅。
大器何曾嗤小器，後賢誰不仰前賢。
望鄉關裡思鄉日，莫忘西窗翦燭年。

## 304.宿大仙寺 七律二首之一

大仙寺內駐吟身，方外重來訂佛因。
暮鼓撾餘僧說法，晨鐘響徹鳥修真。
慈雲漠漠籠瓶柳，法雨霏霏了俗塵。
漫詡空門秋寂寞，一庭花木四時春。

## 305.宿大仙寺 七律二首之二

大仙寺外景無邊，兩塔巍巍聳碧天。
偶望長空雲片片，又逢大殿雨綿綿。
老僧說法稽於古，野鳥聽經競向前。
真個空門多樂趣，此間猿鶴亦神仙。

## 306.宿靈泉寺 七律一首

寂寂空門淡淡秋，錦雲密佈滿宮幽。
老僧說法頻撾鼓，山鳥聽經亦點頭。
兩座金剛睜眼耀，一尊尼佛臥身修。
始知塵世千年樂，不及上方半日悠。

## 307.將之四湖留別朴雅諸吟友 七律一首

詩報 198 號 1939.4.1

離愁萬斛塞胸間，欲寫偏教下筆難。
會計關心經一載，故鄉分手爲三餐。
千杯濁酒情高厚，十里飛沙路渺漫。
醉月樓中勞惜別，四湖湖上望吟壇。

## 308.清明節蒙侯鎮長設席席上賦呈並似在座諸君子 七律一首

詩文之友 28 卷 3 期 1968.7.1（又見手稿本）

節屆三春月上弦，重尋鷗鷺朴津邊。
愧慚白髮垂雙鬢，喜讀新詩富百篇。
習習仁風揚雅座，煌煌燈火照吟筵。
鯫生自笑非嘉客，設席難酬地主虔。

旋馬庭主人林友笛鞠躬

## 309.麥秋偶成 七律一首

年來漸覺老還童，身世渾如不倒翁。
菊圃躬耕閒釣月，草堂睡足便吟風。
書香郁郁懷心內，笛韻悠悠印腦中。
詩自推敲茶自飲，懶將往事問蒼穹。

　　註：本詩附有小札一封：

　陳昌言先生斧正：

　　黃庭式氏於寒舍學念古譜，謂臺南有風流詩人名昌言先生者，與我有總角之
　　好，識之乎？對曰：識之已久，其人詩品清高，不輕與人倡和，奈何，囑我
　　特寄拙作以試真否，兄其負我乎？

旋馬庭主人林友笛鞠躬

## 310.問梅 七律一首

爲叩南枝與北枝，如何南早北偏遲。
豈因傳信分先後，柳厭爭春故忸怩。
倘使卿真能解語，也應我質便通辭。
芳心記否迎簷笑，底事無言似息嬀。

## 311.寄陳雲翔先生 七律一首

詩文之友 2 卷 6 期 1954.6.15

風雪關河暮角哀，太平洋畔一低佪。
人從落日天邊望，愁共驚潮信外來。

避債且浮流水賬，遣懷終屈補天才。
何時同得攜春去，沉醉鹿江酒百杯。

## 312.寄陳義山先生 七律一首

詩文之友 2 卷 6 期 1954.6.15

一別東台月幾過，故人消息近如何。
瘋狂未必吟葩累，痴顛無關債務多。
肝膽照餘淪劫史，升沉忍唱定風波。
記從其酒興歌夜，夢落羅山感什麼。

## 313.寄盧少白先生 七律一首

詩文之友 2 卷 6 期 1954.6.15

尸居歲月悵因循，零亂鄉愁付劫塵。
棄地江關哀庾信，顎洲鼙鼓憶盧綸。
中年感我知何世，風雅如君得幾人。
其奈年來高血壓，擁書且自戒吟身。

## 314.寄懷何亞季先生 七律一首

詩文之友 30 卷 6 期 1969.10.1

卅載飄零滯四湖，買山愧未策歸途。
不愁傲骨經霜瘦，自愛詩心鎮日娛。
市虎有時嚙俗子，登龍何日覩鴻儒。
屋梁落月疑顏色，慕藺懷思熱似爐。

## 315.寄懷陳皆興先生 七律一首

詩文之友 28 卷 4 期 1968.8.1 （又見手稿本）

憶昔羅山聚首時，歸來今尙仰丰儀。
寄懷未寫情先動，索和難償句得遲。
避債臺中人避債，將離花畔賦將離。
屋梁落月知多少，一片虔心訴與誰。

## 316.釣蛙得絕律各二首寄知己吟侶 七律二首之一

黃昏閒倚小漁磯，反射霞光映翠薇。
淺草池邊蛙閣閣，夕陽岸上雨霏霏。
來時笠影隨流漾，釣罷竿頭帶月歸。
真個漁家無限樂，得魚沽酒日忘機。

## 317.釣蛙得絕律各二首寄知己吟侶 七律二首之二

東郊雨後景無雙，兩岸風光醮碧江。
空際凝眸霞燦燦，崖邊傾耳水淙淙。
滿竿風月三杯酒，萬頃煙波一釣艭。
漫笑絲綸生意淡，古來漁父足安邦。

## 318.笨港懷古　韻用溪西雞齊啼　七律一首

詩文之友 28 卷 1 期 1968.5.1（又見手稿本）

南北居然隔一溪，舟車輻湊遍東西。
應知開港同騎虎，漫詡移民似割雞。
航海家尊劉定國，開台王祀顏思齊。
劇憐林圯身亡後，埔草棲鴉塚上啼。

　　林友笛自註：入選第十二名。

## 319.訪詩文之友社賦呈副社長王友芬先生 七律一首

詩文之友 27 卷 3 期 1968.1.1（又見手稿本）

胸懷瀟灑絕埃塵，和靄謙恭更可親。
介甫詩雄堪泣鬼，羲之筆健妙傳神。
登龍於我偏嫌晚，繡虎看人仰慕頻。
訪友兩家勞玉駕，歸來今尚感情真。

## 320.偶感謹呈鳴皋先生 七律一首

甲寅孟秋之月倡酬詩稿集 1974 年
甲辰臘月之望倡酬詩稿集 1964 年
詩文之友 25 卷 3 期 1967.1.1（又見手稿本）

筆退江淹氣力窮，城多七字覺難攻。
兵知詐敗原非弱，詩到能遲轉是雄。
愧我才疏同笨伯，羨君學富等文公。
如斯大雅誠無敵，誰不低頭拜下風。

　　註：詐敗，手稿一作進退。

　　　　誠無敵，手稿一作真無敵。

　　誰不低頭，手稿一作最後低頭。

　　註：本詩附有小札一封：

　　　　拜讀佳作落落大風，點點奇珍，真不愧望族，弟萬不及一。大函中反蒙諸多
　　　過獎，愧不敢當，本當及早效顰，因敝地關聖夫子聖誕，款客數日，匆忙之
　　　間，未及修書奉請，實覺汗顏，遲延奉和，簡慢之愆，幸祈諒之。

## 321.理菊偶作 七律一首

詩文之友 33 卷 4 期 1971.2.1 （又見手稿本）

西風何事過花台，暑退涼生雁又來。
不聽寒蟬知口噤，偶逢吟友笑顏開。
傲霜日理籬邊菊，踏雪時尋隴上梅。
簾外秋聲頻入耳，鏡中怕見鬢毛催。

　　註：何事，手稿一作偶爾，一作底事。
　　　　雁又來，手稿一作雁陣來，一作雁欲來。
　　　　知口噤，手稿一作皆口禁。
　　　　日理籬邊菊，手稿一作日賞籬邊菊。

## 322.湖山覽勝 七律一首

詩文之友 33 卷 6 期 1971.4.1（又見手稿本）

湖山高寺聳雲天，拾級來探大自然。
健足快登堦四八，進香遊覽客三千。
經從貝葉書初就，池有蓮花放正妍。
真個空門多樂趣，此間雞犬亦神仙。

## 323.閒中偶成 七律二首之一

詩文之友 28 卷 6 期 1968.10.1（又見手稿本）

閒中我每繫懷思，滿腹牢騷未改移。
巷尾有時貪奏樂，案頭無日不吟詩。
弄孫柚喜分文旦，款客茶甘用武夷。
旋馬庭園寬半畝，充饑好曝地瓜絲。

## 324.閒中偶成 七律二首之二

詩文之友 33 卷 4 期 1971.2.1

作詩端不負詩家，到處留題興倍加。
漫道人情原草草，喜看山景正華華。
迎風綠拂千竿竹，散露江籠萬朵花。
譜奏敲山歌將水，清心貪飲武夷茶。

## 325.閒中偶詠 七律一首

詩文之友 34 卷 6 期 1971.10.1

塵囂盈耳倩誰收，準擬溪邊效許由。
有限茶精難解渴，無多酒量易消愁。
留賓顧我能投轄，求劍嗤人尚刻舟。
老愈牢騷懷愈放，辰遊對此樂悠悠。

　　註：效許由，一作慕許由。

### 326.詠史 七律一首

鴻漸品茗愛安溪，仁裕談詩便見迷。
護嫂關公唯守禮，出妻曾子為蒸梨。
相如完璧功歸趙，赤也輕裘衣適齊。
祖逖暢吟茅店月，劉琨起舞又聞雞。

### 327.詠新店吊橋 七律一首

詩文之友 2 卷 5 期 1954.5.1 （又見手稿本）

鐵條木板架當空，彷彿長虹一例同。
潭內隱鉤魚怯釣，渡頭無箭鳥疑弓。
人如天馬行空際，君似金龍出水中。
選勝剛逢元旦午，逍遙過此樂何窮。

### 328.朝宗先生八一榮壽冠頭詩 七律一首

朝來攜杖杖於朝，宗派淵源本不遙。
先上壽山春有腳，生於福海富無嬌。
八叉手可攀蟾桂，一管筆堪奪柳條。
榮顯兒孫多似鳳，壽人壽己術兼超。

### 329.進香車 七律一首 七律尤韻

轟轟來往未曾休，客滿街頭任去留。
百輛縱橫盈笨港，一龕香火溯湄洲。
升車正立崇文聖，駕道橫行效武侯。
翹首朝天宮外望，汾津聲價振環球。

### 330.喜春來 七律一首

詩文之友 27 卷 6 期 1968.4.1 （又見手稿本）

東皇駕到百花開，萬物逢春亦快哉。
羊去休教愁未去，猿來便覺喜更來。
人欣讀畫閒猶逸，鳥愛聽經去復回。
滿眼乾坤新氣象，收京指日漫相猜。

### 331.喜寶昆先生過訪賦此奉酬 七律一首

詩文之友 8 卷 6 期 1958.3.1

牢騷原不計前途，廿載萍蹤滯四湖。
柳巷何曾親小子，茅齋偏喜駐鴻儒。
和詩敢畏陽春險，款客還慚白飯粗。
難得春風吹淡蕩，頓教俗慮滌須臾。

## 332.寓齋書懷 七律四首之一

詩報 138 號 1936.10.2（又見手稿本）

過隙駒光疾似梭，歸田轉眼鬢將皤。
異書卻喜閒中讀，短劍空憐夢裡磨。
遯世早知來往寡，識人生恐是非多。
茫茫塵海風波急，擊楫中流喚奈何。

## 333.寓齋書懷 七律四首之二

詩報 138 號 1936.10.2

為厭蚊聲聒耳頻，一肩襆被出江濱。
自憐塵世文章賤，奚羨朱門富貴春。
甘蔗有甘能解渴，苦瓜無苦不生津。
那知廿載風霜飽，故我依然蠖未伸。

## 334.寓齋書懷 七律四首之三

詩報 138 號 1936.10.2

莽莽乾坤寄此生，深山何處可逃名。
嘗多世味懷仍壯，說到人情膽自驚。
至道不慚衣食惡，蓄財尤恐子孫爭。
看來富貴春婆夢，過眼繁華未足榮。

## 335.寓齋書懷 七律四首之四

詩文之友 35 卷 1 期 1967.11.1（又見手稿本）

叉手行吟逸興賒，閒尋野老話桑麻。
充饑日採籬邊菊，止渴時烹凍頂茶。
賭友不交交樂友，酒家割愛愛詩家。
老來倍覺身心健，為服當歸氣益加。

## 336.無題 七律一首

俊逸高明仰大賢，才華作品總超然。
琳瑯滿紙千金貴，珠玉盈篇萬選錢。
詩自清新吟有味，士多風雅信無邊。
應知濟濟扶輪手，不是逋仙便謫仙。

## 337.無題 七律一首

步行共喜訪吟鷗，黯黯燈光趁夜遊。
不厭崎嶇來路險，騷人何事大風流。
品茗談詩及古今，茶煙繚繚夜沉沉。
瓶中畢竟多奇種，聲價爭云值萬金。

## 338.雲鶴老兄以結婚屆六十週年感賦索和次韻奉酬 七律一首

詩文之友 34 卷 1 期 1971.5.1

畫髥丹青術略同，蒼蒼鶴髮貌如童。
金剛六十婚無敵，珠履三千慶未終。
白首交深猶按劍，朱顏駐久轉通紅。
兒孫繞膝歡何極，日日分甘樂此中。

## 339.詩人雅會 七律三首之一

詩星朗朗鷺鷗盟，知是人攻七字城。
壯志豪雄憑健筆，清詞奇麗當精兵。
文鋒不見張弓影，鬭韻頻聞落紙聲。
真個騷壇修雅禊，竹南從此振芳名。

## 340.詩人雅會 七律三首之二

吟社篁聲擊鉢催，恰逢公子踏春回。
堂堂旗鼓飄新色，濟濟人文逞大才。
結隊鷺鷗盟碧海，聯翩裙屐醉瓊杯。
騷壇盡是探驪手，惟願年年勝會開。

## 341.詩人雅會 七律三首之三

篁陰苒苒覆吟筵，擊鉢人來興欲仙。
妙手空空憑白戰，奇才綽綽盡青年。
淋漓潑墨波三峽，咳唾隨風詩百篇。
附驥無緣慚落拓，登壇拔幟讓高賢。

## 342.詩城 七律二首之一

秦築休誇萬里長，編帖篋裡好文章。
隨園韻事今重展，楚客離騷古濫觴。
幟影搖天標五字，鉢聲動地勝三唐。
中州一稱金湯固，淑世吟風賴激揚。

## 343.詩城 七律二首之二

此中五字固金湯，壁壘森嚴似戰場。
編帖迴廊詞藻富，細吟環堵墨花香。
縱橫筆陣憑雙手，管領騷壇有別腸。
一任偏師攻不落，隨園韻事趣彌長。

## 344. 義士 七律一首

詩文之友 2 卷 6 期 1954.6.15

武略堂堂信可宗，關心破敵掃奸凶。
剛堅戰膽包天地，凜烈威風伏虎龍。
策馬寧誇奔後殿，彎弓偏喜作先鋒。
只愁國土難收復，不望公侯將相封。

## 345. 莊上眺望 七律二首之一

山莊風景信無邊，拾級來探大自然。
古樹參天迷過客，奇巖滿谷濯流泉。
樵夫見我情偏摯，野鳥迎人意更虔。
真個山中閒歲月，此間雞犬亦神仙。
　　　註：一作詩題爲：莊上曉望。
　　　註：山莊，一作山巔。
　　　　　樵夫見我情偏摯，一作樵夫指路情偏摯。

## 346. 莊上眺望 七律二首之二

尋芳總不厭山行，一陟偏教雅興生。
獅子頭間雲欲散，麒麟尾上雨初晴。
偶看白鳥歸巢急，又聽金蟬繰樹鳴。
景色鮮妍看不盡，花光點點亦詩情。
　　　註：一作詩題爲：曉行。
　　　註：獅子頭間，一作獅子頭中。
　　　　　景色鮮妍，一作風景滿山。

## 347. 過于賈二公墓園 七律三首之一 七律支韻

詩文之友 26 卷 4 期 1967.8.1（又見手稿本）

園中斜日映吟碑，窀穸蕭森草木悲。
萬卷經書高士傳，千秋于賈大文垂。
寒蛩弔月魂何處，蝴蝶愁風夢已遲。
太息二公今已杳，空餘詩字後人師。
　　　註：後人師，手稿一作萬人師。

## 348. 過于賈二公墓園 七律三首之二 七律支韻

詩文之友 26 卷 4 期 1967.8.1（又見手稿本）

于賈高風繫我思，佳城蒼翠更堪悲。
山川失色昏濛日，烏鵲無聲暗淡時。
一代詩才追李白，二公書法駕羲之。
登臨不盡興亡感，收復河山繼有誰。

## 349.過于賈二公墓園 七律三首之三 七律支韻

詩文之友 26 卷 4 期 1967.8.1 （又見手稿本）

石榔蕭條入望遲，山光水色總堪悲。
吟魂渺渺迷秋草，浩氣堂堂聳墓碑。
絕島無邊留筆跡，夕陽何處覓師姿。
儀風兩表餘宮閣，疑是二公長院時。

　　註：總堪悲，手稿一作總含悲。
　　　　墓碑，手稿一作石碑。

## 350.過布袋上陸紀念碑舊址感作 七律一首

不見巍巍瞰逝波，誰將斧鑿及巖柯。
三公宮外高碑杳，萬里江中舴艋多。
故金尚存唐禮樂，外邦空壯日山河。
早知俗世無長祚，硬石書文枉費磨。

## 351.過虎尾賦呈傳心先生 七律一首

牢騷滿腹倩誰收，踽促乾坤放浪遊。
自愛登龍來虎尾，忍同販狗吊羊頭。
賣文未許輕投筆，求劍還慚尚刻舟。
笑我一身多傲骨，此生夢不到封侯。

## 352.過長春祠 七律一首

詩文之友 30 卷 2 期 1969.6.1（又見手稿本）

長春祠畔叩禪關，野鳥聞聲意轉閒。
仰望高峰雲片片，俯聽深谷水潺潺。
樵夫遇雨憂催足，旅客吟風笑帶顏。
勝景宜人看不盡，幾疑身上武夷山。

## 353.過桃城蒙凌雲女史惠賜孟臣罐賦此奉酬 七律一首

羅山此日繫吟情，重訪東坡夙願成。
割愛孟臣於我貴，應酬地主感君誠。
擬將茶具來齊整，好作詩餘放浪賡。
泡得武夷憑一看，勝教舊罐十分清。

## 354.過高雄賦呈王隆遜先生 七律一首

詩文之友 29 卷 3 期 1969.1.1（又見手稿本）

旅中偶爾繫吟情，來訪羲之出志誠。
左傳文章原有價，右軍書法久馳名。
國風雅頌家風雅，茶味清於酒味清。
難得天緣今日假，高堂賜宴感先生。

## 355. 過基隆寄懷一泓 七律一首

詩報 287 號 1943.1.1

節屆初冬月下弦，為尋鷗鷺到江邊。
自慚笨伯胸無墨，卻羨船山筆似椽。
市虎驚心防俗子，登龍有意謁高賢。
最憐室邇人偏遠，莫締三生翰墨緣。

## 356. 過基隆寄懷李石鯨先生 七律一首

基津旅次繫吟情，來訪詩仙出志誠。
入谷爭趨瞻老子，隨風咳唾慕長庚。
自慚僻處成孤陋，敢向高人報姓名。
惆悵天緣偏不假，登就無分謁先生。

旋馬庭主人林友笛甫稿

　　註：一作：
　　　　基津此夕繫吟情，來訪詞宗出志誠。
　　　　道德猶龍懷老子，文章倚馬慕長庚。
　　　　自慚僻處成孤陋，漫向高人報姓名。
　　　　太息奇緣天不假，講堂無分謁先生。

## 357. 過鹿港拜謁寶書先生賦呈 七律一首

詩文之友 27 卷 2 期 1967.12.1（又見手稿本）

慕藺虔心熱似爐，相逢萍水歡須臾。
河清方許人稱智，世亂誰知我是愚。
市虎當年嗤俗子，登龍此日覿鴻儒。
瞻韓恨晚離何速，未忍分襟返四湖。

## 358. 過鹿港蒙漱雲先生設席賦呈 七律二首之一

節屆清和月麥秋，尋鷗剛值雨臨頭。
共知白髮垂雙鬢，不羨朱門顯一流。
口角春風吹瑟瑟，耳邊秋水任悠悠。
鰥生自笑非徐穉，下榻情深感未休。

## 359. 過鹿港蒙漱雲先生設席賦呈 七律二首之二

卅載論交尚有情，不忘友誼肯尋盟。
開懷話舊歡吟夕，索句攤箋快此生。
雨打窗前詩未就，濤翻海外夜頻鴻。
回思奏樂君多趣，許久未聞弄笛聲。

## 360.過義竹賦呈文俊文登兩先生 七律一首

詩文之友 30 卷 5 期 1969.9.1（又見手稿本）

半求黃菊半烏麻，來訪仙莊興倍加。
義竹鄉中尋舊雨，古梅樹下試新茶。
案頭誌讀翻三國，席上詩評愛七家。
難得主人虔款客，重逢共喜放心花。

## 361.過義竹蒙文登先生設席賦此奉酬 七律一首

李花開後復桃花，佳節來尋處士家。
義竹圍邊逢舊雨，聽松庵內試新茶。
勞君設席情偏摯，惹我敲詩興倍加。
無那匆匆還作別，泥人歸思亂如麻。

旋馬庭主人林友笛甫稿

　　註：本詩附有對聯一組：
　　　　文陣逢司馬。
　　　　登門謁臥龍。
　　　　別開生面於路中得之。

## 362.過彰化寄懷渭雄先生並似聲社諸君子 七律一首

詩報 295 號 1943.5.9

偷得公餘半日閒，登壇何幸雜仙班。
始知緣訂三生石，卻勝書藏二酉山。
我見詩翁甘俯首，君逢詞友便開顏。
唱酬遑計工兼拙，俚句居多待改刪。

## 363.過彰化寄懷賴懶雲詞兄 七律一首

詩報 295 號 1943.5.9

回首羅山聚首時，公餘養性且談詩。
登堂喜聽金言教，對鏡驚看白髮垂。
老我勞心仍作吏，多君妙手善為醫。
重逢共慰吟軀健，一詠何妨一展眉。

## 364.過彰化賦呈施梅樵先生 七律一首

一年數次締鷗盟，為愛先生起後生。
愧我才疏同笨伯，羨翁學富比長庚。
今宵又喜談心樂，客歲難忘架腹情。
坐久罔知天欲曉，窗間隱隱漏雞聲。

## 365.過褒忠賦呈李維喬先生 七律一首

詩文之友 2 卷 4 期 1954.4.1（又見手稿本）

褒忠偶爾動吟情，來訪詩仙出志誠。
道德有經崇老子，文章無敵羨長庚。
自慚白髮如霜白，喜讀清詩似雪清。
難得天緣今日假，講堂何幸謁先生。

## 366.過羅山賦呈林臥雲先生 七律一首

詩報 312 號 1944.3.20

衛體天心信可嘉，右軍書法總堪誇。
紙間日〇生花筆，門外時停問字車。
繡虎羨翁才倚馬，彫蟲愧我學塗鴉。
胸懷曠達精神健，熟閱青囊自一家。

　　　　註：詩報有缺字。

## 367.過羅山賦呈芇亭先生 七律一首

偷得公餘半日閒，杖藜訪舊過羅山。
自慚白髮花雙鬢，愛讀新詩筆滿圈。
蘊玉伊誰知玉器，衛朱應喜駐朱顏。
唱酬休計工兼拙，斧鑿痕多費改刪。

　　　　註：芇亭先生即嘉義畫家朱芇亭。

## 368.過霧峰蒙春懷老先生厚款賦此奉酬 七律一首

家學淵源本不遙，登龍何幸在今朝。
一生畏事多緘口，五斗輕辭為折腰。
顧我安貧能自樂，羨翁巨富更無驕。
共遊勝地車來往，讓坐難酬款意饒。

## 369.遊月眉山入山即景 七律一首

月眉山上景無雙，兩塔玲瓏映碧窗。
仰望高崗花簇簇，俯聽深谷水淙淙。
寺僧見客頻相問，野鳥迎人自不雙。
到此婉如員嶠入，清幽卻勝帝王邦。

## 370.遊北投山入山即景 七律一首

詩報 286 號 1943.12.12

北投絕勝繫山巔，百級來探大自然。
幾點青峰秋水外，數椽白屋夕陽邊。

泉源地上多佳氣，湯本池中不斷煙。
真個風光無限好，此間雞犬亦神仙。

## 371.遊獅頭山承廣照寺達通上人索詩賦此留念 七律一首

詩文之友 2 卷 5 期 1954.5.1（又見手稿本）

獅頭風景擁山嶺，拾級來探大自然。
俯瞰潭中舟點點，仰觀崗上草鮮鮮。
寺僧見客殷相問，野鳥迎人意更虔。
到此婉如員嶠好，禪房猿鶴亦神仙。

　　註：風景，手稿一作山景。
　　　　大自然，手稿一作喜自然。
　　　　寺僧，手稿一作雅僧。

## 372.詣立卿先生重訪李維喬先生蒙主人設席賦此奉酬 七律一首

詩文之友 2 卷 6 期 1954.6.15（又見手稿本）

天假公餘半日緣，褒忠三次訪詩仙。
分身無術師莊子，大腹深知慕孝先。
滿座春風欣擊鉢，多情明月照吟筵。
鮚生自笑非徐稚，下榻難酬地主虔。

## 373.達修先生以詩見示次韻奉酬 七律一首

不問王粲強登樓，釀菊欣逢九月秋。
飽歷湖山雙健足，放懷天地一閒鷗。
休貪巨富張黃榜，自愛安貧衣弊裘。
年過古稀才碌碌，作詩愧未出人頭。

　　註：休貪巨富，一作應嫌恃富。
　　　　自愛安貧，一作爭及安貧。

## 374.暖潭先生以金婚書懷見示次韻奉酬 七律二首之一

詩文之友 29 卷 5 期 1969.3.1（又見手稿本）

身閒喜聽鳥談天，娛目分甘樂晚年。
弄笛誰知翻七管，唱歌我愛和三絃。
作詩自愧居人後，品茗還須在客前。
樂有茶家時過訪，草堂敢詡比方圓。

## 375.暖潭先生以金婚書懷見示次韻奉酬 七律二首之二

詩文之友 29 卷 5 期 1969.3.1（又見手稿本）

漫云翰墨最相親，隻字何曾可濟貧。

銀鑿落斝人祝嘏，金婚式舉客懷珍。
暖如冬日歡天照，潭隱閒鷗戲水頻。
青色銅錢經萬擇，選樓妙製豈庸民。

## 376. 輓一漚尚賢先生千古 七律一首

詩文之友 38 卷 5 期 1973.10.1

訃信傳來獨愴神，老天胡可喪斯人。
西窗刻燭懷當日，梓里騎鯨痛此辰。
太歲悲君逢在酉，憾時惜我失同寅。
劇憐訪舊過宮口，無復書齋話劫塵。

## 377. 輓王母何太孺人千古 七律二首之一

訃信傳來使我傷，遙知寶媲已埋光。
生前懿德原堪仰，死後閨風更可彰。
當日既停桑拓社，昔年曾廢蓼莪章。
何家才女王家母，凜凜靈魂有異芳。

## 378. 輓王母何太孺人千古 七律二首之二

馬來化鶴上天空，愁煞親朋盡落紅。
滿地霏霏沾苦雨，漫空刻刻拂悲風。
迎賓截髮賢難得，教子和丸訓有功。
此去黃泉休飲恨，克家令哲繼揚雄。

旋馬庭主人林友笛拜輓

## 379. 輓張媽周太夫人千古 七律一首

訃信傳來使我悲，夫人與世竟長辭。
生前閫範原堪仰，死後閨風遠可追。
此日忍停桑柘社，昔年曾廢蓼莪詩。
周家賢女張家媽，四德流芳萬古垂。

陽愚弟旋馬庭主人林友笛拜輓

註：夫人與世竟長辭，一作夫人與世作長辭。

## 380. 輓駱子珊先生千古 七律一首 1969 年

駱家化鶴一詩仙，愁煞群鷗締鷺緣。
灑淚靈前悲伯道，修文地下謁顏淵。
親朋有誼斝三酉，點滴無方到九泉。
太息吟魂招不返，空餘珠玉後人編。

己酉端月望前二日　陽愚弟旋馬庭主人林友笛拜輓

### 381.與林春懷先生共遊故宮博物院 七律一首

故宮博物集中央，歷史悠悠歲月長。
古玩奏章歡不盡，帝王真影更昭彰。
看到東坡作勝遊，篇中筆蹟未曾修。
賦留赤壁人何處，弔古偏教嘆未休。

### 382.鳳岡詩社舉行鯤南三縣市秋季詩人聯吟大會，幸蒙寵召，聊賦俚言以祝之 七律一首

鯤南擊鉢喜相催，三縣詩人得得來。
秋月一竿騷興爽，春風滿座笑言開。
龍行大有吟龍句，鳳宿猶多吐鳳才。
從此街衢留韻事，名山鄒魯振蓬萊。

　　　　　　　　　　　　　　　旋馬庭主人林友笛謹祝

### 383.旗峰詩社四十週年大慶 七律一首

詩星朗朗聚旗峰，鷗鷺相親豈易逢。
來鳳儘多才吐鳳，登龍不少句吟龍。
洛陽紙貴文風振，魯殿光搖士氣濃。
社慶年經週四十，好同三祝動華封。

### 384.趙雲 七律一首

長坂堂堂建大功，居然五虎一英雄。
剛堅戰膽包天大，凜烈威風貫日紅。
陣上縱橫尋帝子，軍中出入藐曹公。
若非元直生擒計，青史焉能記勇忠。

### 385.漱雲詞兄以日月潭誌盛佳什見示次韻奉酬 七律二首之一

霞光水色兩兼優，日月爲名萬古留。
孔雀園中人午睡，姑娘山上客辰遊。
煙籠寶塔千峰翠，潭泛輕舟一葉浮。
到此恍如員嶠好，不教俗慮掛心頭。

### 386.漱雲詞兄以日月潭誌盛佳什見示次韻奉酬 七律二首之二

遐邇人爭勝景傳，遠煙帆影復增妍。
園風拂柳迎陶令，山氣如蘭髣麗娟。
德化可曾居隱士，玄光是否有吟禪。
波平浪靜知何日，好與諸峰締夙緣。

　　　林友笛自註：八月廿七日接信，八月廿九日回信。

### 387.漱雲詞兄以寶書先生遣懷佳什見示次韻奉酬 七律四首之一

天步誰憐舉步艱，克難無力亦當還。
應知恃富田千畝，未若安貧厝一間。
約會詩人時屈指，偶逢樂友便開顏。
客中恨少消閒法，那管頭添兩鬢斑。

### 388.漱雲詞兄以寶書先生遣懷佳什見示次韻奉酬 七律四首之二

身心形沒卌春秋，富貴由天莫強求。
上海風光何日賞，中原烽火幾時休。
十人焉得擒千虎，一髮無須拔九牛。
漫詡太公今已杳，復興文化可興周。

### 389.漱雲詞兄以寶書先生遣懷佳什見示次韻奉酬 七律四首之三

老來且喜賦歸耕，宦海深慚浪得名。
款客唯知茶當酒，療饑奚必食烹鯖。
只愁未足三餘學，不羨扶搖萬里程。
濁世而今人面險，含沙射影更堪驚。

### 390.漱雲詞兄以寶書先生遣懷佳什見示次韻奉酬 七律四首之四

詩吟杜牧亦疏狂，盛出前唐復後唐。
扢雅揚風宗孔孟，安邦定國仰蘇張。
思魚未入鮑魚肆，撲蝶光登化蝶莊。
識得其中真趣味，封侯無夢任茫茫。

林友笛待刪稿
註：本詩附有小札一句：寶書先生斧正。

### 391.漫遊三秀山八山即景 七律一首

詩文之友 30 卷 4 期 1969.8.1

自笑優遊性不遷，尋詩到此亦奇緣。
山高儻可名三秀，洞古曾經住八仙。
太息旅中時有限，莫貪方外景無邊。
我來豈為爭蝸角，自愛風光繡短篇。

### 392.漫遊竹溪寺 七律一首 韻用溪西雞齊啼

古今詩粹 1966.11.12
中華詩苑 1 卷 1 期 1955.2.16（又見手稿本）

緩步逍遙到竹溪，恰逢寺外日斜西。
庭多龍眼眸山犬，地剩牛皮感草雞。

老佛明朝將普施，信徒此夕盡參齊。
迎人猿鶴疑相識，見我來時得意啼。
　　註：日斜西，手稿一作日將西。
　　　　此夕，手稿一作此日。

## 393.漫遊湖山禪寺禮佛偶成 七律一首

詩友之友 29 卷 2 期 1968.12.1（又見手稿本）

車過梅林興轉狂，爲他山景好風光。
每思禪寺欣來往，懶向蒼天訴短長。
品茗真堪消夏熱，尋詩恰喜值秋涼。
此行不爲爭名利，自愛聽經禮佛堂。

## 394.漫遊關子嶺十八首之曉行 七律一首

詩典（又見手稿本）

曉起尋芳陟翠巒，野花見我笑開顏。
閒雲橋畔青雲集，聽水庵前綠水潺。
隔岸風吹人面竹，漫空煙鎖枕頭山。
勞勞塵世成何事，不及高峰歲月閒。
　　註：野花見我笑開顏，手稿一作道傍花發笑開顏。
　　　　勞勞塵世成何事，手稿一作始知塵世千年樂。
　　　　歲月閒，手稿一作半日閒。

## 395.嘉義師專李教授瀾平先生以七十生日書懷詩索和次韻奉酬 七律二首之一 1973 年

詩文之友 39 卷 2 期 1973.12.1（又見手稿本）

序齒多君十一年，才疏愧未出人前。
省身自足追曾子，額首虔心壽謫仙。
書史書書書不盡，樂詩樂樂樂無邊。
南山壽獻慶當日，沽酒何辭費十千。

## 396.嘉義師專李教授瀾平先生以七十生日書懷詩索和次韻奉酬 七律二首之二 1973 年

詩文之友 39 卷 2 期 1973.12.1（又見手稿本）

杖朝漫說是高年，足健辰遊大自然。
品茗夷溪藏不盡，和詩邐迤索相連。
文章儘可彰新進，道德猶須學古賢。
宇宙江山仍不改，北京自昔屬幽燕。
　　　　　　　癸丑中秋後十日　旋馬庭主人林友笛鞠躬　時年八十一
　　註：手稿一作詩題爲：敬次李瀾平先生七十書懷瑤韻。

### 397.壽楊煥彩翁六十誕辰 七律三首之一

閱世曾經六十春，欣逢此夕慶弧辰。
問年公喜談周甲，額手人爭頌誕申。
有子能詩堪療俗，愛花成癖不愁貧。
忘懷得失輕名利，行止居然一隱倫。

### 398.壽楊煥彩翁六十誕辰 七律三首之二

景色柴桑約略同，秋來紫白滿籬東。
搜求彝鼎終成趣，描寫丹青獨費功。
高踏幸無塵世態，逃名饒有古人風。
天南昨夜星輝耀，預兆長生是此翁。

### 399.壽楊煥彩翁六十誕辰 七律三首之三

壽宇宏開敞倚筵，霓裳曲奏大羅天。
羨翁善釀黃花酒，笑我難賡白雪篇。
更喜賢孫多繞膝，預知大德享高年。
待看絕妙通靈筆，自畫長生不老仙。

### 400.壽錫津先生六十晉一誌慶 七律一首

詩文之友 2 卷 6 期 1954.6.15（又見手稿本）

壽比南山大德臻，鶯鳴燕語值良辰。
刪詩君喜週花甲，晉酒人來頌岳申。
室有桂蘭欣繞砌，圃多桃李恰爭春。
牢騷笑我天涯客，也幸登堂飲賀醇。

　　註：燕語，手稿一作燕話。
　　　　圃，手稿一作園。

### 401.遣懷四首次笑儂詞兄瑤韻 七律四首之一

簾外欣看雨乍晴，江風颯颯爽吟情。
能詩只合推先輩，縱酒還須讓後生。
家有史書聊當飯，庭無車馬不沽名。
東山餘地容吾隱，一枕何愁夢未成。

### 402.遣懷四首次笑儂詞兄瑤韻 七律四首之二

往事真同夢裡看，忘形猿鶴獲相安。
知名豫奪鍾王筆，教我同登李杜壇。
白戰何曾愁力竭，青年倍覺愛才難。
乾坤跼蹐如蝸角，夙願成虛付一歎。

## 403.遣懷四首次笑儂詞兄瑤韻 七律四首之三

鳥語鉤舟破寂寥，隔江又聽水瀟瀟。
波瀾反覆原難定，時局風雲卻易消。
身外無求惟種竹，書中有味且題蕉。
薄田二頃充飢足，何用勞勞問市朝。

## 404.遣懷四首次笑儂詞兄瑤韻 七律四首之四

一竿風月自怡神，海外桃源寄此身。
太息文章難復古，空餘甲子屢翻新。
嘗深世味知酸苦，閱盡人情辨假真。
道德陵夷嗟此日，不如高臥作閒人。

## 405.碧巖聳翠 七律一首

湖外高峰湖內懸，山光水色總幽然。
忽聞玉犬雲邊吠，知是金龍雨意鮮。
乍見攜竿人釣鯉，又逢獻果客參禪。
此間風景佳於畫，不減桃源別有天。
　　註：總幽然，手稿一作兩幽然。
　　註：臺北市文獻委員會來函索作。

## 406.澄秋先生過訪以詩見贈次韻奉酬 七律四首之一

詩文之友 26 卷 5 期 1967.9.1（又見手稿本）

難得春風過我庭，窗明早覺耀詩星。
瘠肥莫復分秦越，清濁還須別渭涇。
大作篇篇原可讀，高談侃侃更堪聆。
重逢恨晚離何速，憾事於心為永銘。

## 407.澄秋先生過訪以詩見贈次韻奉酬 七律四首之二

詩文之友 26 卷 5 期 1967.9.1（又見手稿本）

為趁三餘一線光，攜鋤耕月水雲鄉。
自慚款客無津味，卻愛芝蘭有異香。
舊雨如君堪景仰，新詩惠我願珍藏。
濂溪家世多風雅，品格清高信可揚。

## 408.澄秋先生過訪以詩見贈次韻奉酬 七律四首之三

詩文之友 26 卷 5 期 1967.9.1（又見手稿本）

入座春風煥一新，巴山話舊豈無因。
早知梅圃邀明月，先兆茅齋迓貴賓。

莫怪陳蕃能下榻，應尊徐穉是高人。
縱談不倦終成趣，逸韻吟聲入耳頻。

> 註：豈無因，手稿一作及前因。
> 梅圃，手稿一作竹徑。

## 409.澄秋先生過訪以詩見贈次韻奉酬 七律四首之四

詩文之友 26 卷 5 期 1967.9.1（又見手稿本）

如山詩稿費搜羅，依舊騷人索和多。
客到談天還品茗，興來砍地且狂歌。
憂愁既已隨流水，哀樂休遲付逝波。
笛自橫吹書自讀，那管兩鬢欲全皤。

> 註：書自讀，一作歌自唱。

## 410.慶祝丁未孔子誕辰暨詩文之友創刊十五週年 七律一首 1967 年

詩文之友 27 卷 1 期 1967.11.1（又見手稿本）

扢雅揚風繫兩肩，詩文為友盡英賢。
大成聖誕慶今日，小集初刊記昔年。
載史評經齡十五，登壇祝嘏客三千。
欣看勝會遙參者，來是飛仙去醉仙。

旋馬庭主人林友笛謹祝

> 註：初刊，手稿一作刊登。

## 411.慶祝大廈落成 七律一首

華屋營新慶已成，恰逢天上月當盈。
美輪美奐身心爽，肯構肯堂父子榮。
樑上聲聲來燕賀，庭中得得聽鶯鳴。
羨君蔗境甘如許，退隱還須樂此生。

## 412.慶祝文藝列車月刊五週年紀念 七律一首

風格維新似迅雷，轟轟書籍任搬來。
列車載史分今古，藝苑刪詩善剪裁。
文筆揚風經五載，操觚扢雅遍三臺。
月刊擴得規模大，滿紙珠璣育大才。

## 413.慶祝胡莘農先生八秩榮壽重遊泮水 七律一首

天欲留賢輔蔣公，故教進士壽無窮。
重遊泮水心猶壯，避亂東瀛志益強。
治國政厭同夏日，杖朝面喜拂春風。
問安點頷歡何極，齒德雙全是此翁。

### 414.慶祝高屏三縣市聯吟大會 七律二首之一

高屏雅會喜宏開，三縣騷人接踵來。
結緣鷺鷗盟碧渚，聯翩裙屐醉瓊杯。
編編不少吟龍句，濟濟猶多吐鳳才。
東港從茲留韻事，海邊鄒魯振蓬萊。

### 415.慶祝高屏三縣市聯吟大會 七律二首之二

索詩遝邐客來頻，心思雖煩滿面春。
唱和早知垂另眼，聯吟倍覺爽吟身。
自慚笨伯胸無墨，卻羨濂溪筆有神。
半畝庭花餐自足，憂時憂道不憂貧。

### 416.慶祝雲林縣縣長吳景徽先生就任週年留念 七律一首 1952年

雲林文獻創刊號 1952.11.1

德政堪歌似北辰，萬家生佛是前身。
心開沿海防風備，澤被雲林化雨均。
飲馬投錢勞竹馬，樹人緘口等金人。
願教仁澤同西伯，讓畔繁於讓路頻。

　　民國四十一年六月十七日　林友笛賦呈

### 417.慶祝慈惠堂設堂二十年紀念 七律一首 1969年

詩文之友 30卷 2期 1969.6.1（又見手稿本）

堂運隆昌大自然，神威赫濯法無邊。
萬家得得崇金母，聖德巍巍庇昊天。
佈惠倏經年二十，進香時見客三千。
老來漸愛空門靜，不締仙緣便佛緣。

　　林友笛自註：己酉仲春之月夜宿慈惠堂，爲姜居士石送先生索詩，賦此以爲留念。

### 418.慶祝瀛社創立六十週年紀念 七律一首

年週花甲氣晶晶，大雅扶輪慶大成。
書談雞窗盈二酉，主盟牛耳羨長庚。
經通富有文中子，詩技精於阮步兵。
社運隆昌同日上，名馳北海復東瀛。

### 419.慶祝鯤南七縣市詩人聯吟大會 七律一首

唐榮國校聚英賢，七縣人來興欲仙。
結隊鷺鷗盟碧海，聯翩裙屐醉瓊筵。
堂堂旗鼓飄新色，郁郁文風振大千。

但願諸公長健在，躬參此會愛年年。

旋馬庭主人林友笛謹祝

## 420.儒林懷古 七律一首 七律侵韻

戊申詩人節全國詩人聯吟大會課題 1968 年
詩文之友 28 卷 3 期 1968.7.1（又見手稿本）

巴薩稽源印象深，農商駿發最堪欽。
翻新隸屬經三縣，依舊名稱尚二林。
史上長篇明可考，路邊小販雅能吟。
市街久傳儒風盛，半自謙光半桂森。

　　林友笛自註：入選十一名。

## 421.錦棟君東渡觀光賦此以壯行旌 七律一首

臺南新報 12329 期 1936.4.30

飄飄一葉渡蓬萊，恰值櫻花爛熳開。
長智莫輕遊炮廠，觀光祇合上燈臺。
離亭分手詩三首，驛路關心酒一杯。
此去東都風景好，願君收拾富歸來。

## 422.謁紫雲寺 七律一首

詩文之友 26 卷 4 期 1967.8.1

紫雲古寺擁山巔，拾級來探大自然。
鐘鼓樓高風習習，鴛鴦梅蔭草芊芊。
旅中有幸遊仙景，方外無端締佛緣。
最是空門堪遯世，此身來訪愛年年。

## 423.蒙潄雲兄招飲席上賦呈 七律一首

詩報 36 號 1932.6.1（又見手稿本）

君家此夕宴騷人，笑我長為入幕賓。
滿座清風催擊鉢，一樽美酒爽吟身。
自慚襪線才偏短，喜讀雲章句有神。
徹夜閒談終不倦，忘形猿鶴倍相親。

　　註：手稿一作：

　　　　君家月夕宴騷人，笑我還為入幕賓。
　　　　滿座春風催擊鉢，一罇美酒爽吟身。
　　　　自慚襪線才偏短，喜讀詩書句出神。
　　　　徹夜聯吟欣得得，忘形猿鶴倍相親。

## 424. 豫讓 七律一首 七律多韻

詩文之友 26 卷 6 期 1967.10.1（又見手稿本）

范中行事失行蹤，知伯休云邂逅逢。
吞炭忍心成啞子，漆身爲厲變形容。
擊衣示死仇偏報，刎頸輕生愾更濃。
至竟捐軀成底事，空餘忠勇有誰宗。

## 425. 蔡君夢花招飲席上次呂漢生詞兄過岱江見贈瑤韻 七律一首

詩報 70 號 1933.11.15

海陬也幸會詩人，瀟灑丰儀最可親。
下榻陳蕃情款款，憂時庾信感頻頻。
得消胸塊酣今夕，共剪燈媒話夙因。
太息干戈操不息，桃源何處避強秦。

## 426. 蔡君夢花招飲席上賦呈蘇櫻村、陳文石、楊近樗先生次笑儂兄瑤韻 七律二首之一

名士高談處士軒，我來偏喜聽嘉言。
詩星朗朗光虛室，醴酒薰薰醉暮村。
幾點歸航窮望眼，數聲豎笛動吟魂。
長江一帶蒼茫水，何處烽煙望燎原。

## 427. 蔡君夢花招飲席上賦呈蘇櫻村、陳文石、楊近樗先生次笑儂兄瑤韻 七律二首之二

賓主言歡對夜燈，不才也幸眼垂青。
縱談時局心如醉，嘯傲高樓夢未醒。
應喜騷壇詩有趣，漫愁濁世筆無靈。
濤聲喧耳吟聲壯，勝會真堪繼斐亭。

## 428. 翼泉先生五秩晉七榮壽大慶 七律一首 1963 年

壽宇宏開會眾仙，霓裳曲奏大羅天。
調羹名振錦雞焗，祝嘏韻多白雪篇。
海屋人添籌五七，華堂筵啓客三千。
待看絕妙江淹筆，自畫長生不老仙。

癸卯初夏時維瓜月序屬孟秋
臺灣四湖鄉　旋馬庭主人林友笛補祝

註：海屋人添籌五七，一作海屋欣添籌五七。
　　華堂筵啓客三千，一作華堂歡讌客三千。
　　待看，一作欣看。

### 429. 講習偶作 七律一首

旅舍蛩聲月影斜，天風直欲散飛霞。
長空漠漠祥雲集，小雨霏霏瑞靄加。
只恐神州將失土，何愁鬼域暗含沙。
課餘養得吟軀健，飽賞團圞不死花。

　　　　註：本詩附有小札一封：
　　　　　　原作平凡難以奪目，故韻腳亦換之以為晉省講習之留念。

### 430. 總統頌 七律一首

詩星朗朗壽星明，元首齡堪比老彭。
文佈文王歌德政，武傳武子盡雄兵。
杖朝恢禹心猶急，治國崇堯志更誠。
南極星輝翁矍鑠，嵩呼萬歲待收京。

　　　　註：另有詩題：慶祝蔣公總統八秩華誕。

### 431. 謹次七十書懷瑤韻 七律四首之一

一日桓伊弄幾回，腔中歲月任相催。
簫吹唐殿千秋樂，花落江城五月梅。
虛室喜迎騷客至，草堂愁見醉人來。
勞勞倍覺吟軀健，老到詩心尚未灰。

### 432. 謹次七十書懷瑤韻 七律四首之二

處世年來漸適宜，自慚豹只管中窺。
文章復古知何日，甲子翻新定有時。
說到雞蟲多得失，嗤他鷸蚌尚相持。
炎威莫效浮瓜避，好傍江湄與水湄。

### 433. 謹次七十書懷瑤韻 七律四首之三

老到休教復問年，疏才未敢望掀天。
無憂草種漫堦綠，有限花開滿室妍。
不學米顛逢石拜，便從子夏抱琴眠。
年來莫減牢騷氣，朝是詩邊夕樂邊。

### 434. 謹次七十書懷瑤韻 七律四首之四

歌聲唱後又吟聲，詩樂還慚浪得名。
姜尚一竿原適意，盧仝七碗更多情。
反攻大陸宜攻共，收復中華更復明。
國際興亡關此日，疋夫有責望功成。

## 435.謹次方書彪先生山中冬至書懷瑤韻 <sub>七律二首之一</sub>

白雪霏霏疊幾重，時當六出總難封。
空山昔日懷消夏，旅舍今朝喜值冬。
我與盧仝耽是癖，君同畢卓醉貪釀。
邊城滿地烽煙急，武士爭先露劍鋒。

　　註：總難封，一作未曾封。
　　　　懷消夏，一作曾消夏。
　　　　喜值冬，一作又值冬。
　　　　耽是癖，一作同是癖。
　　　　邊城滿地烽煙急，一作邊城戰鼓連天響。
　　　　武士爭先露劍鋒，一作戰士還須露劍鋒。

## 436.謹次方書彪先生山中冬至書懷瑤韻 <sub>七律二首之二</sub>

盼望歸期自有期，不須朝夕繫懷思。
反攻復國成功日，退隱還鄉養育兒。
莽莽天時難逆料，茫茫人事竟何之。
南山滿地霏霏白，踏雪來尋漫笑痴。

　　註：養育兒，一作教養兒。
　　　　霏霏白，一作霏霏落。
　　　　踏雪來尋，一作踏雪尋梅。

## 437.謹次王寶書先生八十書懷瑤韻 <sub>七律六首之一</sub>

八秩稱觴值吉辰，省身端可健吟身。
蓬萊有日迎仙史，鷲嶺何時締佛因。
架有史書聊當飯，庭無車馬好修真。
多君不棄駑駘劣，惠我詩章句更新。

## 438.謹次王寶書先生八十書懷瑤韻 <sub>七律六首之二</sub>

恥向權門勢力趨，移山奚必倩公愚。
文章我每慚無價，道德人存是合須。
讒口有時防市虎，思心何日謁家駒。
老來轉覺吟軀健，晚境休嘆近暮榆。

## 439.謹次王寶書先生八十書懷瑤韻 <sub>七律六首之三</sub>

田園怕見日將蕪，整圃休嗤是俗夫。
有道漫誇人即智，亂時爭及我能愚。
清心喜聽三更鼓，白眼羞看九尾狐。
最是茫茫塵世事，誰憐民俗近綸胥。

## 440.謹次王寶書先生八十書懷瑤韻 七律六首之四

浮沉未問手先搖，說到人情恨未消。
憶昔壯齡原勇健，即今老樹欲零凋。
榮花競秀閒猶逸，詩樂雙清韻協調。
古譜依稀堪印象，詰朝未奏在前朝。

## 441.謹次王寶書先生八十書懷瑤韻 七律六首之五

日讀詩篇自捲舒，茶經茶譜潤相如。
置君夷狄無諸夏，隱士南陽有草廬。
潑墨淋灕三峽水，焚膏讀破五車書。
愁看故國烽煙急，哀樂茫茫付太虛。

## 442.謹次王寶書先生八十書懷瑤韻 七律六首之六

客中鄉思夢中過，非斧伊誰得伐柯。
三省應加三酉誡，一寒又恨一身多。
誰知失馬非唯禍，不是亡羊莫補蘿。
太息當今夷虜道，頹風難挽奈他何。

旋馬庭主人林友笛甫稿　二月十二日和寄

註：非斧伊誰得代柯，原作待旦還須賴枕柯。

## 443.謹次王寶書先生見贈瑤韻 七律二首之一

詩文之友 27 卷 2 期 1967.12.1（又見手稿本）

得謁羲之笑展眉，勝教食棗問安期。
奇緣喜訂三生石，覓句留書五綵楣。
敬客唯知虔煮茗，為賓未敢縱談詩。
明朝又是他鄉別，惆悵將分路兩岐。

## 444.謹次王寶書先生見贈瑤韻 七律二首之二

詩文之友 27 卷 2 期 1967.12.1（又見手稿本）

堂中不斷語絲絲，莫怪敲詩得句遲。
離別應知原有定，重逢未可作無期。
格高便覺輕名利，事問猶多重禮儀。
難得奇緣天假我，識荊何幸喜揚眉。

## 445.謹次見惠原玉 七律一首

了無閒事掛心頭，自在逍遙漫自羞。
款客時懸高士榻，迎神喜叩老人髏。
充閭有子精英學，警世多君說教遊。
愧我天涯還落拓，東山高臥願難酬。

### 446.謹次汪楚翹先生春日遊陽明山瑤韻奉酬方書彪先生並祈斧正 七律一首

斗酒雙柑雅興生，陽明山景任遊行。
參禪未獲從心願，放鶴先聽得意鳴。
莽莽乾坤原跼躅，茫茫人海待光晶。
再攜四斗劉伶醉，醉到酣時自解醒。

### 447.謹次吳雲鶴先生八秩初度書懷瑤韻 七律二首之一 1968 年

詩文之友 28 卷 5 期 1968.9.1（又見手稿本）

杖朝未必算高年，八百籛鏗世易遷。
鷲嶺有緣來禮佛，蓬萊無法去求仙。
當時烈烈青春氣，此日倉倉白髮鬖。
識得滄桑多變幻，莫將瑣事論愚賢。

### 448.謹次吳雲鶴先生八秩初度書懷瑤韻 七律二首之二 1968 年

詩文之友 28 卷 5 期 1968.9.1（又見手稿本）

年來滄海幾栽桑，魯殿天留一線光。
伐桂吳剛堪佐漢，耽詩李白善興唐。
無邪於我心偏壯，有壽欽君體又康。
難得兒孫多似鯽，問安點頷日繁昌。

旋馬庭主人林友笛甫稿　五十七年四月一日

註：堪佐漢，手稿一作宜佐漢。

### 449.謹次周澄秋先生五十年回顧瑤韻 七律一首

詩文之友 28 卷 1 期 1968.5.1（又見手稿本）

不知老到不知年，滄海桑田任變遷。
讀睡餐留三韻事，詩茶樂喜一聲連。
登壇便覺慚先輩，拔幟還須讓後賢。
翹首湖山巖上望，心香我每當參禪。

### 450.謹次周澄秋先生戊申元旦書懷瑤韻 七律一首

詩文之友 28 卷 1 期 1968.5.1（又見手稿本）

履端伊始值良辰，萬象回春煥一新。
歲末何愁詩莫祭，年頭卻喜福先臻。
羊離牢口心含未，虎嘯巖前夜屬寅。
難得猿聲啼不住，賀正人聽去來頻。

註：心含未，手稿一作時當未。
　　難得，手稿一作四面。

### 451.謹次高文淵先生歲暮賦寄原玉 七律一首 1971 年

新詩喜讀羨詩仙，桃李爭春鬪色妍。
七碗更深還我飲，一寒未至乞人憐。
史書當飯餐常足，富貴如雲念莫懸。
筆到忘懷神樂趣，數聲鳥語雜吟邊。

辛亥臘月下弦　旋馬庭主人林友笛鞠躬

### 452.謹次原韻 七律一首

辜君曠達本清心，公事多年不重金。
一發詩心無限樂，漚浮水面豈嫌深。
尙堪經史聯編讀，賢好晨昏放浪吟。
之死不知何日是，墓前立碣有誰欽。

旋馬庭主人林友笛未定稿

註：本詩附有小札一句：一漚詞兄斧正。

### 453.謹次陳志淵先生七四書懷瑤韻 七律一首

韻愈清高句愈奇，言行相顧語如絲。
書聲滿室堪行樂，蛇影盈杯也釋疑。
自是陳蕃能下榻，忍同賈島愛燒詩。
渾忘將老如君志，猶是當年幼稚時。

註：本詩附有小札一封：

志淵先生勛鑒：

玉函領悉，賜和佳作勝原作十倍，所惠佳章，造句清新，對法工整，想非老
手不能出此，欽服，欽服。昨日經北港、新港等觀賞元宵歸來，於機上方始
拜接兩首，俱新可誦，效顰於左。

### 454.謹次楊爾材夫子六十自訟原韻 七律一首

詩報 264 號 1942.1.20

忘懷跡寄水雲鄉，栩栩欣然蝶姓莊。
學孔崇耶修德俉，烹經煮史育英忙。
著書公喜周花甲，頌嶽人來晉壽觴。
萬里秋風橫老氣，蔗甘倒啖味偏長。

### 455.謹次趙凌霜詞兄倒疊前韻 七律二首之一

詩文之友 35 卷 1 期 1971.11.1 詩文之友 34 卷 6 期 1971.10.1

倡酬來往日增加，不是詩家便樂家。
案上尙存文旦柚，瓶中久缺武夷茶。

五風易過無膏雨，尺稻難知有丈蔴。
多少騷人欣索和，既來即作未曾賒。

> 註：蔴，一作麻。
>
> 多少騷人欣索和，一作任彼騷人頻索和。
> 即來即作未曾賒，一作佳章雖夥未曾賒。

## 456.謹次趙凌霜詞兄倒疊前韻 七律二首之二

詩文之友 35 卷 1 期 1971.11.1 詩文之友 34 卷 6 期 1971.10.1

說到吟哦興倍加，淡交至竟屬君家。
殘年竊比風中燭，益壽思烹雨後茶。
止渴時斟湯綠豆，充饑日煮飯烏蔴。
老夫非有劉伶癖，應債清償酒未賒。

> 註：飯烏蔴，一作飯烏麻。

## 457.謹次維澄先生寄懷原玉 七律二首之一

詩文之友 37 卷 1 期 1972.11.1（又見手稿本）

閒逸東山自在秋，不知吾老不知憂。
只愁未足三餘學，奚愧難封十八侯。
五碗清堪供晚飲，雙趺健可壯晨遊。
忍看宦海波彌濁，洗耳溪邊慕許由。

> 註：供晚飲，手稿一作供夜飲。

## 458.謹次維澄先生寄懷原玉 七律二首之二

詩文之友 37 卷 1 期 1972.11.1（又見手稿本）

仁里安居遠互鄉，三遷孟母豈常尋。
宵深忍聽三更鼓，風靜遙聞七里香。
圃愛栽花娛老眼，胸難成竹索枯腸。
文章憎命知多少，懶向倉天訴短長。

## 459.謹次德韻先生見贈瑤韻 七律一首

過隙駒光逐水流，中原殘局倩誰收。
只愁未足三餘學，不羨榮封萬戶侯。
擬共蘇公遊赤壁，思從歐子賦悲秋。
勞勞愧我風塵客，何日東山夙願酬。

## 460.謹祝德和女史榮膺臺灣省議員 七律一首 1952 年

李德和題襟亭藝苑 1952 年

天欲夫人佐國家，故教競選喜參加。

明珠有價榮非妄，錦幟無爭拔不差。
輔政關心同北極，烹經餘力及南華。
箇中文物知多少，才大如君信可誇。

　　　　壬辰蒲節

## 461.題李德和女史琳瑯山閣唱和集 七律二首之一

　　　　詩文之友 26 卷 6 期 1967.10.1（又見手稿本）

不忍珠璣委劫塵，故將舊稿復編新。
長庚大雅詩無敵，蓮玉高風筆有神。
卅載吟箋收隻手，一朝成帙耀三辰。
琳瑯滿紙光斯集，借鏡休忘著作人。

## 462.題李德和女史琳瑯山閣唱和集 七律二首之二

　　　　詩文之友 26 卷 6 期 1967.10.1（又見手稿本）

題襟亭可繼蘭亭，修禊時聞讀五經。
應喜騷壇詩有價，漫愁濁世筆無靈。
蒐珠恰值人除丙，付梓剛逢歲屬丁。
熟讀琳瑯山閣集，頓教墨客眼垂青。

## 463.題臺灣擊鉢詩選第二集 七律一首 1969 年

　　　　　　　　《臺灣擊鉢詩選第二集》1969

琳瑯滿紙價連城，熱意盈腔校至誠。
玉版非唯藏小酉，金聲端可步長庚。
篇篇詩富吟龍句，箇箇才高吐鳳名。
二集欣看重壽世，雞林生色遍東瀛。

　　　　　　己酉孟春下弦　旋馬庭主人林友笛甫稿

## 464.歸後寄懷德和女史 七律一首

歸來猶憶擾郇廚，海味山津各樣俱。
真個外交多手腕，果然中饋好工夫。
鄭虔書法知無敵，李白文風信不殊。
落月屋梁人兩地，何時復得見鴻儒。

## 465.歸鄉省親重訪劉孟梁先生於朴子旅社賦此奉酬 七律一首

夜話汾津復朴津，天涯同感歷風塵。
君搖畫舫尋騷客，我駕吟車省老親。
太息文章遲復古，忍教甲子易翻新。
心關家園安危日，未許偷安作散人。

## 466.贈粘漱雲詞兄 七律一首

愛絕豪吟藻思妍，香奩佳句出天然。
耽詩身瘦懷仍壯，好曲聲柔志益堅。
帳裡肉屏風十二，座中珠履客三千。
如斯大雅扶輪手，莫怪人稱賈浪仙。

## 467.贈楊笑儂詞兄 七律一首

胸懷瀟灑絕埃塵，和藹堪推道義親。
萬卷奇書經讀破，一身傲骨可藏真。
才同仁裕詩盈窖，學究倉公術活人。
大地蒼生多症苦，憑君妙手起回春。

## 468.薄暮即景 七律一首

重探關子嶺風光，景色宜人引興長。
遠寺鼕鼕搗暮鼓，斷崖寂寂掛斜陽。
牧童驅犢歸村急，野叟攜鋤返舍忙。
真個山中多樂趣，清幽端不讓仙莊。

## 469.寶書詞兄以秋日書懷見示次韻奉酬 七律一首

詩文之友 33 卷 2 期 1970.12.1（又見手稿本）

誰憐世道似羊腸，欲挽頹風未有方。
嶺上尋梅人踏雪，籬邊種菊我迎霜。
詩吟白社留鴻爪，信寄排空委鳳翔。
樂友書家時適訪，鏗鏘韻雅叶宮商。
　　註：委鳳翔，手稿一作有鳳翔。
　　　　時適訪，手稿一作時過訪。
　　　　韻雅叶宮商，手稿一作韻可叶宮商。

## 470.響應總統號召中華文化復興運動 七律三首之一

道德淪亡劇可悲，興中務急等燃眉。
焚書惱煞秦嬴氏，述聖虔尊孔仲尼。
民主尚存周禮樂，人靈爭讀漢文詩。
蔣公號召宜遵守，大道重恢壯國基。

## 471.響應總統號召中華文化復興運動 七律三首之二

東漸歐化道陵夷，力挽狂瀾慎莫遲。
舜日堯天期再見，鄒風魯雨願長垂。
欲興泰伯謙三讓，須效蔣公重四維。
號召恪遵來化育，河山收復信無疑。

## 472.響應總統號召中華文化復興運動 七律三首之三

故土存亡繫我思，文章端可濟時危。
五千年史興中國，三百篇詩振外夷。
和藹仁風光祖澤，輝煌德政耀宗支。
願教號召齊遵守，響應興中在此時。

## 473.蘇巡佐高昇巡官榮轉土庫詩以祝之 七律一首

詩文之友 8 卷 6 期 1958.3.1

警政精工實可師，昇官榮轉總相宜。
豈同崔烈錢能買，抱有淵明志不移。
戴道驪歌人惜別，陽關疊曲我悽思。
客中送客休增嘆，他日重來信可期。

## 474.歡迎中華民國以碎錦為格 七律一首 1946年

才華文秀武英雄，豫兆蒸蒸國運隆。
盛世黎民歌樂府，青天白日布仁風。
大千鼓震漫空響，一片旗翻滿地紅。
額首奉迎無限樂，歡呼萬歲溢圜中。

林友笛未定稿
民國三十五年一月二十四日

　　註：本詩附有小札一句：獻堂先生斧正。

## 475.歡送張清輝先生榮轉嘉市 七律一首

詩文之友 26 卷 2 期 1967.6.1（又見手稿本）

不似鶺鴒戀故枝，鵬飛萬里恰當時。
長亭柳折歌三疊，小別詩徵韻四支。
百忍堂中人百忍，將離花上賦將離。
異鄉莫怨吟鷗寡，此去羅山有舊知。
　　註：手稿另作詩題為：送清輝先生之於羅山。
　　註：恰當時，手稿一作正當時。
　　　　舊知，手稿一作故知。

## 476.讀凌霜詞兄閒居雜詠大有長足進步之感賦此寄懷以賀
七律一首

詩文之友 29 卷 5 期 1969.3.1 （又見手稿本）

寄懷賦就豈無端，為愛長篇大可觀。
茶味究真知味鮮，詩才倍覺得才難。
鷺鷗締結盟桑梓，桃李栽培滿杏壇。
韻學如君長足進，泥人刮目另相看。

### 477.讀與傳心兄唱和佳作謹次澄秋先生原玉 <sub>七律四首之一</sub>

詩文之友 26 卷 3 期 1967.7.1（又見手稿本）

醉臥吟壇過半生，偶逢騷客便心傾。
南陽廬既勞三顧，北苑茶烹到五更。
雪案有書兒苦讀，硯田無稅我貪耕。
蓮花樂友時來訪，勝卻虛名振大瀛。

### 478.讀與傳心兄唱和佳作謹次澄秋先生原玉 <sub>七律四首之二</sub>

詩文之友 26 卷 3 期 1967.7.1（又見手稿本）

十年前記喜瞻韓，菊賞秋園眼界寬。
促膝談心添逸興，評詩品茗更聯歡。
嘗深世味懷仍壯，說到人情膽自寒。
退隱如今閒已慣，避讒修養有何難。

### 479.讀與傳心兄唱和佳作謹次澄秋先生原玉 <sub>七律四首之三</sub>

詩文之友 26 卷 3 期 1967.7.1（又見手稿本）

古寺名山戀舊遊，瀛州踏遍欲神州。
尋鷗早已過東港，濯足還須浴北投。
華島泛潭觀日月，左營登閣讀春秋。
老來且喜雙趺健，閱歷何愁願莫酬。

　註：何愁，手稿一作奚愁。

### 480.讀與傳心兄唱和佳作謹次澄秋先生原玉 <sub>七律四首之四</sub>

詩文之友 26 卷 3 期 1967.7.1（又見手稿本）

不似芳風入肉屏，重逢依舊眼垂青。
談心儘可傾肝膽，見面無須重式型。
陋室有緣來樂友，草堂何幸耀詩星。
吾生帶有牢騷氣，歌譜吟聲一例銘。

### 481.籬邊數千蕊菊花現在盛開風來窈影髣似長城故號菊城爰賦一律以爲留念 <sub>七律一首</sub>

詩文之友 37 卷 5 期 1973.3.1

閒隱東山逸興生，不貪榮顯豈沽名。
茶經茶味稽茶譜，菊圃菊多號菊城。
恃富怕聞人殺妓，安貧未若我餐英。
杖朝又是齡增一，敢詡年高繼老彭。

## 五絕類

### 1. 下山偶占 五絕一首

詩文之友 30 卷 4 期 1969.8.1

欲宿無知客，求仙願莫酬。
名山從此下，回首痛澄秋。

### 2. 己酉孟秋廣邀知友賞花品茗 五絕四首之一 1969 年

詩文之友 31 卷 1 期 1969.11.1（又見手稿本）

待咲瓊枝下，庭園門半開。
籬邊燈影動，人道看花來。

### 3. 己酉孟秋廣邀知友賞花品茗 五絕四首之二 1969 年

詩文之友 31 卷 1 期 1969.11.1（又見手稿本）

接踵遊人到，遲遲花未開。
爭云時尚早，不賞莫空回。

### 4. 己酉孟秋廣邀知友賞花品茗 五絕四首之三 1969 年

詩文之友 31 卷 1 期 1969.11.1（又見手稿本）

品茗銷寒夜，花開有異香。
遊人齊拍掌，笑道願能償。
　　註：銷寒夜，手稿一作銷閒夜。

### 5. 己酉孟秋廣邀知友賞花品茗 五絕四首之四 1969 年

詩文之友 31 卷 1 期 1969.11.1（又見手稿本）

怒放三更候，了然看謝花。
浮生有幾許，對此感無涯。
　　註：了然，手稿一作偶然。
　　註：本詩附有序文：
　　　　己酉孟秋下弦前二日，庭前瓊花盛開，正欲沽酒對之，無如酒不欲我，乃廣邀
　　　　客賞，品茗閒談花以賞花光，爰賦五絕四首以爲留念。

### 6. 中秋夜於林光席上拈韻得支韻 五絕一首

詩報 236 號 1940.11.19

不夜中秋月，騷人雅集時。
滿堂欣得得，唱和盡新詩。

## 7.白雲 五絕一首

山中何所有，嶺上多白雲。
只可自怡悅，不堪持贈君。

## 8.回家春望 五絕一首

出門無所見，春色滿平蕪。
可歎無知己，高陽一〇〇。
註：原稿殘闕。

## 9.次笑儂詞兄秋日遣興瑤韻 五絕四首之一

看破浮雲幻，人間事渺茫。
金風催菊老，玉露浥橙黃。

## 10.次笑儂詞兄秋日遣興瑤韻 五絕四首之二

短笛欣三弄，長歌嘆五常。
東漸歐化盛，滄海任栽桑。

## 11.次笑儂詞兄秋日遣興瑤韻 五絕四首之三

秋釀黃花酒，籬邊喜獨斟。
碁堪消客思，詩可慰鄉心。

## 12.次笑儂詞兄秋日遣興瑤韻 五絕四首之四

月影穿虛室，書聲雜夜碪。
菜根香有味，日向淡中尋。

## 13.次接賀年狀感賦原玉 五絕三首之一

兒喜過新年，爲翁實惆悵。
難得我同窗，寄詩作賀狀。

## 14.次接賀年狀感賦原玉 五絕三首之二

一年一賀正，而今成古語。
馬齒愧徒增，人生何足喜。

## 15.次接賀年狀感賦原玉 五絕三首之三

待人厭權門，眼底分彼此。
一鹿逐中原，至今猶未已。

### 16. 次辜一漚詞兄八十初度自述原玉 五絕十首之一

詩文之友 28 卷 3 期 1968.7.1（又見手稿本）

莫說他人非，細思自己過。
安閒消歲月，去燕時來賀。

### 17. 次辜一漚詞兄八十初度自述原玉 五絕十首之二

詩文之友 28 卷 3 期 1968.7.1（又見手稿本）

壽君齡八秩，愧我學三分。
爭羨精神健，猶堪讀典墳。

### 18. 次辜一漚詞兄八十初度自述原玉 五絕十首之三

詩文之友 28 卷 3 期 1968.7.1（又見手稿本）

假我三餘學，輸君一局棋。
燈前刪舊稿，鬢角已新絲。

### 19. 次辜一漚詞兄八十初度自述原玉 五絕十首之四

詩文之友 28 卷 3 期 1968.7.1（又見手稿本）

未奪鍾王筆，先吟李杜詩。
徹宵聲嘹喨，莫覺有神疲。

### 20. 次辜一漚詞兄八十初度自述原玉 五絕十首之五

詩文之友 28 卷 3 期 1968.7.1（又見手稿本）

牢騷氣未退，記憶力還強。
偶得驚人句，能諳誦數行。

### 21. 次辜一漚詞兄八十初度自述原玉 五絕十首之六

詩文之友 28 卷 3 期 1968.7.1（又見手稿本）

騷壇馳逐久，蘊藉愧無多。
樂樂樂詩樂，忘懷歲月過。

### 22. 次辜一漚詞兄八十初度自述原玉 五絕十首之七

詩文之友 28 卷 3 期 1968.7.1（又見手稿本）

品茗迎騷客，談詩忌醉人。
無官知守分，樂道且安貧。

### 23. 次辜一漚詞兄八十初度自述原玉 五絕十首之八

詩文之友 28 卷 3 期 1968.7.1（又見手稿本）

艱難渾燕雀，得失等雞蟲。
世道羊腸似，步行涉險同。

## 24.次辜一漚詞兄八十初度自述原玉 五絕十首之九

詩文之友 28 卷 3 期 1968.7.1（又見手稿本）

大雅方爲貴，高官未足榮。
能詩能奏樂，方可爽吟情。

## 25.次辜一漚詞兄八十初度自述原玉 五絕十首之十

詩文之友 28 卷 3 期 1968.7.1（又見手稿本）

士別經三日，退休瞬五年。
東山風習習，無事我貪眠。

　　註：本詩附有小札一封：

　　　　本日拜讀佳作，滿紙珠玉，別有剪裁，風無執古，句有維新，非老手焉能出
　　　　此，羨羨。因午夜飲茶過多，寢不入夢，起而奉和，偶筆而就，潦草塞責，
　　　　以敦風雅，造句如有不穩之處，希爲斧削，尤爲幸甚。

　　　　　　　　　　　　　　　　　　　五月四日午夜燈下　友笛鞠躬

## 26.次韻笑儂兄客中感作 五絕四首之一

故鄉思刻刻，異地感年年。
杯對窗前月，詩吟雨後天。

## 27.次韻笑儂兄客中感作 五絕四首之二

齊家慚小技，創業讓中肩。
笑我嵇康懶，琴樽自適然。

## 28.次韻笑儂兄客中感作 五絕四首之三

感君情意好，見我笑開顏。
緣訂三生石，書藏二酉山。

## 29.次韻笑儂兄客中感作 五絕四首之四

人心多險惡，世道總難艱。
莫怪輕名利，柴門日日關。

## 30.次韻辜尙賢先生八十初度自述荷蒙賜和賦此奉酬 五絕一首

詩文之友 28 卷 3 期 1968.7.1

祝詩慶杖朝，原韻難賡和。
素性本牢騷，那關過不過。

## 31.易水送別 五絕一首

此地別燕丹，壯士髮衝冠。
昔時人已沒，今日水猶寒。

## 32. 迎春 五絕一首

退隱經年久，賀正大自然。
東山春睡足，窗外鳥談天。
註：1968 年新曆元旦。

## 33. 拜新年 五絕一首

開簾見新年，即便下階拜。
細語人不知，北風吹裙帶。

## 34. 拜讀謝詩仄韻之作誠是難得不禁技癢急就兩首謹呈一首和辜尚賢先生 五絕一首

詩文之友 28 卷 3 期 1968.7.1

謝詩善寫情，擲地作金聲。
賜也聞知二，輸回尚八成。

## 35. 述懷賦似鳴臯仙 五絕六首之一

國際存亡日，疋夫負責時。
反攻成口號，實踐有伊誰。

## 36. 述懷賦似鳴臯仙 五絕六首之二

斯文天未喪，尚武士先知。
忍擲鍾王筆，耽吟李杜詩。

## 37. 述懷賦似鳴臯仙 五絕六首之三

金聲聞刻刻，玉韻和遲遲。
滿腹牢騷氣，唱酬繫我思。

## 38. 述懷賦似鳴臯仙 五絕六首之四

實愧吳澄裔，羲皇品格高。
逢人將說次，君是大文豪。

## 39. 述懷賦似鳴臯仙 五絕六首之五

權門寧出入，宦海起波濤。
說到戕三士，無非為二桃。

## 40. 述懷賦似鳴臯仙 五絕六首之六

誇功休得得，逐餌笑勞勞。
富貴渾如夢，人生有幾何。

## 41.送春 五絕一首

日日人空老，年年春竟歸。
相歡有尊酒，不用惜花飛。

## 42.恭祝總統蔣公八秩華誕 五絕一首

總統蟬聯四，華封動祝三。
普天虔慶釐，蔗境自彌甘。

## 43.陳錫津先生環島周遊詩草集題詞 五絕一首 1972年

陳錫津《臺澎遊歷雜詠詩集》1972年

夸父空追日，杞人患墜天。
斯文將掃地，振起賴君篇。

壬子小陽下弦前二日

## 44.庸醫 五絕四首之一

未學岐軒術，妄誇國手賢。
誤人非淺鮮，雄鬼合纏綿。

## 45.庸醫 五絕四首之二

只解虛名傳，那關性命捐。
寒溫都不管，一例處方箋。

## 46.庸醫 五絕四首之三

氣口脈難認，湯頭訣未研。
臨床偏退後，檢案竟趨前。

## 47.庸醫 五絕四首之四

佛手人多畏，狼心汝獨專。
滿門捐命鬼，號哭日沖天。

## 48.訓練團第三放假日與楊鄧兩同學漫遊圓通寺過忠魂塔

五絕一首
凜凜忠魂塔，軍人血未乾。
捐軀千古譽，爲國一心丹。

## 49.飲酒看牡丹 五絕一首

今日花前飲，甘心醉幾杯。
但愁花有語，不爲老人開。

## 50.曉遊寺後山 五絕一首

賞遍山巔景，歸途露未乾。
逢僧談刻刻，不倦幾忘餐。

註：一作詩題爲：癸卯季春重遊大仙寺。

註：賞遍山巔景，一作獨賞山巔景。
歸途露未乾，一作坑邊聽水潺。

## 51.謹次戊申年始感作瑤韻 五絕二首之一 1968 年

甲子屢翻新，人生能幾許。
立春時未到，預賀亦常理。

## 52.謹次戊申年始感作瑤韻 五絕二首之二 1968 年

天運記循環，駒光頃刻至。
迎春與賀春，元白慶伊始。

## 53.謹次德韻先生除夕書懷瑤韻 五絕一首

今夕狗將別，明朝豕欲來。
梅傳春信到，報正百花開。

註：梅傳春信到，報正百花開。
原句爲：滿門春爛漫，到處百花開。

## 54.謹奉和王殿沅詞長原玉 五絕一首

座上春風暖，籬邊雪蔬鮮。
登龍欣有日，敢締鷺鷗緣。

## 55.謹和辜尙賢詞兄迎春原玉 五絕一首

難得春風到，弄孫樂晚年。
東山存一榻，清靜我貪眠。

## 56.讀解李瀛改蘇詩戲作感作 五絕二首之一

蘇軾無事詩，解戲坐改臥。
莫說七十年，加減俱可作。

## 57.讀解李瀛改蘇詩戲作感作 五絕二首之二

日日小神仙，半兩都不管。
逍遙閒坐臥，不記年長短。

## 五律類

### 1.大屯晴雪 五律一首 五律東韻

屯山三尺積，爭道十年豐。
日暖溶溶化，寒消處處空。
唯知蹄印馬，不見爪留鴻。
飛六勞滕六，何辭費苦工。

　　註：臺北市文獻委員會來函索作。

### 2.月下追信 五律一首

聞道亡韓去，加鞭疾似梭。
忘遵周禮樂，為計漢山河。
月朗寒江碧，人奔險路過。
千秋賢相國，畢竟孰如何。

### 3.心德堂題壁 五律一首

祥雲看郁郁，法雨正湲湲。
苦海慈航渡，靈山我佛存。
蓮花開九品，貝葉罩三門。
心德金身潤，牟尼最可尊。

### 4.戊申仲秋再生明邂逅回鄉訪一漚同窗於書齋幸蒙設席賦此奉酬 五律一首 1968年

詩文之友 29 卷 2 期 1968.12.1（又見手稿本）

邂逅回鄉日，來探處士莊。
談詩人脫俗，品茗味增香。
設席情偏厚，同窗誼不忘。
藏書逾北里，妙句譯西廂。

### 5.戊申清明節夜宿四知堂賦贈主人 五律一首 1968年

詩文之友 28 卷 3 期 1968.7.1（又見手稿本）

又下陳蕃榻，同賡李白詩。
樓中雞喔喔，樓外月遲遲。
東閣藏書貴，西窗剪燭時。
明朝還作別，各復客天涯。

　　註：樓外月遲遲，手稿一作天上月離離。

## 6.次一漚先生將之泰國留別瑤韻 五律一首

詩報 311 號 1944.3.1

夙負豪雄氣，騷壇一幟爭。
耽詩心未死，跨海興偏生。
武運祈長久，文風壯遠行。
暹羅途萬里，吟駕喜遙征。

## 7.次一漚先生將之泰國留別倒疊韻奉酬 五律一首

詩報 311 號 1944.3.1

長抱圖南志，暹羅賦遠征。
人心能復古，吾道不難行。
波靜吟懷爽，帆搖壯氣生。
異鄉蛇影移，蝸角漫相爭。

## 8.次李冠三君過訪見贈韻 五律一首

詩報 42 號 1932.9.1

客泛波中月，詩吟雨後天。
薰風消酷暑，文字訂奇緣。
誰有武夷種，慚無縣醴泉。
相留誰脫粟，意契自纏綿。

## 9.次周鴻濤先生七十書懷瑤韻 五律一首

詩文之友 7 卷 3 期 1957.5.1

君詩清似雪，我鬢白於霜。
佳句原難得，古稀更不忘。
烹經嫌日短，祝嘏愛天長。
自笑飄零客，仍然滯異鄉。

## 10.次笑儂詞兄東岱江諸吟侶瑤韻 五律一首

詩報第 42 號 1932.9.1（又見手稿本）

獨對孤燈坐，披書檢閱時。
鄉關音杳杳，客舍夢遲遲。
鳥語濤聲雜，花香月影移。
迴腸頻九轉，歸思有誰知。

　　註：杳杳，手稿一作渺渺。

### 11.次韻周鴻濤先生嘉社大會後同爾材、友笛、咸中諸先生乘車至蒙招飲旗亭賦此道謝 五律一首

詩報 140 號 1936.11.2

驅車過義竹，覓句破愁圍。
帽影隨風亂，鞭絲帶月歸。
徵歌情更動，縱酒興偏飛。
聯袂登樓醉，陶然共息機。

### 12.守財奴 五律三首之一

孳孳工刻薄，吝嗇更心專。
慣作青蚨隸，長為白鏹纏。
晨昏常護惜，毫忽不輕捐。
真個財如命，何曾破一錢。

### 13.守財奴 五律三首之二

蓄財偏不散，吝嗇種心田。
金塢重重閉，鑑囊密密纏。
不愁捐一命，生恐害三錢。
莫怪人稱隸，勞勞等執鞭。

### 14.守財奴 五律三首之三

財敵王公富，吝如鎖核堅。
濟貧偏退後，見利竟趨前。
銅臭無嫌穢，殽香不下咽。
甘為鵝眼隸，至死總徒然。

### 15.辛夷筆 五律一首

一朵辛夷種，天生眾管同。
渾金疑戲水，搖影訝書空。
葉吸風雲氣，根收水土功。
如今昏世道，肯否掃奸雄。

### 16.庚戌元宵陪同立卿平祥兩兄漫遊三秀園賦呈主人

五律一首 1970 年

詩文之友 31 卷 6 期 1970.4.1（又見手稿本）

絕好元宵節，登龍近午天。
為賓慚入幕，訪友愛高年。

我愧風塵客，君真陸地仙。
消遙閒自在，未許利名牽。

## 17.汾津夜泊 五律一首

詩報 236 號 1940.11.19

停棹汾津畔，相親有鷺鷗。
紅裙愁遠離，墨客喜勾留。
帆影隨風亂，波光帶月幽。
明朝還作別，萬里泛悠悠。

## 18.春日訪錫津先生恰逢堂上奏樂喜作 五律一首

詩文之友 2 卷 6 期 1954.6.15（又見手稿本）

樂奏修園宅，悠悠樂賞心。
簫清休弄笛，琶雅勝彈琴。
漫笑知音寡，居然用意深。
韻高聽未畢，抵向夢中尋。

## 19.紀念杯 五律一首

詩報 141 號 1936.11.16
朴雅吟社十五週年紀念擊鉢

一觥同大白，活火煅將來。
未見雌雄別，先將文字陪。
他年留十盞，此日醉三回。
永作傳家寶，不宜亂舉杯。

## 20.重遊義竹賦贈文俊文登兩先生 五律二首之一

詩文之友 28 卷 6 期 1968.10.1（又見手稿本）

節屆三秋候，來參處士家。
西窗重剪燭，北苑又評茶。
投轄情偏摯，論文興倍加。
縱談神未倦，共喜放心花。
  註：來參處士家，手稿一作來尋處士家。
    神未倦，手稿一作神不倦。

## 21.重遊義竹賦贈文俊文登兩先生 五律二首之二

詩文之友 28 卷 6 期 1968.10.1（又見手稿本）

話到投機處，君家是世家。
未嘗文旦柚，先試武夷茶。

玉露香堪獎，金蘭味可嘉。
明朝愁再別，離思亂如麻。

## 22.星期日漫遊萬華龍山寺 過龍山寺 五律一首

細雨霏霏下，尋詩到萬華。
龍山遊古寺，惠苑試新茶。
禮佛情偏摯，參神興倍加。
時間嚴有限，歸思亂如麻。

## 23.恭祝總統蔣公八秩華誕 五律一首

詩文之友 26 卷 6 期 1967.10.1（又見手稿本）

八秩賢元首，稱觴喜展眉。
華封三祝日，樂府四歌時。
願獻無期棗，來賡介壽詩。
心香虔一瓣，恭誦到期頤。

　註：林友笛先生代其女雲林縣東勢鄉衛生所林惠珠作。

## 24.訓練團第四放假日漫遊內湖 遊圓角寺 五律一首

內湖圓角寺，佛境喜親探。
鐘響鯉魚島，鼓擊瀑佈潭。
留題勞黑客，覓句遠紅男。
真個空門靜，清幽療俗堪。

## 25.飢鶴 五律三首之一

朴雅吟社擊鉢
詩報 224 號 1940.5.21

敢向雞群立，羞向鳳侶爭。
力微因缺食，身瘦懶呼庚。
但得三餐足，何愁萬里程。
伊誰充我腹，直向九皐鳴。

## 26.飢鶴 五律三首之二

朴雅吟社擊鉢
詩報 224 號 1940.5.21

芝田勤啄飲，柴蓋聽悲聲。
振翅神偏倦，沖霄力不生。
願求三食足，敢負九皐鳴。
飽腹糧難得，蒼天施不平。

## 27.飢鶴 五律三首之三

朴雅吟社擊鉢
詩報 224 號 1940.5.21

雞群慚獨立，鳳侶敢縱橫。
骨比梅花瘦，翅同柳絮輕。
臨風空過午，倚月又呼庚。
難覓充飢物，伊誰濟此生。

## 28.深水先生以新春遷居詩見示次韻奉酬 五律一首

詩文之友 30 卷 3 期 1969.7.1（又見手稿本）

樑間迎燕賀，堂上慶鶯遷。
人逸如閒鶴，身修學臥禪。
行仁非小補，見義喜多捐。
墅夥初平叱，時參有米顛。

旋馬庭主人林友笛甫稿　三月十九日

## 29.國姓梅 五律一首

朴雅吟社擊鉢
詩文之友 26 卷 6 期 1967.10.1（又見手稿本）

三百年梅樹，延平王手栽。
影疏魂繞寺，香遠氣盈臺。
嫩萼凝忠血，紅葩絕俗埃。
斯人今已杳，畢竟為誰開。

註：三百年梅樹，手稿一作三百餘年樹。
　　斯人今已杳，手稿一作騎鯨人已杳。
　　畢竟，手稿一作至竟。

## 30.教師節書感 五律一首 五律元韻

令誕逢佳節，春風滿校園。
烹經昭日月，煮史藉乾坤。
著意尊師表，傳心自孔門。
人文多似鯽，記否水來源。

## 31.晚過新巖 五律一首

步到新巖上，夕陽紅欲收。
盆中殘虎爪，寺下隱龍喉。
點點光箕尾，山山列枕頭。
同源渠水火，噴到幾時休。

## 32.雲林元宵雅會荷蒙招飲賦呈在座君子 五律一首

詩文之友 31 卷 6 期 1970.4.1

難得元宵夜，來參雅會期。
維新權縱酒，稽古復談詩。
弄月同翹首，吟風笑展眉。
食桃欣此夕，報李在何時。

## 33.斐亭聽濤 五律一首

環植千竿竹，瀟騷響不停。
聲號疑鶴舞，勢湧震雷霆。
韻奪鯤鯓浪，清如鹿耳泠。
我來頻側耳，振觸感柯亭。

## 34.閒雲 五律一首

悠悠蒼海上，冉冉碧天邊。
不願從龍去，偏欣訂鶴眠。
乘風非有意，化雨久無緣。
自在閒空外，縱橫遍大千。

## 35.喜謁皆興先生賦此奉酬 五律一首

詩文之友 27 卷 5 期 1968.3.1（又見手稿本）

慕藺經年久，瞻韓鬢已斑。
感公垂另眼，見我笑開顏。
未聽三更鼓，先探二酉山。
興高談侃侃，吟駕喜先還。

## 36.過大坑賦呈擎甫老友 五律一首

大會聯吟後，來參處士家。
西窗逢舊雨，北郭試新茶。
投轄情偏摯，談詩興倍加。
忽聞三疊曲，歸思亂如麻。

林友笛待刪

## 37.過水林荷蒙清輝先生設席賦此奉酬 五律一首

爲選佳禾種，他鄉訪故知。
客中談舊事，馬上賦新詩。
設席情偏摯，題糕句轉遲。
食桃欣此日，報李在何時。

### 38.過石龜溪蒙清河先生談飲賦此奉酬 五律一首

詩文之友 3 卷 1 期 1954.7.16（又見手稿本）

慕藺經年久，登龍此日過。
德衰悲濁世，士雅仰清河。
設席情偏厚，談詩興更多。
春風吹滿座，賓主共吟哦。

> 註：手稿一作詩題為：過石龜溪蒙清河先生設席賦呈。
> 註：情偏厚，手稿一作情猶厚。

### 39.過鹿港蒙漱雲詞兄設席賦此奉酬 五律一首

詩文之友 27 卷 2 期 1967.12.1（又見手稿本）

節屆三秋候，來尋處士家。
西窗重剪燭，北苑共烹茶。
投轄情偏摯，評詩興倍加。
匆匆愁作別，離思亂如麻。

### 40.過鹿港蒙漱雲詞兄設筵賦此奉酬 五律一首

詩文之友 37 卷 3 期 1973.1.1

陳藩三下榻，徐穉笑遲遲。
柚購真文柦，茶烹正武夷。
食桃欣此日，報李在何時。
吟駕勞寒舍，希君早定期。

### 41.過衆樂台 五律一首

步到環湖畔，偶觀衆樂台。
鴛飛誇秀麗，幽雅絕塵埃。
畫棟多朱墨，觀光任去來。
新營工未畢，不許戶門開。

### 42.過彰化宿聖廟賦呈梅樵師長 五律一首

節屆上弦月，來參夫子門。
談心能脫俗，架腹竟忘尊。
夢裡詩聲壯，床中士氣溫。
晨雞聽喔喔，逸韻亦長存。

> 晚生友笛待刪
> 註：詩聲，一作書聲。

## 43.過褒忠重訪李維喬先生賦呈 <sub>五律一首</sub>

詩文之友 2 卷 6 期 1954.6.15（又見手稿本）

細雨霏霏候，當春萬物妍。
出門搔白首，入社訪青蓮。
愧失三餘學，寧工五字聯。
倡酬愧潦草，祇爲表心虔。
　　　註：搔白首，手稿一作掩白首。
　　　　　愧潦草，手稿一作慚潦草。

## 44.遙望雲海 <sub>五律一首</sub>

詩文之友 30 卷 4 期 1969.8.1

登高遙一望，冉冉盡輕浮。
天際雲如海，江間島似舟。
無心能出岫，有景豁吟眸。
富貴同君幻，人生莫強求。

## 45.蜘網 <sub>五律一首</sub>

簷前機巧設，屋角網牽奇。
屈曲迷魂陣，縱橫索命絲。
風飄勞紡織，雨滴枉張彌。
誰識投羅者，能知此地危。

## 46.慶祝國父百年誕辰紀念 <sub>五律一首</sub>

期頤華誕者，天下永爲公。
願獻無期棗，祈成不老翁。
壽山方祝壽，嵩嶽復呼嵩。
祖國尊民主，居然有大功。
　　林友笛謹祝
　　　註：永爲公，一作久爲公。

## 47.樹下閒談 <sub>五律一首</sub>

堂中方品茗，樹下復談天。
道德淪亡日，文章不值錢。
買官恥崔烈，賣國笑劉禪。
富貴求能得，何辭學執鞭。

## 48.曉望 <sub>五律三首之一</sub>

清晨偶出莊，一望景無雙。

未見青山面，先聞綠水淙。
雞聲叫茅店，鐘韻響紗窗。
風景搜難盡，詩心信不降。

## 49.曉望 五律三首之二

景色搜羅後，滿囊詩未刪。
偏欣登掩翼，未敢陟崩山。
市上人煙雜，莊中歲月閒。
野花方簇簇，見我笑開顏。

## 50.曉望 五律三首之三

曉起開窗望，漫空煙正濃。
鄉關何處是，雲海恰初封。
不見行人跡，但聞流水淙。
滿山詩料好，遠寺響晨鐘。

## 51.曉寒 五律一首 五律鹽韻

詩文之友 25 卷 6 期 1967.4.1（又見手稿本）

漠漠寒煙遠，陰陰冷氣嚴。
晨雞啼曉日，殘月照疏檐。
塞北霜方結，江南雪又添。
稜稜原傲骨，未忍去趨炎。

註：霜方結，手稿一作霜初結。

## 52.賴惠川先生奉職於孔子廟以詩自誌，余深羨之，賦此奉和並祈斧正 五律一首

廟幽容隱士，孔聖日相親。
力挽文章古，心關甲子新。
評詩堪療俗，潤筆孰云貧。
棄就原無礙，逍遙自在身。

註：本詩附有小札一封：
先生於五十八年前營百年之大計，以為今日養性修真之地，際此時局得職閒而無拘，策者非惟先生者乎，實令人深羨，故不揣筆劣，用敢獻醜奉和，敦風雅之，非弄筆也，幸祈諒斧正是盼。

後學林友笛頓首

## 53.蒙聘常務委員賦此奉酬並祝社運隆昌 五律一首

詩文之友 35 卷 1 期 1971.11.1

頭銜良署我，常務委員名。
爲計文風振，何關月旦評。
推銷無限樂，受聘有餘榮。
社運蒸蒸上，連城價不輕。

## 54.謹次壬子元旦書懷原玉 五律一首 1972 年

同是吟軀健，唯客兩鬢絲。
整天常品茗，無日不談詩。
端午過米節，杖朝值此時。
晨遊還自在，身世喜多釐。

旋馬庭主人林友笛甫稿

# 古詩類

## 1.己酉中秋訪凌霜詞兄有詩見贈次韻奉酬 五言詩一首 1969 年

詩文之友 31 卷 4 期 1970.2.1

棲遲四湖鄉，鷗鷺愁漸散。
驅車共訪君，門開不用喚。
重逢喜談詩，那管星物換。
德政慕文王，農民耕讓畔。
東漸化歐風，風紀愁紊亂。
不古世人心，陰險殊可嘆。
噤口效金人，省身如鐵漢。
辰遊健吟軀，勝彼爐火鍛。
不爲蝸角爭，奚運籌握算。
樂詩樂樂樂，任彼評月旦。

## 2.次凌霜詞兄己酉暮秋出遊原玉 五言詩一首 1969 年

詩文之友 31 卷 4 期 1970.2.1 詩文之友 31 卷 5 期 1970.3.1

邂逅汾津路，孤雁忽成行。
未曾談總角，忽見髮蒼蒼。
往事渾如夢，重逢覺徬徨。
非堯無犬吠，朝天有鴻翔。
宮隱空桑子，街多貿易商。

聖母神威護，民可樂安康。
大地皆平坦，足免涉羊腸。
柏油路殊熱，何處可納涼。
知君懷友笛，召我晤凌霜。
素不親劉伶，無須共舉觴。
忽見名利客，逐利去來忙。
最憐營小市，魚菜價提昂。
互謂民生重，提高似不妨。
我願採蕨薇，暫隱首陽岡。

註：一作詩題爲：次凌霜詞兄己酉暮秋出遊北港遇舊原玉。

註：忽見，一作已見。

有鴻翔，一作有鳳翔。
去來忙，一作往來忙。
似不妨，一作亦不妨。

## 3.次凌霜詞兄六六紀生朝瑤韻 五言詩三首之一 1968 年

詩文之友 28 卷 4 期 1968.8.1（又見手稿本）

人不信吾齡，古稀年晉六。
再過四春秋，杖朝擬內祝。
宦海厭風波，暮歲辭爵祿。
潛心多作詩，騷壇喜馳逐。
栽草備輕舟，有時親漁牧。
身外總無求，庭中唯種竹。
杖國君屆時，七十可食肉。
買檳數十箱，珍藏珠萬斛。

## 4.次凌霜詞兄六六紀生朝瑤韻 五言詩三首之二 1968 年

詩文之友 28 卷 4 期 1968.8.1（又見手稿本）

久滯四湖鄉，湖邊一釣叟。
友笛我詩名，十中知八九。
素性不貪花，酪奴偏適口。
才非李青蓮，百篇豈斗酒。
自昔學桓伊，弄笛勞口手。
貧莫笑曾參，捉襟時見肘。
富貴如浮雲，雲散復安有。
喜聽鳥談天，聲聲入戶牖。

# 5.次凌霜詞兄六六紀生朝瑤韻 五言詩三首之三 1968 年

詩文之友 28 卷 4 期 1968.8.1（又見手稿本）

難得凌霜君，西窗重剪燭。
相逢莫問年，莫道今時局。
願作性靈詩，豪吟能脫俗。
爭羨佛法宏，世界藏一粟。
慈悲渡眾生，死命猶望續。
不古世人心，陰險何堪矚。
退隱耕田園，吟身為勞僕。
富貴無可求，應從吾所欲。

　　　　　　　　　　　　　戊申詩人節　旋馬庭主人林友笛

# 6.次鑑塘老兄七秩自嘲瑤韻 五言詩一首

詩文之友 41 卷 4 期 1975.3.1

詩奚計拙工，壽人詩常作。
俗事久無關，忘形親猿鶴。
耳厭聞市囂，身喜傍山麓。
惡酒不貪花，嗜茶好笑謔。
一事愧無成，三餐可自足。
遊山暢優遊，樂詩樂樂樂。
弄孫自關心，分甘日娛目。
卻笑養春蠶，吐絲竟自縛。
君子哉若人，猶堪六尺託。
草就詩閒吟，未燒書偷讀。
陳雷膠漆投，元巨雞黍約。
織女會牛郎，雙星架橋鵲。
身外本無求，庭中唯種竹。
我今述俚言，為君杖國祝。
感君惠好詞，滿紙多珠玉。
笨伯愧疏才，先覺輸後覺。

# 7.尚賢詞兄以寄凌霜佳什見示次韻奉酬 五言詩三首之一

君年慶八十，我歲逢七六。
樂府方四歌，華封復三祝。
壯時好名花，老來辭貴祿。
絳帳授生徒，騷壇喜角逐。
字愛髣羲之，詩清似杜牧。

壽比萬年松，園栽七賢竹。
扢雅既關心，醫瘡休剜肉。
書齋塵時掃，何曾積一斛。

## 8.尚賢詞兄以寄凌霜佳什見示次韻奉酬 五言詩三首之二

七里灘漁翁，三神山野叟。
既與世無關，何愁日重九。
事事已從心，物物猶適口。
性不好尋花，情真誠鬭酒。
是岸自回頭，扶危休束手，
自愛德潤身，莫受人制肘。
魚思莫說無，理厭不須有。
書聲與鳥聲，雜入吾戶牖。

## 9.尚賢詞兄以寄凌霜佳什見示次韻奉酬 五言詩三首之三

朝起好栽花，夜遊而秉燭。
有意讀離騷，無心看時局。
互鄉應移風，仁里好入俗。
迎賓喜烹茶，款客慚脫粟。
莫道狐貂富，還慚狗尾續。
大作君須著，付梓吾當矚。
分甘喜弄孫，鋤園不勞僕。
唯人有善願，天必從所欲。

　　註：本詩附有小札一封：

　　　一漚詞兄斧正：

　　　本午欲寢，忽接玉函，啓視之即大作，爾來吟興勃勃，遠勝青年，殊爲可賀。
　　　凌霜之詩進步異常，俱善於古風，不禁技癢，以俳律方式而和之。漏夜之作，
　　　造句不周，在所不免，希爲斧削，即幸甚矣。

　　　　　　　　　　　　　　　　　　　　六月五日夜作　友笛鞠躬

## 10.颱風怨 五言詩一首

詩文之友 31 卷 2 期 1969.12.1（又見手稿本）

警報忽驚傳，強風襲海陸。
爲災方五日，何當來繼續。
忙得商漁農，兢兢幾欲哭。
百計禦防風，呼僮又喚僕。
惟恐罹災時，萬物失化育。
橫酷惱飛廉，凌人心太毒。

偶爾震嚴威，不斷催往復。
風力何其強，風度何其速。
既折庭前柳，又掃籬邊菊。
田疇損花生，池中厄水族。
凜凜黯三光，雄雄滅五穀。
吁嗟稻方肥，帶露將成熟。
可憐遭凶災，工夫拋水覆。
白穗滿田畦，難供鸚鵡啄。
又見片瓦飛，紛紛倒家屋。
最是讀書人，窗前方苦讀。
更逢雨霏霏，滴瀝灑書塾。
爨下又無薪，三餐難飽腹。
衣濕身又寒，伊誰憐范叔。
屋破雨頻傾，難民何處宿。
遍野盡哀鴻，不堪以觸目。
呼庚聲盈耳，何處鴻恩沐。
惻隱仁人心，救濟務當服。
糧食恤災民，曾否解萬斛。

　　註：五日，手稿一作五天。
　　　　橫酷，手稿一作殘酷。
　　　　窗前，手稿一作堂中。
　　　　又無薪，手稿一作苦無薪。
　　　　雨頻傾，手稿一作雨又傾。
　　　　呼庚聲盈耳，手稿一作災黎悲待哺。
　　　　糧食，手稿一作糧局。
　　　　曾否，手稿一作肯否。

## 11.漫遊關子嶺十八首之晚過新巖 五言詩一首

步到新巖上，夕陽紅未收。
卻顧所行徑，山山列枕頭。
山中人跡少，寺下有龍喉。
山僧殊可人，築寺傍林丘。
春花開歷亂，暮鳥叫啁啾。
我行寧畏險，扶杖頗自由。
近村逢樵父，窄徑避耕牛。
登高望遠渚，白帆掛歸舟。
此間真畫景，容我豁吟眸。

　　註：山僧，又作寺僧。
　　　　築寺，又作築室。
　　　　扶杖，又作足健。

## 12.謹次皆興先生七十書懷瑤韻 五言詩四首之一

詩文之友 29 卷 6 期 1969.4.1（又見手稿本）

三辰光壽宇，二酉富藏書。
史經憑賦讀，詩篇任捲舒。
德政歌召伯，晝寢誚宰予。
莫怪尊古學，曾經待左虛。
高臥閒無限，天年享有餘。
鳳山稱望族，聲譽永無除。

註：誚宰予，手稿一作厭宰予。

聲譽永無除，手稿一作今古未曾除。

## 13.謹次皆興先生七十書懷瑤韻 五言詩四首之二

詩文之友 29 卷 6 期 1969.4.1（又見手稿本）

光陰疑似箭，日月疾如梭。
應知人泛泛，何事日勞勞。
官歷三年令，身經百練髦。
洗耳師巢許，佐王慕蕭曹。
交友披肝膽，平民任貶褒。
東山閒歲月，高臥日思陶。

註：日月，手稿一作駒光。

泛泛，手稿一作海海。

交友，手稿一作契友。

## 14.謹次皆興先生七十書懷瑤韻 五言詩四首之三

詩文之友 29 卷 6 期 1969.4.1（又見手稿本）

仁義親爲友，吾道更可師。
品茗喉常潤，鋤園力不疲。
爲官存心正，載道盡口碑。
甘爲造人福，總不吸民脂。
政堪歌有德，壽可享無期。
居然一隱淪，心地自熙熙。

註：手稿一作爲：

仁義常爲友，道德更可師。
品茗喉常潤，鋤園力不疲。
爲公施善政，載道盡口碑。
好爲造民福，絕不吸人脂。
政堪歌有德，壽可享無期。
居然老學者，心地自熙熙。

## 15.謹次皆興先生七十書懷瑤韻 五言詩四首之四

詩文之友 29 卷 6 期 1969.4.1（又見手稿本）

古樹多春樹，書聲雜鳥聲。
景幽增畫意，風清爽吟情。
又愛文字飲，以結鷺鷗盟。
但求詩千首，不羨酒一舩。
餐英無少憩，頤養可長生。
精神能矍鑠，謝卻權利爭。

　　註：春樹，手稿一作椿樹。
　　　　風清，手稿一作儘可。
　　　　愛，手稿一作耽。
　　　　以結，手稿一作好結。
　　　　但求，手稿一作只愛。

## 16.朴雅吟社十周年紀念追悼故社友詹仁傑君 七言詩一首

詩報 30 號（又見手稿本）

君少熟讀陶朱則，不曾受命而貨殖。
讀書穎悟出天真，不管是非口緘默。
繡虎才堪比仲弓，黎牛之子誠難得。
閒來賦性苦耽吟，契友何曾分畛域。
當年吾社慶初成，旗鼓多君才奇特。
君正援幟擅騷壇，我尙未知平與仄。
正期鷗鷺水中親，麗澤相資親翰墨。
忽聞貴體偶違和，二豎相欺何太極。
吉人天相冀勿藥，詎料膏肓人頃刻。
丙寅仲夏竟仙遊，壽如長吉人不測。
君去黃泉忍吞聲，我在塵寰長惻惻。
弄月吟風不見君，不禁吾輩長嘆息。
每逢秋夜雨瀟瀟，怕聽黃坵蟲唧唧。
明月多情照小窗，夢裡尤疑見顏色。
朴雅吟壇慶十週，不堪回首長相憶。
君去書齋寂無聲，每過門前枉耳側。
英靈此日繞吟旌，欲返吟魂嗟無力。
薄具香花賦悼詩，君其有知來賞識。

## 17.次鑑塘詞兄青潭覽詠雜感瑤韻 七言詩一首

詩文之友 36 卷 6 期 1972.10.1

近況勞君報故知，東漸歐化復何奇。

推腰露體求人賞，猶自桃唇逞艷姿。
偶因蠅利便趨前，不是猶人亦怨天。
太息世風漸日下，挽回無力嘆徒然。
添足明知是畫蛇，迎人更有水仙花。
娉婷見我開顏笑，賞識何妨夕照斜。
偶逢佳景便凝眸，滾滾青潭水逆流。
如此風光如此好，有能一日擬親遊。
潭內剛逢日正中，潭邊習習拂清風。
真情賞到無心處，不覺胸懷萬慮空。
天際風雲變態中，危機何處覓英雄。
垂綸欲釣英雄膽，禁釣庸夫背古風。
賢者無爲枉立功，阮郎幾見困途窮。
買官崔烈多今日，銅臭無嫌臭滿堂。
男女駢肩得意遊，頹風筆貶及春秋。
河山還我今猶昔，禮義休教付水流。

　　林友笛自註：禁釣庸夫背古風，余曾釣蛙於淺草被池主禁釣故云。

## 18.謹贈植卿先生次笑儂兄韻 七言詩一首

詩報 36 號 1932.6.1（又見手稿本）

翁如曼倩好詼諧，遇合窮通意自適。
滿門桃李笑爭春，問字人停羅山驛。
偷閒久欲登龍門，其奈雲山長遠隔。
負笈準擬仿蘇章，喜聽清談手爭拍。
有時頂立學步趨，晨夕追隨侍講席。
嘉社聯吟值羅山，我記曾爲不速客。
標格居然勝聞名，眼底何曾分青白。
四知堂慶合婚時，重見朱顏今猶昔。
曠達懷抱自忘機，世事無須較橫逆。
飄零愧我客天涯，今尙以心爲行役。

　　註：偷閒，手稿一作思韓。

# 曲　類

## 1.白虎堂 曲五首之一

伊叫聲，叫聲孟良听吩咐，
攻打頭陣，不汝攻打頭陣不得越令，
陣頭陣尾須著小心，
得勝回來，不汝得勝回來有功便有賞。

## 2.白虎堂 曲五首之二

伊放了，放了元帥有將令，
攻打頭陣，不汝攻打頭陣不得越令，
叫聲三軍帶馬來，
探安打陣，不汝探安打陣上了只隻馬。

## 3.白虎堂 曲五首之三

伊叫聲，叫聲蕉讚听吩咐，
隨後接應，不汝隨後接應不得延遲，
陣頭陣尾須著小心，
得勝回來，不汝得勝回來有功便有賞。

## 4.白虎堂 曲五首之四

伊放了，放了元帥有將令，
隨後接應，不汝隨後接應不得延遲，
叫聲三軍帶馬來，
探安打陣，不汝探安打陣上了只隻馬。

## 5.白虎堂 曲五首之五

伊看見，看見二將出馬去，
焉得本帥，不汝焉得本帥暗暗歡喜，
將身行入白虎堂，
專望皇天，不汝專望皇天相保庇。

## 6.相思燈 曲一首

自古紅顏多薄，紅顏多薄命，
紅顏薄命阮也薄命。
好夢由來最易醒，好夢由來最易醒，
好夢易醒，獨有阮夢未醒。
心海情波滾未停，噫…滾未停。
心海情波滾未停，噫…滾未停。
良人何時上歸程，今夜獨對相思燈，
對相思燈，斷腸對相思燈。

## 7.輕輕看見 曲一首

輕輕看見，爲伊緩一倒，得了一病，
不汝得了一病，今卜幾時會得好。
龍肝鳳腦再得吞落喉。

相如琴調不爾，相如琴調我無心通去操。
拜過嫦娥阮問伊乍下落，
針線不爾，針線工藝無心通去效。
返來到厝，枕單又被薄，
為君爾刈弔，半梯又半倒，（把起又倒落）
乞君不爾刈弔，半梯又半倒。

# 詞　類

## 1.元旦漫遊碧潭吊橋獅頭山廣照寺歸後憶作 詞四首之一 1954 年

詩文之友 2 卷 6 期 1954.6.15（又見手稿本）

碧潭風景幽，新正快一遊，尋春剛到吊橋頭。
風習習，水悠悠，有客泛輕舟。

註：風習習，手稿一作雲淡淡。

## 2.元旦漫遊碧潭吊橋獅頭山廣照寺歸後憶作 詞四首之二 1954 年

詩文之友 2 卷 6 期 1954.6.15（又見手稿本）

橋上日融和，行吟逸興多，沿潭十里靜風波。
好詩料，任搜羅，人唱太平歌。

註：橋上，手稿一作元旦。

## 3.元旦漫遊碧潭吊橋獅頭山廣照寺歸後憶作 詞四首之三 1954 年

詩文之友 2 卷 6 期 1954.6.15 （又見手稿本）

獅嶺翠孤松，來往鄭公風，猿鶴爭棲上碧峒。
花欲咲，日當空，佛在半山中。

註：翠孤松，手稿一作翠青松。

## 4.元旦漫遊碧潭吊橋獅頭山廣照寺歸後憶作 詞四首之四 1954 年

詩文之友 2 卷 6 期 1954.6.15 （又見手稿本）

廣照會吟禪，清談興欲仙，索詩僧喜供詩箋。
元旦日，四三年，留題第一篇。

註：手稿一作詩題為：漫遊碧潭獅頭山歸後憶作。
註：詩箋，手稿一作吟箋。
　　索詩僧喜供詩箋，手稿一作初逢偏喜締詩緣。

## 5.次一漚詞兄雲從以南山壽墨寶祝我八十初度感作瑤韻

詞二首之一

老休歎，不死須求不死丹。
棋唯友，盡君歡。
俗慮全拋神自爽，長生畢竟復何難。
　　註：俗慮，一作俗事。

## 6.次一漚詞兄雲從以南山壽墨寶祝我八十初度感作瑤韻

詞二首之二

老何憐，見義應知自向前。
三餐足，夜安眠。
杖朝底事偏愁老，識得籤鑑八百年。

## 7.朴雅吟社十周年紀念書懷 詞五首之一

朴雅築吟壇，我心不盡歡，自笑新鶯學囀難。
索枯腸，發浩歎，昂藏愧儒酸。

## 8.朴雅吟社十周年紀念書懷 詞五首之二

淪落感蹉跎，滿腹盡牢騷，十載空餘歲月過。
讀父書，懶搜羅，誤處憾偏多。

## 9.朴雅吟社十周年紀念書懷 詞五首之三

鞭絲西復東，耽吟費在公，忍將短笛訴蒼穹。
攀桂手，讓詩雄，我願拜下風。

## 10.朴雅吟社十周年紀念書懷 詞五首之四

入社經五周，相親感鷺鷗，忘卻生平志未酬。
師桓伊，契吟儔，不羨博封侯。

## 11.朴雅吟社十周年紀念書懷 詞五首之五

今宵會群賢，吟哦興欲仙，多情皓月照團圓。
伴嘉賓，醉吟筵，社運願緜緜。

## 12.長相思次凌霜兄寄懷 詞一首

詩文之友 33 卷 2 期 1970.12.1

天氣清，神氣清。
十里湖山景自明，身如一葉輕。
學無成，功無成。
鎮日湖邊嘆不平，客愁胸次生。

### 13.恭祝皆興先生七秩華誕 詞四首之一

詩文之友 29 卷 4 期 1969.2.1（又見手稿本）

祝嘏會親朋，聯吟興倍增，人文濟濟頌如陵。
賡白雪，瑞雪騰，福祿壽皆興。

### 14.恭祝皆興先生七秩華誕 詞四首之二

詩文之友 29 卷 4 期 1969.2.1（又見手稿本）

詩成興轉酣，人喜頌終南，元龍蔗境自彌甘。
辰九九，徑三三，樂趣此中探。

### 15.恭祝皆興先生七秩華誕 詞四首之三

詩文之友 29 卷 4 期 1969.2.1（又見手稿本）

晚境羨清閒，高臥掩松關，雅將內養駐朱顏。
家望族，薈鳳山，詩品自嫻嫻。

### 16.恭祝皆興先生七秩華誕 詞四首之四

詩文之友 29 卷 4 期 1969.2.1（又見手稿本）

賀客滿堂前，蟠桃會眾仙，玉山傾倒尚陶然。
酒千杯，詩百篇，共祝壽萬年。

### 17.恭祝蓮社成立十三週年社慶 詞四首之一

擊鉢會群賢，豪吟興欲仙，詩星朗朗照瓊筵。
人拔萃，社號蓮，風雅信無邊。

### 18 恭祝蓮社成立十三週年社慶 詞四首之二

騷客樂無窮，詩雄句更工，鉢聲斷續響當空。
人挖雅，幟揚風，士氣壯如虹。

### 19 恭祝蓮社成立十三週年社慶 詞四首之三

詩狂興更酣，人喜頌終南，社慶年逢周十三。
興文化，漫空談，逸趣好深探。

### 20.恭祝蓮社成立十三週年社慶 詞四首之四

猿鶴欲忘形，吟聲驀地聽，儘堪蓮社繼蘭亭。
烹陸羽，醉劉伶，韻事永盤銘。

林友笛遙祝

## 21.寄懷凌霜　調寄浣溪紗 詞一首

詩文之友 33 卷 2 期 1970.12.1（又見手稿本）

淫雨霏霏朝復朝，故園回首感無聊，鴻漸逸興不曾消。
去日登樓參茗戰，風生兩腋樂逍遙，此身猶是寄鷦鷯。

## 22.寄懷凌霜　調寄減字木蘭花 詞一首

詩文之友 33 卷 2 期 1970.12.1

四湖景好，不及堯堦有瑞草。
酣夢更深，秋雨驚敲故國心。
晨雞喔喔，喚起雄軍攻大陸。
兩鬢添霜，一事無事枉斷腸。
　　註：一事無事，疑爲「一事無成」之誤。

## 23.寄懷凌霜　調寄鷓鴣天 詞一首

詩文之友 33 卷 1 期 1970.11.1

欲把西湖作故鄉，偶逢夜雨轉悽涼。
窗間忽聽晨雞叫，起視籬邊花又黃。
邀菊友，賞秋光，滿懷詩思寄凌霜。
浮生若夢人將老，有酒頻斟信不妨。

## 24.鄉思懷凌霜　調寄南鄉子 詞一首

詩文之友 33 卷 2 期 1970.12.1

黃菊迓秋回，細雨霏霏逸興催。
偶向鄉關憑一望，雲來，不見故園心自灰。
雨後獨徘徊，蛙任囂囂花任開。
暮靄西風殘照裏，聞雷，失箸佯驚亦快哉。

## 25.慶祝戊申詩人節全國詩人聯吟大會 詞四首之一 1968 年

詩文之友 28 卷 2 期 1968.7.1（又見手稿本）

全國詩人會，聯吟興欲仙，眾星朗朗照瓊筵。
賡白雪，盡青蓮，風雅總無邊。
　　註：瓊筵，手稿一作華筵。

## 26.慶祝戊申詩人節全國詩人聯吟大會 詞四首之二 1968 年

詩文之友 28 卷 2 期 1968.7.1（又見手稿本）

騷客樂逍遙，狂吟興倍饒，詩聲嘹喨欲終宵。
榜未放，幟先搖，人競奪高標。

### 27.慶祝戊申詩人節全國詩人聯吟大會 詞四首之三 1968年

詩文之友 28 卷 2 期 1968.7.1（又見手稿本）

白戰不持矛，詩成句自斂，舊交會後復新交。
頭白盡，漫相嘲，俗慮好全拋。

### 28.慶祝戊申詩人節全國詩人聯吟大會 詞四首之四 1968年

詩文之友 28 卷 2 期 1968.7.1（又見手稿本）

牢騷氣不窮，佳節慶天中，笨伯偏慚句未工。
攀桂手，讓詩雄，遙遙拜下風。

旋馬庭主人林友笛謹祝

### 29.慶祝埔里全國詩人秋季聯吟大會 調寄點絳唇 詞一首 1971年

幾陣霜風，朝來吹送催詩雨。
君言我語，爭欲登壇去。
詩興遄飛，惹得吟心苦。
凝眸處，騷人無數，塞滿來時路。

辛亥仲冬再生明　旋馬庭主人林友笛

### 30.謹祝嘉社聯吟大會 調寄長相思 詞四首之一

嘉社聚英賢，聯吟興欲仙，詩星朗朗照華筵。
賡白雪，盡青蓮，風雅總無邊。

### 31.謹祝嘉社聯吟大會 調寄長相思 詞四首之二

騷客樂逍遙，詩清興倍饒，鉢聲斷續欲連宵。
榜未放，幟先搖，人競奪高標。

### 32.謹祝嘉社聯吟大會 調寄長相思 詞四首之三

酌酒共誅茅，詩成著意敲，晤到新交復舊交。
頭白盡，漫相嘲，居然俗慮拋。

### 33.謹祝嘉社聯吟大會 調寄長相思 詞四首之四

未敢云題糕，清淡逸興高，小技雕蟲愧二毛。
攀桂手，讓詩豪，滿腹尚牢騷。

## 童謠類

### 1.好心婦 童謠一首

一隻雞角早早啼，做人心婦早早起，
入大廳樵棹椅，入灶腳洗碗箸，
入房內，繡針指，入豬稠，飼大豬，
呵咾兄，呵咾弟，呵咾親家親姆賢教示，
吩咐三，吩咐四，吩咐親家親姆來看戲。

## 2.童謠 童謠一首

打鐵哥，振銅鑼，大姆厝，好迌迌，
迌迌交，二桃交，請恁三姊二姊來梳頭，
梳也光，鬢也光，梳去鬢鬢光，
早早落花園，花影花微微，
頂廳下廳人打鐵，鐵仔鐵鐵彈，
做人心婦也艱難，做人爹家也苦嘆，
苦豬無潘，苦鴨無蛋，
苦小姑卜嫁無嫁粧，苦小叔卜娶無紅眠床，
木屐做眠床，田螺估水缸。

# 對聯詩鐘類

## 1.大雄冠首 對聯詩鐘四組之一

大殿建巍峩，佛前法雨時銷人慾火。
雄風能體便，堂上慈雲日罩我靈山。

## 2.大雄冠首 對聯詩鐘四組之二

大德猶思修小德，籤求必效。
雄心無愧浴慈心，禱有餘靈。

## 3.大雄冠首 對聯詩鐘四組之三

大道印心堂，法雨瀟瀟盈五甲。
雄威壯寶宮，慈雲朵朵罩三門。

## 4.大雄冠首 對聯詩鐘四組之四

大啓宇三門，法雨霏霏，能銷人慾火。
雄開蓮九品，慈雲漠漠，喜罩我靈山。

## 5.三鳳冠首 對聯詩鐘二組之一

三太子神靈赫濯，元帥恩覃三塊厝。
鳳宮殿廟貌巍峩，中壇鐘響鳳鳴山。

### 6.三鳳冠首 對聯詩鐘二組之二

三水環山秀，香煙鼎盛，元帥神恩遐邇沐。
鳳宮得地靈，燈火輝煌，那吒佛性古今崇。

### 7.反攻 對聯詩鐘一組

詩文之友 2 卷 6 期 1954.6.15

反以三隅非淺學。
擒由七縱勝強攻。

### 8.丙午暮春之晦於大仙寺參禪得聯文以大仙火山四點金爲格 以爲留念 對聯詩鐘一組

詩文之友 25 卷 6 期 1967.4.1

大殿建堂皇，法雨霏霏能銷人慾火。
仙陀幽絕俗，慈雲漠漠喜罩我靈山。

### 9.仙佛冠首 對聯詩鐘一組

佛殿森嚴，法雨濛濛，細潤蓮花開九品。
仙莊幽雅，慈雲朵朵，閒從貝葉護三門。

### 10.朴子鎮安宮徵聯 鎮安冠首 對聯詩鐘三組之一

鎮殿配乾坤，三酉時斟千歲府。
安宮明日月，萬民爭拜五年王。

### 11.朴子鎮安宮徵聯 五年冠首 對聯詩鐘三組之二

五道六通，神靈赫濯，人晉中山酒。
年深月久，廟貌堂皇，神興下竹圍。

### 12.朴子鎮安宮徵聯 五年冠首 對聯詩鐘三組之三

五風十雨，五穀增收，五府靈赫赫。
年歷日經，年豐大有，年青氣雄雄。

### 13.至聖 對聯詩鐘二組之一

至竟作春秋，長教學海文崇漢。
聖言多禮樂，盡自尼山易讀周。

### 14.至聖 對聯詩鐘二組之二

至尊崇孔子，一卷麟經垂後世。
聖相出尼山，千秋俎豆祀先師。

註：林友笛於此聯下屬名「清樵」。

### 15.年節對聯 對聯詩鐘四組之一
隴畝躬耕積穀倉常滿。
西窗勤讀登科子顯榮。
隴頭梅放遍東西。（橫批）

### 16.年節對聯 對聯詩鐘四組之二
門呈和氣始能生瑞氣。
堂有書聲方可振家聲。
人沐堯天雨露中。（橫批）

### 17.年節對聯 對聯詩鐘四組之三
日麗雲蒸一堂多瑞靄。
花香鳥語滿面盡春風。
閒時莫說他人非。（橫批）

### 18.年節對聯 對聯詩鐘四組之四
荊樹有花兄弟知和睦。
稻田無莠子孫好力耕。
應活源頭圳水來。（橫批）

### 19.宗山冠首（代其子林清樵作） 對聯詩鐘二組之一
宗聖思源，桃李忻忻沾化雨。
山明水秀，人文濟濟沐春風。

### 20.宗山冠首（代其子林清樵作） 對聯詩鐘二組之二
宗孔子，謝師恩，吾道中興歡此日。
山為爐，地作火，人材鑄就慶頻年。
　　林友笛自註：七月六日作，七月七日由省立病院寄。

### 21.金山禪寺聯文 對聯詩鐘三組之一
金貴石常頑，好聽禪談經入妙。
山閒僧悟道，深明釋說法超峰。
　　註：本對聯附有小札一封：
　　　　曩登寶寺，荷蒙種種厚貺，謝謝，所囑代作金山禪寺之聯文，略擬於左，以
　　　　為參考。

### 22.金山禪寺聯文 對聯詩鐘三組之二
金振鐘鳴，日見慈雲籠竹葉。

山明水秀，時聽法雨潤蓮花。

> 林友笛自註：談經入妙，昔有梁高僧者講經於虎邱寺，因無人聽講，乃集石爲徒，
> 與談至理，石皆點頭而聽，故云。

## 23.金山禪寺聯文 對聯詩鐘三組之三

湖逾青草，法雨霏霏，細潤蓮花開九品。
山比普陀，慈雲朵朵，閒從貝葉護三門。

> 林友笛敬撰
> 林友笛自註：逾，勝也。青草湖名天下五湖之一出岳妙境上。三門，出於釋氏要
> 覽佛地論云寺宇開三門，所謂三門者，即空門、無相門、無作門之
> 謂也。

## 24.協天冠首 對聯詩鐘六組之一

協力扶劉，釋操華容非報德。
天心輔漢，尋兄河北竟成仁。

## 25.協天冠首 對聯詩鐘六組之二

協理三綱，不愧中庸尊武聖。
天稽百行，早從大義署文衡。

## 26.協天冠首 對聯詩鐘六組之三

協判吉凶知運命，籤無不驗。
天教文武署頭銜，聖有餘靈。

## 27.協天冠首 對聯詩鐘六組之四

協曹放曹，義氣堂堂昭日月。
天漢扶漢，忠心耿耿壯山河。

## 28.協天冠首 對聯詩鐘六組之五

協顯神威，聖帝恩覃山海陸。
天憐人福，黎民牲薦馬牛羊。

## 29.協天冠首 對聯詩鐘六組之六

協力扶劉，殊勳成帝業。
天心翊漢，義氣釋曹奸。

## 30.林姓宗親會聯文 對聯詩鐘一組

西邊一帶，瓜瓞綿綿，思源應拜比干祖。
河畔沿途，螽斯蟄蟄，稽古堪尊梅元公。

友笛拜撰

## 31.東源理髮店門聯 對聯詩鐘一組

東抹西粧修得雙眉秀氣。
源頭理罷煥然滿面春風。

## 32.拱北殿聯文 對聯詩鐘七組之一

拱辰虔額首，拱天星斗歡無極。
北殿憶前身，北港鸞堂顯有名。

> 本詩附註：林友笛先生名榮，字友笛，號旋馬庭主人，年七十五歲嘉義縣人，世
> 代門第書香，精勤好學，貫通中外，歷主南勢、布袋、東石、四湖鄉
> 政四十餘年，博學多才，爲人篤實儉僕，嘉、雲縣下，各寺廟聯文，
> 均出自先生之手，自政界退休，息養林泉，階下蘭桂飄香，雖超古稀
> 而常時手不離卷之隱士也。

## 33.拱北殿聯文 對聯詩鐘七組之二

拱神像，感帝君，俗稱呂祖，山居三秀。
北面日，作人臣，師拜鍾離，班列八仙。

## 34.拱北殿聯文 對聯詩鐘七組之三

拱辰星耀彩，呂祖神通，籤無不驗。
北極殿巍峩，仙公聖顯，禱有餘靈。

## 35.拱北殿聯文 對聯詩鐘七組之四

拱星朗朗，呂祖恩深，三秀山明青史著。
北殿巍巍，帝君靈顯，八仙洞古白雲閒。

## 36.拱北殿聯文 對聯詩鐘七組之五

拱手拜仙公，三山並秀，恩主威靈千古顯。
北堂崇佛祖，五指連峰，牟尼妙相萬家尊。

## 37.拱北殿聯文 對聯詩鐘七組之六

拱手信無慚，無山不秀，呂祖恩洪遐邇沐。
北辰居有德，有水皆清，仙公廟雅古今稀。

## 38.拱北殿聯文 對聯詩鐘七組之七

拱奉帝君，感呂祖佑民孚驗無數。
北朝鶴嶺，願仙公祈夢聖籤有靈。

### 39. 保安宮聖廟聯文 對聯詩鐘四組之一

保漢復江山，釋操華榮非報德。
安基明日月，尋兄河北竟成仁。

### 40. 保安宮聖廟聯文 對聯詩鐘四組之二

保嫂護兄，凜凜忠心，長昭日月。
安邦定國，堂堂義氣，足貫乾坤。

### 41. 保安宮聖廟聯文 對聯詩鐘四組之三

保主秉忠心，不愧中庸尊武聖。
安民存浩氣，合從大義署文衡。

### 42. 保安宮聖廟聯文 對聯詩鐘四組之四

保漢興漢，赤兔馳驅，心猶存大漢。
安民裕民，青龍閃鑠，義尚愛良民。

### 43. 師友 對聯詩鐘四組之一 二唱

詩文之友第 142 期課題 1966 年

契友須知存友義。
尊師莫忘報師恩。

### 44. 師友 對聯詩鐘四組之二 二唱

詩文之友第 142 期課題 1966 年
詩文之友 26 卷 1 期 1967.5.1（又見手稿本）

樂友心清尋友笛。
禪師性徹躋師承。
　　註：心清，一作時來。

### 45. 師友 對聯詩鐘四組之三 二唱

詩文之友第 142 期課題 1966 年

賭友休交交樂友。
法師莫聘聘軍師。

### 46. 師友 對聯詩鐘四組之四 二唱

詩文之友第 142 期課題 1966 年

軍師第一尊諸葛。
益友無雙痛角哀。

47. **花雨** 對聯詩鐘十一組之一 四唱
　　　有酒有花堪醉月。
　　　無風無雨好行舟。

48. **花雨** 對聯詩鐘十一組之二 四唱
　　　鷲嶺蓮花開九品。
　　　巴山舊友話三更。

49. **花雨** 對聯詩鐘十一組之三 四唱
　　　春有異花秋有月。
　　　冬無驟雨夏無霜。

50. **花雨** 對聯詩鐘十一組之四 四唱
　　　箭多於雨防難盡。
　　　容美如花色可餐。

51. **花雨** 對聯詩鐘十一組之五 四唱
　　　荊樹有花兄弟睦。
　　　硯田無雨子孫耕。

52. **花雨** 對聯詩鐘十一組之六 四唱
　　　櫛風沐雨寒侵骨。
　　　問柳尋花樂賞心。

53. **花雨** 對聯詩鐘十一組之七 四唱
　　　園中宿雨荒三徑。
　　　錦上添花耀一門。

54. **花雨** 對聯詩鐘十一組之八 四唱
　　　架上迎花花欲笑。
　　　壇中求雨雨淋灕。

55. **花雨** 對聯詩鐘十一組之九 四唱
　　　數畝庭花餐自足。
　　　一犁春雨慶豐收。

56. **花雨** 對聯詩鐘十一組之十 四唱
　　　自古名花能誤國。
　　　即今甘雨可興農。

57.**花雨** 對聯詩鐘十一組之十一 四唱
市上有花人易賣。
田中無雨穀難收。

58.**凌宵冠首** 對聯詩鐘二組之一
凌雲浩正氣，權主昊天，善登寶殿心無愧。
宵月照團員，明問秦鏡，惡步金階膽自寒。

59.**凌宵冠首** 對聯詩鐘二組之二
凌空寶殿，廟貌巍巍，上帝洪恩覃宇宙。
宵月金階，聖靈赫赫，天公大柄主幽冥。

60.**凌宵寶殿廟聯** 對聯詩鐘四組之一 凌宵二字冠首
凌晨鐘響，耿耿燈光，神明參上帝。
宵漏鼓鳴，堂堂金像，人喜拜天公。

61.**凌宵寶殿廟聯** 對聯詩鐘四組之二 凌宵二字冠首
凌空寶殿盡莊嚴，上帝恩覃山海陸。
宵永金鐘敲斷續，玉皇權轄佛仙神。

62.**凌宵寶殿廟聯** 對聯詩鐘四組之三 凌宵二字冠首
凌雲志道修八百劫，正氣而今留宇宙。
宵雨秋燈耀三千界，大權自古掌幽冥。

63.**凌宵寶殿廟聯** 對聯詩鐘四組之四 凌宵二字冠首
凌空有闋，權主昊天，善參寶殿心奚愧。
宵靜無邪，明逾秦鏡，惡步金階膽自寒。

64.**恭祝總統蔣公八秩華誕** 對聯詩鐘四組之一
南征北伐志復河山，華誕今朝齡高八十。
嶽降嵩呼觴稱宇宙，瑤池此日桃熟三千。

65.**恭祝總統蔣公八秩華誕** 對聯詩鐘四組之二
介壽稱觴人杖國，普天同慶。
石公墜履圯傳書，大漢復興。
註：林友笛先生代其子屏東縣政府教育科林清樵作。
註：杖國，一作杖朝。
圯傳書，一作良求書。
大漢復興，一作大漢當興。

66.**恭祝總統蔣公八秩華誕** 對聯詩鐘四組之三

壽慶杖朝，驀地嵩呼萬歲。
心堅復國，幸營親勞三軍。

67.**恭祝總統蔣公八秩華誕** 對聯詩鐘四組之四

掃諜除奸，令旦稱觴萬民歡此日。
反攻復國，杖朝獻棗三祝值良時。

68.**恭輓駱子珊先生千古** 對聯詩鐘一組 1969 年

六九華齡詩書滿腹，太歲夢雞悲在酉。
三千珠履匍匐盈堂，晴空化鶴值靈辰。

　　　　　　　　　　　己酉端月望前二日　陽愚弟旋馬庭主人林友笛揮淚拜

69.**桃葉** 對聯詩鐘三組之一　五唱

　　　　　　　　　　　詩文之友 26 卷 4 期 1967.8.1（又見手稿本）

鑽核人售桃接李。
探驪手仰葉占梅。

70.**桃葉** 對聯詩鐘三組之二　五唱

芳齡二八桃夭日。
朱履三千葉茂時。

71.**桃葉** 對聯詩鐘三組之三　五唱

摽梅女羨桃夭女。
大尅蟲除葉捲蟲。

　　　註：另有朋友同題詩鐘：
　　　　　　周公大戰桃花女。
　　　　　　賊子爭偷葉錦郎。（炳泉）
　　　　　　群仙未到桃花洞。
　　　　　　學士先尋葉向高。（文斌）
　　　　　　佳人莫負桃夭日。
　　　　　　歐子須防葉落時。（炎振）
　　　　　　人因過渡桃為姐。
　　　　　　緣締御溝葉作媒。（金貴）

72.**琅玕冠首** 對聯詩鐘二組之一

琅華時印騷人屐。
玕石彌堅處士家。

### 73.琅玕冠首 對聯詩鐘二組之二

琅花香遠書聲壯。
玕石苔豐士氣豪。

### 74.清明冠首 對聯詩鐘二組之一

詩文之友 29 卷 3 期 1969.1.1

清景無邊侵馬鬣。
明山有意護牛眠。

### 75.清明冠首 對聯詩鐘二組之二

詩文之友 29 卷 3 期 1969.1.1

清淨黃陵堪示範。
明徵青史永留名。

### 76.張媽周太夫人靈右 對聯詩鐘一組

相夫成耆宿，淑德足千秋，榮哀堪錄垂三世。
教子善操觚，慈齡逾八秩，福壽雙全過一生。

陽愚弟旋馬庭主人林友笛拜輓

註：垂三世，一作留三世。

### 77.進安府廟聯 對聯詩鐘三組之一

進德配乾坤，神靈赫濯，千歲恩覃海山陸。
安基明日月，廟貌巍峩，萬民王拜朱李池。

### 78.進安府廟聯 對聯詩鐘三組之二

進殿謁抄吳，香煙鼎盛，五府靈威長顯赫。
安爐澄海陸，風月雙清，萬家燈火永輝煌。

### 79.進安府廟聯 對聯詩鐘三組之三

進福庇崙峰，威靈赫赫，遐邇迎神來接踵。
安瀾靜海國，廟貌巍巍，晨昏獻果自誠心。

### 80.勝安宮廟聯 對聯詩鐘三組之一

勝境光明，赫濯神威宗地母。
安宮幽雅，巍峩廟貌祀天公。

81.**勝安宮廟聯** 對聯詩鐘三組之二
　　王氣當興，精飯真堪供眾佛。
　　母儀足式，蟠桃偏喜啖群仙。

82.**勝安宮廟聯** 對聯詩鐘三組之三
　　無始無終無德誦。
　　極尊極貴極公平。

83.**筆花** 對聯詩鐘八組之一　七唱
　　獲麟痛絕春秋筆。
　　誘蝶宏栽姊妹花。

84.**筆花** 對聯詩鐘八組之二　七唱
　　登壇預帶鍾王筆。
　　隔圃宏開李杜花。

85.**筆花** 對聯詩鐘八組之三　七唱
　　是是非非論史筆。
　　紅紅綠綠牡丹花。

86.**筆花** 對聯詩鐘八組之四　七唱
　　從戎未忍輕投筆。
　　深巷奚貪易賣花。

87.**筆花** 對聯詩鐘八組之五　七唱
　　鄴架有書留禿筆。
　　青樓無酒廢名花。

88.**筆花** 對聯詩鐘八組之六　七唱
　　代筆爭如親手筆。
　　落花那得放心花。

89.**筆花** 對聯詩鐘八組之七　七唱

詩文之友 27 卷 1 期 1967.11.1（又見手稿本）

　　才盡江淹慚退筆。
　　癖同屈子愛餐花。
　　　　註：慚，一作宜。

## 90. 筆花 對聯詩鐘八組之八 七唱

字仿銀鉤宜放筆，
時來鐵樹亦開花。

## 91. 喜宴 對聯詩鐘一組 一唱

喜氣揚眉，洞府今宵人合巹。
宴豐滿足，華堂此日客飛觴。

## 92. 無極冠首 對聯詩鐘三組之一

無雲天果能求不老。
極樂界端可享長生。

## 93. 無極冠首 對聯詩鐘三組之二

無始無終，神靈赫濯，萬家得得崇金母。
極尊極貴，廟貌堂皇，一德巍巍庇昊天。

## 94. 無極冠首 對聯詩鐘三組之三

無邊法力，大顯神威，娘娘聖德尊王母。
極發慈心，廣傳佛說，世世真人祀普賢。

## 95. 無題 對聯詩鐘二組之一

祈安意誠，人氣遙揚牛連港。
清醮燈輝，神恩永庇馬鳴山。

## 96. 無題 對聯詩鐘二組之二

醮內燈如晝，齊斟三酌酒。
壇前人似鯽，爭拜五年王。

## 97. 惠德 對聯詩鐘二組之一

惠眼重瞳明日月，察陰陽應不謬。
德恩高厚配乾坤，稽善惡總無私。

## 98. 惠德 對聯詩鐘二組之二

惠風涼寶殿，廟貌堂皇，籤無不效。
德澤被倉生，神威赫濯，聖有餘靈。
註：林友笛於此聯下屬名「惠珠」。

## 99.敬弔錦燦先生千古 <sub>對聯詩鐘一組</sub>

詩文之友 32 卷 2 期 1970.6.1

翁醫子亦醫，活人無數，榮哀堪錄垂三世。
父仕妻猶仕，顯祖有餘，福壽雙全過一生。

## 100.新居門聯 <sub>對聯詩鐘十一組之一</sub>

吉日慶安居，門第欣添新氣象，日麗雲蒸，天與一堂瑞靄。
良時宜進宅，家人愛讀舊文章，花香鳥語，人呈滿面春風。

## 101.新居門聯 <sub>對聯詩鐘十一組之二</sub>

春來桃李欣沾新雨露。
子紹箕裘丕振舊家風。

## 102.新居門聯 <sub>對聯詩鐘十一組之三</sub>

荊樹有花忻忻兄弟睦。
硯田無稅歲歲子孫耕。

## 103.新居門聯 <sub>對聯詩鐘十一組之四</sub>

吉日安居上天宜賜福。
良時進宅大地可生財。

## 104.新居門聯 <sub>對聯詩鐘十一組之五</sub>

春回禹甸山河外。
人沐堯天雨露中。

## 105.新居門聯 <sub>對聯詩鐘十一組之六</sub>

東平王格言為善最樂。
司馬公家訓積德當先。

## 106.新居門聯 <sub>對聯詩鐘十一組之七</sub>

欲高門第必讀書。
讀書聲裡是吾家。

## 107.新居門聯 <sub>對聯詩鐘十一組之八</sub>

秋水文章不染塵。
瑞氣盈門萬象新。

## 108.新居門聯 對聯詩鐘十一組之九

春風時到吉人家。
運到金花滿樹開。

## 109.新居門聯 對聯詩鐘十一組之十

靜裡總思自己過。
閒時莫說他人非。

## 110.新居門聯 對聯詩鐘十一組之十一

子肖孫賢，天賦一家多士氣，
漁歌鳥語，人呈滿面盡春風。
心地芝蘭時聞放異香。（橫批）
　　　註：作者三十年前居屋。

## 111.詩酒 對聯詩鐘一組

詩文之友 2 卷 5 期 1954.5.1

畢吏部聞香盜酒。
高仁裕滿窖藏詩。

## 112.溪頂昭安府廟聯 對聯詩鐘九組之一

昭夏奏廟中，禮樂千秋長不易。
安爐興溪頂，香煙萬古更輝煌。
　　　註：長不易，一作仍不易。
　　　　　更輝煌，另一手稿作慶長存。

## 113.溪頂昭安府廟聯 對聯詩鐘九組之二

昭明百姓，耿耿靈光，長爭日月。
安護三民，堂堂義氣，永壯山河。

## 114.溪頂昭安府廟聯 對聯詩鐘九組之三

昭示營新殿，廟貌堂皇，籤無不效。
安基庇眾生，神威赫濯，禱有餘靈。

## 115.溪頂昭安府廟聯 對聯詩鐘九組之四

昭海國，靜波瀾，正氣真堪爭日月。
安山河，庇黎庶，忠心端可聳青雲。
　　　註：日月，一作白日。

## 116.溪頂昭安府廟聯 對聯詩鐘九組之五

昭海陸，佑鄉村，代天巡狩，名揚寶島。
安神人，明善惡，與地同休，靈顯瀛州。

## 117.溪頂昭安府廟聯 對聯詩鐘九組之六

昭德庇台西，位列主神，士夫崇李府。
安基聯崙北，階尊副座，今古仰天王。

## 118.溪頂昭安府廟聯 對聯詩鐘九組之七

昭雪明冤逾秦鏡，千歲英靈遐邇仰。
安民定國步虞庭，三王威信古今崇。

## 119.溪頂昭安府廟聯 對聯詩鐘九組之八

昭德配乾坤，神靈顯顯，恩覃山海陸。
安基明日月，廟貌巍巍，王拜李天池。

## 120.溪頂昭安府廟聯 對聯詩鐘九組之九

昭信人咸仰，巍巍聖德，恩覃溪頂。
安宮神顯靈，凜凜威風，名震宇中。

## 121.維良冠首 對聯詩鐘十組之一　五字七字九字爲限

維善爲家寶。
良規壯國基。

## 122.維良冠首 對聯詩鐘十組之二　五字七字九字爲限

維恐斯文喪。
良圖道德存。

## 123.維良冠首 對聯詩鐘十組之三　五字七字九字爲限

維懷存道德。
良性愛文章。
　　註：維懷，一作維知。
　　　　愛文章，一作好文章。

## 124.維良冠首 對聯詩鐘十組之四　五字七字九字爲限

維護文章期復古。
良知甲子屢翻新。
　　註：期復古，一作能復古。

125.**維良冠首** 對聯詩鐘十組之五 五字七字九字爲限
維新政治民爲主。
良產經書硯作田。

126.**維良冠首** 對聯詩鐘十組之六 五字七字九字爲限

詩文之友 27 卷 5 期 1960.3.1（又見手稿本）

維欽量大婁師德。
良望牆高孔仲尼。

127.**維良冠首** 對聯詩鐘十組之七 五字七字九字爲限
維德不孤鄰必有。
良心既足禍全無。

128.**維良冠首** 對聯詩鐘十組之八 五字七字九字爲限
維持道德以善爲基本。
良貴文章由勤作起家。

129.**維良冠首** 對聯詩鐘十組之九 五字七字九字爲限
維是四方潛心存世道。
良興三教著意振家風。

130.**維良冠首** 對聯詩鐘十組之十 五字七字九字爲限

詩文之友 27 卷 5 期 1960.3.1（又見手稿本）

維艱辛焉，懷仁而積德。
良有以也，尊道復耽書。

131.**墓聯** 對聯詩鐘四組之一 1974 年
登天神護佳城固。
科地人埋窀穸康。

六十三年九月

132.**墓聯** 對聯詩鐘四組之二 1974 年
馬鬣封迎山水秀。
牛眠地蔭子孫賢。

六十三年九月

## 133.墓聯 對聯詩鐘四組之三 1974 年

河山千古恨。

今古一完人。

六十三年九月

## 134.墓聯 對聯詩鐘四組之四 1974 年

黃坵蟲唧唧。

石槨草青青。

六十三年九月

## 135.壽聯（代孫子林炳昇作） 對聯詩鐘一組

壽慶杖朝，驀地嵩呼萬歲。

心堅復國，幸營親勞三軍。

屏東縣仁愛國民學校　林炳昇謹祝

## 136.輓顏木杞先生千古（代郭淵作） 對聯詩鐘一組

誼屬同寅，議政直言如善感。

歲悲在酉，修文應召謁顏回。

郭淵拜輓

## 137.曉寒 對聯詩鐘十組之一 一唱

詩文之友第 141 期課題 1966 年<br>詩友之友 25 卷 6 期 1967.4.1（又見手稿本）

寒刺骨方知士氣。

曉談經始見禪心。

## 138.曉寒 對聯詩鐘十組之二 一唱

詩文之友第 141 期課題 1966 年

寒憐范叔嗤須賈。

曉識文王聘太公。

## 139.曉寒 對聯詩鐘十組之三 一唱

詩文之友第 141 期課題 1966 年

曉學思登三鼎甲。

寒窗讀破五車書。

140.**曉寒** 對聯詩鐘十組之四 一唱

詩文之友第 141 期課題 1966 年

寒夜牛衣高士臥。
曉窗鬼影美人妝。

141.**曉寒** 對聯詩鐘十組之五 一唱

詩文之友第 141 期課題 1966 年

寒梅遜雪三分白。
曉雁書天五字明。

142.**曉寒** 對聯詩鐘十組之六 一唱

詩文之友第 141 期課題 1966 年

曉空無際行天馬。
寒士交遊愛布衣。

143.**曉寒** 對聯詩鐘十組之七 一唱

詩文之友第 141 期課題 1966 年

曉寺慈雲騰鷲嶺。
寒窗舊雨話巴山。

144.**曉寒** 對聯詩鐘十組之八 一唱

詩文之友第 141 期課題 1966 年

曉樹含煙珠滴滴。
寒燈讀易夜沉沉。

145.**曉寒** 對聯詩鐘十組之九 一唱

詩文之友第 141 期課題 1966 年

曉雪凍窗東二點。
寒天沽酒古三杯。

146.**曉寒** 對聯詩鐘十組之十 一唱

詩文之友第 141 期課題 1966 年

曉讀書詩心未死。
寒侵骨士氣方生。

147.**擁護總統連任** 對聯詩鐘一組

民心久已歸元首。
主義多從學逸仙。

148.**關聖** 對聯詩鐘二組之一
　　參曹非本意，達旦唯知守禮，
　　輔漢出真心，茹辛至竟存仁。

149.**關聖** 對聯詩鐘二組之二
　　熟讀春秋，志在吞吳滅魏。
　　明並日月，心存扶漢興劉。

150.**關聖冠首** 對聯詩鐘七組之一
　　關懷達旦豈防嫌，子心中唯有漢。
　　聖意華容非報德，公眼底已無曹。

151.**關聖冠首** 對聯詩鐘七組之二
　　關過五，將斬六，智勇長昭三國首。
　　聖崇文，帝銜武，威靈永祀一樓中。

152.**關聖冠首** 對聯詩鐘七組之三
　　關心烈烈，扶先主，恭於兄友於弟。
　　聖德巍巍，配昊天，上佑軍下佑民。
　　　　林友笛自註：陳三六。

153.**關聖冠首** 對聯詩鐘七組之四
　　至言崇子曰兩字長為天下法。
　　聖訓重詩云一經堪作鼎中烹。
　　　　林友笛自註：吳明卿。

154.**關聖冠首** 對聯詩鐘七組之五
　　關懷護嫂，達旦心中唯有漢，
　　聖意誅奸，當時眼底已無曹。
　　　註：關懷，一作關心。
　　　　　誅奸，一作容奸。

155.**關聖冠首** 對聯詩鐘七組之六
　　關心稽百行，掀髯猶懷赤帝。
　　聖意理三網，額首不愧青天。

156.**關聖冠首** 對聯詩鐘七組之七
　　關心勃勃，復興漢室。
　　聖德巍巍，威赫曹軍。

### 157.麗華電髮院 對聯詩鐘三組之一

麗人入院容增麗。
華屋粧嬌錦上華。
麗顏電髮有餘華。（橫披）

### 158.麗華電髮院 對聯詩鐘三組之二

麗娟氣馥有香蘭。
華服芳粧更美觀。

  林友笛自註：麗娟漢光武宮人，年十四，玉膚柔軟，吹氣香清如蘭。

### 159.麗華電髮院 對聯詩鐘三組之三

電桶風炊經大小。
髮光可鑑色堪餐。

  林友笛自註：張麗華陳後主寵妃，髮長其光可鑑。

# 二、林友笛文集

## 文章類

### 1.天賞先生七秩雙慶序文 文章一篇 1972 年

　　天地文物之精華，山川河嶽之靈秀，苟非誕生才人以著作而闡揚之，則浩然正氣湮沒不彰，大雅文章隱而不揚，是故詩固有功於世道也。天賞先生具倜儻之才，凌塵世之劫，浸淫風雅博古通今，偶有吟詠，句必驚人，所謂落筆搖五嶽，嘯傲凌三江者，先生於冤獄中曾著幽窗吟草行世，當時爭相傳誦，咸謂此老才大心細，篇中佳作漸入神化，且元氣充滿，下筆時精神畢至，情景俱生，信手拈來，積健為雄，倘與李杜並世而生，誰敢為之評高低，尚分軒輊乎，先生胸懷豁達，腕力過人，馳逐商場，饒有子貢之風，醉臥騷壇，富有子健之才，故被推為各種團體機關之總經理、董事長或社長者，其數甚夥，一一難以枚舉，而文情豪放長篇大作，不減歐蘇，雖未由窺其全豹，曾於報端讀其一斑，今又得拜讀先生七秩雙慶徵詩文啟，以古稀之高齡，精神矍鑠，簡鍊揣摩，猶常人追赴所不及，余與先生千里神交，一面未謀，姑待波平浪靜，浮一葉之輕舟，逍遙而登大雅之堂，拜受薰陶，即庶乎素願克償，其樂何極哉，余不敏，謹序數語以誌景仰云爾，至於文之工拙，在所不計也，是為序。

中華民國壬子菊月望後二日<br>旋馬庭主人八十叟林友笛序於四湖鄉西湖之靜舍

### 2.玉皇上帝玉皇經傳 文章一篇 1966 年

　　天地未分，陰陽混沌，元氣神化，即天地之精，此時虛空漸成，天體即稱為大羅天，歷經數劫而始成地，大元王女自生天尊，時在玉京山通氣結精，始生人類始祖，漸次至神農伏羲，黃帝開發國土，繁殖人類，又據玉皇經傳，從前有國稱光明妙樂，國王淨德，王后稱月寶光，老而無嗣，歿後社稷委託何人憂念不已。一夜，夢天神抱一嬰兒來，王后大喜，恭敬禮接天神，嘉后品行，王后雀躍，夢醒覺而有孕，懷胎一年於丙午正月初九日誕生，太子幼聰明，長輔國政，愛人民，行慈善，散財寶，救窮乏，濟困苦，國王崩後，讓位大臣，入山修道功成，歷八百劫，不惜犧牲，超度眾生，宋真宗封為玉皇上帝太上開天執行仰歷含真體道昊天至尊玉皇上帝。

總統八秩華誕日於鄭氏家園考錄
旋馬庭主人林友笛

## 3.失笛復得記 文章一篇 1932 年

壬申之歲，麥秋之月，乙亥之日，余適公餘旋梓，攜笛於朴子青雲閣，是夜笛吹太平，樂奏鈞天，宮商一韻，風月雙清，覺心中氣爽，胸次塵消。迨乎鐘鳴十二，盡興而歸；腔中尙餘嘹喨，夢裡尤聽悠揚。翌朝拂曉，笛掛輕車，雙輪疾走，如飛如馳，至役場檢視始覺笛已違失矣。

急託友人沿途查尋，杳如黃鶴，莫知所之，不禁愁緒填胸，鬱悶莫遣。或告余曰：一笛區區，何足鬱抑？余嘆曰：夫樂之器，果非樂樂之人，焉能知其器之貴哉。余此笛，曾經老樂人之賞識，乃係八十年前之古器，且余自得此笛之後，於茲十有七年矣。不特韻清高，而尤適口勢，公餘，藉此排悶，旅中如添一伴，豈黃金之所能易耶。況余辛未藝菊，菊遭馬害；壬申弄笛，笛竟遺失，命途之蹇，何甚於此。然此笛乃適意之物，胡可一朝失去，置之度外，必也復得而後已。越週復歸梓，再託栗子崙家水決君，代爲細查，始知爲蔡鵠君所得。氏係岱江人，現寓栗子崙，原有一面之識，因是日出稼州子，於中途拾之，然自得笛之後，日夜憂思，寢不成寐，恐俗所謂爲求迎木主之人故意而拋棄者。及聞乃余之遺失物，竟慨然攜笛來歸，不受謝而去，真潔己也。余乃以微物聊表謝意，非敢云報也。

於是攜笛而歸，學桓伊三弄，傍素娥一吹，聲音嘹喨，依舊清高，始信古人云亡羊補牢，不禁喜出望外。爰是不揣孤陋，卒成失笛復得之記，以誌其韻事云爾。

## 4.海口大橋沿革誌 文章一篇 1967 年

昔蔡端造洛陽橋，雖經費浩大，國費不足以供其用，因其利眾心虔感動於天，神佛爲之化景以助其費，畢竟功成願償，名留青史，古之名官造橋利人，良有以也，我台西鄉海口沿海公路馬公厝排水下流，原無橋樑之架設，以故來往行人被子午潮而流失者頗不乏人，鄉民痛感已極，因架橋經費甚巨，且公所橋樑費有限，莫可奈何，徒嘆而已，省議員林蔡素女有鑑及此，乃獻身出爲爭取向省政府陳述苦情，竟蒙省當局垂憐特撥補助款七十五萬元，配合本鄉經費合計壹佰壹拾壹萬柒仟捌佰元，於民國五十五年六月二十二日開工，至民國五十六年二月十日竣工，橋長佰公尺，鰲樑隱隱，跨海橫空，從此征人無病涉，過客喜通行，漁農工商獲益非淺，多感素女議員之深恩，當立碑誌以頌其功，於是鄉公所丁秘書、代表會林秘書同來請誌於余，余素仰該員品格，堪稱巾幗英雄，其爭取腕力不遜鬚眉，又係逢人說項，故未敢以不文爲方命，乃不揣劣陋，聊獻蕪詞以頌其功，以誌其韻事云爾。

民國五十六年

台西鄉鄉民代表會主席 鄭連

台西鄉鄉長 丁拿

旋馬庭主人 林友笛獻詞

## 5.破罐難復記 文章一篇 1970 年

詩文之友 33 卷 3 期 1971.1.1

庚戌之歲，暮秋之月，丁丑之日。余適暇餘，以無聊人而作無聊事，攜帶茶具，漫遊汾津，品茗坤賢先生之堂，歸途適遇高城君，挽我同遊怡園以會知音，叩其門，花草爭妍，木石皆奇，一青年出迎，即園主蔡充雄君也，問年將近而立「學詩乎？」 ，對曰「未也」 ，即勸其學詩，遂邀登堂，高城君又促我提出孟臣罐，以為品茗，茗品數種，席間適有配消會陳主任，及正芳茶莊曾正芳在焉，正芳即勸及此後莫攜此罐出遊，因此罐得非易易，應加保惜，余答當遵貴意，正關心收拾茶具，那知此罐原有裂痕，偶爾失手，罐竟落地，驀地罐屑，不堪觸目，所謂傾巢無完卵之存，噫！此罐係百餘年之古具，余得之於茲五十餘年矣，每出席詩會，亦攜帶隨身，親泡香茗，以享吟友，以聯風雅之誼，一朝失手，豈不痛哉，豈不惜哉，嗟余辛未藝菊，菊遭馬害，壬申弄笛，笛被人收，庚戌品茗，罐竟破碎，何命運之蹇而至於斯乎？想茶癖騷人聞之，誰不為我而惋惜，缺憾如斯，寧無一言以記之？爰是不揣劣陋，卒成蕪詞，以誌其憾事云耳。

並附七律一首以增嘆惜。

品茗充雄處士莊，枉將古器費評詳。
關懷泡後收茶具，詎意當前失手忙。
罐破惹成千古恨，詩狂吟得一心荒。
孟臣從此幽冥返，說與鴻漸更可傷。

## 6.參天宮沿革誌 文章一篇 1947 年

稽於古曰：莫為之前，雖美而不彰，莫為之後，雖盛而不傳，是以彰美傳盛，稽古考今，網羅舊史以誌其事，此古今學者之所使然耳。本宮關聖夫子天生精忠武聖，世稱大義文豪。清光緒年間，阿片流毒我中國，波及四湖，毒染藜庶，藉夫子之神威除毒而還元者，頗不乏人，信徒感其恩澤，乃彫塑神像，向清水警化堂虔請神靈，鎮座書堂，以庇藜庶，未幾，神堂被政府改為官舍，無奈遷於吳石之家，即今派出所地址暫為神館，斯是時也，牛疫蔓延地方，耕農驚怖，聖帝以丹水療治牛畜，靈驗殊速，藥到病除。己酉年間各地方瘟疫猖獗，諸紳董計無所出，乃

求聖帝出巡，各地疫鬼聞風而逃，從此瘟疫終息矣。沐恩既眾，信徒日盛，甲子年間新築廟宇，並向龍虎堂分傳靈籤，為人判定吉凶，藥籤為人療治疾病，屢試屢驗，四方參拜者日盛一日。在癸未年適日政以皇民化運動寺廟整理為由，蒐集四湖鄉管內神像，凡九百參拾參尊，舉昇天祭，四湖國民學校聖廟為之一毀，幸神靈赫赫，聖德巍巍，惟夫子神像不敢毀傷，初保留於北港區署，後轉奉臺北某高官之家，迨民國三十四年乙酉仲秋，臺灣光復祖國，神意顯然，欲返四湖，於是地方人士迎之而歸，爰借吳浮之家，設壇奉祀，從此香煙日盛，士夫共仰，然以容膝之室，不足以供萬民朝拜，故聖神功代，自擇廟地於現址，諸神董乃出為發起，竭力鼓舞，募捐營建得參百萬元之鉅款，興工著手，自乙酉年仲冬至丁亥秋八月，工完告竣，廟貌堂皇，鳥革翬飛，燦然可觀，真不愧聖人之廟堂。諸紳董乃囑余草成參天宮沿革，以垂永久紀念。竊謂文人份內，且久滯四湖，寧無一言，以誌其事，爰是不揣劣陋，率成參天宮之沿革以誌其事云耳。

民國丁亥仲秋之月

## 7.溪頂昭安府沿革誌 文章一篇 1966 年

蓋聞山川之精英，每洩至寶之奇異，而地靈之所鍾，非天生聖人以得君師之位，使之興道行政即生神人，以為陰陽之理而宏天地之化，故凡今天下之公卿大夫以至凡民之家，無不設壇焚香以奉神祇，蓋以神正而能福善禍惡，禦災除凶，變化莫測，赫而不可掩者也。然世之好奇者類多，誤崇魑魅魍魎以為神奇而奉之，至於聰明正直、功德無量之神反而不敬，故有靈而不靈或應而不應，致有謂鬼神之說，不足深信者矣。然本廟奉祀主神李府千歲、副神華光天王及池府千歲，蓋李府千歲據揮鸞所示名為公麟，考及唐宋諸史，係宋舒州人字伯，時熙寧三年庚戌科進士，為後省刪定官仕官至京師十年，元符末致仕歸老，道光十一年癸卯，遠自福建泉州乘桴浮海漂至本村海口，某夜為林以發見，林氏異之，親往探視，見神前有采煙繚繞之古銅色香爐一具，四周圍以紅色紗布，其上書有李府千歲等字樣，認為神靈降臨，即歸告村民，與村民數人共上該船，恭迎神像及采爐暫祀林懿之家祠，即募款建一小廟而奉祀焉。

光陰似箭，日月如梭，民國二十六年為中日戰爭，小廟雖燬於炮火，而金身竟安然無恙，非神之顯赫其能若是？後經信徒出為倡議，為神易地建廟，遂於民國三十五年蒙地方善男信女之樂捐，集腋成裘，選路頂一角重建中型廟宇一座，同年冬入火並迎神像以供信徒之瞻拜。

駒光過隙，逝水如斯，不覺又經十八載於茲矣，神意復欲造福人間大顯神靈，求即必應，香煙既盛，信徒日增，然以容膝之室生恐不足以供萬人參拜，於是夢示於該村士紳林德義氏，囑其遷建廟宇，而廟地及圖稱當降鸞而定之，毋須徵求眾信，林氏經先後證實出為活動，遵神昭

示竭盡所能，繼即以身作則捐獻所有，而村民受其感動，紛紛響應，爭先恐後而捐獻，集腋成裘，並成立本廟籌建委員會，選林山崎等二十八人為委員，並互推林山崎為主任委員，林標營為副主任委員，遵照夢示於乙巳四月十七日國曆五月二十八日開始觀鸞，費時匝月，至五月十三日即國曆六月二十二日凌晨四時降鸞，自為選定廟地於現址，於是籌建委員會展開工作，極力鼓舞，作到家家出錢，戶戶出力，僅兩月之間，約四百住戶之溪頂村，獨建一座辰向戌，佔地百坪，深九丈三尺四寸，高二丈七尺四寸，寬三丈五尺二寸之巍巍神廟，鳥革翬飛，幽雅奪目，雖曰人之至誠，非神力又焉有以成之哉，遂於六月二十六日國曆八月三日子時奠基上樑破土興工，寄樑前夕發現黃涼傘高懸，廟後約十分間上樑之夜有錦蛇為之獻瑞，上樑後某夜二時夢示四湖鄉廣溝厝林河東家，囑其至廟代為檢驗木材，並禮聘嘉義市竹圍仔營造廠包商蘇見明為之營建，開工以來合境平安，且溪頂一帶地方原係不毛之地，人民生活窮苦，渡日如年，疫病尤多，苦於藥資，以致病死者頗不乏人，今也五穀豐收，疫鬼聞風而逃，村民喜不自勝，非夫神之為佑而誰為？值茲工將告竣，林德義即來求作本廟沿革誌以垂永久之紀念，然余退休人員不宜過煩以妨養靜，乃以年邁無文為方命辭之者四，邪知德義君偏不以駑駘見棄，復與當地士紳請本鄉鄉長吳修量先生同來索作，其虔意如此，故不得不索枯腸以為塞責，於是感激，遂將籌建經過、廟之伊始、主神之顯赫等泐之於筆，傳之於書，以誌其韻事云耳，至於文之工拙在所不計也。

民國五十五年丙午季夏之月　四湖鄉林友笛拜撰

## 8.《樂天真》序文 文章一篇 1966 年

竊謂凡事當有可稽焉，苟有可稽，即皆可記，歷世已然，況樂樂乎。

憶自民國二年，即大正二年，日據時代曾奉職於嘉義廳衛生試驗室，因賣藥製造之鑑定，獲識當地大文豪逸翁莊伯容先生之鴻名，遂登龍而識荊焉，覺其氣宇才華更有甚於所聞之者，閒談之間，偶見壁上多懸樂器，早知亦為樂樂之士，又時聞管絃之聲，於是每於公餘造其府第合奏清音，增念北譜並為念詞。

越歲，因病退職還鄉，又就朴子老樂友加念數首譜詞，計得五十餘首，皆能暗念。無如滄桑世變，又是風塵作客，雖飄泊布袋等處，星霜屢易，畢竟難遇知音，孤掌難鳴，以至於今。

迨本年麥秋之望，為一青年當面求寫普庵咒之譜，雖即席寫與，然其拍位反復一拍，似有不能自信，頓感有集之成冊，以應同好者之求。自是將生平所學之譜，索之於腸，搜之於腦，樂韻依稀，尚為印象，錄之成冊，署曰樂天真，以為酒後茶餘之娛樂，以供同好者參考耳。至於詞意之雅俗，樂調之清濁，在所不計也。

民國丙午蒲月之晦

旋馬庭主人林友笛誌於四湖鄉西湖湖畔之靜舍

　　註：內附樂曲：望吾鄉、倍思、恨冤家　中滾、倍思、短滾、背青陽、北青陽、
　　　　中滾十三姜、綿搭絮。

## 9.《樂樂樂》序文 文章一篇 1971年

　　人生之賞心樂序，盛世之適意幽懷，固非養成，樂友以絲竹管絃而
闡揚之，即兩問浩然正氣湮沒不彰，樂韻清意隱而不揚，信乎？

　　樂固有益世道也。清康熙五十二年癸巳六旬萬壽祝典，普天同慶四
方賡歌俱集，時大學士李文貞公以南樂恬靜幽雅，乃馳書徵求知音妙手，
得晉江吳志、陳寧，南安傅廷，惠安洪松，安溪李義等，晉京合奏御苑，
絃條幽雅，聲調諧和，帝大悅，封官不受，乃錫以綸音，曰御前清客五
少芳賢，傳之於今，韻事尚存。而子夏為政鳴琴以治邑，至尊古聖尚好
音樂，況吾人乎？

　　嗟夫！白駒過隙，青年易老，年亦邁矣，回憶青年既習古譜五十，
而今老邁尚唱南曲八九，而怡吟懷以娛晚境。生恐腦力有限，不能盡記
於心，頓覺有泐之筆，以為永久之紀念，於是將所學集之成冊，署曰樂
樂樂，以為花前月下之樂敘，至於曲之長短
，韻之清濁，文之工拙，在所不計也。

辛亥菊月下弦後四日
旋馬庭主人林友笛敘於湖西村西湖湖畔之靜舍

　　註：內附樂曲：文武過江、朝天子、二句半、數之歌、右調、反雙清、慶春音、
　　　　普庵咒、普庵咒催、可記得、春景、下連譜、百家春、寄青草、左霓裳、右
　　　　霓裳、南詞、金龍出水、白鶴歸巢、蜻蜓點水、蝴蝶穿花、桃源避暑、柳岸
　　　　尋涼、曲橋釣月、菊圃吟風、大八板、敲山、春遊青草地、夏賞綠荷池、秋
　　　　飲黃花酒、冬吟白雪詩、四套推　收尾、點點金、點點金推、新寄青草、醉
　　　　後登樓、風雲際會、從君令、從君令詞、七句詩、水底魚、綿搭絮、南澤折、
　　　　漁家樂、漁家樂詞春景、漁家樂詞夏景、漁家樂詞秋景、漁家樂詞冬景、百
　　　　家春催、橵子皮、幾蕊點。

## 10.教育參考趣味談 文章一篇

　　某先生者性溫純學博，循循善誘，桃李滿門，中有二得意之門生，
一曰聰明，一曰愚蠢，然愚蠢富，而聰明貧，兩人頗為相得。一日，先
生集其門徒曰：余有聯文一對，汝等試而對之。諸門人皆曰諾。先生曰：
就緞被二字與汝等為對。

　　聰明本係聰敏明哲之人，即應口而對曰繡枕。先生曰：善善善，堪
稱乎對。少頃，諸門人俱已對畢，唯愚蠢左思右想無所為對，先生曰：
愚蠢何遲之甚也？愚蠢正在為難之際，忽被先生迫對，暗自思曰聰明繡
枕為對，而先生讚不絕口，吾何不以我母為對？其對自佳，又何勞勞而

思哉？乃應對曰：緞被對貓母嫂，先生曰：糊說，緞被焉得對貓母嫂，不通，命再對。愚蠢以聰明所對其母秀嬸爲辯（按聰明之父名秀，其母人稱秀嬸，故愚蠢以繡枕誤爲秀嬸）先生怒鞭之以杖。愚蠢受虧，淚淋漓，聲慘切，歸告其母，曰母不及貓母嫂多矣。

　　貓母嫂單生此子，愛如掌中之珠。見子此狀，乃問曰：吾兒何爲悽然也？愚蠢告其所以，從頭至尾說爲母聽，貓母嫂曰兒可自安，吾當有以較之。言罷手攜一拐，匆匆而告先生之門，以杖叩其案曰先生何欺我之甚耶？

　　先生正在授書之中，忽聞案上轟然一聲，舉頭一見，即貓母嫂也，先生曰貓母嫂何怒之甚耶？貓母嫂曰我且問汝所出之對，聰明以其母秀嬸爲對，而汝讚不絕口，愚蠢以我貓母嫂爲對，而汝發怒鞭之以杖，我待汝不薄，束修紅包比之他人猶厚，偏不顧我之體面，何及厚彼而薄我之甚耶？

　　先生莞爾而笑曰：吾以爲何異之問，曾由秀嬸與貓母嫂之間耳，請坐聽我說明。夫聰明所對之繡枕乃人能睏得之繡枕，非人也。貓母嫂不聞此尤可，聞之益發大怒曰：秀嬸人能睏得何我貓母嫂人不能睏乎！先生鄂然。噫…學不學，智不智，何啻雲壤之差矣。先生出對奇巧，而聰明對法更工，然而愚蠢既愚，而貓母嫂又頑，故有此辯而成笑說，余擬筆至此，不禁景觸情生，偶詠一絕以諷之曰：

　　聰明貧賤學精工，愚蠢豪嬌竅未通。

　　貓母嫂頑偏巧辯，先生一對笑無窮。

　　　　編者註：母不及貓母嫂多矣，應改爲母不及秀嬸多矣爲適當。

# 書信類

## 1.致王友芬先生書信 信札一封

友芬先生雅鑒：

　　曩者登龍荷蒙不以駑駘見棄，初逢便蒙雅誼殷殷，導我往訪故舊吟友，有勞玉駕，實深銘謝。是晚宿鹿港故人漱雲詞兄處，以作竟夕之談，漱雲兄又導我往訪令宗俾得拜謁所謂寶書先生者，高談侃侃，又盡東南之美，翌午匆匆就道，至晚安抵旅舍，祈勿錦懷。並賦拙作一律，以聯風雅之氣，造句不周之處，望祈斧削。本鄉有持齋人來訪，閱及貴刊第二十五卷二三四期，弟與吳景箕文學士之唱和，似有讚美之感，弟因感先生之高，乃極力勸誘其購讀一箇年，業經承諾，可自二十六卷第七期配起爲盼。其住址爲四湖鄉湖西村西湖二七號，姓名吳家和。

　　訪詩文之友社賦呈副社長王友芬先生

詩文之友 27 卷 3 期 1968.1.1

胸懷瀟灑絕埃塵，和藹謙恭更可親。
介甫詩雄堪泣鬼，羲之筆健妙傳神。
登龍於我偏嫌晚，繡虎看人仰慕頻。
訪友兩家勞玉駕，歸來今尙感情真。

旋馬庭主人林友笛鞠躬

王副社長友芬先生斧正。

## 2.致王寶書先生書信 信札一封

寶書先生雅鑒：

弟向獲締交於漱雲兄因得聞鴻名，曩者登龍覺 大兄之才華氣宇更有甚於所聞之者。初逢便蒙雅誼殷殷，諸多垂青，侃侃高談，誨我良深，頓使茅塞頓開，何幸如之，本欲多留數日以應所命，無如歸鄉心急，乃造府告辭，匆匆就道，直至元長復以短笛與該地樂友合奏南樂，至昨日安抵 敝舍，幸勿錦懷，所惠佳作，滿紙琳瑯珠玉在前，本不敢獻醜以貽笑大方，然以維持風雅，互聯聲氣，故不揣謭劣，於燈下潦草奉和以爲塞責，斧鑿痕多在所不免，造句不周之處得蒙斧削，猶爲幸甚。四湖雖非同縣，亦咫尺耳，敢撥忙中大駕光臨 寒舍，共剪西窗之燭，謹此奉達。順候吟安。

十月二日　林友笛鞠躬

## 3.致白河大仙寺心元禪師書信 信札一封

曩接玉章，披誦之餘，方知雅號誤寫，實深失禮而感不過，又惠我玉蘭奇花如數收到，即日親栽於盆，想佛家異卉，定不負熱誠之人也，謝謝。本擬從速修書奉謝，無如俗事紛紜，未克如意，佛本乎慈，信不爲責也。書中諸多過獎，文翰寫作均佳，真不愧於詩僧也。爲聯風雅之聲氣，草就絕詩數首奉呈，以爲留鴻之韻事，造句有不周之處，即希斧削爲盼。

爲愛名花訪太華，倩他奇鳥護奇葩。
若逢蜂蝶顛狂舞，叫出聲聲莫損花。

護惜晨昏志更堅，催花擬早咲堦前。
他年親友如相問，只說移來自大仙。

## 4.致均生先生書信 信札一封

均生先生如晤：

弟以菲才，荷蒙 先生不以駑駘見棄，諸多方便，此當退休證件聲請，令 小兒參府懇情之際，便蒙季諾備得證明，不勝銘謝之至，容當再令小兒

造府致謝。弟在布袋鎮服務十二箇年柒個月，布袋鎮內地方人士無不知之者，且有前任鎮長蔡安之服務證明證可稽，況未申請之前，亦曾數次親往拜託鎮長及人事管理員，據云身分進退書類原有取齊在案，況君在布袋服務許久，余亦知之，若服務證明不論何時皆能方便，及至申請書提出，即以無案可稽爲辭，當全案請示縣府，待之良久不見證明，復親往過溝訪人事管理員於府上，並提示前鎮長之證明書即抄寫再爲一查明，約查後如何，當即當時復示，經旬日不見信到，乃復親到鎮公所請示，當時本鄉人事管理員亦同往，又蒙指示將前之服務證明書拍照寄來存案，當回答縣府之根據，胡期該人事管理員口是心非，不知何故，竟以案無可稽爲辭，不爲方便，故意損人權益，不無抵觸法律，至於 弟在布袋鎮公所取扱公文所蓋印章豈只數百，動之以數千計，而今竟無一箇之留存，況提出之申請書不發回，亦不向里長或地方人士調查，把人民權益視同草芥，…

　　　註：原稿未完。

## 5.致吳景箕先生書信 信札一封

　　辜君尙賢號一漚，朴子馳名之老學者，明治時代朴仔腳公學校第四回畢業之同期生也，素耽風雅，好譯和歌爲漢詩，篋中藏四百餘首，教鞭停執，賦閒在家，兩子出國俱得博士榮譽，年屆杖朝，蔗境彌甘，弟日前回梓造其府，閒談之間，提示篋中漢詩，且嘆當今之世能解和歌寥寥無幾，弟即誇示先生之才學，不獨漢詩，對於日本文學大有深造，故加欽仰，歸後即收君我倡和二十餘疊之詩文之友送交一對，近接來函囑我力爲紹介，並賦律詩一首，和歌譯絕詩十首，茲將其原文轉送，望祈高閱，其譯法是否稱爲絕倡，希爲示我爲盼，謹此介紹。順候吟安。

## 6.致吳雲鶴先生書信 信札一封

雲鶴老兄雅鑒：

　　本日拜讀大作，用意甚妙，惜乎第二聯笑剃八字鬚遮口，剃字無平音，似有錯用之感，故欲改爲鬚除八字因遮口，經讀三餘愛看山，未穩如何？未敢造次，其餘尙有不穩之處，希自爲推敲寫正示我以便過錄，繞舌之處，望祈諒之，謹此奉達，不勝惶恐之至。順候吟安。

　　　　　　　　　　　　　　　　　九月一日　友笛鞠躬

## 7.致周文俊先生書信 信札一封

國彬詞兄如晤：

　　令昆仲之七、八十初度感懷之佳作及大函領悉。所云和拙作見棄一節，既蒙特函顧我，又係風雅之交，又何須拐貓門蹄而見論，故乘興一夜而作，急就不大推敲，造句不周，希斧正。日前朴子尙賢芸兄亦以八

十初度絕詩十首而索和， 弟亦一夜而就翌日送回，經一週後，據其來書
尙無和到者，且云仄韻難和，令昆仲之感懷發出後和到者有幾家乎？便
中煩示。澄秋令宗之訃音亦接到，誠爲可惜， 弟即作四言古風三十二韻
以弔之。二林之詩人節尙未報出席，昨日寶昆兄亦以私信來催，並付聘
函，當日是否出席尙未可定，因有家園事故繫焉，謹此。順候吟安。

五月二十八日

## 次鴻濤先生八十初度感懷瑤韻 七律一首

吟軀儘可耐風霜，老愈牢騷氣愈強。
至道無慚居陋巷，守身不慣入平康。
東山歲月閒堪臥，宦海風波任激揚。
笛自橫吹詩自詠，忘歸猶滯四湖鄉。

## 次文俊詞兄七十初度感懷瑤韻 七律一首

索詩遐邇客來頻，心思雖煩滿面春。
唱和能教垂另眼，聯吟倍覺爽吟身。
自慚笨伯胸無墨，卻羨濂溪筆有神。
數畝庭花餐亦足，憂時憂道不憂貧。

## 8.致周澄秋先生書信 信札六封之一

澄秋先生雅鑒：

大函領悉，乃速調查，其情形如下：

一、本鄉轄內無有是廟。

二、敝舍詳細住址：雲林縣四湖鄉湖西村西湖十鄰三二號，但通信
處謹寫雲林縣四湖鄉亦無有不到。

吟駕光臨時可從嘉義火車站下車，轉乘嘉義客運到北港，票價直達
六元，每十分或二十分運行一次，而嘉義北港間還有北港糖廠營業線，
普通車、往復車、對號車每小時開往一次，北港至四湖同是嘉義客運之
經營，乘開往台西或開往三条崙皆經由四湖，寒舍在公所後，乘開往三
条崙至公所前下車，票價四元，旅社雖有蓬春旅社，其設備恐非都市之
可比。

三、台西鄉有五港廟奉祀張李牧千歲，其神靈之顯赫，爲遐邇之所
共仰，中有張王爺，即錦地忠順廟所祀奉之張巡公相同，爾來該廟之進
展，廟貌之堂皇，造作之維新，誠可謂鳥革翬飛，且庭園之整頓，花木
爭妍，實不遜公園，廟內設有客房以待香客，距本鄉八公里，票價貳元
五角，若論錦地往該廟，可由斗南火車站下車，轉乘台西客運往虎尾，
票價貳元，由虎尾往台西，票價八元五角，由台西往崙峰，票價壹元五
角，亦有由虎尾直接往崙峰者，下車可到五港廟，其票價九元五角，詳

細如是。

　　憶自癸卯之臘，曾應老兄之要求，草就中封一幅，秋園冠頭聯一對，付郵奉贈，未稔有無接及，未蒙賜示無由得知，至客歲臘又經一年，復發一信奉詢，亦無回音，年賀狀來往，亦無復示，至貴局臺鐵詩社十週年紀念，爲陳、尤兩翁祝壽，以立行方六唱，第六唱徵聯之際，敝地應徵有數吟友，期限經過半年以上，未見發表，諸吟友素知弟與兄有風雅之交，又係該局之服務，故囑我將存根聯之號碼全寫奉函託爲代查是否入選，望眼將穿，至今杳無一示，豈前後三封之信俱不到，實令人費解，懸案已久，本不當再爲奉詢，因承所委調查回復之便，故順筆而相詢也。

四月四日　友笛頓首

## 9.致周澄秋先生書信 信札六封之二

澄秋先生雅鑒：

　　久不挹晤，中心如焚，頃刻參商，無不神馳左右也，近想詩思，定多大進，堪符下頌，憶自溪頂分首以來，至今又經兩載，其渴之誠有如渭北春天之感，曩者忽接華翰，內云年底欲赴溪頂一遊，順途光臨寒舍一敘，弟之復信中曾云溪頂廟有一言難盡之委曲，俟吟駕光臨當爲面敘。

## 10.致周澄秋先生書信 信札六封之三

澄秋先生雅鑒：

　　曩者吟駕漫遊於斗六湖山巖，不大快樂而歸，實感不過，接信之後，立即將函轉達，責其對遠方貴客款待不周，此後應爲改善。本日接其回函內有道歉之意，情有可原，希爲寬諒，茲將來函轉送，希爲笑閱，閱後送回，倘湖山景美吟駕欲重遊者，乞先示我，當爲同伴，以收復今日之敗興，豈不美哉，肅此奉達。順候吟安。

## 11.致周澄秋先生書信 信札六封之四

澄秋先生雅鑒：

　　曩者連接數函，披誦之餘，藉悉先生對於吟詠情事頗覺熱心，令人仰慕，故特爲紹介於雲林立卿先生，懇其唱和以聯風雅之誼，日前業經和到茲即順爲函送，到希查收，而先生大作中示婿陳文龍瑤韻中，勤勞勤學有斐評斐字原無平音，希再斟酌，詩之工拙在所不計，然平仄當分明，方爲合式，匆忙間應亦有之，本不當啓齒，弟以兄雖未曾晤面，然十餘年間以神交而通信，故敢奉告，望祈勿責爲盼，謹此奉達。順候吟安。

四月十三日　林友笛脫帽

## 12.致周澄秋先生書信 信札六封之五 1968 年

澄秋先生吟席：

客臘奉接華翰，披誦之餘，領悉一切。所云寶殿內殿第一對聯文係由某佛徒之手撰，雕琢豎立後多受文壇墨客之指責，欲徵馳名騷客之高見，來函索我，即吾豈敢，讀其聯文造句清新，對法工整，堪稱絕句，某佛徒可謂詩僧矣，第一句拱現慈容感仙祖渡人不離苦海，偶讀之雖易誤爲渡人不能離苦海，然深味之即爲倒宗法，指仙祖己身未常離苦海而善於渡人也，對法既工用意更妙，又何須吹毛而求疵者乎？然拱北殿既係仙公廟，奉祀呂仙祖孚佑帝君，而本聯文雕琢內殿第一對即又文不對題矣，聯文中慈容、法相、苦海、迷津俱係佛門之語，與之雕琢在佛門即有餘，豎立於神廟即不足，寶殿主神爲南宮孚佑帝君，景有三秀之山，蹟有八仙之洞，廟貌巍峩層峰競秀，且主建有富豪之翁，經辦有風雅之士，規模之大，風光之美，實堪媲美於中外，胡可以不適合之聯文而雕琢在內殿之首，以爲騷客月旦之評者乎？應另求適合之聯文以換之，未稔高明以爲然否？茲即不揣劣陋卒成一對聊表敬意，得爲參考猶爲幸矣。

　　拱奉帝君，感呂祖佑民，孚驗無數。

　　北朝鶴嶺，願仙公醒世，聖籤有靈。

林友笛鞠躬　五七年一月七日夜

## 13.致周澄秋先生書信 信札六封之六 1967 年

澄秋先生如晤：

來函領悉，略歷如左：

一、姓名：林榮

　　號：旋馬庭主人

　　年齡：七十五

二、略歷：

　　民國二年任嘉義廳衛生試驗室囑託二年。

　　民國八年一月，任南勢竹區書記庶務財務總主任。

　　民國九年十月臺灣地方制度改正，區長役場改爲街庄役場，

　　任布袋庄役場書記、庶務係主任十年，財務係主任三年。

　　民國十八年五月六日，臺灣地方制度改正懸賞論文，文題爲「街庄之補助機關區總代最有效適切活躍之方策如何」，二等入賞獎金十元。

　　民國二十五年十月一日，任東石自動車株式會社會計主任。

　　民國二十七年，任四湖庄役場書記命庶務係主任。

　　民國三十五年命總務股主任。

　　民國四十年，兼任違禁書報雜誌影劇檢查員。

　　同年調任戶籍課長以至退休約十三年。

右係大略，且年過古稀，不欲再出任何機員，故證件大部份無存，希諒之。

## 14.致林金樹先生書信 信札一封

金樹宗兄雅鑒：

頃接來翰，披誦之餘，領悉一切，初以為書到而吟駕不久將到，那知詳閱內意始悉　兄亦家運不辰，令媳婦舊疾復發（癌症）就醫臺北婦科，聞此之下不勝驚恐，令媳婦為一外交之主婦，當時打擾貴府將近一週間，日夜閒談家務，常言令媳婦之賢，並不聞有宿疾之憾，今觀來書，實令人同情不已，何二豎子不仁乃耳，蓋癌疾非一朝一夕可治，愈急愈重，當徐徐而治之為上策，常聞貧寒之家染之，雖不治亦拖延日久，而富豪染之，易於了局，即此之謂也。令曾孫女之怪疾既中西醫治療，又就臺大醫學院之診察，良醫既束手，又盡為翁之力，命可付之於天，莫為過傷以損精神也。函想　兄之吟軀退隱數年不關家務，應以蔗境彌甘，享人間之福，消歲月之閒，以樂天年，何當遭此逆境而損吟懷者乎，弟雖門寒，且喜吟軀尚健，每日以奏樂、吟詩、品茗為樂，俗事無關，籬邊理菊，清晨灌漑，其葉青青，盡堪娛目，而架上還有數十之小盆菊，現正含蕋，大約再半簡月即能全放，　兄掌盤傷痕斯時可能全癒，敢乞大駕光臨一賞，倘有合意，順便攜歸，亦無所惜，至於鳳山　兄友忌神及，及廿五日關廟五條王醮，因護惜菊花，大約不能離身，幸祈諒之，弟於秋末攜帶茶具漫遊汾津，品茗於吟友之堂，失手而破孟臣之罐，惹成千古之恨，乃卒成破罐難復之記，寄稿於詩文之友，尚未刊出，茲順將破罐難復記同封寄上，倩為一閱之後寄回為盼，謹此奉復。順候吟安。

十二月七日夜　友笛鞠躬

## 15.致林煥章先生書信 信札一封

林課長煥章宗先生鈞鑒：

叨在同宗，套語勿敍。惠珠服務時蒙垂青，謝謝。關於職提高問題，日昨實有兩位青年姓名不詳來舍，自云東勢曆曾奉職衛生所為保健員，今為衛生所增加檢驗員一名，欲將惠珠提高為檢驗員，而自欲襲其後任，已有鄉長之同意，而惠珠不敢自專，欲求我同意，況檢驗之職務僅檢查アラリア而已，其餘別無麻煩之職務云云。

余大正二年日據時代曾為嘉義廳衛生試驗室之鏡檢助手，範圍甚廣，室內設培養室，採傳染病結核細菌培養，以試驗工作忙而且污穢兼難以防危，因此翼年即染病退職還鄉，而鄉鎮衛生所萬一傳染病發生，即實地檢症、採血採糞檢查、交通遮斷等，皆係衛生所主任及檢驗之職責，女性之檢驗較非適當。聞雲林縣衛生局之轄內亦未有女性之檢驗員，況惠珠素極淺腹之人，實非適任，若如此我實不同意。本日回來之惠珠

大為不滿，說父親對來訪之人回答無意見，故鄉長怒責無誠意。然鄉長亦當細思欲求採用之人，其回報必言自己有利，故不可信一面之詞。若論惠珠之報請提高實不同意，維持現職較為妥善，況其工作極為順利，上司亦頗稱讚，而提出證件，我亦不知。及至某友來云，即大責其不經承諾，擅自提出，大為不遵父命，惠珠恐惶，故將證件取回，此其經過之事實，竊謂提高雖為好意，應兩相歡諾，方是為政者之美德，切不可以強迫承認，庶幾鄉政可以進展而聲譽亦自無量矣，未稔高明以為然否？謹具數言聊伸鄙意，並為惠珠伸其委曲，煩代向鄉長先生道好，並謝其美意，有瀆清神容當面謝，謹此懇託。順候近安。

六月二十一日　友笛林榮謹上

## 16.致昆漳先生書信 信札一封

昆漳先生雅鑒：

弟以菲才，荷蒙不以駑駘見棄，薦為詞宗，以選令尊堂椿萱並茂慶祝之徵詩，本不敢當，緣以老邁無能，況復年過杖朝，其精神不如壯時，生恐有負所委，然以風雅之誼，又係徵詩祝嘏之慶，此又未敢以不文為方命，以故潦草塞責，滄海遺珠，在所不免，反蒙來書過獎，反覺汗顏，書中字字珠璣，篇篇錦繡，不愧青蓮。所惠錦地名產，試食之餘，味頗佳美，至今齒頰餘香，堪謂品珍禮厚，不勝銘感，有暇敢請移至顧我為盼。

## 17.致某人書信 信札一封

睽違芝範，尺素鮮通，望雲翹首，時懷欲狂，每落月屋樑，無不神馳左右也。別後星霜屢易，弗獲奉承教命，竟覺鄙吝復萌，何時再晤，小敘離情而慰我渴懷也。正渴想間，忽荷華翰先頒，披誦之餘，突然茅塞頓開，何幸如之。藉悉旅居佳吉，遇事成祥，境有倒啖蔗之佳，門有新抱孫之慶，人生樂敘奚甚於斯，且交遊多墨客，往來無白丁，日分甘以娛目，時彈琴而賞心，人生價值重矣，使我遙遙而額賀。大函中所囑拜聽錦地響泉閣之南樂，既老兄之組成，又有熏陶妙手，堪稱御前之清客，自非俗比，既蒙寵召，敢不如命矣乎，有能一日，當往躬身拜聽，惜乎南樂一途尚屬門外之漢，豈敢班門而弄斧，然風雅之交，又係維持國樂而論之，信不以狗尾續貂而哂笑即幸甚矣，謹此奉復。順候春安。

## 18.致洪寶昆先生書信 信札一封

寶昆老兄如晤：

弟以菲才，荷蒙不以駑駘見棄，聘為常務委員之任，自愧才同笨伯，殊恐有辱君命，本不敢承受，然以騷人韻事，維持風雅而論之，此又未敢以老邁為方命，乃親向保長湖、台西五條港等處代為推銷，以符業務

擴張，得四湖一四一號陳文斌、四湖參天宮、保長湖保安宮、台西五條港安西府等四戶，勸其訂閱一箇年，已蒙季諾，可自次期配閱，中有安西府主持人丁益先生，元該鄉鄉長，與弟交善，歸途造其府上，品茗之間，索閱破罐難復記，係刊在本年元旦出版第三十三卷第三期，希爲寄贈，以聯風雅之誼，並寄秋日書懷，希爲發刊，並煩賜和爲盼。

十月十五日　友笛鞠躬

## 19.致修永先生書信 信札一封

修永老兄先生雅鑒：

　　時維十月，序屬小陽，霜凋紅葉，雨熱黃粱，際此，山花映日，岸柳含風，正天高夜永之候，恭維　老兄先生定必隨時獲福，遇事成祥，勿庸鄙人遠祝也。別後歲月已更，弗獲奉承教益，更覺鄙吝復萌，何時重剪西窗之燭，而慰我渴懷也，正渴想間，忽荷荷華翰遙頒，披誦之餘，突然茅塞頓開，何幸如之，可見老友愛我實深矣，書中離情綣綣，頗覺同感，　弟因公務纏身，未克離身，以致候問殊疏，誠是羞愧，八月老母別世，又蒙厚送奠儀，存沒共感盛德，本當立即修書奉謝，緣以喪後諸事紛紜，未能如意，反蒙先賜玉音，實過不去，本擬國曆十月廿五日臺灣光復節欲造府拜候，因貴地當日有七縣市聯吟之機會，然當日適值日值，又鑑及老母喪中，故未敢輕身而擅往，又乖所願，　豚兒清樵之奉職，又蒙過慮，深爲感謝，蓋清樵業經奉職屏東縣三地鄉公所爲山地國語推行員，通信處可寫屏東縣三地鄉公所外駐督學室，因本人不善社交，以致失禮，　弟亦不曾寄書與他，聞現時之工作專門指導各機關國語講習班，及指導慰勞前線山胞之劇團等，論其工作近督學之格，足可以持自己之生活，　弟亦不望他寄薪水，本期四湖稻米頗見豐收，論本年家庭狀態，雖多費家母葬費，然稻子及紅甘蔗之收入，約有四千餘元之餘裕，足可以慰知己，鳳山雖遠，然交通頗是利便，敢望撥駕光臨　敝舍，以作巴山話舊，幸勿推辭爲盼，謹此奉達。順候鴻安。

十一月六日　弟林榮頓首

## 20.致送刊詩稿 信札一封 1967年

　　五十書懷七律二首，詩才七絕一首，德和女史雙孫金特獎七絕一首，客中書懷七絕一首，朝宗先生八一榮壽冠頭詩一首，夏日雜詠七律三首錄一，漫遊關子嶺十八首古風錄一，四十三年元旦攜酒漫遊碧潭調寄長相思詞一首，過彰化宿聖廟呈梅樵詞長五律一首，重遊三秀園賦呈主人五律一首，退隱偶成七律一首，六十書懷七律四首，七十書懷七律四首。

　　　林友笛自註：林榮字友笛，號旋馬庭主人，嘉義縣朴子人，年七十五，素性好學，歷任南勢、布袋、東石、四湖鄉政四十餘年，自政界退休，息養林泉，年過古稀，精神尚健，手不釋自詠讀睡餐之韻事，嗜茶奏樂，與談詩之隱士也。

## 21.致振邦先生書信 信札一封 1974年

振邦宗兄雅鑒：

　　弟以菲才，荷蒙不以駑駘見棄，初逢便承雅誼殷殷，紹介與蔡先生，既奏南樂，又奏北譜，盡興而歸，至今樂韻依稀，尚爲印象，不勝銘感之至。所囑調查晉香團人員若干一事，當即通知主辦人 舍弟鐘鑫，不日由本人直接通知，幸祈諒之，而蔡先生望祈代叩近安，謹此奉達，餘容後談。

甲寅臘月十二日　林友笛鞠躬

## 22.致高泰山先生書信 信札三封之一

泰山先生大鑒：

　　頃奉華翰，披誦之餘，敬悉即景詩檢閱稿件係以毛筆楷字抄寫，署名友笛甫稿四字，以此觀之確係 拙作，此又莫明其妙， 弟素雖好用毛筆，但鮮書楷字，然友笛甫稿卻又常用，反生疑問，若與臥雲、百樓等諸先輩之聯吟，確是未曾，以造句而論之，又非 弟之筆勢，實有猶豫之疑，總之，兄與 弟交非數日，詩品及筆跡詳矣，未稔其筆跡是 弟之筆跡乎？得蒙一示猶爲幸甚，屢瀆精神，容當面謝，謹此懇託。順候吟安。

一月十日　林友笛鞠躬

## 23.致高泰山先生書信 信札三封之二

泰山先生雅鑒：

　　謹奉華翰，披誦之餘，敬悉一切，於茲水落石出矣，既非 弟之筆跡定非 拙作，諒是過錄之誤，前書雖蒙作收桑榆之指示，因未確信，不敢造次而登報端，以招月旦之評。既明且澈，當遵所命，謹擬聲明書於左，希爲參酌登刊本月份詩文之友社爲盼，謹此懇託。並候吟安。

一月十五日　弟林友笛鞠躬

聲明書：

　　琳瑯山閣唱和集刊載第三〇頁，詩題即景，作者署名「友笛」二字，但此詩確非拙作，因林友笛當時並不曾與臥雲、百樓、泮農、德超諸先生作即景之聯吟，特此聲明。

林友笛謹白

## 24.致高泰山先生書信 信札三封之三

泰山先生雅鑒：

　　章領悉，關於 弟之無妄詩災，荷蒙諸多關懷，不勝銘謝之至。昨日寶昆兄來信勸我以此作罷，勿再追究，函想風雅韻事非民刑事之訴訟，又何須再爲追究，況德和身體欠安，又未敢修書以辯黑白，此當之文字

冤，雖兄爲 弟作收桑榆之策，恍似隋珠彈雀，德和文字交情甚廣，其所贈部數不止於十，動之以百數，欲收全功其可得乎，總之，詩運之乖自嘆已耳，莫可奈何，最可慮者，德和有症不便辯明，本月聲明揭出，德和一見，豈不誚友笛自相矛盾乎，將來有機可乘，希爲 弟善言解之爲盼，謹此順候吟安。

二月一日　友笛鞠躬

## 25.致張立卿先生書信 信札一封

立卿先生如晤：

兩次接讀來書，俱係關於墓聯之事，蓋墓聯之作，前日在貴府之時，亦曾言過大常是五字，而兄主張爲七字，大昨來書甚爲迫切，故漏夜而作，本日欲寄去，忽又接來信，謂須改爲五字，遂即中止寄出，然七字欲改爲五字，用典遣詞皆已決定，實難下筆，因屬知交，難以推辭，本夜又勉強而作之，茲另抄以寄到，希收用爲盼。

傳種松楸翠，
寶藏窀穸康。

作久苔痕翠，
汝看草色青。

風清月白。
水秀山明。

浴日佳城固，
沂清石槨安。

瑞星光馬鬣。
淮水漾牛眠。

## 26.致張清輝先生書信 信札一封

清輝先生如面：

客臘曾奉一函，內夾拱北殿徵聯啓賀年片絕詩一首，祝榮轉律詩各一首，詩文之友尚未發刊，未稔有無接及，而拱北殿聯文有無寄稿，希爲一報爲盼。

## 27.致張禎祥先生書信 信札一封

祉亭先生雅鑒：

　　拜讀大作，篇篇錦綉，字字珠璣，勝原作十倍，直令人手不釋卷，吟之韻愈高而調愈清，欽服欽服。 弟與兄文字交遊雖久，尚未拜讀佳什，今始讀之，其造句之清新，押韻之幽雅，大有唐人之風，非老手焉能出此。拙作以詩代柬擬欲就正於尊前並聯風雅之氣，非敢班門而弄斧，幸祈諒之。並候吟安。

旋馬庭主人林友笛鞠躬

## 28.致陳克疇先生書信 信札一封 1963 年

陳克疇先生晒正：

　　時維瓜月序屬孟秋，桐飄金井雁噦南樓，際此水天一色，風月雙清，正人生行樂尋歡之候辰，維吟壇福履與時光俱慶，潭府共節序迎麻，勿庸鄙人遙遙額祝也， 弟向獲締交於錫津詞兄，因得聞鴻名，曩者寄來貴社陳董事長翼泉先生五秩晉七壽言集，拜讀之餘，覺先生之藻思才華更有甚於所聞之者，當時並囑我寄些詩稿以勞貴社發刊，自愧才同笨伯，固知剩水殘山之作難比陽春白雪之韻，況三十年來雖有吟詠，未常寄稿於臺灣各界詩報，然貴社名取文山之正氣，譽馳秀水之高風，固為欣慕而未得其便，茲適退休後漫遊於舊庄三秀園、關子嶺、大仙寺、嘉義、半天巖、斗六湖山禪寺等處，得詩三十餘首，順頌陳董事長五七華誕律詩一首，雖曰明日黃花，然而騷人韻事，況陳董事長不特重視文化於一時，信不以斧鑿痕多而見棄，故敢冒瀆敦風雅耳，非敢班門而弄斧也，造句有不周之處，望祈斧削，並寄七十書懷拙作四首敢祈代為轉呈李翁供、林詞長以聯風雅之氣為盼。並頌吟安。

癸卯辰月念日　林友笛鞠躬

## 29.致陳南要先生書信 信札一封 1973 年

南要先生雅鑒：

　　謹復，昨接玉章，披誦之餘，藉悉寶寺徵詩題為擊楫誓七絕元韻，囑我評選，本不敢應命，因年邁無能，況江淹筆退，生恐滄海遺珠，貽笑大方，然以維持風雅及神薦而論之，此又未敢以不文為方命，故潦草評選，以應所命，茲即匯郵送回，到祈查收。至於另函中所示祖生為祖逖之友，如混為同一人恐失真義，本欲修書奉詢，無如時間有限，不得已由管見而權選之，愚以為祖生即云祖逖，非兩人之說，曾記劉琨有云：吾枕戈待旦，常恐祖生先我著鞭。祖生即祖逖也，曾記四十年前滯岱江時，詠曉雞有劉琨起舞心偏壯，祖逖留題志更誠之句，祖逖亦指祖生也，故敢用之，如果祖逖之外另有祖生為友，敢祈便中指示，當以為後之參考。謹此以復，即候吟安。

八月廿三日下午四時寄回　友笛鞠躬

## 30.致陳皆興先生書信 信札一封

皆興老兄先生勛鑒：

　　頃捧華翰，披誦之餘，謝謝。賜和佳作，滿紙珠璣，實堪奪目，造句清新，對法工整，非老手焉能出此，足見胸中之蘊藉富有五車之書，可謂勝原作十倍，欽服欽服。回憶客日於羅山拜謁尊顏，覺其氣宇才華、民主作方竟有甚於所聞之者，實深為幸，謹呈五言律一首以為初觀之禮，原欲就正於尊前，非敢班門弄斧，敦風雅耳，望祈哂正，不勝榮幸之至，耑此。順候吟安。

林友笛鞠躬

## 31.致陳添貴先生書信 信札一封

添貴老先生鈞鑒：

　　晚以菲才，荷蒙先生不以鄙俾見棄，垂青相顧，而歸梓又蒙下榻相迎，不勝銘感之至，是夜所囑作聯文一事，自笑彫蟲小技，本不當獻醜，然以騷人韻事，風雅之交，諒工拙在所不計，故當承囑，茲即索盡枯腸勉作一聯，以高明二字冠首而作，煩為一考，倘造句不周之處，敢乞椽筆斧正為盼，謹此奉達。順候春安。

正月初九　林榮鞠躬

　　高臥可藏真，寺雅人修行，知機免遭地獄。
　　明心能見性，僧閒鳥聽經，悟道定上天堂。

## 32.致陳渭雄先生書信 信札一封 1962 年

渭雄先生雅鑒：

　　久睽芝範，渴想良深，每落月屋梁，無不神馳○○。回憶五十書懷荷蒙賜和，而今又屆古稀矣，復卒成七十書懷拙作四首，倘不以駑駘見棄，敢望復為賜和，因不識先生住址，故未能郵送，望祈原諒。拜讀二十年前佳作，芳韻甚佳，茲並付去以為相會，定有無量之感慨，高閱後合近一並寄來，以為存稿，謹此懇託。順候吟安。

壬寅詩人節六月五日　林友笛鞠躬

　　註：原稿殘闕。

## 33.致連科先生書信 信札一封

連科先生斧正：

　　時維清和，序屬麥秋，六龍行雨，萬姓舒憂，際此荷錢泛沼，榴火搖空，正老兄閒聽鳴琴行樂步履之候，想高堂定必隨時獲福，遇事成祥，勿庸贅頌。憶自錦地一別，轉眼倏經數月，弗獲奉承教命，更覺鄙吝復萌，何時再挹芝顏，以敘幽情，而慰我渴懷也。正渴想間，忽荷華翰遙

頒，披誦之餘，突然茅塞頓開，何幸如之，所詢代擬代書匾字，係屬簡易之事，想錦地文風自昔冠於雲林，又景箕先生是日本文學士，文字一途問一可以知十，何故捨近而從遠？況不才年過杖朝之老朽，精神不如壯年，本不敢當，然以風雅之交，此又未敢以不文爲方命，乃杜選於左以爲參考，如不合意，請自刪改爲盼，謹此奉復。順候文安。

友笛鞠躬

連科先生斧正：
操舷妙手，
五鳳樓手。

## 34.致崇英先生書信 信札一封

崇英先生如晤：

謹復，頃接華翰，披誦之餘，領悉一切，大函中諸多過獎，反覺汗顏，實不敢當，自笑記問之學，未足以壽世，所有詩書之唱酬，唯應付已耳，至登峰造極，何敢望之，天賞先生囑序之拙作原稿尚存，正欲就正於尊前，茲即隨函奉呈，造句不周，在所不免，乞揮椽筆，希爲點石，本月八日歸途當造府領教（因事往嘉）順爲帶回可也，謹此。順候吟安。

一月四日　友笛鞠躬

## 35.致辜尚賢先生書信 信札三封之一

一漚詞兄如晤：

玉章領悉，謝謝。知我者唯君乎，然盧仝之癖須有鴻漸之烹，所云正欉水仙二印乎，三印乎。 弟瓶中尚存芳茂仙人一兩，慢陀西三印，正欉水仙二兩，特選正庄大紅炮奇種四兩，正庄白毛猿二兩，冠軍茶二兩，尚待蔡君謨之欣賞，煩吟駕於十日內光臨，可得同享此茶，想丁謂龍團之巧，信不負同好者之渴想也。謹此順候吟安。

## 36.致辜尚賢先生書信 信札三封之二

一漚詞兄雅鑒：

本日方欲午睡，忽見郵差持來華翰，啓視即玉函及大作也，披誦之餘，歡老吟及讀書雜詠清新可誦，而讀紅樓夢十六首卻亦不俗，然其中第七首「李紋姐妹堪爲友，襲人隱惡難俱陳」有失平仄之嫌，乞兄自改，方可刊登。近作時事第三首，第二句我字無平音，兄錯誤爲平，亦當修改方可。總之，晚景好詩多作，書多讀，人多壽，堪稱朴子一流老學者，人之價值重矣，作詩宜乎長足進步，索和大作茲不揣劣陋，本夜於燈下草就，並次讀書雜詠四首，造句如有不穩之處，幸爲斧削爲盼。謹此。順候吟安。

八月五日夜於燈下作　林友笛鞠躬

## 37.致辜尙賢先生書信 信札三封之三

一漚詞兄雅鑒：

昨午又擾郇廚，謝謝，別後託賴福庇，昨夜九時許無事安抵旅舍，希勿錦懷。所囑寶鑑之和歌詩化再校一節，其後發見如左，謹此以爲參考。

第一四四首第三句反調。春歌第二首結句霜字出韻，融一東霜七陽，春歌第七首第二句失廉，改爲忻忻草木喜如何？第一三首第三句反調，況四字皆平音。秋歌第六四首第二句失廉。戀歌第一五二首第三句反調。第一六四首轉結句無平仄，改爲被伊反笑癡如何？

五月十五日夜　友笛鞠躬

## 38.致黃篆先生書信 信札一封

瘦峰襟賢弟如面：

來函領悉，所詢己酉全國詩人聯吟大會日期確系青年佳節無錯，其地點爲臺北市敦化北路三號，民眾團體活動中心禮堂（臺灣電視公司對面）。兄以路途遙遠兼之祖墓移葬工未告竣，未便參加，賢弟現滯臺北恰爲好機，應于出席以助吟興，是此以復。並候吟安。

## 39.致賴惠川先生書信 信札一封

曩者引卒疏開者，遺家族參列於東本源寺合同慰靈，祭事畢順途拜訪　先生，適值吟駕閒遊於教子廟未回，無緣拜問，徒抱而回，歸後荷蒙華翰先頒，拜讀之下，藉悉令戚不欲就聘，故未敢強求，疇昔拜讀佳作，深羨不已，故不揣劣陋，又謹呈五律一首，信有接及耶？夜適某友過訪，因飲茶過多，徹宵不寢，又偶作一律，用敢奉呈，造句不周，望祈斧削是荷。

### 旅舍書懷 七律一首

客舍悽悽悶煞人，不堪回首憶前塵。
讀書祇合稽今古，守分無須棄濺貧。
令色有時嗤某甲，避讒何日遠同寅。
眼前家國關興廢，未許偷安作逸民。

惠川先生斧正

友笛脫帽

## 40.致蘇平祥先生書信 信札一封

平祥詞兄如面：

　　來書領悉，關於徵詩一節，此途久已無趣，詩文之友自春秋筆，雲縣聯吟會自孝子而後，至今未常應徵，忽接徵詩，啓方知輝玉之令尊有八秩華誕之慶，德和兄長我三歲，有鄉親之誼，其令弟卯君幼有總角之好，誼不容辭，故不揣劣陋，卒成六首，以爲應徵，並冠頭詩一首，以表祝意，至其入選與否，在所不計也。


## 祝辭類

### 1.祝吳洞法先生與惠美小姐新婚（代其子林清樵作）祝辭一篇

　　書云：孤陰即不生，獨陽即不長，故天地配以陰陽，男以女爲室，女以男爲家，故人生偶以夫婦，是以五倫造乎夫婦。
　　六禮朔始於婚姻，媒執柯而婿執雁，烏鵲塡橋，玉成雙星之美事，駕鴦下牒締就兩姓之良緣。自從納采納幣，便爾鼓琴鼓瑟，此夕同心帶結，喜可知矣。他年齊眉案舉，樂何如乎。況新郎吳君洞法曾畢業於屏東師範學校，現爲筏灣國校教導主人，素抱題橋之壯志，而新婦惠美小姐曾畢業於高雄女子中學，夙詠柳絮之奇才，料知合巹杯舉，卻教春意同申，自是珠聯璧合，怪底人皆艷羨，一對玉人堪稱佳偶，郎才女貌，無慚客共稱揚者矣。從此雪案題詩，定知棋逢敵手，若使蘭臺對鏡，寧辭筆倩畫眉，閨房樂事，不啻劉郎遇仙，膠漆幽情，有如梁孟同室，關雎既詠，燕爾宜將，定卜螽斯蟄蟄，預兆瓜瓞之綿綿。

林清樵謹祝

### 2.祝張厚基夫婦（張厚基爲張立卿之子）祝辭一篇 1952年

　　書云：孤陰即不生，獨陽即不長，故天地配以陰陽，男以女爲室，女以男爲家，故人生偶以夫婦，是以五倫造端乎夫婦。
　　六禮創始於婚姻，媒執柯而婿執雁，烏鵲堪橋，玉成雙星之美事，駕鴦下牒締就兩姓之良緣。自從納采納幣，便爾鼓琴鼓瑟，此夕同心帶結，喜可知矣。他年齊眉案舉，樂何如乎。況張君厚基曾畢業於東京學校，久抱題橋之壯志，而新婦某女士曾畢業於學校，夙詠柳絮之奇才，料知合巹杯舉，卻教春意同申，自是珠聯璧合，怪底人皆艷羨，一對玉人堪稱佳偶，郎才女貌，無慚客共稱揚者矣。梁燕雙棲，頸交翼比，情契神孚，河鳩對語，從此雪案題詩，定知棋逢敵手，若使蘭臺對鏡，寧辭筆倩畫眉，閨房樂事，不啻劉郎遇仙，膠漆幽情，有逾梁孟同室，關雎既詠，燕爾宜將，定卜螽斯蟄蟄，預祝瓜瓞綿綿。

旋馬庭主人林友笛謹祝<br>林惠珠代讀

### 3.祝蔡順仁先生與秋櫻小姐新婚 祝辭一篇

　　書云：孤陰即不生，獨陽即不長，故天地配以陰陽，男以女爲室，女以男爲家，故人生偶以夫婦，是以五倫造端乎夫婦。

　　六禮定始於婚姻，媒執柯而婿執雁，烏鵲塡橋，玉成雙星之美事，駕鴛下牒締就兩姓之良緣。自從納采納幣，便爾鼓琴鼓瑟，此夕同心帶結，喜可知矣。他年齊眉案舉，樂何如乎。新郎蔡君順仁畢業於臺中農學院，現在高雄檢驗局服務，素抱題橋之大志，新婦秋櫻小姐畢業於國立臺灣大學，現任臺南長榮中學之教員，夙詠柳絮之奇才，料知合巹杯舉，卻敎春意同申，自是珠聯璧合，怪底人爭艷羨，一對玉人堪稱佳偶，郎才女貌，無慚客共稱揚者矣。從此雪案題詩，定知棋逢敵手，若使蘭臺對鏡，寧辭筆倩畫眉，閨房韻事，不啻劉郎遇仙，膠漆幽情，有如梁孟同室，關雎既詠，燕爾宜將，定卜螽斯之蟄蟄，願祝瓜瓞之綿綿，是爲祝，並賦七律一首以爲留念：

　　　　樂奏關雎喜溢門，蔡歐兩姓慶聯婚。
　　　　燭紅寶帳春如海，巹合洞房酒滿樽。
　　　　並蒂蓮開香更遠，同心曲唱韻長存。
　　　　百年宜爾和琴瑟，豫兆振振富子孫。

旋馬庭主人林友笛

## 祭文類

### 1.祭林李柔夫人（林友笛之母） 弔辭一篇 1954 年

　　維民國四十三年甲午之歲，仲秋之月，癸酉之日，爲先妣林門李母諱柔轉柩之靈辰，不孝榮、鐘辛、鐘鑫等，謹以香果清茶之儀，哭奠於先慈靈前。曰：不孝榮等罪孽深重，不自殞滅，禍延吾母，痛於古曆八月十一日壽終內寢，嗚呼母兮，萬事去矣，雖曰死亡疾病是人之所不能無，然而吾母之德，吾母之行，節孝雙全，猶吾族之所共尊追懷，吾母參拾五歲即不孝十六歲時，便失所天，即矢志柏舟，治家有法，教子有方，教養不孝等兄弟皆已成人，而今完成婚娶已畢，吾兄弟三人，孫十七人，曾孫十八人，兒孫繞膝，門庭可謂盛矣。痛感不孝爲謀生活奉職他鄉，未得晨昏奉侍左右爲憾，正擬退休歸梓，謀得菽水承歡之樂，俾得吾母消受歲月之閒，享受人間之福，以樂天年。胡期天不假壽，偶染風寒，便成不治之疾，九十未臻，溘然長逝，化鶴西歸，撫手澤而對遺容以蹈地，詠風木頓起皋魚而興思。嗚呼母兮，何遽棄不孝等之速耶？哀哀生我劬勞，深恩未報，遽爾長眠，欲挽無方，徒嘆奈何，血淚沾襟，

悲親忍心，茲當駕輀，聊具蕪辭，以表哀意，靈其有知，來鑒我思。嗚
呼哀哉，伏祈尚饗！

## 2.祭吳母陳太夫人（吳景箕之母）弔辭一篇 1955年

維中華民國四十四年乙未之歲，仲春之月，辛未之日，爲故吳母陳
太夫人轉柩之靈辰，陽愚侄旋馬庭主人林友笛謹此以青芻一束，心香一
瓣，致弔陳太夫人之靈前。曰：嗚呼！乾坤莽莽，人世茫茫，人之一生
譬如蜉蝣之在世，蜉蝣朝生暮沒，人生不過百歲，如太夫人者豈百歲乎。
太夫人生於民國前參拾壹年十二月六日，幼時即舉止端莊，及其長也，
即禮貌雙全，有蘭惠之質，有柳絮之才，鄉黨咸稱淑媛，吳公茂才克明
先生慕其令名迎之爲室，于歸吳門，其事夫也禮敬，其事翁姑也心誠，
夫婦相敬如賓，和九教子，即學仲郢母之賢，截髮迎賓，即有陶侃母之
風，長子景箕先生畢業日本東京帝國大學，得日本文學士之榮譽，詩文
兼著，曾任斗六中學校校長，次子景徽先生畢業於東京醫科大學，得醫
學博士之榮譽，醫術精工，堪稱國手，現任爲本縣縣長，參子景模亦日
本醫科大學畢業，得內科醫學博士之榮譽，長孫曾畢業某學校，本年榮
膺雲林縣第三屆議員之榮譽，次孫及其他等皆畢業於大學或中學，曄曄
香蘭，能光祖德，森森玉筍，競耀宗支，門楣之盛，子孫之多，門第之
高，莫甚於斯，即今一門三博士豈非太夫人薰陶有以致之者乎，鄉黨咸
稱賢母，正擬享受人間之福，消受歲月之閒，以樂天年，胡期樂極悲生，
偶爲造化小兒所苦，便成不治之疾，雖景徽、景模博士竭盡生平所有醫
術，關心療治，畢竟藥石罔效，痛於中華民國四十四年二月十二日農曆
正月二十日子時，享七十有五之高齡，壽終內寢，豈不哀哉，第以侄與
令長郎景箕先生等素有風雅之交，到此寧無一言以弔之乎，茲當駕輀，
爰是不揣劣陋，卒成俚言聊表弔意，靈其有知，來鑒我思，嗚呼哀哉。
伏祈尚饗！

## 3.祭吳常伯先生（代蔡昔作）弔辭一篇 1958年

維中華民國四十七年三月二十九日，四湖鄉鄉長蔡昔謹以生菓香花
之儀，致祭於反攻復國死難同胞，故二等兵黃仁家、吳常伯之靈前。曰：
共匪叛亂，吾臺遭凶，殺人如草，倡厥重重，善施陰謀，肆忌橫縱，國
家除匪，片刻難容，唯我義士，敢當其鋒，召集令下，唯命是從，一經
入營，竭盡心胸，不辭勞苦，貫徹始終，專心服役，以期反共，偶爾不
慎，命送非常，腥風凜凜，義氣堂堂，憐君一命，爲國爭光，此身雖死，
其名猶芳，茲逢今旦悼意增長，薄具香花，聊表心傷，靈其有知，來格
來嘗，嗚呼哀哉。伏祈尚饗！

## 4.祭陳添貴先生 弔辭一篇 1959 年

維中華民國四十八年己亥之歲，仲秋之月，丙申之日，爲故朴子高明寺住持陳添貴翁轉柩之靈辰，陽愚弟旋馬庭主人林友笛謹以青蒭一束，心香一瓣，致弔靈前。曰：嗚呼！福壽康寧固人之所同欲，死亡疾病亦人之所不能無，誠哉是言乎。然人生孰不死，但死當得其時，如翁者敢謂死得其時矣。翁爲人老誠謹慎，日據時代於朴子鄉公學校第一屆畢業，經而臺南師範學校修業三年後，奉職於朴子鄉支廳爲通譯防疫組合，致力於鼠疫撲滅，歷任爲朴子街協議會員方面委員、調解委員等之要職，暇時不遺餘力，重修朴子配天宮，創設夜學講習會以補校失學青年，又與佛有緣，敬點佛前燈，禮佛誦經，側身法海，出爲募款建設朴子高明寺，即今佛殿堂皇，鳥革翬飛，馳名遐邇，果非翁之善理又焉能有今日乎，乃榮膺爲中國佛教會嘉義支會長，極一時之榮譽，且治家有法，教子有方，長子樹藻君經營德星養雞園，受託爲嘉義縣政府種雞繁殖場，次子榜列君畢業於日本京都藥專，得藥劑師之資，現經營德星藥局兼製藥廠，業務蒸蒸日上，參子榜勳君畢業於日本岡山醫專，得醫師之榮譽，現開業德星醫院有術治人，肆子榜揚君畢業後現爲朴子鎮公所戶籍課長，頗爲上峰之所信賴，其餘男孫女孫等十四名，兒孫滿眼，曄曄香蘭，森森玉筍，門庭之盛，爲地方人士之所欽仰，正喜消受歲月之間，享受人間之福，以樂天年，邢知俗塵已盡，濁世無緣，偶爲造化小兒所苦，便成不治之症，雖令郎關心醫治，並延名醫施藥，以期復元，胡期良醫束手，藥石罔效，痛於古曆七月二十六日，享七十有五之高齡，遙遙而赴西方，長作不歸之客，豈不哀哉，豈不樂哉，第以翁與不才原有莫逆，到此寧無一言以弔之乎？茲當駕輀，爰是不揣劣陋，卒成蕪詞，聊表弔意，靈其有知，來鑒我思，嗚呼哀哉。伏祈尚饗！

## 5.祭蔡西先生（代蔡昔作） 弔辭一篇 1959 年

維中華民國四十八年己亥之歲，暮秋之月，辛卯之日，爲故四湖鄉鄉民代表蔡西先生轉柩之靈辰，四湖鄉鄉長蔡昔謹以青蒭一束，心香一瓣，致祭於靈前。曰：嗚呼！人生易死不啻蜉蝣之在世，蓋蜉蝣朝生而暮死，人生不過百歲，先生今未上壽，豈百歲乎？先生自幼業農，賦性敏聰，讀書穎悟，學業優良，畢業於四湖國民學校，常得超越之成績，畢業後潛心農業，灌園食力，克勤克儉，以成家業，自營和宅，鳥革翬飛，理財學陶朱之則，待人有師德之風，日據時代曾任保正區總代，光復以來歷任爲四湖鄉鄉民代表、四湖鄉調解委員會調解委員、南光國民學校家長會長等要職，聲譽聞於遐邇，事父母至孝，待親友以誠，問安不斷，教子有方，長子清雅君現肄業於北港高農，將來定有跨灶之榮譽，次子尚耕，肄業於南光國民學校，長女幸娟肄業於北港中學，其餘三子

次女尚屬幼稚，在家培養，將來亦有爲之人物，富足殷殷，和氣靄靄，門庭之盛爲地方之所共仰，正擬發揮手腕，鴻圖駿業，以振家聲，而娛父母之樂，以享天年，那知壽命有數，天不容假，偶因晨作於田疇之間，一聲霹靂，迅雷不及逃避，突遭雷殛，一息淹淹，家人負之而歸，急延醫治療，以求回復，那知良醫束手，回生無術，壽如長吉，玉蘭夭折，痛於古曆七月廿一日以四十三之壯齡，長作不歸之客，孤負雙親，泣血沾襟，豈不哀哉，豈不痛哉！第以先生與本職有共署同寅關連，到此寧無一言以弔之乎？爰是不揣劣陋，卒成蕪詞，聊表弔意，靈其有知，來鑒我思，嗚呼哀哉。伏祈尙饗！

## 6.祭蔡係先生（代吳修量作）弔辭一篇 1961 年

維中華民國五十年辛丑之歲，麥秋之月，庚申之日爲故蔡府係翁轉柩之靈辰，四湖鄉鄉長吳修量謹以青芻一束，心香一瓣，致弔於靈前。曰：嗚呼！福壽康寧固人之所同欲，死亡疾病亦人之所不能無，識哉是言乎。然而人生孰不死，但死當得其時，如翁者可謂死得其時矣。翁居海濱，自幼業漁，善於養殖，經營魚行，克苦耐勞，儉以齊家，擁資之富，爲地方之所共仰，且爲人忠厚樸實，義方是訓，教子有方，栽培有法，令三郎蔡誅先生畢業於東京農業大學，歷任北港區建設課長及雲林縣議會第一屆至第五屆議員，令四郎蔡昔先生畢業於日本東京麻布獸醫學校，歷任雲林縣政府建設局獸醫及四湖鄉第二、第三兩屆鄉長，令五郎蔡河先生在家業農，協助家庭，令六郎蔡意先生畢業於臺南長榮中學，曾任國民學校教員，現服務於雲林縣農會出納股長，其餘孫二十四人孫女十三人曾孫三人曾孫女二人，或肄業於農科大學，或肄業於高中等，曄曄香蘭，森森玉筍，門楣之盛，可謂極矣，正擬享受歲月之閒，消受人間之福，以樂天年，胡期偶爲造化小兒所苦，便成不治之疾，雖蔡課先生等極力延醫侍奉藥湯，以期早日復然，那知命之修短有數，良醫束手，藥石無效，痛於五月二十日即古曆四月六日下午七時，享七十有六之高齡，溘然長逝，豈不哀哉，茲當駕輀，第以侄與令郎等係屬同寅，又屬姻親之誼，到此寧無一言，以弔之乎，爰是不揣劣陋，卒成俚言，聊表弔意，靈其有知，來鑒我思，嗚呼哀哉。伏祈尙饗！

## 7.祭吳鞭等十三靈魂（代吳修量作）弔辭一篇 1962 年

維中華民國五十一年壬寅之歲，孟春之月，癸卯之日，爲故辛丑葭月帆海遭難亡身壯士吳鞭等十三靈魂追悼之靈辰，四湖鄉鄉長吳修量謹以生菓金帛之儀，致祭於魂靈。曰：蜃樓廣汎，萬派朝宗，洪深莫測，人怕強風，唯吳鞭等，志壯心雄，沿海漁撈，技倆精工，揚帆線外，出入波中，不畏狂濤，獨泛孤篷，工作無倦，漁獲西東，漁村振起，唯汝○○，客歲葭月，訊報匆皇，信魚已到，聚○○○，扣船直出，欲赴漁

場，胡期黑夜，警〇〇〇，鼓枻欲返，歸心轉忙，誰料狂風，滅〇〇〇，蛟室黯黯，莫認歸方，馮夷倡厥，波〇〇〇，漁船顛覆，身陷水鄉，凶占滅頂，命〇〇〇，龍宮應召，誰不心傷，漁村失色，日月悽〇，英靈赫赫，義氣堂堂，爲漁捐軀，死後留芳，量也心痛，忍割枯腸，三杯祭酒，一瓣心香，欲表悼意，紙短辭長，靈其有知，來格來嘗，嗚呼哀哉，伏祈尚饗！

　　海甸風清，濟濟人文，虔送漁魂登彼岸。
　　安民日暖，堂堂佛法，常施慈雨靜狂瀾。

中華民國五十一年三月六日　四湖鄉海上遭難漁民追悼會

　　註：原稿殘闕。

## 8.祭林順仕先生（代吳修量作）弔辭一篇 1964 年

　　維中華民國五十三年甲辰之歲，仲春之月，庚寅之日，爲故林翁順仕先生出殯之靈辰，四湖鄉鄉長吳修量謹以清酌庶饈，鮮菓香花之儀，致祭於靈前。曰：嗚呼！人生斯世，恍似油燈，油膏一盡，燈光滅明，是以人生孰不死，但死有重於泰山者，有輕於鴻毛者，如翁之死，敢謂重於泰山矣。翁爲人老誠謹慎，克難克苦，勤儉成家，置有膏腴之田，灌園食力，交友具有晏子之風，教子饒有燕山之義，長子順同君，畢業於臺南二中，歷任四湖鄉財務主任會計，設農會全員，且榮獲鄉長之職，現爲本鄉秘書，致力鄉政，爲上下之所器重，長孫國靖，畢業於土庫高級商業職業學校，現尚窗前苦讀，以期進修，次孫仲峰，肄業於北港高級中學，曄曄香蘭，森森玉筍，子肖孫賢，門楣如斯，可謂盛矣，翁耄齡過一，精神矍鑠，雙趺尚健，蔗境彌甘，正擬享受歲月之閒，消受人間之福，以樂天年，胡期天命有數，期頤難假，無病正寢，溘然長逝，永作黃泉不歸之客，豈不哀哉，茲當駕輀，爰是不揣劣陋，卒成蕪詞，聊表弔意，靈其有知，來鑒我思，嗚呼哀哉。尚饗！

## 9.祭張黃好夫人（代家屬公德等作）弔辭一篇 1966 年

　　維中華民國五十五年乙巳之歲，季冬之月，丙寅之日爲先妣張門黃母諱好轉柩之靈辰，不孝公德、華有、榮士謹以牲醴庶饈香菓清茶之儀，哭鄭於靈前。不孝公德等不自殞滅，禍延我母，痛於古曆十二月六日壽終內寢，嗚呼！母兮化鶴去矣。雖死亡疾病是人生所不能無，母之德，母之行，節孝雙全，猶吾族之所共尊，追遠吾母年屆杖鄉時便失所天，即矢志柏丹，治家有法，教育有方，育成不孝等兄弟皆已成人，而今完成婚娶，膝下兒孫曾孫晨昏繞膝，曄曄香蘭，森森玉筍，門庭可謂盛矣。正擬享受歲月之閒，消受人間之福，以樂天年，胡期天不假壽，偶梁微恙便成不治之疾，壽僅杖朝，九十未臻，溘然長逝，長作黃泉不歸之客，

撫手澤而對遺容以踣地，誦風木頓起皐魚而興思，嗚呼母兮，何棄不孝
等之速耶？哀哀生我劬勞，深恩未報，遽爾長眠，欲挽無方，徒嘆奈何，
血淚沾襟，思親忍心，茲當駕輀，聊具蕪辭，以表哀意，靈其有知，來
鑒我思，嗚呼哀哉。尚饗！

## 10. 祭江俠先生（代吳修量作）弔辭一篇 1967 年

維中華民國五十六年七月十五日歲丁未，月季夏，日庚辰，爲故四
湖警察分駐所所長江俠先生追悼之靈辰，四湖鄉鄉長兼治喪委員會委員
吳修量謹以香花青菓之儀，伸獻祭文於在天之靈。曰：嗚呼！人生斯世
恍似油燈，油膏既盡，旋失光明，惟江先生頭角崢嶸，讀書穎悟，藝苑
蜚聲，適齡入伍，服役堅貞，七年期滿，少校銓衡，抗日勝利，退伍休
兵，警官投考，訓練求精，巡官就職，位豈爲榮，本年元月，所長成名，
來長四湖，官民歡迎，上和下洽，政令能行，超然警政，遐邇稱英，正
揮腕力，洞察民評，掃奸除諜，盡瘁心傾，因公過勞，病染非輕，五十
未臻，遽爾騎鯨，警方聞訃，嘆惜犧牲，悽風慘雨，以助哀情，心香一
瓣，聊獻銘旌，靈其有知，鑒我虔誠，伏惟。尚饗！

## 11. 祭吳母黃太孺人（代吳修量作）弔辭一篇 1967 年

中華民國五十六年丁未之歲，季夏之月，戊寅之日，爲故吳母黃太
孺人出殯之靈辰，四湖鄉鄉長吳修量謹以青芻一束，致弔於靈前。曰：
書云命之脩短有數，人之富貴在天，誠哉是言乎。況人生不過百歲，如
太孺人者豈百歲乎。太孺人幼適吳門，當是時也，家無儋石，四壁蕭然，
且負債累累，渡日如年，唯太孺人獨忍其苦毫無怨，相夫以敬，教子有
方，育成五子，長子國訓，次子國欺，四子吳水，五子吳玉供，熱心耕
農，唯三子義謀經營商業，生意順適，家道稍康，且兒孫滿眼，皆出自
太孺人之辛苦耐勞，克勤古儉之所致也，鄰里咸稱賢，正擬享受人間之
福，消受歲月之閒，以樂天年，胡期天不假壽，偶染微恙，便成不治之
症，雖兒孫竭力延醫治療，以期早日復然，那知命本有數，良醫束手，
藥石無功，痛於古曆五月廿一日享八十之高齡，壽終內寢，化鶴西歸，
豈不哀哉，然生前雖爲辛苦，而死後克家有子，兒孫滿眼，家道隆昌，
想太孺人亦可含笑於九泉之下矣，茲當駕輀，謹具蕪詞，聊表弔意，靈
其有知，來鑒我思，嗚呼哀哉。尚饗！

## 12. 祭黃媽陳太夫人 弔辭一篇 1967 年

維中華民國五十六年丁未之歲，季夏之月，辛卯之日，爲故黃媽陳
太夫人轉柩之靈辰，陽愚侄旋馬庭主人林友笛謹以青芻一束，心香一瓣
恭弔於靈前。曰：嗚呼！福壽康寧固人之所同欲，死亡症病亦人所不能
無，誠哉是言乎。是以人生孰不死，但死當得其時，如太夫人者可謂死

得其時矣。太夫人自幼于歸黃門，當是時也，家道貧寒，四壁蕭然，而太夫人不辭其苦，耐勞耐辛，事親至孝，相夫以敬，和丸教子，即效仲郢母之賢，截髮迎賓，饒有陶侃母之風，且敦親睦族，寡言緘默，諄諄善誘，出言必遜，遐邇咸稱賢母，養育子女俱已成名，三子覆本先生在家業農，耕作有方，堪稱地方之篤農，四子復元先生畢業於北港初中，歷任雲林縣縣議員兩屆，東勢鄉農會總幹事拾餘年，現為彰化慶豐股分有限公司董事長，智腕過人，交遊具有晏子之風，六男萬吉先生畢業於北港初中，現在家自營製米工廠，業務蒸蒸隆昌日上，長孫欽川君學校畢業後曾任本鄉副鄉長，現為司法書士，交遊甚廣，業務隆昌，次孫永昌君畢業於嘉義農林學校，現為本鄉公所獸醫，奉公勤勉，頗為上峰之所器重，孫永彥君畢業於高雄醫學院，現留學於日本東北大學醫學研究院，孫寬國君畢業於臺北醫學校，現服務於彰化基督教醫學院，而曾孫志強畢業於臺北醫學化學科，出國於美國得碩士之地位，現於米國普渡大學研究中，曾孫媳嘉祝亦在米國印弟安邦大學研究所服務，其餘曾孫數十或畢業或肄業於初中，一一難以枚舉，曄曄香蘭，森森玉筍，和氣靄靄，滿面春風，門庭之盛可謂極矣。正擬享受歲月之閒，消受人間之福，以樂天年，那知樂極悲生，偶染風寒便成不治之症，雖兒孫等竭盡孝道，延醫服藥，侍奉茶湯，辰昏不倦，以期早日復然，那知壽已極，良醫束手，藥石無功，痛於古曆六月十二日享九十有五之高齡壽終內寢，遙遙而赴西天，長作不歸之客，豈不哀哉，亦為榮矣，然而齡享九五，身後無虧，蘭桂騰芳，譽聞遐邇，想太夫人亦可含笑於九泉之下矣，侄與令郎復元先生素稱莫逆，到此寧無一言以弔之乎？爰是不揣劣陋，卒成蕪詞，聊表弔意，寧其有知，來鑒我思，嗚呼哀哉。尚饗！

中華民國五十六年七月廿六日（農曆六月十九日）

## 13.祭黃媽陳勸太夫人（代家屬覆本等作）弔辭一篇 1967年

維中華民國五十六年歲次丁未，月季夏，日辛卯，為先妣黃媽陳太夫人諱勸轉柩之靈辰，不孝覆本、復元、萬吉、國治等謹以香果清茶之儀哭奠於先慈之靈。曰：不孝覆本等罪孽深重，不自殞滅，禍延吾母，痛於古曆六月十二日壽終內寢，嗚呼母兮，雖曰死生有命，然而吾母之德，吾母之行，節孝雙全，不僅吾族之所共仰，而猶遐邇之所共欽，回憶入吾門之時，家徒壁立，貧寒莫極，而竟矢志柏舟，不辭辛苦撫養不孝等兄弟成人，完成嫁娶，而今門庭之盛為遐邇之所共知，正擬歡集一堂以期菽水承歡之樂，俾吾母得享受歲月之閒，消受人間之福，以樂天年，胡期天不假壽，偶染微恙便成不治之症，百歲未臻，溘然長逝，化鶴西歸，撫手澤而對遺容以蹐地，誦風木頓起皋魚而興思，嗚呼母兮，生我劬勞，深恩未報，遽爾長眠，欲挽無方，徒嘆奈何，血淚沾襟，悲親忍心，茲當駕輀，聊具蕪詞，以表哀意，靈其有知，來鑒我思，嗚呼

哀哉。尚饗！

## 14.祭王母鄭太夫人（王桂木之母）弔辭一篇 1968 年

　　維中華民國五十七年戊申之歲，季夏之月，甲午之日，為故王母鄭太夫人轉柩之靈辰，陽愚弟旋馬庭主人林友笛謹以青芻一束，心香一瓣，致弔於靈前。曰：嗚呼！福壽康寧固人之所同欲，死亡疾病亦人所不能無，誠哉是言乎。是以人孰不死，但死當得其時，如太夫人者敢謂死得其時乎。太夫人天資穎悟，賦性敏聰，出望族之家，入書香之門，其相夫也以禮，其事姑也至孝，惜乎王家來歸四載，便失所天，而太夫人毫不懈憚，矢志柏舟，堅守婦道，截髮迎賓效陶侃母之風，和丸教子饒有仲郢母之賢，克苦耐勞，撫養二孤，長令郎柏林先生肄業於彰化商專，腕力過人，為斯界之所器重，次令郎桂木先生天稟優越，畢業於臺中高商，潛心國學，詩書獨著，為省中有數之書畫家，光復後出任臺鳳公司員林、彰化、鳳山、臺南等廠廠長，現為王田毛紡公司副總經理兼廠長，交遊有晏子之風，為企業界人士之所器重，素抱興詩報國之熱誠，兼任詩文之友社總經理，為吟壇篤篤之健將，孫森義畢業於省立彰化高商，景星、景聰同榜考入臺北醫學院，現醫科四年級，在學中孫女絹華女史臺北家政專科畢業，曾任教省立員林農校，而孫女淑民女史畢業國立臺灣大學理學院，曾任臺大助教，素英現肄業於東海大學中文系三年級，其他孫輩或畢業於高中，一一難以枚舉，曄曄香蘭，森森玉筍，門楣之盛為遐邇之所共仰，然子孫之多、子孫之榮顯有如今日，非太夫人之善教又焉能有以致之乎？鄉黨咸稱賢母，正擬享受歲月之閒，消享人間之福，以樂天年而娛晚景，胡期樂極悲生，偶為造化小兒所苦，便成不治之疾，雖兒孫輩日夜侍奉湯藥，以求早日復然，那知命本有數，天不假壽，良醫束手，藥石無功，痛於古曆六月九日享八十有二之高齡，溘然長逝，撒手西歸，豈不哀哉？抑或榮矣，然子孫如此之多，如此榮顯，可謂身後無虧，死有餘哀，生有餘榮，想太夫人亦可含笑於九泉之下矣。第以令郎桂木先生素有風雅之交，到此寧無一言以弔之乎？茲當駕輀，爰是不揣劣陋，卒成蕪詞，聊表弔意，靈其有知，來鑒我思，嗚呼哀哉。尚饗！

　　并賦輓聯於靈右
　　和丸教子俱得揚名，莫怨騎鯨，身後無虧無憾事。
　　截髮迎賓善能守德，何愁化鶴，生前有壽有餘榮。

　　　　　　　　　　　　　　　　　　　　　　　林友笛拜輓

## 15.祭周澄秋先生 弔辭一篇 1968 年

　　維中華民國五十七年戊申之歲，仲夏之月，丁酉之日，為故周府澄

秋先生轉柩之靈辰，陽愚弟旋馬庭主人林友笛謹以青芻一束，心香一瓣，
致祭於靈前。曰：嗚呼！人生塵世恍似油燈，油膏既盡必失光明。哀維
周君頭角崢嶸，讀書穎悟，賦性忠貞，處身自勵，與世無爭，謙恭禮讓，
詩文學精，灘音吟社，端賴主盟，三十年間，善經善營，鷺鷗既盛，遐
邇馳名，千里神交，唱和韻賡，山川遙阻，無由識荊，登龍何幸，下榻
相迎，晏子其風，孟嘗之評，路局奉職，歷任非輕，卅六年間，上下和
平，上峰見重，股長榮膺，義方是訓，子肖孫笑，問安點頷，目娛心清，
周家望族，聲譽誰京，曠達忘懷，壽享老彭，胡期一疾，雞酉夢成，命
本有數，修文推行，七十未臻，化鶴騎鯨，訃信傳來，黯然淚傾，及茲
出殯，雁爲悲鳴，秋園失色，灘音失聲，悽風慘雨，似助哀情，死有餘
哀，生有餘榮，心香一瓣，聊獻銘旌，靈其有知，鑒我虔誠，嗚呼哀哉。
尚饗！

民國五十七年五月二十七日（農曆五月初一）

## 16.祭蔡青山先生 弔辭一篇 1968 年

　　維中華民國五十七年戊申之歲，仲春之月，辛卯之日，爲故蔡府青
山翁轉柩之靈辰，陽愚弟旋馬庭主人林友笛謹以青芻一束，心香一瓣致
弔於靈前。曰：嗚呼！人之一生譬如蜉蝣之在世，誠哉是言乎。蓋蜉蝣
朝生暮死，人生不過百歲，如翁者豈百歲乎。哀維蔡翁自幼聰明，讀書
穎悟，賦性忠貞，處身自勵，與世無爭，及其壯也，商業經營，交遊日
廣，業務昌盈，晏子其風，孟嘗其評，自拓農場，著意力耕，金融掌握，
經濟利亨，家道隆昌，富豪蜚聲，里長當選，代表榮膺，爲民喉舌，議
事老成，眾望所歸，遐邇函迎，義方是訓，教子揚名，長子江泉，經理
權衡，次子江霖，音樂技精，蘭孫桂子，頭角崢嶸，問安點頷，目娛心
清，門楣之盛，遠近誰京，蔗境彌甘，娛樂生平，胡期天妬，病染非輕，
兒孫侍護，膽戰心驚，唯恐病篤，遽赴九京，命本有數，赴召推行，九
十未臻，化鶴騎鯨，訃信傳來，黯然淚傾，及茲出殯，鶯爲悲鳴，悽風
慘雨，似助哀情，生有餘福，死有餘榮，心香一瓣，聊獻銘旌，靈其有
知，鑒我虔誠，嗚呼哀哉。尚饗！

　　　　註：蔡青山先生家世：
　　　　　家祖父蔡公諱青山，白手成家，少時失怙。
　　　　　辛亥年開設合興旅社（明治四四年）
　　　　　己未年創辦合興印刷廠（民國八年大正八年）
　　　　　甲子年創辦合興自動車商會（民國十三年大正十三年）
　　　　　後拓青山農園於元長山子內，躬耕田野。
　　　　　家祖母蔡媽蘇太夫人諱金枝，三從四德，荊釵布裙，雞鳴戒旦之功。
　　　　　長子江泉，日本明治大學商科畢業。
　　　　　次子江霖，日本武藏野音樂大學畢業。

長女玉燕，配陳清森，日本東京藥○○，在褒忠開設益壽堂藥局。

次女玉梅，配林吉隆，淡江英專畢業，嘉義吉隆實業股份有公司，萬財興業股份有限公司。

（原稿殘闕）

## 17. 祭薛母李太夫人（代蔡梯作） 弔辭一篇 1968年

維中華民國五十七年戊申之歲，初秋之月，甲子之日，爲故薛母李太夫人出殯之靈辰，四湖鄉鄉長蔡梯謹以香菓清茶之儀，致弔於靈前。曰：嗚呼！人生斯世譬如蜉蝣，蓋蜉蝣朝生暮死，而人生不過百歲，如太夫人豈百歲乎。太夫人素性忠純，事親至孝，相夫以禮，迎賓以敬，教子有方，長子秦田先生，學校畢業後，歷任本村村長、鄉民代表、主席等，服務本鄉農會退休後，又經營油廠，業務隆昌，蒸蒸日上，次子金讀，虎尾初農畢業，現服務本鄉公所，頗爲上峰之見垂，三子金朝，初小畢業後，在家耕農，四子秦崎，虎尾高農畢業，在家耕農，五子朱昌，嘉義高中畢業後，服務於嘉南農田水利會五塊寮工作站，致力於水利事業，業績可觀，堪爲示範，其他孫輩或畢業於高中，或肄業於初小，曄曄香蘭，森森玉筍，門楣之盛，○○○富，爲鄉黨之所共仰，正當享受人間之福，消受歲月之閒，以樂天年，而娛晚景，邪知樂極悲生，偶爲造化小兒所苦，便成不起之症，雖兒孫盡孝，延醫服藥，以期早日復然，胡期命本有數，天不假壽，良醫束手，藥石無功，痛於古曆七月二十四日，享七十有一之高齡，壽終內寢，溘然長逝，撒手西歸，豈不哀哉，第以長令郎秦田先生與本職當前代表會有同寅之儀，到此寧無一言，以弔之乎，爰是不揣劣陋，卒成俚言，聊表弔意，靈其有知，來鑒我思，嗚呼哀哉。尚饗！

註：原稿有缺字。

## 18. 祭吳火爐先生（代蔡梯作） 弔辭一篇 1969年

維中華民國五十八年己酉之歲，仲冬之月，壬申之日，爲故吳府火爐翁出殯之靈辰，四湖鄉鄉長蔡梯謹以青芻一束，心香一瓣，致祭於靈前。曰：嗚呼！人之一生譬如蜉蝣之在世，誠哉是言乎。蓋蜉蝣朝生暮死，而人生不過百歲，如翁者豈百歲乎。翁自幼業農，賦性卒直，自耕自足，勤儉成家，且義方是訓，子媳齊榮，長子土塔君師範學校畢業後，歷任本縣校長及督學之要職，矢勤矢忠，頗爲上峰之所器重，參子土頂，四子健吉學校畢業後，獻身教育，熱心樹人，堪爲同寅之模範，五子土坪現肄業於警察學校，六子七友大學在學中，媳婦水浪女史歸吳門後，事親至孝，相夫以敬，居然有主婦之風，其餘孫輩或畢業於高中，或肄業於初小，一一難以枚舉。曄曄香蘭，森森玉筍，門庭之盛爲遐邇之所共欽，正擬享歲月之閒，受人間之福，以樂天年，胡期樂極悲生，偶染

微恙便成不治之疾，雖兒孫謁盡孝道，延醫治療，以期早日復然，那知命之脩短有數，天不假壽，良醫束手，藥石無功，痛於古曆十一月七日享七十有二之高齡，溘然長逝，撒手西歸，豈不哀哉，茲當駕輀，爰是不揣劣陋，卒成蕪詞，聊表弔意，靈其有知，來鑒我思，嗚呼哀哉。伏祈尚饗！

## 19.祭周鴻濤先生 弔辭一篇 1970年

　　維中華民國五十九年庚戌之歲，暮春之月，丙寅之日，為故周翁鴻濤先生轉柩之靈辰，陽愚弟旋馬庭主人林友笛謹以青芻一束，心香一瓣，致弔於靈前。曰：翁少熟讀陶朱則，不曾受命而貨殖，天資穎悟人稱奇，不談是非口緘默，胸中學富五車書，地方耆宿誠難得，閒來賦性好行吟，契友何曾分畛域，當年我滯岱江時，麗澤相資親翰墨，翁正拔幟逐騷壇，我記初知平與仄，正期鷗鷺水中親，唱和晨昏時在即，那悉宦海起風波，癸酉回鄉辭厥職，轉眼將經四十秋，音信詩情來不息，忽聞貴體偶違和，豎子欺翁何太極，吉人天相期勿藥，詎料膏肓入頃刻，訃信傳來使我悲，八四未臻人不測，翁去黃泉了一生，我在塵寰長惻惻，偶逢秋夜雨瀟瀟，怕聽荒坵蟲喞喞，多情麗旭照銘旌，對影猶疑見顏色，轉思八三已高齡，滿眼兒孫家可克，生前死後總無虧，翁有香蘭光祖德，九泉地下應含笑，不堪回首長相憶，英靈赫赫景依稀，欲返吟魂嗟無力，虔具心香賦弔詩，靈其有知來賞識，嗚呼哀哉。尚饗！

## 20.祭林金樹之媳桂林女士 弔辭一篇 1971年

　　維中華民國六十年辛亥之歲，暮春之月，己未之日，為金樹翁令媳故桂林女士轉柩之靈辰，旋馬庭主人林友笛謹以青芻一束，心香一瓣，致弔於在天之靈。曰：嗚呼！人之一生譬如蜉蝣之在世，誠哉是言乎。蓋蜉蝣朝生暮死，人生不及百歲，如士者豈百歲乎。女士賦性恬靜，女德可嘉，事親至孝，淑慎堪誇，歸林門即善主中饋，婦德堪風，其事翁姑也至孝，其相良人也以和，和丸教子，饒有仲郢母之風，截髮迎賓，雅有陶侃母之賢，即今令郎皆已成人，家道漸豐，聲譽俱揚，非女士之薰陶又焉能以致乎。余曾貴府數天與令尊翁金樹宗兄夜話常揚，女士善知翁姑之心，善體為翁之勞，而慰其心神，非女士誰能若是，足見言稱其實，遐邇咸稱賢母，正擬消受歲月之閒，享…

　　　　註：原稿未完。

## 21.祭蔡天務先生 弔辭一篇 1971年

　　維中華民國六十年辛亥之歲，仲夏之月，丙申之日，為故蔡天務先生轉柩之靈辰，陽愚弟旋馬庭主人林友笛謹以青芻一束，心香一瓣致弔於在天之靈。曰：嗚呼！福壽康寧固人之所同欲，死亡症病亦人所不能

無，誠哉是言乎。是以人生孰不死，但死當得其時，如先生者，可謂死非其時矣。先生自幼業農，壯歲即出任四湖鄉農會倉庫主任、元長鄉農會理事長等，職高任重，且爲人儀風駿逸，胸懷瀟灑，經讀青鳥，術紹堪輿，遐邇人士同歡共仰，且義方是訓，膝下諸兒晨昏繞膝，正擬享受天倫之樂，消受歲月之閒，以樂天年，胡期，天不假壽，偶染微恙，便成肝硬不治之症，雖延醫或入院治療，以期早占勿藥，那知天命有數，良醫束手，藥石無功，痛於古曆五月十日享五十五之齡，溘然長逝，長作黃泉不歸之客，豈不痛哉，豈不哀哉，第與先生素有莫逆之交，到此寧無一言以弔之乎？爰是不揣劣陋，卒成俚言聊表弔意，靈其有知，來鑒我思，嗚呼哀哉。尙饗！

## 22.祭蔡天務先生（代家屬蔡奇昌等作）弔辭一篇 1971 年

維中華民國六十年辛亥之歲，仲夏之月，丙申之日，爲先嚴天務公轉柩之靈辰，不孝奇昌、肇祥、肇家、奇譜、奇翰等謹以香果清茶，牲醴饌餚之儀哭奠於靈前。曰：不孝奇昌等不自殞滅，禍延我父，罪孽深重，痛於古曆五月十日壽終正寢。嗚呼父兮，化鶴去矣，雖曰人生孰不死，但死當得其時，如大人者，死非其時矣。痛感吾父生前論青鳥之經，習堪輿之術，利人方便，遐邇共仰，克勤克儉，養我兄弟五人，正擬享受天倫之樂，消受歲月之閒，以娛晚境，那知天不假壽，偶染微恙，便成不治之症，雖求醫入院以期早日復然，那知天不假壽，良醫束手，藥石無效，痛於古曆五月十日享五十五之齡，溘然長逝，長作黃泉不歸之客，豈不痛哉，撫手澤而對遺容以踣地，誦風木頓起皐魚而興思，哀哀生我劬勞，深恩未報，遽爾長逝，欲挽無方，徒嘆奈何，思親忍心，血淚沾襟，茲當駕輀，拜具哀辭，以表弔意，靈其有知，來鑒兒思，嗚呼哀哉。尙饗！

## 23.祭黃母陳夫人 弔辭一篇 1971 年

維中華民國六十年八月二十二日，歲次辛亥，月孟秋，日死魂，爲故黃母陳夫人出殯之靈辰，旋馬庭主人林友笛謹以香果清茶之儀致祭於靈前。曰：嗚呼！人生斯世，恍似油燈，油膏一盡，旋失光明，唯我夫人，淑慎忠貞，事親至孝，戚友歡迎，黃門一適，婦道深明，善主中饋，戒旦雞鳴，迎賓截髮，侃母其聲，和丸教子，郜母其名，爾璇傳儒，頭角崢嶸，致身教育，端賴主盟，潛心雪案，業績是爭，修獎學金，出國學成，家門昌熾，兩子齊榮，養育精神，孟母芳評，宜享清福，以樂生平，捐期一症，遽赴九京，親朋聞訃，淚灑心驚，及茲出殯，葉落愁生，悽風慘雨，似助哀情，心香一瓣，聊獻靈旌，魂其有知，鑒我真誠，嗚呼哀哉。尙饗！

## 24.祭黃母陳太夫人（黃篆之妻）弔辭一篇 1971 年

　　維中華民國六十年辛亥之歲，孟秋之月，己卯之日，爲故黃母陳太夫人轉柩之靈辰，謹以青鍬一束，心香一瓣，致祭於靈前。曰：嗚呼！福壽康寧，固人之所同欲，死亡疾病，亦人所不能無，誠哉是言乎。是以人生孰不死，但當得其時，如太夫人者，敢謂死得其時乎。夫人賦性聰惠，事親至孝，自適黃門，相夫以敬，黃篆先生，博古通今，設帳受徒，桃李滿門，歷任水林鄉鄉長兩屆，頗得民望。而夫人截髮迎賓，饒有陶侃母之風，和丸教子，顯有仲郢母之賢，令哲爾璇先生，國立政治大學政治研究博士課程結業後，曾任中央信託副科長之要職，於民國五十九年獲日本政府獎學金，在東京大學研究深造，媳婦靜淑現在三井物產株式會社臺北支店服務；博儒臺灣省立臺中師專畢業後，歷任中興蔦松國民小學、四湖國民中學教員，現任飛沙分部主任，媳婦愛玲，教員檢定合格後，隨夫博儒歷任該校教員；其餘孫輩，或肄業於小學。曄曄香蘭，森森玉筍，門楣之盛，爲遐邇之所共仰，苟非夫人之善教，又焉能以至於斯乎。正擬享受歲月之閒，消受人間之福，以樂天年，那知天不假壽，偶爲造化小兒所苦，便成不治之症，雖令郎等四處延醫服藥，以期早占勿藥，那知命本有數，良醫束手，藥石無功，痛於古曆六月二十八日享古稀晉一之高齡，撒手西歸，壽終內寢，豈不哀哉。叨哉戚友之誼，到此寧無一言，以弔之乎？爰是不揣劣陋，卒成蕪詞，聊表弔意，靈其有知，來鑒我思，嗚呼哀哉。尙饗！

民國六十年八月二十二日　陽愚林友笛　拜輓

## 25.祭吳母黃太夫人（代蔡梯作）弔辭一篇 1972 年

　　維中華民國六十一年十二月廿五日，農曆十一月二十日，爲故吳母黃太夫人出殯靈辰，四湖鄉鄉長蔡梯謹以青鍬一束，致祭於靈前。曰：嗚呼！人之一生譬如蜉蝣之在世，蓋蜉蝣朝生暮死，而人生不過百歲，誠哉是言乎。然而太夫人將及百歲矣。太夫人自歸吳門後，謹守婦道，克勤克儉，助夫成家，且教子有方，長子吳天時先生學校畢業後，自家業農，擁有膏腴之田，潛心力耕，勤晨報國，爲地方之富豪，次子吳衍派先生亦在家業農，兄弟協力，和氣靄靄，家道隆昌，孫修波、修量、道德、告祖，修和、修團、修沙、修文等，或留米，或肄業，或畢業大學，或肄業於高中等，學校畢業後，或服務縣政府農會或學校，而修量獨顯家風，近榮獲國民大會代表之…

　　註：原稿未完。

## 26.祭陳光瑜君（陳皆興之子）弔辭一篇 1972 年

　　維中華民國六十一年壬子之歲，麥秋之月，爲故陳君光瑜轉柩之靈

辰，陽愚伯旋馬庭主人林友笛謹以青芻一束，心香一瓣，致祭於在天之靈。曰：嗚呼！人之一生譬如蜉蝣之在世，誠哉是言乎。蓋蜉蝣朝生暮死，而人生不過百歲，如君者豈百歲乎。君賦性聰明，學校畢業後協助父業，管理鳳山製冰兩合公司，業績隆昌，蒸蒸日上，時享天倫之樂，為人和藹謙恭，為親朋共仰，正擬發揮腕力以揚名聲而顯父母，那知樂極悲生，天不假壽，為擴業務偶一不慎，突遭無常之災，僅二十有五之輕年，玉蘭夭折，長作蓬萊不歸之客，豈不哀哉，豈不痛哉！第以余與令尊皆興先生素稱莫逆，又係風雅之交，到此寧無一言，以弔之乎，爰是不揣劣陋，卒成蕪詞，聊表弔意，靈其有知，來鑒我思，嗚呼哀哉，尚饗！

## 27.祭傅麻翁 弔辭一篇 1974年

維中華民國六十三年甲寅之歲，仲春之月，甲寅之日，為故傅麻翁轉柩之靈辰，旋馬庭主人林友笛謹以青芻一束，心香一瓣，致弔於在天之靈。曰：嗚呼！福壽康寧固人之所同欲，死亡疾病亦人所不能無，誠哉是言乎。是以人生孰不死，但死當得其時，如翁者可謂死得其時矣。翁自幼業虔，富有膏腴之田，潛心力耕，繼即在長北村經營製米工廠三十四年，繼出任村長，保正二十九年，元長鄉代表命主席二屆，其任務也夙夜在公，其神不倦，益甚為他鄉之範模，遐邇咸稱模範主席，且對於教育潛心培養，可謂我方是訓，今令郎傅金獅君執教於元長國校二十餘，堪稱模範教員，非翁之薰陶又焉能以致之乎？且熟讀青烏之經，而精堪輿之術，受人之託，予人之便，不負其誠，眾稱忠厚。正擬享受歲月之閒，消受人間之福，以樂天年，老者胡期樂極悲生，天不假壽，偶染風寒，便成不治之疾，竟入膏肓，雖兒孫輩極力延醫治療，以期早日復然，無如命本有數，痛於古曆二月十七日享九十七歲之高齡，溘然長逝，飄然而作蓬萊不歸之客，豈不哀哉，抑或榮乎。函想翁享長年之壽，身後無虧，死有餘榮，亦可含笑於九泉之下矣。第以余與翁素稱莫逆之交，到此寧無一言以弔之乎？茲當駕輀，爰是不揣劣陋，卒成蕪詞，聊表弔意，靈其知，來鑒

註：原稿未完。

## 28.祭吳頓先生 弔辭一篇 1979年

維中華民國六十八年己未之歲，仲春之月，丙寅之日，為故吳頓君轉柩之靈辰，旋馬庭主人八七野叟謹以心香一瓣，青芻一束，致弔於在天之靈。曰：嗚呼！人之一生譬如蜉蝣之在世，誠哉是言乎。蓋蜉蝣朝生暮死，而人生不過百歲，如君者豈百歲乎。君生於民前四年八月一日，幼時聰敏好學，及其長也，即入飛沙公學校，民國十年畢業，十九歲服務土間厝農場，繼任職於新庄原料、新庄農場，曾參保甲書記試驗及格，

即任職飛沙保甲書記，光復後即轉任四湖鄉公所戶籍員，服務傾心，生前以素食為主，清心奉佛，以期得到西方，且義方是訓，育成長子政憲曾肄業於縣立北港初級農學，現在家業農，次子廷哲亦畢業於同校，現在家業農，參子孟意畢業於新竹師專，現奉職教育界，獻身於教育二十餘年，春風淡蕩，桃李滿門，為上峰之所器重，況有諸孫繞膝，時見分甘以娛目，復有倒啖蔗之佳境，日可以賞心，準擬享受歲月之閒，消受人間之福，以享天年，胡期樂極悲，偶為造化小兒所苦，便成不治之疾，雖兒孫等竭力延醫服藥，以期早日復然，那知命本有數，良醫束手，藥石無功，痛於古曆正月廿九日享七十有二之高齡，逍遙而赴西方，豈不哀哉，抑或榮乎，想君生前兒孫滿眼，死後身外無虧，亦可含笑於九泉之下矣，第以余與君曾共署於四湖鄉公所為同寅十餘年，到此寧無一言以弔，爰是不揣劣陋，卒成蕪詞聊表弔意，靈其有知，來鑒我思，嗚呼哀哉。尚饗！

# 三、其他相關資料

## 作者不詳

### 1.和林友笛詞長七十書懷原韻 不詳 七律二首之一

去年忝獲古來稀，似我平平亦不奇。
老眼騰瞀因嗜酒，枯腸搜索爲尋詩。
事非干己忙今日，命不逢辰悵昔時。
等是生涯操筆硯，君司記室我爲師。

### 2.和林友笛詞長七十書懷原韻 不詳 七律二首之二

學詩學算總皮膚，辜負昂藏七尺軀。
浮海有心還失計，移山無力豈知愚。
高瞻遠眺塵氛豁，淺酌低吟晚○○。

　　　本詩作者自註：浮海有心還失計，卅年前應菲律賓宿務中山中學之聘。
　　　註：原稿未完。

### 3.某人致友笛先生書信 不詳 信札二封之一 1967 年

雅詩飛下，並所求兄存絃詞， 弟敬誦數遍，令人心廣眉揚，實踐季布可仰可望，鹽手書呈鳩腹，搜尋祈巧斧一批。順請吟綏。

　　　　　　　　　　　　　　　　　　五十六年三月念二日下午謹呈

邂逅相逢適我心，從來有幾好同音。
簫吹北里緣多樂，詩結雲林大眾欽。
難解三秋興寢夢，恨知片刻別離吟。
生平卻是絃歌趣，此作荒唐無處尋。

弟有存一譜並詞，呈兄鑑定，曰春至清亦叫秋來香。

春天好景緻，相共同遊戲。
春天好景緻，相共同遊戲。
行入花園內，花園內，
百花開滿籬，伸手摘一枝，

是實清香味，反來到繡房，○○○○無意。
>    註：原稿殘闕。

## 4.某人致友笛先生書信 不詳 信札二封之二

友笛詞長函丈：

蒲月廿四日關聖帝君誕辰，進香祖廟登堂受教春風，石小姐承慇懃左右，五內飽德，況如家人，回北念念不忘，味素粉聊表微忱而已，伏乞哂納爲荷。晚去年…

>    註：原稿未完。

## 5.某人敬步林友笛先生退休七年感賦瑤韻賦似 不詳 七律一首

是是非非年復年，有生肯使利名牽。
歲過七秩驕難改，日弄三孫快欲仙。
習慣鵬鷗寬地步，知交友笛屬天緣。
相逢茶話兼詩話，韻事無關恥著鞭。

## 6.某人敬步林友笛先生鄉思寄知己吟侶賦似 不詳 七律一首

老我年來更愛閒，除非韻事總無關。
雲林月亦東津月，北嶽山猶大武山。
煎茗留賓兄有備，作詩遣興弟無刪。
自知知足心常樂，不問伊誰世網艱。

>    註：編號6、7首爲同一人所作。

# 心元禪師（大仙寺）

## 1.致友笛先生書信 心元 信札一封 1966 年

林府先生鈞鑒：

承勞青鳥唧下雲箋，信面書心法禪師啓，敝寺中有一人眾法號心法接信，巧逢帶來託不慧代看，捧讀貴址芳名，心法師稱奇，乃言與先生素未會面，不慧一見先生揮毫筆跡，詳罷內容，知必先生所書，受信人心法是不慧心元之錯誤。玩味佳作，端正姝好，猶星中月，光耀暐曄，晃若金山，先生詩思高富，才高北斗，若言斧削，不慧無學，班門弄斧，亦無隙而何敢，另提及日前所賞之花，俗呼謂日本玉蘭，依命兩三枝從郵付上，到希查收，插枝可能得活，又心通師知先生道高龍虎伏，德重世人欽，三生有幸，初會面之。不慧老始學佛，虛延歲月，雖佛門多年，猶然如瞎子摸象，得不到要領，很覺慚愧，先生得空時常移駕來遊，拜佛求福慧，亦可指教一二爲盼，並頌法祺。

>    丙午年閏三月望旦日　大仙寺心元合十

# 王友芬

## 1.次林友笛先生見賦瑤韻 王友芬 七律一首

詩文之友 27 卷 3 期 1968.1.1

誦讀瑤章句絕塵，神交會晤倍相親。
和詩疊韻開新面，舊友重逢摯有神。
抗手無多餘子在，接頭煩薦後生頻。
隨身茗具簫兼笛，一幅仙姿寫照真。

　　編者註：王友芬（1906-1971?）字蘭谷，乃詩文之友社副社長。歷任記者、報社要
　　職。

# 王東燁

## 1.和林友笛詞兄五十書懷原玉 王東燁 七律二首之一

到處遨遊若水萍，因緣翰墨訂三生。
詩成珠玉稱神妙，筆起龍蛇霹鬼驚。
自古文章原有價，而今富貴總非爭。
同庚汝我相和唱，百歲齊登樂太平。

## 2.和林友笛詞兄五十書懷原玉 王東燁 七律二首之二

殘棋一局感難收，家計生存獨我愁。
大器晚成君自重，老當益壯客何憂。
人情僥險須深究，地步寬行恐未周。
世態真如滄海變，不堪回首訴前由。

　　編者註：王東燁（1893-1982），字槐庭，號季琮，福建泉州人，生於雲林北港，為
　　北港汾津吟社創始人，生平參見拙作《王東燁槐庭詩草》。

# 王柳園

## 1.次友笛吟兄寓齋書懷芳韻 王柳園 七律三首之一

詩報 126 號 1936.4..2

逝水年華似擲梭，拱瓠自愧腹空皤。
懸知世亂銅駝指，欲寫春愁鐵硯磨。
入夢邗鄲終是幻，登場傀儡本來多。
心憂不在顓臾內，事起蕭牆可奈何。

## 2.次友笛吟兄寓齋書懷芳韻 王柳園 七律三首之二

詩報 126 號 1936.4..2

捲簾差喜燕來頻，懶共尋芳泗水濱。
淡泊生涯仍守舊，艱難家計怕逢春。
人歸栗里思沽酒，路認桃源肯問津。
但得筆花開夢裡，滿腔幽憤一時伸。

## 3.次友笛吟兄寓齋書懷芳韻 王柳園 七律三首之三

詩報 126 號 1936.4..2

敢云書劍誤平生，著述難期不朽名。
十載青燈窗下苦，幾莖白髮鏡中驚。
迎春擬把甕頭醉，處世無須蝸角爭。
且喜東皇施雨澤，眼看野草亦欣榮。

# 王桂木

## 1.敬和林友笛先生訪友芬堂兄瑤韻 王桂木 七律一首

詩文之友 27 卷 3 期 1968.1.1

秋老槐園絕點塵，風情更愛鷺鷗親。
人過杖國詩無敵，腹蘊珠璣筆有神。
梅落江城吹笛好，菊開籬畔舉觴頻。
狂瀾共挽興文運，養氣還吾葆性真。

　　　編者註：王桂木（1912-1965?），彰化市人，號夢蟾樓主人，應社成員、彰化聲社成
　　　　　　　員。王氏曾任詩文之友社總經理，精書法，服務工商界。著有《夢蟾樓詩
　　　　　　　存》。

# 王茶客

## 1.敬次友笛先生五十書懷見似韻 王茶客 七律二首之一

漫將身世感浮萍，物競由來適者生。
孤憤人前舒必慎，薄冰日下履尤驚。
欣同耐冷松筠翠，慶逐俱傷鷸蚌爭。
縱擬乘舟追范蠡，升沉何處問君平。

## 2.敬次友笛先生五十書懷見似韻 王茶客 七律二首之二

風聲鶴警幾曾收，笛韻悠揚發古愁。

覆鹿空教愚者喜，獲麟長使聖人憂。
應欣知命身逾健，轉愧稱觴意不周。
更約杖鄉榮慶日，星光輝處壽巢由。

# 王殿沅

## 1.次林友笛先生退隱偶成瑤韻 王殿沅 七律一首

詩文之友 26 卷 4 期 1967.8.1

人海蹉跎不計年，文章浪說易超遷。
交遊只有朋三五，生活何曾產萬千。
玩景消閒茶助興，吟詩作賦字為緣。
善聽鳥語如公冶，風雅堪稱白樂天。

　　編者註：王殿沅（1892-1972），字芷汀，福建泉州人，生於諸羅縣。曾任朴子公學
　　　　　校訓導，著有《脫塵齋詩稿》。

# 王寶書

## 1.八十書感 王寶書 七律六首之一

紅羊換劫紀生辰，彈指俄驚風燭身。
天賦廉隅端夙性，時從困阨悟前因。
雕蟲技小情知拙，夢蝶春酣幻豈真。
老愧依人還作嫁，巢痕歷歷記猶新。

## 2.八十書感 王寶書 七律六首之二

幼承家學慕庭趨，自笑終成一魯愚。
兩字利名歸冷淡，百年歲月歎斯須。
棲身忙煞營巢燕，觸恨難留過隙駒。
壯不如人今老大，餘暉惆悵只桑榆。

## 3.八十書感 王寶書 七律六首之三

硯田無價欲荒蕪，學劍翻嫌敵一夫。
營窟人爭師兔狡，移山我更愛公愚。
追風盡道市中虎，叫月虛傳郊外狐。
眼看橫流滄海變，滔滔薄俗感淪胥。

## 4.八十書感 王寶書 七律六首之四

鵬遊準擬擊扶搖，歷劫空憐意氣消。

憤世寧求身獨善，勞形深感鬢雙凋。
境逢拂逆安隨遇，時見橾槍序弗調。
陋巷曲肱甘守志，茱根思咬樂今朝。

## 5.八十書感 王寶書 七律六首之五

輔世空懷志不舒，傷時感遇欲何如。
退閒久擬開三徑，養晦但知守一廬。
禮義未忘千古訓，滄桑費讀十年書。
用夷變夏愁今日，道德文章付子虛。

## 6.八十書感 王寶書 七律六首之六

八十流年轉眼過，一春入夢枕槐柯。
永懷教澤遺風在，竊畏微行浥露多。
學愧升堂難入室，愁添補屋費牽蘿。
自憐棄櫟非材用，莫紹前徽可奈何。

王寶書待刪
林友笛自註：二月十一日和送。

## 7.友笛詞兄枉顧草堂喜成兩律賦呈 王寶書 七律二首之一

詩文之友 27 卷 2 期 1967.12.1（又見手稿本）

頻年景仰紫芝眉，此日瞻韓幸有期。
願遂三生榮繼藙，光分四座耀門楣。
風塵道合思傾膽，文字緣深聽說詩。
詎意萍逢翻惜別，行將折柳贈臨歧。

## 8.友笛詞兄枉顧草堂喜成兩律賦呈 王寶書 七律二首之二

詩文之友 27 卷 2 期 1967.12.1（又見手稿本）

夙企才名擅色絲，相逢深悔識荊遲。
高山仰止常關念，北斗欣瞻慰素期。
樽酒何妨權小集，盤蔬休說享多儀。
天緣得許萍流聚，良晤真堪一展眉。

## 9.次友笛詞兄過鹿港原玉用以書感 王寶書 七律一首

詩文之友 27 卷 2 期 1967.12.1（又見手稿本）

鐵聚六州冶一爐，詎知鑄錯誤須臾。
有緣詩酒難消恨，無用溪山且號愚。
欺世名高嗤豎子，匡時技拙笑窮儒。
思量欲把餘生寄，擬放扁舟入五湖。

## 10.次林友笛先生七八自嘲原玉 王寶書 七律一首

詩文之友 33 卷 3 期 1971.1.1

志奮雄飛負夙期，流光難返不勝悲。
沉憂永作風塵客，悖義偏逢忤逆兒。
近墨近朱無限感，采藍采綠忍哦詩。
年華七六成虛度，老覺精神異昔時。

王寶書自註：悖義偏逢忤逆兒，長子不孝，家庭時起風波故云。

## 11.次林友笛先生八十書懷原玉錄呈 王寶書 七律二首之一

詩文之友 37 卷 1 期 1972.11.1 （又見手稿本）

弧矢高懸慶屆秋，逍遙杖履更何憂。
從知明義承三聖，奚用食鯖羨五侯。
風月有情資嘯詠，江山無恙任遨遊。
平生磊落堪垂範，大道公行徑不由。

## 12.次林友笛先生八十書懷原玉錄呈 王寶書 七律二首之二

詩文之友 37 卷 1 期 1972.11.1 （又見手稿本）

莫怨形勞遠去鄉，鵬程萬里自非常。
情由好樂精神爽，詩詠消閒文字香。
日夕葵傾頻眷念，別離葭溯幾迴腸。
介眉原擬鳧趨賀，其奈關山道阻長。

## 13.次林友笛先生放浪吟瑤韻 王寶書 七律一首

詩文之友 33 卷 1 期 1970.11.1 （又見手稿本）

一枕新涼入夢間，庭梧葉落景初嫻。
幽憂未獲朝聞道，習靜何妨晝掩關。
泉石性耽思栗里，桑榆影薄感西山。
自憐作畫非時樣，嘯月吟風興已刪。

註：本詩附有小札一封：
　　前呈拙作因在夜間成稿，朝來匆卒付郵，過後自覺尚缺推敲，茲另錄呈乙紙
　　敬乞　林友笛先生斧正。
註：一枕新涼，詩文之友作一枕新添，非是，依手稿改正。
註：另有一作，疑王寶書未修改之原作：
　　一枕秋涼入夢間，庭梧初覺景初嫻。
　　幽憂未獲朝聞道，習靜何妨晝掩關。
　　桃李陰濃懷闕里，桑榆影薄感西山。
　　自憐作畫非時樣，嘯月吟風興已刪。
附小札一封：
　　日前承惠佳作教益良多，祇以賤務云勞，未暇構思奉覆，昨夜勉成一律奉酬，
　　匆卒成篇，倘有未安之尚希斧削賜正爲荷。

## 14.次林友笛先生放浪吟瑤韻二疊原玉 王寶書 七律一首

晴明風月透窗間，序轉清商景色嫻。
破寂夜聞蟲唧唧，怡情晨聽鳥關關。
扁舟剡里懷安道，片石韓陵感子山。
筆退無花才永盡，一篇長費句增刪。

王寶書待正草

## 15.次林友笛先生放浪吟瑤韻三疊原玉 王寶書 七律一首

半生淪落馬蹄間，愧說知津客路嫻。
習俗頻驚非古道，逃名終擬叩禪關。
十年覺夢愁無侶，一日清遊幸有山。
世競用夷思變夏，願留詩禮莫教刪。

王寶書待正草

## 16.次林友笛先生庭中拾翠原玉 王寶書 七律二首之一

詩文之友 30 卷 5 期 1969.9.1

詞賦超然納眾譽，時來問字客停車。
傾談煮酒還烹茗，避世埋名且著書。
好樂何妨宵弄笛，養生自愛日茹蔬。
力耕定告倉箱富，梁夢春酣樂有餘。

## 17.次林友笛先生庭中拾翠原玉 王寶書 七律二首之二

詩文之友 30 卷 5 期 1969.9.1

竟日敲詩與品茶，平添清福有誰加。
勤栽榆柏將垂蔭，寬闢庭除好養花。
五柳常懷高士宅，千祥長護哲人家。
羨公脫手歸田早，樂得餘閒且種瓜。

## 18.次林友笛先生過鹿港蒙漱雲詞兄設席賦此奉酬瑤韻

王寶書 五律一首

詩文之友 27 卷 2 期 1967.12.1（又見手稿本）

乍喜文旌降，春風怳到家。
攀轅思賡酒，入座且呼茶。
才雋知無敵，緣深信靡加。
遊仙如有日，相約飯胡麻。

## 19.同寄友笛先生敬次辜一漚先生韻 王寶書 七律一首

詩文之友 30 卷 2 期 1969.6.1

祝嘏懽騰酒正酣，醉餘歌舞世方耽。
客來珠履盈千百，壽慶耆齡喜再三。
詞賦揚雄知擅絕，詼諧方朔更非憨。
一芹未效躋堂獻，引領望風祇自慚。

## 20.秋日寄懷林友笛詞兄并乞郢正 王寶書 七律一首

秋來離索鬱衷腸，天末懷人水一方。
楊柳蕭疏迷曉月，蒹葭冷落遇新霜。
孤吟竟似寒蟬咽，去信空隨遠雁翔。
郢曲高歌原和寡，聊將幽籟助清商。

九月八日　王寶書待正

## 21.致友笛先生書信 王寶書 信札一封

友笛林先生大鑒：

久懷慕藺，未獲瞻韓，時深悵悵。昨由粘漱雲先生轉示賜和佳作及夏日什詠兩詩，清新俊逸，教益良多，並承粘先生敦囑奉和，弟以珠玉在前，未敢下筆，嗣念吾輩文字交宜，以切磋為上，用是未甘藏拙，勉索枯腸湊成六絕，合弟之七十述懷拙稿寄呈　郢正，尚希勿吝賜教為荷。此候吟安。

九月廿九日　弟王寶書鞠躬

### 敬次林友笛先生夏日雜詠瑤韻 七絕六首

大地如焚暑氣煎，蒸騰湖海欲生煙。
思量何處乘涼好，逃遁無方一惘然。

原隰榛苓繫遠思，那堪懷古更傷時。
居身技等雕蟲陋，未敢談玄與說詩。

一代滄桑局易翻，是非緘口欲無言。
時窮未遂澄清志，徒見心憂賦北門。

才無所用愧虛生，落拓江湖浪竊名。
老愛林泉歸隱趣，故山風月足怡情。

意欲趨時奈老何，心傷忍聽百年歌。
倘來富貴終非願，罷夢春酣景付婆。

熟讀新詩妙入神，抒懷具見樂天真。
百年曠達心無累，應是羲皇以上人。

王寶書待正稿

## 七十述懷 七律六首

韶華歷盡古稀年，過眼滄桑世幾遷。
客思頻馳千里夢，鄉愁難訴九重天。
形勞任笑栖栖者，興快真堪栩栩然。
慚愧吾謀今不用，向誰持贈繞朝鞭。

側身人海一漚如，萬象春歸午夢蘧。
好客誰懸徐稚榻，養生自愛老莊書。
驚弓差比凌霄雁，逐浪終輸縱壑魚。
學有未成心有愧，還思勤力補三餘。

高飛無術馭風遊，眼底翻嫌隘九州。
旅燕傍人空過夏，寒蟬翳葉早驚秋。
情深東國悲桃梗，水淺坳堂感芥舟。
寂寂江鄉誰與伴，一樽對影自賡酬。

長鋏飄零志屢違，勞人草草更懷歸。
晨光幾見迷朝霧，暮景空餘對晚暉。
出晝悵餘三宿戀，遊秦愁覺百年非。
黑貂裘敝千金盡，誰許窮顏一藉輝。

敢期所欲許從心，舊調淒涼猶越吟。
怪見直憂天或墜，橫流多恐世將沉。
境緣愁集歡娛少，鬢覺霜添感喟深。
富貴徒憐虛一夢，畢生利祿愧爭尋。

客途偃蹇負青韶，五斗深慚竟折腰。
願學祖生思擊楫，莫隨司馬敢題橋。
爲仁已覺非戕柳，養氣應知慎揠苗。
閒日低徊懷往事，前塵歷歷恨迢迢。

王寶書待薙草

## 22.前次七八自嘲原玉拙作一律竟有未洽爰依韻再疊一律奉酬 王寶書 七律一首

詩文之友 33 卷 3 期 1971.1.1

鵬程遠引負襟期，閱世空餘歷劫悲。
仗義難逢遊俠客，惜花深愧老頭兒。
境嘗苦樂全歸命，才愧荒疏詎有詩。
舊學行將淘汰盡，義經魯史感非時。

## 23.敬次友笛詞兄退隱偶成原玉并乞斧正 王寶書 七律一首

詩文之友 27 卷 2 期 1967.12.1 （又見手稿本）

流光莫挽好華年，桑海浮沉景已遷。
輾轉虛生過七十，辛勤樂育記三千。
形勞未了風塵債，才盡偏多文字緣。
獨惜良朋分手別，祇餘雲樹悵江天。

王寶書自註：辛勤樂育記三千，余昔年曾設硯於霧峰梧棲兩地。

## 24.敬次友笛詞兄寄贈原玉并希郢正 王寶書 七絕一首

詩文之友 27 卷 2 期 1967.12.1（又見手稿本）

優遊夙仰道心寬，高掛塵冠久不彈。
竊幸緣深邀枉駕，未容投轄意何安。

## 25.遣懷 王寶書 七律三首之一

百年處境歎多艱，何日風塵得倦還。
餬口徒勞身百折，庇人空冀屋千間。
觀書每覺滋新感，對月應憐改昔顏。
十載揚州成綺夢，冶遊深愧鬢毛斑。

## 26.遣懷 王寶書 七律三首之二

杖國空過又一秋，暮年風燭更何求。
學成仙佛情非易，悟徹彭殤事總休。
畏俗頻驚心有虎，善刀深感目無牛。
趨炎眼見花添錦，誰識窮途困馬周。

## 27.遣懷 王寶書 七律三首之三

倦遊湖海欲歸耕，褒貶休關濁世名。
老圃就荒三徑菊，朱門空憶五侯鯖。
萍無定跡隨潮汛，柳判離蹤記客程。

莫更緬懷追往事，前塵雖遠也心驚。

　　註：疑王寶書所作，見殘稿三首。

　　編者註：王寶書，曾任詩文之友社社長。

# 方書彪

## 1.中秋書懷並酬友笛詞丈旅中寄懷 方書彪 七律一首

露重楓紅歲已秋，團圓又見月當頭。

九霄正練橫青漢，四海狂流泛綠洲。

大地聾聲頻警報，一天星斗兩鄉愁。

壯齡逆旅多傷感，用束吟箋寄故丘。

　　註：此詩附有小札一封：

　　　近日正編家譜以示流外子侄，免致數典忘祖，瑤章疊寄，裁答稽遲爲歉，僅

　　　錄中秋書懷以郵。友笛詞丈削正。

　　　　　　　　　　　　　　　　　　　方書彪拜啓　九月廿二日

## 2.步酬旋馬庭主「六十書懷」原韻 方書彪 七律一首

鯤海文章仰北辰，梅花明月證前身。

詩宗工部猶憂國，經學昌黎辨僞真。

六十杖鄉天積健，九霄揚翮鶴精神。

歲寒晚節餘三徑，廣種書田不患貧。

　　曼陀庵主未是草

　　註：本詩附有小札一封：

　　　友笛詞丈斧政並錄舊作俚詞數首以博一粲。

　　　　　　　　　　　　　　　　　　　方書彪拜啓　十一月十一日

# 江擎甫（江耕雨）

## 1.喜友笛故人惠臨，簡於招待，賦此誌愧 江擎甫 七絕一首

茅廬多薈萊良朋，鵲噪連朝信有憑。

一榻塵封三徑穢，無菸無酒等於僧。

## 2.贈友笛老友 江擎甫 七絕一首

矍鑠詩翁厚德天，雙趺常帶萬山煙。

陶潛陸羽稱知己，半似詩仙半茗仙。

　　編者註：江擎甫（1901-1993），西螺人，號耕雨，菼社顧問江藻如之子。

# 李丁紅

## 1.次林友笛先生祝蘇平祥詞友令郎志忠君與王素女小姐結婚原韻 李丁紅 七律一首

詩文之友 26 卷 3 期 1967.7.1

賓明雲集到蘇門，合詠關雎慶結婚。
緣證前生繩繫足，姻聯此日酒盈樽。
鳳凰臺上吹簫在，孔雀屏間中目存。
好俟熊羆徵吉夢，欣看文子抱文孫。

> 編者註：李丁紅，雲林口湖人。鄉勵吟社第三代，曾於 2000 年前後擔任鄉勵吟社總幹事。

# 李可讀（富川）

## 1.次林友笛先生放浪吟瑤韻 李可讀 七律一首

詩文之友 33 卷 1 期 1970.11.1（又見手稿本）

旋馬庭開綠野間，西湖爭及四湖嫻。
風雲變幻多看慣，世事紛紜總不關。
品節梅歸林處士，多情詩讀白香山。
自烹槐火因人熱，老健耽茶癖未刪。

## 2.次林友笛先生庭中拾翠瑤韻 李可讀 七律二首之一

詩文之友 30 卷 5 期 1969.9.1

凍頂文山擅美譽，客來品茗每停車。
陰移上苑欣分蔭，日照中庭好曝書。
三徑逢秋開晚菊，四湖引水潤新蔬。
灌園食力生涯足，娛老歸耕七十餘。

## 3.次林友笛先生庭中拾翠瑤韻 李可讀 七律二首之二

詩文之友 30 卷 5 期 1969.9.1

天賦生成性好茶，耽吟嗜樂興猶加。
荷鋤帶笠除田草，剖竹編籬護院花。
隱遯思尋仙佛境，奢華不羨帝王家。
世情淡與人情薄，味後甘誰憶苦瓜。

## 4.次林友笛先生退隱偶成瑤韻 李可讀 七律一首

詩文之友 26 卷 4 期 1967.8.1

宦海浮遊幾十年，四湖歸隱勝高遷。
黃庭旋馬耽風月，紅劫談羊感萬千。
人屆已齡臻福壽，詩酬午節亦因緣。
知君嗜好同盧陸，煮茗烹經養性天。

> 編者註：李經（1914-1985?），字可讀，號富川，以字行。嘉義東石人。曾從黃傳
> 心讀漢文，又從林玉書、許藜堂學詩。曾任嘉義縣詩人聯吟會總幹事、
> 麗澤吟社副社長。

# 李清水

## 1.次林友笛先生祝蘇平祥詞友令郎志忠君與王素女小姐結婚原韻 李清水 七律一首

詩文之友 26 卷 3 期 1967.7.1

履瑞吉日客盈門，為祝蘇王兩結婚。
連理花開連理樹，合歡人醉合歡樽。
詩吟窈窕情長固，譜奏鴛鴦韻永存。
今夜洞房春似海，來年預卜子生孫。

> 編者註：李清水（1930-1994），字岳峰，又字玉川、育賢、清文，號星波，別號
> 江湖散人。雲林口湖鄉人，日治時期公學校畢業，光復後中學畢業，拜
> 李西端為師，習漢文。曾參加鄉勵吟社，並於 1967 年任雲林詩人聯吟會
> 總幹事。後再加入天籟吟社、瀛社。

# 李維喬

## 1.致友笛先生書信 李維喬 信札一封

友笛詞長藻鑒：

束惠傑構，過蒙獎許，愧未敢當，乃以嵇康性懶，久稽奉和，希諒
之。

曩者效顰書懷之什，因脫稿後，急於付郵，未及推敲，昨於燈下偶
檢，間多疵謬，貽笑方家，爰再錄夾，其原稿付丙可也。公勤如道出爽
忠，請菇敝一敘，此瀆。並頌吟綏。

敬似束惠原玉一絕，即呈
旋馬庭主人粲正：

人追白社吟情峭，我感黃粱醉夢餘。
自是才差三十里，敢將賣賦擬相如。

李維喬頓首　十二月九日

## 2.敬似林友笛先生過褒忠見贈原玉 李維喬 七律一首

詩文之友 2 卷 4 期 1954.4.1（又見手稿本）

滿擬風情締友情，高軒過後倍輸誠。
客窗最愛宵聞笛，影事空傳夢叶庚。
賈傅治安原有策，逋仙詩品本來清。
孤山梅鶴千秋業，又見才人間世生。

十一月十三日

## 3.謹似林友笛先生夏日雜詠原韻 李維喬 七律三首之一

絕壑扶登杖一支，居然履險亦如夷。
陡看天表霞舒錦，又感門前柳織絲。
百畝方塘春夢草，半窗斜月夜敲詩。
披衿消受南薰慣，茗碗冰盤最適宜。

## 4.謹似林友笛先生夏日雜詠原韻 李維喬 七律三首之二

綠樹春歸尚作花，閒尋樵牧話桑麻。
澆愁欲藉中山酒，消夏還烹試院茶。
蕉葉迷時酣鹿夢，炊煙起處見人家。
農忙最是清和節，多少村童學種瓜。

## 5.謹似林友笛先生夏日雜詠原韻 李維喬 七律三首之三

每值無聊強自聊，由來景物水鄉饒。
露珠映日渾如顆，柳線搖風莫計條。
曲院畫長喧燕語，芳郊雨足聽民謠。
杖頭挈榼尋常事，差喜杏邨路不遙。

李維喬未是草　十一月十三日

註：本詩附有小札一封：

友笛詞長藻鑒：

泥鴻偶印，辱蒙枉駕，感也奚似！惠贈新詩，調高句麗，百讀匪厭，不憚淺陋，勉依原韻，然珠玉在前，形我穢矣，希予郢正爲荷。此頌吟健。

李維喬頓首　十一月十五日

## 6.謹似林友笛詞長六十書懷原韻 李維喬 七律四首之一

詩文之友 2 卷 5 期 1954.5.1（又見手稿本）

賦就書懷寄慨同，客中強半是愁中。
人因落寞才無用，時縱艱危道不窮。
失足原差棋一著，埋頭卻少地三弓。
輕肥猶省當年事，匣劍秋燈老氣雄。

## 7. 謹似林友笛詞長六十書懷原韻 李維喬 七律四首之二

詩文之友 2 卷 5 期 1954.5.1（又見手稿本）

憂時熱淚幾曾乾，濁酒新亭感百端。
萍梗生涯隨聚散，亂離身世任悲歡。
慚無風格凌梅韻，賸有鬚眉照水寒。
雲鎖桃源津莫問，海天遙望發長歎。

## 8. 謹似林友笛詞長六十書懷原韻 李維喬 七律四首之三

詩文之友 2 卷 5 期 1954.5.1（又見手稿本）

消閒見說淪新茶，半畝瓜棚幾樹花。
海宇星文輝甲誕，山川靈氣毓詩家。
閒庭地可容旋馬，養志人同反哺鴉。
獨羨天倫多樂事，頤和一任歲華加。

　　　註：獨羨天倫多樂事，手稿一作我也知非皤兩鬢。
　　　　　頤和一任歲華加，手稿一作遲君拾載思偏加。

## 9. 謹似林友笛詞長六十書懷原韻 李維喬 七律四首之四

詩文之友 2 卷 5 期 1954.5.1（又見手稿本）

行吟澤畔度芳辰，逝水光陰老此身。
漸覺守株原是慧，要知抱璞可全真。
竹龍夭矯才同健，梅鶴清高韻入神。
識得名山留著作，只憂學陋不憂貧。

　　　註：著作，手稿一作著述。
　　　　　只，手稿一作祇。
　　編者註：李維喬（1901-1960），號如松，福建惠安縣人。1950 年隨軍來臺，軍職
　　　　　　退役後，客居褒忠鄉。李氏才高落拓，清苦度日，曾設帳教漢文，一時
　　　　　　雲嘉文人如吳景箕、黃傳心等多有往來。

# 李瀾平

## 1. 辛亥暮春牽諸生遊三地門，憩三教寶宮，承駐宮詩翁旋馬庭主人，烹茶待客，並賦詩索和，敬步次韻

李瀾平 七律二首之一 1971 年

詩文之友 34 卷 3 期 1971.7.1（又見手稿本）

寶宮隱隱白雲關，三地門高步履艱。
俯首渾如登聖境，躬身恍已列仙班。
花香鳥語翹詩興，笛韻松濤和水潺。
八十老翁情意重，烹茶共話半天閒。

## 2. 辛亥暮春率諸生遊三地門，憩三教寶宮，承駐宮詩翁旋馬庭主人，烹茶待客，並賦詩索和，敬步次韻

李瀾平　七律二首之二　1971 年

詩文之友 34 卷 3 期 1971.7.1（又見手稿本）

遨遊一路樂由由，喜共諸生學海鷗。
風燭殘年傷作客，布衣亂世傲封侯。
橫流滄海氛難盡，遺恨家園失未收。
化雨才疏慚絳帳，今朝桃李滿山頭。

> 註：本詩附有小札一封：
>
> 　友笛老先生吟席：
>
> 　　山中揖別，瞬將札月，承賜二詩，因北行一週，致稽奉和，不罪，得暇時錫雁鴻，則幸甚，耑複。並頌春綏。
>
> 弟李瀾平拜上　四月廿四
>
> 林友笛自註：四月廿七日接信，四月廿八又呈一律寄出。

## 3. 和友笛鄉長八一偶感次韻 李瀾平　七律一首 1973 年

胸懷不老足稱奇，門對青山合有詩。
氣概如梅幽自在，精神似菊傲當時。
風花雪月長欣賞，富貴功名早摒辭。
笛老放歌應不遠，還鄉可共展雙眉。

李瀾平未定稿　時年七十祖籍泉州　六二年七月

## 4. 致友笛先生書信 李瀾平　信札一封

笛老大鑒：

　　明信片敬悉，查大作并無寫錯，謹請放心。　賤辰承錫大作，銘感五中，謹此鳴謝。并頌秋安。

弟李瀾平拜上　十月八日

## 5. 敬和林友笛詞長八十書懷原玉即以祝嘏 李瀾平　七律一首 1972 年

共容瀛洲近卅秋，已甘澹泊復何憂。
性耽山水同陶令，身擁詩書作鄭侯。

覓句看花隨自遣，經丘尋壑任優遊。
八旬舖好康健路，直達期頤祝此由。

李瀾平未定草　壬子初秋

## 李觀瀾

### 1. 敬和林友笛先生八十書懷原玉 <small>李觀瀾　七律二首之一</small>

且頌壽高八十秋，佛桑花錦看消憂。
精神矍鑠追彭祖，富貴充榮做晉侯。
插柳栽花娛老隱，隨雲步月快仙遊。
欣逢令誕懸弧喜，鷗鷺題詩敬祝由。

### 2. 敬和林友笛先生八十書懷原玉 <small>李觀瀾　七律二首之二</small>

飄泊天涯寄異鄉，老當益壯態平常。
龜齡可媲蒼松茂，鶴壽端如紫柏香。
海陸跨行勞豹足，山川遊覽步羊腸。
善交佳士詩文友，風雅騷壇歲月長。

朴子　李觀瀾

## 吳士茂

### 1. 致友笛先生明信片 <small>吳士茂　明信片一枚　1952 年</small>
謹和林友笛詞友六十書懷並祈斧正 <small>七律四首</small>

明知苦樂不相同，得失居然似夢中。
世味嘗深能躲故，人情做徹必增窮。
有庭儘可供旋馬，無警奚須仗執弓。
君滯異鄉吾戀土，自明立志自成雄。

壽若燈油尚未乾，少年耽詠有開端。
羨君所遇皆時樂，恨我遭逢總不歡。
庾信生涯原冷淡，孟郊詩骨劇清寒。
已登花甲身康健，莫向詞篇又發嘆。

雨前常試武夷茶，雨後培蘭藝菊花。
二水溪南推巨擘，四湖鄉裡屬專家。

宇庭閒雅堪棲鳳，井戶淵源好浴鴉。
佐政已尊練達吏，可知德望逐年加。

吾且生身丙戌辰，尚然容我自由身。
料來富貴全無望，若說平安那當真。
咱輩風霜曾補骨，伊誰寒暑解留神。
杖鄉今日爲君祝，壽至期頤莫認貧。

彰化曉堂吳士茂未是稿　民國四十一年七月七日

# 吳石祥（雲鶴）

## 1.次林友笛先生七八自嘲瑤韻 <small>吳雲鶴　七律一首</small>

詩文之友 33 卷 3 期 1971.1.1（又見手稿本）

壽添廿二百年期，短笛橫吹樂解悲。
克苦談心消歲月，分甘娛目弄孫兒。
翻書著眼觀青史，試茗關懷讀古詩。
旋馬庭前徵紫氣，羨公高枕夢安時。

## 2.次林友笛先生八十書懷瑤韻 <small>吳雲鶴　七律二首之一</small>

詩文之友 36 卷 6 期 1972.10.1

年屆杖朝壬子秋，攻書飲茗可消憂。
名榮誇獨娛培菊，士貴讓他列晉侯。
鷗鷺分飛樸子在，兒孫繞膝四湖遊。
介眉人瑞逢今日，預祝期頤應所由。

## 3.次林友笛先生八十書懷瑤韻 <small>吳雲鶴　七律二首之二</small>

詩文之友 36 卷 6 期 1972.10.1

異域安家是外鄉，登壇拔幟捷非常。
馬庭青柏凌霄茂，人比黃花晚節香。
海屋籌添欣介壽，詩壇有慶飽吟腸。
還童姿態精神健，友笛橫吹百歲長。

## 4.次林友笛先生放浪吟瑤韻 <small>吳雲鶴　七律一首</small>

詩文之友 33 卷 1 期 1970.11.1（又見手稿本）

脫轞躇露浴曦間，花酒讓人慕博嫻。
日月推遷人易老，民風反悖我無關。
鬚除八字因遮口，經讀三餘愛看山。

倚柳聽經娛晚景，披星展卷把詩刪。

　註：本詩附有小札一句：大膽獻醜，第願斧正。
　註：花酒，詩文之友作花渥，非是，依手稿改正。
　　　人易老，手稿一作從大義。
　　　鬚除八字因遮口，手稿一作笑剃八字鬚遮口。
　　　經讀三餘愛看山，手稿一作狂讀五經筆畫山。
　　　聽經，手稿一作聽鶯。

## 5.次林友笛先生庭中拾翠瑤韻 吳雲鶴 七律二首之一

詩文之友 30 卷 5 期 1969.9.1

騷壇拔幟載榮譽，蓮社往來無白車。
應接知音狂倒屣，欣逢墨客笑翻書。
交談得意三杯酒，設席芹香六碗蔬。
熊掌龍肝何足論，日餐夜讀竝兼餘。

## 6.次林友笛先生庭中拾翠瑤韻 吳雲鶴 七律二首之二

詩文之友 30 卷 5 期 1969.9.1

從遠朋分大麥茶，滋陰解渴兩兼加。
桑滄劫後耽詩酒，世態蹉跎愛月花。
欽羨君高絃管手，堪羞我拙畫圖家。
愁逢夏熱林泉憩，喜得來售小玉瓜。

## 7.次林友笛先生退隱偶成瑤韻 吳雲鶴 七律一首

詩文之友 26 卷 4 期 1967.8.1

角巾泉石寄餘年，宦海無愁歲月遷。
壽待期頤添廿五，閒從世界傲三千。
詩歌唱和平生願，文墨聯歌未了緣。
將此韜光歸曲徑，賦成來去樂堯天。

## 8.結婚屆六十週年感賦 吳雲鶴 七律二首之一

詩文之友 34 卷 1 期 1971.5.1

丑午年生地異同，陳吳偕老慶還童。
追懷結髮歡何極，回憶掀簾樂未終。
七八延齡欣首白，八三高壽醉顏紅。
式稱鑽石兒孫祝，相對相看展笑中。

## 9.結婚屆六十週年感賦 吳雲鶴 七律二首之二

詩文之友 34 卷 1 期 1971.5.1

屈指婚期翻甲子，白頭偕老肖還童。
緣深結髮情猶密，愛重天倫樂未終。
四代兒孫時舞綵，千杯壽酒頻添紅。
八三七八成佳偶，相敬相親善古風。

## 10.謹將拙作八秩初度書懷七律二首錄呈

吳雲鶴　七律二首之一　1969 年

迎春把盞憶兒年，世事蹉跎幾變遷。
詩畫能攻求脫俗，桂蘭騰秀快如仙。
還童敢望龍姿態，到老方知鶴髮鬈。
伉儷偕康心意滿，安貧樂道子孫賢。

## 11.謹將拙作八秩初度書懷七律二首錄呈

吳雲鶴　七律二首之二　1969 年

休稽今昔幻滄桑，把酒翻書過眼光。
懶向人間爭得失，厭聞世上說荒唐。
天教子媳能敦孝，佛庇椿萱永壽康。
內外曾孫如玉立，連綿家道喜隆昌。

雲鶴吳石祥拜稿

吳雲鶴自註：

簡歷：

余生于光緒己丑年，住臺南縣將軍鄉將貴村，十一歲時入書塾，就澎湖人碩
儒陳九如先師讀四書五經五載有餘，修業後隨父經營麥粉業，廿歲時出任日
治警員、保甲書記、明治製糖原料係員、鴻謨山林主事、六腳鄉農會倉庫主
任、土地代書事務員等職，廿三歲春初就與元配陳氏結婚生下男七女二早完
願償，內外男女孫有卅八之茂盛，曾孫已出男女有七，兒孫滿眼，幸喜夫妻
偕康，步履如常，不思曳杖，逍遙自在，歡度晚年誌慶。

編者註：吳石祥，字雲鶴，朴子人。


# 吳光瑞（吳景箕之子）

## 1.次林友笛先生放浪吟瑤韻　吳光瑞　七律二首之一

詩文之友 33 卷 1 期 1970.11.1（又見手稿本）

志在終南紫閣間，吟風弄月兩嫺嫺。
長生有訣須行樂，大德無門那用關。
嗜酒策勳憐賀監，食葷誦偈笑寒山。
醉來袒裼歌兼舞，白眼迎人禮更刪。

## 2.次林友笛先生放浪吟瑤韻 吳光瑞 七律二首之二

詩文之友 33 卷 1 期 1970.11.1

浪跡風流水石間，優遊機外對鷗嫺。
參禪得句臻圓覺，過化存神入聖關。
取貴無心寧作稼，逃名到處便談山。
唱酬稽古興偏逸，自笑書生氣未刪。

編者註：吳光瑞，爲吳景箕次子，吳光遠之弟。光瑞有詩才。

# 吳景箕（鳴皐）

## 1.次林友笛先生退隱偶成瑤韻 吳景箕 七律一首

詩文之友 26 卷 5 期 1967.9.1

頤養林泉樂晚年，身閒易感物華遷。
詩參新意肱三折，酒貴陳藏斗十千。
陸羽分茶無俗韻，桓伊弄笛有奇緣。
所居薄海鷗爲友，苦竹黃蘆共一天。

註：本詩附有小札一封：
頃從詩文之友讀三秀園大作，篇篇佳秀，百尺竿頭又進一步矣。

## 2.次林友笛先生原玉 吳景箕 五律二首之一

秋園寄草(二)
雲林文獻 2 卷 2 期 1953.6.20

闡苑馳名久，才華孰與俱。
青雲叢寶氣，赤仄辨銅蚨。
琢句裁風月，雌黃苦脛虷。
景宗工險韻，子固窶通儒。

## 3.次林友笛先生原玉 吳景箕 五律二首之二

秋園寄草(二)
雲林文獻 2 卷 2 期 1953.6.20

餘藝精絲竹，隨身一篋俱。
陶懷藉水石，飽學瞻蟬蚨。
妙曲翻朱鷺，清音動藻虷。
輞川堪駢駕，不器信真儒。

## 4.次林友笛先生瑤韻 吳景箕 七律二首之一

秋園寄草(二)
雲林文獻 2 卷 2 期 1953.6.20

落霞秋水點孤鳬，畫本天然景自殊。
據案詩成如宿構，揮毫稿脫不加朱。
林逋再世今高士，吳鼎前身老俗儒。
妙製參來深造詣，純青火色蘊丹爐。

## 5.次林友笛先生瑤韻 吳景箕 七律二首之二

秋園寄草(二)
雲林文獻 2 卷 2 期 1953.6.20

世業專家有卓鳬，資生筆稼總無殊。
好詩細嚼甘回欖，勝友聯歡赤近朱。
經國自知稀實學，誤人偏說作鴻儒。
高名久噪南州地，一瓣心香炷玉爐。

## 6.次韻林友笛先生麒麟舞瑤韻 吳景箕 七絕二首之一

秋園寄草(二)
雲林文獻 2 卷 2 期 1953.6.20

襟懷灑落品追鷗，詩則名家雅絕儔。
兩袖春風初見面，盤桓半日覺千秋。

## 7.次韻林友笛先生麒麟舞瑤韻 吳景箕 七絕二首之二

秋園寄草(二)
雲林文獻 2 卷 2 期 1953.6.20

有緣翰墨鷺尋鷗，一氣相聯水石儔。
景好共君攜鑠篆，洞庭吹破萬重秋。
　　吳景箕自註：君能詩，善吹笛，行坐必隨。

## 8.次韻林友笛詞兄陽曆癸卯元旦有感詩 吳景箕 七絕六首之一 1963 年

柳綠桃紅又一年，新詩照眼秀生妍。
無情白髮催人老，飲罷屠蘇百感牽。

## 9.次韻林友笛詞兄陽曆癸卯元旦有感詩 吳景箕 七絕六首之二 1963 年

多君一紙慶新年，情密無嫌問醜妍。
贏得識途增馬齒，此生已熟免人牽。

## 10.次韻林友笛詞兄陽曆癸卯元旦有感詩 吳景箕 七絕六首之三 1963 年

○○○○○○年，我輩優遊興自妍。
○○○○○○解，出門笑倩長孫牽。
　　註：原稿殘闕。

## 11.次韻林友笛詞兄陽曆癸卯元旦有感詩

吳景箕 七絕六首之四 1963 年

天南地北各迎年，鳳曆翻新○○妍。
鳥勸提壺花爽眼，柳條無力任○牽。

註：原稿殘闕。

## 12.次韻林友笛詞兄陽曆癸卯元旦有感詩

吳景箕 七絕六首之五 1963 年

周宣復國卜今年，萬里河山瑞色妍。
賦就金門期頌德，犒軍擅酒復羊牽。

## 13.次韻林友笛詞兄陽曆癸卯元旦有感詩

吳景箕 七絕六首之六 1963 年

○○○○○樂餘年，慚向權門效笑妍。
○○○○○未遠，分明覺路一絲牽。

註：原稿殘闕。
註：此六首詩由張立卿代爲錄上。

## 14.有懷友笛詞兄即寄 吳景箕 七律一首

甲辰臘月之望倡酬詩稿集 1964 年

五柳先生已退閒，北窗高臥掩松關。
嗜茶癖過盧仝癮，弄笛情深趙嘏嫻。
曾奏管弦遊曲水，聯吟石鼎憶湖山。
老猶致意斯文重，詩稿燈前久未刪。

吳景箕自註：曾奏管絃遊曲水，鄭氏家園。
聯吟石鼎憶湖山，湖山岩也。
註：五柳先生已退閒，原爲五斗辭榮身退閒。

## 15.有懷友笛詞兄即寄二疊前韻 吳景箕 七律一首

甲辰臘月之望倡酬詩稿集 1964 年

也似禪僧退院閒，丸泥一顆鎖玄關。
梅窗日暖眠常足，竹簟涼生夢亦嫻。
有意烹茶開小閣，無心採菊見南山。
蓮花社友時來訪，多少風騷債未刪。

註：本詩附有小札一封：
讀大作甚佳，起手不凡，欽服，欽服，拙作「五斗辭榮身」五字改爲「五柳
先生已」，特此一報。

## 16.有懷友笛詞兄即寄三疊前韻 <sub>吳景箕</sub> 七律一首

甲辰臘月之望倡酬詩稿集 1964 年

小康家道幸清閒，飲啄無憂鶴守關。
胸窗書詩人自逸，地多煙水景尤嫻。
半園種樹疏扶屋，鎮日憑欄飽看山。
老去橫秋存浩氣，盤空筆力未全刪。

## 17.有懷友笛詞兄即寄四疊前韻 <sub>吳景箕</sub> 七律一首

甲辰臘月之望倡酬詩稿集 1964 年

耕讀身涯一味閒，名韁利鎖不相關。
四時觀察多佳興，萬物生成亦雅嫻。
掛印詩人歸栗里，栽梅處士在孤山。
兩家習氣原相似，月性雲情苦未刪。

## 18.有懷友笛詞兄即寄五疊前韻 <sub>吳景箕</sub> 七律一首

甲辰臘月之望倡酬詩稿集 1964 年

夏穀登場暫得閒，解衣槃礡百無關。
蛙鳴鼓吹涼風發，鳥勸提壺醉意嫻。
興到攤箋安筆架，詩成拄笏對文山。
時爭墜果和童戲，白首難將稚氣刪。

## 19.有懷友笛詞兄即寄六疊前韻 <sub>吳景箕</sub> 七律一首

甲辰臘月之望倡酬詩稿集 1964 年

身本安閒意不閒，鳶飛魚躍輒縈關。
居今稽古心恒苦，鍊句窮神興覺嫻。
隻手迴瀾當抵柱，幾人面目識廬山。
西堂夜坐孤燈冷，群藉縱橫自討刪。

## 20.有懷友笛詞兄即寄七疊前韻 <sub>吳景箕</sub> 七律一首

甲辰臘月之望倡酬詩稿集 1964 年

犬吠村居破寂閒，車停問字叩荊關。
平生損己隨人便，處世無求至老嫻。
不信著書成覆瓿，何妨退筆積如山。
茂陵秋雨悲司馬，封禪留文稿未刪。

## 21.有懷友笛詞兄即寄八疊前韻 <sub>吳景箕</sub> 七律一首

甲辰臘月之望倡酬詩稿集 1964 年

扶桑煙水夢中閒，冠劍英年出故關。

文傚樗牛高格桐，詩吟桂月愛幽嫻。
曾經濯足琵琶水，屢次振衣富士山。
韻事風流今不繼，使人思慕是劉刪。

　　吳景箕自註：文傚樗牛高格調，明治時文豪。
　　　　　　　　詩吟桂月愛幽嫻，亦明治時代人。

## 22.有懷友笛詞兄即寄九疊前韻 吳景箕 七律一首

　　　　　　　　　　　　　　甲辰臘月之望倡酬詩稿集 1964 年

夢爲蝴蝶覺閒閒，日上東窗未啓關，
露浥枝頭啼鳥噪，風來水面落花嫻。
歌筵款客思金谷，清士移文勒北山。
哀樂中年淘寫盡，幽并一氣未曾刪。

　　註：水面，一作水上。

## 23.有懷友笛詞兄即寄十疊前韻 吳景箕 七律一首

　　　　　　　　　　　　　　甲辰臘月之望倡酬詩稿集 1964 年

昏雲一片朅來閒，倦鳥歸時靜掩關。
月照空階蛩語澀，葉飛淨几墨香嫻。
觀書引睡搖銀海，借酒攻愁倒玉山。
歷劫家園多野趣，天然畫本不加刪。

## 24.有懷友笛詞兄即寄十一疊前韻 吳景箕 七律一首

　　　　　　　　　　　　　　甲辰臘月之望倡酬詩稿集 1964 年
　　　　　　　　　詩文之友 25 卷 3 期 1967.1.1（又見手稿本）

筆戰經旬未許閒，詩雄如虎獨當關。
連珠疊出思無限，游刃猶興地愈嫻。
願結青邱盟北郭，好推白傅主香山。
傷心霜鬢緣愁長，雅友凋零逐歲刪。

## 25.有懷友笛詞兄即寄十二疊前韻 吳景箕 七律一首

　　　　　　　　　　　　　　甲辰臘月之望倡酬詩稿集 1964 年
　　　　　　　　　詩文之友 25 卷 3 期 1967.1.1（又見手稿本）

少游落筆有餘閒，無已尋章例閉關。
學實兼人才更大，心明於鏡品偏嫻。
知音久自傳流水，同調從今仰泰山。
一韻倡酬能到底，選樓妙製不容刪。

　　註：本詩附有小札一封：

　　　　弟於前月來，以一人獨戰日本詩家東船山鳥山吉次、和田靜海，我國詩人曾今

可、吳夢周、魏潤庵、黃景南、李鴻文、高文淵等，今可、文淵皆至八疊，詞源將涸，強弩之末已難穿縞素矣。來詩首首珠玉，篇篇錦繡，堪謂詩中之虎，第十一疊、十二疊二首專筆推重聊表敬意，又及。

## 26.有懷友笛詞兄即寄十三疊前韻 吳景箕 七律一首

甲辰臘月之望倡酬詩稿集 1964 年
詩文之友 25 卷 3 期 1967.1.1　（又見手稿本）

萬念憑心一轉閒，空門無鑰復無關。
水能順變行何礙，雲慣隨風性本嫻。
醉裏乾坤輕似羽，憂來世事重於山。
南華仔細從頭讀，至理名言未易刪。

## 27.有懷友笛詞兄即寄十四疊前韻 吳景箕 七律一首

甲辰臘月之望倡酬詩稿集 1964 年
詩文之友 25 卷 3 期 1967.1.1（又見手稿本）

蒿萊深處托身閒，蜀道曾經歷險關。
一局棋殘觀了了，數盅茶後覺嫻嫻。
人情曲曲灣灣水，世事重重疊疊山。
但願向平完嫁娶，功名從此念全刪。

## 28.有懷友笛詞兄即寄十五疊前韻 吳景箕 七律一首

甲辰臘月之望倡酬詩稿集 1964 年
詩文之友 25 卷 3 期 1967.1.1（又見手稿本）

六尺挑笙藉枕閒，折枝無計買關關。
苔堦雨潤蝸痕走，畫棟風微燕語嫻。
才足校書文祿閣，品堪登賦武牢山。
眼看綠滿春花盡，勝事經年節節刪。

## 29.有懷友笛詞兄即寄十六疊前韻 吳景箕 七律一首

甲辰臘月之望倡酬詩稿集 1964 年
詩文之友 25 卷 3 期 1967.1.1（又見手稿本）

運甓惟勤避懶閒，煉成肝膽築雄關。
奇懷別有韓公傲，媚骨曾無鄧子嫻。
精衛含冤填北海，胥潮載恨撼吳山。
回春先要修邊幅，自鑷霜鬚對鏡刪。
　　註：含冤，手稿一作銜冤。

## 30.有懷友笛詞兄即寄十七疊前韻 吳景箕 七律一首

甲辰臘月之望倡酬詩稿集 1964 年

詩文之友 25 卷 3 期 1967.1.1（又見手稿本）

宗社興亡豈等閒，仁須為塹義為關。
十年生計桑麻老，三代家風禮樂嫻。
世俗趨淫文掃地，人心好亂世移山。
即今國事堪蒿目，古學誰知要撿刪。

註：世，手稿一作勢。

## 31.有懷友笛詞兄即寄十八疊前韻 吳景箕 七律一首

甲辰臘月之望倡酬詩稿集 1964 年

詩文之友 25 卷 3 期 1967.1.1（又見手稿本）

科名祭酒趨閒閒，家譜婁東息息關。
晚景公私多拂意，中年際遇較清嫻。
詩成淚寫烏絲格，悶極歌吟白紵山。
獨坐新亭誰對飲，憂隨春草長難刪。

註：晚景，手稿一作晚境。

## 32.有懷友笛詞兄即寄十九疊前韻 吳景箕 七律一首

甲辰臘月之望倡酬詩稿集 1964 年

詩文之友 25 卷 3 期 1967.1.1（又見手稿本）

偷閒氣味勝常閒，拋卻竹書掃竹關。
有病始知無病好，出家何似在家嫻。
賢如屈宋猶居市，聖抵巢由不買山。
爭得茶前兼酒後，塵勞頓覺一時刪。

## 33.有懷友笛詞兄即寄二十疊前韻 吳景箕 七律一首

甲辰臘月之望倡酬詩稿集 1964 年

詩文之友 25 卷 3 期 1967.1.1（又見手稿本）

知足由來可養閒，理財何必置司關。
一身貧富前生定，四季榮枯品物嫻。
舉鼎爭王亡接踵，垂簾賣卜隱藏山。
於斯君子膺三畏，天命無容半字刪。

註：榮枯，手稿一作枯榮。

## 34.有懷友笛詞兄即寄二十一疊前韻 吳景箕 七律一首

甲辰臘月之望倡酬詩稿集 1964 年

詩文之友 25 卷 3 期 1967.1.1（又見手稿本）

望之從政不忘閒，樂命侯嬴老抱關。
學貫天人心自曠，仕忠職守怨猶嫻。
道衰便乘桴浮海，才薄惟疲蚊負山。
一肚陽春新著稿，殺青端要摯虞刪。

　　吳景箕自註：望之從政不忘閒，謂漢蕭望之也。

　　　　註：才薄，手稿一作財薄。

## 35.有懷友笛詞兄即寄二十二疊前韻 吳景箕 七律一首

甲辰臘月之望倡酬詩稿集 1964 年
詩文之友 25 卷 3 期 1967.1.1（又見手稿本）

結志維貞四雅閒，高軒駟馬實難關。
曲肱蔬食從心欲，弄月吟風養性嫻。
不效飯牛歌白水，自甘枕石臥箕山。
漢陰一叟嫌機巧，負甕循畦草細刪。

　　註：四雅閒，手稿一作四體閒。

## 36.有懷友笛詞兄即寄二十三疊前韻 吳景箕 七律一首

一樣乾坤歲月閒，桑麻雞犬舊柴關。
身無官祿名仍著，榻有琴書寐亦嫻。
少日擔簦遊上國，衰年學稼臥鄉山。
平生多病維摩詰，得偈常於枕畔刪。

　　　　　　　　　　　　　　　鳴皋吳景箕初稿

## 37.有懷友笛詞兄即寄二十四疊前韻 吳景箕 七律一首

鏡花水月一般閒，此是超凡入聖關。
嚴羽說詩禪並畫，滄浪著論細兼嫻。
羚羊掛角尋無跡，麝鹿當風馥滿山。
文簡手批三昧○，○○○○○○刪。

　　　　　　　　　　　　　　　鳴皋吳景箕初稿

　　　　註：無資料。

## 38.有懷友笛詞兄即寄二十五疊前韻 吳景箕 七律一首

　　　　註：無資料。

## 39.有懷友笛詞兄即寄二十六疊前韻 吳景箕 七律一首

○○○○○○○，○○○○○○關。
○○○○○○○，○○○○○○嫻。
○○○○○○○，○○○○○○山。

○○○○○種菊，東籬對飲句堪刪。

　　尾聲　鳴皋吳景箕初稿
　　註：無資料。

## 40.倡酬偶感次友笛先生原玉 吳景箕 七絕一首

甲辰臘月之望倡酬詩稿集
詩文之友 25 卷 4 期 1967.2.1（又見手稿本）

　　不識將軍巧用奇，開花頃刻便成詩。
　　人間才學居王後，天上星躔次尾箕。

## 41.倡酬偶感次友笛先生二疊前韻 吳景箕 七絕一首

甲辰臘月之望倡酬詩稿集
詩文之友 25 卷 4 期 1967.2.1（又見手稿本）

　　梅酬鶴倡各爭奇，來往郵筒百首詩。
　　滿地玄黃餘血戰，周天雨畢伴風箕。

## 42.倡酬偶感次友笛先生三疊前韻 吳景箕 七絕一首

甲辰臘月之望倡酬詩稿集
詩文之友 25 卷 4 期 1967.2.1（又見手稿本）

　　玉堂才調八叉奇，品茗分曹愛鬥詩。
　　畢竟分庭能抗禮，使人擱筆望南箕。

## 43.倡酬偶感次友笛先生四疊前韻 吳景箕 七絕一首

甲辰臘月之望倡酬詩稿集
詩文之友 25 卷 4 期 1967.2.1（又見手稿本）

　　字字清新句句奇，蛇神牛鬼健吟詩。
　　聯句白戰分高下，頫首尊前願執箕。

## 44.倡酬偶感次友笛先生五疊前韻 吳景箕 七絕一首

甲辰臘月之望倡酬詩稿集
詩文之友 25 卷 4 期 1967.2.1（又見手稿本）

　　學知時務始稱奇，先考叮嚀莫作詩。
　　到老藝成財亦盡，當初悔不學為箕。

## 45.倡酬偶感次友笛先生六疊前韻 吳景箕 七絕一首

甲辰臘月之望倡酬詩稿集
詩文之友 25 卷 4 期 1967.2.1（又見手稿本）

　　唐賢於藝顯身奇，取貴無非課以詩。
　　平步青雲朝玉闕，印如斗大冠如箕。

## 46.倡酬偶感次友笛先生七疊前韻 吳景箕 七絕一首

甲辰臘月之望倡酬詩稿集
詩文之友 25 卷 4 期 1967.2.1（又見手稿本）

磨蝎爲宮數已奇，漫言水部例能詩。
雕肝鏤腎三千首，皓首漁樵老穎箕。

註：鏤腎，手稿一作鏤骨。

## 47.倡酬偶感次友笛先生八疊前韻 吳景箕 七絕一首

甲辰臘月之望倡酬詩稿集
詩文之友 25 卷 4 期 1967.2.1（又見手稿本）

品茗吹簫趣特奇，孤山處士本能詩。
以文會友今元白，翰苑聯輝斗與箕。

## 48.倡酬偶感次友笛先生九疊前韻 吳景箕 七絕一首

甲辰臘月之望倡酬詩稿集
詩文之友 25 卷 4 期 1967.2.1（又見手稿本）

處世無能一見奇，三餘膏火愛吟詩。
平生毀譽虛多實，敫客讒言舌象箕。

## 49.倡酬偶感次友笛先生十疊前韻 吳景箕 七絕一首

甲辰臘月之望倡酬詩稿集
詩文之友 25 卷 4 期 1967.2.1（又見手稿本）

鬪角鉤心用盡奇，開宗正始二南詩。
幸當就教移樽去，便帶洪疇往訪箕。

## 50.倡酬偶感次友笛先生十一疊前韻 吳景箕 七絕一首

甲辰臘月之望倡酬詩稿集
詩文之友 25 卷 4 期 1967.2.1（又見手稿本）

庾信文章老更奇，達夫五十始能詩。
得來妙句知非境，簸玉揚珠滿笪箕。

註：始能詩，手稿一作始耽詩。

## 51.倡酬偶感次友笛先生十二疊前韻 吳景箕 七絕一首

甲辰臘月之望倡酬詩稿集
詩文之友 25 卷 4 期 1967.2.1（又見手稿本）

白戰身無寸鐵奇，草堂依樣日題詩。
一時龍虎同吟嘯，夜夜文星聚斗箕。

## 52.倡酬偶感次友笛先生十三疊前韻 吳景箕 七絕一首

甲辰臘月之望倡酬詩稿集

詩文之友 25 卷 4 期 1967.2.1（又見手稿本）

七字稱雄制勝奇，風檣陣馬浣花詩。
長城萬里原無敵，下瞰壇壝挂一箕。

## 53.倡酬偶感次友笛先生十四疊前韻 吳景箕 七絕一首

甲辰臘月之望倡酬詩稿集

詩文之友 25 卷 4 期 1967.2.1（又見手稿本）

管領風騷命世奇，陳芳國士舊名詩。
手捫麟篆平生熟，無復迎神事卜箕。

## 54.倡酬偶感次友笛先生十五疊前韻 吳景箕 七絕一首

復社諸生秉志奇，修文講武又攻詩。
丹心碧血標青史，烈士難忘是應箕。

鳴皋吳景箕初稿

## 55.倡酬偶感次友笛先生十六疊前韻 吳景箕 七絕一首

劉郎才學掞天奇，抗手騷壇有柳詩。
未遂沿吳封豕願，觀兵楚子止觝箕。

鳴皋吳景箕初稿

## 56.敬步友笛先生見贈新作原韻 吳景箕 七律一首

詩文之友 25 卷 3 期 1967.1.1

百戰鷹揚憊未窮，魯戈撝日復來攻。
詩傾三峽詞源遠，劍掃長空筆陣雄。
自詡才華無二子，平分秋色有明公。
壓元倒白非吾事，志在昂揚國士風。

## 57.敬和友笛詞兄羊年除夕詩 吳景箕 七絕一首

一陽初復泰開三，綠滿窗前淑氣醰。
又到祭詩除歲夕，蒲團燈火對禪談。

鳴皋未是稿

編者註：吳景箕（1902-1983），字考驌，一字鳳起，號鳴皋，別號鳴皋樵隱，祖
籍福建，世居斗六，畢業於東京帝國大學文學系，系鹽谷溫之高徒。吳
氏之詩得之詩親前清秀才吳克明之教導及學校教育，另有高明秉賦，故
吐詞不凡，堪爲臺灣古典詩之大家。著有《尊味集》、《詠歸集》、《掞藻
牋》、《兩京賸稿》等。

# 何木火（亞季）

## 1.敬次友笛先生七八自嘲瑤韻 何亞季　七律一首

詩文之友 33 卷 3 期 1971.1.1　詩文之友 33 卷 4 期 1971.2.1

林泉歸隱樂恒期，天賜遐齡健沒悲。
野外閒來尋妙句，堂前忙去弄孫兒。
盡情款客烹香茗，得意留題賦好詩。
我也如霜雙鬢白，問年恰值七三時。
　　註：尋妙句，一作消日月。

## 2.敬次友笛先生年頭試筆瑤韻 何亞季　七律一首

詩文之友 34 卷 3 期 1971.7.1（又見手稿本）

人生浮夢欲何由，歲序如流逐浪鷗。
畫本揚名贏將相，騷壇吟味傲王侯。
最宜禹水農常樂，猶愛堯天穀富收。
年近杖朝漁適興，一竿風月釣湖頭。

## 3.敬次友笛先生庭中拾翠瑤韻 何亞季　七律二首之一

詩文之友 30 卷 5 期 1969.9.1　詩文之友 30 卷 6 期 1969.10.1

拜讀佳章感至譽，恰同門迓故人車。
君歡栽菊常臨圃，我感培蘭自檢書。
不負萊園勤灌水，盡留肴味好充蔬。
從茲願效成家法，儘養吟軀樂有餘。

## 4.敬次友笛先生庭中拾翠瑤韻 何亞季　七律二首之二

詩文之友 30 卷 5 期 1969.9.1　詩文之友 30 卷 6 期 1969.10.1

為潤詩心嗜好茶，也應鬥韻興偏加。
九秋淡愛凌霜蕊，三徑孤高就菊花。
遯迹躬耕閒數畝，風流大雅可傳家。
四湖他日如趨訪，準擬追隨學種瓜。

## 5.敬次友笛先生閒中偶詠瑤韻 何亞季　七律一首

詩文之友 35 卷 3 期 1972.1.1

節屆中元暑未收，吟情欲動總無由。
茶經養性人長壽，酒味薰心自破愁。
最是齋中尋妙句，猶宜月下泛輕舟。
老吾也喜迎鷗侶，趁曉談天興倍悠

## 6.敬次友笛先生廣邀知友品茗賞花瑤韻 何亞季 五絕四首之一

詩文之友 31 卷 2 期 1969.12.1

異花邀客賞，瓊蕤夜中開。
艷麗留風月，題詩任去來。

## 7.敬次友笛先生廣邀知友品茗賞花瑤韻 何亞季 五絕四首之二

詩文之友 31 卷 2 期 1969.12.1

庭前多聚客，待看夜花開。
未幻成瓊艷，應教不忍回。

## 8.敬次友笛先生廣邀知友品茗賞花瑤韻 何亞季 五絕四首之三

詩文之友 31 卷 2 期 1969.12.1

乍開明月夜，花氣逐茶香。
賓眾親芳澤，主人願始償。

## 9.敬次友笛先生廣邀知友品茗賞花瑤韻 何亞季 五絕四首之四

詩文之友 31 卷 2 期 1969.12.1

初更時放艷，遲看卻無花。
偶幻渾如夢，浮生感靡涯。

## 10.敬次友笛詞兄麥秋偶成瑤韻 何亞季 七律一首

偶爾尋閒伴牧童，湖邊釣月羨斯翁。
愃疏故我虛前席，靈敏欽君拜下風。
逸興纏綿幽野外，騷情繚繞靜廬中。
遙知消受南薰味，無限襟懷繫碧穹。

## 11.敬次友笛詞兄寓齋書懷瑤韻 何亞季 七律一首

詩文之友 35 卷 1 期 1971.11.1

歲月如流望眼賒，鷺鷗歡集話如麻。
亂神不醉三星酒，款客常烹五種茶。
娛畫娛詩皆益友，樂山樂水儘儒家。
高登壽域為君祝，體力康強健倍加。

## 12.敬和友笛先生八一偶成瑤韻 何亞季 七律一首

學問淵深句愈奇，遐齡八一尚耽詩。
閒來遣興邀多士，曉起烹茶樂四時。
秉性善施仁不讓，狂瀾力挽義何辭。
吟軀頤養如松鶴，矍鑠精神展笑眉。

何亞季未是稿

## 13.敬和友笛先生放浪吟瑤韻 何亞季 七律一首

詩文之友 33 卷 1 期 1970.11.1（又見手稿本）

爾來歡樂養花間，閒下吟情素自嫻。
秋獲冬藏農有益，晴耕雨讀世無關。
分泉煮茗當沽酒，落筆揮毫快見山。
垂老精神還壯健，年輕性格豈容刪。

## 14.敬和友笛詞長秋日書懷原玉 何亞季 七律一首

詩文之友 35 卷 2 期 1971.12.1（又見手稿本）

雁影雲羅萬里情，西風蕭瑟一天清。
新茶暢飲襟懷爽，麗句高吟意氣生。
松下攤書期養性，酒中泛菊破愁兵。
重陽佳節題糕近，得健心身自顯榮。

## 15.敬和林友笛詞兄籬菊盛開紀念並書懷原玉 何亞季 七律一首

林泉逸興四時生，愛菊花開圃署名。
多藝多才茶博士，獨栽獨享馥盈城。
耽詩大雅真豪邁，厚福高吟賞艷英。
八十遐齡欣晉一，壽長康比老籛彭。

## 16.謹次林友笛先生退休七年感賦瑤韻 何亞季 七律一首

在家頤養樂延年，遠避塵囂逸興牽。
學海交遊多墨客，騷壇接應儘詩仙。
老來意切聯鷗侶，永續情深締鷺緣。
難得精神猶矍鑠，好從山水動吟鞭。

何亞季未是稿

編者註：何木火（1897-1979?），字亞季，嘉義人。以經商故，晚年居臺北市。曾
創嘉義淡交吟社，後在臺北倡組鷗北同吟會，著有《亞季詩集》、《鷗社
旅北同人集》。

# 何如璋

## 1.敬和林友笛先生六十書懷瑤韻 何如璋 七律四首之一 1952 年

筆花花麗苑花同，寫出生平感慨中。
雅值壽辰懷更遠，甘臨蔗境喜無窮。
未容鬢上色如雪，曾判杯中影是弓。
駐得童顏長不老，操堅松柏比姿雄。

註：另作
筆花花麗苑花同，卻似妍梅○○中。
春氣春春春未艾，嚼華嚼嚼嚼○窮。
輝煌眼底珠千顆，皎潔胸中月○弓。
劇喜蔗甘宜老境，形同松柏挺姿雄。
（原稿殘闕）

## 2.敬和林友笛先生六十書懷瑤韻 何如璋 七律四首之二 1952年

壽酒杯杯合飲乾，賡歌耳順品容端。
五車學富齊欽佩，八斗才高盡仰歡。
聲望恰如山嶽重，吟哦恐落斗牛寒。
閒吹鐵笛豪懷爽，得失何曾繫喜歡。

註：另作
栢酒千杯合盡乾，年當耳順品容端。
五車學富齊欽佩，八斗才高共仰歡。
得意聲喧山嶽動，逢時氣貫斗牛寒。
塞翁失馬難分曉，阮籍途窮免浩歎。

## 3.敬和林友笛先生六十書懷瑤韻 何如璋 七律四首之三 1952年

嗜逐盧仝七碗茶，又如陶令愛黃花。
杖鄉體健勤鄉務，戒酒蹤無到酒家。
回首何須悲失笛，騁懷且好看飛鴉。
登臨縱入天臺路，異草奇花引興加。

註：另作：
一例情忱七碗茶，羨君高潔勝黃花。
杖鄉難得勤公務，衣錦行看返故家。
今日何須悲失笛，昔年未盡類塗鴉。
願兄早入天臺路，流水桃花引興加。

## 4.敬和林友笛先生六十書懷瑤韻 何如璋 七律四首之四 1952年

龍歲懸弧慶吉辰，精神矍鑠老吟身。
遠欽和靖同宗雅，近識荊州一面真。
自壽詩成堪泣鬼，遣懷笛弄可驚神。
文章從古高聲價，處世何關富與貧。

民國四十一年 鷺音何如璋潦草敬和郢雪

註：另作：
古柏參天慶吉辰，雲林正好隱閒身。
騷壇愧莫追風雅，寶璧羞難認假真。
獨仰吟詩情泣鬼，齊欽奏樂韻驚神。
文章自古高聲價，得意何關富與貧。

編者註：何如璋，字鷺音，斗六人，佛教徒，曾任斗南初中漢文教師。曾加入斗
山吟社。

# 林大椿（獻堂、灌園）

## 1.致友笛先生書信 林獻堂 信札一封

友笛仁台清鑒：

披展手書並佳什，大體清逸可誦，但惠贈冠頭之作，向來之冠頭詩亦少見好詩，咸望此後毋詠冠頭詩可也。

本擬早爲裁復，祇因俗事太忙，故未能如願，歉甚。此復。

二月十四日　獻堂

編者註：林大椿（1879-1956），字獻堂，號灌園，臺灣阿罩霧人（即今霧峰）。乙未（1985）割臺，一度避難泉州，返臺後獻身臺灣社會運動，日治時期臺灣人的領袖。平生周遊國內及日本、歐美。梁啓超旅遊曾在其府上詩酒留連，並遍題庭苑勝景。曾任臺灣省府委員及通志館館長、彰化銀行董事長。

# 林天能

## 1.另呈一律爲友笛老先生七秩壽慶 林天能 七律一首 1962年

鶴算遐齡值七旬，吟成珠玉會詩人。
大開翰墨歌仁壽，美盡東南頌誕辰。
學究淵源原不忝，心懷儒雅信堪親。
年年筆興身同健，瀟灑風流百福臻。

林天能未是稿　五十一年六月廿九日

## 2.敬次友笛詞長退隱偶成瑤韻 林天能 七律一首

詩文之友27卷1期1967.11.1（又見手稿本）

引退林泉樂晚年，真如不共歲時遷。
孤山隱逸梅稱一，藝苑聲高賦數千。
管笛怡神忘俗慮，詩詞遣興且隨緣。
仁人每處寬心地，積善由來可達天。

## 3.謹和林友笛詞長七十書懷似諸吟侶原玉

林天能 七律四首之一 1962年

處士高人識者稀，偶因世亂蘊珍奇。
達觀早悟浮生理，遣興縱賡自壽詩。
弄笛吟風書釋奧，烹茶待月夜深時。
從心所欲春奚老，海屋文章信可師。

## 4.謹和林友笛詞長七十書懷似諸吟侶原玉

林天能 七律四首之二 1962 年

歷劫金剛不壞膚，湖鄉幸繫美蓮軀。
馬疲枉說能知退，人智趨炎莫若愚。
謙讓忘年同道樂，權衡得法定清娛。
稱觴愧我無佳句，弄斧班門誚一夫。

## 5.謹和林友笛詞長七十書懷似諸吟侶原玉

林天能 七律四首之三 1962 年

隱逸孤山看牧牛，梅林獨占肖千秋。
不堪長憶繁華事，自許回思得失由。
世局艱難何日息，人生顯達及時修。
臨風額首期頤祝，松柏多青勝列侯。

## 6.謹和林友笛詞長七十書懷似諸吟侶原玉

林天能 七律四首之四 1962 年

莽莽乾坤暮未收，世衰人物等翔鷗。
忍修羅漢三生譜，精撰觀音一味酬。
風雅更添茶款客，牢騷奚用酒交遊。
年來聚散師兼友，溯本同源倍有由。

林天能奉上　五十一年六月廿九日

編者註：林天能（1964 前後），四湖林厝人，疑是求得軒書齋弟子之一。曾見其詩二十餘首，清麗可誦。

# 林玉書（臥雲）

## 1.席中即事贈彩雲 林臥雲 七絕一首

詩報 273 號 1942.6.5

卿是青樓百鍊身，風流瀟灑更堪親。
騷壇從此添佳話，解語名花數一人。

## 2.敬和家友笛君六十書懷瑤韻 林臥雲 七律四首之一 1952 年

遠溯宗桃衍派同，繫情多在不言中。
生依馮木材非散，吟傍孤山興豈窮。
雅自韜光完大璞，肯教遯跡等良弓。
只今甲子平頭日，猶具堂堂氣象雄。

## 3.敬和家友笛君六十書懷瑤韻 林臥雲 七律四首之二 1952 年

筆耕何慮硯田乾，入世多君立品端。
飽閱滄桑無限感，耽吟風月有餘歡。
心同修竹承天厚，節比虯松耐歲寒。
見說北堂萱暢茂，得完子道不須嘆。

## 4.敬和家友笛君六十書懷瑤韻 林臥雲 七律四首之三 1952 年

巧藉盧全七碗茶，潤喉明目養心花。
圓通的是高人格，曠達居然處士家。
休悵菊庭旋餓馬，靜看牛背點寒鴉。
杖鄉彌覺吟懷健，信手留題趣轉加。

## 5.敬和家友笛君六十書懷瑤韻 林臥雲 七律四首之四 1952 年

不隨桃李媚芳辰，志托寒梅潔此身。
久展鴻謀端末俗，時挑眾僞葆吾真。
從容走筆驚風雨，慷慨成章泣鬼神。
狗尾續貂知未許，忝居前輩愧才貧。

壬辰孟秋　古稀叟臥雲甫

編者註：林臥雲（1882-1965），名玉書，字臥雲，號六一山人，詩、書、畫俱
　　　　佳，喜好蘭藝、圍棋。曾任羅山吟社社長。著有《臥雲吟草正續編》。
　　　　素以西醫眼科行世，然喜談玄理。

# 林抄

## 1.致友笛先生書信 林抄 信札一封

宗兄林榮台鑒：
　　玉露橫秋，金風滌暑，恭維　貴府福祉日增，可欣可賀。敬啓者，
久聞宗兄文學博廣，專長詩文，爲此 劣弟於去年新建草舍完成，只是門
聯懸置至今，敬羨宗兄詩聯，故於前天登上　貴府面托，得承宗兄允諾，
甚是感謝，今隨文呈上概要兩紙，煩請代爲選寫以作留念，則感雲情，
不勝感謝之至，專此懇托，順頌勛安。

劣弟林抄謹上

# 林金樹（一如）

## 1.致友笛先生書信 林金樹 信札一封

友笛宗兄吟席：

謹復者，刻讀 蘭函，詎知偶爾唱和，敬 承錄上詩壇，然者米既下釜抽薪不得感愧之餘，汗流脇背也。

已承命股票事項，昨天特到慶成銀樓詢問，據云業已停辦久矣。承指報明中正路合作金庫樓上有專家取扱者，但無過名股票，有無引受固不知詳。往查之時，適爲星期六下午退休，無從接洽，再來又逢 舍胞妹廿五日上午死去，人居臺南市，埋葬擇回故鄉關廟。于來星期日出葬，穴地雖已擇定，但構造事宜督工等項難舍其責，幸哉 敝友入院經過順調，可已抽身請假，若如四五日前之危急，幾幾乎「詩壓雙肩人不俗，人挑兩擔路猶長」。明後日入市合作金庫，宜須一探詳細，容後面述。此復并詢吟祺。

六月廿八日下午 一如敬書

## 2.無題 林金樹 七律三首之一

何幸詩翁蒞草堂，今朝掃榻願如償。
秫生懶慢知音少，靄靄春風樂未央。
促膝敲詩雅趣酣，夜闌弗覺雞啼三。
烏龍當酒猶興奮，拂曉東方不駐談。

## 3.無題 林金樹 七律三首之二

大地甘霖萬物生，農家喜氣望收成。
佳禾九穗豐登日，到處頻聞打稻聲。
秉燭西窗慰寂寥，風清搖曳美人蕉。
多情露出庭前月，照拂吟懷百慮銷。

## 4.無題 林金樹 七律三首之三

客來過午酒先傾，孫媳匆忙弄灶聲。
幸好冰箱生菜便，烹調瞬息作鐘鳴。
雨霽雲收月轉明，舉頭無限故園情。
我同倦鳥知返日，不作雄飛萬里行。

　　　　註：本詩附有小札一封：
　　　　　友笛宗兄斧正：
　　　　　　右仰 斧削之句指示爲慰。

另者前讀 蘭函邀往失約情形，經草奉上，諒呈座右可卜，本日再承惠賜花生豆仁，品質純良，氣味芬芳，適合我口，多勞 尊嫂努力，情容後日面謝。耑此布意。幷頌正康。

一如七月二十八日書(心德佛堂)

## 5.謹和林友笛先生八十書懷瑤韻 林金樹 七律二首之一

詩文之友 37 卷 1 期 1972.11.1

花詠春天月詠秋，林園遯跡有何憂。
敲門不怕催租吏，倚案常親即墨侯。
興至雲霞時嘯傲，老來藝苑日優遊。
杖朝未見人扶杖，涉水登山尙自由。

## 6.謹和林友笛先生八十書懷瑤韻 林金樹 七律二首之二

詩文之友 37 卷 1 期 1972.11.1

四海爲家莫擇鄉，丈夫行跡異平常。
身無罣礙心恒愜，腹有詩書氣自香。
處世不驕君子道，發言中節達人腸。
羨翁八十齊眉福，好作金婚祝壽長。

## 7.謹和林友笛先生庚戌詩人節後一日同遊三教寶宮謁呂祖偶作 林金樹 七律一首

詩文之友 32 卷 4 期 1970.8.1（又見手稿本）

夏日來參呂祖宮，誼諼香客反平常。
半山泉韻流仙液，一曲溪音譜樂章。
詩壓雙肩人不俗，風生兩腋興猶長。
最難旅次逢知己，達旦談心總不妨。

　　註：本詩附有小札一封：

　　　尙祈　斧削：

　　　前示　復奚失節多謝，蓋老拙荒堂于茲可見，親堂原諒。

弟一如頓首

## 8.謹和林友笛先生歸後寄懷原玉 林金樹 七絕二首之一

詩文之友 32 卷 4 期 1970.8.1

兩天三地酒杯寬，到處逍遙古調彈。
二豎凌人偏作祟，纏綿今日告初安。

## 9.謹和林友笛先生歸後寄懷原玉 林金樹 七絕二首之二

詩文之友 32 卷 4 期 1970.8.1

靜坐庭園萬事寬，心絃偶爾作琴彈。
白毛缶蓋形相適，他日登堂好問安。

編者註：林金樹（1893-1967?），字作人，號一如，臺南歸仁人。少遊日本，三十
歲歸臺創敦源吟社，又加入延平詩社。

# 林炳奎（林友笛之孫子）

## 1.奉祝皇紀二千六百年紀念 林炳奎 七律一首

一系相傳自古今，臣民忠愛具真忱。
長存寶祚呈佳氣，齊唱和歌播好音。
義勇從公兵力健，慈仁施政帝恩深。
江山無恙宸衷慰，億萬斯年表祝心。

編者註：林炳奎，友笛孫。友笛曾自書頒獎狀鼓勵孫子上進。友笛用其名寫詩，
炳奎實不會作詩。

# 林琇良

## 1.奉和曲水園賦呈主人詩 林琇良 七絕一首 1951年

薰人名句信陶然，曲水詩中見謫仙。
何日春風邀入座，西窗把盞詠新年。

民國四十年一月十五日　林琇良未定稿

## 2.奉和林友笛先生聽雨感作賦呈主人詩 林琇良 七絕一首 1951年

多謝清風枕畔生，陶人欲醉半迷明。
忽聞窗外瀟瀟雨，疑是軍中喊殺聲。

民國四十年一月十五日

## 3.奉和張立卿先生遊梅山望鶴亭 林琇良 七絕二首之一 1951年

跚跚聯袂看梅花，可惜春前未發芽。
試詠新詩催早放，淑真韻事最堪嘉。

林琇良自註：淑真姓朱，明女詩人，曾作詩催花放。

## 4.奉和張立卿先生遊梅山望鶴亭 林琇良 七絕二首之二 1951年

淡抹輕裝最合時，離離影漾入新詩。
謝他盛意邀同賞，貽我幽香欲沁脾。

民國四十年一月十七日　林琇良走定稿

## 5.謹次友笛先生六十感懷瑤韻 <small>林琇良　七律四首之一 1952 年</small>

異地風光處處同，悠遊渾似故鄉中。
閒尋幽壑從鷗樂，那管此身為客窮。
直把干戈作頌雅，未因蛇影怨杯弓。
無端偶傍吟壇過，惟見先生筆最雄。

## 6.謹次友笛先生六十感懷瑤韻 <small>林琇良　七律四首之二 1952 年</small>

曲水和吟墨未乾，杖鄉今又迫毫端。
詩壇有債羞吾負，詞藻無香向孰歡。
才薄難為繡虎巧，時乖誰憫范生寒。
文山隱隱雲煙外，翹首四湖徒仰歎。

## 7.謹次友笛先生六十感懷瑤韻 <small>林琇良　七律四首之三 1952 年</small>

何日談心共品茶，詩篇驚看蕚中華。
八千里內原同族，五百年前是一家。
綴玉聯珠羨吐鳳，覓枝繞樹愧為鴉。
源長流遠欣重合，把手天涯涕淚加。

## 8.謹次友笛先生六十感懷瑤韻 <small>林琇良　七律四首之四 1952 年</small>

莫向天涯怨不辰，飄零我亦亂離身。
怕聽人說關山險，喜愛雲遊寫作真。
憎命文章偏滯客，憐才詞筆獨通神。
一篇獻與先生壽，何事先生又歎貧。

合浦林琇良未定稿　民國四十一年八月四日書

編者註：林琇良（1913-1953?），號靜遠，廣東合浦人。曾參加抗日及戡亂戰事。

# 林清樵（林友笛之子）

## 1.恭祝陳皆興先生七秩華誕 <small>林清樵　七律一首</small>

壽宇宏開啟綺筵，霓裳曲奏大羅天。
賦詩儘可崇三鳳，晉酒還須醉八仙。
杖國人逢辰九九，稱觴堂滿客千千。
為翁額首當空祝，齡比箋鏗八百年。

# 林清潭（林友笛之侄子）

## 1.致伯父大人書信 林清潭 信札一封 1977 年

伯父大人尊前：

敬稟者，本應 愚侄自進親前稟述，奈因家父逝時突然，病發至逝未達一小時，致後事慌狂，雖接賢弟清鏞之信，未能抽身執筆，故令小兒天寶代往候教並說明一切，希望賜其便使其對伯、叔、姑等長輩勿失全禮，並達其意，全此為煩。並祈玉體金安。

愚侄清潭敬上　民國六十六年三月十九日

# 林荆南

## 1.次林友笛先生退隱偶成瑤韻 林荆南 七律一首

詩文之友 26 卷 4 期 1967.8.1

林泉掃葉不知年，興替預言問史遷。
持白週旋翻局一，偎紅紀醉賭杯千。
圖騰龍馬欣彌健，江舍鷺鷗許締緣。
幾樹庭梅先友鶴，閒吹玉笛抗南天。

## 2.步旋馬庭主人放浪吟原韻有寄 林荆南 七律一首

詩文之友 33 卷 3 期 1971.1.1

追尋野趣白雲間，澗草岩花雅亦嫻。
木落無心揮利斧，禪參有路廠名關。
潔觴待醉中秋月，補簣期成九仞山。
千古風衰今更甚，憑誰筆健雜詩刪。

編者註：林荆南（1915-1979?），彰化竹塘人。畢業於東京海外高等實務學校。
歷任記者，曾任詩文之友社主筆。

# 林惠珠（林友笛之女）

## 1.恭祝陳皆興先生七秩華誕 林惠珠 七律一首

俊逸豐標碩望隆，高雄德政布明公。
衣冠禮樂彰新雨，道義文章尚古風。
杖國獻詩才吐鳳，登堂祝嘏爪留鴻。
問安點頷歡何極，福祿壽全是此翁。

# 林貽謀

## 1.次林友笛先生八十書懷瑤韻 林貽謀 七律二首之一

詩文之友 37 卷 1 期 1972.11.1

　　玉宇無塵月皎秋，維摩養性復奚憂。
　　夢醒蕉鹿嗟忘主，味覺蔘蟲笑覓侯。
　　敦俗且賡風雅吹，強軀好繼步行遊。
　　齡高大耋人增健，清契山川樂自由。

## 2.次林友笛先生八十書懷瑤韻 林貽謀 七律二首之二

詩文之友 37 卷 1 期 1972.11.1

　　得處安居漫比鄉，林皐幸即逸殊常。
　　春藏杖履身還壯，筆挾風雷墨亦香。
　　煙月有情留老眼，山川如畫景騷腸。
　　盧仝飲與兒孫福，頤養天年歷數長。

# 林溪謀

## 1.敬和林友笛先生八十書懷原韻 林溪謀 七律二首之一
　　閱盡滄桑八秩秋，風雲變態竟無憂。
　　文章道德尊唐宋，詩禮衣冠讓伯侯。
　　永逸除愁人避世，長生不老足行遊。
　　樂山根托椿萱茂，桂馥蘭芳任自由。

## 2.敬和林友笛先生八十書懷原韻 林溪謀 七律二首之二
　　德紹家風播梓鄉，精神矍鑠健康常。
　　清新藝苑聞當世，丰采文章墨異香。
　　樸雅攻書頻舉眼，四湖茶味潤吟腸。
　　紅顏白髮身猶健，仁壽無窮樂歲長。

　　　　　　　　　　　　　　　　　　朴子　林溪謀

　　編者註：林溪謀，朴子人。與林貽謀為兄弟。

# 林攀桂

## 1.敬和林友笛宗兄八秩感懷瑤韻 林攀桂 七律二首之一

杖朝氣魄尙橫秋，樂道心情本不憂。
到處留題非俗客，名山幽隱傲公侯。
身如元亮難腰折，性媲平原載筆遊。
但願吟軀齊矍鑠，年年傑作惠來由。

## 2.敬和林友笛宗兄八秩感懷瑤韻 林攀桂 七律二首之二

喬遷恰喜四湖鄉，體鍊金剛已正常。
滄海親觀桑換劫，騷壇久仰筆生香。
清心養性無偏意，大雅扶輪有熱腸。
鶴骨龍姿添廿載，期頤重祝一篇長。

> 編者註：疑林攀桂即林攀（1902-1967?），號丹桂，嘉義梅山人，幼學漢文，壯
> 年授徒，暇日及於醫卜之術。曾服務於梅山鄉公所，後在竹崎開設丹桂
> 堂藥舖。麗澤吟社社員。

# 周水生（鴻濤）

## 1.八十初度感懷 周鴻濤 七律一首

又過杖國十星霜，老歲逢春意亦強。
信教自知神得靜，養生應許壽而康。
閒繙書史心情樂，願望兒孫姓字揚。
俗事漸拋名利淡，不求聞達隱江鄉。

周水生（鴻濤）待刪稿

## 2.七十書懷並乞賜和 周鴻濤 五律一首

古稀今日屆，兩鬢感成霜。
歷劫身仍健，挑燈讀未忘。
趨時才苦短，垂釣興偏長。
得失隨天付，生涯在水鄉。

周鴻濤未是稿

> 註：本詩附有小札一封：
>
> 林友笛先生雅正：
>
> 前承惠到佳作朗吟之下，不勝拜服，年來詩境大進，容即思索一和就是。

### 3.元旦書懷 周鴻濤 七律一首

　　馬齒徒增六十三，滄桑過眼付空談。
　　教兒守分知勤儉，奉母居貧缺旨甘。
　　瓿水最宜臨海岵，看花偏愛上山嵐。
　　迎春擊鉢邀吟侶，笑飲屠蘇又擘柑。

周鴻濤未是稿

　　　　註：本詩附有小札一句：友笛先生斧正。

### 4.次友笛先生中秋獨飲芳韻 周鴻濤 七絕二首之一 1949年

　　吟朋瓿賞到中宵，月色玲瓏景色饒。
　　小艇蘆花深處泊，笙歌文酒共逍遙。

### 5.次友笛先生中秋獨飲芳韻 周鴻濤 七絕二首之二 1949年

　　相思悵惘水之涯，十載江樓共賦詩。
　　好趁清秋勞惠顧，絃聲笛韻月明時。

己丑年秋日　六二老人周鴻濤未是稿

### 6.秋日懷友笛詞兄 周鴻濤 七絕一首

詩報238號 1940.12.17

　　四湖風景美如何，可有吟詩比舊多。
　　別後思君秋又半，公餘載笛肯相過。

### 7.致友笛先生書信 周鴻濤 信札一封

友笛詞兄：
　　相思久矣，前為來人錯誤，空宰載笛來遊，非 弟有約失信，祈諒解。
賜荷鷗鷺情懷無日忘之，偶撰一首以寄，何日來遊乎。惠我好音。
　　清歌和笛韻，風雅每欽君。
　　若問相思處，江頭日夕曛。

四月廿四日　鴻濤甫稿

### 8.書懷四首 周鴻濤 七絕四首之一 1949年

　　學界濫竽閱四秋，訓蒙不倦興悠悠。
　　匡扶教育慚才拙，文字還須著意求。
　　　　註：疑是周鴻濤先生欲取消之作。

### 9.書懷四首 周鴻濤 七絕四首之二 1949年

　　秋燈讀史快精神，孔孟文章豈誤人。
　　清苦生涯聊自足，半飢半飯莫嗟貧。
　　　　註：疑是周鴻濤先生欲取消之作。

### 10.書懷四首 周鴻濤 七絕四首之三 1949年

光陰有限信非虛，悔卻當初少讀書。
樹木吾儕勤灌漑，三千桃李繞庭除。

> 註：疑是周鴻濤先生欲取消之作。

### 11.書懷四首 周鴻濤 七絕四首之四 1949年

承先啓後志猶堅，身世浮名倚硯田。
朝出昏歸勞亦樂，榮枯處境總由天。

己丑年秋日　六二老人周鴻濤未是稿

> 註：疑是周鴻濤先生欲取消之作。

### 12.就職國民學校已屆四年感作 周鴻濤 七絕四首之一 1949年

國校濫竽已四秋，訓蒙不倦興悠悠。
匡扶教育慚才拙，學識還須著意求。

### 13.就職國民學校已屆四年感作 周鴻濤 七絕四首之二 1949年

秋燈讀史可怡神，孔孟文章豈誤人。
饘粥生涯聊自慰，半飢半飽諱言貧。

### 14.就職國民學校已屆四年感作 周鴻濤 七絕四首之三 1949年

星霜兩鬢感居諸，悔卻當初少讀書。
樹木吾儕勤灌漑，三千桃李繞庭除。

### 15.就職國民學校已屆四年感作 周鴻濤 七絕四首之四 1949年

承先啓後志猶堅，身世浮名倚硯田。
里許長堤登校路，老人最怯是寒天。

己丑年秋日　六二老人周鴻濤未是稿

> 註：有小札一句：前日寄上拙作取消。
> 編者註：周水生，字鴻濤，布袋人，與周文俊爲兄弟。

## 周文俊（國彬）

### 1.致友笛先生明信片 周文俊 明信片二枚之一

敬啓者前在朴子曾有相遇惟數語即離，兄在車上，弟於途中，爲兄要往臺南，弟爲朴子祭祀，距今兩個月矣，貴作菊城感賦敬步瑤韻如次，請賜正，文登約要作至今未交。

癖同元亮樂平生，自愛身閒不慕名。
種德原知心是地，賞花偏喜菊成城。
疏籬客至開三徑，晚節天教殿眾英。
安得飲人以酈水，延齡可望壽如彭。

　　另鹿港全國聯吟詩大會定於四月廿九日，在鹿港天后宮舉行，有香客房可住，兄處往鹿港比敝處較近，弟與文登擬參加，請兄撥忙參加，莫失此好機會，如何？順奉邀祝安康。

四月廿三日

## 2.致友笛先生明信片 周文俊 明信片二枚之二 1970 年

友笛詞兄：
　　前日寄上和詩一首，末一句欲改為「得閒居處樂天時」。請為訂正之。順請吟安。

十一月十六日

## 3.致友笛先生書信 周文俊 信札四封之一

友笛詞兄吟席：
　　前惠贈詩，感謝。 弟等各吟一首答贈詞兄，至於 弟一首，本欲奉和，因首句押韻之繁字十四寒韻與覃韻各異，吾等至交應互相切磋，故略陳以資參考，請再加以研究，贈詩如左。

### 贈友笛先生 七絕一首
　　友情好比騰空馬，笛韻真如嘯谷龍。
　　先覺言行成手本，生平處世重謙恭。

文登作　待刪

### 贈友笛詞兄 七絕一首
　　友誼堪稱同鮑叔，笛聲好弄比桓伊。
　　詞源泉湧欽才調，兄實長於疊韻詩。

文俊作　待刪<br>文登文俊同敬上　十二月五日

## 4.致友笛先生書信 周文俊 信札四封之二

友笛詞兄吟鑑：
　　近況如何？想仍吟興勃勃，橫笛品茶，為詞兄之所好，其樂也可羨，茲因拙兄弟之八十、七十歲感懷之詩欲求先生賜和，請莫以前貴作未奉和而見棄（貴作奉和決不敢無）。

　　二林鎮詩人節之全國詩人會，詞兄要出席否？因近貴處，弟與文登先生已報名參加，擬利用詩會再會。

　　汐止澄秋先生竟以六十五歲逝世，已接訃音，因匆促未及做弔詩，只先打弔電，貴處諒已接訃音矣，餘待面罄。順祝吟安。

弟文俊敬上

### 八十初度感懷 七律一首

　　又過杖國十星霜，老歲逢春意亦強。
　　信教自知神得靜，養生應許壽而康。
　　閒緗書史心情樂，願望兒孫姓字揚。
　　俗事漸拋名利淡，不求聞達隱江鄉。

周水生（鴻濤）待刪稿

### 七十初度感懷 七律一首

　　荏苒駒光過隙頻，又逢六十九回春。
　　徒增馬齒成何事，且幸龍鐘尚健身。
　　示訓兒曹遵道德，論交朋輩重精神。
　　掛冠宦海歸來日，勤儉持家不患貧。

周文俊（國彬）待刪稿

## 5.致友笛先生書信 周文俊 信札四封之三

友笛詞兄吟鑑：

　　大函拜接並賜和詩，感謝。果然捷才，莫怪人稱疊步韻之詩獨具能手，垂詢弟與家兄之和韻詩有幾家，弟只寄與素相識有交情者不在多，現有蔡元亨、蔡和泉、施子卿、蔡澄玉、蘇柳汀、蔡連中、溫秀春、蕭嘯濤、黃傳心、趙凌霜、莊順發、蕭清溪等十二名。尚待和未接到者，楊笑儂、林謙庭、詹昭華、翁孟之、陳春木、蔡啓東、周椅楠、楊嘯天、鄭啓諒等，擬待集齊寄刊詩報。

　　二林詩會 弟與文登擬於前一日，即農曆初四，先到田中一泊，翌日到會場，既寶昆先生亦有邀請，應利用此機會出席，如何？暇請來遊。順祝吟安。

弟文俊鞠躬　五月廿九日

## 6.致友笛先生書信 周文俊 信札四封之四 1971 年

友笛詞兄吟鑑：

　　敬啓者，前日惠寄大作兩首，本應即奉和，但詩思羞澀，致遲之又久，今已潦草綴成錄奉，不妥處請斧正。臺南四縣市詩會諒有通知，此回望踴躍參加，請看和詩末二句「老來且喜身心健，鬥韻催詩興更加（文

俊作)」豈可失此機會，況出席臺南，歸途可到義竹逗留幾天，論詩品茗，樂何如之，貴意以爲如何？

　　另貴作讀報偶成次句「精神早覺遜涓資」不知涓資之出處，敢祈釋示。順頌福安。

文登、文俊敬上　六十年六月二十九日

## 7.敬步友笛詞兄七八自嘲瑤韻 <small>周文俊　七律一首</small>

詩文之友 33 卷 3 期 1971.1.1

　　康強益壯願相期，歷盡勤勞老豈悲。
　　養晦惟慚無一藝，餘生可靠有諸兒。
　　愛花曾種陶潛菊，選句當吟杜甫詩。
　　了悟世情拋俗慮，得閒享樂好依時。

## 8.敬步友笛詞兄八十書懷瑤韻 <small>周文俊　七律二首之一</small>

詩文之友 37 卷 1 期 1972.11.1（又見手稿本）

　　羨君華甲富春秋，樂趣多於俗事憂。
　　應訓兒孫遵道德，能持氣節傲王侯。
　　詩書歌曲耽賡唱，寺廟山川快壯遊。
　　年至杖朝猶矍鑠，四湖隱遁效巢由。

## 9.敬步友笛詞兄八十書懷瑤韻 <small>周文俊　七律二首之二</small>

詩文之友 37 卷 1 期 1972.11.1（又見手稿本）

　　五十五年背故鄉，風塵僕僕亦尋常。
　　謀生繆得三餐飯，求佛還須一炷香。
　　心想鴻圖偏辣手，身罹微恙尙愁腸。
　　祇應修養陶情性，壽命由他有短長。

　　註：本詩附有小札一封：

　　　　大作未即奉和，遲延之罪請赦免。緣弟自本年四月至現在運氣不好，本身患墜腸，食物不能過關（消化），不得已到高雄醫學院開刀，在病床醫療二十日退院，月到小犬處換藥（開刀處之傷口），十餘天才返義竹，不上十天又遇賤內血壓升高至 240 磅，甚危險，幸未斷血筋，又來高雄服藥打針已二箇月，今血壓已降下。戴於農曆八月初回義竹，前後約四箇月，皆在高雄。吾兄之八十書懷亦由義竹轉來，在高雄雖有閒工夫可做詩，但本身墜腸手術未完全好，尙須治療，且內子之血壓亦未十分恢復，心情不好，故一首詩須做數日，望見諒。順祝康安。

八月三十日上午

## 10.敬步友笛詞兄中秋待月原玉 周文俊 七絕二首之一

嫦娥何事未高昇，形影空瞻嘆不勝。
只望光明三五月，卻教深夜尚燃燈。

## 11.敬步友笛詞兄中秋待月原玉 周文俊 七絕二首之二

宵深纔見一輪盈，差慰中庭渴望情。
待月待人應比儗，人間天上自分明。

周文俊待刪

## 12.敬步友笛詞兄年頭試筆瑤韻 周文俊 七律一首

詩文之友 34 卷 3 期 1971.7.1（又見手稿本）

也應高士慕巢由，日向江干逐鷺鷗。
春到心仍存報國，老來志不望封侯。
風光景色幽宜賞，詩料奚囊美可收。
絕好雲箋攤一幅，吟情畫意寫年頭。

## 13.敬步友笛詞兄放浪吟瑤韻 周文俊 七律一首

詩文之友 33 卷 1 期 1970.11.1（又見手稿本）

退休以後住鄉間，一角園林好靜嫻。
獨守書齋無俗事，管他塵世有難關。
心歡下釣常臨水，腳厭登高不上山。
吟詠得來堆案牘，許多詩句未曾刪。

## 14.敬步友笛詞兄秋日書懷瑤韻 周文俊 七律一首

詩文之友 35 卷 2 期 1971.12.1（又見手稿本）

天高氣爽動吟情，碧海青山景色清。
身在鄉村難免俗，癖耽詩酒樂平生。
依時再種籬邊菊，何事還談紙上兵。
自覺老來名利淡，不求富貴不爭榮。

## 15.敬步友笛詞兄重遊義竹惠贈原玉 周文俊 五律二首之一

時屆清涼候，高軒蒞我家。
不籌三盞酒，應備一壺茶。
知己情原摯，談心興更加。
吾儕維正道，世界任花花。

## 16.敬步友笛詞兄重遊義竹惠贈原玉 周文俊 五律二首之二

同是農村住，君家似我家。
看花曾藝菊，嗜茗每評茶。
興趣閒能遣，性情靜可嘉。
生涯勤稼穡，相與話桑麻。

周文俊待刪

## 17.敬步友笛詞兄苦雨原玉 周文俊 七絕一首

鎮日埋頭只在家，漫天雷雨尚交加。
何時晴霽農憂慮，損害田園穀又瓜。

周文俊待刪

## 18.敬步友笛詞兄閒中偶成原玉 周文俊 七律一首

靜中無事不尋思，個性吾偏未改移。
興到但尋鷗鷺侶，閒來更讀古今詩。
何時得遂遊全國，此日猶難靖四夷。
吩咐興邦須努力，殷勤合似蛛牽絲。

周文俊待刪

## 19.敬步友笛詞兄閒中偶詠瑤韻 周文俊 七律一首

詩文之友

山川景美不勝收，逛要知君得自由。
應有身心期健壯，莫因兒女尚憂愁。
三門曾作探幽地，八掌還停泛月舟。
何日西窗重剪燭，離情夢想夜悠悠。

## 20.敬步友笛詞兄鄉思寄知己吟侶瑤韻 周文俊 七律一首

替人奔走敢偷閒，活動身心實有關。
猶富精神維世道，寧無風景憶家山。
觀花賞月情偏逸，把酒吟詩慮可刪。
但願文章期報效，苟為國用不辭艱。

弟周文俊待刪

## 21.敬步友笛詞兄賞菊原玉 周文俊 七律一首

詩文之友 38 卷 6 期 1973.10.1

癖同元亮樂平生，自愛身閒不慕名。
種德原知心是地，賞花偏喜菊成城。
疏籬客至開三徑，晚節天教殿眾英。
安得飲人以酈水，延齡可望壽如彭。

## 22.敬步友笛詞長退隱偶成瑤韻 周文俊 七律一首

詩文之友 26 卷 6 期 1967.10.1（又見手稿）

少君五歲我稀年，事未從心志豈遷。
且向池邊消夏熱，不妨亭外戲秋千。
怡情但喜書爲伴，行善何思佛結緣。
祈賜豐收農報國，雨暘時若頌堯天。

　　註：本詩附有小札一封：

　　　　此步韻遲遲未寄奉，實因忙半因懶，請見諒。不工之處，尚請斧正，貴閒請
　　　　來遊。

弟文登、文俊同上　八月十三日上午

## 23.敬步林友笛詞兄八一偶成瑤韻 周文俊 七律一首

八一高齡實亦奇，人偏不老老於詩。
豪吟佳句傳壇坫，雅奏清歌樂歲時。
古籍千篇繙未倦，名茶七碗飲何辭。
羨君素有遊山癖，興到留題一展眉。

弟周文俊待刪

## 24.敬步林友笛詞兄麥秋偶成瑤韻 周文俊 七律一首 1971 年

也宜情性似兒童，邪氣全無一老翁。
人得清閒娛晚境，天將解慍送南風。
鏖詩怕落孫山外，煮史勤探典籍中。
憑是雨暘難順適，莫教久旱怨蒼穹。

周文俊未是稿　六十年六月六日

## 25.敬和友笛詞長寄贈瑤韻 周文俊 七絕一首

詩文之友 28 卷 3 期 1968.7.1（又見手稿本）

相逢吟會會騷人，品茗談詩情倍親。
學問淵深才可展，如君文質也彬彬。

## 26.謹次友笛詞兄過訪原玉 周文俊 七律一首

任意清遊豈嘆嗟，遙途枉駕爲黃花。
竹音倒屣迎佳客，岸腳驅車試異茶。
有話一時言不盡，羨君多藝興尤加。
如何莫挽高軒駐，行旅匆匆別我家。

周文俊待刪稿

## 27.謹次友笛詞兄過訪原玉 <sub>周文俊 五絕一首</sub>

故友情猶重，相探不待邀。
小齋同促膝，談論慰無聊。

周文俊待刪稿

## 28.謹步友笛詞兄寓齋書懷瑤韻 <sub>周文俊 七律一首 1971 年</sub>

詩文之友 35 卷 1 期 1971.11.1（又見手稿本）

日就月將歷歲華，古稀晉四嗜烏麻。
愛花曾種三秋菊，品茗何須七碗茶。
不羨長談稱酒客，卻欽逸少是書家。
老來且幸身心健，鬪韻催詩興更加。

民國六十年六月廿九日

　　註：長談，手稿一作長庚。

## 29.贈友笛詞兄即次讀報偶成瑤韻 <sub>周文俊 七絕一首 1971 年</sub>

文雅風流志不移，聰明賦性出天資。
羨君興趣稱三絕，愛笛嗜茶又好詩。

民國六十年六月廿九日

　　註：另作詩題爲：贈友笛詞兄即次觀報感作瑤韻。
　　編者註：周文俊（1898-?），號國彬，布袋人。事母孝，兄弟友愛。好詩與書法，
　　　　爲岱江吟社社員，曾組織竹音詩社。

# 周宏南（周澄秋之子）

## 1.祭先嚴周澄秋先生 <sub>周宏南 祭文一篇</sub>

　　哀啓者：先嚴賦性穎慧，孝友敦睦，幼常秉燭夜習，受先大父之諄
督，發其聰明，益其勤奮，十五歲畢業於汐止國校，崢嶸頭角，尤擅園
藝詩詠，惟生平所願，在於上奉甘旨，下垂教養，且盡一技之長，服務
鐵路，昕夕惕厲，終身篤行。彌留之際，遺言之中，每以畢生專業本省
鐵路局，關於旅客課股長之責職及今後應行進展之所在，引爲經驗談。
其兢兢服勤公務之精神，尤非可以尋常而語。民國二十年春，家慈來歸，
琴瑟和鳴，有孟梁風。迨不孝宏南及諸姊妹先後出生，先嚴公事之暇，
家慈女紅之餘，並以督授兒女夜課爲要務。至四十八年宏南與莊寶真結
婚，時蒙誨勉爲人子媳之道，宏南尚能拳拳服膺以奉養。厥後諸姊妹婚
嫁，阿春適蔡信，淑儀適陳文隆，淑姬適石志成，淑如適高石坑，均以
相敬如賓，聞於閭里。及五十三年美雪妹與許府締婚，可謂向平願了。
惟是追溯年先大父母棄世，前後丁此巨艱，守制舊禮，先嚴哀毀逾甚，

廢寢忘食，服闋之後，年復一年，盡心力於鐵路職勤。然而治家含飴，俱饒志趣。暇時或作蒔花，遊吟，著有數種詩集。去年拾壹月二十一日，爲先嚴六十有五雙慶，暖壽華堂之際，先嚴不禁含淚孝思，顧謂諸兒女，手出一章，徐徐而言曰：予自呱呱落地，大父母劬勞掬養，以至入學、夜課、長大成家。爲國事而奔走，曾遭白閣之苦厄，甚至險構文字獄，暴昔危難，臆難盡述。所幸迄今，子女各能自立。東遊西覽，南吟北詠，秋園寄跡，均寓其興趣，彙編付梓者，計有秋園詩集、東遊吟草、南遊吟草、三卷泉詩集、極南吟草、盧山詩集、聽雨樓詩集等本。平生動定，對於國家、長官、社會、自問無咎無愧，矧乎予之兒女，均已成家立業，是以書此五十年回顧一章，以道盡人生之苦情與樂事，但所遺憾者，罔極之親恩，無從報於萬一耳。日月如梭，倏將半載，萬期先嚴克享遐齡，慶期頤以報昊天，俾使稍盡人子之職。詎料天兮不惠，一月十五日，先嚴晨起，偶感不適，繼之突患背脊疼痛，初入榮民總院就診，逾卅六天，未見痊癒。遂於五月十二日專車回家，延名醫以療治，不幸沉疴日見轉劇，藥石針灸，皆告罔靈，僉謂先嚴盡瘁公職，關心國家，憂煩過度所致，嗚呼痛哉！先嚴竟於五月十四日十一時，棄不孝宏南等而長逝矣，宏南等涕泗號啕，祈天叩地，回生乏術，雖云天數大限，豈非由於不孝宏南等侍奉無狀，有以致之。闌夜潸淚，晨昏哀哭，百身莫贖矣。今也所謂樹欲靜而風不已，子欲養而親已逝，悠悠蒼天，曷其有極，祇緣家慈在堂，先嚴窀穸未安，不得不苟延殘喘，勉襄大事，苦塊昏迷，語無倫次。伏維矜鑒。

棘人周宏南泣血稽首

## 周定山

### 1.友笛同庚有聞中苦雨詩索和病難應命補作一律得無過眼黃花乎 周定山 七律一首

詩文之友 29 卷 2 期 1968.12.1（又見手稿本）

潦患頻傳繫遠思，老農心逐水平移。
天勤滌污曾驅雨，人效忘形漸廢詩。
簷溜聲喧迷晝夜，茶香喉潤辨華夷。
病魔苦鬥經三浣，世事看同理亂絲。

### 2.次友笛同道見贈原玉 周定山 七絕一首

詩文之友 28 卷 2 期 1968.6.1（又見手稿本）

茶道人甘視等閒，嗜痴成癖老難刪。
腴雲香泛春如海，雋味商量到定山。

## 3.次林友笛先生七八自嘲原玉 周定山 七律一首

詩文之友 33 卷 3 期 1971.1.1

人逾喜壽一年期，祇管歡娛不管悲。
夢寐心平猶壯歲，酒酣身動類童兒。
消閒雋味精談茗，慰老靈方善遨詩。
自是孤山梅隱後，固應妙句重當時。

## 4.次林友笛先生寓齋書懷原玉 周定山 七律一首

詩文之友 35 卷 1 期 1971.11.1

烈風接踵雨煙賒，大地禾氈爛似麻。
一夜吹殘文旦袖，廿年味斷武夷茶。
人甘血釀千重劫，老苦肩挑數口家。
久矣吟情邀世界，頓令塵夢再交加。

編者註：周定山（1898-1961?），字克亞，別號一吼，世居鹿港。著有《一吼劫前集》、《大陸吟草》、《倥傯吟草》、《古今詩話探微》、《一吼居譚詩》、《諧詩新口碑集》、《隨筆敝帚集》，均未刊行。另有《周定山詩選》已刊。

# 周澄秋

## 1.四湖訪林友笛詞長 周澄秋 七律四首之一 1965 年

壯年書劍舞羅城，滿腹珠璣筆健耕。
斧藻胸中思倚馬，敲詩場上喜班荊。
登樓我也追王粲，作客誰能譽賈生。
今許先生栽五柳，消遙山水樂餘榮。

## 2.四湖訪林友笛詞長 周澄秋 七律四首之二 1965 年

筆戰吟敲廿二場，空前絕後姓名揚。
清新雅韻杜詩壯，俊逸高標韓筆強。
得策鷗盟忠晚節，躂開宦海喜歸鄉。
古稀過兩身猶健，樂樂樂詩歲月長。

## 3.四湖訪林友笛詞長 周澄秋 七律四首之三 1965 年

促膝傾談喜自生，連牀風雨話三更。
四湖耽醉嗜茶客，宦海飄零會鷺盟。
伏櫪忍呼同塞馬，壯心聊惜喜班荊。
庭前蘭桂逞香馥，歲月悠閒衣錦榮。

### 4.四湖訪林友笛詞長 周澄秋 七律四首之四 1965 年

四湖雅會晤吟旌，五斗何防腰折榮。
一代雄才羈薄俸，十年傾慕到今迎。
花因耐雪情原冷，草爲輕風力倍輕。
愧我難期詩債夢，易消雅興仰先聲。

乙巳初夏　周澄秋未定稿

### 5.呈林友笛老詞長 周澄秋 七律四首之一 1967 年

重訪名湖旋馬庭，蕉桐洞濫謁詩星。
暢談世事知音少，遺憾騷壇濁水涇。
滿鬢簪花催我老，疏蓬剪燭喜吟聆。
傾觴促膝承高雅，青眼相看感至銘。

### 6.呈林友笛老詞長 周澄秋 七律四首之二 1967 年

詩筆韓黃萬丈光，談鋒豪氣冠湖鄉。
誰知東魯傳家學，竟異南豐一瓣香。
對鏡荷花開壁麗，棲樑燕子去巢藏。
勸君莫與爭名氣，涇濁分清節自揚。

### 7.呈林友笛老詞長 周澄秋 七律四首之三 1967 年

浪跡湖西柳色新，天涯風雨話前因。
宦場飄渺懷詩友，旅舍高賢舊客賓。
夢蝶形骸經世略，亡羊名利濟時人。
他年退隱林泉日，旋馬庭前入幕頻。

### 8.呈林友笛老詞長 周澄秋 七律四首之四 1967 年

顧曲豪情仰綺羅，春風桃李滿庭多。
胸餘塊壘繞詩酒，思入星朝浪踏歌。
一指悟禪才越俗，卅年宦跡智輕波。
飄零愧我猶株守，空負光陰鬢已皤。

周澄秋自註：詞長去歲應台西鄉某廟之請，撰聯文數對，嗣後，未經作者同意，擅
自竊改文句，令人聞之憤嘆，際此欺負文壇有史以來之污恥，特請　詞
長罷事，勿與爭論耳。

丁未驚蟄後五日於秋園

### 9.致友笛先生書信 周澄秋 信札二封之一 1967 年

友笛詞長鑒：

　　啓者 弟本日上午奉函後，下午接來佳作四律，深爲銘感，謝謝厚情，

至於拱北殿現備有客房十餘張（不論夫婦必需分床），目下時有信者夢求指示，　弟歡迎　文駕光臨，是所至盼，希事先賜示，　弟以茲備接。另　弟擬於四月一日南下臺南約三、四日返北，並在四月十五日起往臺東綠島（火燒島）一遊，大約廿一日返北之預定，煩情駕光臨時請在四月八日至十四日或在四月廿二日以後以免　弟不在家中。

　　至於拱北殿在汐止火車站起有五、六公里，現在有客運班車二輛自汐止、拱北殿兩地對開，票價每人只三元而已，倘要步行約一小時可達。專此奉聞。順侯文安不一。

又者詩文之友均已收到，謝謝厚意，以充庫右之銘也。
弟　澄秋叩　五十六年三月三十下午五點

## 10.致友笛先生書信 周澄秋 信札二封之二 1967 年

老詞長文席：

　　夫禪學淨宗獨處，捲西簾以長望，立澈悟彼源流，樹高猿飛數聲，酣夜寐而頓覺，大玄妙其逍遙。佛耶。道耶。入定乎。養生乎。勝景樂且無窮。矧乎今古騷人墨客，善信男女，蒞臨　敝拱北殿拈香，觀光、題詠者、既虔誠悃，亦傳佳話，滋添孺雅之風韻矣。因是次第重修　敝拱北殿良有以也。　敝殿（仙公廟奉祀呂仙祖即孚佑帝君）者番興建施設，瑰偉雅緻，聊堪媲美中外名勝，祇緣經始之時，急務蝟集，主其事者，非文壇中人，遑顧及於聯文撰繕之酌斟，致爾當時石柱（內殿第一對係由某佛徒手撰）一聯原句右為「拱現慈容感仙祖渡人不離苦海」，左為「北垂法相為眾生執我尚在迷津」，迨雕琢豎立後，多受嘉賓、文壇老宿、鄉賢之指責，咸感困。　弟迺後學之儔，自忖識見淺陋，不妄擅議。素仰閣下為我國文學界之泰斗，馳名騷壇，爰特修箋佈臆就正有道，倘蒙南針評察，敢祈賜示高見，企禱無已，惠束奉懇，即頌文安不一。
晚周澄秋叩　五十六年十一月三十日

# 邱謨（水謨）

## 1.步林友笛先生夏日雜詠六絕原韻 邱水謨 七絕六首之一

大地如爐熱似煎，榴花吐焰草含煙。
退休人異趨炎輩，竹榻松陰養浩然。

## 2.步林友笛先生夏日雜詠六絕原韻 邱水謨 七絕六首之二

胸無壘塊更何思，熱浪難侵午夢時。
譜奏梅花三弄笛，心聲頻詠退閒詩。

### 3.步林友笛先生夏日雜詠六絕原韻 邱水讃 七絕六首之三

荔熟薰風帶雨翻，齋頭鸚鵡學人言。
終朝閱報知時事，宰相原來不出門。

### 4.步林友笛先生夏日雜詠六絕原韻 邱水讃 七絕六首之四

四湖風景足平生，賢士家居自有名。
我亦思逃三伏暑，高軒擬訪話衷情。

### 5.步林友笛先生夏日雜詠六絕原韻 邱水讃 七絕六首之五

無憂赤焰樂如何，歸隱園林實可歌。
不再官途頻走馬，邯鄲一枕付春婆。

### 6.步林友笛先生夏日雜詠六絕原韻 邱水讃 七絕六首之六

不趨酷暑煉精神，翠竹蒼松養性真。
品茗吟詩能解悶，來生好再作詩人。

金湖　邱水讃未定稿

### 7.敬步林友笛先生丙申中秋待月瑤韻 邱水讃 七絕六首之一 1956年

桂花香裏夜將闌，獨坐樓頭發浩歎。
欲問嫦娥羞底事，不甘露面給人看。

### 8.敬步林友笛先生丙申中秋待月瑤韻 邱水讃 七絕六首之二 1956年

鵠俟銀蟾夜半時，曲欄杆外且吟詩。
浮雲密密憑誰掃，惹我愁心未展眉。

### 9.敬步林友笛先生丙申中秋待月瑤韻 邱水讃 七絕六首之三 1956年

準擬今宵勝去年，誰知仰首枉徒然。
清輝未睹無寥甚，好倩螢光照綺筵。

### 10.敬步林友笛先生丙申中秋待月瑤韻 邱水讃 七絕六首之四 1956年

為愛冰輪此夜明，西廊靜候到三更。
滿天黯淡騷心冷，怕聽秋蛩砌下鳴。

### 11.敬步林友笛先生丙申中秋待月瑤韻 邱水讃 七絕六首之五 1956年

團圓尚未放清光，雨意雲情惹恨長。
滿腹牢騷無處訴，空留足跡印西廂。

## 12.敬步林友笛先生丙申中秋待月瑤韻 邱水謨 七絕六首之六 1956年

雲開皓魄竟偏殊，莫怪遲遲照潔軀。
亮已登樓宏泛渚，賞心我獨戀金湖。

口湖 邱水謨未定稿

## 13.敬步林友笛先生祝蘇平祥詞友令郎志忠君與王素女小姐

### 結婚原韻 邱水謨 七律一首

詩文之友 26 卷 3 期 1967.7.1

蘇郎玉女出名門，鳳束鸞箋證結婚。
鼓瑟鼓琴揮玉指，宜家宜室倒金樽。
合歡杯滑緣深契，並蒂梅芳韻永存。
翁待含飴姑待抱，明年預祝子生孫。

編者註：邱水謨（1910-1984）名謨，字水謨，又字雲雄，號聽濤生，以字行。邱
氏拜李西端為師，習漢文，後畢生獻身國小教育，二十四歲時與黃篆、
曾人杰得創立鄉勵吟社。

# 洪大川（龍波）

## 1.次林友笛詞兄五十書懷瑤韻 洪大川 七律二首之一

卅年湖海共飄萍，此日希顏意外生。
傾座清談侔月朗，洊雷修省便心驚。
醒來世道三尊達，別樹騷壇一角爭。
漫謂玄黃龍戰野，也應含大濟和平。

註：另有作：
廿年湖海任漂萍，此日相逢雅興生。
拂塵清談侔月朗，洊雷修省便心驚。
秉來懿質三邅達，別敞風騷一角爭。
漫謂飛龍時戰野，也應含大濟和平。

## 2.次林友笛詞兄五十書懷瑤韻 洪大川 七律二首之二

觥觥迷空雨未收，打殘猿鶴帶邊愁。
掬溟吞極威彌壯，禦侮衝紛勢弗憂。
旗鼓健揚寒屈宋，柏松培庇栗殷周。
風雲靖卻重輪現，誰信昂藏鮮克由。

編者註：洪大川（1907-1984），出生於嘉義新港。自幼刻苦力學，遍讀百家，善
卜，精研中醫。拜林維朝為師，十九歲設帳於番薯寮。1951 年在朝天宮
懸壺濟世。洪氏為北港汾津吟社健將，著有《事志齋詩文集》、《汾南
書塾記事珠》。

# 洪寶昆

## 1.次林友笛先生見贈瑤韻 洪寶昆 七律一首

詩文之友 8 卷 6 期 1958.3.1

野渡晨雞叫客途，孤舟載夢入平湖。
不從山谷尋名士，卻向魚磯訪隱儒。
搔首頻驚霜髮減，論交最喜布衣粗。
一宵共剪西窗燭，斗酒何妨再縱臾。

## 2.次林友笛先生退隱偶成瑤韻 洪寶昆 七律一首

詩文之友 26 卷 4 期 1967.8.1

遂初衣服古稀年，靜看推移世局遷。
換骨且耽茶碗七，澆胸何惜酒錢千。
優遊山水饒清福，嘯傲煙霞絕俗緣。
想見先生徐一曲，龍吟逸興遏雲天。

　　編者註：洪寶昆（1906-1967?），字夢若，彰化縣人。一生從事文化事業，曾創刊詩
　　　文之友，為發行人。

# 施梅樵

## 1.友笛先生五十自壽詩索和次韻兼述鄙懷 施梅樵 七律二首之一

施梅樵《鹿江集》

一身人海作浮萍，我亦勞勞愧此生。
蒼狗白雲虛幻象，風聲鶴唳夢魂驚。
自知元氣猶磅礡，不屑雄心與競爭。
夙昔羨君懷豁達，論交終始見和平。

　　　註：蒼狗白雲虛幻象，一作蒼狗紅羊虛幻劫。

## 2.友笛先生五十自壽詩索和次韻兼述鄙懷 施梅樵 七律二首之二

施梅樵《鹿江集》

黑白枰棋局未收，旁觀袖手漫牽愁。
寒容飢怨知餘事，地陷天傾抱隱憂。
人我胥忘唯墨翟，死生了悟是莊周。
祝君倍數非誇誕，得享長生信有由。

　　　註：一作詩題為：林友笛君以五十書懷詩索和謹次原玉奉祝。
　　　註：了悟，一作悟徹。
　　　　　非誇誕，一作原非妄。
　　　　　得享長生信有有，一作壽享期頤信有由。

### 3.友笛詞兄以感懷佳什見貽次韻和之 <sub></sub>施梅樵　七絕四首之一

不同尺蠖屈求伸，放誕仍甘作散人。
償盡登山臨水願，歸來襟上滿征塵。

### 4.友笛詞兄以感懷佳什見貽次韻和之 施梅樵　七絕四首之二

從事丹鉛久不疲，老猶身健自家知。
生涯休道真寥落，接踵來求文字詩。

### 5.友笛詞兄以感懷佳什見貽次韻和之 施梅樵　七絕四首之三

惠我佳篇妙入神，由來世味本酸辛。
頂天立地男兒志，去就分明自在身。

### 6.友笛詞兄以感懷佳什見貽次韻和之 施梅樵　七絕四首之四

吾生愧作叩頭蟲，不羨豪華不怨窮。
自有名山真樂趣，詩詞壇坫敢稱雄。
　　本詩附有小札一句：貴作及拙作當刊載第五號孔教報。
　　編者註：施梅樵（1880-1940?），原名天鶴，號可白，鹿港人。臺灣古典詩泰斗。著
有《捲濤閣詩草》、《鹿江詩集》、《捲濤閣尺牘》。

## 高文淵

### 1.六十書感 高文淵　七律四首之一 1965年

頓覺浮生屆六旬，憑將往事記生辰。
吟邊得句從心未，酒後思鄉望月頻。
業許能消痴拜佛，老無成就愧依人。
故山山水堪歸隱，惆悵天南尚此身。

### 2.六十書感 高文淵　七律四首之二 1965年

浪說文山秀氣鍾，輪囷枉自鬱蒼松。
老天未許初衣遂，濁世誰憐故步封。
驥德寧甘蠅附尾，狐威欲藉虎無蹤。
分明恩怨何時了，忍聽祗園飯後鐘。

### 3.六十書感 高文淵　七律四首之三 1965年

每逢初度醉千觴，自壽詩還詠一章。
松柏爭教寒獨耐，功名漸覺老來忘。
著書何日歸田里，無德於人愧杖鄉。
願望祗餘雙鬢雪，驚心歲月去堂堂。

### 4.六十書感 高文淵 七律四首之四 1965 年

南來屈指廿三年，回首塵寰事事遷。
射雉無媒遭劫後，亡羊歧路昧機先。
酒杯詩卷堪消夜，鼠臂蟲肝任付天。
雪裡梅花清氣在，生逢臘月月初圓。

高文淵初稿　五十四年十二月

### 5.次林友笛先生八十書懷瑤韻 高文淵 七律二首之一

詩文之友 37 卷 1 期 1972.11.1（又見手稿本）

壽喜君臻八十秋，樂天心性本無憂。
才華佚宕真騷客，風月平章傲故侯。
酒飲悠悠忘夜盡，杖扶款款作郊遊。
四湖景色資吟詠，得句天然信有由。

### 6.次林友笛先生八十書懷瑤韻 高文淵 七律二首之二

詩文之友 37 卷 1 期 1972.11.1（又見手稿本）

位置先生別有鄉，逍遙林下不平常。
山房坐對冰輪影，花徑行來展齒香。
音雅琴教調古意，味清茶每潤詩腸。
稱觴旋馬庭中日，麵線欣添壽算長。

　　　註：本詩附有小札一封：
　　　　欲卒草就是否有當，敬乞雅正。弟之住址改爲鼓山區河川街一一一號，嗣後來
　　　　函以彰地號賜教爲荷。順候吟安。

### 7.次林友笛先生放浪吟瑤韻 高文淵 七律一首

詩文之友 33 卷 1 期 1970.11.1

老來遣興酒詩間，真個難除綺業嫻。
江上時看鷗泛泛，林中好聽鳥關關。
迎風綠拂千條柳，排闥青圍四面山。
與世浮沉堪草草，滿頭蓬髮不須刪。

### 8.次林友笛先生庭中拾翠瑤韻 高文淵 七律二首之一

詩文之友 30 卷 5 期 1969.9.1

不聽人間有毀譽，怡然村落避豪車。
閒吟歸去陶公賦，靜讀逍遙莊子書。
隙地栽花澆井水，有時佐酒剪園蔬。
庭前夏木森森裡，悅耳蟬聲夕照餘。

## 9.次林友笛先生庭中拾翠瑤韻 高文淵 七律二首之二

詩文之友 30 卷 5 期 1969.9.1

有客相於共品茶，風生逸趣笑交加。
時聽古樹鳴栖鳥，閒趁斜陽掃落花。
補壘含泥忙燕子，盈庭晒谷任兒家。
老夫學圃君休笑，割了黃雲又種瓜。

## 10.次林友笛先生退隱偶成瑤韻 高文淵 七律一首

詩文之友 26 卷 4 期 1967.8.1

我亦蹉跎年復年，退休堪笑兩情遷。
素蟾對處朋三五，綠螘浮時醉十千。
吟賞湖山初寄託，唱酬詩酒舊因緣。
鳳凰木正開花艷，懷想伊人共一天。

　　高文淵自註：退休堪笑兩情遷，予於本年初退休故云。

## 11.次林友笛先生閒中偶詠瑤韻 高文淵 七律一首

詩文之友

湖山一角望中收，荐爽西風可自由。
涼起梧桐纔落葉，音傳蟋蟀忽添愁。
眼將花矣還觀局，身已飄然不繫舟。
昨夜天河牛女會，星光耿耿水悠悠。

## 12.次林友笛先生閒中偶詠倒疊前韻 高文淵 七律一首

詩文之友

令節徒懷往事悠，當年漢使泛仙舟。
人間又繼針穿巧，客裡偏沽酒解愁。
大道何時崇孔孟，空山無處覓巢由。
閒來竹杖西風曳，好把秋光筆底收。

## 13.次林友笛先生寓齋書懷瑤韻 高文淵 七律一首

詩文之友 35 卷 1 期 1971.11.1

何去何從道路賒，年來憂緒亂如麻。
渾無逸興酬佳節，那有閒情品苦茶。
賭博場中哀若輩，提迷庭上樂兒家。
吟詩最好秋將近，抗手騷壇意氣加。

## 14.秋日什吟用友笛詞兄夏日什詠韻 高文淵 七絕六首之一

槐陰曾記把茶煎，轉瞬西風窘夕煙。
隔水漁舟疏柳外，半溪風景總然蕭。

## 15.秋日什吟用友笛詞兄夏日什詠韻 高文淵 七絕六首之二

獨倚欄杆渺渺思，蕭疏蘆荻夕陽時。
棲鴉流水依然在，秋色秋光妙入詩。

## 16.秋日什吟用友笛詞兄夏日什詠韻 高文淵 七絕六首之三

一村霜葉晚風翻，閒就黃花淡不言。
微月初升涼味滿，星河耿耿映柴門。

## 17.秋日什吟用友笛詞兄夏日什詠韻 高文淵 七絕六首之四

悟來禪理了無生，老衲深教忘利名。
如我飄然扶杖去，閒看流水淡心情。

## 18.秋日什吟用友笛詞兄夏日什詠韻 高文淵 七絕六首之五

浮世人生值幾何，花前月下且高歌。
吟肩聳處超塵外，石火光中春夢婆。

## 19.秋日什吟用友笛詞兄夏日什詠韻 高文淵 七絕六首之六

秋水文章筆有神，笑嬉怒罵見天真。
古來佳句知多少，半屬風人半雅人。

高文淵未是稿
高雄市鼓山區河川里河川東西巷十四號

## 20.致友笛先生明信片 高文淵 明信片三枚之一 1971 年

### 謹次偶感原玉 七律一首

吟聲朗朗出兒童，詩誦清新陸放翁。
顧我潤喉斟苦茗，教人引領仰英風。
眠安日已三竿上，事過棋收一局中。
績習難除雙鬢白，還留豪氣欲摩穹。

### 寄旋馬庭主人 七律一首

詩文之友 35 卷 3 期 1972.1.1（又見手稿本）

旋馬庭前綠四湖，熟梅時節燕呼雛。
吟詩每自開生面，對酒還教醒宿儒。
蠶女抽絲甘作繭，鮫人落淚便成珠。
撐腸我乏書千卷，徒負推敲撚斷鬚。

本日拜誦大作，令人遙羨，老兄逍遙四湖山水，似 弟大有嚮往之懷，何時一樽酒，重與細論文乎，專此。順頌吟祺。

六十年五月廿二日

　　　林友笛自註：五月廿三日接到，下午五時回信。

## 21.致友笛先生明信片 高文淵 明信片三枚之二 1971 年
### 謹次秋日書懷原玉 七律一首

詩文之友 35 卷 2 期 1971.12.1（又見手稿本）

秋來湖上叶風情，光映冰輪夜色清。
兔窟卻欣融皓魄，雞窗更喜託餘生。
酒懷淡處應憐我，吟興蕭然笑曳兵。
泉下逍遙君得意，名韁利鎖總忘榮。

頃接大作，吟誦者再，吾兄豪興比之勞人，實有天淵之判，餘為片刻，率就和章，知有不妥之處，深祈斧正為荷。專此，並頌吟祺。

六十年十月十三日弟文淵再拜

## 22.致友笛先生明信片 高文淵 明信片三枚之三 1972 年
### 奉和退休七年感賦 七律一首

林泉七載送流年，卻喜心無萬感牽。
笑我仍為塵網客，如君乃是地行仙。
賦詩飲酒成佳侶，種竹栽花斷俗緣。
值此湖山春色滿，不妨吟賞著吟鞭。

拜誦佳作實雅人雅事，技癢之至，乃率筆和之，定遜原作多多，兄之能解組歸田，逍遙自在，顧我仍奔波塵中，實有天壤之別也，際此春光明媚，諒必賞樂湖山，令人艷羨也。順頌春釐。

六十一年二月廿日於燈下高文淵再拜

## 23.寄懷旋馬庭主人 高文淵 七律一首

詩文之友 26 卷 4 期 1967.8.1

同病相憐信有誰，菜根餘味最尋思。
退閒爭愛親文字，遣興還教藉酒卮。
邀月半樓談客夜，讀書一室似兒時。
老來情緒青山外，何日湖西訪舊知。

## 24.寄懷旋馬庭主人又疊誰字韻 高文淵 七律一首

詩文之友 26 卷 4 期 1967.8.1

古調獨彈聽者誰，清風明月寄幽思。
偶臨碑帖雙揮管，聞對明花一舉卮。
託跡湖山當有日，興懷冰炭更因時。
蒼茫夕照河雲遠，野鶴歸來意可知。

## 25.寄懷旋馬庭主人三疊誰字韻 高文淵 七律一首

詩文之友 26 卷 4 期 1967.8.1

何去何來欲問誰，年來心跡幾心思。
依然故我人間世，偶爾開懷手上卮。
已悔功名成底事，還憐經史讀多時。
共君幽抱如相許，寄與青山明月知。

## 26.寄懷旋馬庭主人四疊誰字韻 高文淵 七律一首

詩文之友 26 卷 4 期 1967.8.1

獨抱牢騷向語誰，空山流水有餘思。
鼠肝蟲臂爲何世，燕語鶯聲勸舉卮。
莽莽乾坤憂患日，堂堂歲月去來時。
願教醉覓屠沽話，朝市榮枯付不知。

## 27.歲暮賦寄友笛詞長 高文淵 七律一首 1972 年

湖西風景樂逋仙，況復梅開雪裡妍。
紙帳蘆簾高士夢，冰肌玉骨美人憐。
吹來鐵笛霜天度，望向銅鉦柳岸懸。
獨占花魁消息近，定多芳訊在春邊。

文淵未定稿

林友笛自註：六十一年二月六日上午接信，下午回信。

## 28.謹次林友笛先生七八自嘲原玉 高文淵 七律一首

詩文之友 33 卷 4 期 1971.2.1

未成一事負心期，回首前塵轉自悲。
合作平湖垂釣客，好偕戲水弄潮兒。
青山林下賒風月，白髮燈前共酒詩。
正是秋深何處去，丹楓點綴夕陽時。

編者註：高文淵（1906-1982），名源，號石泉，以字行。臺北景美人。曾任高雄
地方法院書記官，曾師事萬華顏笏山，後日入文山吟社、瀛社、高山文
社、鷺洲吟社。著有《勗未齋吟草》、《寓園詩草》。

# 高泰山

## 1.次林友笛先生八十書懷瑤韻 高泰山 七律二首之一

詩文之友 37 卷 1 期 1972.11.1

八千椿算盛春秋，樂道安貧自寡憂。
恬澹心情堪悟佛，健康身體勝封侯。
名山到處成題詠，佳日因緣結伴遊。
爭似神仙瀟灑甚，超然物外古巢由。

## 2.次林友笛先生八十書懷瑤韻 高泰山 七律二首之二

詩文之友 37 卷 1 期 1972.11.1

合是他鄉勝故鄉，四湖煙景不尋常。
幽居高臥江村靜，養老彌甘筍蕨香。
睨世誰同垂冷眼，嗜茶我喜潤枯腸。
優遊但得忘機趣，牛馬憑呼效子長。

## 3.次林友笛先生戊申中秋待月瑤韻 高泰山 七絕二首之一 1968 年

詩文之友 29 卷 2 期 1968.12.1

何堪蝕盡兔難昇，黑氣漫天感不勝。
辜負良宵抬望眼，輸他黃卷對青燈。

## 4.次林友笛先生戊申中秋待月瑤韻 高泰山 七絕二首之二 1968 年

詩文之友 29 卷 2 期 1968.12.1

循行天道有虧盈，苦盼人間萬里情。
耐盡三更風露冷，終看大地放光明。

## 5.次林友笛先生放浪吟瑤韻 高泰山 七律一首 1970 年

詩文之友 33 卷 3 期 1971.1.1（又見手稿本）

繁華徵逐笑人間，歸去來兮淡養嫺。
淪茗有時邀鷺侶，談經乘興叩禪關。
知音邂逅還吹笛，騁目流連每看山。
蘊藉詩心超象外，口占妙句不加刪。

　　註：本詩附有信札一封：
　　　　友笛老先生賜鑒：
　　　　曩承惠下放浪吟一律，久未奉和，非敢慢也，良以弟才學有限，冗務自多，是
　　　　以遲遲作覆，得無貽庸人自擾之譏乎，想先生洞察，知我者當能恕我乎，茲於
　　　　燈下錄呈奉和如左，以博一粲。

　　　　　　　　　　　　　　　　　　五九年十月廿四日　弟　泰山

　　註：口占妙句不加刪，手稿一作偶然得句不加刪。

## 6.次林友笛先生庭中拾翠瑤韻 高泰山 七律二首之一

詩文之友 30 卷 6 期 1969.10.1

難求無毀敢求譽，先著人爭競快車。
得意讓他新富貴，閉門讀我舊詩書。
晨遊最愛娛清氣，晚食能甘到野蔬。
澹泊心安知自足，貪婪非分笑多餘。

## 7.次林友笛先生庭中拾翠瑤韻 高泰山 七律二首之二

詩文之友 30 卷 6 期 1969.10.1

細心精賞品嘗茶，老氣縱橫興倍加。
走馬裁詩張筆陣，倚樓吹笛落梅花。
漫遊歷覽三臺勝，中隱奚輸五柳家。
修到仙翁真絕俗，更無慨念繫匏瓜。

## 8.次林友笛先生退隱偶成瑤韻 高泰山 七律一首

詩文之友 26 卷 4 期 1967.8.1

息影林泉養老年，忘情世俗當陞遷。
高居衙署宜中隱，遠矚心游遍大千。
長笛一聲欣遣興，新詩疊和喜隨緣。
置身奚啻閒雲鶴，物外逍遙萬里天。

## 9.致友笛先生書信 高泰山 信札二封之一 1968 年

友笛先生鈞鑒：

　　曩日承贈詩，感激無已。自愧粗才，勉強奉和，恐貽續貂之笑，雖詩吟成，尚欠推敲，雜置書堆中，遲遲未發，來諭提及曷勝慚愧，有負雅望。茲由別紙錄呈文几，尚乞郢斷是幸。承示定山兄之和作，覺其茶道之造詣頗具雅人深致，別饒風味，茲當一并編入五月刊矣。謹此。並頌吟祺。

三月廿九日　弟泰山再拜

### 敬和友笛先生惠茶贈詩原玉 七絕一首

詩文之友 28 卷 2 期 1968.6.1

花風輕颺味幽閒，嗜好相憐癖不刪。
分潤吟喉神頓爽，仙人種勝武夷山。

戊申仲春月杪　詩文之友社高泰山拜呈

## 10.致友笛先生書信 高泰山 信札二封之二 1969 年

友笛老先生如晤：

　　昨奉讀手書，敬悉，弟前日奉信內云以毛筆楷書抄寫，忘記註明非先生筆跡，豈有先生筆跡 弟尚不能認識乎？惟德和先生所存原稿，當時另有人抄錄成一冊也，謂「余不信」，弟將原稿郵奉呈閱，閱畢仍將原件擲還保存何如？

　　弟於校對當時，祗求字句符合無誤已耳，實不暇思索，今再玩其詩，覺筆調低弱，惟其原稿如是，至今 弟亦不解其原委也。

　　此復　並頌

吟祺

五十八年一月十四日　弟泰山再拜

## 11.敬和林友笛先生過訪詩文之友社王副社長友芬原玉

高泰山 七律一首

詩文之友 27 卷 3 期 1968.1.1

先生磊落自超塵，得遂承顏誼倍親。
妙手探驪人未老，裁詩走馬筆如神。
淡交肯許忘年契，闊別仍教繫夢頻。
天假良緣吾道在，同聲相應最情真。

　　編者註：高泰山，字松雲。彰化員林人。應社成員。著有《養性吟草》。

# 翁文登

## 1.致友笛先生書信 翁文登 信札一封

　　啟者，農曆十月十二日，即國曆十二月一日星期日，關廟四縣市詩會係林金樹主辦，希來義同往併可暢敘離情，不可缺席是所主禱。

翁文登、周文俊同啟　十一月二十六日

## 2.約友笛、鴻濤、文俊詞長試嘗日本茗茶玉露賦呈，結句待客續 翁文登 七絕一首

霜芽玉露久深藏，不遇知音不試嘗。
客否前言能踐約，（結句待客續）。
　　　　　未烹未忍便回鄉。
　　　　　願教歸去口留香。

弟翁文登敬呈

　　註：結句有二句：未烹未忍便回鄉、願教歸去口留香，此二句疑為其客人所續之
　　　　結句，其中未烹未忍便回鄉之句，為林友笛先生作。

### 3. 敬步友笛詞長七八自嘲原玉 翁文登 七律一首

詩文之友 33 卷 4 期 1971.2.1

能擴襟懷似啓期，不因年事發秋悲。
釣蛙老手知名士，旋馬高才屬健兒。
日出耕田歸弄笛，閒來啜茗興吟詩。
果真七十方開始，詞長今纔八歲時。

註：本詩附有小札一封：
　　本日義竹周文俊後來書囑改末句順此奉聞得閒居處樂天時。

### 4. 敬步友笛詞長八十書懷瑤韻 翁文登 七律二首之一

大椿不老富春秋，樂易從無抱杞憂。
詩自少年稱冠眾，壽臻八秩勝封侯。
四湖煙水資吟詠，滿腹詞華足敖遊。
仙境家居三十載，滄桑變渙幾經由。

### 5. 敬步友笛詞長八十書懷瑤韻 翁文登 七律二首之二

來年我也杖於鄉，體檢醫稱各正常。
嗜好每嫌茶葉貴，安貧總覺菜根香。
栽蘭藝菊操親手，和韻摛詞索別腸。
才拙遲遲難下筆，雖然紙短思偏長。

### 6. 敬步友笛詞長中秋待月原玉 翁文登 七絕二首之一

冰輪地掩又雲昇，天象離奇思不勝。
八百年間惟此夕，復圓已是萬家燈。

### 7. 敬步友笛詞長中秋待月原玉 翁文登 七絕二首之二

雲簾捲起露輕盈，欲出遲遲倍有情。
皓魄當空人盡望，更深萬里共光明。

晚生翁文登未定稿

### 8. 敬步友笛詞長冬日書懷原韻 翁文登 七律一首 1972 年

如松不怕歲寒侵，操節人間何處尋。
跡晦山中高士臥，聲聞海內老龍吟。
嗜茶未覺偏成癖，點石難能化作金。
太息世風澆薄甚，無官空有濟時心。

晚生翁文登待刪稿

註：本詩附有小札一封：
　　前分栽紫蘇（又名水狀元）已結子重播，新苗盛茁，不知煮法，順請賜教，併
　　候文祺，不一。

六十一年一月十日

## 9.敬步友笛詞長年頭試筆瑤韻 翁文登 七律一首

詩文之友 34 卷 3 期 1971..1（又見手稿本）

散人何處問來由，浪跡江湖等驚鷗。
望治常懷周召伯，退閒每慕漢留侯。
學無止境從無厭，耕有其田自有收。
已慣棲遲春睡足，新詩未和掛心頭。

## 10.敬步友笛詞長放浪吟原韻 翁文登 七律一首

詩文之友 33 卷 1 期 1970.11.1（又見手稿本）

炎涼世態靄時間，巧婦婆嫌欠姆嫺。
應有忘憂居陋巷，不無抱恨出邊關。
爭名本是空中閣，樂道真如雨後山。
案牘勞形絲亂耳，擾人俗慮最難刪。

## 11.敬步友笛詞長秋日書懷原韻 翁文登 七律一首 1971 年

詩文之友 35 卷 2 期 1971.12.1（又見手稿本）

扶節緩步遣閒情，秋滿南台玉宇清。
瀟灑山川橫老氣，蹉跎歲月愧虛生。
挺強豎子稱名士，游擊詩人屬散兵。
顏髑去齊完太璞，終身不辱有餘榮。

中華民國六十年十月廿二日

## 12.敬步友笛詞長重遊義竹惠贈原玉 翁文登 五律二首之一

聯吟開盛會，麻豆聚詩家。
題擬一瓶菊，癖耽七碗茶。
交情欣未減，得友喜偏加。
旅次三更盡，無心去問花。

## 13.敬步友笛詞長重遊義竹惠贈原玉 翁文登 五律二首之二

離情談未了，攜手到寒家。
上桌愁無酒，傾壺幸有茶。
不知過夜半，尤是勸杯加。
轉眼人歸去，臨岐心似麻。

　　註：另作：
　　　　倦鳥歸巢早，燕居畏勢家。
　　　　高車來長者，慢客六粗茶。
　　　　見面情逾舊，談心意更加。
　　　　籬邊論藝菊，勝似話桑麻。

## 14.敬步友笛詞長退隱偶成瑤韻 <small>翁文登 七律一首</small>

詩文之友 26 卷 6 期 1967.10.1（又見手稿本）

論交品茗締忘年，志趣相投久不遷。
好客任嘗茶碗七，耽詩不飲酒杯千。
擴庭旋馬亨官運，解組歸田了俗緣。
他日寫成回憶錄，歷陳揭地與掀天。

> 註：本詩附有小札一封：
> 此步韻遲遲未寄奉，實因忙半因懶，請見諒。不工之處，尚請斧正，貴閒請
> 來遊。

弟文登、文俊同上　八月十三日上午

## 15.敬步友笛詞長閒中偶成原玉 <small>翁文登 七律一首</small>

攤箋援筆慕陳思，出口成章七步移。
遯跡林泉廊廟宰，放懷山水草堂詩。
頒來書信堆文苑，讀到茶經讚武夷。
笑我蹉跎忘歲月，暗愁不覺鬢毛絲。

晚生翁文登未定稿

## 16.敬步友笛詞長閒中偶詠瑤韻 <small>翁文登 七律一首</small>

詩文之友

吟詠佳篇疊疊收，最難的是自由由。
平心不動恒知足，笑口常開不惹愁。
無事莫登三寶殿，有閒可泛五湖舟。
家雖近市人超俗，得句清新韻獨悠。

## 17.敬步友笛詞長苦雨原玉 <small>翁文登 七絕一首</small>

瀟瀟風雨襲千家，十日滂沱數倍加。
天闢四湖消暑地，田園頃刻盡浮瓜。

晚生翁文登未定稿

## 18.敬步友笛詞長麥秋偶成瑤韻 <small>翁文登 七律一首 1971 年</small>

棄繻不顧幾終童，得失何須問塞翁。
但願從公吹短笛，奚懷列子乘長風。
歸田嘯傲煙霞外，處世逍遙宇宙中。
俗慮消除多幸福，任他火箭射天穹。

晚生翁文登未定稿　六十年六月六日

## 19.敬步友笛詞長寄贈原玉 <sub></sub>翁文登 七絕一首

詩文之友 28 卷 3 期 1968.7.1（又見手稿本）

驅車笨港會詩人，全國聯歡亦懇親。
茶氣書香如友笛，相逢便覺質彬彬。

## 20.敬步友笛詞長鄉思寄知己吟侶瑤韻 翁文登 七律一首

不矜不躁不踰閒，養志安貧等抱關。
詩爲言情吟近體，石能攻錯借他山。
成篇涉獵遲呈獻，得句瑕疵急待刪。
引領樓頭望明月，鄉情旅思和尤艱。

晚生翁文登待刪稿

## 21.敬步友笛詞長賞菊原玉 翁文登 七律一首

詩文之友 38 卷 6 期 1973.10.1

豪吟真不愧儒生，是以騷壇著令名。
插菊分株編菊苑，敲詩疊韻築詩城。
扁舟歸去如元亮，健筆揮來近伯英。
人到高齡能養晦，合應壽算比錢彭。

## 22.敬步友笛詞長寓齋書懷原玉 翁文登 七律一首 1971 年

詩文之友 35 卷 1 期 1971.11.1（又見手稿本）

不隨時世尙奢華，尺稻庸知一丈麻。
果腹有餱惟野菜，潤喉無釀只粗茶。
得親益友爲朋友，猶愛詩家到我家。
唱和本來才思澀，何堪頭上黑雲加。

6 月 29 日

## 23.敬步友笛詞長過訪原玉 翁文登 五律一首

倦鳥歸巢早，燕居畏勢家。
高車來長者，慢客泡粗茶。
見面情逾舊，談心意更加。
籬邊論藝菊，勝似話桑麻。

光斗　翁文登

## 24.敬步友笛詞長過訪原玉 翁文登 七絕一首

遊遍花都壯志消，歸來蹤跡夢魂遙。
何堪竹舍延高士，試茗多欽造詣超。

光斗　翁文登

翁文登自註：花都，東京之外號。

## 25.敬步友笛詞長讀報偶成原玉 <small>翁文登 七絕一首 1971 年</small>

詩文之友 35 卷 1 期 1971.11.1（又見手稿本）

載筆江干畫舫移，四湖煙景作吟資。
任他報社分高下，得意之詩即好詩。

60 年 6 月 29 日

## 26.敬步林詞長友笛八一偶成原玉 <small>翁文登 七律一首</small>

異彼湘中一老奇，既精弄笛又精詩。
尤思七碗評茶日，尚佩千言下筆時。
益壽延年知有術，稱觴祝嘏豈能辭。
杖朝去歲吟成集，再和新篇續介眉。

晚生翁文登待刪稿

## 27.贈友笛先生 <small>翁文登 七絕一首</small>

友誼堪稱同鮑叔，笛聲好弄比桓伊。
詞源泉湧欽才調，兄實長於疊韻詩。

文登作 待刪

編者註：翁文登，嘉義義竹人，義竹竹聲吟社社員。業代書，與周文俊、蔡和泉、翁孟之諸人交遊甚篤。

# 涂俊謀

## 1.謹步林友笛先生八十書懷瑤韻 <small>涂俊謀 七律二首之一</small>

詩文之友 36 卷 6 期 1972.10.1（又見手稿本）

襟懷磊落志橫秋，品茗談詩可解憂。
三徑猶存忘富貴，一生閒散傲王侯。
杖朝還喜吟軀健，山野探幽結伴遊。
悟徹真詮塵世事，何須卜卦問緣由。

## 2.謹步林友笛先生八十書懷瑤韻 <small>涂俊謀 七律二首之二</small>

詩文之友 36 卷 6 期 1972.10.1（又見手稿本）

堪羨四湖近水鄉，風光綺麗異尋常。
裁詩遣興吟情逸，種菊偏耽晚節香。
積德累仁增福壽，修身養性善心腸。
高齡八十精神健，海屋籌添百歲長。

## 3.謹步林友笛先生戊申中秋待月瑤韻 涂俊謀 七絕二首之一 1968 年
詩文之友 29 卷 2 期 1968.12.1

十五團圓尙未昇，偏逢全蝕喜難勝。
蔚成奇景今初見，勝賞攜來一盞燈。

## 4.謹步林友笛先生戊申中秋待月瑤韻 涂俊謀 七絕二首之二 1968 年
詩文之友 29 卷 2 期 1968.12.1

庭中待望一輪盈，薈萃吟朋大有情。
偏巧今宵逢月蝕，三更始見十分明。

## 5.謹步林友笛先生放浪吟原玉 涂俊謀 七律一首
詩文之友 33 卷 1 期 1970.11.1（又見手稿本）

慚余握算市塵間，何似躬耕樂性嫺。
絕妙詩翁耽老圃，好教文士煆身關。
常時種菜勤澆水，暇日扶筇飽看山。
久仰高齡將八秩，青春氣質未曾刪。

## 6.謹步林友笛先生庭中拾翠瑤韻 涂俊謀 七律二首之一
詩文之友 30 卷 5 期 1969.9.1

扮鄉傾望博佳譽，頻見庭前駐客車。
入幕高談來舊雨，挑燈獨坐讀新書。
清吟每愛風和月，佐飯何妨肉與蔬。
世上榮枯渾不管，文章充實惜三餘。

## 7.謹步林友笛先生庭中拾翠瑤韻 涂俊謀 七律二首之二
詩文之友 30 卷 5 期 1969.9.1

生平嗜好是名茶，癖似盧仝興更加。
拓圃躬耕人食力，攤箋撰句筆生花。
安閒偏愛高人畫，棲隱堪稱處士家。
奏樂吟詩銷俗慮，慨然待客有甘瓜。

## 8.謹步林友笛老先生八一偶成原玉 涂俊謀 七律一首

深羨年來句更奇，貯藏吟篋盡新詩。
管他濁世榮枯事，穩健雄才老大時。
常愛品茶兼種菊，橫吹短笛譜清辭。
杖朝晉一精神好，滿眼兒孫喜展眉。

註：本詩附有小札一句：不穩之處請刪改是禱。
　　晚涂俊謀未是草

編者註：涂俊謀（1912-1983?），嘉義中埔人。曾拜師黃傳心習詩。居斗六二十餘年，
　　　　一說經商失敗，遷往臺北。

## 孫朝明

### 1.次林友笛先生祝蘇平祥詞友令郎志忠君與王素女小姐結婚原韻 孫朝明 七律一首

詩文之友 26 卷 3 期 1967.7.1

關雎一闋詠高門，春暖洞房締夙婚。
稱意花開明玉鏡，同心果結佐金樽。
牽絲繡幃姻緣定，題葉御溝韻事存。
願爾蘇家多秀茁，循陔桂子繞蘭孫。

> 編者註：孫朝明（1939-2006 在世），字樂聖，又字義光，號逸人，筆名元英、亶父。
> 孫氏乃求得軒書齋李西端弟子，嘉義高工畢業，鄉勵吟社社員。

## 許柏年（遂園）

### 1.次林友笛先生詠菊城瑤韻 許遂園 七律一首

詩文之友 39 卷 2 期 1973.12.1

鼓吹騷風啓後生，斲輪老手夙馳名。
心聲致力宣詩教，彩筆如椽詠菊城。
得享高齡修厚德，爲憐晚節賞寒英。
涉園成趣身安逸，芳躅追陶壽繼彭。

### 2.致友笛先生書信 許遂園 信札一封

友笛詞兄大鑒：

　　曩於粘漱雲詞兄宅，敬聆蘭言，獲益良多，同時漱雲兄以詞兄之大作八十書懷二首見示悉和，因 弟年來詩思大澀，作詩遲鈍，索盡枯腸，並無好句，只敬和一首奉上，乞斧正，耑此。并候吟祺。

**敬次友笛詞兄八十書懷原玉** 七律一首
豪吟老氣欲橫秋，豁達胸襟未有憂。
風物無邊供琢句，林泉遯跡勝封侯。
嗜茶陸羽推同調，愛笛桓伊是舊遊。
最羨八旬腰腳健，好山好水盡經由。

弟 遂園敬上　十一月廿一日

> 編者註：許柏年（1905-1940?），號遂園，鹿港人。

# 許然

## 1.次林友笛先生退隱偶成瑤韻 許然 七律一首

詩文之友 26 卷 4 期 1967.8.1

小謫塵寰不計年，風雲世態幾推遷。
無邪思誦詩三百，盡醉貧沽酒十千。
庭敞儘堪旋驥足，身閒端合結鷗緣。
四湖若作西湖擬，一箇蓬壺小洞天。

編者註：許然，字藜堂。爲人俠義詼諧，嘉義文人詩集中常見序跋，曾任嘉義市參議員。

# 陳月霞

## 1.敬和友笛先生六十書懷瑤韻 陳月霞 七律四首之一

無復苔岑判異同，遣懷差慰寂寥中。
未親芝宇神先會，欲和陽春墨已窮。
氣勃君真龍化劍，才微我愧鳥驚弓。
唱酬聊與敦風雅，敢藉偏師詡一雄。

## 2.敬和友笛先生六十書懷瑤韻 陳月霞 七律四首之二

涼生枕簟雨初乾，漸喜秋光燦筆端。
釀菊介眉爭獻頌，契蘭披膽共言歡。
吟風大可驅殘暑，步月寧辭冒嫩寒。
到處儘多詩料好，了無俗慮惹長嘆。

## 3.敬和友笛先生六十書懷瑤韻 陳月霞 七律四首之三

不慕高陽只點茶，管他世事日花花。
文章灑脫傾三峽，機杼清新自一家。
獨愛東籬培瘦菊，閒依古木數歸鴉。
騷人獲此逍遙境，尸位公侯蔑以加。

## 4.敬和友笛先生六十書懷瑤韻 陳月霞 七律四首之四

咸歌耳順祝靈辰，猶抱知天矍鑠身。
處世毋需方外術，養生早得性中真。
事多諳鍊溫而理，學有淵源妙入神。
深羨儒家留本色，果然憂道不憂貧。

後生陳月霞待刪稿

# 陳志淵（阿麻）

## 1.步瑤韻寄懷友笛詞長 陳志淵 七律一首

詩文之友 26 卷 4 期 1967.8.1

> 江湖逐浪幾多年，世態如雲看變遷。
> 累我聰明情了了，由他恩怨感千千。
> 閒鷗野鷺成知己，利鎖名繮早斷緣。
> 道義雙肩詩一卷，此生豈敢負青天。

## 2.奉和林友笛先生秋日書懷 陳志淵 七律一首

詩文之友 35 卷 2 期 1971.12.1（又見手稿本）

> 野鷺閒鷗最有情，煙霞嘯傲海天清。
> 笛堪邀友崇先覺，茶可提神啓後生。
> 腹裡人多藏劍戟，胸中誰不動刀兵。
> 閒來自檢能無愧，既往休關辱與榮。

註：本詩附有小札一封：

奉誦秋日佳作，天衣無縫，僅「心結忘憂草」句價值連城，使人沈醉而惹相思，十二年來老鰥之弟寧無動心乎？嘉義詩人大會未睹吟駕光臨，使弟大失所望，有暇敬請來遊，至表歡迎，並祝精神愉快。

弟志淵敬啓　十月十六日

## 3.致友笛先生書信 陳志淵 信札二封之一 1968 年

友笛詞長吾兄吟鑒：

際茲夏令，敬惠吟軀清吉奉賀之至。敬啓者，本鎮豐漁街新建聖德堂，頗有壯麗，近竣工之階段，前向各地詩友徵聯。如附說明請作參考。茲已截收，共得一百餘聯，懇請三位詞宗各選二十聯，最高分爲二十點，最低分爲一點，合點以定名次，勒石以資誌盛，敬請吾兄不吝精神，請速過眼定分是爲至禱，備工待勒，亦祈隨手擲下爲幸甚也，費神之處自當以報萬一。

此懇　並請

吟安。

弟陳志淵懇託　五十七年八月五日

林友笛自註：八月七日正午接信，即日評選，八月八日送回，一三〇聯選二〇聯。

## 4.致友笛先生書信 陳志淵 信札二封之二

友笛老兄吟鑒：

敬啓者，兄弟知心無須套語，茲呈詞宗紀念品特製派克鋼筆一支，

敬請哂存爲荷，另寄上聯稿一八五聯，內自零號起至十九號計廿三聯爲　愚兄與十位詞友所合撰，並請斧正爲禱。敬煩共選取一百名，選畢敢煩隨手擲還，爲工人急待勒字，查東港東福宮奉祀城隍爺，頗有靈應，這回重建，堂皇美觀，徵聯紀念。

東港名勝：東津垂釣、鎮海聽濤、南浦觀魚、琉球夕照等，請作參考，謹書奉託，並祝精神愉快。（聯限八字至十五字）

十一月廿一日　弟陳志淵相託

## 5.敬步林友笛先生七八自嘲瑤韻 陳志淵 七律一首

詩文之友 33 卷 3 期 1971.1.1

壽長體壯願相期，種福田人且勿悲。
富貴無如存道義，金錢豈及美妻兒。
不知老到風兼月，有好朋來酒與詩。
七八七三差五歲，弟兄都是少年時。

## 6.敬步林友笛先生戊申中秋待月瑤韻 陳志淵 七絕四首之一 1968 年

詩文之友 29 卷 2 期 1968.12.1

月道雖昇似未昇，人多失望感難勝。
天昏地暗余無管，爲有心頭一盞燈。

## 7.敬步林友笛先生戊申中秋待月瑤韻 陳志淵 七絕四首之二 1968 年

詩文之友 29 卷 2 期 1968.12.1

有時虧累有時盈，月與人同一例情
縱使眼前逢缺陷，休教心鏡失光明。

## 8.敬步林友笛先生戊申中秋待月瑤韻 陳志淵 七絕四首之三 1968 年

詩文之友 29 卷 2 期 1968.12.1（又見手稿本）

懷園坐待月東昇，乍見含羞感不勝。
我有真情今夜訴，會心何用點明燈。

懷園主人陳志淵車中作

## 9.敬步林友笛先生戊申中秋待月瑤韻 陳志淵 七絕四首之四 1968 年

詩文之友 29 卷 2 期 1968.12.1（又見手稿本）

嫦娥正面喜盈盈，鏡破重圓更有情。
自是相親都不厭，慇懃伴我坐天明。

懷園主人陳志淵車中作

## 10. 敬步林友笛先生年頭試筆瑤韻 陳志淵 七律一首

詩文之友 34 卷 3 期 1971.7.1

羨兄脫俗似巢由，天上閒雲海上鷗。
忘勢逃名真處士，裁瓜種豆勝封侯。
一生富貴三更夢，百樣繁華半刻收。
旋馬庭前風月好，梅花笛弄快心頭。

## 11. 敬步林友笛先生庭中拾翠瑤韻 陳志淵 七律二首之一

詩文之友 30 卷 5 期 1969.9.1

心廣體胖不過譽，庭前常列老爺車。
詩成七字欣吹笛，茗盡三杯便讀書。
課子耕孫千畝地，留賓待客半畦蔬。
彌甘蔗境精神健，挖雅揚風樂有餘。

## 12. 敬步林友笛先生庭中拾翠瑤韻 陳志淵 七律二首之二

詩文之友 30 卷 5 期 1969.9.1

獨羨仁兄善飲茶，清心明目壽彌加。
五絃不奏凰求鳳，三弄編教蝶戀花。
一老胸懷寬學海，四湖風月落詩家。
躬耕自昔推諸葛，栽菊培蘭種邵瓜。

## 13. 敬步林友笛先生退隱偶成瑤韻 陳志淵 七律一首

詩文之友 26 卷 4 期 1967.8.1

詩酒縱橫似少年，急流勇退勝高遷。
頻臨月鏡常三五，不管人情變萬千。
安樂欣君兒有肖，浪遊愧我富無緣。
望風遙祝吟軀健，地步寬同海接天。

## 14. 敬步林友笛先生閒中偶成瑤韻 陳志淵 七律一首

詩文之友 28 卷 5 期 1968.9.1

富貴浮雲我不思，喜談風月性難移。
教徒從政勤修禮，課子居家學作詩。
世態何堪趨赤化，人心急變近蠻夷。
祝兄吟健閒旋馬，愧弟無功鬢亦絲。

## 15. 敬步林友笛先生閒中偶詠瑤韻 陳志淵 七律一首

詩文之友

七四殘棋局未收，從頭聽我說來由。

留賓投轄兄同癖，益友傾囊自不愁。
扢雅無須扶老杖，揚風有待濟時舟。
依然好勝雄心在，會戰群仙不厭悠。

## 16.敬步林友笛先生苦雨瑤韻 陳志淵 七律一首

詩文之友 28 卷 5 期 1968.9.1

男成室矣女成家，窗外催詩興更加。
獨喜連天連夜雨，五元買得一蘿瓜。

## 17.敬步林友笛先生寓齋書懷瑤韻 陳志淵 七律一首

詩文之友 35 卷 1 期 1971.11.1（又見手稿本）

詩債未完酒愧賒，任人爭逐亂如麻。
健康似我能忘利，長壽如兄獨好茶。
東港漁翁遊俠子，四湖處士篤農家。
不求聞達歌同調，淡淡交情老愈加。

　　註：本詩附有小札一封：

　　　　昨日絕早專車到高雄，為辦理陳委員江山之次子喪事，至萬家燈火後，返抵
　　東港家中，拜吟佳作，飄飄欲仙之慨，興起敬步瑤韻，不計工拙，以表心情
　　而已，勿哂為幸，藉此並祝精神愉快，林友笛先生斧正。

　　　　　　　　　　　　　　　　　懷園主人七四叟　陳志淵敬和

## 18.敬和笑儂詞長 陳志淵 七律一首

談瀛肯許列仙班，風雨聯吟豈等閒。
即席香留花欲語，題襟句得玉鳴環。
論交詩酒忘形外，結客江湖意氣間。
漫道蟫魚空食字，斯文一線總相關。

　　編者註：陳志淵（1897-1988?），號阿麻，高雄鹽埕區人。隨父移居屏東東港鎮，
　　　　　　從事養魚業。

# 陳昌言

## 1.友笛大兄麥秋偶成詩見示謹次原玉 陳昌言 七律一首

一聲牧笛認歸童，世外長欽鬢鑠翁。
日怕江頭歌白水，時欣麥隴挹清風。
知無利祿餘胸際，儘有詩書滿腹中。
富貴人間原是夢，何須休咎問蒼穹。

　　註：本詩附有小札一封：

　　　　雲春樹今猶依依在抱也，東勢厝四湖諒必相距不遠，晤時煩為道好有便請同

吾兄過我一遊，幸爲如何也。

謹肅　順頌

夕安。

弟昌言敬上　五月廿五日

編者註：陳昌言，又名志光，臺南佳里人。曾經商日本、大陸。光復後執教於佳里，桃李甚眾。

# 陳南要

## 1.致友笛先生書信 陳南要 信札二封之一

友笛先生大鑒：

逕託者，查本寺徵詩題爲：「擊楫誓」七絕元韻，稿件另送，擬請先生俯賜評選十五名，並祈一週間內擲寄以便發表，倘蒙允諾，則感大德爲無涯矣。

此請　即頌

文祺。

弟陳南要叩上　八月十九日

又者：詩稿以祖生爲祖逖，在辭源載：祖生爲祖逖之友，如混爲同一人，恐失真義，不審以爲然否？敢煩便中惠示，又及。

## 2.致友笛先生書信 陳南要 信札二封之二

友笛先生大鑒：

刻奉寄稿件及函，謹悉。使不勝其煩，不勝其勞，銘甚感甚矣。至今 弟所言，祖生爲祖逖之友，如混爲同一人事，弟在未復示已查考，唯辭源載有祖生祖逖，又祖生之字下（劉琨傳）祖生先我著鞭，而輕率認爲二個人者，乃 弟之錯謬也。嗣後益覺滋愧矣。望　先生見諒耳。此復兼申謝忱，即頌

文祺。

弟陳南要上　八月廿三日

# 陳垂紳

## 1.次林友笛先生八十書懷瑤韻 陳垂紳 七律二首之一

詩文之友 37 卷 1 期 1972.11.1（又見手稿本）

八秩遐齡頌萬秋，樂詩齊秀又無憂。
清高品格勤猶儉，雅健文章正且侯。
堪媲萊萊欣戲綵，可追尼父樂週遊。
滿庭蘭桂皆芬馥，福慧雙修享自由。

## 2.次林友笛先生八十書懷瑤韻 陳垂紳 七律二首之二

詩文之友 37 卷 1 期 1972.11.1（又見手稿本）

卅年服務離家鄉，誠懇奉公績異常。
勇退讓賢詩樂樂，閒居養性酒茶香。
修身汲汲心金鐵，踐善孜孜志石腸。
滿眼兒孫欣繞膝，高齡八秩更增長。

## 3.次林友笛先生秋日書懷瑤韻 陳垂紳 七律一首

詩文之友 35 卷 3 期 1972.1.1

老年何處抒心情，身裏無邪氣自清。
夜到洗塵期好夢，朝來種菊樂餘生。
詩吟藝苑留文跡，筆振騷壇放紙兵。
莫問萍蹤人底事，而今何必論枯榮。

> 編者註：陳垂紳（1901-1971 在世），世居臺南新營，鹽水分學校、臺北師範畢業，
> 作育英才四十餘年，1964 年 11 月以新營家商校長職致仕。曾為新柳吟社成
> 員，著有《垂紳詩集》。

# 陳皆興（可亭）

## 1.七十書懷 陳皆興 五言詩四首之一

我生雖日據，所讀還舊書。
每憾少失學，壯志覺難舒。
廿五遊禹域，本思奮起予。
終因高堂在，定省不能虛。
承歡謀菽水，夜靜樂三餘。
耽讀今如故，難將積習除。

## 2.七十書懷 陳皆興 五言詩四首首之二

前塵一回首，日月快如梭。
勵志師前哲，為民敢憚勞。
治家勤與儉，未敢效時髦。
生平重節義，以此訓兒曹。
事惟分曲直，那計毀與褒。
不踰心所欲，為善樂陶陶。

## 3.七十書懷 陳皆興 五言詩四首之三

三載膺民社，前賢足我師。

清勤常自懍，治牘每忘疲。
但求心無愧，何須口盡碑。
閒惟親筆墨，潤不染膏脂。
萬端猶待理，瓜代已及期。
考功慚報最，庶續未咸熙。

### 4.七十書懷 陳皆興 五言詩四首之四

繞宅多古樹，時聞禽鳥聲。
此中有幽趣，坐對足怡情。
弄孫常自樂，賭句結詩盟。
訪舊共清話，每勞置酒航。
酒菸皆摒絕，藉以學養生。
人事感滄桑，為謝利名爭。

可亭陳皆興待刪稿

### 5.致友笛先生書信 陳皆興 信札一封

友笛詞長吟席：

久疏音候，渴想彌殷，緬維粵居定多佳吉，為無量頌。曩者承惠下之吾兄七八自嘲，近因心緒如麻，又連赴北部多次，致一時未得奉和，殊為抱歉，幸希諒之，茲謹步原玉奉呈，拙劣不堪，望勿見哂而削正之，則幸甚焉，

耑此 順頌
吟祺。

弟陳皆興敬啟 十一月一日

### 6.敬次友笛先生惠贈原玉 陳皆興 五律一首

詩文之友 27 卷 5 期 1968.3.1

矍鑠斯翁也，稀齡鬢未斑。
優遊遂初服，頤養駐朱顏。
開卷晨溫史，披圖夜看山。
安閒忘歲月，秋去又春還。

### 7.敬步友笛先生八十書懷瑤韻 陳皆興 七律二首之一

詩文之友 37 卷 1 期 1972.11.1

檄詞遙寄祝千秋，樂道怡然散百憂。
藝苑聯吟欣遣興，書城坐擁勝封侯。
庭栽蘭桂皆榮發，室掛畫圖可臥遊。
一盞香醪詩一卷，林泉高蹈效巢由。

## 8.敬步友笛先生八十書懷瑤韻 陳皆興 七律二首之二

詩文之友 37 卷 1 期 1972.11.1

聲華籍甚播枌鄉，四代同堂守五常。
瑞藹門閭鍾淑氣，家傳詩禮溢書香。
杖朝此日渾忘老，步韻深宵索盡腸。
廿載期頤重獻頌，謳歌醉舞引杯長。

## 9.敬步友笛先生冬日書懷原玉 陳皆興 七律一首

無情歲月漫相侵，絕好湖山好共尋。
默禱惟新消浩劫，遣愁權且託高吟。
修身原自珍爲玉，得句敢云貴似金。
窮達榮枯何足論，與君同保歲寒心。

## 10.敬步友笛先生退隱偶成原玉 陳皆興 七律一首

詩文之友 27 卷 3 期 1968.1.1

嘯傲湖山年復年，渾忘歲月幾推遷。
咸期薪膽開新運，眼望兵烽靖大千。
恆藉琴樽聯舊雨，每將翰墨結因緣。
懸車應喜身多暇，林下優遊養性天。

## 11.敬步友笛先生惠贈原玉 陳皆興 七絕一首

詩文之友 27 卷 3 期 1968.1.1（又見手稿本）

羨君佳句絕纖塵，豪爽襟懷意氣新。
愧我未能拋俗累，至今猶自作勞人。

## 12.敬步友笛詞長七八自嘲原玉並此以祝 陳皆興 七律一首

詩文之友 33 卷 3 期 1971.1.1（又見手稿本）

回首青春不可期，豪情未減有何悲。
羨君日日嘗佳茗，喜我朝朝弄小兒。
入世應教空色相，寄懷聊自苦吟詩。
裁箋遙獻南山頌，歲歲年年十八時。

七二青年陳皆興敬頌

## 13.敬步友笛詞長苦雨原玉 陳皆興 七絕二首之一

詩文之友 28 卷 4 期 1968.8.1（又見手稿本）

終宵豪雨似盆傾，積潦能消出鳳城。
尤喜柏油鋪道遍，敢將治績向人鳴。

陳皆興自註：余縮高雄縣篆縣境道路鋪柏油殆遍。

## 14.敬步友笛詞長苦雨原玉 <sub></sub>陳皆興 七絕二首之二

詩文之友 28 卷 4 期 1968.8.1（又見手稿本）

騎春一雨竟相聯，望盡平疇水溝田。
愁殺農人收穫苦，願求早日現晴天。

## 15.謹步友笛詞長惠示寄懷原玉 陳皆興 七律一首

詩文之友 28 卷 4 期 1968.8.1（又見手稿本）

諸羅曾憶共談時，禮失今欣見禮儀。
寄我新詩情切切，與君舊約駕遲遲。
看花每喜隨騷客，握管無端感黍離。
漸覺年來知己少，高山流水賞音誰。

　　編者註：陳皆興（1898-1983?），字可亭，高雄市人，後移居鳳山，曾任臺灣省省
　　　　　議員，高雄縣長。曾任鳳岡吟社社長。

# 陳堅志（竹峰）

## 1.次林友笛先生退隱偶成瑤韻 陳竹峰 七律一首

詩文之友 26 卷 6 期 1967.10.1

草綠池邊不計年，風騷豈與歲華遷。
定交知己朋三五，漫抱離鄉恨萬千。
攜屐名山堪寄趣，聽經梵宇且隨緣。
詩能養性囊常滿，花月湖西別有天。

## 2.夏日雜詩 陳竹峰 七絕六首之一

詩文之友 41 卷 1 期 1975.1.1

酒榼詩囊破寂寥，濃陰連接路迢迢。
年來消息如相問，管領溪山過野橋。

## 3.夏日雜詩 陳竹峰 七絕六首之二

詩文之友 41 卷 1 期 1975.1.1

晝永門閒意不紛，漫懷興廢起風雲。
鳥啼自叶宮商韻，有幾知音倚檻聞。

## 4.夏日雜詩 陳竹峰 七絕六首之三

詩文之友 41 卷 1 期 1975.1.1

如秋雨過不勝情，涼氣侵襟快莫名。
萬事頓忘酣午夢，不知遐邇鬧蟬聲。

## 5.夏日雜詩 陳竹峰 七絕六首之四

詩文之友 41 卷 1 期 1975.1.1

笑談世事一樽中，可貴身閒興不窮。
莫道難尋消暑地，樹搖頻送半窗風。

## 6.夏日雜詩 陳竹峰 七絕六首之五

詩文之友 41 卷 1 期 1975.1.1

彭澤歸來事可提，堂深未覺夕陽低。
自安筆硯幽窗下，長夏風光入小題。

## 7.夏日雜詩 陳竹峰 七絕六首之六

詩文之友 41 卷 1 期 1975.1.1

掃徑鋤雲豈憚煩，芳蘭飄馥出庭垣。
何秋車馬偏嫌僻，早澹名心拓奇園。

## 8.謹步友笛詞長八二華誕書懷原玉 陳竹峰 七律一首 1974 年

詩文之友 41 卷 2 期 1975.1.1（又見手稿本）

誕辰易俗蛋炊糕，可比松齡氣自豪。
萬壽祥徵彭澤菊，千秋艷放武陵桃。
人頻側耳欣聞笛，興到臨池羨縱毫。
耽樂耽詩饒逸趣，齊家垂範豈言勞。

　　　甲寅仲秋　弟陳竹峰
　　註：手稿一作詩題為：
　　　　謹和友笛詞兄八二華誕喜吟瑤韻并乞斧正。
　　註：蛋坎糕，手稿一作卵炊糕。
　　　　可比，手稿一作喜比。
　　　　側耳，手稿一作傾耳。
　　編者註：陳堅志，字竹峰，新竹人，久居花蓮市。曾任奇萊吟社社長，蓮社社員。

# 陳輝玉

## 1.敬步友笛先生庭中拾翠瑤韻 陳輝玉 七律二首之一

詩文之友 30 卷 5 期 1969.9.1

熱不因人博美譽，健身安步當吟車。
友來品茗談今古，客去移燈讀史書。
藝圃勤培三徑菊，庭園力種四時蔬。
玄機早悟陰機險，抱甕雖勞樂有餘。

## 2.敬步友笛先生庭中拾翠瑤韻 陳輝玉 七律二首之二

詩文之友 30 卷 5 期 1969.9.1

兩腋風生七碗茶，潤喉止渴盼增加。
霜筠吹落天邊月，雪案揮開筆底花。
錦繡文章堪報國，聖賢詩禮好傳家。
村居樂趣心儀久，愧乏庭園共種瓜。

## 3.敬步友笛先生退隱偶成瑤韻 陳輝玉 七律一首

詩文之友 26 卷 4 期 1967.8.1

歲月優遊不計年，駒光荏苒世情遷。
暢吟今古詩三百，興涉林泉路萬千。
賡韻我叨風雅契，息機人結鷺鷗緣。
何時偷得清閒日，旋馬庭前共樂天。

## 4.敬步友笛先生閒中偶成瑤韻 陳輝玉 七律一首

詩文之友 28 卷 5 期 1968.9.1

半事無成費苦思，年華虛度歲頻移。
傷時阮籍情狂酒，愛國陸游意託詩。
台嶠衣冠歸正統，中原文物化蠻夷。
烽煙阻斷鄉關路，有客天涯感鬢絲。

## 5.敬步友笛先生苦雨瑤韻 陳輝玉 七絕一首

詩文之友 28 卷 5 期 1968.9.1

連朝霪雨苦農家，畎畝成池水害加。
省識蒼天晴有日，卻憐解暑食無瓜。

## 6.敬步友笛先生祝蘇平祥詞友令郎志忠君與王素女小姐結婚原韻 陳輝玉 七律一首

詩文之友 26 卷 4 期 1967.7.1

洋洋喜氣滿蘇門，華燭聯輝慶結婚。
蒂綰同心人似玉，筵開合巹酒盈樽。
芙蓉帳暖春情溢，荇菜詩賡韻事存。
今夜熊羆徵叶夢，明年更祝抱文孫。

## 7.敬步友笛詞翁八一偶成瑤韻 陳輝玉 七律一首

益壯精神句更奇，齡高八一倍耽詩。
身無俗累吟終日，室有和風樂四時。

興品夷茶聯舊雨，雅吹竹笛譜新辭。
雲林耆宿推三老，唾玉咳珠仰白眉。

編者註：陳輝玉（1915-2004），號虎丘藥叟，出生嘉義朴子，定居雲林虎尾。三十
六歲創設泰安藥廠。曾任雲林詩人聯吟會理事長。著有《輝玉吟草正續集》。

# 陳錫津

## 1. 斗山話舊 陳錫津 七律一首

詩文之友 40 卷 3 期 1974.7.1

斗山風月共題襟，此日重來翦燭吟。
滿腹離愁一樽酒，半窗燈火十年心。
滄桑劫後嗟興廢，人物場中論古今。
旦喜故知長健在，願教分手報佳音。

## 2. 次和林友笛詞兄丙申中秋待月原玉 陳錫津 七絕六首之一 1956 年
玉鏡冰壺夜色闌，雲遮散逸不須嘆。
句當清韻林家笛，待到團圓仔細看。

## 3. 次和林友笛詞兄丙申中秋待月原玉 陳錫津 七絕六首之二 1956 年
去年記得月華時，三五成群喜賦詩。
一見今宵雲斂影，待看光照展雙眉。

## 4. 次和林友笛詞兄丙申中秋待月原玉 陳錫津 七絕六首之三 1956 年
月色秋光減去年，猜拳勝負致冷然。
濃雲早散人間望，皓魄當空照酒筵。

## 5. 次和林友笛詞兄丙申中秋待月原玉 陳錫津 七絕六首之四 1956 年
中宵雲散月華明，品茗吟詩轉眼更。
報曉靈雞人暫起，國防噴射機飛鳴。

## 6. 次和林友笛詞兄丙申中秋待月原玉 陳錫津 七絕六首之五 1956 年
中庭月朗好風光，難得今宵興味長。
直待三更雞報曉，恐驚玉鏡下西廂。

## 7. 次和林友笛詞兄丙申中秋待月原玉 陳錫津 七絕六首之六 1956 年
待到秋光有特殊，團圓明月映吟軀。
如斯長在清輝夜，朗朗青霄照四湖。

民國四十五年十一月廿八日

## 8. 次和林友笛詞兄漫遊大貝湖原玉

湖畔即景 陳錫津 七絕六首之一 1956 年

內外靈湖別有天，風光萬籟樂陶然。
明山秀水清如許，愧我無緣伴學仙。

## 9. 次和林友笛詞兄漫遊大貝湖原玉

過萬象台 陳錫津 七絕六首之二 1956 年

萬象台亭望遠眸，煙波綠水興偏幽。
吾無把握談經濟，豈敢同登范蠡舟。

## 10. 次和林友笛詞兄漫遊大貝湖原玉

行過樂台 陳錫津 七絕六首之三 1956 年

明媚風光快樂台，參觀騷客不須猜。
群花艷色千重錦，點點芳心雀啅開。

## 11. 次和林友笛詞兄漫遊大貝湖原玉

坐駕鴦椅 陳錫津 七絕六首之四 1956 年

駕鴦椅坐好欹身，目送秋波不染塵。
時有天風吹下界，遊來此地屬精神。

## 12. 次和林友笛詞兄漫遊大貝湖原玉

步過樂橋 陳錫津 七絕六首之五 1956 年

曳杖尋詩步樂橋，湖中水影望迢迢。
歸心萬里隨流去，忘返故鄉北斗遙。

## 13. 次和林友笛詞兄漫遊大貝湖原玉

水柱擎天 陳錫津 七絕六首之六 1956 年

擎天水柱上超奇，高聳飛泉大小差。
日夜長流科學力，源頭不斷自強支。

民國四十五年十一月廿八日

## 14. 次韻湖山巖即景　陳錫津 七律一首

來遊湖上景天然，題句蓮花色更妍。
階級寺前延卅八，聽經佛義遍三千。
江山無恙添詩興，鷗鷺多情話夙緣。
不恨西風催鬢白，同看物外夕陽天。

## 15. 次韻詠湖山禪寺 　陳錫津　七絕一首

湖畔風吹解語蓮，山峰古剎獨巍然。
禪心悟佛將何處，寺院僧尼共一天。

## 16. 和林友笛先生六十書懷原玉 　陳錫津　七律四首之一　1952 年

異鄉久住本居同，事務精勤在旅中。
飲酒開懷懷不盡，吟詩作賦賦無窮。
登高客醉風吹帽，射虎人歸雪滿弓。
際此三民行主義，男兒到處志豪雄。

## 17. 和林友笛先生六十書懷原玉 　陳錫津　七律四首之二　1952 年

吟詠追懷墨未乾，嘗深世道感爭端。
恨天終古誰能補，別酒由來不盡歡。
絕好風光偏傍晚，宜春氣象轉添寒。
雄心猶聽健兒曲，老境倍增投筆歡。

## 18. 和林友笛先生六十書懷原玉 　陳錫津　七律四首之三　1952 年

盧全七碗試名茶，際此新春感物華。
飛碟日行三萬里，輕煙散入五侯家，
青天直上一行鷺，古木亂啼數點鴉。
風骨嶙峋寒不折，白頭顧盼老猶加。

## 19. 和林友笛先生六十書懷原玉 　陳錫津　七律四首之四　1952 年

運命由來十二辰，逍遙歲月好吟身。
心能抱忍終何損，情不成癡未算真。
大雪洗平塵世界，孤燈鍊出夜精神。
人生有酒須當醉，海內虛名莫救貧。

　　　　　　　　雲峰指迷陳錫津和撰　中華民國四十一年三月廿九日

## 20. 祝林友笛先生光臨誌喜 　陳錫津　七絕一首

　　　　　　　　　　　陳錫津《臺澎遊歷雜詠詩集》1972 年

詩名海內垂當今，何幸高軒此日臨。
扢雅揚風肩大任，騷壇仗作指南針。

## 21. 湖山大佛寺與林友笛、張立卿先生 　陳錫津　七絕一首　1973 年

　　　　　　　　　　詩文之友 40 卷 5 期 1973.10.1

偷閒邀友試湖山，三老車中喜展顏。
一到禪門忘俗慮，寄身如在白雲間。

　　　　　　　　　　　　　　　7 月 31 日

## 22.敬和林友笛先生庭中拾翠原玉 陳錫津 七律二首之一 1969 年

詩文之友 31 卷 2 期 1969.12.1（又見手稿本）

又值新涼入廣譽，門勞長者每停車。
雲山臥復遊無處，老境閒來但著書。
銃後文章期報國，酒邊風味愛秋蔬。
從茲願訂芝蘭契，醉裡狂吟樂有餘。
　　註：遊無處，手稿一做都無夢。
　　　　從茲，手稿一做從今。

## 23.敬和林友笛先生庭中拾翠原玉 陳錫津 七律二首之二 1969 年

詩文之友 31 卷 2 期 1969.12.1（又見手稿本）

嫩芽包種水仙茶，臺島烏龍興倍加。
味到書中神益爽，甘留舌底口生花。
嘗來七碗盧仝癖，讀盡三多陸羽家。
欲識暑寒須講究，品評仔細勝西瓜。

陳錫津賦呈　中華民國五十八年八月

## 24.聞林榮先生號友笛 陳錫津 七律一首

詩文之友 40 卷 3 期 1974.7.1

官商笛韻遠山城，尺八伊誰發正聲。
流水調高龍起舞，穿雲音嘹鳳和鳴。
吹非昔日蕭郎管，譜叶鄰家趙女箏。
風未定時波未靖，落梅折柳總關情。

## 25.謹次林友笛先生夜遊臺中納涼會即作原玉

陳錫津 五律一首 1956 年

茶莊芳茂會，結訓正歸休。
波影能銷夏，淒涼值晚秋。
好風沿海散，驟雨滿溪流。
似箭回鄉急，驅車一路悠。

民國四十五年八月十日

## 26.謹次林友笛先生重遊湖山巖寺中雜詠原玉

陳錫津 七絕一首

如來佛法見天真，覺一禪師是此身。
藉借西方消息近，風塵贖有善心人。

### 27.謹和林友笛詞兄七八自嘲原玉 陳錫津 七律一首

詩文之友 33 卷 3 期 1971.1.1

雲山遙遠會難期，每自狂歌樂勝悲。
爽朗羨君無老態，愚頑愧我有豚兒。
衣冠簡朴何傷雅，風景明幽合賦詩。
再過兩年剛八十，太公喜遇正同時。

### 28.謹和林友笛先生退隱偶成原玉 陳錫津 七律一首

詩文之友 26 卷 4 期 1967.8.1

退休清爽樂延年，著問滄桑世運遷。
瑞獻瑤臺開七五，筵頒蟠果結三千。
曳笻不負登山徑，鬪句重聯翰墨緣。
愧我寒廚無美味，敲詩煮酒好談天。

### 29.謹和林友笛詞兄春日重遊三秀園原玉 陳錫津 七絕三首之一

詩文之友 24 卷 2 期 1966.6.1

松煙柳綠景猶妍，三秀園中勝去年。
偏是騷人歡此日，賞心得意舊因緣。

### 30.謹和林友笛詞兄春日重遊三秀園原玉 陳錫津 七絕三首之二

詩文之友 24 卷 2 期 1966.6.1

眾卉迎風盡鬪妍，園庭秀麗會高年。
假山雲樹迷濛外，韻事詩章好結緣。

### 31.謹和林友笛詞兄春日重遊三秀園原玉 陳錫津 七絕三首之三

詩文之友 24 卷 2 期 1966.6.1

吐葩龍眼倍鮮妍，三秀風光莫問年。
寄語尋芳須放艷，騷人樂趣此生緣。

### 32.謹和林友笛詞兄苦雨原玉 陳錫津 七絕一首 1968 年

疊華怒放吉人家，一葉雙花興趣加。
何處美人臨夜半，攜燈欣賞食西瓜。

斗六陳錫津待刪　中華民國五十七年七月七日

### 33.謹和林友笛詞兄夏日雜詠原玉 陳錫津 七絕六首之一

詩文之友 23 卷 2 期 1965.12.1

炎威赫赫日憂煎，綠樹陰濃靄玉煙。
絕好管絃堪悅耳，詩心不醉亦陶然。

### 34. 謹和林友笛詞兄夏日雜詠原玉 陳錫津 七絕六首之二

詩文之友 23 卷 2 期 1965.12.1

應節禽鳴繫我思，秋容最好正當時。
一生事業惟耕讀，人生豪情在酒詩。

### 35. 謹和林友笛詞兄夏日雜詠原玉 陳錫津 七絕六首之三

詩文之友 23 卷 2 期 1965.12.1

歸老遊山夕浪翻，花能解語鳥能言。
長年不舍琴書樂，尼父高徒自滿門。

### 36. 謹和林友笛詞兄夏日雜詠原玉 陳錫津 七絕六首之四

詩文之友 23 卷 2 期 1965.12.1

不妨樽酒寄平生，自笑題詩浪得名。
風月也知騷客意，山川偏合雅人情。

### 37. 謹和林友笛詞兄夏日雜詠原玉 陳錫津 七絕六首之五

詩文之友 23 卷 2 期 1965.12.1

三層樓閣欲如何，戶稅房捐唱苦歌。
數甲田園經放領，一場春夢了無婆。

### 38. 謹和林友笛詞兄夏日雜詠原玉 陳錫津 七絕六首之六

詩文之友 23 卷 2 期 1965.12.1

為國捐軀竟作神，不撓不屈樂歸真。
古人難見書堪讀，共仰天祥正氣人。

### 39. 謹和林友笛詞兄閒中偶成原玉 陳錫津 七律一首 1968 年

閒步聖堂發古思，尼山泗水歲長移。
為消夏日雲林地，且詠春風曲阜詩。
大道參天光日月，至仁立極感華夷。
人情似蟹橫行甚，觸眼繽紛動腦絲。

斗六陳錫津待刪　中華民國五十七年七月七日

編者註：陳錫津（1893-1982），名芳國，字指迷。梧棲街人。1906、1907 年拜楊
　　　　爾材為師。二十三歲過繼斗六富女陳林寶氏為過房子。後服務警界，以
　　　　佩劍詩人身分躋身雲林詩壇。1934 年創志同吟社，1953 年創六鰲詩社，
　　　　1956 年創海山蒼吟社。

# 張李德和

## 1.次林友笛先生退隱偶成瑤韻 張李德和 七律一首

詩文之友 26 卷 4 期 1967.8.1

旋馬庭中不計年，江山幾度閱推遷。
花香異古繁三月，椿老須知過八千。
高嘯駒光真是幻，聯吟耽樂豈非緣。
逍遙茶飲能明眼，擊壤堯風與舜天。

## 2.致友笛先生明信片 張李德和 明信片二枚之一 1969 年

　　敬啓者拜讀芳翰，荷蒙過獎，歎甚。所云之事，余看後亦莫明其妙，是誤植人名或一字之誤植乎。試看八一頁，余所寫事實與下之所排全無中生有，太可笑，故稿送之時皆有盡讀，亦不得明記是誰之過。太委屈，奈何奈何！真是無妄之禍事也，太對不起，伏爲原諒，虔修片楮奉覆。
　　並候　吟安。
　請戡誤表看看就知拙之苦心。
　（菊友即廖重光先生，已故）

中華民國五十八年一月六日

## 3.致友笛先生明信片 張李德和 明信片二枚之二 1969 年

　　敬啓者久疏音問，抱歉殊深。諒貴體康安，爲賀爲祝。昨突承華札，拜讀西瓜吟大賦，覺趣味無窮，爰讀爰吟，生出另具一番意義焉，欽之佩之，前瀛社六十週年之慶，以爲　大駕必到，竟杳如黃鶴焉，　拙前月在房中吃飯，近月餘至十日前方屬平定，因血壓又突高，順流而降，托福。拜讀瓜吟堪笑堪懷，謹此奉復。
　　即候　吟安。

五十八年五月廿七日

## 4.童謠研究會序 張李德和 文章一篇

　　嗟夫世風日下，道德淪亡，此皆由教育失墜之來也。十年樹木，百年樹人，養之者，當有所以教之，故生而知者少，教而知者多，教與養並重。然自幼稚中，從視聽之環境，行感化之之方，尤不可忽焉，如以歌聲悠揚，引入睡鄉，以謠曲之簡明，示識邪正，此力豈非不亞於教之力也哉。蓋詞本於理，發於聲，動於言，一唱念間，有關善惡之提示，沁入腦裡，由化而感教，其影響者，良非淺鮮，鄙人因鑑及

此，倡集俗歌俚語，庶可激濁揚清，零斷候補充，不合理者修改，務期完璧，藉資啓發智能，俾益於教之一助云耳，是爲識。

辛卯春季　羅山女史李德和撰

編者註：李德和（1892-1972），西螺人，適張冠夫姓，署張李德和，爲日治時期少數女性高級知識份子之一。詩、書、畫俱佳，曾任省議員。

# 張卓（立卿）

### 1.土庫看勝錦珠 張立卿 七絕二首之一
南音善唱大明星，燕滑珠喉側耳聽。
藝術超群堪共賞，百觀不厭慰神靈。

### 2.土庫看勝錦珠 張立卿 七絕二首之二
客中何幸聽南歌，勝錦珠名賞識多。
花旦老生誇特色，鶯聲一囀送秋波。

### 3.六十一書懷 張立卿 七律四首之一

詩文之友 10 卷 4 期 1959.2.1
中華詩苑 9 卷 1 期 1959.1.1　中華詩苑 11 卷 4 期 1960.4.1

花甲纔周又一年，祗將翰墨結因緣。
星霜虛度當生日，兒女虔誠特設筵。
美酒豚蹄供醉飽，壽糕雞卵喜團圓。
齊眉雙慶堪娛老，利鎖名韁未許牽。

### 4.六十一書懷 張立卿 七律四首之二

詩文之友 10 卷 4 期 1959.2.1
中華詩苑 9 卷 1 期 1959.1.1　中華詩苑 11 卷 4 期 1960.4.1

一門三代學中醫，祖澤綿延繼建基。
慈愛齊人憑藥石，謙恭作則紹裘箕。
耶穌信奉存仁義，孔教遵崇讀史詩。
幸獨向平心已遂，安居樂道解雙頤。

### 5.六十一書懷 張立卿 七律四首之三

詩文之友 10 卷 4 期 1959.2.1
中華詩苑 9 卷 1 期 1959.1.1

雲林靄靄斗山蒼，四代相承號品芳。
勝日徘徊花塢外，閒時漫步柳橋長。
洗蘭移竹堪娛目，煮茗敲詩可潤腸。
許我中天增歲月，蓬萊島上探春光。

## 6.六十一書懷 張立卿 七律四首之四

詩文之友 10 卷 4 期 1959.2.1
中華詩苑 9 卷 1 期 1959.1.1

世居斗邑養餘生，好友光臨倒屐迎。
種菊三盆供雅賞，栽松滿架博新評。
花紅葉綠盈庭秀，燕語鶯聲繞砌鳴。
取次兒孫皆長大，琴書座右樂昇平。

## 7.立春前遊梅山望鶴亭 張立卿 七絕二首之一 1951 年

踐約梅山爲看花，萬千古樹正萌芽。
亭稱望鶴誠高雅，暢飲三杯興倍嘉。

## 8.立春前遊梅山望鶴亭 張立卿 七絕二首之二 1951 年

梅花開放正當時，惹我騷人欲賦詩。
十里山巔憑眺望，異香撲鼻透心脾。

民國四十年一月十七日　張立卿走定稿

## 9.拜訪葉清河先生感作 張立卿 七絕一首

中華詩苑 4 卷 6 期 1956.12.1

三人同訪石龜溪，卻喜先生恰在家。
設席相酬情繾綣，閒談不覺日斜西。

## 10.謹次吳景箕先生寄與友笛詞長原玉 張立卿 七律五首之一 1964 年

中華藝苑 20 卷 3 期 1964.9.1

古稀將屆合清閒，攜手登高望故關。
同賞鳥來添雅興，常遊碧水享幽嫻。
當年曾駐蟾蜍嶺，此日思探五虎山。
疊翠層巒風景好，吟成詩稿待君刪。

## 11.謹次吳景箕先生寄與友笛詞長原玉 張立卿 七律五首之二 1964 年

中華藝苑 20 卷 3 期 1964.9.1

不貪勢利好清閒，何必奔波走險關。
我愛栽松心自慰，君耽種菊志幽嫻。
孤舟探勝澎湖島，結伴登高大雪山。
勤讀聖經明道理，雲林棲隱把詩冊。

## 12.謹次吳景箕先生寄與友笛詞長原玉 張立卿 七律五首之三 1964 年

中華藝苑 20 卷 3 期 1964.9.1 （又見手稿本）

曾遊古刹白雲閒，釣利沽名我不關。
月夕友來同玩樂，花晨客去獨安嫻。
驅車海岸遊清水，涉足溪邊探碧山。
幸得吟軀猶健壯，榮華富貴逐年刪。

> 註：溪邊，手稿一作溪埔。
>
> 逐年刪，手稿一作待增刪。

### 13.謹次吳景箕先生寄與友笛詞長原玉 張立卿 七律五首之四 1964年

中華藝苑 20 卷 3 期 1964.9.1（又見手稿本）

排開俗事一身閒，寄跡懸壺戶已開。
朝向溪邊長散步，暮居屋內亦清嫻。
窗前細讀書秋水，堂上遙瞻畫雪山。
樂道安貧娛老境，求財慕譽盡除刪。

### 14.謹次吳景箕先生寄與友笛詞長原玉 張立卿 七律五首之五 1964年

中華藝苑 20 卷 3 期 1964.9.1

浮瓜避暑且偷閒，顯爵高官我不關。
誦讀古書饒興趣，勤修聖道覺心嫻。
烹經煮史來新厝，品茗調絃座斗山。
文字和詩頻疊韻，吟情雖老未曾刪。

民國五十三年七月二十五日

### 15.謹次林友笛先生八一偶成原玉 張立卿 七律一首 四支韻 1973年

八一欣逢簇錦奇，精神矍鑠又耽詩。
雞鳴早起行幽徑，犬吠頻聞奏樂時。
屢備佳肴能下榻，高吟麗句復何辭。
閒來品茗迎騷客，暢敘胸懷笑展眉。

民國六十二年八月三日 張立卿未定稿

### 16.謹次林友笛先生八十書懷原玉 張立卿 七律二首之一

詩文之友 36 卷 6 期 1972.10.1

杖朝嘯傲四湖秋，種菊栽瓜可解憂。
樂善好施修積德，齊家勤儉勝封侯。
盧仝興趣人稱頌，海鶴姿容客伴遊。
豪爽襟懷欣矍鑠，淵明性癖學巢由。

### 17.謹次林友笛先生八十書懷原玉 張立卿 七律二首之二

詩文之友 36 卷 6 期 1972.10.1

四湖勝地作家鄉，茶道精通感異常。

樂界蜚聲傳美譽，騷壇碩望溢書香。
趨庭蘭桂多才學，滿紙珠璣擅繡腸。
預兆期頤身益健，同堂五代福綿長。

### 18.謹次林友笛先生七八自嘲原玉 張立卿 七律一首

詩文之友 33 卷 3 期 1971.1.1

杖朝祝嘏正堪期，常駐朱顏不駐悲。
寡慾清心追老子，修身養性弄孫兒。
遊山玩水閒吹笛，品茗觀花靜賦詩。
雅友相邀參勝會，盤桓行樂正當時。

### 19.謹次林友笛先生七十書懷原玉 張立卿 七律二首之一

歲寒松柏後凋姿，勁節堅心更可奇。
年已七旬臻壽考，賦成四律詠懷詩。
斗山聚會思前轍，鄉社遷居又幾時。
靜隱林泉娛蔗境，因緣翰墨足吾師。

### 20.謹次林友笛先生七十書懷原玉 張立卿 七律二首之二

學通新舊莫言膚，矍鑠精神野鶴軀。
避世埋名參也魯，追思足發回非愚。
安居反省心無愧，慕道堅修意自娛。
勇退及時田舍好，晴耕雨讀一農夫。

六月十六日　斗山張立卿甫稿

### 21.謹次林友笛先生丙申中秋待月原玉 張立卿 七絕六首之一 1956 年

共賞中秋興未闌，不妨暢飲免憂嘆。
花容縱被雲遮蔽，醉眼還期半夜看。

### 22.謹次林友笛先生丙申中秋待月原玉 張立卿 七絕六首之二 1956 年

中秋玩月正當時，促膝談心共賦詩。
怪汝姮娥羞露臉，三更尚未見明眉。

### 23.謹次林友笛先生丙申中秋待月原玉 張立卿 七絕六首之三 1956 年

雖無明鏡似當年，知己相招亦快然。
老酒三杯空自醉，何從邀月共華筵。

### 24.謹次林友笛先生丙申中秋待月原玉 張立卿 七絕六首之四 1956 年

雲埋寶鏡閃星明，起坐殷勤到五更。
此夜空期無限感，登床夢覺已雞鳴。

## 25.謹次林友笛先生丙申中秋待月原玉 張立卿 七絕六首之五 1956 年

何時寶鏡再重光，酌酒敲詩感慨長。
待到天明雞報曉，始看玉兔照東廂。

## 26.謹次林友笛先生丙申中秋待月原玉 張立卿 七絕六首之六 1956 年

賞月中秋貴賤殊，蟾光未照到吾軀。
家庭自有團圓日，何必遊山泛五湖。

民國四十五年十一月廿六日　張立卿甫稿

## 27.謹次林友笛先生戊申中秋待月原玉

張立卿　七絕二首之一　十蒸韻 1968 年

全蝕蟾光嘆未昇，敲鐘擂鼓鬧何勝。
吟朋濟濟添餘興，待見嫦娥始熄燈。

## 28.謹次林友笛先生戊申中秋待月原玉

張立卿　七絕二首之二　八庚韻 1968 年

中秋全蝕未豐盈，曲奏南腔盡有情。
底事深更人不散，一心只待月光明。

戊申中秋夜　張立卿甫稿　民國五十七年十月十六日

## 29.謹次林友笛先生放浪吟原玉 張立卿 七律一首 1970 年

詩文之友 33 卷 1 期 1970.11.1（又見手稿本）

每聽雞聲報曉間，公園漫步覺心嫻。
健康軀幹誠堪慰，富貴功名總不關。
墨客交遊同玩水，騷朋聚會共遊山。
安貧樂道常知足，勤學聖賢世慮刪。

民國五十九年八月三十日

## 30.謹次林友笛先生癸卯春三月重遊三秀園原玉

張立卿　七律一首 1963 年

郇廚受惠感情虔，三秀園中樂自然。
矯矯翠標松柏節，猗猗黃拂竹林絃。
幽亭石椅迎騷客，小嶼扁舟待謫仙。
南浦池塘魚躍起，逍遙半日趁晴天。

民國五十二年四月十七日　張立卿甫稿

## 31.謹次林友笛先生癸卯春三月重遊三秀園原玉

張立卿　五律一首 1963 年

相邀遊勝地，訪問到君家。
共享梭花味，同傾雀舌茶。
詩情慚後退，體力感頻加。
風景多幽雅，胡蘆竹更嘉。

民國五十二年四月十七日　張立卿甫稿

## 32.謹次林友笛先生庭中拾翠原玉 張立卿　七律二首之一

詩文之友 30 卷 5 期 1969.9.1

荊州聲望眾稱譽，時見門停長者車。
茶客有時來品茗，騷人入室便談書。
拓園盡日收瓜果，佐飯三餐有菜蔬。
守分身修無二過，安閒學足有三餘。

## 33.謹次林友笛先生庭中拾翠原玉 張立卿　七律二首之二

詩文之友 30 卷 5 期 1969.9.1

登堂每喜惠名茶，入口芬芳美味加。
久仰經篇如白雪，更欽晚節愛黃花。
橫吹嘹喨笛爲友，瀟灑胸懷詩作家。
食力有同陳仲子，灌園種菊又栽瓜。

## 34.謹次林友笛先生退隱偶成原玉 張立卿　七律一首

詩文之友 26 卷 4 期 1967.8.1

古稀晉五慶高年，世態無關景物遷。
但願壽增臻滿百，何愁茶道費成千。
栽瓜種豆添詩興，樹德明心斷俗緣。
弄笛和絃長自慰，彌甘蔗境樂堯天。

## 35.謹次林友笛先生遊大貝湖即景原玉 張立卿　七絕三首之一 1956 年

鯤南詩苑 1 卷 6 期 1956.12.16（又見手稿本）

滄滄湖水映晴天，巧奪人工卻自然。
我亦登臨欣一賞，風光點綴樂詩仙。

## 36.謹次林友笛先生遊大貝湖即景原玉 張立卿　七絕三首之二 1956 年

鯤南詩苑 1 卷 6 期 1956.12.16（又見手稿本）

天清氣朗水平流，稍立湖邊景色幽。
入耳遙遙花草裏，幾疑歌唱採蓮舟。

## 37. 謹次林友笛先生遊大貝湖即景原玉 <small>張立卿 七絕三首之三 1956 年</small>

水秀山明興自悠，湖中喜蕩兩輕舟。
遊魚潑剌隨坡躍，一樣高吟伴唱酬。

民國四十五年十一月廿六日　張立卿甫稿

## 38. 謹次林友笛先生漫遊大貝湖八景遊五原玉

第一景 梅隴春曉 張立卿 七絕九首之一 1964 年

天寒庾嶺傲霜開，旅客驅車得意來。
○○○松爲雅友，陽春吐艷占花魁。

　　註：原稿殘闕。

## 39. 謹次林友笛先生漫遊大貝湖八景遊五原玉

第二景 過盡君歡亭「甲」 張立卿 七絕九首之二 1964 年

歡亭君號盡知名，記得尋芳貴力行。
侍立應生勤勸飲，歸來醉漢唱歌聲。

## 40. 謹次林友笛先生漫遊大貝湖八景遊五原玉

第二景 過迎花架「乙」 張立卿 七絕九首之三 1964 年

迎花架下看迂徊，戲蝶高飛拂面來。
莫怪尋幽增雅興，千紅萬紫向誰開。

## 41. 謹次林友笛先生漫遊大貝湖八景遊五原玉

第三景 曲橋釣月「甲」 張立卿 七絕九首之四 1964 年

虹橋九曲拂晴天，燕雀齊飛樂自然。
日未沈西歸去早，無心釣月結因緣。

## 42. 謹次林友笛先生漫遊大貝湖八景遊五原玉

第三景 過甘露橋「乙」 張立卿 七絕九首之五 1964 年

渴思甘露賦歸期，錦繡江山好詠詩。
○○○○添逸興，星風拂面爽心脾。

　　註：原稿殘闕。

## 43. 謹次林友笛先生漫遊大貝湖八景遊五原玉

第四景 高坵望海 張立卿 七絕九首之六 1964 年

遠上瑤臺景色幽，汪洋海水逐波流。
登高探勝時機好，欲駕長風破浪舟。

## 44.謹次林友笛先生漫遊大貝湖八景遊五原玉

第五景 深樹鳴禽「甲」 張立卿 七絕九首之七 1964 年

山岡茂樹鳥飛聲，路上遊車按刻行。
一陣書生攜果餅，逍遙郭外聽禽鳴。

## 45.謹次林友笛先生漫遊大貝湖八景遊五原玉

第五景 過樂其樂亭「乙」 張立卿 七絕九首之八 1964 年

其樂亭中暫息軀，徘徊瞻眺自歡娛。
誰知到此無人問，辜負偏來談片臾。

## 46.謹次林友笛先生漫遊大貝湖八景遊五原玉

第六景 湖山佳氣 張立卿 七絕九首之九 1964 年

湖水澄清別有天，江山明媚屬詩仙。
展開錦繡真如畫，大貝風光信可傳。

民國五十三年二月十一日　張立卿抄寄

## 47.謹次林友笛先生漫遊左營偶作原玉 張立卿 七絕六首之一 1964 年

選勝左營結伴遊，同登閣上看春秋。
湖中綠水清如鏡，試飲花茶樂唱酬。

## 48.謹次林友笛先生漫遊左營偶作原玉

謁啓明宮 張立卿 七絕六首之二 1964 年

武聖宮題筆蹟明，參觀寺內表虔誠。
靈光普照傳遐邇，盡興歸來仔細評。

## 49.謹次林友笛先生漫遊左營偶作原玉

春秋閣止步 張立卿 七絕六首之三 1964 年

逍遙緩步臥雲身，玩賞湖邊學野人。
史記春秋明大義，閒遊裙屐往來頻。

## 50.謹次林友笛先生漫遊左營偶作原玉

僧人啓關門 張立卿 七絕六首之四 1964 年

欣逢信士肯開門，得上層樓仰至尊。
贊頌聯文留古蹟，追思孔道德長存。

## 51.謹次林友笛先生漫遊左營偶作原玉

春秋閣懷古「甲」 張立卿 七絕六首之五 1964 年

建閣湖邊頻碧流，徘徊左右看春秋。
平生不作虧心事，報國憂家志未休。

## 52.謹次林友笛先生漫遊左營偶作原玉

春秋閣懷古「乙」 張立卿 七絕六首之六 1964 年

日暖風和送客來，池邊柳樹幾時栽。
春秋閣外遊魚躍，惹得騷人興逸哉。

民國五十三年二月十一日　張立卿抄寄

## 53.謹次林友笛詞長庚戌元宵遊三秀園賦呈主人原玉

張立卿 五律一首 1970 年
訪戴邀鷗鷺，同臨世外天。
相看慚白鬢，喜玩學青年。
兄盡騷壇將，我非綠島仙。
幸叨陪末席，詩債每縈牽。

## 54.謹次楊德謨先生臨斗即席賦贈原玉

張立卿 七絕一首 1963 年
復活耶穌救世人，福音傾聽往來頻。
施仁博愛傳真理，普遍天涯德可親。

　　註：本詩附有小札一封：
　　　　林友笛先生斧正：
　　　　楊先生於農曆三月念三日臨斗看媽祖遊境，是日熱鬧異常，一時恍惚，無修
　　　書招請先生臨斗玩賞，缺禮殊多。

民國五十二年四月十七日夜十時　張立卿甫稿

## 55.謹次楊德謨詞友贈林友笛先生原玉 張立卿 七絕一首 1963 年

庭前旋馬種蘭芝，短笛橫吹奏緝熙。
從此隱居娛晚境，聯吟赴會任驅馳。

民國五十二年四月十七日夜十時　張立卿甫稿

## 56.謹次蘇平祥先生同訪祉亭宗兄並遊三秀園原玉

張立卿 七絕四首之一
相邀訪達值新年，喜結儒林翰墨緣。
恰好元宵佳節日，唱酬愧我未為先。

### 57.謹次蘇平祥先生同訪祉亭宗兄並遊三秀園原玉

張立卿　七絕四首之二

三人拜訪受歡迎，促膝談心喜氣生。
席上臨時稱戚友，親翁改喚作姻兄。

### 58.謹次蘇平祥先生同訪祉亭宗兄並遊三秀園原玉

張立卿　七絕四首之三

梅竹逢春展秀妍，書香世代景超然。
閒來靜聽松枝上，燕語鶯聲勝管絃。

### 59.謹次蘇平祥先生同訪祉亭宗兄並遊三秀園原玉

張立卿　七絕四首之四

不關世事臥雲身，三秀園中絕俗塵。
完了向平心裡願，詩情得意倍清新。

### 60.謹步林友笛先生六十書懷原玉 張立卿　七律二首之一

盧仝七碗好評茶，羞看青銅兩鬢華。
愛讀今生基督傳，閒遊遠地大方家。
人心不古翻雲掌，飲水思源反哺鴉。
克己修身行正道，炎涼從此莫交加。

### 61.謹步林友笛先生六十書懷原玉 張立卿　七律二首之二

欣逢降誕值良辰，索向琴書寄此身。
世上榮枯成苦海，家中老幼樂天真。
平生不作虧心事，出處何需問鬼神。
○○他人財勢力，留將潔白守清貧。

註：原稿殘闕。

### 62.謹步林友笛先生深夜聽雨感作瑤韻 張立卿　七絕二首之一 1951年

適性吟哦樂半生，不關名利志分明。
如君豁達人間少，何用留心細雨聲。

### 63.謹步林友笛先生深夜聽雨感作瑤韻 張立卿　七絕二首之二 1951年

一夜聯床喜氣生，管他細雨亂天明。
西窗燭與巴山話，自古多情是此聲。

民國四十年一月十五日

## 64.謹步周澄秋先生五十書懷原玉 <small>張立卿 七律一首 1953年</small>

年臻五秩樂平生，公務慇懃力筆耕。
蘭桂盈階方挺秀，親朋滿座盡馳名。
栽花養性娛心境，樹德修身悟世情。
任彼滄桑多變幻，如君氣節有誰京。

民國四十二年三月二十九青年節日　張立卿甫稿

## 65.謹步周澄秋先生癸巳元旦書懷 <small>張立卿 七律一首 1953年</small>

一聲爆竹慶元辰，遍換桃符萬戶春。
歲序更新多瑞色，屠蘇共醉有高賓。
羨君德富逢知命，笑我事忙未隱身。
百里神交爲舊契，生平喜作善良民。

民國四十二年三月二十九青年節日　張立卿甫稿

## 66.謹步遊曲水園賦呈主人瑤韻 <small>張立卿 七絕一首 1951年</small>

梅花艷放色幽然，一賞名園快欲仙。
絲竹管弦常伴奏，真如逸士樂餘年。

民國四十年一月十五日 張立卿未定稿

編者註：張卓（1898-1975），字立卿，以字行，號冠英，又號墨禪，福建南靖縣
　　　　人。自幼親近姑丈黃紹謨秀才，其父張淮創斗山吟社。他留日歸國後，
　　　　學習漢文，並在斗六創立品芳堂西漢大藥房。

# 張啟（清輝）

## 1.致友笛先生書信 <small>張清輝 信札二封之一</small>

林友笛先生鈞鑒：
　　　　前接「八一偶成」大作，披誦之下，不勝錦注仰慕，先生年逾釣
渭之高齡，老氣橫秋，筆勢矯健雄壯，語意清新俊逸，韻調流利，令
人欽佩。 晚生辦理戶政工作甚忙，無心及對韻事，只以潦草塞責，狗
尾續貂，草和一律，幸祈指正爲和。匆此，順頌　鈞安。

晚生清輝敬上　七月十六日

　　　　如寄詩文之友登刊，以先生之大作，應刊登於大字是盼。原大作
真是登峰造極之傑作也。

### 敬和林友笛先輩八一偶成瑤韻 <small>七律一首</small>

老猶樂趣擅三奇，玉笛紅茶又好詩。
松柏節高供誕日，桑麻夢舊似鄉時。

乘桴浮海誠堪嘆，攜屐登山願不辭。
年過杖朝身尙健，夫妻雙壽慶齊眉。

## 2.致友笛先生書信 張清輝 信札二封之二

友笛賢詞長：

　　前接大作放浪吟一律，披誦之餘，令人讚賞欽服，賢詞長之詩，愈老愈新，愈吟愈愛，真是白雪陽春之調，殊難賡續。弟本擬予早依韻學步原玉，但因擔任戶政業務而市區繁鬧複雜之處，工作至爲忙碌，案牘勞形，實無心及對，韻事所作寥寥無幾，不過適時應付而已，以致拖欠數月，抱歉良多，幸勿見責。茲以潦草塞責，依韻奉和，隨函附呈，煩請斧正。週前聞蘇凌雲老女史所說，賢詞長曾來嘉義訪她不遇云云：有暇請移玉來嘉，稍敍寒暄是盼，匆此以奉。

　　並奉　吟祺。

晚生　張清輝敬上

## 3.敬次林友笛先生年頭試筆瑤韻 張清輝 七律一首

詩文之友 34 卷 3 期 1971.7.1（又見手稿本）

歲首題詩寫自由，忘機鯤海狎閒鷗。
春田種秫師陶令，夏圃澆瓜繼邵侯。
才學避君三舍遠，珠璣惠我一囊收。
年將釣渭身逾健，莫管冰霜白滿頭。

　　註：本詩附有信札一封：

　　友笛老先生如握：

　　前惠年頭試筆見似一律，本擬即和，但因俗務繁瑣，而　先生原作係屬陽春白雪，珠難賡續，至昨在環島旅遊返舍，聊以潦草塞責，依原玉奉和，實是狗尾續貂，茲隨函呈上，敬請撥斧拍刪，並煩逕寄詩文之友登刊是荷，閒餘移玉來嘉談談爲盼，順此致候。

　　並頌　吟安。

晚生　張清輝手上

## 4.敬次林友笛先生放浪吟原玉 張清輝 七律一首

詩文之友 33 卷 3 期 1971.1.1（又見手稿本）

記得辭官八載間，四湖風月伴清嫻。
園多種蔗饒佳境，馬急旋庭歷險關。
閱卷閱詩奚用鏡，健身健足可登山。
耄年體力誰能匹，老圃躬耕志未刪。

### 5.敬次林友笛先生秋日書懷原玉 張清輝 七律一首

詩文之友 35 卷 2 期 1971.12.1（又見手稿本）

四湖煙景寄閒情，一片冰心玉比清。
詩意忽隨秋籟發，茶香頓覺腋風生。
不分畛域聯聲氣，欲破愁城藉酒兵。
友愛兒孫時弄笛，林家門第慶繁榮。

　　註：詩意，手稿一作詩興。

### 6.敬次林友笛先生庭中拾翠原玉 張清輝 七律二首之一

詩文之友 30 卷 6 期 1969.10.1

潔士歸休懶釣譽，馬庭來訪盡高車。
稱心欣賞籬邊菊，讀史常存架上書。
足水田收雙季稻，閉門園種早春蔬。
躬耕君比於陵老，自力更生食有餘。

### 7.敬次林友笛先生庭中拾翠原玉 張清輝 七律二首之二

詩文之友 30 卷 6 期 1969.10.1

不耽菸酒祇耽茶，吹笛敲詩逸興加。
竹架新生皇帝豆，庭園怒放馬纓花。
迎賓每設高人榻，訪菊常懷處士家。
贏得四湖肥沃地，秋收稻穀夏收瓜。

### 8.敬步林友笛先生夏日雜詠六絕原玉 張清輝 七絕六首之一

下迫何當又頂煎，荷風拂面柳含煙。
嗜茶君有盧仝癖，七碗連斟起浩然。

### 9.敬步林友笛先生夏日雜詠六絕原玉 張清輝 七絕六首之二

沉李浮瓜慰渴思，文章無價感非時。
納涼喜聽蟬琴噪，伴我清吟唱和詩。

### 10.敬步林友笛先生夏日雜詠六絕原玉 張清輝 七絕六首之三

人海浮沈逆浪翻，稀齡謝職自無言。
鋤耕老圃三分地，種菜更生好閉門。

### 11.敬步林友笛先生夏日雜詠六絕原玉 張清輝 七絕六首之四

作詩弄笛讓先生，牛耳騷壇早著名。
絕好四湖堪避暑，管他濁世冷溫情。

## 12.敬步林友笛先生夏日雜詠六絕原玉 張清輝 七絕六首之五

奏樂吹簫興若何，鑑湖合唱採蓮歌。
於今大地如爐火，揮扇難逢賣扇婆。

## 13.敬步林友笛先生夏日雜詠六絕原玉 張清輝 七絕六首之六

老來矍鑠健精神，志賦歸田養性真。
笑彼當今諸社會，欠錢人怨有錢人。

水林張清輝待刪稿

## 14.敬次林友笛先生退隱偶成原玉 張清輝 七律一首

詩文之友 26 卷 5 期 1967.9.1

歲過稀年似壯年，歸耕莫管世更遷。
耽詩豈僅吟三百，醉酒何須買十千。
雅笛善吹新韻調，知心永結舊因緣。
辭官願作清高士，素不尤人與怨天。

編者註：張啓（1920-1990），字清輝，一字志成，雲林水林鄉人。幼從李西端、
　　　　黃篆兩夫子遊，十八歲入鄉鳳吟社，後入民聲吟社、石社，曾任海鷗聯
　　　　吟會副會長、雲林縣詩人聯吟會理監事、潮聲吟社社長。

# 張深水（暖潭）

## 1.金婚書懷並序 張深水 序文一篇 1968 年

　　戊申三月，適與內子結褵五十周年，歐俗有金婚之典，記諧伉儷
老而益篤之義也。我與內子同庚，弱冠結婚，于今雙登七十，內子賴
氏錢，號青選，中市北屯人，和惠恭勤，相敬愛無間言，五十年來，
形影相依，甘苦與共，自幸內助得人，顧暖潭，生於中縣大雅舊家，
少畢業國黌，曾負笈東渡，壯年混跡商場，及老歸隱東墩，加入中州
吟社，新知舊識，詩酒論交，殆無虛日，身外既無奢望，心中唯愛清
閒，雖邇暮年華，腰肢仍健，正不知歲月於我何有耶，只恨金甌仍缺，
國步方艱，民窘未蘇，我何人斯，乃能得天獨厚，今也七十雙度，喜
賦金婚，聊誌書懷，敬請騷壇　諸彥，不拘體韻，頒章錫和，俾集腋
成裘，刊贈同文，以為紀念云爾。

暖潭張深水序於墩西別墅

　　介紹人：楊嘯天、周定山

## 2.金婚書懷並序 張深水 七律二首之一

蜩螗世局望堯天，轉眼金婚杖國年。

風尚西歐諧伉儷，福期東海友琴絃。
重燒華燭明堂上，笑看班衣舞膝前。
一女三男孫十七，滿門和氣慶團圓。

## 3.金婚書懷並序 張深水 七律二首之二

詩酒同酣老更親，簞瓢樂道不言貧。
天憐癡鈍身雙健，居幸安閒品自珍。
娛目螢窗孫可勉，談心野墅客來頻。
墩西風月饒清趣，白髮相偕作逸民。

暖潭張深水序於墩西別墅

## 4.新春遷居述懷 張深水 五律一首 1969年

詩文之友30卷3期 1969.7.1（又見手稿本）

七十金婚過，春風此卜遷。
境幽聊養性，室靜欲參禪。
晨會無遲缺，名心早棄捐。
鷗盟情更篤，嬉笑忘華顛。

墩西野墅張深水　民國五十八年三月十六日

## 5.敬和友笛先生放浪吟原玉 張深水 七律一首 1970年

詩文之友33卷1期 1970.11.1（又見手稿本）

詩尋流水短橋間，寄跡墩西意靜嫻。
日映疏簾花冉冉，春來小圃鳥關關。
松窗展卷聊娛老，客地觀光飽看山。
一自離鸞歌徹後，閒中無計把愁刪。

墩西野墅　張深水<br>民國五十九年九月一日

## 6.敬和友笛詞長新禧原玉 張深水 七絕一首

驀地驚雷唱一聲，鶯歌燕囀早雞鳴。
陰霾掃退開新象，恰見天河洗甲兵。

編者註：張深水（暖潭），臺中人，曾作〈金婚書懷〉，自述結褵五十年，夫妻
雙登七十壽，膝前一女三男孫十七。

# 張達修

## 1.友笛詞長以退休詩見示即寄 張達修 七律一首

才思真如趙倚樓，歸來恰趁四湖秋。

中庭有地容旋馬，滄海無波好狎鷗。
萬裏關河迴雁陣，一竿風月穩羊裘。
詩情曠逸徵長壽，七十猶欣未白頭。

弟張達修待刪稿

張達修自註：中庭有地容旋馬，先生自號旋馬庭主人。

## 2.次友笛詞長八秩晉一見寄韻 張達修 七律一首

真教腐朽化神奇，大耄年登況有詩。
卻羨盧仝耽茗日，一如梁灝對廷時。
江城弄笛橫湘竹，水檻焚香讀楚辭。
白髮婆娑吟益健，名山有分足軒眉。

晚張達修待刪稿

## 3.次林友笛詞長感懷韻 張達修 七律一首

虎阜棲遲又一年，草堂松菊夢魂牽。
妻梅卻羨林和靖，鑄像空思賈浪仙。
得意龍蛇方作勢，忘機鷗鷺且隨緣。
四湖二月春如海，珍重游驄快著鞭。

註：本詩附有小札一封：
　　前奉拙句因尚欠推敲，茲更改數字重奉郢正，乞將原稿作廢爲懇。
　　並頌　安祺。

弟　張達修敬上　三月二日

註：方作勢，原作方見首。
　　著鞭，原作策鞭。
編者註：張達修（1895-1975?），號篁川，別署醉草園主人，南投竹山人，篁川吟
　　　　社、南陔原社社員。曾遊虎溪王則修之門，曾主編《詩報》，著有《醉草
　　　　園詩文集》、《愚川隨筆》。


# 張禎祥（祉亭）

## 1.次立卿宗弟和林友笛詞兄於丙午春日重遊三秀園留題原韻

張禎祥 七絕二首之一 1966 年

張禎祥《三秀園詩草》

未曾夢及筆花妍，愧作宗兄長二年。
詎爲春遊才過訪，相邀舊雨續吟緣。

## 2.次立卿宗弟和林友笛詞兄於丙午春日重遊三秀園留題原韻

張禎祥 七絕二首之二 1966 年

張禎祥《三秀園詩草》

任教花落與花妍，但願頻來莫隔年。
氣類自應忘是客，況從世代有深緣。

## 3.次友笛詞兄賀己酉陽曆新春原玉 張禎祥 七絕一首 1969 年

張禎祥《三秀園詩草》

爆竹聲裡喔咿聲，肖屬值年得意鳴。
先兆太空船上月，吳剛應訝載偵兵。

## 4.次友笛詞兄麥秋偶成原玉 張禎祥 七律一首

駐顏得訣似青童，詠夏詩新仰是翁。
沈李何須胸有竹，嗜茶自會腋生風。
最宜身隱四湖上，猶可神遊三島中。
期望旋庭栽火棗，熟時同享樂無穹。

三秀園主人 祉亭張禎祥敬和

## 5.次友笛詞兄與立卿平祥宗姻兩弟清遊敝園唱和留題原玉

張禎祥 五律一首

詩文之友 32 卷 2 期 1970.6.1
張禎祥《三秀園詩草》

光臨文字侶，雅集孟春天。
益壯何妨老，漫懷怕問年。
論交淡於水，言對快如仙。
他日期頤祝，旋庭互引牽。

## 6.次平祥姻弟於元宵日偕友笛詞兄、立卿宗弟過訪唱和原玉

張禎祥 七絕四首之一

詩文之友 32 卷 2 期 1970.6.1

荏苒光陰庚戌年，苔岑重締舊詩緣。
此回不負元宵節，恰自阿連約在先。

## 7.次平祥姻弟於元宵日偕友笛詞兄、立卿宗弟過訪唱和原玉

張禎祥 七絕四首之二

詩文之友 32 卷 2 期 1970.6.1

春風滿座佐懽迎，新例商量雅趣生。
同輩相稱宜論歲，詎因僭越欲爲兄。

## 8.次平祥姻弟於元宵日偕友笛詞兄、立卿宗弟過訪唱和原玉

張禎祥　七絕四首之三

詩文之友 32 卷 2 期 1970.6.1

文旌雅勝木花妍，聯袂翩翩過豁然。
自愧故園風景少，幸傳地籟似彈弦。
　　張禎祥自註：豁然系敝園之橋名。

## 9.次平祥姻弟於元宵日偕友笛詞兄、立卿宗弟過訪唱和原玉

張禎祥　七絕四首之四

詩文之友 32 卷 2 期 1970.6.1

就荒徑畔古榕身，幾百星霜幾劫塵。
但願吾曹齡似彼，鬢毛皤映葉蒼新。

## 10.次林友笛先生以詩代柬用鳴皋樵隱寄懷前韻原玉

張禎祥　七律一首

詩文之友 26 卷 1 期 1967.5.1
張禎祥《三秀園詩草》

偷閒成癖似常閒，懶出如僧正閉關。
詠學打油還畏作，書崇草聖未曾嫻。
年高已戒傾銀海，身健重期上玉山。
夢裡空思遊月府，借來剛斧把詩刪。

## 11.次林友笛先生夏日雜詠瑤韻　張禎祥　七絕六首之一

張禎祥《三秀園詩草》

避暑何如把茗煎，新芽香好繞爐煙。
飲多兩腋清風起，葵扇停搖也爽然。

## 12.次林友笛先生夏日雜詠瑤韻　張禎祥　七絕六首之二

張禎祥《三秀園詩草》

笑對湖光何所思，賞荷可愛日長時。
歸來點檢奚囊裡，幾首新成即景詩。

## 13.次林友笛先生夏日雜詠瑤韻　張禎祥　七絕六首之三

張禎祥《三秀園詩草》

薰風吹拂柳條翻，觸景生情寄一言。
夜短曉眠應被擾，客爭問字叩柴門。

### 14. 次林友笛先生夏日雜詠瑤韻 張禎祥 七絕六首之四

張禎祥《三秀園詩草》

功留戶籍慰平生，李杜壇中早顯名。
自是日長詩思闊，路遙猶繫鷺鷗情。

### 15. 次林友笛先生夏日雜詠瑤韻 張禎祥 七絕六首之五

張禎祥《三秀園詩草》

近海閒居快若何，觀潮乘興且高歌。
有無詩癖同居易，解否需先問老婆。

### 16. 次林友笛先生夏日雜詠瑤韻 張禎祥 七絕六首之六

張禎祥《三秀園詩草》

清風拂拂爽精神，景好湖鄉供葆真。
吹笛賦詩消永日，韻堪揚雅句驚人。

三秀園主人張祉亭未定稿

註：本詩附有信札一封：

友笛先生惠鑒：

前日忽然駕臨，未及掃徑，且市遠無兼味，未盡地主之儀，抱歉不已，轉蒙言謝，愈加汗顏。惠下留題多則，盡是陽春白玉，足使荒園生光，謝謝。夏日雜詠亦皆清新傑作，欽佩，欽佩，弟因疏嬾成性，停吟已久，但感先生雅意，對於索和義不容辭，所以重搜枯腸，勉成打油，聊以塞責耳，又值忙中，未即奉和，伏乞原諒，並祈哂正。

### 17. 次林友笛先生偕立卿宗弟過訪留題原玉 張禎祥 七絕四首之一

張禎祥《三秀園詩草》

文旌並駕趁公休，春日三園鴻爪留。
翰墨交遊淡如水，和風滿座有何愁。

### 18. 次林友笛先生偕立卿宗弟過訪留題原玉 張禎祥 七絕四首之二

張禎祥《三秀園詩草》

四個茅亭近水涼，盡題佳句詎尋常。
重遊請把行裝裡，一把琴藏一笛藏。

### 19. 次林友笛先生偕立卿宗弟過訪留題原玉 張禎祥 七絕四首之三

張禎祥《三秀園詩草》

雖異蘭亭修禊盟，偶然聚首也怡情。
鷺鷥似解迎騷客，相近池頭總不驚。

## 20.次林友笛先生偕立卿宗弟過訪留題原玉 <small>張禎祥 七絕四首之四</small>

<small>張禎祥《三秀園詩草》</small>

談笑庭前傍綠陰，興高直上幾千尋。
論年雖並登花甲，益壯相期探勝吟。

## 21.次林友笛詞兄迎春原韻 <small>張禎祥 五絕一首 1968 年</small>

<small>張禎祥《三秀園詩草》</small>

惠詩慰別久，迎歲自怡然。
增壽益全壯，如松翠映天。

　　註：1968 年新曆元旦。

## 22.次旋馬庭主人林友笛先生丙午春日重遊三秀園賦呈主人

### 原玉 <small>張禎祥 七絕四首之一 1966 年</small>

<small>張禎祥《三秀園詩草》</small>
<small>詩文之友 26 卷 1 期 1967.5.1（又見手稿本）</small>

一樣春寒松柏妍，主賓同越古稀年。
交通車少怡村路，還肯重縈翰墨緣。

## 23.次旋馬庭主人林友笛先生丙午春日重遊三秀園賦呈主人

### 原玉 <small>過南浦田 張禎祥 七絕四首之二 1966 年</small>

<small>張禎祥《三秀園詩草》</small>
<small>詩文之友 26 卷 1 期 1967.5.1（又見手稿本）</small>

池中兩畝自耕田，稻種蓬萊水適然。
故地有緣歸故我，漫將瑣事論愚賢。

　　註：池中兩畝自耕田，手稿一作池邊兩畝自耕田，又作池邊便是自耕田。

## 24.次旋馬庭主人林友笛先生丙午春日重遊三秀園賦呈主人

### 原玉 <small>過池外池 張禎祥 七絕四首之三 1966 年</small>

<small>張禎祥《三秀園詩草》</small>
<small>詩文之友 26 卷 1 期 1967.5.1（又見手稿本）</small>

問月池邊別有池，旋庭主到便題詩。
樹陰竹影菱花外，止水何從覓一奇。

## 25.次旋馬庭主人林友笛先生丙午春日重遊三秀園賦呈主人

### 原玉 <small>過則明山 張禎祥 七絕四首之四 1966 年</small>

<small>張禎祥《三秀園詩草》</small>

詩文之友 26 卷 1 期 1967.5.1 （又見手稿本）

爲山敢望住金仙，降下詩仙便快然。
自笑未成峰疊疊，只栽竹木翠連天。

## 26.次旋馬庭主人林友笛先生丙午春日重遊三秀園賦呈主人

### 原玉 過半月池 張禎祥 七律一首 1966 年

張禎祥《三秀園詩草》
詩文之友 26 卷 1 期 1967.5.1（又見手稿本）

池對則山山在東，池形與月半輪同。
水增此日將盈尺，地鑿當年未計弓。
魚舍參差迷白鷺，荷錢重疊映青空。
相期節近花生日，並賞芳姿樂靡窮。

## 27.次旋馬庭主人迎春見寄原玉 張禎祥 七絕二首之一

張禎祥《三秀園詩草》

新詩惠到是元正，漫嘆年華轉眼更。
堪仰老齡無老態，身彌矯健句彌精。

## 28.次旋馬庭主人迎春見寄原玉 張禎祥 七絕二首之二

張禎祥《三秀園詩草》

翰墨牽緣新曆正，喜如剪燭話寒更。
酴酥難潤詩腸澀，似和慚無一字精。

## 29.次陳錫津詞友和林友笛詞兄於丙午春日重遊三秀園留題

### 原韻 張禎祥 七絕二首之一 1966 年

張禎祥《三秀園詩草》

不管園林景未妍，春遊高興倍前年。
養生得訣吟軀健，踏遍名山尙有緣。

## 30.次陳錫津詞友和林友笛詞兄於丙午春日重遊三秀園留題

### 原韻 張禎祥 七絕二首之二 1966 年

張禎祥《三秀園詩草》

當如松柏傲霜妍，漫歎同超杕國年。
識面遠懷從七閣，光陰似箭已深緣。
　　張禎祥自註：七閣，指王子典老先生之「七碗閣」。

## 31.敬次友笛詞兄七八自嘲原玉 張禎祥　七律一首

詩文之友 33 卷 3 期 1971.1.1
張禎祥《三秀園詩草》

再經兩紀百餘期，蔗境方甘無所悲。
序齒同音尊長老，駐顏有訣似嬰兒。
尋幽不用陪行杖，乘興頻傳索和詩。
若比伯陽彭祖壽，貴庚還屬稚年時。

## 32.敬次友笛詞兄八十書懷瑤韻 張禎祥　七律二首之一

詩文之友 36 卷 6 期 1972.10.1

待祝期頤二十秋，漸臻蔗境已無憂。
茶追川子成佳癖，酒讓伯倫作醉侯。
常脫草鞋頻健步，何須藜杖伴憂遊。
養生妙訣從心得，松柏同堅是此由。

## 33.敬次友笛詞兄八十書懷瑤韻 張禎祥　七律二首之二

詩文之友 36 卷 6 期 1972.10.1

居從朴鎮徙湖鄉，卅載頻經詎異常。
近水適宜鷗鷺訂，滿庭欣慰桂蘭香。
清閒福享生平事，俊逸詩尋錦繡腸。
仰止老來能益壯，可期壽似老彭長。

## 34.敬次友笛詞兄放浪吟原玉 張禎祥　七律一首

詩文之友 33 卷 1 期 1970.11.1（又見手稿本）

卜居早遂四湖間，遠繼西湖和靖嫺。
趣寄耕耘年自裕，素能健壯老何關。
襟懷恰似虛心竹，目力堪望遠處山。
更仰精神長矍鑠，詩成腹稿不須刪。

## 35.敬次友笛詞兄秋日書懷原玉 張禎祥　七律一首

詩文之友 35 卷 2 期 1971.12.1（又見手稿本）

仰止湖鄉故友情，賦詩弄笛總聲清。
離懷廿里東西隔，涼意三分早晚生。
賞菊花何須眼鏡，聽梧葉不動心兵。
相期愈老當彌壯，同似松林逐歲榮。

## 36.敬次友笛詞兄庭中拾翠原玉 張禎祥　七律二首之一

詩文之友 30 卷 5 期 1969.9.1

張禎祥《三秀園詩草》

庭名旋馬雅堪譽，投轄頻留騷客車。
肴富鮮魚因近海，杯傾美酒好澆書。
待看虎爪籬東菊，正愛龍鬚圃上蔬。
尚有匏瓜兼豆果，精於園藝並豐餘。

## 37.敬次友笛詞兄庭中拾翠原玉 張禎祥 七律二首之二

詩文之友 30 卷 5 期 1969.9.1
張禎祥《三秀園詩草》

性與盧仝嗜好茶，飲乾七碗興猶加。
詩緣締自三生石，雅趣培成四季花。
西圃常多殊類菜，孤山原有舊時家。
清風濃影堪消暑，何必沉浮李曁瓜。

## 38.敬次友笛詞兄退隱偶成原玉 張禎祥 七律一首 1967 年

詩文之友 26 卷 4 期 1967.8.1
張禎祥《三秀園詩草》

駐得童顏七五年，湖西堪隱不須遷。
好詩詎獨篇三百，酤酒何妨斗十千。
蒲艾相迎端午節，鷺鷗猶繫舊時緣。
閒吹鐵笛茶香裡，旋馬庭如小洞天。

　　註：另有詩題：次旋馬庭主人林友笛詞兄退隱偶成於丁未年天中節原韻。

## 39.敬次友笛詞兄閒中偶成原玉 張禎祥 七律一首

盡將勝景眼中收，到處逍遙總自由。
八秩壽登欽益壯，七言詩惠慰離愁。
素崇關聖朝參廟，頻效蘇公夜泛舟。
如許長生深得訣，願聞清誨興悠悠。

三秀園主人　祉亭張禎祥敬和
民國六十年五月二十七日

## 40.敬次林友笛詞兄於己酉仲夏過訪留題原玉，是時有立卿宗弟作陪 張禎祥 七律一首 1969 年

詩文之友 30 卷 5 期 1969.9.1

清遊聯袂態飄然，節值荷花尚放妍。
翰墨牽緣懷往日，寒暄同話喜連天。
我全白髮猶為弟，君駐朱顏便是仙。
更論新詩遲午飯，雖無兼味有恭虔。

## 41.敬次林友笛詞兄退休七年感賦原玉 張禛祥 七律一首

七十有三退隱年，杖朝感賦舊情牽。
行無老態遊春節，駐得童顏屬地仙。
庭裡督培花果類，湖邊適締鷺鷗緣。
觀光到處交通便，免跨吟鞍且著鞭。

三秀園主人張祉亭謹呈　農曆正月十日

> 編者註：張禛祥（1896-1970），字祉亭，號三秀園主人。打貓公學校畢業，師事洪瑞璋、林開泰、施梅樵。與林玉書、李德和、吳景箕、林友笛、蘇平祥、黃傳心諸名士皆有詩文往來。曾於1945年任職雲林大埤鄉第一任官派鄉長。因性愛自然，就曾祖父所遺留四公頃地經營為三秀園，設想即陶潛之桃花源。著有《三秀園詩草》。

# 張蒲園

## 1.致友笛先生書信 張蒲園 信札一封

林先生座右：

茲為慶祝臺灣光復節，暨響應復興文化運動，訂於國曆十月廿五日（農曆九月十一日）星期五上午九時，假省立高雄高級中學大禮堂（火車站西邊），舉行甲寅中華民國全國詩人聯吟大會，敬請參加是所切盼。
　　一、出席於十月廿日以前填寄 敝處以便回答。
　　二、會費每名一百貳拾元當日袖交。
　　三、中午便餐，晚六時在會場聚餐。
　　四、報名處：高雄市新興區南華路一三七號之二，壽峰詩社張蒲園收。

> 編者註：張蒲園，高雄人，少年遊日本創基業。

# 粘泉（漱雲、維澄）

## 1.七十書懷 粘漱雲 七律五首之一

詩文之友 24 卷 4 期 1966.8.1

弱冠飄零出故鄉，奔馳南北馬蹄忙。
賦形轉覺身為贅，報國深悲願未償。
歲月遷流終不返，滄桑變易感非常。
客途歷盡風波險，世味辛酸已飽嘗。

## 2. 七十書懷 粘漱雲 七律五首之二

詩文之友 24 卷 4 期 1966.8.1

所欲從心歲已遲，閒尋舊雨話襟期。
曠懷思荷劉伶鍤，憫亂愁聞杜甫詩。
自喜年來身尚健，奚憂老至鬢成絲。
向平願了聊堪慰，臨水登山是此時。

## 3. 七十書懷 粘漱雲 七律五首之三

詩文之友 24 卷 4 期 1966.8.1

平生狷介寡交遊，才不如人懶唱酬。
未慣趨炎寧裹足，常思守拙只埋頭。
興來買醉千杯少，老愛偷閒萬事休。
盡覺眼前無倦累，遇佳山水便勾留。

## 4. 七十書懷 粘漱雲 七律五首之四

詩文之友 24 卷 4 期 1966.8.1

壯懷未獲展鴻圖，待兔深慚守一株。
處世爲人惟謹慎，立身作事豈糊塗。
苟延似續心無愧，差幸兒孫性不愚。
回顧烽煙還四起，何時息盡共歡娛。

## 5. 七十書懷 粘漱雲 七律五首之五

詩文之友 24 卷 4 期 1966.8.1

厭聞時事幾春秋，便覺餘生獲自由。
惟有詩書收眼底，更無名利繫心頭。
忙栽籬菊追陶令，靜掩柴門效陸游。
富貴繁華渾似夢，得過歲月樂悠悠。

## 6. 八十書懷 粘漱雲 七律六首之一

轉瞬杖朝歲已臻，重周覽揆紀良辰。
蓬門得喜迎高士，樽酒留歡待故人。
自幸餘生身尚健，何嫌到老鬢更新。
開懷應盡今宵醉，重與知交笑語親。

## 7. 八十書懷 粘漱雲 七律六首之二

生平憂道不憂貧，事欲功成但率真。
弱冠論婚完匹偶，壯年作嫁歷艱辛。
書藏鄴架閒思讀，友集吟壇喜可親。
能得晚年拋俗慮，一家和氣樂天倫。

### 8.八十書懷 粘漱雲 七律六首之三

竊愧存胸久塞茅，頻蒙磋琢謝知交。
嬉春每愛尋佳景，守拙惟知隱故巢。
命不逢時徒惋惜，情難諧俗任譏嘲。
一生愚鈍邀天眷，苦盡甘來萬慮拋。

### 9.八十書懷 粘漱雲 七律六首之四

錦繡神州歷劫塵，貪饕應逐虎狼秦。
無多學問終慚我，有用才華且讓人。
每感俗情翻冷暖，常懷世味盡酸辛。
今逢勝日饒幽趣，莫管風雲變幻頻。

### 10.八十書懷 粘漱雲 七律六首之五

安排菲酌草堂前，設帨懸弧列兩邊。
莫謂夫妻娛晚境，虛過歲月度餘年。
滿門瑞獻三陽泰，大地春回萬物妍。
何幸今宵親友集，一樽同醉樂陶然。

### 11.八十書懷 粘漱雲 七律六首之六

靜掩柴扉隱此身，出門為怕有埃塵。
是非勿道宜緘口，俗事休關可悅神。
合向名山尋樂境，何須濁世作愁人。
韶華過眼空陳跡，歷盡滄桑感慨頻。

### 12.日月潭誌盛 粘漱雲 七律二首之一

潭如日月署名優，不斷觀光客逗留。
舞女凝妝同妙舞，遊人泛艇共清遊。
雲開遠岫山容現，水映長天日影浮。
涵碧樓前吟望久，凌空一塔聳峰頭。

### 13.日月潭誌盛 粘漱雲 七律二首之二

世外仙源遠近傳，一潭如畫晚晴妍。
園多孔雀供觀覽，山集姑娘鬥麗娟。
德化社中同撮影，玄光寺裡共參禪。
此行盡日饒幽趣，勝地登臨亦有緣。

　　　　註：本詩附有小札一封：

　　　　　農曆六月十五日同臺北兩兒媳及孫一行十二人往遊日月潭。

## 14.次林友笛先生八十書懷瑤韻 粘漱雲 七律二首之一

詩文之友 37 卷 1 期 1972.11.1（又見手稿本）

風塵飄泊卅春秋，歸臥林泉減卻憂。
莫道守株空待兔，可知遯跡勝封侯。
詩書遣興窗前讀，山水尋歡物外遊。
惆悵分襟人兩地，多年惜別晤無由。

## 15.次林友笛先生八十書懷瑤韻 粘漱雲 七律二首之二

詩文之友 37 卷 1 期 1972.11.1（又見手稿本）

隱士幽居傍水鄉，四湖風景美非常。
名聞遠迎推先覺，詩見清新挹古香。
能得消閒吹短笛，可曾有興擘無腸。
今逢八十人康健，卜定壽添百歲長。

## 16.次林友笛先生放浪吟瑤韻 粘漱雲 七律一首

詩文之友 33 卷 1 期 1970.11.1（又見手稿本）

高臥河鄉碧水間，一生絲竹趣深嫻。
逍遙歲月身偏健，放浪形骸事不關。
鷗侶忘機娛止水，人群遣興合登山。
思量無計酬佳詠，俚語重翻待改刪。

註：身偏健，手稿一作身留健。

註：另有一作，疑粘漱雲取消作廢之詩：

卜宅幽居湖海間，一生樂趣亦心嫻。
逍遙歲月身猶健，放浪形骸事不關。
鷗侶尋歡惟止水，人群遣興合登山。
年來獨守蝸廬在，拙句重翻待改刪。

## 17.次林友笛先生退隱偶成瑤韻 粘漱雲 七律一首

詩文之友 26 卷 4 期 1967.8.1

兩鬢霜堆已晚年，故人久別歲頻遷。
常懷星散朋三五，難得酒傾斗十千。
往事重提猶有感，此時把晤竟無緣。
何當來剪西窗燭，相與盤桓夜雨天。

## 18.次林友笛先生過鹿港蒙漱雲詞兄設席賦此奉酬瑤韻

粘漱雲 五律一首

詩文之友 27 卷 2 期 1967.12.1 （又見手稿本）

喜報高軒到，吟壇仰大家。
門前迎舊雨，座上試新茶。
夜靜寒風起，秋深冷氣加。
開懷同促膝，竟夕話桑麻。

## 19.次韻奉酬林友笛先生八一偶成原玉 粘漱雲 七律一首

才疏未敢妄矜奇，老愛清閒懶賦詩。
何用浮名因戀世，合應遁跡勿趨時。
吟風弄月君多壯，索句揮毫我盡辭。
到處優遊猶有趣，更無愁緒鎖雙眉。

　　　　　　　　　　　　　　　　　　　　　　　　粘漱雲待刪稿

　　註：因戀世，一作須識世。
　　　　君多壯，一作君因壯。
　　　　索句揮毫我盡辭，一作索句攤箋我已辭。

## 20.同寄友笛先生敬次辜一漚先生韻 粘漱雲 七律一首

　　　　　　　　　　　　　　　詩文之友 30 卷 2 期 1969.6.1

放浪形骸酒正酣，未除腐習已荒耽。
君因大德恒存八，壽在高齡合祝三。
萬里雄飛人壯健，一生雌伏獨愚憨。
才華不及賢喬梓，靜守柴扉久抱慚。

## 21.致友笛先生書信 粘漱雲 信札五封之一

友笛先生如面：

　　拜啓去年次男瑞西轉勤在豐原第一銀行，弟與拙內去十二日來遊，先日寄去鹿港夏日雜詠佳作六首，今已脫稿次韻奉酬，潦草塞責，工拙不計，今特寄呈，先生所和王寶書先生六首已經送交，據云即要直接修書道謝，並寄原作峏此告知。

　　王寶書先生乃鹿港一流詩人，爲人謙恭，與弟友善，但弟約二十日便要自己先回鹿港，此啓。並祝
　吟安。

　　　　　　　　　　　　　　　　　　　九月十七日　弟粘漱雲奉啓

## 次友笛先生夏日雜詠原玉 七絕六首

一心忽動納涼思，斗室如爐感此時。
庭外槐陰濃匝地，差堪避暑快吟詩。

紅葉頻燒茗獨煎，林間不斷起蒼煙。
薰風習習涼如許，消盡炎威亦爽然。

小樓閒坐午風翻，暑氣蒸勝不待言。
竹簟蘆簾消永晝，放懷高臥掩柴門。

小隱林泉度此生，不求進取慕浮名。
一心猶帶尋香癖，荷放銀塘亦動情。

困人天氣欲如何，水閣尋涼每嘯歌。
自笑浮生存傲骨，心無附熱讓湯婆。

醉月吟風妙入神，閒遊山水樂天真。
北窗下榻常高臥，不減羲皇乙上人。

粘漱雲待刪稿

## 22.致友笛先生書信 粘漱雲 信札五封之二

友笛先生雅鑒：

日前辱臨寒舍，招待不週，反勞修書言謝，不勝抱歉。寄來佳作，今特次韻奉酬別紙錄呈，另附王寶書先生委付一律，亦請一閱，先生寄與他一信，因事忙昨早 弟即持往，內有佳作虞韻，定能次韻奉酬，簡此奉啓。並候 吟安。

十月六日　漱雲鞠躬

## 23.致友笛先生書信 粘漱雲 信札五封之三

友笛先生如面拜啓：

弟因年來已無詩興，懶於執筆，農曆三月下旬鹿港開全國聯吟大會，雖有寄贈三百元，但無參加出席，是日臺南白劍瀾先生有來家訪問，布袋蔡連中、周文俊亦來參加吟會，但無到寒舍，過後農曆四月十一日 弟與拙荊往遊臺北住二十八天，五月初九回來住臺中十二天，因性好遊覽懶於作詩，惟有些少酬唱，義不容辭，故不得獻醜，寄來佳作，今特次韻奉酬，工拙不計，書此寄呈。並祝 吟祺。

（次男瑞西自彰化調動南臺中第一銀行經理，此信自臺中寄出）

弟粘泉敬呈

## 24.致友笛先生書信 粘漱雲 信札五封之四

友笛兄：

日前在豐原寄呈一函，內夾拙作六絕，乃和 先生夏日雜詠原玉，

諒已收入。　弟於十八日來臺中吾女處，廿二日方回鹿港，十月三日臺中四縣市聯吟大會，　弟亦參加出席，約十月五、六日便要去臺北，按住三星期方回，住址乃臺北市安東街二二巷四六號，粘瑞川六男之處，本日再寄疊前韻六首以呈，但　弟昨訪王寶書，他亦和六首，近日可寄去，劉先生去菲律賓不在。

九月廿七日　粘泉

### 寄呈友笛先生疊前原玉 七絕六首

試茗消愁活火煎，追懷往事等雲煙。
舊時朋輩都星散，相見無由一愴然。

分襟兩地久懷思，冷落西窗是此時。
回憶岱江風雨夜，如非煮茗便談詩。

歲月無情若浪翻，消磨壯志復何言。
才難清世慚如我，埋首蘭齋靜掩門。

逍遙歲月羨先生，霸戰吟壇負盛名。
自笑頭顱尚頑固，得相磨琢感高情。

煙波消受樂如何，日落頻聞發浩歌。
獨步江頭舒望眼，一竿垂釣有漁婆。

佳句投來妙入神，如君風雅出天真。
自從別後頻懷想，何日登堂晤故人。

粘漱雲待刪稿

## 25.致友笛先生書信 粘漱雲 信札五封之五 1972 年

友笛先生如晤：

　　去七月八日臺北之子三人回鹿港，越日邀其母往遊臺北，　弟因有事不同往，延至七月十七日亦單獨北上，在臺北逗留至八月三日，兩人離北南下，在臺中住三夜，彰化住二夜，八日方回鹿港，發現　先生寄來一信，內夾八十書懷佳作，以　先生貴體強壯，每閱詩報唱和甚多，如　弟舊年來身體衰弱，視力減退，加以手疾，寫不自由，不敢磨用頭腦，故詩思荒疏，懶於執筆，今閱佳作，義不容辭，乃次韻奉酬，潦草塞責，工拙不計，但恐中多未妥，請即斧正。寶書兄最近公務繁忙，未曾取與一覽，并告。弟今年亦已八十歲五月生，拙荊去年八十歲九月生，諸兒女為父母慶祝雙壽，於去年利用農曆正月初九日乃公生之日，安排牲禮物品拜拜，招待諸親戚及些朋友，設席十二棹，

乃親戚五棹，彰化第一銀行職員二棹（乃三男瑞西在銀行爲經理，他
要招待），朋友二棹，家族三棹，但不收賀儀，故鹿港人士及吟友無招
待，雖然不收一般賀儀，無如至親之人難以謝絕，收電毯一領，金戒
子八只，布料壽帳二幅，其他壽糕十餘盒，現金不收，遠在臺北之親
友約十人來參加壽宴，醞在相知語敢直陳，亦一時之盛況，今年農曆
正月初二諸兒女聚集，租一遊覽車，往遊北港、朴子、布袋、南鯤鯓
等處，家族及親戚四十人同去，朴子尙賢先生、錦棟先生亦有去拜訪，
盡一日之興，至夜回家，順此告知。敬和佳作一張及 弟所作八十書懷
六首一併附呈以奉， 弟之拙作不受人唱和，聊寫自遣，故無印刷，請
不必賜和，先生若有餘閒，請即來遊，以贖向日之交情， 弟亦常思要
到四湖拜訪，但尙未定何時，草此奉啓。

　　並候　吟安。

　　此信若有收入，請用明信片回答，以免不知有無收到。

弟 粘泉鞠躬　六十一年八月十八日

　　林友笛自註：八月二十一日回信。

## 26.敬次友笛先生七八自嘲原玉 <small>粘漱雲 七律一首</small>

詩文之友 33 卷 3 期 1971.1.1（又見手稿本）

常懷建樹已無期，老藉清遊減卻悲。
遯跡君應稱逸士，談心我每覓屠兒。
曉行綠野頻攜杖，夜對青燈偶賦詩。
忝屬同庚才不敏，空令歲月負明時。

　　註：老藉清遊，手稿一作四處清遊。
　　　　逸士，手稿一作隱士。
　　　　曉行綠野，手稿一作曉來散步。
　　　　夜對青燈偶賦詩，手稿一作老至貪閒懶賦詩。
　　　　空令歲月負明時，手稿一作虛延歲月未逢時。

　　註：本詩附有小札一封：
　　　　弟於十月九日往臺北十餘天不在家，旋又去秀水、彰化數日，故延奉答，失
　　　　禮之至，并此道歉。

十一月二日　漱雲再啓

## 27.敬次林友笛詞兄寄贈原玉 <small>粘漱雲 七絕二首之一</small>

跼促深漸室不寬，小窗頻聽漏聲彈。
蝸居是夜留君住，輾轉應知臥未安。

　　註：疑爲粘漱雲欲取消之作。

## 28.敬次林友笛詞兄寄贈原玉　粘漱雲　七絕二首之二

詩文之友 27 卷 2 期 1967.12.1（又見手稿本）

久別重逢心竟寬，歡談頻聽漏聲彈。
辱承屈就蝸居陋，一夕累君寢不安。

　　註：一夕，手稿又作一席。
　　註：本詩附有小札一句：前作取消。

## 29.敬和林友笛先生七十書懷瑤韻　粘漱雲　七律四首之一

柴門拙守客來稀，徒讀父書學不奇。
勘亂深慚偏束手，消愁雅愛是吟詩。
人心險惡驚今日，世路崎嶇恨此時。
遍地哀鴻誰撫恤，降魔期待起王師。

## 30.敬和林友笛先生七十書懷瑤韻　粘漱雲　七律四首之二

不愁霜雪砭肌膚，且喜餘生健此軀。
處世何曾思富貴，待人未敢論賢愚。
無多田地休深慮，有好兒孫便可娛。
咬盡菜根貧亦樂，管他譏笑說庸夫。

## 31.敬和林友笛先生七十書懷瑤韻　粘漱雲　七律四首之三

勞生莫道馬和牛，爭羨年高七十秋。
設宴迎賓應有意，躋堂祝嘏恨無由。
樽開北海千杯醉，壽比南山幾世修。
最喜彌甘逢蔗境，逍遙自在勝封侯。

## 32.敬和林友笛先生七十書懷瑤韻　粘漱雲　七律四首之四

合把塵情早歛收，閒來垂釣伴沙鷗。
家因和氣心應爽，壽已稀齡願亦酬。
何用依人貪作嫁，必須避世樂優遊。
一枝玉笛饒幽趣，到處橫吹任自由。

粘漱雲待刪稿

## 33.謹次林友笛先生六十書懷瑤韻　粘漱雲　七律四首之一

岱江尚憶笑歡同，十載分離轉眼中。
厭俗無心圖富貴，閉門有意守清窮。
讀書豈爲名揚世，習武安能力射弓。
此日烽煙猶未息，匡扶大局待群雄。

## 34. 謹次林友笛先生六十書懷瑤韻 粘漱雲 七律四首之二

君須暢飲百杯乾，處世何曾學異端。
滄海煙霞供嘯傲，庭階蘭桂博心歡。
應知上壽桃方熟，定見稱觴夜不寒。
我亦浮生剛六十，虛過歲月每長嘆。

## 35. 謹次林友笛先生六十書懷瑤韻 粘漱雲 七律四首之三

寒夜留賓每煮茶，老來我亦眼昏花。
菊栽三徑同陶令，宅卜東山學謝家。
應兆來儀飛彩鳳，且看反哺有金鴉。
多君福慧雙修日，蔗境彌甘逸興加。

## 36. 謹次林友笛先生六十書懷瑤韻 粘漱雲 七律四首之四

躋堂祝嘏正良辰，百鍊金剛是此身。
猶似山高存義氣，更無俗累樂天真。
詩敲清夜吟而壯，笛弄晚風妙入神。
處世如君多曠達，一生憂道不憂貧。

## 37. 謹次林友笛先生菊城賦詩原玉 粘漱雲 七律一首

馬齒徒增度此生，已疏筆墨久埋名。
嬉春每到康莊道，踏月常臨不夜城。
笑我心因貪醉酒，多君性是愛餐英。
老當益壯饒清福，爲祝遐齡壽似彭。

粘維澄待刪稿

## 38. 觀棋 粘漱雲 七絕四首之一

手談相與鬥奇謀，黑白無端戰不休。
一局難分誰勝負，動人默視久勾留。

## 39. 觀棋 粘漱雲 七絕四首之二

世事分明似奕棋，一枰狼籍不勝悲。
佇看殘局誰收拾，早現和平慰所期。

## 40. 觀棋 粘漱雲 七絕四首之三

車攻炮擊苦相侵，袖手閒看感不禁。
一局誰知多變幻，非干己事亦擔心。

## 41.觀棋 粘漱雲 七絕四首之四

乍逢敵手鬪雄雌，一局相爭不告疲。
座有關心人默視，頓忘柯爛已多時。

　　註：本詩附有小札一封：
　　　　徵詩二月二十日限。臺北吳濁流先生來信索寄稿，弟與素昧平生，義不容辭，
　　　　故作四首寄與，今錄呈一覽。
　　編者註：粘泉，原名秉忠，字漱雲，又字維澄。朴子人，家居鹿港。


# 曾丁興

## 1.次林友笛先生庭中拾翠原玉 曾丁興 七律二首之一

詩文之友 30 卷 6 期 1969.10.1

淵明歸去來辭筆，邑號朝歌墨翟車。
三徑青籬資壽老，九畦黃菊且耕書。
因時霢霂滋芳草，及候淋漓灌異蔬。
上帝施恩林府上，栽花種豆裕詩餘。

## 2.次林友笛先生庭中拾翠原玉 曾丁興 七律二首之二

詩文之友 30 卷 6 期 1969.10.1

太空欣賞潤詩茶，頓悟虛浮智漸加。
月兔無蹤無牧草，星球有軌有光華。
機關奧妙存天國，閒巧奇工博士家。
創造權能唯上主，人間究竟一微瓜。

## 3.敬和林友笛先生漫遊大貝湖原玉

湖畔即景 曾丁興 七絕六首之一 1956 年
翡翠延湖內外天，水光瀲灩景天然。
羨君吟作詩才好，一日清遊一日仙。

## 4.敬和林友笛先生漫遊大貝湖原玉

過萬象台 曾丁興 七絕六首之二 1956 年
萬象台堪飽兩眸，傳音佳景慕清幽。
煙霞興癖還多有，慾效蘇黃佛印舟。

## 5.敬和林友笛先生漫遊大貝湖原玉

行過樂台 曾丁興 七絕六首之三 1956 年
評景騷人寫樂台，沿途狹處惹心猜。
忖思苦日孔顏比，陋巷風花頓悟開。

## 6.敬和林友笛先生漫遊大貝湖原玉

坐駕鴛椅 曾丁興 七絕六首之四 1956 年

造就鴛鴦背面身，老歲最好滌心塵。
莫叫情侶橫斜坐，難免秋波送入神。

## 7.敬和林友笛先生漫遊大貝湖原玉

步過樂橋 曾丁興 七絕六首之五 1956 年

未見湖中有樂橋，心猿意馬自迢迢。
尋詩覓句居然富，萬里飛空未算遙。

## 8.敬和林友笛先生漫遊大貝湖原玉

水柱擎天 曾丁興 七絕六首之六 1956 年

擎天高聳得傳奇，尋見貝湖信不差。
水柱飛揮開國策，相持領域有宗支。

中華民國四十五年十一月二十三日燈下
斗南鎮中天里一〇一號　曾丁興上

編者註：曾丁興（1898-1981?），字杰仁。斗南人，書法家，家有「萃芳園」，景
色宜人。

# 曾文新（了齋）

## 1.奉和林友笛詞兄寄懷原玉 曾了齋 七律一首

傳來詩信自西湖，垂老風情與昔殊。
悵望心同蕉葉轉，孤吟人比菊花臞。
不妨遯世爲名士，且喜歸田伍宿儒。
何日桃城償舊約，把盃重倚博山爐。

曾了齋待刪稿

## 2.致友笛先生書信 曾了齋 信札一封 1964 年

友笛詞兄道席：

來信時，恰 弟臥病住院治療，是以遲遲未裁覆，歉甚！現已出院，
在家繼續療養，且日漸康復，請勿遠念！承示佳作一律，念故人各在
一方，迴溯時段，不禁感慨繫之！故成一律奉和，希即斧正，至盼！
風便，謹此奉復。

順候　吟安。

弟曾文新　五三年二月五日

編者註：曾文新，字子銘，又字東農，號了齋，又號五六居士，新竹人。久居花蓮，著有《劫餘吟稿》、《五六庵詩草》。

# 黃秀峰（源山）

## 1.步林友笛先生八十書懷瑤韻 黃秀峰 七律二首之一

詩文之友 37 卷 1 期 1972.11.1（又見手稿本）

吟餘老氣益橫秋，內顧全刪去日憂。
濁酒談心期醉客，浮雲過眼傲封侯。
滿頭黃髮增高壽，一杖青山伴勝遊。
為問金湖湖裡水，短篷載興幾經由。

## 2.步林友笛先生八十書懷瑤韻 黃秀峰 七律二首之二

詩文之友 37 卷 1 期 1972.11.1（又見手稿本）

虛堂一榻臥江鄉，靜裡胸襟迥異常。
大筆尋詩滄海瀾，肥螯佐酒綺筵香。
杖朝永誌多清福，愛國原知有熱腸。
寶籙參餘身益健，名齊泰岱壽方長。

## 3.步林友笛先生秋日書懷瑤韻 黃秀峰 七律一首

詩文之友 35 卷 3 期 1972.1.1

繾綣難忘舊雨情，金湖小隱夜淒清。
登樓作賦追王粲，救國投鞭讓祖生。
心緒寫餘蘆苗筆，胸愁攻盡酒為兵。
江山莫漫驚搖落，竚看儒林日向榮。

## 4.步林友笛先生庭中拾翠瑤韻 黃秀峰 七律二首之一

詩文之友 30 卷 5 期 1969.9.1

不為沽名與釣譽，衡門高雅在籃車。
瓜棚豆架三弓地，竹屋蕉窗一榻書。
浮圃香繁春夢蝶，盈籃苗嫩暮栽蔬。
詩中俱有先生傳，味玩詩中興有餘。

## 5.步林友笛先生庭中拾翠瑤韻 黃秀峰 七律二首之二

詩文之友 30 卷 5 期 1969.9.1

興即吟哦渴飲茶，胸襟不覺暑頻加。

停竿夜步池邊月，供佛朝添雨後花。
塵俗勞形辭宦海，水雲送畫入詩家。
兒孫也解玄中趣，整葉牽蔓伴養瓜。

## 6.步林友笛先生退隱偶成瑤韻 黃秀峰 七律一首

詩文之友 26 卷 4 期 1967.8.1

獻身對策記丁年，宦海寧堪歲月遷。
醒夢驚聞鐘八百，擾人頓謝牘三千。
庭容旋馬思何限，技慕雕龍契有緣。
怪底詩心清且曠，金湖似鏡水連天。

## 7.步林友笛先生閒中偶成瑤韻 黃秀峰 七律一首

詩文之友 28 卷 5 期 1968.9.1

名心久已息相思，竹榻松陰向午移。
冰浸玉盤宜擘荔，月明滄海愛題詩。
邀朋有甕藏三酉，應世無文濟四夷。
素癖自憐還自笑，渾忘鬢髮漸成絲。

## 8.步林友笛先生苦雨瑤韻 黃秀峰 七絕一首

詩文之友 28 卷 5 期 1968.9.1

天心有意絕農家，作態連旬霢霂加。
場粟生芽茅屋漏，何堪因尚未收瓜。

編者註：黃秀峰（1911-1984），名源山，以字行，乃黃傳心之弟。日治時期設帳東
石地區，壯年遊彰化大城，雲林埤腳，作育英才無數。著有《望海樓詩集》。

# 黃朗泰

## 1.謹和林友笛先生夏日雜詠 黃朗泰 七絕六首之一

火傘張空熱汗煎，尋幽避暑隱波煙。
輕搖畫槳楊枝下，對酒高吟意爽然。

## 2.謹和林友笛先生夏日雜詠 黃朗泰 七絕六首之二

能才濟世最堪思，好勝虛心忘寢時。
喜愛瀕湖扁鵲術，活人情興樂吟詩。

## 3.謹和林友笛先生夏日雜詠 黃朗泰 七絕六首之三

古今書籍靜心翻，資質平凡不可言。
人十己千燈下夜，幾時夢筆描龍門。

## 4. 謹和林友笛先生夏日雜詠 <small>黃朗泰 七絕六首之四</small>

自問年齡出後生，專心積德建醫名。
君臣秘製元霜搗，丹藥濟貧放逸情。

## 5. 謹和林友笛先生夏日雜詠 <small>黃朗泰 七絕六首之五</small>

立志求功又若何，民生命爾寫愁歌。
平常月用三千五，好險無能討老婆。

## 6. 謹和林友笛先生夏日雜詠 <small>黃朗泰 七絕六首之六</small>

孝義忠精感佛神，明修大道幾修真。
賢能史籍傳千古，廣佈綱常稱聖人。

晚生　黃朗泰待刪奉上

編者註：黃朗泰，斗六人，曾在斗六糖廠服務。

# 黃啟棠

## 1. 步林友笛先生戊申中秋待月瑤韻 <small>黃啓棠 七絕二首之一 1968 年</small>

詩文之友 29 卷 2 期 1968.12.1

中秋不見月輪昇，望眼將穿感不勝。
恰巧今宵遭月蝕，無聊空對讀書燈。

## 2. 步林友笛先生戊申中秋待月瑤韻 <small>黃啓棠 七絕二首之二 1968 年</small>

詩文之友 29 卷 2 期 1968.12.1

深更始見月輪昇，到處聲歌倍有情。
此夕已無窮羿在，何須怕被看分明。

## 3. 步林友笛先生退隱偶成瑤韻 <small>黃啓棠 七律一首</small>

詩文之友 26 卷 4 期 1967.8.1

墨壘欣登日復年，清高興趣不能遷。
名揚學海詩三百，句染吟箋價十千。
俗子焉知騷客樂，斯文那識市屠緣。
生逢亂世君歸隱，喜避紅塵萬里天。

## 4. 步林友笛先生閒中偶成瑤韻 <small>黃啓棠 七律一首</small>

詩文之友 28 卷 5 期 1968.9.1

睽違兩地繫遐思，到老猶難友誼移。
庭院逍遙時弄笛，田園散策日尋詩。

應持往昔交情重，好改當今世道夷。
且喜吾兄長鬚鑠，頭顱不見鬢毛絲。

## 5.步林友笛先生苦雨瑤韻 黃啓棠 七絕一首

詩文之友 28 卷 5 期 1968.9.1

傾盆大雨灑人家，數月相聯一例加。
大地了無乾淨土，愁看水浸損西瓜。

編者註：黃啓棠，字幼惠。嘉義朴子人，畢業於臺北醫學專門學校。後在臺北開業。

# 黃傳心（劍堂）

## 1.次友笛詞兄過虎尾見惠原玉 黃傳心 七律一首 1948 年

吟篋誰憐劫後收，勞形案牘失陪遊。
懶談韻事緘雞口，漫羨糖甘到蔗頭。
報國慚無扛鼎筆，寄身寧棄釣魚舟。
南陽八百桑株老，徒使英雄嘆武侯。

劍堂未定稿
註：本詩附有小札一封：
友笛詞兄吟席：
弟以文書倥傯，未獲分身招待，昨又逢瑣事外出交涉，失禮良多，忝在翰墨交深，諒能宥我，所惠傑作信手拈來皆成妙諦，只得潦草拜和，未妥處並希削正望之。

三十七年三月十三日
虎尾糖廠農務課事務股 黃傳心鞠躬

## 2.謹似友笛老兄杖朝書懷原玉 黃傳心 七律二首之一 1972 年

詩文之友 37 卷 1 期 1972.11.1（又見手稿本）

悠悠歲月邁春秋，天墮何須作杞憂。
品笛高人原有韻，封功現代已無侯。
追懷帝廟千金獎，續紀雲林十載遊。
我似鷿鳩惟守拙，羞從筆下話因由。

黃傳心自註：追懷帝廟千金獎，四湖參天宮徵聯為君主辦故及之。

## 3.謹似友笛老兄杖朝書懷原玉 黃傳心 七律二首之二 1972 年

詩文之友 37 卷 1 期 1972.11.1（又見手稿本）

家居喜得傍枌鄉，密邇談情卻異常。
酣夢自憐乖酒癖，清閒猶羨沁茶香。

交遊廣結聲名侶，唱和頻翻錦繡腸。
遙頌耄期今乍屆，詩心未老壽添長。

壬子仲夏　劍堂弟　黃傳心拜稿

註：本詩附有小札一封：
　　弟邇來或住高雄，或居朴子，來往未定，足下惠予珠玉，每忘奉酬，希諒之。
註：酣夢，手稿一作醉夢。
　　猶羨，手稿一作獨羨。
編者註：黃傳心（1895-1979），原名詩法，字劍堂，以字行，東石人，精於詩詞書
　　　　法。晚年歸隱朴子，任朴雅吟社顧問。

# 黃篆（黃天篆、瘦峰）

## 1.致友笛先生書信 黃篆 信札一封

友笛襟兄如晤：
　　弟自十六日往北，於匆率之間，未遑到府拜詢臺北召開全島詩會之地
點及期日，弟以北地人地生疏，無從詢悉，依弟揣定大概是否青年節
能開催乎？若照弟之所揣測無錯者，順此機會可得參加，否則就整裝
歸里，祈襟兄以二十九日以前，賜函示知，隨函寄郵票一張，接信後，
即速賜復。
　　順祝　吟安。

篆脫帽

編者註：黃篆（1901-1973），字瘦峰，又字天篆。祖籍福建漳州，出生於雲林水
　　　　林鄉頂蔦松。曾與曾人杰等創立鄉勵吟社，著有《草堂詩鈔》。

# 黃鑑塘

## 1.次林友笛先生八十書懷瑤韻 黃鑑塘 七律二首之一

詩文之友 37 卷 1 期 1972.11.1（又見手稿本）

多君養德學春秋，美滿家庭樂不憂。
苜蓿清廉工化雨，桂蘭鬱茂勝封侯。
一經教子和孫訓，卌載隨人作宦遊。
此日華筵開八秩，群仙祝福也緣由。

## 2.次林友笛先生八十書懷瑤韻 黃鑑塘 七律二首之二

詩文之友 37 卷 1 期 1972.11.1（又見手稿本）

垂老他鄉念故鄉，多情眷屬總非常。
橫吹短笛聲偏壯，細嚼花茶口益香。

詩酒樂天欣健足，光明得地富吟腸。
知君不作邯鄲夢，道德矜持歲月長。

## 3. 和友笛詞長賞菊命題留念原韻 黃鑑塘 七律一首

君詩拜讀興頻生，蒔艷東籬便立名。
恍似柳川縈曲檻，宛然花港泛傾城。
香茶最喜吟茶味，鑑玉欣同賞玉英。
料得如瓜安氏棗，老當益壯羨籛彭。

## 4. 致友笛先生書信 黃鑑塘 信札一封

友笛吾兄吟席：

　　好友詩來如見月，披開高唱，字字珠璣，句句鏗鏘，喜得老兄近來詩境上進，可欽可佩，真乃大家也，　弟謹效顰敬和瑤韻二章，呈粲並祈斧正。

### 多日書懷原玉 七律一首

松柏青蒼耐雪侵，孤山舊雨得相尋。
俗塵排脫和琴奏，天籟飛來好句吟。
史上有人懷駿骨，世間何地覓燕金。
未完書許從容讀，勁節凌冬伴素心。

### 退休七年感賦原玉 七律一首

七載無憂樂過年，春花秋月傭詩牽。
飽將眼福容居士，贏得頭銜署散仙。
昏飲未妨賒酒債，浮生只願結騷緣。
長歌短嘯雲煙裡，嶺上梅開快著鞭。

九思軒黃鑑塘未是稿

## 5. 秋宵憶友 黃鑑塘 七律二首之一

秋郊遠望憶逋仙，荏苒光陰過十年。
才藻欽君曾吐鳳，雲程笑我似飛鳶。
屋樑落月親交誼，文字深情締宿緣。
他日四湖重拜訪，滿床詩酒樂無邊。

## 6. 秋宵憶友 黃鑑塘 七律二首之二

品茶吟味四湖仙，大會隨身茗具全。
霽月襟懷長皎潔，夢花才調自嬋娟。
風騷兩地成知己，道義千秋結善緣。
春樹暮雲無限意，何時杯酒接高賢。

## 7.夏賞石湖蓮 調寄洞仙歌 黃鑑塘 詞一首

荷花馥郁，正石湖香滿，水殿風來天傍晚。
盪輕舟，一葉波面浮沉。
人意好，欹枕篷窗近岸。
正銜山落日，烏鵲歸巢，瀲灩金光無限。
欣六郎清新，不染污泥。
唯我與汝堪為伴，任地老天荒。
受磋磨，斷不了，連綿藕絲一線。

編者註：黃鑑塘，字振源，又署九思軒，嘉義市人。曾是麗澤詩社社員，能詩書畫，業銀樓生意。

# 辜尚賢（一漚）

## 1.八十初度自述 辜尚賢 五絕十首之一

八關閉諸惡，十戒守無過。
初夏我生辰，度江燕來賀。

## 2.八十初度自述 辜尚賢 五絕十首之二

長壽皆祈百，八旬已八分。
此翁癡太甚，猶想讀三墳。

## 3.八十初度自述 辜尚賢 五絕十首之三

舊業詩書在，消閒一局棋。
虞卿著書晚，兩鬢已成絲。

## 4.八十初度自述 辜尚賢 五絕十首之四

著新百家姓，又譯和歌詩。
竊喜精神足，雖勞不覺疲。

## 5.八十初度自述 辜尚賢 五絕十首之五

禮云八十耄，幸喜身猶強。
閒步弄孫外，詩抄數十行。

## 6.八十初度自述 辜尚賢 五絕十首之六

生辰慶八十，百歲離猶多。
老伴詩茶弈，優游快樂過。

### 7.八十初度自述 辜尚賢 五絕十首之七

短鯁慚深井，多財不羨人。
健康天錫我，何只值千金。

### 8.八十初度自述 辜尚賢 五絕十首之八

衣冠多相鼠，蟭蝛笑微蟲。
蟭蝛人休笑，衣冠亦與同。

### 9.八十初度自述 辜尚賢 五絕十首之九

去歲悲炊臼，無何報子榮。
夫妻雙博士，稍慰我心情。

### 10.八十初度自述 辜尚賢 五絕十首之十

心內暗祈天，修文遲數年。
唯求無病苦，辭世去如眠。

### 11.八十初度自述荷蒙賜和賦此奉酬 辜尚賢 五絕一首

詩文之友 28 卷 3 期 1968.7.1

八秩生辰詩，深蒙大雅和。
拋磚引玉來，榮幸無斯過。

### 12.史論三首呈上哂政 辜尚賢 七絕三首之一

詩文之友 28 卷 3 期 1968.7.1（又見手稿本）

何獨世人命有奇，為神運亦有興衰。
關公婦孺皆能道，武穆貞忠世少知。

### 13.史論三首呈上哂政 辜尚賢 七絕三首之二

詩文之友 28 卷 3 期 1968.7.1（又見手稿本）

文武雙全稱武穆，關公不見一詩文。
滿江紅可傳千古，良馬對經萬世芬。
　　註：稱武穆，手稿一作推武穆。

### 14.史論三首呈上哂政 辜尚賢 七絕三首之三

詩文之友 28 卷 3 期 1968.7.1（又見手稿本）

如斯顛倒究何因，只為貫中筆有神。
說岳文章多笨拙，不能感動看書人。

## 15.次林友笛先生八十書懷瑤韻　辜尙賢　七律二首之一

詩文之友 36 卷 6 期 1972.10.1（又見手稿本）

虛渡歲多君四秋，兒能自奮我無憂。
只今來覓中山酒，悔惜不思萬戶侯。
曾譯和歌蒙眾譽，飽嘗世味寡交遊。
堪嗟體弱難行遠，欲出門多不自由。

## 16.次林友笛先生八十書懷瑤韻　辜尙賢　七律二首之二

詩文之友 36 卷 6 期 1972.10.1（又見手稿本）

未得雄飛困故鄉，日同兒女話家常。
友堪共語年加少，醪爲久藏味覺香。
荏苒駒光添鶴算，間關世路甚羊腸。
宵宵只患眠難穩，豈患壽長與不長。

## 17.次林友笛先生戊申仲秋過訪賦贈原玉　辜尙賢　五律一首

詩文之友 29 卷 2 期 1968.12.1（又見手稿本）

相遇清明日，再臨正讀莊。
南華語多妙，品茗口生香。
佳句留賓得，愁懷對酒忘。
君詩盤走玉，得力自西廂。

## 18.次林友笛先生庭中拾翠瑤韻　辜尙賢　七律二首之一

詩文之友 30 卷 5 期 1969.9.1

言欲所言任毀譽，老來每出輒乘車。
友來共話當今事，年夢恨多未讀書。
人過杖朝稀舊友，食無海味愛新蔬。
吾生自笑無波浪，麥酒一瓶飲有餘。

## 19.次林友笛先生庭中拾翠瑤韻　辜尙賢　七律二首之二

詩文之友 30 卷 5 期 1969.9.1

每晨先飲兩甌茶，朝氣新鮮興倍加。
地窄恆歎難種竹，庭邊實不易栽花。
養鳩前有絲瓜架，共話來多文學家。
款客慚無好佳果，一盂香茗一盤瓜。

## 20.次林友笛先生退隱偶成原玉　辜尙賢　七律一首

詩文之友 26 卷 4 期 1967.8.1

憶我退休過兩年，如棋世事日移遷。

痛妻留影逢丁未，買酒銷愁費十千。
衰懶久疏鷗鷺侶，寂寥恒看鏡花緣。
追思往事都如夢，自信行藏不愧天。

　　辜尚賢自註：痛妻留影逢丁未，內人四月十六日逝世。

## 21.次林友笛先生閒中偶成原玉 辜尚賢 七律一首

詩文之友 28 卷 5 期 1968.9.1

閒中易起是邪思，性定如君志豈移。
無日不懷弄笛友，終朝只是和人詩。
中秋未到想文旦，十載空思飲武夷。
老我鏡前難久立，怕看兩鬢盡成絲。

## 22.次林友笛先生苦雨原玉 辜尚賢 七絕一首

詩文之友 29 卷 2 期 1968.12.1 詩文之友 28 卷 5 期 1968.9.1

五月淋漓苦萬家，甘藷穀壞恨猶加。
整冠李下猶當避，納履無人疑摘瓜。

## 23.次凌霜六六紀生朝韻 辜尚賢 五言詩三首之一

詩文之友 28 卷 4 期 1968.8.1（又見手稿本）

清和雨乍晴，題詩慶雙六。
和韻愧難工，聊伸華封祝。
為厭折腰煩，先吾辭俸祿。
菟裘離市廛，所欲不逐逐。
詩愛吟李杜，將每欽頗牧。
素慕王子猷，不可居無竹。
菜根淡有味，之武鄙食肉。
嗜茶與君同，不怕愁成斛。

## 24.次凌霜六六紀生朝韻 辜尚賢 五言詩三首之二

詩文之友 28 卷 4 期 1968.8.1（又見手稿本）

嗟余一無成，厭人稱老叟。
羨君雅事多，十中占八九。
是非暗點頭，人前不開口。
養生自有方，無菸亦無酒。
爾我皆好學，卷恆不釋手。
無官甚自由，不受人掣肘。
金銀姑勿論，此身難我有。
終須還造化，且臥北戶牖。

## 25.次凌霜六六紀生朝韻 辜尙賢 五言詩三首之三

詩文之友 28 卷 4 期 1968.8.1（又見手稿本）

人生能幾何，夜遊須秉燭。
六六後猶長，冷眼看時局。
種蔬樂可羨，耽詩品不俗。
養鶴不須愁，倉中多積粟。
鶴脛長莫斷，鳧脛短休續。
一一任自然，自然最堪矚。
靜看世間人，風塵日僕僕。
無非爲妻兒，孜孜求所欲。

## 26.同寄友笛先生 辜尙賢 七律一首

詩文之友 30 卷 2 期 1969.6.1

杖朝已過興仍酣，自笑名耽利弗耽。
事不稱心十占九，學能成器百無三。
詩思問世心猶壯，須斷求工我太憨。
贈與友朋任譽毀，誰譽誰毀總無慚。

## 27.依前韻述懷寄凌霜并似友笛 辜尙賢 五言詩三首之一

世事如擲骰，呼么或呼六。
或爲得六哀，或爲得么祝。
君子忌滿盈，人須惜福祿。
天下多窮民，謀生日逐逐。
治平欣改善，今年選民牧。
一票投與誰，胸早有成竹。
老來身仍瘦，不是無食肉。
平安兩字金，勝得珠一斛。

## 28.依前韻述懷寄凌霜并似友笛 辜尙賢 五言詩三首之二

太公未逢時，渭河垂釣叟。
一旦遇文王，不嗟遘陽九。
世人各有好，對換不適口。
盧仝唯愛茶，劉伶卻嗜酒。
無路思回頭，得意忘縮手。
世人此病多，落魄時枕肘。
清風與明月，萬代人共有。
橫臥北窗下，落花穿戶牖。

## 29.依前韻述懷寄凌霜并似友笛 辜尚賢 五言詩三首之三

余今年八十，危若風中燭。
願天加數年，看越戰結局。
君家多脩竹，無竹令人俗。
品高稱夷齊，恥不食周粟。
漢史著未成，彪子固能續。
余雖有著作，上梓誰肯矚。
思欲蒔花卉，無地又無僕。
空有愛美心，嘆難遂吾欲。

## 30.依韻二疊述懷再寄凌霜并似友笛 辜尚賢 五言詩三首之一

世事難逆料，渾似擲雙六。
加衣罪典冠，越俎罰尸祝。
武侯殉知遇，不是為貪祿。
李斯被殺時，方悔諫客逐。
簞中多蚊子，共話唯樵牧。
堪笑王子猷，底事偏愛竹。
可嘆知味少，嘔吐知蛇肉。
易曉是妍媸，妍值珠一斛。

## 31.依韻二疊述懷再寄凌霜并似友笛 辜尚賢 五言詩三首之二

晏子稱賢相，封田惜尼叟。
孔道遂不行，空歷國八九。
病禍人宜慎，出入皆由口。
我癖異青蓮，作詩不須酒。
朴雅詩社衰，惜乏扶輪手。
吾年已八秩，無力嘆雙肘。
醫學雖日進，癩病依然有。
夫子悲伯牛，執手嗟自牖。

## 32.依韻二疊述懷再寄凌霜并似友笛 辜尚賢 五言詩三首之三

萬物同一視，日月無私燭。
世事如圍棋，勝負待終局。
端午喫粽子，本是荊楚俗。
投江悲屈平，不願同食粟。
後世宗詩祖，大會年年續。
作詩弔者多，佳作人爭矚。
昔官尊民卑，今官是民僕。

民僕比主尊，莫怪人爭欲。
　　　註：本詩附有小札一封：
　　　　　友笛詞兄：
　　　　　斧政述懷二首并乞賜和。
　　　林友笛自註：六月五日上午接信，是夜作，翌六日上午回信。

## 33.致友笛先生明信片 辜尚賢 明信片五枚之一

自屏東○○宮攜泉遠贈賦謝
有水無茶味不馨，無茶有水負良情。
幸欣素有藏佳茗，弗負攜泉一片誠。
　　　民國五七年十二月八日
　　　註：原稿即缺二字。
　　　註：有水無茶，又作好水好茶。
　　　　　無茶有水，又作好茶好水。

## 34.致友笛先生明信片 辜尚賢 明信片五枚之二 1969 年

友笛詞兄如晤：
　　　奉讀尊札，知兄將「和歌詩化」詳為細視，且為我指示錯處，良深感謝，144 首第三句「播苗」改「苗播」；春歌第七首「草木欣欣」改為「欣欣草木」歸去來辭「木欣欣以向榮」是一時錯寫；第三首「沿途」「途」改為「路」；秋歌六四首第一句「秋萩」之「萩」改為「荻」；152 首反調改為「望君久不來，日夜憂心悄」；164 首「反被」改「反教」。霜出韻，我本知，強用之，欲改為「仍是白頭翁」神韻索然，待考。
　　　民國五八年五月十七日

## 35.致友笛先生明信片 辜尚賢 明信片五枚之三 1969 年

訂錯
秋歌第十三首「沿路」再改為「嗅臭」比較細膩。
春歌第二首出韻今改為仄韻如左：

大地已春來，東風解玉屑。
我同受日光，猶苦滿頭雪。
　　　民國五八年五月十八日

## 36.致友笛先生明信片 辜尚賢 明信片五枚之四 1969 年

友笛詞長如晤：
　　　秋歌 64 首起句前信云欲改為秋荻，今秋荻二字再改為萩葉。託詩

三四首脫落補上。

國如磐石固，永久不能搖。
碎返遠來浪，枉而日夜醫。
　　　民國五八年五月二十日

## 37.致友笛先生明信片 辜尚賢 明信片五枚之五 1969 年

友笛詞兄如面：

　　所云七八十丈仙泉，令孫卻不見拿來。朴子水廠之水由地中汲上多苦澀，然仙泉亦不可飲慣，深兄良意。所云三十四首譯詩脫落是和歌不是進德錄。和歌，兄爲我檢討後再發，兄發改之處如左：

　　上卷 78 首爲「國」改爲「君」；83 首二句「歷年」改「經歲」；124 首一句「基礎」改「地基」；下卷 62 首「夜夜聞鹿鳴」改「夜夜鹿哀鳴」；162 首三句「眼難」改爲「睡難」；208 首一句「已非木」改「不是木」，以上。

　　　民國五八年五月二十三日

## 38.致友笛先生書信 辜尚賢 信札五封之一

佳作要吾和，欲和感侗促。
山寺與湖岩，風景未曾矚。
雖和愧難工，擱筆解休曲。
烹茶奉佛詩，次韻倒原玉。
君登舍利塔，我作寶塔詩。
以此相換看，風雅亦可維。
縱筆與寶塔，述懷我兩詩。
用斯作書答，諒君亦無嗤。

### 倒次烹茶奉佛韻奉酬 七絕一首

著茗虔心奉佛人，念經端要趁清晨。
名茶斗六聞芳茂，何日登堂一試新。

### 縱筆 五言詩一首

我從何處來，死向那邊屬。
或謂上天堂，或言入地獄。
平素不爲善，亦未嘗作惡。
天堂知無份，地獄似免落。
天堂居定位，又有上帝督。
地獄獰鬼多，見之恐見辱。

豈若我亡魂，無拘又無束。
時〇一回家，看〇兒孫〇。

**登七寶感作** 五絕一首
我聞草與木，彼亦能成佛。
何況有情人，豈無舍利骨。

一漚未定稿

　　註：原稿有缺字。

## 39.致友笛先生書信 辜尚賢 信札五封之二

友笛兄如面：
　　數日前由溪謀接收詩文之友三卷細詳翻閱，可稱勁敵，各不相讓，有翼德戰虎癡之慨，愚望塵莫及，不揣固陋執筆效顰奉和二首，一首煩爲轉寄景箕先生，爲我介紹。此奉並候　文安。

顧我似閒卻不閒，譯詩俗事總無關。
友如巨伯交難得，笛聽桓伊弄最嫻。
想共君觀四湖月，老難雪賞七星山。
佳作寄余敢辭賀，搜索枯腸待斧刪。

一漚未定稿　一月二十二日

　　註：慨，手稿作概，顯然爲誤字。

## 40.致友笛先生書信 辜尚賢 信札五封之三

友笛兄如面：
　　頃接華翰，已知爲我介紹景箕先生矣。奉和貴作一時錯誤，今改作「江淹老去才華退」特函告我，深爲感謝，又順作二絕以聯風雅之氣。

**有懷友笛兄　其一**
詩文之友 28 卷 1 期 1968.5.1（又見手稿本）

自笑與君同臭味，老猶嗜茗又談詩。
盧仝七碗非佳癖，一盞清芳足潤脾。
　　註：談詩，手稿一作耽詩。

**有懷友笛兄　其二**
詩文之友 28 卷 1 期 1968.5.1（又見手稿本）

我不如君能弄笛，君何曾與我圍棋。
相差爾我唯斯點，所好各從最合宜。

一漚未定稿　二月二十五日

## 41.致友笛先生書信 辜尚賢 信札五封之四

友笛詞兄大鑒：

　　久不見回梓，未悉近況如何，詠關公三首又蒙寫出刊載，讀兄古律一首，不覺興起，亦效顰作歎老吟一首，如別紙呈上斧政并乞賜和（青木爲我複寫）順錄近作「時事」三首，亦乞賜和，此上。

### 時事 七絕三首 辜尚賢

　　吞舟魚確實難捕，誰料此番竟捕之。
　　唯願網羅索堅韌，休教脫出再揚鰭。

　　學業完成卻不優，不優爭欲出而仕。
　　若教地下子騫知，不識心中何等鄙。

　　或使子騫爲費宰，子騫請善爲我辭。
　　時潮異昔誠堪歎，極力求人又費資。

　　以上，又順寄上讀書雜詠四首，及詠紅夢十六首，兄若熟讀紅樓夢定當有趣。

### 雲從以南山壽墨寶祝我八十初度感作 辜尚賢

　　老堪歎，還童何處覓仙丹。
　　無老伴，恒少歡。
　　憔悴猶如秋後草，五官雖具如意難。

　　老堪憐，欲行蹩蹩足不前。
　　食漸減，寡夜眠。
　　齡屆八十已如此，何爲祝我壽百年。

### 讀書雜詠 七絕四首 辜尚賢

　　爐中火弱起添薪，坐對燈前讀過秦。
　　到老愛書心不死，何曾一日不相親。

　　不有囂聲出四鄰，宵深猶自把書親。
　　箇中滋味難拋卻，直欲檠邊老此身。

　　滿架詩書手徧摩，燈前花下獨吟哦。

不知此事何時了，目未瞑時肯放他。

百看不厭紅樓夢，易曉共推白傳詩。
又愛蒲公狐鬼話，文章憎命太堪悲。

## 讀紅樓夢　七絕十六首　辜尚賢

黛玉純真任性行，寶釵奸詐又聰明。
湘雲豪爽語言快，熙鳳險貪世少京。

迎春懦弱木頭稱，藕榭佛前只念經。
妙玉招尤因過潔，探春才調實精靈。

巧姐逢凶能化吉，宮裁教子後成名。
元春雖貴身先死，面似桃花秦可卿。

安分岫煙得婿佳，寶琴只許嫁梅花。
無辜金釧悲投井，枉死晴雯玉靡瑕。

賈母盜鈴死孫女，夫人偏執把花殘。
鴛鴦殉主人皆敬，翠縷出言憨可觀。

金桂鴆吞緣婢誤，香菱棒受為郎淫。
平兒忠厚應扶正，姨媽柔奸女認林。

李紋姊妹堪為友，襲人隱惡難俱陳。
侍書辭令如盲左，入畫遽傳作逐臣。

失足司棋能死節，藕官燒紙為多情。
齡官眼底無公子，玉釧胸中恨未平。

彩雲認贓無輸色，麝月甘心作少人。
老老人情深歷練，姨娘暴死赦求神。

興替關鍵傻大姐，小紅失帕引奸人。
紫鵑無主終歸佛，雪雁庸愚不足陳。

兔死狐悲痛蕊官，婢名琥珀長松根。
蕙香晦氣遭讒語，小鵲怡紅報信繁。

五柳兒當南渡後，鶯兒憨態似猶存。
可憐繡橘逢庸主，獨有秋紋知感恩。

彩霞燈後妙傳神，茜雪因茶被主瞋。
尤氏視男可無有，不明世事邢夫人。

最討人嫌李嬤嬤，芳官貌不遜群芳。
可憐二姐吞金死，三姐剛強劍下亡。

愈觀愈愛愈相親，把筆題詩五六人。
一臠能知鑊中味，若看全本更津津。

欲吟全首愧無能，只就書中撮厥精。
一句一人綱耳迹，湊成全首待丘明。

## 42.致友笛先生書信 辜尙賢 信札五封之五

友笛芸兄如面：

　　五日下午六時華翰遙頒，啓視乃知是賜和佳作。古人云：「敏捷詩千首」，其君之謂乎？內中多蒙溢譽之言，實不敢當，十首之內瑕疵甚多，但自己不覺，故欲借鏡於兄，而兄竟不我正，只言其美處而不及瑕，此非切磋之誼也，再煩爲我細考，示我不逮，是爲至望，全韻錯誤寄後方覺，經已即日奉信訂正復乞補和。

　　我兄騷壇久逐，唱酬甚慣，故十首之和一夜咄嗟立辦，至今尙無第二人寄來也，足徵敏捷，余今欲就貴作略述一二，而有不合須以朋友有互相切磋之義，望勿見責。朴雅諸友皆云仄韻難和，而兄由過字思出非字，再次自己襯出他人，末以莫說細思組成對偶，且寄朋友相規之意，甚覺軒冕，勝我原作良深，敬佩。其他八首亦皆清新可誦爾我兼顧，有雙管齊下之槪，樂樂一句不離所好，亦極自然是善，讀論孟者也偶得詩工，整句聲氣微弱，以吾意見改爲「佳作欣披讀」，又「艱難渾燕雀句」，有莊子與惠施濠梁辯魚之意，兄何以知燕雀之艱難，以吾意見換作「棲飛羨燕雀」，未知以爲然乎？四月廿七日徵信報上有載張群先生賀張大千畫伯七十初度，大千畫伯與吾同日生辰，只差十歲，故吾亦作一絕，今錄上以作燕雀句之參考。

畫伯與吾同日生，年多十歲愧無成。
鷃鵬能各東其東，鷃豈羨鵬萬里程。

以上。

一漚奉上　七日早

## 43.敬次林友笛先生讀吾謝詩瑤韻 辜尙賢 五絕三首之一

詩文之友 28 卷 3 期 1968.7.1（又見手稿本）

佳作善言情，繪形又繪聲。
句清才每捷，十首一宵成。

　註：手稿一作：
　　　貴作善言情，繪形復繪聲。
　　　清逾三分白，香輸豈七分。

## 44.敬次林友笛先生讀吾謝詩瑤韻 辜尙賢 五絕三首之二

詩文之友 28 卷 3 期 1968.7.1

國校同窗情，時聞鴻雁聲。
瑕疵相斧政，文字淡交成。

## 45.敬次林友笛先生讀吾謝詩瑤韻 辜尙賢 五絕三首之三

詩文之友 28 卷 3 期 1968.7.1

樂山樂水情，山翠水潺聲。
悅耳兼怡目，頓忘業不成。

　編者註：辜尙賢（1890-1974），號一漚，魚仔市人。臺灣總督府國語學校國語部
　　　　卒業，曾任朴仔腳公學校雇員至教諭，並曾在鹿港辜顯榮府上任管事。
　　　　辜氏在掌朴子鹽館時加入朴雅吟社。光復後任聘東石初中、大同國小，
　　　　1964 年致仕在家。著有古典詩集、《和歌詩化》、《萬葉集》、《古今和歌集》、
　　　　《新古今集》、《重編和歌詩化》、《一漚先生漢和詩集》。

# 楊士華

## 1.敬和林友笛先生五十書懷見似原玉 楊士華 七律二首之一

無定遊蹤水面萍，未成一事悔今生。
光陰易過須行樂，時世多艱莫吃驚。
蔬食布衣知自足，高官厚祿任人爭。
閉門容我溫書史，兵火消沈醉太平。

## 2.敬和林友笛先生五十書懷見似原玉 楊士華 七律二首之二

漠漠春陰雨乍收，車塵輕涽不須愁。

園花寓目添清興，樽酒談心好解憂。
慷慨悲歌懷杜甫，性天豪放羨莊周。
白頭無復封侯夢，願保吟軀樂自由。

楊士華待刪稿

# 楊成裕（嘯天）

## 1.次林友笛先生八十書懷瑤韻 楊嘯天　七律一首

詩文之友 37 卷 1 期 1972.11.1（又見手稿本）

黃花晚節凜清秋，八十詩翁未解憂。
鐵笛弄風流寓客，壺觴對月醉鄉侯。
消閒吟就呼孫寫，覽勝名傳袖茗遊。
旋馬庭深堪嘯傲，不須逃世共巢由。

七月三十一日　夜

　　楊嘯天自註：**覽勝名傳袖茗遊**，友笛兄旅行時自帶茶器及茶葉，隨地自烹自品，
　　　　　　其嗜茶如此，不遜盧仝，傳爲騷人軼事。

　　註：本詩附小札一封：

　　友笛詞兄台鑒：

　　　　久未晤面，甚念。大作八十書懷於廿六日收到，驚喜吾兄已經八十，光陰迅
　　速，寧無感慨，茲先奉和第一首，弟胃疾已成宿疴，故久不寫作，惟吾兄大
　　作非和不可也。弟決定八月三日夜回朴子，三、四日皆在家，五日擬再返臺
　　中，吾兄能於三日或四日撥駕亦歸故里？甚盼，可訪一漚、凌霜、傳心，大
　　家暢敘，膳宿可在敝舍，二樓有空房數間，貴意如何？

弟　嘯天上　八月一日

## 2.次韻友笛社兄六十書懷 楊嘯天　七律二首之一

詩文之友 1 卷 6 期 1953.10.1

祝嘏樽中酒不乾，遙瞻南極耀雲端。
含飴已享多孫福，舞綵猶承壽母歡。
客地微憐王粲老，風詩卻擬孟郊寒。
人生鎮有天倫樂，得失區區未足歎。

## 3.次韻友笛社兄六十書懷 楊嘯天　七律二首之二

詩文之友 1 卷 6 期 1953.10.1

脫手詩清爲飲茶，西塘入夢筆生花。
定知倚檻閒吹笛，卻羨臨湖早卜家。
白首承歡歌擷蕙，佳孫學字喜塗鴉。
仙人海屋投籌到，細數今年六十加。

## 4.朴雅吟社憶舊感作 楊嘯天 七絕四首之一

誼聯八社古諸羅，卌載光陰感逝波。
曾記麥秋爭霸戰，一軍樸雅俊賢多。

## 5.朴雅吟社憶舊感作 楊嘯天 七絕四首之二

愛惜公餘與學吟，綺年時代是黃金。
拈題喜憶星期會，惠信堂中鬪夜深。

## 6.朴雅吟社憶舊感作 楊嘯天 七絕四首之三

月樵友笛又凌霜，舊侶寥寥半異鄉。
差喜杖朝耆宿在，一漚望重魯靈光。

## 7.朴雅吟社憶舊感作 楊嘯天 七絕四首之四

樸樹爭榮盛魯風，扶輪功記追樗翁。
而今祭酒空名掛，寥落騷壇迥不同。

註：本詩附有小札一封：

友笛吾兄台鑒：

> 初春出居養疴，病榻蕭條，忽憶故里騷壇舊事，起坐走筆一氣呵成四絕，不計
> 工拙，寫情而已，茲鈔呈一粲，諒吾兄也有同感否？同題也請撰作數首，如蒙
> 賜和更佳也。

並頌 吟祺。

弟楊嘯天敬啓 三月十八日

## 8.清明節故里侯鎮長招開朴子詩會，友笛詞兄也歸，夜宿敝舍有詩見贈次韻奉和 楊嘯天 五律一首

詩文之友 28 卷 3 期 1968.7.1（又見手稿本）

難得清明節，同歸會以詩。
故人相念切，異地況棲遲。
掃榻留今夕，題襟憶往時。
娛君無上茗，心繫建溪涯。

註：本詩附有小札一封：

友笛詞兄惠鑒：

> 大作轉結，僅僅十字寫盡離情，無一情字卻充滿離別之情，如讀唐韻，耐人尋
> 味，第一聯「樓中」二字，似有更適當文字可換，弟意「牆陰」二字如何？如
> 有更好之字請自再換，因樓中必定有難，稍欠神韻。深水兄如有來家（他常過
> 訪）當告吾兄大作二律早已郵寄，如係遺失，當將惠寄詩稿抄呈。耑此。

即頌 吟祺。

弟嘯天上 四月十七日

編者註：楊成裕（1907-1985），字嘯天，朴子人。朴子公學校、臺南師範畢業。曾
　　　　師承曹玉波習北京語，拜彭醇士為師，研究詩法。 著有《嘯天詩集》。

# 楊笑儂

## 1.次林友笛先生退隱偶成瑤韻 楊笑儂 七律一首

詩文之友 26 卷 5 期 1967.9.1

蹭蹬生涯五十年，紛然時事幾推遷。
退閒許就歡何極，招隱詩成感萬千。
對飲休論滄海恨，獲交早結草堂緣。
襟懷獨秀耽吹笛，一管桓伊叶性天。

　　楊笑儂自註：獲交早結草堂緣，三十年前同客次岱江時常過從。

## 2.岱江林君友笛本年初藝菊成績頗佳聞將滿開忽被同僚一駑馬嚼去大半悲憤交集詩以慰之 楊笑儂 七言詩一首

瀛洲詩集 1933

知君懷抱固瀟灑，性癖耽吟解風雅。
寓齋餘地只半弓，更闢園庭號旋馬。
盆栽手植多黃花，秘法傳自同好者。
今年初試已可觀，一片霜葩燦籬下。
朝夕相對樂忘飢，得意詩成筆自寫。
有時安排北海觴，招邀同好賞秋光。
何期隔鄰來逸馬，踐蹏香國太猖狂。
餐英自古屬騷客，馬亦嗜好不尋常。
太惜工夫拋頃刻，供他孽畜一飽嘗。
主人一見忽驚訝，欲哭無聲更斷腸。
就說名花多薄命，也應哀怨訴穹蒼。
萎矣倩女不可覿，惆悵芳魂何處覓。
園中佳色遭奇災，囑我草就討馬檄。
轉思太上本好生，誰憐老驥悲伏櫪。
菊兮馬兮欲奈何，真如雞蟲兩得失。
明年會見花重開，勸君作達且休戚。

## 3.雨夜林友笛黃瘦峰過訪寄廬 楊笑儂 五律一首

客次逢知己，愁中一破顏。
挑燈吟夜雨，倚榻話家山。

岩壑棲遲慣，名場競逐艱。
感君慰岑寂，幾度叩柴關。

> 編者註：楊樹德（1897-1982），號笑儂，又號嘯農，彰化市人。畢業於臺北醫事學
> 校，曾執業於布袋過溝，即樹德醫院。後爲彰化縣衛生所主任。與賴和等
> 同創應社，並參加彰化聲社。著有《白沙詩草》。

# 趙清木（凌霜）

## 1.「南鄉子」次友笛兄見懷韻 趙凌霜 詞一首

詩文之友 33 卷 2 期 1970.12.1

風冷夜初回，窗北窗南曙色催。
舊日虞溪今寂寞，歸來，好共漁人話劫灰。
空罍樽酒尙低徊，鎭日閒情撥不開。
寸祿到頭難活我，富貴功名何有哉。

## 2.「浣溪紗」歸思，用友笛兄見示韻 趙凌霜 詞一首

詩文之友 33 卷 2 期 1970.12.1

小維窗前噪早朝，春山未理覺無聊，伊人勞瘁幾時消。
千山萬水何由逢，渭城雨濕路遙遙，休將榮寵問鷦鷯。

## 3.六六紀生朝 趙凌霜 五言詩三首之一 1968 年

詩文之友 28 卷 4 期 1968.8.1（又見手稿本）

日月疾如梭，我年六十六。
援筆紀生朝，不敢遽言祝。
聞達總難求，早已辭寸祿。
夥涉亦稱王，餘榮懶追逐。
朱紫鬧街衢，身心付樵牧。
結茅傍市郊，窗外插新竹。
晨夕菜根香，勝彼豚蹄肉。
閒來一碗茶，消盡塵萬斛。

## 4.六六紀生朝 趙凌霜 五言詩三首之二 1968 年

詩文之友 28 卷 4 期 1968.8.1（又見手稿本）

莫笑未古稀，誰念白頭叟。
窮達聽諸天，十願已忘九。
魚肉悲眾生，菜肴還適口。
不羨長壽煙，也絕黑梅酒。

世路任崎嶇，短節時在手。
掩頸作防風，提襟每露肘。
儘多古英豪，至今復何有。
我愛此日晴，夕陽照窗牖。

## 5.六六紀生朝 趙凌霜 五言詩三首之三 1968年

詩文之友 28 卷 4 期 1968.8.1（又見手稿本）

時雨動敲窗，關門護殘燭。
周甲過六年，不善睹棋局。
勉力惜微軀，三餐且依俗。
養鶴為增糧，伊誰供餘粟。
閒濟急士窮，虞卿誰可續。
世態實迷樓，老眼莫窺矚。
拾水灌蔬畦，掃徑自勞僕。
此生剩幾何，來去隨我欲。

　　註：本詩附有小札一封：
　　　林友笛先生吟席：
　　　　凌霜不才，愧無點墨，素缺問候，慚疚良深，本思趨侍，冀開胸茅，又未如願，
　　　　茲值賤辰，也學塗鴉，右列三章，伏希點鐵，如蒙賜和，益感榮幸。耑此。
　　　　　順祝　吟祺。

後學趙凌霜鞠躬　五七年五月晦日

　　林友笛自註：五月三十日接信，五月三十一日回信。

## 6.友笛先生以鷓鴣天詞見示依韻奉酬 趙凌霜 詞一首

詩文之友 33 卷 1 期 1970.11.1

五鼓雞兒叫夢鄉，庭梧一葉報新涼。
縱橫世路君和我，舒卷蕉心綠又黃。
千古意，好時光，任教青女擣秋霜。
他時採藥西山去，并寫詩章亦不妨。

## 7.友笛詞兄見訪賦呈 趙凌霜 七律一首

詩文之友 27 卷 6 期 1968.4.1

判袂分程似昨天，睽違倏忽兩經年。
敲門怕見催租吏，握手嗟無款客筵。
月冷孤山人尚瘦，風清雙袖志猶堅。
窮居賴有兄相顧，雲水同參一味禪。

## 8.用友笛先生放浪吟韻奏成一律奉寄 趙凌霜 七律一首

詩文之友 33 卷 1 期 1970.11.1

茂陵未許立中間，左右分明勢必嫻。
心雜莫偎羅漢樹，囊空休叩美人關。
隨緣我有胸中竹，得意人誇背後山。
獨笑生涯一杯酒，早將榮辱念頭刪。

## 9.竹枝詞（續） 趙凌霜 七絕十首之一

詩文之友 34 卷 6 期 1971.10.1

遍栽荊竹繞柴門，隔斷塵煩自一村。
檢到籬頭風打筍，家中兼味樂盤飧。

## 10.竹枝詞（續） 趙凌霜 七絕十首之二

詩文之友 34 卷 6 期 1971.10.1

年年儉約身能慣，處處浮沉力已任。
不向人前誇富貴，庭隅偏佈馬啼金。

## 11.竹枝詞（續） 趙凌霜 七絕十首之三

詩文之友 34 卷 6 期 1971.10.1

屋角編籬勞弟侄，瓶中備酒愧交親。
已無世累和家累，日住鄉村作醉人。

## 12.竹枝詞（續） 趙凌霜 七絕十首之四

詩文之友 34 卷 6 期 1971.10.1

身無實力追前輩，日有閒人喚老兄。
歲月奔馳任匆促，一杯在手足怡情。

## 13.竹枝詞（續） 趙凌霜 七絕十首之五

詩文之友 34 卷 6 期 1971.10.1

傀儡臺中協鼓鑼，已無聽眾亦高歌。
不知線索憑誰手，箇味酸甜判作何。

## 14.竹枝詞（續） 趙凌霜 七絕十首之六

詩文之友 34 卷 6 期 1971.10.1

出門定到竹圍里，訪遍田翁又野翁。
莫笑老夫貪浪漫，一騎鐵馬便兜風。

## 15.竹枝詞（續） 趙凌霜 七絕十首之七

詩文之友 34 卷 6 期 1971.10.1

看人舞跳阿哥哥，擊箸敲杯樂趣多。
滿座自稱真志士，毋忘在莒解來麼。

## 16.竹枝詞（續） 趙凌霜 七絕十首之八

詩文之友 34 卷 6 期 1971.10.1

倝頑如醉又如醒，狡猾行藏扮正經。
慣學聊齋講鬼話，絕無滴惠及生靈。

## 17.竹枝詞（續） 趙凌霜 七絕十首之九

詩文之友 34 卷 6 期 1971.10.1

維生藝術日翻新，擠殺街頭幾小民。
儘管霓虹誇五彩，四郊尚有古陳人。

## 18.竹枝詞（續） 趙凌霜 七絕十首之十

詩文之友 34 卷 6 期 1971.10.1

東家有女最多情，眼角眉頭脈脈生。
十七姑娘十八變，起先愛美次虛榮。
　　註：本詩附有小引一篇：
　　　　余學唱竹枝，歷時尚淺，更乏良師指點，前曾勉成數首，寄諸月刊，請教吟
　　　　壇，洵誠意也。今餘興未盡。更續幾首於後，以誌消遣耳。

## 19.次林友笛先生七八自嘲瑤韻 趙凌霜 七律一首

詩文之友 33 卷 2 期 1970.12.1 詩文之友 33 卷 4 期 1971.2.1

人生百歲正堪期，那管蕭蕭白髮悲。
座上杯傳新益友，階前彩戲老萊兒。
後年譜奏杖朝曲，此日吟成祝壽詩。
且臥江村看晨夕，菜香飯熟值斯時。
　　註：那管，一作不為。
　　　　值斯時，一作正斯時。

## 20.次林友笛先生八十書懷瑤韻 趙凌霜 七律二首之一

詩文之友 36 卷 6 期 1972.10.1

璀璨南天春又秋，憂人憂國復憂憂。
鄉間竟日尋詩料，海上何時識故侯。
遐算松齡欣共祝，論交野鶴喜同遊。
商量晚景安身術，待看河清定有由。

## 21.次林友笛先生八十書懷瑤韻 趙凌霜 七律二首之二

詩文之友 36 卷 6 期 1972.10.1

八十何妨滯異鄉，飽嘗世味不尋常。
讀書只覺名心淡，鋤草還聞屐齒香。
獨守江村行素志，不求薇蕨塞飢腸。
欣君樂此無羈累，一杖逍遙日自長。

## 22.次林友笛先生戊申中秋待月瑤韻 趙凌霜 七絕二首之一

詩文之友 29 卷 2 期 1968.12.1

萬家爭待一輪昇，既蝕無光感不勝。
未染片塵亦招姤，千秋兔魄映秋燈。

## 23.次林友笛先生戊申中秋待月瑤韻 趙凌霜 七絕二首之二

詩文之友 29 卷 2 期 1968.12.1

中秋皓月嘆虧盈，一樣蟾光百樣情。
月不負人誰負月，三更始復一輪明。

## 24.次林友笛先生放浪吟瑤韻 趙凌霜 七律一首

詩文之友 33 卷 1 期 1970.11.1（又見手稿本）

世態炎涼反掌間，究將何地可容嫻。
騁懷似我迷荒徑，處境輸人合閉關。
不羨魚蝦臨曲水，肯追風月入深山。
此生飄蕩終無用，階草蓁蓁著意刪。

## 25.次林友笛先生庭中拾翠瑤韻 趙凌霜 七律二首之一

詩文之友 30 卷 5 期 1969.9.1

平沙掇草謝清譽，應世真如駕笨車。
汲水澆花玉徑綠，留心種藥幾篇書。
迎風獨愛簷前竹，佐粥時抽屋角蔬。
賴有牆頭舊桃李，一樽相對樂無餘。

## 26.次林友笛先生庭中拾翠瑤韻 趙凌霜 七律二首之二

詩文之友 30 卷 5 期 1969.9.1

紫藤陰下一甌茶，日步庭園綠漸加。
稚子禁拋黃槤核，紅娃爭摘白蓮花。
鶯歌暖樹求新友，燕啄春泥入故家。
偶共相知三數酌，風前醉後試香瓜。

## 27.次林友笛先生退隱偶成瑤韻 趙凌霜 七律一首

詩文之友 28 卷 1 期 1968.5.1

一賦歸來已六年，任他境換與時遷。
談心日有朋三兩，拜歲樽無酒十千。
過去功名因守分，將來榮辱亦隨緣。
清貧聊可安斯命，且樂逍遙自在天。

## 28.次林友笛先生閒中偶成瑤韻 趙凌霜 七律一首

詩文之友 28 卷 5 期 1968.9.1

不是林泉總不思，風花雪月任推移。
冰魚有幸登鮮味，禿筆無功媿寫詩。
世少街頭尊白叟，人多話尾笑紅夷。
嚴姜不識閒中趣，坐向苔磯理釣絲。

## 29.次林友笛先生苦雨瑤韻 趙凌霜 七絕一首

詩文之友 28 卷 5 期 1968.9.1

陰雨兼旬坐守家，無聊賴又苦相加。
欲翻書卷偏招睡，臥聽兒童鬧嚼瓜。

## 30.次林友笛詞兄颱風怨原韻 趙凌霜 五言詩一首

詩文之友 31 卷 3 期 1970.1.1 （又見手稿本）

潑皮艾爾絲，慓悍擅登陸。
瘋狂芙勞西，逞威接其續。
已愴民不堪，再愴鬼亦哭。
怒吼禍眾生，生涯空僕僕。
摧毀欲無餘，有虧天孕育。
天帝本好生，何任其肆毒。
國維方欲張，眾綱待回復。
宗廟方欲亨，挫力又加速。
風強黯日光，籬短損金菊。
江郊水茫茫，無處安朋族。
一刻吹十方，三農悲九穀。
滿眼盡瘡痍，難期迎歲熟。
哀哀幾口糧，可憐瞬間覆。
俯仰盡嗷嗷，率場無可啄。
積水氾街衢，崩山又埋屋。
全家殉地下，災情誰忍讀。
留鋒滯上空，處處破茅塾。

忘懷死與生，烏知背與腹。
襁保求援號，爺娘雙伯叔。
何來千萬間，廣廈供民宿。
遍地極荒涼，淒淒駭眾目。
未得胡麻餐，敢望鴻恩沐。
官閣駕高車，唯誠心已服。
但能惠慈仁，猶勝珠百斛。

　　註：本詩附有小札一封：

　　　友笛先生：

　　　近來詩思大發，火候純青，粗學之弟，自當避三舍。惠示颱風怨傑作，構思良
　　深，詞字適當，至為佩服，因弟近來病足，情思不佳，無心執筆，為謝雅意，
　　勉索枯腸，奏合一篇奉酬，敬希賜予點鐵，無任魁佇，順祝吟　棋

　　　　　　　　　　　　　　　　　　　　　弟凌霜鞠躬　十月九日寄

# 31.次韻林友笛先生己酉孟秋廣邀知友賞花品茗瑤韻

　　趙凌霜　五絕四首之一　1969 年

　　月白風清夜，君家瓊欲開。
　　嗟余無眼福，不克及時來。

# 32.次韻林友笛先生己酉孟秋廣邀知友賞花品茗瑤韻

　　趙凌霜　五絕四首之二　1969 年

　　舊日嬉遊伴，相逢笑眼開。
　　我生飄泊甚，那復看花回。

# 33.次韻林友笛先生己酉孟秋廣邀知友賞花品茗瑤韻

　　趙凌霜　五絕四首之三　1969 年

　　了性本空寂，精誠一瓣香。
　　升沉可如意，千載幾人償。

# 34.次韻林友笛先生己酉孟秋廣邀知友賞花品茗瑤韻

　　趙凌霜　五絕四首之四　1969 年

　　燃燭東籬下，銜杯樂賞花。
　　千金爭一刻，海角又天涯。

　　　　　　　　　　　　　　　　　　　　　　　　凌霜待刪

## 35.朴雅吟社爲慶祝社友侯松甫先生蟬聯朴子鎮鎮長擊鉢會 蒙邀未克參加茲依題湊成一絕 趙凌霜 七絕一首

能詩能政又賢賢，鎮座膺登慶再聯。
廣布三民真決策，朴津黎庶樂堯天。

## 36.致友笛先生明信片 趙凌霜 明信片二枚之一 1969 年

病足（承蒙垂詢病情，不勝感激） 七絕四首

自從足疾侵凌後，拋盡心情任歲遷。
欲界欲離風險厄，除非早上四禪天。
　　註：色界四天，初禪具三災，二禪無火災，三禪無水災，四禪無風災。

眼前俗念日頻侵，擾擾難平退後心。
似許暫停走天下，好教靜聽梵王音。

蹇澀前途若夢中，蹣跚老態一衰翁。
雞鳴獨到帝君廟，爲鍛腳筋冒曉風。

不知仕路幾條線，那管中樞萬斛塵。
但願人間多坦道，免教跛老嘆終身。

中華民國五十八年十月三十日

## 37.致友笛先生明信片 趙凌霜 明信片二枚之二 1972 年

敬啓者，本日下午之公子蒞舍，獲悉 弟前日之信對先生缺禮，至爲抱歉。 弟實忝列舊交，所獲悉之事，隨便提出，並非有含其他用意，況該事情亦屬人家之家內事，絕不容他人置喙，而我過於隨便，有礙去日交誼，我鄭重再上此信，取消前信一切言詞，老實說我不知該項之嚴重至此，是我之過失，請予見諒爲盼，專此。

中華民國六十一年十月二十六日

## 38.致友笛先生書信 趙凌霜 信札一封 1964 年

友笛先生大鑒：
　　際此金風淨暑，玉露橫秋，恭想閣潭獲勝，至爲欣頌，茲爲 弟也不材，浪跡雲林，經歷十八載，備承 先生愛護，隆情厚誼，銘刻肺腑，此次爲棲身關係，移居故里，敢望今後倍加培植，並請有暇撥至來遊，至爲盼切，順祝日綏。

趙弟清木頓首 五三年八月十日

## 39. 侯鎮長招宴賦贈在座諸君子并希斧正 趙凌霜 七律一首

漂泊天涯一棄兒，回頭浪子敢言詩。
塗鴉技拙人偏老，喚友聲嘶鶯已瘂。
席上群公皆俊逸，庭前蔓草待扶持。
魯光乙夜肯分照，燈下從容立片時。

## 40. 桃李詞 趙凌霜 七絕六首之一

種李栽桃年復年，桃花艷間李花妍。
不知李白桃紅意，桃李芬芳共一天。

## 41. 桃李詞 趙凌霜 七絕六首之二

桃花李葉下庭蕪，剪李修桃力不勅。
亂世儘多桃接李，故教桃李日喁喁。

## 42. 桃李詞 趙凌霜 七絕六首之三

碧桃朱李笑春風，桃味清新李味濃。
佀願選桃還揀李，無言桃李古今同。

## 43. 桃李詞 趙凌霜 七絕六首之四

西桃東李壓牆垣，李葉桃根共一村。
眼看沽桃售李輩，不知桃李沐春恩。

## 44. 桃李詞 趙凌霜 七絕六首之五

前挑李篋後挑籃，喚李呼桃日再三。
看看投桃拋李客，桃酸李苦孰能堪。

## 45. 桃李詞 趙凌霜 七絕六首之六

不是桃仙便李仙，滋桃灌李許多年。
桃僵李代功成否，桃李公門枉十千。

　　趙凌霜自註：作為留別雲嘉二縣教育界諸先輩。

## 46. 偶詠並寄友笛詞兄郢正 趙凌霜 七律三首之一

詩文之友 30 卷 4 期 1969.8.1

紗巾角枕舊林泉，回首辭官一惘然。
笑看鄰娃閒說鬼，偶尋老衲夜談禪。
安危不計唯隨分，利祿無緣只任天。
算到古稀剩三載，吟山詠水好留連。

## 47.偶詠並寄友笛詞兄郢正 趙凌霜 七律三首之二

詩文之友 30 卷 4 期 1969.8.1

苦樂窮通總不知，編籬補壁趁閒時。
挂冠本爲迴迷路，畫餅休云可解飢。
且向定中觀宿命，勿尋闕下亂投詩。
春來煮酒招邨客，共話桑麻萬井熙。

## 48.偶詠並寄友笛詞兄郢正 趙凌霜 七律三首之三

詩文之友 30 卷 4 期 1969.8.1

日閉庵門俗不侵，無多舊雨遠相尋。
卅年浪跡餘霜鬢，一卷檀經見佛心。
赤米白鹽生已足，閒雲野鶴興偏深。
早年爲抱功名念，直把青衫誤到今。

## 49.聆聽吟社加強組織感賦并呈諸先生 趙凌霜 七律一首

朴雅吟壇早日開，先賢先哲善滋培。
文章有價宜留脈，世利無緣怯脫胎。
莫道深山暗真璞，應知大冶鑄良材。
即今溜集歸滄海，鼓浪三更響似雷。

## 50.閒中戲作並寄友笛詞兄斧正 趙凌霜 七律一首

詩文之友 33 卷 1 期 1970.11.1（又見手稿本）

萬千世味未全嘗，一任人嘲作飯囊。
解渴常思甘蔗汁，和羹雅愛苦瓜湯。
雲泥別路如今日，猿鶴同心豈異方。
願守清貧養衰陋，不知雙鬢早侵霜。

## 51.閒中戲作蒙友笛先生賜和疊前韻誌謝 趙凌霜 七律一首

詩文之友 33 卷 1 期 1970.11.1

好客曾聞古孟嘗，一錐猶嘆固奚囊。
消閒學剝青龍角，振敝頻加白虎湯。
少棒輸球非下手，太空有路盡遨方。
何時得借蒼籐杖，遍踏名山冒雪霜。

## 52.感作上辜恩師尚賢先生並請友笛先生斧正 趙凌霜 七律一首

詩文 之友 28 卷 1 期 1968.5.1

人皆賢哲我顓蒙，不向灘頭理釣篷。
囊澀久無魚肉味，德高早抱藿葵衷。

根塵並說真圓滿，動靜雙除便覺通。
偷得餘閒親硯側，笑舒微眼待東風。
　　編者註：顓蒙，即愚昧、糊塗之意。

## 53.感事　趙凌霜　七絕三首之一

詩文之友 31 卷 1 期 1969.11.1

世緣未盡日高歌，百歲功名付逝波。
看遍衙中無氣息，陰森門外淚人多。

## 54.感事　趙凌霜　七絕三首之二

詩文之友 31 卷 1 期 1969.11.1

縱橫士路雜龍蛇，操出權衡似百家。
畢竟幾人真報國，民膏銷盡幻雲霞。

## 55.感事　趙凌霜　七絕三首之三

詩文之友 31 卷 1 期 1969.11.1

蚨飛紅白逐風飄，購得臺登子弟驕。
雲路儘多說時勢，可憐莘渭釣竿搖。

## 56.蒙朴雅吟社諸先生賜和疊前韻以表謝意　趙凌霜　七律二首之一

詩文之友 30 卷 4 期 1969.8.1（又見手稿本）

老無筆力半絲兒，一闋光榮幸釣詩。
自是拋磚能引玉，豈因居惘故售癡。
回頭舊雨多離散，稽首佳章足受持。
正欲修真閉深戶，風情讓與鄭當時。

## 57.蒙朴雅吟社諸先生賜和疊前韻以表謝意　趙凌霜　七律二首之二

詩文之友 30 卷 4 期 1969.8.1（又見手稿本）

生成木訥口羞開，潦倒人間倩孰培。
海國神龍方晦跡，陸梁怪獸已分胎。
稱心早抱煙霞志，亂世空遺尺寸材。
默守古燈刪舊作，管他窗外起蚊雷。
　　編者註：趙清木（1903-1987），號凌霜，別號「怪仙」，糖寮人。臺北師範、臺
　　　　　　南師範畢業，曾任教六腳、布袋、東石、六斗尾、牛挑灣公學校。歷任
　　　　　　水林、南陽、北辰諸國民學校校長，古典詩存世尚多，亦精現代詩歌作
　　　　　　詞。

# 廖榮貴

## 1.敬和林友笛先生八一偶成瑤韻 廖榮貴 七律一首

詩文之友 38 卷 5 期 1973.10.1

騷壇耆宿句稱奇，倚馬才追李杜詩。
戲餌江干披落月，揚風筆陣濟危時。
封侯無夢安然得，報國有心未肯辭。
八一遐齡身更健，天倫樂享笑開眉。

> 廖榮貴自註：戲餌江干披落月，因笛老喜於一竿風月。

> 編者註：廖榮貴（1974-1976），筆名凌霄，湖南衡陽人，久居斗六。曾任軍職，退
> 役後任職司法界、教育界。曾任中國詩經研究會常務理事兼副會長、斗六
> 分會理事長。其長子廖孝玉，家學淵源，又拜何南史為師，故亦工於詩。

# 劉竹梁

## 1.林友笛詞長惠詩寄懷敬和原韻 劉竹梁 七律三首之一

千樹玄都舊種桃，蕩風今已似松濤。
我迨紫陌心殊愜，君效孤山品自高。
吹笛遣懷欣適意，題糕擱羊愧稱豪。
他時識得荊州面，勸酒應煩一度勞。

## 2.林友笛詞長惠詩客懷敬和原韻 劉竹梁 七律三首之二

他時倘得識荊州，應笑相逢兩白頭。
山水清音邀共賞，春秋佳節約同近。
攜壺荷鍤欣登眺，擊鉢傾杯樂唱酬。
年過稀齡能遣此，此歡端不讓封侯。

## 3.林友笛詞長惠詩寄懷敬和原韻 劉竹梁 七律三首之三

一年以長愧稱兄，面未謀時心已傾。
欲聽梅花三弄曲，待吹玉笛五音聲。
沁脾酒應鏵泉釀，適口茶須活水烹。
我愛佳醅君愛茗，吟懷俱可遣閒情。

> 編者註：劉竹梁，名曾見於賴子清所編《中華詩典前編》，由於未署籍貫，疑內地
> 來臺人士。

# 劉孟梁（瀟湘漁父）

## 1.甲午夏在北港舉行個人詩書畫展　劉孟梁　七律二首之一　1954年

詩文之友 3 卷 1 期 1954.7.1

漫搖畫舫到汾津，一角桃源好避秦。
游藝客欽游藝客，讀書人愛讀書人。
筆驚風雨胸中氣，墨潑雲煙眼底春。
自是斯文同骨肉，瀟湘漁父拜汪倫。

## 2.甲午夏在北港舉行個人詩書畫展　劉孟梁　七律二首之二　1954年

詩文之友 3 卷 1 期 1954.7.1

放眼蓬萊紫氣開，天風相送畫帆來。
盪胸喜有汾津水，悅耳欣聞玉笛梅。
歌到陽春兼白雪，印來鴻爪又蒼苔。
桃花潭畔雲陰下，可許劉郎作釣臺。

## 3.客中遣懷（於朴子作）　劉孟梁　七律一首

不飲貪泉豈犯科，管他平地起風波。
言無責任麻煩少，讀有詩書快樂多。
六法十年宗北派，繁華一夢付南柯。
春花秋月何時了，漫向征途策蹇驘。

漁父未是草　六月廿六日

編者註：劉孟梁（1907-1986?），別署瀟湘漁父。曾與林玉山、賴惠川、王東燁、
洪大川、林友笛等雲嘉文人交遊。為嘉義著名書、畫家。

# 鄭坤霖

## 1.致友笛先生書信　鄭坤霖　信札一封

林老先生大鑒：

拜啓者，二年前於新港家中與先生晤面，並於畫展蒙先生惠寫
詩書廣增場面，於心銘感。屢聽家伯父鄭海先生及李德和女史云先
生詩文並茂，鏗鏘有力，至為羨羨。

　　今者 愚晚定於三月廿九日青年節於中部舉行畫展，懇求　先生褒譽之詩點綴光彩，並刊登新知識雜誌，由名家魯蕩平先生執筆介紹 愚晚，敬予懇求老先生詩文之讚，內容請予斟酌中肯之言，崁入佳句名辭，以資宣揚傳佈之頌。

　　愚拙不學無術，生平喜琴（國樂、陽琴、古箏）這是家學淵源，圍棋、國畫（北京派、傳統畫），另外 愚晚於民國五十六年曾寫〈遊故宮博物院詞〉乙首，請何志浩先生潤飾，經何將軍囑我交與洪寶崑先生發表，以便共賞，並蒙何將軍寄親撰〈偉大的才華〉詞乙首，相互交流。茲將 愚撰〈遊故宮博物院詞〉錄后如次：

喜春天，青草地，風光明媚，雙溪雲山翠，
故宮物博無窮盡，遠溯學古，歷史紀忠純。
地區大，人物秀，民族繁頻，藝術揚海外，
友邦稱譽美絕倫，藏珍綺閣，聳樓展斯文。

　　愚晚現住大甲，於前日抵臺北，拜訪數位名士，經他們推介新知識雜誌預定兩頁介紹 愚晚事蹟生平、藝能。所以 晚生懇請與我家伯父交情深厚，且知我略概的老先生賦詩讚美，并希望本月十五日晨以前限時寄名撰抵大甲給我，因為新知識十八日出版在即，來得匆忙，先生如有暇工，請予鼎力幫忙，所撰詩文將刊新知識，敬予懇託，餘容後謝。專此奉懇。

　　并叩　道安。

鄭坤霖拜上　二月十三日

　　附及：遊古宮詞如不佳，亦請潤飾，因為亦要同時刊出。

## 鄭啟諒（小遊仙）

### 1.次林友笛先生庭中拾翠原玉 鄭啟諒 七律二首之一

詩文之友 30 卷 5 期 1969.9.1

竊學淵明棄毀譽，門前未見駐公車。
耕耘豆圃歌元曲，避暑瓜棚讀漢書。
欲解疲勞調薄酒，擬清血腋煮鮮蔬。
苔痕草色多詩意，蚓笛蟬琴樂有餘。

### 2.次林友笛先生庭中拾翠原玉 鄭啟諒 七律二首之二

詩文之友 30 卷 5 期 1969.9.1

歡迎雅友酒兼茶，刻燭敲詩逸興加。
半世功名波底月，終身事業鏡中花。

勤勞插植能強國，節省開支可富家。
酷暑清除心內熱，青蝦剝肉煮絲瓜。

### 3.還曆自嘲 鄭啓諒 七律四首之一

歲月虛拋六十秋，封侯壯志付東流。
專心致富財多劫，銳意驅貧策未周。
半世文章難傲命，終生事業費持籌。
經營待看兒孫福，日作勞人笑馬牛。

### 4.還曆自嘲 鄭啓諒 七律四首之二

林泉未許養勞人，萬卷詩書誤此身。
世亂糧荒官幻虎，家貧禮缺鬼凌神。
紅羊劫後鬚眉脫，白豕譏餘骨肉嗔。
欲整江山成錦繡，晨昏繼夜冒風塵。

### 5.還曆自嘲 鄭啓諒 七律四首之三

立功自嘆未逢時，對鏡悲觀兩鬢絲。
一榜惟軼刀筆政，三遷擬解子孫癡。
辛酸世味窮難受，冷暖人情老更知。
漫笑黃金甜夢客，沙山掘寶慰相思。

### 6.還曆自嘲 鄭啓諒 七律四首之四

青年僥倖掇芹香，未惜分陰枉自傷。
藥石難攻貧老症，神仙各授富強方。
浮況宦海三更夢，躑躅商場十載殃。
米似真珠薪似桂，開門七事擾心腸。

　　　註：本詩附有小札一封：

　　　林友笛先生惠鑒：

　　　　因將近十年不事吟詠，自覺不穩之處甚多，伏斧正為荷。此上。

　　　　　　　　　　　　　　　　　　　　　　　弟鄭啓諒鞠躬

　　　林友笛自註：九月三日接信，九月六日回信。
　　　編者註：鄭啓諒，號小遊仙，羅山人。鄭氏與王東燁、林友笛均有密切往來。

## 鄭華林（醉俠）

### 1.周澄秋秋園吟草跋文 鄭醉俠 跋文一篇 1965 年

　　性，生之質也，情，性之動也，性情者，即人之稟賦與氣質也，形
貌可得而襲，氣質不可得而襲也，有至性至情者，發於言，為詩為文，

可以動天地，感鬼神，即喜怒哀樂，亦罔不如春風雷霆之足以令人欣悚，每讀采葛之詞，知勾踐終必沼吳，誦大風之歌，料漢高必王天下，蓋言爲心聲，既可以吟風詠月，以寄真情，韓昌黎之謫潮陽，柳子厚之貶柳州，其所詠是也，更可以震聾起懦，發人猛省，先烈周實丹之詩之悲憤沈毅鄒容革命慷慨激昂，終於喚起人心，以光漢室是也，詩之偉大，於茲可見，豈小道哉。臺灣自爲強鄰所奪，脫離祖國懷抱者，數十寒暑，有氣節之士，不甘臣服，而犧牲生命者有之，遠走大陸，以圖恢復故土者有之，蜷伏鄉里待機以動之賢哲，更不勝枚舉，在被統治者壓迫之下，其處境之艱，含辛之苦，欲維繫人心，實非易易，除藉詩詞以抒其悲愴之情，寄其深遠之意，實無他道可循，此當時詩社之風起雲湧，有由來也，爰詩感人之深，不僅怡情悅性已耳，國之存亡，業之盛衰，亦莫不於詩測之，以詩屬心音，志之所之也，非騁其辭華，標其聲律，始謂之詩，以辭愈工而旨愈晦，法愈善而去詩愈遠矣，余友周澄秋君，學識之淵博，幾於無所不通，出其餘緒，以爲詩詞，亦精湛無比，惟不事雕琢，悠悠天鈞，至性盎然，早於日制時代，成立灘音詩社，任社長迄今已二十餘年，可見亦其時留以待機之奇偉士也，其所爲詩詞，無一不屬性情之作，比之唐詩三百，各有千秋，凡能永垂不朽者，無不有其至性在也，此亦余之所知其必傳也，至周君服務不倦之精神，及賦性恬淡，忘懷名利，與夫治家謹嚴，早爲鄉里所稱頌，固毋待余之贅述矣，亦公鄉爭相倒屣之非無因也。余自違難來臺，對周君佳作，早經拜讀，欽敬之餘頻投雁鯉，遂作神交。茲值周君秋園吟草，又將付梓，函囑作跋，既蒙采及菲葑，何敢以不文方命，特拉雜言之，聊誌梗概已爾。

　　民國五十四年仲夏月，江蘇射陵沈琢之寫於所居之省齊時年七十有三。

　　周澄秋先生名溪河號秋園，自署蜂崎野人，臺北縣汐止鎮人，書香門第，風雅士也，與予近半百年來之莫逆，從同學、同事，繼而文壇上鬪詩與酒同志。先生畢生致力於祖國國粹，在日據時雖嚴禁中文，先生閉門讀書，除服務鐵路外，應斯園（當時全省首屈名園）聘，任西賓有年，其詩文可以慨瀟酒，樂觀視名利富貴如浮雲，雖奉公守職責，其任現職已二十餘年，在鐵路之統算已四十有六年，可以想見其生平之素志於一班。目前先生遊北投途過寒舍敍及近作之「秋園詩草」稿示，琳瑯滿目，知其學誠之士不虛，先生深研韻學外，爲虔誠佛教徒，其著作第一冊東遊吟草（遊日本時輯出版於民廿四年）至現在出版拾餘集之多，亦本省同胞中所少見者，予閱後深感引以爲興，聊述數言，不敢以序或跋之獻醜，更不敢以文之工拙所計也。

中華民國五十四年歲次乙巳蒲月十三日（稻江迎城隍日）

鄭醉俠稿於陽明山房

　　　編者註：鄭華林，號醉俠，臺北人。

## 德韻

### 1.除夕書懷 德韻 五絕一首

今歲今宵盡，明年明日來。
梅從春色至，花向雨中開。

## 盧成瑜（雨村）

### 1.重遊泮水述懷 盧成瑜 七律四首之一

九十春光五載賒，百千磨折此年華。
欲爭人格知求學，為破天荒便起家。
畢世無心傾竹葉，幾回魁首占梅花。
得時直上青雲路，不負先師願望奢。

　　盧成瑜自註：畢世無心傾竹葉，平生不嗜菸酒。

　　　　　　　幾回魁首占梅花，予以第一名入泮，子孫以第一名畢業者有數人。

### 2.重遊泮水述懷 盧成瑜 七律四首之二

熟未黃粱夢一場，華宗打盹味先嘗。
英雄事業空陳跡，才子文章屬渺茫。
博得青衿拋半路，贏來綵服集中堂。
重遊泮水緣何意，六十年前已笑忘。

### 3.重遊泮水述懷 盧成瑜 七律四首之三

曾記六齡失怙悲，精神至此未全衰。
愧無文字希前哲，幸有清貧謝故知。
對策宋廷休語老，釣璜渭水不嫌遲。
月圓花好人長壽，杖履優遊得意時。

### 4.重遊泮水述懷 盧成瑜 七律四首之四

學問空疏字未工，詞章小技等雕蟲。
教鞭學校供三代，薄德家庭愧藐躬。
冰鏡金甌全晚節，寒梅臘柳寄詩筒。
自知純嘏叨天錫，矍鑠精神笑此翁。

　　盧成瑜自註：寒梅臘柳寄詩筒，誕生農曆臘月。

# 盧業高（盧成瑜之長孫）

## 1. 祖父雨村公重遊泮水詩以誌慶 盧業高 七律四首之一

駒隙光陰歲月遷，八旬晉五啟華筵。
一門舊業薪能荷，三世清名詩可傳。
矍鑠精神兼喜懼，滄桑勳變慶團圓。
孫曾繞膝餘年樂，自寫重遊泮水篇。

## 2. 祖父雨村公重遊泮水詩以誌慶 盧業高 七律四首之二

耳既聰兮目又明，誨人不倦繼朱程。
百年鉛槧供陶寫，幾卷文章潤性情。
柘水一村三挺秀，香山九老二知名。
絕無嗜好天和養，步履健強自在行。

> 盧業高自註：柘水一村三挺秀，叔祖潄六公、幼笙公均入泮。
> 香山九老二知名，香山九老內有二人姓盧。

## 3. 祖父雨村公重遊泮水詩以誌慶 盧業高 七律四首之三

市廛容我歷秋春，半世蹉跎誤此身。
敢詡有詩堪自樂，縱然無酒亦相親。
徒思隱遁懷歸客，安守愚癡性拙人。
此日蓬瀛風月好，優遊旅邸不憂貧。

> 盧業高自註：市廛容我歷秋春，曾寄跡商場。

## 4. 祖父雨村公重遊泮水詩以誌慶 盧業高 七律四首之四

筵開罞墅勸飛觴，戚友聯翩聚一堂。
離亂諒知遊子苦，命提不厭長孫詳。
清茶七碗風規古，壽酒三卮興味長。
且待期頤周到日，再輝南極晉詩章。

> 盧業高自註：筵開罞墅勸飛觴，吾家別墅名。
> 註：本詩附有小札一封：
> 檢點舊篋得祖父重遊泮水詩稿，追憶和者頗多，故再刊印。敬希林友
> 笛先生大吟壇粲政賜和。
> 盧業高拜啟
> 編者註：盧業高，楚北竟陵人，曾供職嘉義臺灣旅行社。

# 賴惠川

## 1.致友笛先生明信片 <sub>賴惠川 明信片二枚之一 1945年</sub>

前蒙賜和，更加疊韻之作，足見多才，而承過愛也，謝謝。茲因拙宅疏開，家人異地，獨坐深宵，凌寒不味，詠吟一絕謹呈座右，伏乞斧正爲荷。

### 疏開

家爲疏開萬不聊，何當忍凍坐深宵。
鶉衣欲補無針線，自向寒缸結紙條。

3月10日

## 2.致友笛先生明信片 <sub>賴惠川 明信片二枚之二 1945年</sub>

和貴作五十書懷第二首周韻未妥，茲再訂正如左，煩添削左記。

果然耆艾詩堪晉，改爲果然學海文崇漢。
絕好焚香易讀周，改爲恰是尼山易讀周。

7月3日

編者註：賴惠川（1887-1962），名尚益，以字行，號悶紅老人。著有《悶紅小草》、
《悶紅墨屑》、《悶紅墨瀋》、《悶紅墨餘》、《悶紅墨滴》等。

## 3.寄林友笛先生

城南十里策征騎，雲樹蒼茫此別離。
風急海門帆影亂，月斜天塹角聲悲。
春猶有腳循歸路，我獨傷心望故枝。
憔悴莫嗟今日面，與君同是臥薪時。
望字初用戀字細思既已疏開惟有遠望而已不知然否

# 鮑樑臣

## 1.次林友笛先生八十書懷瑤韻 <sub>鮑樑臣 七律二首之一</sub>

詩文之友37卷1期 1972.11.1（又見手稿本）

大耋榮躋釣渭秋，吟軀益健有何憂。
年高堪祝君多福，望重奚妨老不侯。
嘯傲煙霞成痼癖，因緣文字廣交遊。
四湖明月清風夜，品茗評詩樂自由。

## 2.次林友笛先生八十書懷瑤韻 鮑樑臣 七律二首之二

詩文之友 37 卷 1 期 1972.11.1（又見手稿本）

久寓他鄉亦故鄉，劫餘風景豈殊常。
宅環山水饒清致，架有經書發古香。
客到飛觴形醉態，詩成煮茗潤吟腸。
不須別覓忘機地，菜圃瓜園野趣長。

編者註：鮑樑臣，湖澎馬公人，自幼家學漢文。曾任壽峰吟社講師。

# 蔡人龍

## 1.敬步友笛夫子七秩書懷原玉 蔡人龍 七律一首

人生莫怕歲稱稀，筆健如君句更奇。
道在春風憑化雨，名尊木鐸仰刪詩。
四湖鄉政匡扶日，九牧家聲繼起時。
不負孤山傳德澤，清高自古屬儒師。

蔡人龍未是稿

# 蔡如笙

## 1.次友笛詞兄客中書懷瑤韻 蔡如笙 七律三首之一

詩報 28 號 1932.1.15

結廬且喜近江河，月下時聞水調歌。
未己雄心懷愈放，得來詩句感偏多。
悲歡萬事塞陰馬，富貴一場春夢婆。
閒向碧紗窗下讀，管他平地有風波。

## 2.次友笛詞兄客中書懷瑤韻 蔡如笙 七律三首之二

詩報 28 號 1932.1.15

十載勞勞不自由，早教雞肋悟楊修。
頭添鶴髮催人老，勢盡冰山作水流。
獨愛言歡同摯友，寡交來往只今儔。
功名傀儡場中物，久矣無心羨五侯。

## 3.次友笛詞兄客中書懷瑤韻 蔡如笙 七律三首之三

詩報 28 號 1932.1.15

不須得失問天公，何用文章逐五窮。
爲汝才華遭鬼魅，更誰時世造英雄。
早知兔盡烹功狗，始信冰難語夏蟲。
同類相殘堪浩嘆，山中聞否飼人熊。

## 4. 步林友笛先生過訪瑤韻 蔡如笙 五律一首

歷劫君仍健，逢春草未知。
黃粱空作夢，皓首枉攻詩。
風雲飄搖夜，乾坤黑暗時。
天涯憐倦翮，辛苦覓殘枝。

蔡如生　漁笙待刪稿

蔡如笙自註：時臺灣光復半載於諸羅城南客會。

## 5. 垂釣敬次友笛詞兄瑤韻 蔡如笙 七絕六首之一

詩報 28 號 1932.1.15

偷得餘閒半日遊，釣絲笠影立清流。
攜竿人有機心在，香餌休貪再上鉤。

## 6. 垂釣敬次友笛詞兄瑤韻 蔡如笙 七絕六首之二

詩報 28 號 1932.1.15

爲誰怒目不平鳴，青草池邊好寄生。
微物只知圖一飽，上鉤難免受調烹。

## 7. 垂釣敬次友笛詞兄瑤韻 蔡如笙 七絕六首之三

詩報 28 號 1932.1.15

持竿鎮日坐苔磯，四顧山光接翠微。
吹動游絲風淡蕩，濕沾破笠雨紛霏。

## 8. 垂釣敬次友笛詞兄瑤韻 蔡如笙 七絕六首之四

詩報 28 號 1932.1.15

攜笙時向池邊過，罷釣人從草際歸。
爲此閒遊饒樂趣，始知煙水足忘機。

## 9. 垂釣敬次友笛詞兄瑤韻 蔡如笙 七絕六首之五

詩報 28 號 1932.1.15

低掛輕帆槳一雙，隨風泛泛入清江。
得來潑剌知魚美，直到奔流聽水淙。

## 10. 垂釣敬次友笛詞兄瑤韻 蔡如笙 七絕六首之六

詩報 28 號 1932.1.15

繫餌徒勞簑笠叟，垂綸獨坐木蘭艭。
生涯具有屠龍技，不讓磻溪佐帝邦。

編者註：蔡如生，名又作如笙，字漁笙，布袋人。

## 蔡和泉

### 1.敬和友笛詞長七八自嘲瑤韻 蔡和泉 七律一首

詩文之友 33 卷 4 期 1971.2.1

傳箋咫尺話襟期，娛老渾忘亂世悲。
少壯易過淹白髮，古稀誇道近嬰兒。
庾樓觴月三杯酒，陶徑吟秋五字詩。
天上嫦娥欽待汝，青春攀桂正當時。

### 2.敬和友笛詞長庭中拾翠瑤韻 蔡和泉 七律二首之一

詩文之友 30 卷 5 期 1969.9.1

閉門高踏久揚譽，積學爭傳博五車。
不後盧仝能品茗，合追師曠著新書。
庭階遣興栽秋菊，園地添餐勝市蔬。
懸榻往來無俗客，白頭耕讀樂三餘。

### 3.敬和友笛詞長庭中拾翠瑤韻 蔡和泉 七律二首之二

詩文之友 30 卷 5 期 1969.9.1

瓶笙閒煮陸公茶，邀友清談雅興加。
顧曲周郎心已醉，評詩甌北限無花。
摸金孤注逃麻雀，題壁何緣過酒家。
遙羨撫琴情自得，消災浮李也沉瓜。

### 4.敬和友笛詞長苦雨瑤韻 蔡和泉 七絕一首

詩文之友 29 卷 2 期 1968.12.1

田園埋沒幾千家，豪雨狂風勢轉加。
愁看潦成增物價，充饑爭買邵侯瓜。

### 5.敬和友笛詞長閒中偶成瑤韻 蔡和泉 七律一首

詩文之友 29 卷 2 期 1968.12.1（又見手稿本）

衡門尺五輒縈思，避暑無從月窟移。
眼看人生浮影劇，身逢世亂少真詩。
風騷抒發欽歐陸，晚節矜持學惠夷。
自笑入時無半技，羨君茶後更調絲。

### 6.敬和友笛詞長退隱偶成瑤韻 蔡和泉 七律一首

詩文之友 27 卷 1 期 1967.11.1

　　林泉息影樂餘年，宦海無愁世變遷。
　　七五高風欽德一，柏松堅節慶齡千。
　　神州待救烽煙亂，鯤島欣聯誠酒緣。
　　旋馬庭堪娛蔗境，人間不羨大羅天。
　　　　編者註：蔡和泉，臺南鹽水人，月津吟社社友。曾任教月津國小。

# 蔡啟東

## 1.謹和林友笛先生六十書懷瑤韻 <small>蔡啟東　七律四首之一　1952 年</small>

　　花甲一週祝會同，介眉詞誦晉堂中。
　　詩賡李白偏多雅，笛繼桓伊興靡窮。
　　分擘濤箋欽健筆，詒謀燕翼羨雕弓。
　　長生不藉靈芝草，龍馬精神氣象雄。

## 2.謹和林友笛先生六十書懷瑤韻 <small>蔡啟東　七律四首之二　1952 年</small>

　　堂中祝嘏酒杯乾，遠戚鄰親頌品端。
　　砌上蘭枝欣茁秀，階前桂子看承歡。
　　雪梅豈為因人馥，松柏無關有歲寒。
　　萬卷青緗憑賞玩，素行其位不須歎。

## 3.謹和林友笛先生六十書懷瑤韻 <small>蔡啟東　七律四首之三　1952 年</small>

　　高齡好沏紫茸茶，難得公餘舞墨花。
　　德佈四湖明執政，義交岱嶼有通家。
　　誕辰時荐稱觴酒，還曆年經尚鬢鴉。
　　堪羨怡情逾壯歲，從茲享福卜年加。

## 4.謹和林友笛先生六十書懷瑤韻 <small>蔡啟東　七律四首之四　1952 年</small>

　　南極星燦歲建辰，幾疑和靖是前身。
　　滄桑閱歷知明晦，歐亞風雲認假真。
　　文藻雄渾辭泣鬼，瑤篇雅健句驚神。
　　期頤企待重稱祝，君子奚須計患貧。
　　　　註：本詩附有小札一句：林友笛先生笑正。

　　　　　　　　　　　　岱江吟社嘯峰蔡啟東待刪稿　壬辰潤蒲節佳辰呈
　　編者註：蔡啟東，字嘯峰，疑嘉義布袋人。1932 年曾是第二代的朴雅吟社社員。是
　　　　　　時楊爾材為社長，林維朝為顧問。1965 年前後曾任岱江吟社社長。

# 蔡清福

## 1. 友笛詞兄種菊忽遭馬害賦此慰之 蔡清福 七律一首

詩報 29 號 1932.2.6

間報東籬蕊盛開，紛紛人爲看花來。
詎知意外遭踐蹦，蕭素秋光劇可哀。
委地殘英痛莫收，憐香惹我也生愁。
誰將逸馬論刑罰，免使黃花怨九秋。

## 2. 次林友笛詞兄客中書懷瑤韻 蔡清福 七律三首之一

詩報 18 號 1931.8.15

也應結屋老山阿，遯跡何須扣角歌。
傲骨明知諧俗少，立身總要讀書多。
不容說夢聽痴漢，尙喜吹人有孟婆。
看破榮枯關運命，管他塵世日風波。

## 3. 次林友笛詞兄客中書懷瑤韻 蔡清福 七律三首之二

詩報 18 號 1931.8.15

藏拙方知得自由，羨君清福幾生修。
公餘有興吟佳句，世上誰人挽倒流。
末俗難除狐鼠輩，關情最愛燕鶯儔。
倘教得志爲霖雨，到處爭迎郭細侯。

## 4. 次林友笛詞兄客中書懷瑤韻 蔡清福 七律三首之三

詩報 18 號 1931.8.15

愚人乏術愧狙公，暮四朝三計亦窮。
求富無才羞倚頓，逐貧有賦笑揚雄。
人心泛似雙鞍馬，世事多於百足蟲。
慾壑難塡嗤俗子，思魚未遂又思熊。

編者註：蔡清福（1899-?）字拱星，又字拱祿，號鑽道軒主人，生於東石布袋。創
設竹音吟社、六桂吟社、新鷗吟社、同聲吟社。

# 蔡福海

## 1. 謹和林友笛詞長退隱偶成原玉 蔡福海 七律一首 1967 年

圖成九老幾經年，滄海桑田任變遷。
雅興耽詩齡七五，豪情品茗客三千。
久欽藝苑聲名重，且結騷壇翰墨緣。
最羨安閒泉石趣，梅花笛韻邈雲天。

五十六年七月二十二日 口湖蔡福海學作

# 蔡鳳基

## 1.次林友笛先生祝蘇平祥詞友令郎志忠君與王素女小姐結婚原韻 蔡鳳基 七律一首

詩文之友 26 卷 3 期 1967.7.1

花燭雙輝喜滿門，良辰二姓締新婚。
聯歡共宿芙蓉帳，合巹同斟琥珀樽。
夫唱婦隨情永在，琴鳴瑟應韻長存。
和諧預卜熊羆夢，明歲含飴好弄孫。

　　編者註：蔡鳳基（1949-2006 仍在世），號遊天，雲林口湖人。1966 年加入求得軒書
　　　　　　齋與李崑、李丁紅同習漢詩，是鄉勵吟社、雲林縣詩人聯吟會成員。

著有《蔡鳳基詩草》未出版。

# 蔡錦棟（國樑）

## 1.林君友笛藝菊大異昔年賦此戲贈 蔡錦棟 七絕一首

臺南新報 12219 期 1936.1.10

風流菊癖似陶家，三徑栽來色色嘉。
多謝情深甘割愛，贈余黃紫四盆花。

　　編者註：蔡錦棟（1902-1983），號國樑，嘉義布袋人，遷居朴子四甲街，與林友笛
　　　　　　為鄉友詩友。曾任朴雅吟社第二任社長，1967 年創辦私立遠東工專。

# 蔡鴻基

## 1.次林友笛先生退隱偶成瑤韻 蔡鴻基 七律一首

詩文之友 27 卷 1 期 1967.11.1

圖成九老幾經年，滄海桑田任變遷。
雅興耽詩齡七五，豪情品茗客三千。
久欽藝苑聲名重，且結騷壇翰墨緣。
最羨安閒泉石趣，梅花笛韻過雲天。

　　編者註：疑即蔡鳳基之筆誤。

# 謝清淵

## 1.次林友笛先生庭中拾翠瑤韻 謝清淵 七律二首之一

詩文之友 30 卷 5 期 1969.9.1

高風俊逸有榮譽，時見門停問字車。
乖興山頭觀地理，遣懷燈下讀天書。
荔枝龍眼栽多種，芒果鳳梨並百蔬。
五谷豐登歌大有，貯藏滿庫有盈餘。

## 2.次林友笛先生庭中拾翠瑤韻 謝清淵 七律二首之二

詩文之友 30 卷 5 期 1969.9.1

每逢騷客便烹茶，鎮日評詩興倍加。
難得群仙來獻果，宛然尊者笑拈花。
守身莫入平康路，賞菊須參處士家。
李下沖冠君莫整，應嫌納履在田瓜。

## 3.謹步友笛老詩翁放浪吟原玉并祈郢正 謝清淵 七律一首 1970 年

詩文之友 33 卷 1 期 1970.11.1（又見手稿本）

僕僕經商鬧市間，奚如休隱一身嫻。
栽蔬闢地強軀幹，吹笛遊郊樂性關。
筆走龍蛇追子厚，詩成珠玉繼香山。
高齡八秩欣將至，依舊豪情未稍刪。

斗六後學　謝清淵敬和
民國五十九年九月一日于斗山

註：休隱，手稿一作幽隱。
編者註：謝清淵（1937-2006 仍在世），臺南佳里人。壯年後客遊雲林斗六遂定居。
　　　　其詩隨作隨散，不自愛惜。平日耽詩，酒興更勝詩興。著有《光明吟集》。

# 蕭玩索（劍峰）

## 1.五十初度述懷 蕭玩索 七絕五首之一
虛渡韶華五十秋，星星白髮漸盈頭。
雄心壯氣今何在，海角棲遲志未酬。

## 2.五十初度述懷 蕭玩索 七絕五首之二
念六年來海外留，丹心時切復神州。
匡扶正統宏詩教，濁水揚波不逐流。

## 3.五十初度述懷 蕭玩索 七絕五首之三

妻賢子奮樂悠悠，祖德護持有遠謀。
詩酒唱酬堪寄趣，道承孔孟薄王侯。

## 4.五十初度述懷 蕭玩索 七絕五首之四

安平樂道弗他求，國事蜩螗感不休。
翹首家山千里外，何時歸與訴離愁。

## 5.五十初度述懷 蕭玩索 七絕五首之五

離亂難忘故國愁，紅潮泛濫幾時休。
傷心華夏淪胡馬，未復河山志士羞。

晚　劍峰拜稿

　　註：本詩附有小札一句：呈友笛詩尊郢政，敬請賜和。
　　編者註：蕭玩索，字有得，號劍峰，又號白水漁人，東石白水村人。曾爲白水吟社
　　　　　　顧問、鯤水吟社總幹事。

# 蕭嘯濤

## 1.致友笛先生明信片 蕭嘯濤 明信片一枚

　　友笛先生如晤：
　　　　弟在大仙寺休夏，閱觀詩文之友此期先生之大作，不禁技癢，遂
　　即援筆以和，未臻推敲，徑其考慮該下聯有不妥之處，原作七步章成
　　虛席左，請爲代改七步吟成驚座滿。未知意下如何？專此敬托。
　　　　即候　吟安。

弟蕭嘯濤上　七月十一日

## 2.宿大仙寺敬依友笛詞長原韻奉寄 蕭嘯濤 七律一首

詩文之友 28 卷 2 期 1968.6.1（又見手稿本）

何事春回冷似秋，仙巖小隱思悠悠。
玄機悟徹人欹枕，香陣來參客聚頭。
四面雲山成潑翠，一潭煙水賞清幽。
詩翁到處多風雅，短笛茶鐺作伴遊。

蕭嘯濤鞠躬敬上

## 3.深夜聽雨依韻奉酬友笛詞長 蕭嘯濤 七絕一首

詩文之友 28 卷 2 期 1968.6.1（又見手稿本）

深宵細雨落連綿，夢裏驚回晤笛仙。

何日西窗重聚首，歡然煮茗話床前。

蕭嘯濤鞠躬敬上

## 4.清晨奉佛依韻奉酬友笛詞長 蕭嘯濤 七絕一首

詩文之友 28 卷 2 期 1968.6.1（又見手稿本）

鐘聲攪夢韻清新，月色朦朧映紫晨。
禮佛虔誠雙合掌，龕前稽首有詩人。

蕭嘯濤鞠躬敬上

## 5.偶感依韻寄呈友笛先生哂正 蕭嘯濤 七律一首

詩文之友 28 卷 5 期 1968.9.1

宣揚國粹每深思，縣令朝行暮改移。
公費欲編無項目，假傳運動倡興詩。
世多奸險蛇吞象，情忍剛常夏變夷。
際此斯文天未喪，尚留炭炭一微絲。

## 6.敬次友笛先生放浪吟瑤韻 蕭嘯濤 七律一首

詩文之友 33 卷 1 期 1970.11.1（又見手稿本）

形骸放浪到田間，日釣青蛙意自嫺。
政界卸餘仍舊隱，俗情從此不相關。
四湖鄉是忘機地，萬鎰金儲待買山。
勝會騷壇看奪錦，當時豪氣未曾刪。

　　註：本詩附有小札一封：
　　　　昨日登龍多蒙款待，順此謝謝，如有機緣請邀瘦峰先生一同蒞舍，當為東道以
　　　　表萬一。

八月廿五日

## 7.敬次友笛先生庭中拾翠瑤韻 蕭嘯濤 七律二首之一

詩文之友 30 卷 5 期 1969.9.1

酬世多才懶釣譽，庭前時見駐吟車。
四圍吐綠園栽菜，滿室生香壁掛書。
門下往來無俗客，筵中羅列盡佳蔬。
年豐大喜豳風詠，于槖于囊慶有餘。

## 8.敬次友笛先生庭中拾翠瑤韻 蕭嘯濤 七律二首之二

詩文之友 30 卷 5 期 1969.9.1

吟朋樂友聚評茶，談笑風生逸趣加。
堪敬枕邊無二席，解嘲菊部有三花。

尋盟幾折騷人屐，訪老欣登處士家。
旋馬庭前留數畝，春來好種邵平瓜。

## 9.敬次友笛先生退隱偶成瑤韻 蕭嘯濤 七律一首

詩文之友 26 卷 4 期 1967.8.1

福惠名儒七五年，朱顏未改世頻遷。
放懷不僅吟三百，沽酒何曾惜十千。
勝會騷壇推絕唱，交遊翰墨契因緣。
茶鐺詩卷長相伴，為訪高人共論天。

## 10.敬次友笛先生麥秋偶成瑤韻 蕭嘯濤 七律一首

交接何欺叟與童，頭銜早署老詩翁。
名茶細瀹消長夏，短笛橫吹弄晚風。
七步吟成驚座滿，五車書蘊在胸中。
由來大道無言說，咄咄奚須寫上穹。

> 註：本詩附有小札一封：
> 弟因來大仙寺避暑，拜觀大作，不禁技癢援筆敬和，潦草希勿哂笑，請為斧正
> 是幸。
> 註：七步吟成驚座滿，原為七步章成虛席左。
> 林友笛自註：十四日來書囑改，愚意以為不改為善。
> 編者註：蕭嘯濤（1905-1972），嘉義麗澤吟社社員。素與劉孟梁、林友笛及雲林詩
> 人友善。

# 蕭獻三

## 1.丁巳新春病起喜賦並序 蕭獻三 七絕四首之一 1977 年

名醫求診徧中西，神智年餘倖未迷。
殘夢乍醒春富貴，司晨喜報汝南雞。

> 蕭獻三自註：余此病恢復甚緩，中西醫師咸謂富貴病也。

## 2.丁巳新春病起喜賦並序 蕭獻三 七絕四首之二 1977 年

體未孱羸眼未差，案頭重整老生涯。
風霜歷盡寒梅樹，依舊春來又發花。

## 3.丁巳新春病起喜賦並序 蕭獻三 七絕四首之三 1977 年

時恐耗神吟暫輟，酒防亂性戒因仍。
辟支果證三摩地，掛錫身如退院僧。

## 4. 丁巳新春病起喜賦並序 蕭獻三 七絕四首之四 1977年

鳳曆翻新又一年，無情歲月有情天。
東遊擬再扶桑去，重結仙源未了緣。

註：本詩附有序文一篇：

余於乙卯季春，遨遊蓬萊三島，採各地風光，兼收異代方言，而入於詩，綴成一卷。倦遊歸來，患慢性膀胱炎年餘，迨近日稍有起色。昔晉景公，二豎相侵，終成不起之症。司馬相如，病渴茂陵，痛作夜臺之客。此其劇者，若維摩一室多病，偏邀天女散花之雅。汲黯頻年示疾，竟成漢家循吏之譽。原憲學道不能行謂之病，善養儒家浩然之氣。阮嗣宗爲造化小兒所弄，長留竹林詼諧之語。黃仲則留病真成養病方，久作壇坫流傳之佳話。余是何人，焉敢比擬於古之賢人哉。然死生有命，富貴在天，辱蒙大雅諸君子，寵錫關注，慰藉有加，隆情雲誼，蘊於五內。賀監之鬢雖摧，沈約之腰未減。值茲全快之日，爰吟俚句四首，當作嚆引之詞，乖越之處，敬請鑒而諒之。

蕭獻三鞠躬

編者註：蕭獻三，新竹人。名見於賴子清編《中華詩典前編》。

# 薛玉田

## 1. 次林友笛先生退隱偶成瑤韻 薛玉田 七律一首

詩文之友 26 卷 4 期 1967.8.1

東海揚塵禍劫年，世間紛擾景頻遷。
新亭涕淚傷離散，故國烽煙感萬千。
堪嘆文章增箔幸，且將詩酒締因緣。
人心險惡人情幻，運命推移獨聽天。

編者註：薛玉田，大陸來臺人士，客居屏東。

# 覺一（覺斌）

## 1. 致友笛先生書信 覺一 信札一封

林大居士：

來函及本岩要用之詩句都收到，感謝林先生之關懷。那詩句造得很好，待大殿建築完滿，刻在四支柱是非常雅觀。　林先生之大功也。有空閒時，請諸位再　貴駕光臨指導。本岩特地歡迎哩！

祝好

# 蘇平祥

## 1.元宵日偕同友笛、立卿兩詞長拜訪姻兄祉亭先生並遊三秀園漫詠 蘇平祥 七絕四首之一

壬辰一別幾經年，何幸於今締夙緣。
佳節抵應邀共訪，詩翁友笛立卿先。

## 2.元宵日偕同友笛、立卿兩詞長拜訪姻兄祉亭先生並遊三秀園漫詠 蘇平祥 七絕四首之二

拜訪何當倒屣迎，重逢情趣一時生。
宴中發動臨時議，議定親家作弟兄。

## 3.元宵日偕同友笛、立卿兩詞長拜訪姻兄祉亭先生並遊三秀園漫詠 蘇平祥 七絕四首之三

三秀名園景物妍，百花迎客總怡然。
擎天榕樹形奇偉，翠竹葫蘆又七絃。

## 4.元宵日偕同友笛、立卿兩詞長拜訪姻兄祉亭先生並遊三秀園漫詠 蘇平祥 七絕四首之四

盍休亭畔駐吟身，滌卻胸中萬斛塵。
不獨幽園添秀色，則名山上景尤新。

## 5.次友笛詞長庚戌元宵漫遊三秀園賦呈主人原玉

蘇平祥 五律一首 1970 年

景幽三秀苑，園內翠連天。
迎節登高第，遊春學少年。
品茶非俗客，談笑總詩仙。
盟締姻兄弟，緣由翰墨牽。

## 6.致友笛先生書信 蘇平祥 信札三封之一

友笛夫子函丈：

豚兒志忠完娶之際，遠道叨蒙蒞臨，華灼之典，增光不少。既惠原睨，又賜祝詩，拜領之下，腑篆心鎸，大作永留鎮家墨寶。本應及時作和，只因蝟務纏身，遷延至今，尚祈海涵，茲呈上拙作一首奉和，

因膚學菲才，不妥之處，在所難免，伏祈斧正見示爲禱。 生曾將　夫子之大作錄送口湖方面諸吟友，據聞紛紛響應，擬予作和並讚美　夫子之大作絕佳，毫無斧痕，又承美意列爲本縣聯吟會第七期課題：「合歡杯」徵詩，尤感格外蒙恩，　生何德何能？竟受此青睞，感愧交集，生亦作一首一併呈上斧正，奉和之詩，一俟集齊，擬送詩文之友刊登，肅此奉謝（托）並祝　吟祺。

生 蘇平祥拜上　三月十六日

## 7.致友笛先生書信 蘇平祥 信札三封之二

林老師函丈：

久未通候，歉甚，歉甚。　生預定八月廿八日（星期日）上午登府拜候，茲謹次　吾師夏日雜詠六首呈閱，內容諒必多有欠妥，敢祈斧正，又附呈二期本縣聯吟會課程，「秋意」拙作四首，虔請斧刪取捨，俾便投稿，　生近來工作輕鬆，對撰作稍感興趣，認真習作，惜無人指導爲憾耳。尚祈　吾師今後多多指導，無任翹企。 晚生準備百齡茶叢之茶葉少許，當日順便帶贈　吾師嚐試味道，雖非精佳絕倫，但也別有特長，匆匆此上，順祝

吟祺。餘容面敘。

### 謹次林友笛老師夏日雜詠六首 七絕六首

炎威凜冽恰如煎，火傘高張地冒煙。
農作將枯民叫苦，稱他陽德亦徒然。

一載四湖繫我思，薰陶善誘憶當時。
頓開茅塞承賢教，見獵喜心學作詩。

如夢人生起復翻，無欺那怕有讒言。
清高品德耽吟詠，嘯傲書齋屢閉門。

世事蒼桑感若何，閒來邀友奏絃歌。
栽瓜養兔情靡極，內助理家有好婆。

人世蜉蝣若寄生，樂詩樂樂厭漁名。
丹邱寶剎多留跡，綠水青山結友情。

一枝橫笛爽精神，不管世評偽與真。
夠足三餘娛蔗境，湖西隱臥有高人。

生 蘇平祥鞠躬　六月廿八日

## 8.致友笛先生書信 蘇平祥 信札三封之三

林老師友笛先生如面：

語云：「天有不測之風雲，人有旦夕之禍福」，古人俚言，良有以也。 生不幸於八月六日偶爾舊疾復發，疼痛難忍，乃被家人急送斗六就醫加療，經數天小石排出，實不幸之大幸，現住斗六繼續治療中，諒無生命之虞，病勢似有起色，本日老母遙自臺南來斗看病，並囑請領印鑑證明，經煩土庫鎮公所發給證明結果，踞云要前住地「四湖」公所，未設證明之證明方可請領云，屢次麻煩　吾師，實感難過，惟思叨在師生，敢煩吾師再交承辦人寫發證明以濟燃眉之急（請付八月十四日發之證明）。

## 9.敬次林友笛先生戊申中秋待月原玉 蘇平祥 七絕二首之一 1968 年

詩文之友 29 卷 2 期 1968.12.1（又見手稿本）

日沈未見月東昇，曠古難逢感不勝。
世道崎嶇詢可嘆，吾心耿耿亮如燈。

## 10.敬次林友笛先生戊申中秋待月原玉 蘇平祥 七絕二首之二 1968 年

詩文之友 29 卷 2 期 1968.12.1（又見手稿本）

月同人事有虧盈，宇宙奇觀繫我情。
也許嫦娥傷世濁，雙眉深鎖歛光明。

## 11.敬次林友笛先生退隱偶成原玉 蘇平祥 七律一首

詩文之友 26 卷 4 期 1967.8.1

養生有訣享高年，與世無爭歲易遷。
旋馬幽庭經讀五，汗牛滿棟卷成千。
詩茶樂備誰為友，教養事兼我有緣。
蔗境彌甘神矍鑠，逍遙自在樂堯天。

## 12.敬次林友笛詞長惠賀長子志忠新婚瑤韻 蘇平祥 七律一首

詩文之友 26 卷 3 期 1967.7.1

詩星朗朗照寒門，不吝珠璣賀子婚。
新媳酬賓頻舉盞，阿翁勸友共傾樽。
向平有願何時了，月老無私檢牘存。
夢虺夢熊渾不管，明年祇待弄初孫。

編者註：蘇平祥（1913-1991），臺南市人。日治時期警員，師事陳鶴鳴習漢文。曾從林友笛學作詩，62 歲在虎尾警局退休。著有《蘇平祥詩草》，有詩四百首，蘇詩以平順自然為主。蘇氏為大坿好友張禎祥次子張達仁的岳父，與三秀園主人張禎祥是親家。

# 蘇鴻飛

## 1.有感寄懷林友笛詞兄 蘇鴻飛 七律一首 1971 年

詩文之友 34 卷 5 期 1971.9.1（又見手稿本）

且向江山寄客身，一樽同與話風塵。
不愁夜漏無官釀，差喜詩耽有故人。
濁世生涯原似夢，歡場醉語亦傷神。
數聲珍重匆匆別，明日相望又隔津。

蘇鴻飛自註：偶於舊稿中閱讀三十年前在汾津聚首時，有一深夜乘興同登江山樓酒
家對飲，席上兄則詩興勃然賦似一律，是時弟亦客思激動即席依韻奉
和，並錄詩如右。

六十年七月廿五日

## 2.回憶前情不勝感慨繫之爰依前韻成句錄寄如右

蘇鴻飛 七律一首 1971 年

詩文之友 34 卷 5 期 1971.9.1（又見手稿本）

江山無恙寄吟身，爭及平安歷劫塵。
回首歡場成幻景，驚心濁世感勞人。
願教踐約留詩卷，重與題襟動筆神。
難得年來同老健，何妨話舊聚汾津。

六十年七月廿五日

註：留詩卷，手稿一作憑詩卷。

## 3.次林友笛先生七八自嘲瑤韻 蘇鴻飛 七律一首

詩文之友 33 卷 3 期 1971.1.1

豈顧功名負所期，驚心世道暗生悲。
江山易代空餘子，風月留情自可兒。
熱血抌流酣縱酒，窮愁閒撥轉工詩。
問年花甲如除卻，我也還童十一時。

## 4.次林友笛先生八十書懷瑤韻 蘇鴻飛 七律二首之一 1972 年

詩文之友 36 卷 6 期 1972.10.1（又見手稿本）

居然老氣壯橫秋，遷卻童心未覺憂。
大隱林泉詩化境，甘拋名利夢封侯。
杖朝此日無稀樂，作客隨時汗漫遊。
難得吟軀仍倍健，當歸多服擅其由。

## 5.次林友笛先生八十書懷瑤韻 蘇鴻飛 七律二首之二 1972年

詩文之友 36 卷 6 期 1972.10.1（又見手稿本）

卅年寄迹四湖鄉，健壯心身樂異常。
風月一竿饒笛韻，詩書滿架繞茶香。
自慚後學無佳句，虔祝先生抱熱腸。
頌獻靈椿春不老，期頤端待壽徵長。

壬子年夏月　蘇鴻飛敬和

註：手稿一作詩題爲：敬次林友笛詞兄八秩生懷瑤韻。

## 6.次林友笛先生年頭試筆瑤韻 蘇鴻飛 七律一首 1971年

詩文之友 34 卷 3 期 1971.7.1（又見手稿本）

長生何必問因由，心地幽然傲海鷗。
虛世有詩酬歲月，名場無夢戀公侯。
靈機觸處豪情放，健筆揮時妙句收。
卻笑顛狂營利者，忙如奔命博蠅頭。

辛亥元月十七日

註：問因由，手稿一作問根由。
註：本詩附有小札一封：
　　弟於本日下午始由嘉義歸北，拜讀後即刻奉和，幸祈斧正外，首申歉意，至於
　　私稿，弟尚未投刊也。

## 7.次林友笛先生放浪吟瑤韻 蘇鴻飛 七律一首

詩文之友 33 卷 1 期 1970.11.1（又見手稿本）

放懷天地醉吟間，偶爾忘形態轉嫺。
利慾薰昏無是念，名場混沌有何關。
詩心逾老清於水，酒癖疏狂重若山。
淡泊生涯消受慣，自憐傲骨卻難刪。

註：本詩附有小札一封：
　　久未趨候，遙念，弟因月初歸嘉，始於昨日歸寓。拜讀放浪吟佳作，泃形骸極
　　多放浪，情之所倚溢諸言表也。本拙和敬請代爲寄刊於詩文之友，至盼。

鴻飛拜讀後敬和　八月三十日

## 8.次林友笛先生秋日書懷瑤韻 蘇鴻飛 七律一首

詩文之友 35 卷 2 期 1971.12.1

涼意憑催逐客情，滿腔詩思覺淒清。
明朝又是黃花約，一夜何堪白髮生。
自許酒邊閒得句，轉憐紙上獨談兵。
西風落寞斜陽外，望氣千林盡向榮。

## 9.次林友笛先生庭中拾翠瑤韻 蘇鴻飛 七律二首之一

詩文之友 30 卷 5 期 1969.9.1

名場不負早馳譽，續見門停長者車。
座上迎來風雅侶，案頭檢點聖賢書。
幽情醞釀三弓地，淡味橫生一剪蔬。
傲世多君時序暢，放懷自適笑談餘。

## 10.次林友笛先生庭中拾翠瑤韻 蘇鴻飛 七律二首之二

詩文之友 30 卷 5 期 1969.9.1

談詩遣興自烹茶，味道年來分外加。
思湧宛然萌意蕊，懷開渾似放心花。
生涯閒淡歸三徑，晚境逍遙樂一家。
金苦多留嘉種熟，何須爭及故侯瓜。

## 11.次林友笛先生退隱偶成瑤韻 蘇鴻飛 七律一首

詩文之友 26 卷 4 期 1967.8.1

敲詩品茗樂忘年，興味超然物外遷。
從此數籌添廿五，期頤賀客定三千。
才誇李杜原無量，韻掃尖叉信有緣。
娛老多君閒得意，林泉歸隱自由天。

## 12.次林友笛先生閒中偶詠瑤韻 蘇鴻飛 七律一首

詩文之友

晴窗茶味靜中收，詩境無邊任自由。
風月滿竿消俗慮，江山橫笛破閒愁。
纏綿心傲忘憂草，放浪身如不繫舟。
頤樂多君饒逸思，騷壇馳騁興偏悠。

## 13.次林友笛先生廣邀知友品茗賞花瑤韻 蘇鴻飛 五絕四首之一

詩文之友 31 卷 2 期 1969.12.1

瓊艷邀朋賞，柴門夜放開。
幻成花頃刻，遮莫較遲來。

## 14.次林友笛先生廣邀知友品茗賞花瑤韻 蘇鴻飛 五絕四首之二

詩文之友 31 卷 2 期 1969.12.1

品茗談心夜，瓊枝待艷開。
縱然空寫照，惆悵忍馳回。

## 15.次林友笛先生廣邀知友品茗賞花瑤韻　蘇鴻飛 五絕四首之三

詩文之友 31 卷 2 期 1969.12.1

茶味鉤詩興，庭花逗夜香。
故人饒艷福，經眼願先償。

## 16.次林友笛先生廣邀知友品茗賞花瑤韻　蘇鴻飛 五絕四首之四

詩文之友 31 卷 2 期 1969.12.1

艷影憑疊現，迷人是此花。
憐香情繾綣，無那在天涯。

## 17.次韻林友笛喜鴻飛兄過訪　蘇鴻飛 七絕一首

詩文之友 24 卷 6 期 1966.10.1（又見手稿本）

談詩品茗興遄飛，不管當前世局非。
久別重逢情更戀，那堪風笛促人歸。

## 18.次韻奉酬林友笛先生過訪原玉　蘇鴻飛 七絕一首

詩文之友 27 卷 1 期 1967.11.1（又見手稿本）

文字交情老更酣，重逢留戀話窗南。
管鮑莫逆成知己，誼重如山剩美談。

## 19.汾津轉四湖訪晤友笛詞兄　蘇鴻飛 七絕一首

詩文之友 27 卷 1 期 1967.11.1（又見手稿本）

一到汾津想四湖，今朝來訪未躊躕。
故人乍見情猶昨，品茗談詩興不孤。

## 20.致友笛先生明信片　蘇鴻飛 明信片一枚 1971 年

友笛詞兄吟右：

　　頃奉瑤函，珍獲 拙作貴和韻大作，拜讀之餘頓感「卻羨坡翁筆有神」蒙兄過獎有加，使 弟抱愧無涯，然亦詩作之常情，感激無已，至于所詢江山樓席上貴佳作原稿， 弟亦未曾保存，其外亦尚有 弟之與兄和韻拙作稿多至十餘首，但貴原稿俱無保存，是以未能如命奉上，幸祈見諒， 弟準擬於國曆八月二十日以後回嘉，順機赴北港，或趨訪晤談為快，匆匆嵩此奉覆。

　　並候　吟安。

弟蘇鴻飛頓首　民國六十年七月廿八日

## 21.致友笛先生書信　蘇鴻飛 信札二封之一

友笛詞兄如晤：

　　日前趨訪故人，因久別重逢，雖談心片刻，但其樂也融融，諒故人亦如是感也，午餐多蒙款顧，感甚。客心今猶耿耿也。　弟自是日匆匆歸北港，翌晨即歸諸羅，然而故人之朵雲已擲於面前，披誦之餘，頓感貴和韻之結句「過午忘餐亦快哉」誠在是句洵其樂融融，再而所贈一絕轉結句「老到精神能補足，最功效藥服當歸」蒙故人教以服藥當歸補足老來精神一節，更感故人摯意教導養生之術也，　弟又於昨日再到北港敝婿寓所，擬於廿八日下午再歸諸羅，而偷閒到九月初一、二日就擬整裝歸客地臺北也，此間如故人不棄，撥駕光臨一敘如何？匆匆專此錄呈唱和詩稿，並祈斧正。

　　順頌　刻安。

弟鴻飛拜啓　八月廿六於北港

## 22.致友笛先生書信 蘇鴻飛 信札二封之二 1972 年

　　友笛詞兄如晤：

　　弟因抱病兩星期，未能起床，遲延萬端，敬請諒之。日前吾兄有大作寄弟，　弟曾奉和起句 弟和謂（擅賦閒），不見吾兄刊載於詩文之友，未審如何，順筆，奉聞匆匆，耑此杂呈，劣和韻咸望斧正爲禱。

　　並祝　壽安。

弟 蘇鴻飛頓　八月九日

　　註：本信札附七律二首：敬次林友笛詞兄八秩生懷瑤韻。

## 23.訪友笛兄於四湖 蘇鴻飛 七絕一首 1966 年

詩文之友 24 卷 6 期 1966.10.1（又見手稿本）

　　買車特地四湖來，老友相尋話劫灰。
　　回憶汾津當日事，江山畫壁亦豪哉。

民國五十五年八月廿三日

　　蘇鴻飛自註：江山，樓名。

## 24.敬次友笛詞兄寓齋書懷瑤韻 蘇鴻飛 七律一首 1971 年

詩文之友 35 卷 1 期 1971.11.1（又見手稿本）

　　昂然老氣健行賒，藻思何曾亂似麻。
　　靜裏襟懷宜弄笛，閒中風味愛烹茶。
　　詩壇唱和無雙調，書道縱橫自一家。
　　怪底忘機偏嗜菊，杖朝魄力日強加。

　　註：本詩附有小札一封：

　　　寄懷拙作投郵後方獲大作，遂即刻奉和再而寄奉。

六十年七月廿六日下午

## 25.敬次林友笛詞兄八秩晉一偶成瑤韻 蘇鴻飛 七律一首 1973 年

駐顏有術未爲奇，盡把閒情寫入詩。
老氣橫秋憑化境，雅懷消夏恰逢時。
歡場放浪緣非淺，濁世生涯責豈辭。
八一遐齡登壽域，好教享樂展雙眉。

癸丑年荔月

## 26.敬次林友笛詞兄菊城留念瑤韻 蘇鴻飛 七律一首 1973 年

品茗評花雅趣生，湖山歸隱擬逃名。
年來刻意三秋色，老去攻心五字城。
真箇賦閒忘白首，也應知己認黃英。
杖朝晉一吟軀健，壽域高登氣傲彭。

蘇鴻飛和稿　六十二年二月廿二日

> 編者註：蘇鴻飛（1891–1989?），字茂杞。曾任職第一銀行 40 年，遊迹遍臺灣、
> 大陸。蘇氏詩、書俱佳，早年雲遊雲林嘉義，後轉職臺南，最後落腳臺
> 北。曾參加西螺菼社、北港汾津吟社、臺北瀛社等。著有《蘇鴻飛詩草》，
> 存詩有千首以上。

# 蘇鸞（凌雲）

## 1.友笛先生過訪不遇賦此謝罪 蘇凌雲 七律一首

詩文之友33 卷2 期 1970.12.1（又見手稿本）

天爲騷人特放晴，那知文旆蒞桃城。
未曾倒屣因孫誤，不及迎門表我誠。
惠賜新詩心有愧，徒教舊友氣難平。
諸多得罪祈原諒，遙寄俚詞當負荊。

## 2.敬次林友笛先生八一偶成瑤韻 蘇凌雲 七律一首

耄耋高齡老更奇，精神矍鑠尙耽詩。
樽傾北海懸孤日，笛弄南樓宴客時。
人得三多堪致賀，天麻五福望能辭。
待加十九願頤祝，再獻新詞頌介眉。

## 3.敬次林友笛先生七八自嘲瑤韻 蘇凌雲 七律一首

詩文之友33 卷4 期 1971.2.1（又見手稿本）

老當納福互相期，蔗境甘臻豈用悲。
鷗鷺忘機交益友，箕裘克紹有佳兒。

閒來樂趣惟開卷，靜遣幽懷且賦詩。
再待十年逢米壽，親朋祝嘏慶良時。

## 4.敬次林友笛先生放浪吟瑤韻 蘇凌雲 七律一首

詩文之友 33 卷 2 期 1970.12.1

百歲光陰轉瞬間，老年歸隱樂清嫻。
種田自足完官稅，歷劫曾經過險關。
遣興吟風兼弄月，怡情玩水又遊山。
四時景色皆詩料，佳句成篇不用刪。

## 5.敬和林友笛先生原玉 蘇凌雲 五律一首

無才敢學詩，出句皆俚俗。
君乃藏川珠，我非藴石玉。
家和永見憂，子孝常知足。
歲過古來稀，毋須備忘錄。

## 6.謹和林友笛先生過桃城原玉 蘇凌雲 七律一首

逋仙高誼廣交情，惠賜瑤璋頃刻成。
欲和新詩慚學澀，贈呈古罐表心誠。
雖藏寶物因人鑑，不遇知音枉自評。
品茗生平同嗜癖，一甌陸羽覺神清。

蘇凌雲待刪稿

註：本詩附有小札一封：
　　　前日寄去地址寫錯以致再寄回，至昨日請問嘯濤，始至今日再寄上。
編者註：蘇鶯，號凌雲，嘉義人。詩人蘇孝德之長女，布袋詩人蔡如笙之妻，著
　　　有〈吟香詩草〉。

# 龔顯昇

## 1.和林友笛詞兄呈汾津吟社諸君子原韻 龔顯昇 七律二首之一

性樸真真大雅賢，孤山乍下一神仙。
甘將綠萼調羹料，付與青衫造酒筵。
驚入汾津鷗得侶，詩交後輩筆忘年。
○○○○○○○，○○○○○○○。

## 2.和林友笛詞兄呈汾津吟社諸君子原韻 龔顯昇 七律二首之二

老思讀易繼前賢，養性修真欲學仙。
市隱一隅求聖卜，樽開七夕醉吟筵。

漫言聚首無多日，卻喜瞻韓已有年。
自笑嵇康疏懶甚，吞聲我亦類秋蟬。

編者註：龔顯昇（1889-1964），號「買牛翁」，又號「竹林」，雲林北港人。日治
時期曾設帳於斗南，並曾任汾津吟社第二任社長。著有《龔顯昇詩草》，
存詩約三百首。

# 四、附　錄

## 一、林榮自傳

四湖鄉公所戶籍課課長　民國四十三年（1954年）

　　竊謂凡物當有可觀焉，苟有可觀，即皆可記，世事亦然，況自傳者乎。

　　夫自傳者，自述其志也，志者，即謂志其事也。事既可志，不論己行之，目視之，心懷之，意繫之，所有得失興亡，一舉一動，一觴一詠，皆可傳之書，泐之於筆，以爲賢師良友之考據耳。

　　嗟夫！滄桑變幻，人海浮沉，歲月蹉跎，人生易老，今又年逾耳順矣。正擬蒐集平生之得失，傳之書篇，以爲後世之留念，無奈夙夜在公，一刻難假，未遂夙願，適值此次本省舉辦戶政幹部人員之講習，囑作自傳，以五千字左右爲準，於是不得不索盡枯腸，以應所命。

　　回憶父母生我當時，祖父經營藥種，商家稍裕，爲當地有數之業戶，又具有憐貧濟困之心，遇荒即出爲平糶。朴子地方，惡疫蔓延，無法可治，祖父即將家傳秘方調之成劑，暗託配天宮善方師施捨患者，不取分文，以行善事。

　　一日，祖父語人曰：余昨夜得一長孫，不勝之喜。友人曰：既昨夜得孫，爾死可矣。祖父歸告祖母。祖母曰：此取笑耳，何妨之有。於是愛如掌中之珠，惜如家中之寶，關心養育。

　　三歲孩時，曾有惡癖，渴時母要煎湯，即哭曰：要飲，不要煎。母無奈，以百計取兒之歡。噫！古語云：父母愛子之心，無所不至，其斯之謂矣。

　　養育成童，我父即教我以漢文，八歲入學於朴子腳公學校，十四歲畢業，補習該校一年，擬欲進學於臺北醫學校，因當時家產未分，嬸母不許，未遂所願。又逢十五歲失怙，不得已乃爲吳周委員聘爲臨時地押調查之通譯，後爲梶川代書人之通譯，從事代書事務。

　　十八時即就職於明治製糖株式會社蒜頭工場，爲結晶罐之工具。十九歲即就職於朴子代書人黃炳焜處爲代筆生，從事代書事務。二十歲時即娶六竹鄉更寮陳鵝翁之長女陳榜爲妻，生下四男三女，俱已長大成人。

　　二十一歲，即民國二年，爲友人之紹介，奉職爲嘉義廳警務課衛生試驗囑託，鑑定嘉義廳管內之賣藥製造許可，及一般衛生所關之清涼飲

食物。

　　至民國四年七月爲染惡性寒熱疾，及肺炎腸病之故，回家治療，數月不癒，不得已於同年九月二十七日辭職。至民國六年一月，爲朴子阿片小賣人龔大鈷翁聘爲帳房，掌理諸般帳目，當時朴子有十三腔樂局，時奏清音，因賦性好樂，偶得一譜，即求人教念。夜間，阿片分釐集計之時，目視分數，口念譜，手操算盤，腳拍板，手口並作，精神一致，算法未常分釐之誤算，極一時之樂趣。

　　民國六年七月就職於麻仔草駐在所爲外勤補員，從事原料採取工作。至民國七年一月爲朴子煙草賣辦人黃楷候聘爲內外帳房，掌理煙草出納，頗爲重用。一日，偶爲煙草出納之誤會，被主人震怒，頓感敗興，於是將所有一切內外之帳目，至雞鳴時候，整理爲之一清，囑店員轉達主人，提出辭表。主人頗爲悔誤，兩次拜託敝親翁龔大鈷先生來家會晤，於是再出爲帳房。

　　民國八年一月廿九日，爲朴子醫師蔡超先生之紹介，被命爲嘉義廳南勢竹區書記，掌理庶務、財務總主任，行使區長之職權，受命以來，夙夜關心，秉正奉公，未常少懈。當時有役場員勤務狀況及文書取扱件數之月報，其成績分爲甲乙丙丁戊己，試觀前任者之辦理，其成績爲丁、戊，然自本人接任以來，其成績未常落於甲之次也。

　　民國九年十月一日，爲臺灣地方制度改正，區長役場改爲街庄役場，於是南勢竹區所轄八庄之中牛挑、南勢竹兩庄屬於義竹庄。樹林頭、溪墘、貴舍、過溝、崩山、菜舖六庄屬於布袋庄，然職員身分屬於何庄，莫知所云，唯坐而待命。時即有義竹庄長翁清江先生，特差人送來聘函，云：不才託賴福庇，此番地方制度之改正，仍命爲義竹庄長之職，聞足下辦公熱心，事務練達，成績優良，堪爲他員之模範，實深欽仰，倘不以卑鄙見棄，希速前來相助，是爲幸甚，謹此聘請，峕候回音。接信之下，未克回音，乃囑來使先回，多多拜上，後當候教。乃持書與望族莊寬紳士相量，布袋與義竹之去就，希爲一決，莊寬曰：爲兄之將來，應就義竹庄長之聘，蓋義竹庄長翁清江先生亦當時之紳士也，爲人禮賢下士，慷慨非常，必能器重於兄，若爲不才立場而論之，實欲兄就職於布袋，蓋本處爲布袋庄管轄，將來公私依託有人也。余即曰：雖如是，布袋庄長尚未有聘函，而義竹庄長峕差人來，感其誠意，遂許以效勞。復信完畢，未幾，郡役所派員監交，接受之際，布袋義竹兩庄長俱到，布袋庄長曰：南勢竹區八庄之中六庄屬於布袋庄，故職員非經布袋庄長人選後之職員，不得濫自行動，業經郡當局之諒解，不日當雇牛車前來運搬分配之備品，希林書記押送物品，同時前來勤務，義竹庄長亦不能強自主張。不得已本人竟向布袋庄役爲勤務，然義竹庄長猶自戀戀不懈，數次派員到布袋暗爲接洽，乃將履歷表送交義竹庄長內申。數月後，東石郡役所命郡下各街庄長內申任免職員之際，亦由布袋庄長徵取履歷表

內申。不數日，經發令爲布袋庄役場書記，給月俸二十八元，並命爲庶務係主任職，同時被責爲不實，然嗣後頗爲重用，凡對各機關團體之外交，不委助役，而委本人，當時布袋庄管內有鹽務支局、鹽業會社、稅關監視署、郵便局、野崎鹽行組合、警察分室、學校等諸團體之職員，以日本人居多，所有開會或祝祭日之演說，皆被薦爲通譯，頗爲當地方官公吏及一般人士之見重。

當時布袋有岱江吟社，花晨月夕，常見騷人行吟其間，已有感觸吟哦之趣，暗自思曰：余若能詩，不求馳名寰球，但得遊山玩水，到處留題足矣。公餘即關心研讀詩學，時參該社與諸吟友互相唱和，竟成吟哦之癖，於是每於公餘之夜，邀及當地詩友楊笑儂、粘漱雲、周鴻濤、蔡如笙、王柳園等於宿舍，或豪吟，或品茗，盡一時之樂趣，然素性因惡酒厭花，故婬朋酒友未常與之而相親也。

民國十二年秋七月，因染成膀胱結石之症，請假入院，於臺南、臺北病院，數月之間未見奏效。不得已復回布袋庄役場奉公，那知每排泄小便之時，尿道症痛非常，一日入廁所之時，忽由尿道排出一石如小指大，鮮血淋漓，乃於廁所拾起，用水洗淨以囊封之，送請於臺北醫院皮膚科醫長於保一彥先生，於保先生即命田和醫官復信云：當時入院中未便膀胱檢查者，以其膀胱發炎所致，膀胱發炎中若以膀胱鏡檢查，譬如一月能治之症，必須多費兩星期，今既由尿道排出小石，料膀胱中尙有大石，亦未可知，當速來院，方得根治。

不得已，於民國十三年七月七日辭職，復整裝住臺北病院，於是於保先生鈞心診察，或檢尿，或檢肛門，或洗膀胱，以膀胱鏡檢查之結果，確定有石，乃復轉託外科醫長以電光線照徹之，併攝影於膀胱，判明膀胱內有雞卵大之石，於保先生到治療室即曰：膀胱內有石如雞卵形大，切開手術可否？此事不敢自專，此番重來爲根治病源而來，聞赤十字社病院敝友某醫師云：本院有推鑿器能入膀胱內打碎其石，若以此器取石能得根治者，請用此器，若用此器而不能根治者，請切開之。至於切開與不切開，本人不敢自主，請先生定之，唯命是從。

於保先生感我之言，不欲切開，乃命田和醫官每日擴張尿道，一星期後乃施行打碎手術，由於保醫長指揮田和醫官、劉醫官補外，看護婦二名爲補助，以推鑿器插入膀胱內，其痛苦之狀莫可言宣，那知該石大堅，打不能破，無奈暫爲中止，當時精神感覺大爲困難，以爲有性命之憂，經數日再施打破之術，其石始碎，回至病床排尿之際，血水並流，玻璃罐內叮噹有聲，誠是悲喜交集，頓感性命無憂矣。自是每日洗膀胱，數日後復施第二回之手術，再排出數片之碎石，復經一星期竟然尿水清明，尿道無症痛之感，於是退院還鄉。

賦閒在家，以無聊人而作無聊事，每有感觸即詠，詠後即錄，得新舊詩數百首，集之成冊，號之曰水龍吟。日夕豪吟，以爲消遣。殆民國

十五年一月六日布袋庄長易人,即知友樹林頭莊寬先生爲布袋庄長,於是又來聘我爲布袋庄書記兼庶務係主任,後又調轉爲財務係主任,兼任臺南州漁況調查員。閒時即與岱江諸吟友聯吟,每星期日回故里朴子,即與朴雅吟社社員擊鉢。

辛未年間朴子朴雅吟社社長楊爾材先生有種菊之術,甚爲欣羨,乃就而學焉,是年於布袋庄役場宿舍庭前自號爲旋馬庭,廣種菊花七十餘盆,花正盛,擬欲邀請當地內臺士紳及知己吟友來參觀菊會,品茗賦詩,以留風雅之韻事。那知花運不辰,花正盛開,柬未發出,忽被隔鄰同僚黃福崑產業技子,由朴子騎來一馬嚼去大半,悲憤交集,請當地派出所警官立會,擬欲提損害賠償之告訴。蓋黃氏之過乃故意之過也,初由朴子騎來之馬繫在役場後廊下,即有多數兒童爭觀,未幾,即將馬牽入役場後宿舍,縛在軒下,恰與花架相對,余即急爲注意,曰:此處非繫馬之所,若馬尾一拂,恐菊花受害,況兒童多集,亦有損花之憂,請速繫別處。黃氏曰:兒童即逐去,馬繩當堅縛,離花架又遠,何害之有。余即曰:花若被害,汝當負責。於是共出役場處務,未幾,役場小使急來報曰:林先生之菊花被馬嚼去大半。聞報,即急回宿舍一觀,果然浪跡滿地,不堪觸目,大有菊兮馬兮之感,不禁怒髮衝冠,手執大木,把馬頭連拍數次,爲花雪恨,那知馬頭未痛,我手先痛,黃氏雖出爲買花贖罪,然以故意之過,未便許允,後宮崎助役出爲調解,問我以何條件方能稱意,余即曰:爲主管者,當知部下之品性,本人專心奉公,素性未常尋花問柳,不入平康之路,公餘或吟詠或奏樂,本年初藝此菊,花正盛開,未曾人賞而馬先嘗,況黃氏之過乃故意也,理不能容。一年之精神,專貫於此,豈物質之所能易也?彼若知過,託主管出爲調解,任何條件唯命是從。後即命黃氏購買日本燒最高級之花盆兩個,以爲謝罪,遂即致書於朴子楊爾材先生以告其事,略謂:曩者所有誇張於先生之前,謂本年菊花之成績欲奪東石郡下之冠軍,那知本日被馬嚼去大半,難以取證,茲付馬口殘餘之物,仗一葉一蕊,一使先生一見便知花之成績,言之不謬也。

爾材先生乃愛菊之同好者,遂將此事發刊於臺北日日新聞特別欄,至今有布袋庄馬食菊花,主人大呼負負之韻事,興猶未盡,乃卒成弔菊花之詩十二首,發刊臺灣日日新聞,以息其事。

敝友楊笑儂君彰化人也。當時開業於布袋,與我爲吟友,堪稱莫逆之交,偶聞此事,甚爲惋惜,亦作成長古一篇,其題曰:岱江林君友笛本年初藝菊,花正盛開,忽被同僚一馬嚼去大半,悲憤交集,詩以慰之,發刊於臺灣日日新聞後,又登載於臺灣瀛州詩集。嗚呼!黃花未及人賞,而馬竟敢先嘗,況浮生若夢,寧無得失興亡之感乎?

光陰似箭,日月如梭,不覺匆匆又過八年矣,庄長莊寬歷任兩期,而宮崎助役竟有虎視耽耽之意,庄長莊寬不自知也,以爲名譽職之庄長

不易易人。一日，庄長於寒舍品茗之際，有友人詢及庄長繼任之與否，而庄長答謂：大概繼任，友人遂鳴炮而慶賀，聲聞助役宿舍，遂為妬忌，及此發表莊寬氏竟落孫山之次，更任宮崎助役為布袋庄長，數月後竟以郡當局名義以年高為由，命為退職，當年四十一歲，雖與爭辯，畢竟難免，於民國二十三年九月二十五日退職還鄉，賦閒在家。

　　友人蔡錦棟欲聘我為合泉利之顧問，余欲暫為休息，故不就聘。那知當年有保甲役員之選舉，不以為備，發表之結果保正二點，甲長五點，遂中選甲長，為欲脫離甲長之故，即於翼日入合泉利為顧問，洽月俸當三十元，於是每日兩次整理帳目。即在自宅庭前設架，又種菊花，親自灌溉。

　　一日，正在整理花盆，忽有一人來問曰：爾是林榮先生乎？我家主人要請汝去。余即曰：汝家主人是誰？曰：黃媽典。余即曰：有什麼貴事？彼即曰：不知。余即曰：既如此，待整理菊花完畢即去。余亦不以黃氏為臺灣總督府評議員，僅穿和服而過其門，黃氏一見，滿面欣欣曰：今日茅屋將欲生輝，方得同窗到此。余亦笑曰：君命召，不俟駕行矣。未稔先生召我何為，抑或有所寵賜否？黃氏曰：未知林君現營什麼事業？對曰：自布袋棄職以來，為合泉利公司之顧問，後亦披資共同經營。黃氏曰：聞合泉利醬油部事業不振。余即曰：豆油部雖然不佳，而原料部及豆仔部每月有數千元之買賣，卻亦不惡。黃氏曰：倘有相當之職分，方問轉換如何？余對曰：無有不可。黃氏曰：余街長在職中，久欲將東石林水龜及君兩人之中提拔一人用為本街役場，因郡屬其他重要人士推薦太多，未能如意，適值自動車株式會社缺一會計，懸案九箇月，尚未採用專務，每日催迫甚急，履歷書有數百通之多，或中學或工業或大學中途退學者，本社出資，余占多數，故非相當信用之人，不得任用，余在關仔嶺靜養入浴之際，突然思及同窗，即日駛車回來詢問役場會計王君，方知其詳，故特差人邀君前來商議，欲煩君掌理金庫，雖每年出入有四十餘萬元之多，然豫算有限，前任者王培梓君初任時，月俸二十四元，經五年，現俸三十六元，君經驗豐富，不得自二十四元起薪，將三十六元起薪，每月會計可當六元，合宿值料約近五十元，在地生活雖非高等，亦可謂中流以上之生活，未稔貴意如何？余即曰：此事未敢自專，當與股東相量後方得回答。黃氏曰：請即刻商量回答。余即曰：不能，若遲十分間，余即往彰化矣，待往彰化採購大豆回來，方得回答。黃氏曰：此一職懸案九箇餘月，請速與股東相量，若得應諾，本日是土曜日，明日是日曜，往彰採購完，順與諸吟友盡兩日之聯吟，月曜出勤豈不妙哉。余即笑曰：九箇月懸案之會計，欲一時而決定，何急之甚也。遂往店中集股東而相議。蔡君錦棟曰：公司成績不振，應聘方是。余笑曰：我薪津雖三十元，乃一顧問，亦一股東，行動頗覺自由，此職名雖會計，亦一專任之職員，余前任月俸五十三元，為東石郡有數之高級吏員，此

次以三十六元起薪，似非聘人之禮，任重而薪薄，故不願就之也。

蔡君錦棟曰：非此之謂也，請觀內地人最高級之警部月薪四十元，一旦辭職再復職時，起薪亦二十餘元耳。況此職希望者頗多，社長偏不用，特聘於君，人格重矣，請君勿以薪津爲主，當以人格爲重。黃社長以好意來聘而推卻之，必至絕交，況黃氏爲當地一流之富豪家，事業又多，將來豈僅一會計乎，請三思，希就聘爲是。

於是即回家與母親相量，得母之允喜，乃承諾於黃社長，遂往彰化採購大豆，即與施梅樵先生等擊鉢歌詩，盡兩日清遊，至月曜買車南下，轉乘嘉義朴子間之自動車，出臺灣銀行券壹元，向車掌買票，車掌曰：不用買票。余即曰：如何不要？少頃即有車中監督曰：林先生請坐，不用買票。余即將銀行券收回，暗自思曰：來時買票，歸時不要，此必車掌及監督皆知余決定爲本社之會計，故不取車資。回至朴子，地方人士業已盡知，吟友亦來稱賀，蓋因黃社長向郡役所組合、銀行及其他各機關宣傳故也，乃即日民國二十五年十一月一日往該社就任，接收王前任會計一切之事務，掌理金庫及一般之出納。每遇迎神賽會，旅客激增，其收金即目不轉睛，本社社長以下職員七十六人，每月支出分爲四期，薪水分爲上下期，部分品分爲市內市外定期支拂，自是吟詠之事，漸爲疏懶，一般出納之事務，頗爲上司之見重。惜乎！上司時常要流用金庫之現款，大感不快，寤寐之間，未常不關懷於斯也。

翌年，業經發生轉職之念。民國二十七年春，族弟林西文君係服務臺南州東石郡，欲爲別創，遂辭厥職，爲友人餞別，回時相遇於朴子街役場前，自道辭職之事，余即託曰：倘有機會，希速薦我。西文君曰：現兄之地位甚好，且社長亦相當信用，何用辭職？余即暗吐真情，西文君曰：早知如此，可就莊明之聘，現時四湖庄役場缺一庶務主任，物色無人，不得已由郡守推薦一自內地來臺之日本人，業經決定，殊屬可惜。余笑曰：現尚有職，徐圖之可也。

越周西文君又來朴子密告曰：郡守所薦之內地人，被大林庄役場採用矣，庶務主任一任庄長推薦，弟遂薦兄。莊庄長曰：林榮君爲我之先輩，聞奉職於布袋庄長役場已久，焉肯到四湖僻陬奉職，西文君曰：布袋業經辭退，現爲東石自動車會社之會計主任。莊庄長曰：更不合式，一會社之會計主任，焉肯到此。西文君曰：係我族兄，因有特別之事情，故願轉職。莊庄長曰：既如此，身元不須調查，速爲我聘來，現時預算尚有四十八元之額，可速往朴子相量，故崙工回來，未稔貴意如何？余即曰：前職五十三元之經歷，四湖離朴子又遠，須五十元薪津方可。西文復往得莊庄長之諒解，莊庄長亦得郡守之內諾，遂將履歷書提出內申於北港郡役所，那知大丸街庄主任採用本島人，大爲不平，種種刁難，謂庶務係主任非容易採用，當詳細調查，方得發令，乃照會於東石郡役所，謂林榮現服務於東石自動車株式會社爲會計，曾任爲役場庶務主任

及財務主任，有事實否，有資格否？東石街庄主任即回電謂：林榮氏前職即一雇員，不適庶務主任之資格。大丸街庄主任遂報告立川郡守，謂庄長推薦之林榮氏無庶務主任資格，不得任用。立川郡守曰：豈有此理，無資格之人，四湖庄長必不推薦，諒是調查不周，命再調查。太丸街庄主任即將本人略歷復照會於東石郡街庄主任，回電云：前番之調查大錯誤，蓋東石庄役場有一雇員亦姓林名榮，與本人同名同姓，故有是誤，向郡守賠罪。遂認為有資格，然尤抱恨不息，乃以月俸過多為詞，百般刁難庄長，然庄長決欲採用，用為此以自家用自動車到朴子聯絡者三次足感其誠意，乃許以四十八元起薪，遂與黃社長相量，求其諒解，然黃社長堅執不許，後即託其知友陳信、楊爾材、鄭慶朝各先生力為交涉，方始許准，乃於一月十七日（民國二十七年）發令受社員全體開盛大之餞別。

　　單身赴任，到任後即調製前年中所懸案之協議會會議錄，自是任為庶務係主任，統理庶務一般。民國二十八年與朴子知友數人聯絡，作株券之買賣，得利參千餘元，是平生最為多大之獲益，本欲買店舖或買田園於故里，即下竹圍六甲餘之土地，為莊文進先生之紹介參千六百元，現金貳千元，其餘勤業過名足矣，然山妻不許，必至獲益萬金方止。惜哉，凡事難以逆料，盡財復購株券數千株，購買後，株價不旦暴落，頓為無價值之株，且與賣主林抱涉訟，當年之得失如此，可不慎哉，於是無意於株，乃專心事務。至民國二十五年壹月，計捌簡年，任為四湖社庶務係主任、財務係主任、及教化係長之職。

　　民國三十五年一月臺灣光復任為本鄉公所總務股主任、民政股主任、及文化股主任，民國四十一年貳月被調轉為幹事兼戶籍副主任。民國四十一年三月十三日調委為戶籍課長以至於今，歲月蹉跎，人生易老，宦海之中，屢起風波，況年愈高而收入愈少，故生活漸有困難之感，然國家興亡，疋夫有責，薪水雖薄，而辦公亦何異哉，是為傳。

# 二、內祝程序

## （一）祝品

　　壽糕一箱約一三〇元。

　　壽燭十八條，大者九條，小者九條，紅色。大者插在外環，小者插在內環。

　　點燭由子孫點之，待燭影搖紅，以一氣由右邊順序吹滅，而後以小刀十字切之，分子孫而食，己亦食之，而豚腳麵線當準備豐富，與子孫共食，以表子孫之多，而揚長壽之態，而子孫之賀儀不論金品可盡量而收之。曾記本年五月，弟之誕辰，子媳來賀者約參仟元，遂攜帶茶具漫遊於烏山巖、嘉義、朴子等處，尋詩友、樂友吟詩奏樂，以樂生平之所

好，至尋花問柳登樓飲酒非所願也。

## 三、朴子腳公學校第四回卒業生同期錄

辜尙賢（男）　　黃媽典（男）　　林拱南（男）
褚　俊（男）　　林　榮（男）　　辜尙寬（男）
蔡水旺（男）　　黃慎言（男）　　黃柳標（男）
黃濟時（男）　　陳輝煌（男）　　黃金益（男）
蔡　榮（男）　　林　甚（女）　　林　笑（女）
明治四十一年三月二十八日卒業，
民國五十一年農曆三月二十三日，
於朴子高明寺調查作此記錄。

## 四、往來詩友名單

　　洪大川、洪天賜、邱水謨、鹿港粘漱雲、虎尾蘇平祥、孫朝明、吳
雲東、迎平街二二五號之三李可讀、蔡鳳基、斗六張立卿、臺南林金樹、
蕭嘯濤、許黎堂、陳輝玉、陳錫津、黃傳心、辜尙賢、吳景箕、吳雲鶴、
蘇鴻飛、王寶書、高雄高文淵、東石黃秀峰、高泰山、林春懷、朴子蔡
錦棟、屏東薛玉田、洪寶昆、陳竹峰、李清水、怡然張禎祥、臺北張李
德和、彰化楊笑儂、李丁紅、義竹周文俊、花蓮曾文新、周澄秋、東港
陳志淵、劉德隆、鹽水蔡和泉、翁文登。

## 五、服務經歷保證書

　　林榮君一人，係臺灣省雲林縣人，現年柒拾歲，曾於民國九年拾月
壹日起至民國十三年七月七日止三箇年十箇月，又民國十五年一月六日
起至民國二十三年九月二十三日止八箇年九箇月，計拾貳箇年七箇月，
在嘉義縣布袋鎮公所服務，爲庶務係主任及財務係主任之職，確實無誤，
特此證明。
中華民國　年　月　日
嘉義縣布袋鎮
嘉義縣朴子鎮開元路一八四號
○○委員、○○議員　蔡錦棟
　　　　註：原稿有缺字。

## 六、服務經歷保證書

　　被保證人林榮君一人，係臺灣省雲林縣人，現年柒拾歲，曾於民國
九年拾月壹日起至民國十三年七月七日止三箇年十箇月，又民國十五年
一月六日起至民國二十三年九月二十三日止八箇年九箇月，計拾貳箇年
七箇月，在嘉義縣布袋鎮公所任爲庶務係主任及財務係主任職務，確實
無訛，茲以服務證件遺失，特由保證人以當時同事及地方公家單位責責

保證，如有虛偽願受法律上責任，保證附呈布袋鄉長服務證明照相一張。

嘉義縣布袋鎮龍江里柒拾號

元布袋鎮長　當時布袋庄書記　蔡安

嘉義縣布袋鎮新厝里九一號

當時布袋庄書記　蕭媽強

嘉義縣朴子鎮文化里七一號

朴子高明寺比丘僧　當時布袋庄書記　林元

嘉義縣布袋鎮九龍里貳捌號

地方士紳　周水生

嘉義縣布袋鎮光復里玖玖號

地方士紳　蔡賀

　　　　　註：原稿缺字已略作補正。

# 七、放浪吟唱和錄 1970 年

發出八月二十四日

陳皆興　鳳山鎮正興食品工廠
　　　　已接獲七八自嘲和詩

何亞季　臺北市新生北路二段一〇四
　　　　於九月六日接到
　　　　已接獲七八自嘲和詩

趙凌霜　嘉義朴子鎮開元路二八三
　　　　於八月廿七日接到
　　　　已接獲七八自嘲和詩

蘇鴻飛　臺北市臨沂街六一巷五之一
　　　　於八月卅一日接到
　　　　已接獲七八自嘲和詩

陳志淵　屏東縣東港鎮共和街四五
　　　　已接獲七八自嘲和詩

黃秀峰　嘉義縣東石鄉東石村二〇一

粘漱雲　彰化縣鹿港鎮杉竹街六三
　　　　於八月廿七日接到

王寶書　彰化木商同業公司
　　　　於八月廿九日接到
　　　　已接獲七八自嘲和詩

高泰山　彰化詩文之友社

楊笑儂　彰化市彰化故濟院
　　　　已接獲七八自嘲和詩

王友芬

林耕南

洪寶昆　詩文之友社

李可讀　嘉義市延平街三七三
　　　　於八月卅一日接到

吳景箕　斗六鎮社口
　　　　已接獲七八自嘲和詩

吳光瑞　九月十三日接

張立卿　斗六鎮太平路一二〇
　　　　於八月卅一日接到

涂俊謀　於八月卅一日接到

謝清淵　於八月卅一日接到

陳輝玉　虎尾鎮泰安藥廠

鮑樑臣　高雄市新興區南臺路七一之一
　　　　已接獲七八自嘲和詩

辜尚賢　朴子鎮朴子
　　　　已接獲七八自嘲和詩

陳月樵　高雄市六合一路一五〇之一

蔡元亨　潮州鎮蓬萊里榮田路廿一之六

高文淵　高雄市鼓山區河川東西巷一四
　　　　於八月廿八日接到
　　　　已接獲七八自嘲和詩

吳雲鶴　朴子鎮文化里山迎路一八四
　　　　已接獲七八自嘲和詩

蔡和泉　臺南縣鹽水鎮三生里九
　　　　已接獲七八自嘲和詩

蘇平祥　雲林縣警察局虎尾分局

周文俊　嘉義縣義竹鄉仁里村
　　　　於九月十七日接到
　　　　已接獲七八自嘲和詩

翁文登　於九月十七日接到
　　　　已接獲七八自嘲和詩

張祉亭　雲林縣大埤鄉怡然村三二
　　　　於八月卅日接到
　　　　已接獲七八自嘲和詩

蘇凌雲　嘉義市垂楊路九五
　　　　於十月一日接到
　　　　已接獲七八自嘲和詩

黃浩洋　宜蘭縣頭城鎮吉祥路一號

蕭嘯濤　嘉義市蘭井街四二一
　　　　於八月廿六日接到
陳昌言　臺南市北區大光路三一
　　　　已接獲七八自嘲和詩
周定山　彰化縣鹿港鎮瑤林街三
　　　　已接獲七八自嘲和詩
張深水　臺中市西區中興北巷二
　　　　於九月三日接到
張清輝　嘉義市戶政事務所
許藜堂　嘉義市光彩街一一四
陳竹峰　花蓮市復興路九八巷七
曾文新　花蓮市花園路

## 八、客中偶成唱和名單

蘇平祥　虎尾分局
蘇鴻飛　臺北市桂林路一二號
李可讀　嘉義市延平街二二五之三號
周定山　彰化縣鹿港鎮瑤林街三號
張禎祥　大埤鄉怡然村
黃啓棠　臺北市中正路八四〇巷九弄一之一號
蕭嘯濤　嘉義市蘭井街三一七號
黃秀峰　東石鄉東石村二〇一號
薛玉田　屏東縣忠孝路三六號
陳輝玉　虎尾鎮泰安藥廠
吳雲鶴　朴子鎮文化里山通路一八四號
高文淵　高雄市鼓山區河川東巷一四號
陳皆興　高雄縣鳳山鎮正興食品廠
趙青木　嘉義縣朴子鎮開元路二八三號
張立卿　雲林縣斗六鎮太平路一二〇號
陳錫津
陳竹峰　花蓮市復興街九八巷七號
辜尚賢　嘉義縣朴子鎮中正路
張深水　臺中市西區中興北巷九號
楊嘯天　臺中市東區東門巷一之一號
周文俊　嘉義縣義竹鄉仁里村一八八號
翁文登
張清輝　嘉義市公所
林天能　鄉下林厝村六號

蘇凌雲　嘉義高女校前

## 九、夏日雜詠唱和名單 1970 年

夏日雜詠
赤帝司權似火煎，漫空漠漠起烘煙。
避炎教我趨何處，吳質浮瓜亦枉然。


陳志淵　屏東縣東隆國校
張卓　　斗六張立卿
李德和　嘉義
可白
周均
曾文新　花蓮市公園路蓮社社長
陳竹峰　花蓮市復興街二巷七號
張達修　臺灣省民政廳中興吟社社長
粘漱雲　彰化縣鹿港鎮杉竹街
劉竹梁
楊笑儂
蔡竹亭　嘉義縣布袋鎮新厝里
蕭嫣強　嘉義縣布袋鎮新厝里
江擎甫　臺中縣北屯區廓子里苧園巷
黃啓棠　臺北市舒蘭街二〇五之五
林春懷　臺中縣霧峰鎮懷仁醫院
蘇鴻飛　臺北市桂林路一二號
方書彪　高雄縣美濃鎮民生路二十號
吳一鶴　嘉義縣布袋鎮鶯社社長
蔡錦棟　嘉義縣朴子鎮朴雅吟社社長
周澄秋　臺北縣汐止鎮大同路八五
蔡啓東　嘉義縣市袋鎮岱江吟社社長
周文俊　嘉義縣義竹鄉竹音吟社社長
周鴻濤　嘉義縣義竹鄉竹音吟社
翁文登　嘉義縣義竹鄉竹音吟社
張清輝　雲林縣水林鄉公所鄉勵加吟社副社長
高文淵　高雄市壽峰吟社
黃秀峰　嘉義縣東石鄉石社副社長
吳景箕　斗六鎮雲峰吟社社長
蔡和泉　臺南縣鹽水鎮月津吟社社長
王君華　雲林縣文獻委員會

陳錫津　雲林縣文獻委員會

## 十、苦雨唱和名單

粘漱雲　　彰化縣鹿港鎮杉竹街六三號
王寶書　　金門巷二六號
高泰山　　詩文之友社
王友芬
王桂木
林荊南
洪寶昆
陳志淵　　東港鎮共和街四五號
吳景箕　　斗六鎮鎮南里
楊笑儂　　彰化市永生里彰化救濟院
蔡和泉　　臺南縣鹽水鎮三生里
張李德和　臺北市民權東路
許　然　　嘉義市光彩街一一四號
賴伯丹　　嘉義醫院
王梓聖　　南投縣南門里南興路一二〇號
鮑樑臣　　高雄市新興區南臺路七十一號之一

## 十一、南曲目錄

一、早起日上
二、有緣千里
三、園內花開
四、心頭傷悲
五、自伊去
六、恨冤家
七、孤棲悶
八、棉答絮
九、山險峻
十、重台別
十一、出漢關
十二、三更鼓

## 十二、編印中華民國詩人名鑑資料表

姓名：林榮　別號：林友笛　性別：男　年齡：七十七歲
籍貫：嘉義縣朴子鎮安福里光復路
現在住址：雲林縣四湖鄉湖西村西湖路三二號

永久住址：

學經歷及詩歌研究經過：

　　丁卯長夏秧尖徵詩應徵千二百八十六首經澎湖梅峰先生評選第二名。

　　布袋社役場任內臺灣制度改正論文（和文）題爲衛庄補助機關之區總代最有效適切活躍方策如何，貳等入賞。

　　明治時代朴子腳公學校畢業後即立雪張麟書思師之門，潛心力學漢文，遠自民國二年出任嘉義廳衛生試驗室囑託南勢竹區長役場書記，布袋庄役場庶務係主任，東石自動車會社會計，四湖庄役場庶務係主任，四湖鄉公所總務股主任，戶籍課長等，民國九年加入朴雅吟社爲社員，閒時即與布袋楊笑儂、粘漱雲、周鴻濤等於月夜花晨作即席之聯吟，或課題作後由笑儂寄彰化梅樵先生刪改以養成韻學，朴雅吟社時常擊鉢，召開未常缺席，用以養成風雅之情性。

詩集名稱已未出版：

　　水龍吟一冊，詩數百首毛筆親書，尙未出版。

參加詩社名稱及其他活動情形：

　　春夏秋冬各季，鯤南七縣市雲嘉南四縣市及詩人節全國詩人大會除事故外亦時常參加。

代表作品：

**書懷四首錄一**　七絕一首

身外浮沉總不知，樂書樂樂樂吟詩。
齊家自笑才偏拙，半世生涯筆一枝。

**詩才**　七絕一首

醉臥騷壇過半生，奪魁如草任縱橫。
天心取夾書來日，一句驚他百萬兵。

**閒中偶成**　七律一首

閒中我每繫懷思，滿腹牢騷莫改移。
巷尾有時貪奏樂，案頭無日不吟詩。
弄孫柚喜分文旦，款客茶甘用武夷。
旋馬庭園寬半畝，充饑好曝地瓜絲。

**次凌霜詞兄偶感瑤韻**　三首錄一　七律一首

遠從三地乞仙泉，分飲於君大自然。
煎作香湯堪浴佛，攜些青果當參禪。
事無量力空追日，人到狂時欲賣天。
漫笑詩心還未冷，晨昏吟友訪相逑。

**恭祝皆興先生七秩華誕**　四首錄二　詞二首
祝嘏會親朋，聯吟興倍增，人文濟濟頌如陵。
賡白雪，瑞雲騰，福祿壽皆興。

賀客滿堂前，蟠桃會眾仙，玉山傾倒尚陶然。
酒千杯，詩百篇，共祝壽萬年。

**次一漚詞兄八十初度書懷瑤韻**　三首錄一　詞一首
老休歎，不死須求不死丹。
棋爲友，盡君歡。
俗事全拋神自爽，長生畢竟復何難。

## 十三、海口大橋沿革概要

一、宗旨：爲永誌省議員林蔡素女爲民服務之功德，留芳後代，此段請
　　　　多加讚揚詞。
二、位置：沿海公路馬公厝排水下流，自古以來未曾架橋，且沿海攤日
　　　　來潮水兩次，人車交通不便。
三、益處：海口大橋建築後可稱暢通，物產交流堪順利。
四、構造：鐵筋水泥。
五、經費來源：於民國五十五年初，由林蔡素女向省府竭力爭取
　　　　　，七十五萬元。
六、工程進度：開工：民國五十五年六月二十二日。
　　　　　　完工：民國五十六年二月十日。
七、總工程費：壹佰伍拾壹萬柒仟捌佰元。

## 十四、雲林縣六鰲詩社社員名冊 1953 年

| | | |
|---|---|---|
| 李崑 | 字文峰 | 口湖鄉金湖三四號 |
| 李欽煥 | 字正汎 | 口湖鄉湖口村三七號 |
| 李坤英 | | 斗南鎮南昌里一二號 |
| 邱水謨 | 字雲雄 | 口湖鄉台安村蚶寮路四九號 |
| 黃傳心 | 字劍堂 | 虎尾鎮中山里仁愛路六一號 |
| 吳景箕 | 字鳴皋山樵 | 斗六鎮南里新厝路一號 |
| 黃篆 | 字瘦峰 | 水林鄉松中村二八九號 |

| 龔顯昇 | 買牛翁 | 北港鎮南安里光明四巷五號 |
|---|---|---|
| 洪天賜 | 達人 | 口湖鄉梧北村興農路五二號 |
| 洪龍波 | 大川 | 北港中和里光明三巷六號 |
| 曾仁杰 | 師魯 | 口湖鄉金湖村三四號 |
| 楊德模 | | 虎尾鎮新興里 |
| 周玉梅 | 冰魂 | 虎尾總廠 |
| 陳錫津 | 指迷 | 斗六鎮太平里城頂路十二號 |
| 曾丁興 | 杰仁 | 斗南鎮中天里中正路一〇一號 |
| 張卓 | 立卿 | 斗六鎮太平里太平路一一四號 |
| 賴章 | 自青 | 斗六鎮信義里太平路 |
| 林坤福 | 承乾 | 斗六鎮忠孝里 |
| 林瑞期 | | 斗南鎮中天里 |
| 蘇炳章 | | 斗南鎮 |
| 陳獻瑞 | 玉麟 | 東勢鄉東南路六七號 |
| 何如璋 | | 斗六鎮忠孝里 |
| 蕭登壽 | | 斗六鎮 |
| 劉慶彬 | | 斗南鎮南昌里 |
| 陸正平 | 秋江 | 斗六鎮太平路九九號 |
| 李維爐 | | 古坑 |
| 劉爐 | | 大埤 |
| 魏等如 | | 西螺鎮輔材診所 |
| 江擎甫 | 聯柱 | |
| 張英宗 | | |
| 沈天恩 | | 斗南吟社 |
| 李坤鏞 | | 斗南鎮東仁里 |
| 張禎祥 | | 斗南鎮大埤鄉怡然村 |
| 張林籐昌 | | 莿桐 |
| 林等 | | |
| 陳熊 | | 斗六鎮古坑鄉東和村博仁診所 |
| 王東燁 | | 北港鎮共榮里文化街 |
| 王金鐘 | | 北港鎮仁和里仁和街 |
| 龔伴 | | 北港鎮東華里 |
| 何三畏 | | |
| 陳培坤 | | 北港鎮大同里 |
| 廖學昆 | | 西螺鎮西螺 |

# 十五、刊於《臺南新報》及其他書刊林友笛相關詩作

## 1.詩友贈與之詩篇

| 用笑儂先生原韻呈林友笛先生 | 七言律詩<br>王大俊<br>《臺南新報》<br>11532 期：8 頁<br>1934-02-16 | 王大俊 | 聯床一夜論心天。詎共時流醉舞筵。<br>花柳平生都冷眼。山林日夕想休肩。<br>人能守道心常樂。我不知詩性自然。<br>漫道文章遭末劫。張公萬選盡青錢。 |
|---|---|---|---|
| 曉發岱江留別笑儂、友笛、鴻濤、漱雲、弼周、柳園諸先生 | 七言律詩<br>王大俊<br>《臺南新報》<br>11533 期：8 頁<br>1934-02-17 | 王大俊 | 潭水情深欲別難。相逢詩酒樂盤桓。<br>君垂青眼偏憐舊。我急歸心不畏寒。<br>老馬識途行得得。荒雞報曉唱漫漫。<br>東方曙色晴開後。遠近村莊一望寬。 |
| 林君友笛藝菊大異昔年賦此戲贈 | 七言絕句<br>黃幼惠<br>《臺南新報》<br>12219 期：8 頁<br>1936-01-10 | 黃幼惠<br><br>黃啓棠 | 天然勝地屬君家。數畝庭園養性嘉。<br>畢竟孤山林處士。標梅□暇到黃花。 |
| 謹和林友笛先生原韻 | 七言律詩<br>周澄秋<br>《臺南新報》<br>12590 期：8 頁<br>1937-01-18 | 周澄秋 | 翰墨緣締雅趣之。凌雲勁氣獨稱奇。<br>識荊未獲三生願。落月增懷傍竹籬。<br>歲去諸羅瞻玉藻。秋深老圃綻風姨。<br>何時得假留陳榻。共酌黃花折一枝。 |
| 謹和林友笛先生原韻（又寓齊韻） | 七言律詩<br>周澄秋<br>《臺南新報》<br>12590 期：8 頁<br>1937-01-18 | 周澄秋 | 秋風露濕鳴寒梭。歲月依稀髮欲皤。<br>嫁線勤勞終刻苦。借花獻佛兩相磨。<br>天涯涸跡知音少。三徑未荒帶蕊多。<br>世事不關名與利。廿年株守愧無何。 |
| 謹和林友笛先生原韻（又寓齊韻） | 七言律詩<br>周澄秋<br>《臺南新報》<br>12590 期：8 頁<br>1937-01-18 | 周澄秋 | 時會騷人酌酒頻。浮香疏影近溪濱。<br>傲霜佳色迎新歲。帶雨嬌姿賞暮春。<br>濃艷千枝呈秀色。名高五美繞芳津。<br>年來不負淵明癖。惟愛秋光夙志伸。 |
| 謹和林友笛先生原韻（又寓齊韻） | 七言律詩<br>周澄秋<br>《臺南新報》<br>12590 期：8 頁<br>1937-01-18 | 周澄秋 | 浮雲富貴悟前生。宦海飄蓬愧負名。<br>未熟黃梁醒客夢。已生白髮惹心驚。<br>蓴鱸味美懷鄉思。標菊香清怕蝶爭。<br>為愛灘音歌雅調。愁無佳句佐餘榮。 |
| 謹和林友笛先生原韻（又寓齊韻） | 七言絕句<br>周澄秋<br>《臺南新報》<br>12590 期：8 頁<br>1937-01-18 | 周澄秋 | 宦海飄零歲月稀。感時翻覽讀書非。<br>浮萍聚散關時運。半畝犁鋤擬欲歸。 |
| 謹和林友笛先生原韻（又寓齊韻） | 七言絕句<br>周澄秋<br>《臺南新報》<br>12590 期：8 頁<br>1937-01-18 | 周澄秋 | 剛開三徑未能寬。籬畔徘徊對影歡。<br>往事吟懷同菊夢。春苗植後待秋看。 |

| | | | |
|---|---|---|---|
| 謹和林友笛先生原韻<br>(又寓齊韻) | 七言絕句<br>周澄秋<br>《臺南新報》<br>12590 期：8 頁<br>1937-01-18 | 周澄秋 | 風雲任急柱肝心。大塊文章付陸沈。<br>欲挽狂瀾人已老。無成一事淚難禁。 |
| 謹和林友笛先生原韻<br>(又寓齊韻) | 七言絕句<br>周澄秋<br>《臺南新報》<br>12590 期：8 頁<br>1937-01-18 | 周澄秋 | 傲霜瘦影對吟嘲。自拓秋園蓋草茅。<br>邀月護花同灌老。東籬誰許共撻敲。 |
| 嘉社大會後同爾材友<br>笛咸中先生乘車至朴<br>子蒙招飲旗賦此道謝 | 五言律詩<br>周鴻濤<br>《臺南新報》<br>12505 期：8 頁<br>1936-10-24 | 周鴻濤 | 吟罷驅車出。途經義竹園。<br>攜書人揖別。乘月客思歸。<br>訪艷愁能解。猜拳興欲飛。<br>沙哥原放誕。詩酒樂忘機。 |
| 重遊袋江席上呈笑儂<br>夢花漱雲友笛諸先生 | 七言律詩<br>黃瘦峰<br>《臺南新報》<br>11475 期：8 頁<br>1933-12-20 | 黃瘦峰 | 鴻泥舊跡感重遊。落拓多年誤馬周。<br>末世衣冠同愧儡。過江人物盡名流。<br>樓臺歷□都如畫。歌管紛□易得秋。<br>踢促乾坤頻放眼。不堪回首話前頭。 |
| 重遊袋江席上呈笑儂<br>夢花漱雲友笛諸先生<br>(次韻) | 七言律詩<br>楊笑儂<br>《臺南新報》<br>11475 期：8 頁<br>1933-12-20 | 楊笑儂 | 閒向沙邊話釣遊。西風搖落歲將周。<br>也須蓮社同心證。漫把新亭對淚流。<br>人愛幽蘭空谷友。情牽叢桂小山秋。<br>江淹才盡君休笑。老我詞壇欲白頭。 |
| 林君友笛藝菊大異昔<br>年賦此戲贈(次韻) | 七言絕句 蔡國棵<br>《臺南新報》<br>12219 期：8 頁<br>1936-01-10 | 蔡國棵 | 風流菊癖似陶家。三徑栽來色□嘉。<br>多謝情深甘割愛。贈余黃紫四盆花。 |
| 重遊袋江席上呈笑儂<br>夢花漱雲友笛諸先生<br>(次韻) | 七言律詩 粘漱雲<br>《臺南新報》<br>11475 期：8 頁<br>1933-12-20 | 粘漱雲 | 四知堂上憶同遊。物換星移歲一周。<br>友道難忘縈遠夢。俗情儘可付清流。<br>重逢緣訂三生石。勝會樽傾八月秋。<br>願作平原留十日。嘯歌閒步袋江頭。 |
| 祝友笛詞兄七八華誕<br>敬次自嘲原玉 | 七言律詩<br>趙清木<br>《朴雅詩存<br>[1994]》158 頁 | 趙清木 | 人生百歲正堪期，那管蕭蕭白髮悲。<br>座上杯傳新益友，階前彩戲老萊兒。<br>後年譜奏杖朝曲，此日吟成祝壽詩。<br>且臥江村看晨夕，菜香飯熱值斯時。 |

## 2.友笛詩作

| | | | |
|---|---|---|---|
| 重遊袋江席上呈笑儂<br>夢花漱雲友笛諸先生<br>(次韻) | 七言律詩<br>林友笛<br>《臺南新報》<br>11475 期：8 頁<br>1933-12-20 | 林友笛 | 高軒又見賦清遊。回首聯吟歲一周。<br>偶讀佳章原窈究。故知傲骨尚風流。<br>縱談不倦宜明月。遣興偏多近暮秋。<br>喜共巴山重話雋。漫將離淚洒江頭。 |

| 哭林純卿宗先生 | 七言律詩<br>林友笛<br>《臺南新報》<br>11391 期：8 頁<br>1933-09-27 | 林友笛 | 義方教子乍成名。詎意修文赴玉京。<br>鄴架經書遺後世。孤山猿鶴哭先生。<br>遨遊已負西湖願。聯句難尋北閣盟。<br>太息吟魂招不返。傷心淚每爲翁傾。 |
|---|---|---|---|
| 哭林純卿宗先生 | 七言律詩<br>林友笛<br>《臺南新報》<br>11391 期：8 頁<br>1933-09-27 | 林友笛 | 塵寰蟬蛻返匆匆。愁煞騷壇賦落紅。<br>蓬島鷓鴣悲夜月。岱江桃李泣春風。<br>向平已遂今生願。逋老偏教後起崇。<br>此去黃泉休飲恨。克家有子勝揚雄。 |
| 蔡君夢花招飲席上賦<br>呈蘇櫻村、楊近樗、<br>陳文石先生 | 七言律詩<br>林友笛<br>《臺南新報》<br>11443 期：8 頁<br>1933-11-18 | 林友笛 | 名士高談處士軒。我來偏喜聽嘉言。<br>詩星朗朗光虛室。醴酒薰薰醉暮村。<br>幾點歸帆窮望眼。數聲豎笛動吟魂。<br>長江一帶蒼茫水。何處烽煙望燎原。 |
| 蔡君夢花招飲席上賦<br>呈蘇櫻村、楊近樗、<br>陳文石先生(其二) | 七言律詩<br>林友笛<br>《臺南新報》<br>11443 期：8 頁<br>1933-11-18 | 林友笛 | 賓主言歡對夜燈。不才也幸眼垂青。<br>縱談時局心如醉。嘯傲高樓夢未醒。<br>應喜騷壇詩有趣。漫愁濁世筆無靈。<br>濤聲喧耳吟聲壯。勝會真堪繼斐亭。 |
| 岱江曉望寄知己吟侶 | 七言律詩<br>林友笛<br>《臺南新報》<br>11443 期：8 頁<br>1933-11-18 | 林友笛 | 曉煙雲影綠波光。寫入天風萬里長。<br>壽島晨雞催落月。岱江漁父唱歸航。<br>遊人傍岸思鄉切。飛雁橫空返塞忙。<br>對此逍遙無限好。詩情炯炯滿胸堂。 |
| 岱江曉望寄知己吟侶<br>(其二) | 七言律詩<br>林友笛<br>《臺南新報》<br>11443 期：8 頁<br>1933-11-18 | 林友笛 | 疏鐘殘月海天清。雲霧微茫望未明。<br>綠樹煙籠人影杳。滄江波打石頭鳴。<br>曉帆片片隨風轉。過客招待渡行。<br>宿露不知天欲曙。松間猶自滴聲聲。 |
| 次漱雲兄秋夜書懷瑤<br>韻 | 七言律詩<br>林友笛<br>《臺南新報》<br>11445 期：8 頁<br>1933-11-20 | 林友笛 | 淅瀝秋聲入夜寒。客中敢說托身安。<br>求人早覺言非易。事母方知色最難。<br>杜老憂時增感慨。阮郎窮處發悲嘆。<br>霜華一例侵雙鬢。漫作當年艸角看。 |
| 次瘦峰君重遊岱江瑤<br>韻 | 七言律詩<br>林友笛<br>《臺南新報》<br>11445 期：8 頁<br>1933-11-20 | 林友笛 | 高軒又見賦清遊。回首聯吟歲一周。<br>偶讀佳章添藻思。欣知傲骨尙風流。<br>縱談不倦多明月。遺興偏教感暮秋。<br>喜共巴山重話雨。漫將別淚洒江頭。 |
| 次石華詞兄過岱江見<br>贈瑤韻 | 七言律詩<br>林友笛<br>《臺南新報》<br>11504 期：8 頁<br>1934-01-19 | 林友笛 | 杯酒言歡當洗塵。海隅何幸駐吟身。<br>忍聽時局風雲幻。喜締騷壇翰墨親。<br>愧我無才難用世。讀君佳句可驚神。<br>相逢同是他鄉客。一樣離情嘆苦辛。 |

| | | | |
|---|---|---|---|
| 倒疊石華兄見贈韻奉酬 | 七言律詩<br>林友笛<br>《臺南新報》<br>11505 期：8 頁<br>1934-01-20 | 林友笛 | 世味年來酸復辛。勞□那得養精神。<br>燒空夏日真堪畏。入座春風倍可親。<br>我等寒蟬常噤口。君知無渡善持身。<br>愁看大陸烽煙急。何處桃源避□塵。 |
| 祝石社發會式 | 七言律詩<br>林友笛<br>《臺南新報》<br>11526 期：8 頁<br>1934-02-10 | 林友笛 | 石社功成氣吐虹。鼓聲響徹海門東。<br>從橫吟幟飄新色。蹌蹡盍簪颺古風。<br>吾道維持資大雅。人文蔚起仰諸公。<br>頌詩我愧無佳句。也幸千秋記爪鴻。 |
| 次笑儂先生韻贈大俊先生 | 七言律詩<br>林友笛<br>《臺南新報》<br>11529 期：8 頁<br>1934-02-13 | 林友笛 | 忍將往事訴蒼天。喜共詩人醉綺筵。<br>作客頻年仍傲骨。買山何日聳吟肩。<br>牢騷笑我難諧俗。風雅欽君出自然。<br>歐化東漸夷魯道。誰如夷甫不言錢。 |
| 次笑儂先生韻贈大俊先生(倒疊韻奉酬) | 七言律詩<br>林友笛<br>《臺南新報》<br>11529 期：8 頁<br>1934-02-13 | 林友笛 | 喜讀文同萬選錢。高風俊逸自超然。<br>詩如仁裕誇盈窖。字仿羲之待並肩。<br>惠我佳章原白雪。款君薄酒愧粗筵。<br>徹宵共話情偏摯。忘卻窗雞報曉天。 |
| 大俊先生過訪喜而有贈 | 七言律詩<br>林友笛<br>《臺南新報》<br>11529 期：8 頁<br>1934-02-13 | 林友笛 | 茅齋何幸駐吟身。竟夕清談見性真。<br>顧我名心淡似水。羨君健筆妙傳神。<br>大文有價原超俗。風雅無驕更可親。<br>卻笑山妻旁午甚。誤將魯酒款詩人。 |
| 次大俊先生曉發岱江瑤韻 | 七言律詩<br>林友笛<br>《臺南新報》<br>11576 期：8 頁<br>1934-04-01 | 林友笛 | 欲和新詩下筆難。談心品茗共盤桓。<br>識荊逆旅情偏摯。折柳離亭曉正寒。<br>入座春風思淡蕩。隔江滄水望彌漫。<br>何時得許天緣假。重剪燈煤客思寬。 |
| 薄暮即景 | 七言律詩<br>林友笛<br>《臺南新報》<br>11577 期：8 頁<br>1934-04-02 | 林友笛 | 重探關子嶺風光。景色宜人引興長。<br>遠寺鼕鼕槌暮鼓。斷崖寂寂掛斜陽。<br>牧童驅犢歸村急。野叟攜鋤返舍忙。<br>真個山中多樂趣。清幽端不讓仙莊。 |
| 曉行 | 七言律詩<br>林友笛<br>《臺南新報》<br>11577 期：8 頁<br>1934-04-02 | 林友笛 | 曉起尋芳陟翠巒。山花見我笑開顏。<br>閒雲橋畔青雲聚。聽水庵前綠水潺。<br>隔岸風吹人面竹。漫空煙鎖枕頭山。<br>勞勞塵世成何事。不及高峰隱逸閒。 |
| 寺中偶作 | 七言律詩<br>林友笛<br>《臺南新報》<br>11584 期：8 頁<br>1934-04-10 | 林友笛 | 大仙巖內駐修身。喜得奇緣證佛因。<br>暮鼓擊□僧說法。□鐘嘹□鳥修真。<br>始知悟道能諧俗。卻勝謀生歷□塵。<br>最是空門堪遯世。滿庭花木四時春。 |

| 寺中偶作 | 七言律詩<br>林友笛<br>《臺南新報》<br>11584期：8頁<br>1934-04-10 | 林友笛 | 古寺仙巖暇日遊。禪房肅靜足身修。<br>考僧布道頻撾鼓。頑石聽經亦點頭。<br>滿座慈雲籠竹翠。一庭法雨潤花幽。<br>名場利鎖奔波客。爭及空門樂自由。 |
|---|---|---|---|
| 錦棟君東渡觀光賦此<br>以壯行旌 | 七言律詩　林友笛<br>《臺南新報》<br>12329期：8頁<br>1936-04-30 | 林友笛 | 飄□一葉渡蓬萊。恰值櫻花爛熳開。<br>長智莫輕遊炮廠。觀光祗合上燈臺。<br>離亭分手詩三首。驛路關心酒一杯。<br>此去東都風景好。願君收拾富歸來。 |
| 利通質舖支店內梅村<br>貴芳收壽島納涼得亭<br>字 | 七言律詩　林友笛<br>《南方》175期：<br>39頁<br>1943-05-15 | 林友笛 | 壽島吟風作勝遊。杖藜彷佛到神州。<br>浮瓜我喜師吳質。洗耳人來慕許由。<br>白鳥一雙臨淺渚。滄波萬頃漾輕舟。<br>天池浴罷歸而詠。散卻胸中萬斛愁。 |
| 奉祝皇紀二千六百年 | 七言律詩<br>林友笛<br>《昭和皇紀慶頌<br>集[1943]》33頁 | 林友笛 | 橿原即位佈仁風。聖德巍巍及亞東。<br>舉國臣民歌樂府。滿朝文武拜神宮。<br>大和魂比櫻花麗。旭日旗飄國運隆。<br>廿六百年基永固。嵩呼萬歲震天中。 |
| 寄凌霜 | 七言律詩<br>林友笛<br>《朴雅詩存<br>[1994]》163頁 | 林友笛 | 欲把西湖作故鄉。偶逢夜雨轉悽涼。<br>窗間勿聽晨雞叫。起視籬邊花又黃。<br>邀菊友；賞秋光。滿懷詩思寄凌霜。<br>浮生若夢人將老。有酒頻斟信不妨。 |
| 凌霜詞兄用放浪吟韻<br>呵成佳什見示原韻奉<br>酬 | 七言律詩<br>林友笛<br>《朴雅詩存<br>[1994]》163頁 | 林友笛 | 龍愛僧繇畫壁間。點晴雷電響聲嫻。<br>我為地主遊三地。人壯關公過五關。<br>濯足未經牛尿港。敬神先上馬鳴山。<br>老來且喜吟軀健。久把功名信念刪。 |
| 拙作閒中戲題一律蒙<br>友笛先生賜和疊前韻<br>誌謝 | 七言律詩<br>林友笛<br>《朴雅詩存<br>[1994]》163頁 | 林友笛 | 好客曾聞古孟嘗。一錐猶嘆困奚囊。<br>消閒學剝青龍角。振皺頻加白虎湯。<br>少棒輸球非下手。太空有路盡遐方。<br>何時得借蒼籐杖。遍踏名山冒雪霜。 |
| 用友笛先生放浪吟韻<br>奏成一律奉寄 | 七言律詩<br>林友笛<br>《朴雅詩存<br>[1994]》163頁 | 林友笛 | 茂陵未許立中間。左右分明勢必嫻。<br>心雜莫偎羅漢樹。囊空休叩美人關。<br>隨緣我有胸中竹。得意人誇背後山。<br>獨笑生涯一杯酒。早將榮辱念頭刪。 |
| 謹次凌霜詞兄倒疊前<br>韻 | 七言律詩<br>林友笛<br>《朴雅詩存<br>[1994]》164頁 | 林友笛 | 倡酬來往日增加。不是詩家便樂家。<br>案上尚存文旦柚。瓶中久缺武夷茶。<br>五旬易過無膏雨。尺稻難知有丈蔴。<br>多少騷人欣索和。既來即作未曾賒。 |
| 謹次凌霜詞兄倒疊前<br>韻 | 七言律詩<br>林友笛<br>《朴雅詩存<br>[1994]》164頁 | 林友笛 | 說到吟哦興倍加。淡交至竟屬君家。<br>殘年竊比風中燭。益壽思烹雨後茶。<br>止渴時斟湯綠豆。充饑日煮飯烏蔴。<br>老夫非有劉伶癖。詩債清償酒未賒。 |
| 凌霜詞兄以閒中戲作<br>索和次韻奉酬 | 七言律詩　林友笛<br>《朴雅詩存<br>[1994]》164頁 | 林友笛 | 世味辛酸俱已嘗。濟貧久不見傾囊。<br>充饑莫煮烏蔴飯。止喝權斟綠豆湯。<br>尚武逞強非得策。當歸養老是良方。<br>我吟放浪懷仍放。那管頭顱鬢已霜。 |

| 哭曙村先生 | 七言律詩<br>林友笛<br>《曙村詩草<br>[1944]》50 頁 | 林友笛 | 義方教子乍成名，詎意修文赴玉京。<br>鄴架經書遺後世，孤山猿鶴哭先生。<br>遨遊已負西湖願，聯句難尋北閣盟。<br>太息吟魂招不返，傷心淚每為翁傾。 |
|---|---|---|---|
| 哭曙村先生 | 七言律詩<br>林友笛<br>《曙村詩草<br>[1944]》50 頁 | 林友笛 | 塵寰蟬蛻迎匆匆，愁殺騷壇賦落紅。<br>蓬島鸞鷗悲夜月，岱江桃李泣春風。<br>向平已遂今生願，逋老偏教起後崇。<br>此去黃泉休飲恨，克家有子勝楊雄。 |
| 次 | 七言律詩<br>旋馬庭友笛<br>《南方》167 期：<br>34 頁<br>1943-01-15 | 旋馬庭<br><br>林<br>友<br>笛 | 身外浮沈總不知。分甘偏喜有孫兒。<br>作詩生恐因詩惓。種菊何關笑菊痴。<br>故里爭云安樂好。異鄉久已慣棲遲。<br>問年汝我同庚說。百歲齊登自可期。 |
| 次 | 七言律詩<br>旋馬庭友笛<br>《南方》167 期：<br>34 頁<br>1943-01-15 | 林友笛 | 身外浮沈總不知。分甘偏喜有孫兒。<br>作詩生恐因詩惓。種菊何關笑菊痴。<br>故里爭云安樂好。異鄉久已慣棲遲。<br>問年汝我同庚說。百歲齊登自可期。 |
| 林君友笛藝菊大異昔<br>年賦此戲贈(次韻) | 七言絕句<br>友笛<br>《臺南新報》<br>12219 期：8 頁<br>1936-01-10 | 林友笛 | 簇簇東籬是我家。枝無濃艷亦堪嘉。<br>通仙也有淵明癖。半愛寒梅半菊花。 |
| 吟禪 | 七言絕句　友笛<br>《詩報》100 期：8<br>頁<br>1935-03-01 | 林友笛 | 坐禪得句漫相嘲。合掌還聞字字敲。<br>詩自豪吟經自讀。那關滄海日騰蛟。 |
| 吟禪 | 七言絕句　友笛<br>《詩報》100 期：8<br>頁<br>1935-03-01 | 林友笛 | 牢騷滿腹好推敲。禪室耽吟漫笑嘲。<br>風月一竿經兩卷。作詩偏喜用三肴。 |
| 吟禪 | 七言絕句<br>友笛<br>《詩報》100 期：8<br>頁<br>1935-03-01 | 林友笛 | 滿腹牢騷漫笑嘲。蒲團靜坐獨推敲。<br>禪房寂寞甘消受。一片詩心未忍拋。 |
| 吟禪 | 七言絕句　友笛<br>《詩報》100 期：8<br>頁<br>1935-03-01 | 林友笛 | 說法談詩漫笑嘲。每逢花月便推敲。<br>禪機悟徹吟哦趣。盡把人間萬慮拋。 |
| 蒲鞭 | 七言絕句<br>友笛<br>《詩報》101 期：8<br>頁<br>1935-03-15 | 林友笛 | 此具刑寬最可珍。勝他畫地以牢人。<br>責民只用斯鞭示。商鞅凶殘太不仁。 |

| 蒲鞭 | 七言絕句<br>友笛<br>《詩報》101 期：8<br>頁<br>1935-03-15 | 林友笛 | 勁節亭亭見性真。犯人偏喜浴深仁。<br>南陽太守寬刑日。示辱勞君善責民。 |
|---|---|---|---|
| 蒲鞭 | 七言絕句<br>友笛<br>《詩報》101 期：8<br>頁<br>1935-03-15 | 林友笛 | 節勁堂堂絕點塵。劉寬去後有誰親。<br>即今廢止笞刑具。合藉斯鞭責犯人。 |
| 柳眼 | 七言絕句<br>友笛<br>《詩報》102 期：9<br>頁<br>1935-04-01 | 林友笛 | 宋玉門前已露形。陶潛宅外又垂青。<br>相逢疊把秋波轉。未肯迎眸到白丁。 |
| 獸魂碑 | 七言絕句<br>友笛<br>《詩報》143 期：7<br>頁<br>1936-12-15 | 林友笛 | 兀立巍巍長綠苔。腥風慘慘洒碑台。<br>嗟余未學還魂術。萬縷陰靈喚不回。 |
| 問梅 | 七言絕句<br>友笛<br>《詩報》240 期：<br>29 頁<br>1941-01-20 | 林友笛 | 孤山香遠爲誰春。和靖何時締夙因。<br>倘使卿真能解語。也應我質便傳神。 |
| 海鷗 | 七言絕句<br>友笛<br>《詩報》<br>26 期：6 頁<br>1931-12-15 | 林友笛 | 泛渚眠沙得自由。滄洲出沒任沉浮。<br>生來自笑忘機慣。那管江干水逆流。 |
| 席上賦呈諸先生(次韻) | 七言絕句<br>友笛<br>《詩報》275 期：3<br>頁<br>1942-07-10 | 林友笛 | 舊雨重逢續雅緣。羅山風月尙依然。<br>美人家喜充盧室。彷彿桃源自一天。 |
| 次臥雲先生席上即呈彩雲女士原韻 | 七言絕句<br>友笛<br>《詩報》276 期：5<br>頁<br>1942-07-24 | 林友笛 | 詩心偏喜爲花憐。不減淵明陸地仙。<br>大腹便便原有自。如翁筆力信無邊。 |
| 謹次漁笙先生席上賦呈原韻(次韻) | 七言絕句<br>友笛<br>《詩報》276 期：5<br>頁<br>1942-07-24 | 林友笛 | 老到方知眼欲華。清心貪飲武夷茶。<br>美人香草騷人屐。遣興何妨聚一家。 |

| 題襟亭觀百合花 | 七言絕句<br>友笛<br>《鷗社藝苑初集<br>[1951]》30 頁 | 林友笛 | 把酒瓊姿醉幾回。行吟賞識自徘徊。<br>此花也解騷人意。見我來時爛熳開。 |
|---|---|---|---|
| 次笑懷詞兄小圃獨酌<br>瑤韻 | 七言絕句<br>林友笛<br>《臺南新報》<br>11450 期：8 頁<br>1933-11-25 | 林友笛 | 覓醉狂吟傍石扉。一竿風月認依稀。<br>小園寂寞無聊賴。煮酒花間看落暉。 |
| 次笑懷詞兄小圃獨酌<br>瑤韻(其二) | 七言絕句<br>林友笛<br>《臺南新報》<br>11450 期：8 頁<br>1933-11-25 | 林友笛 | 半畝庭園數點山。攜鋤耕月水雲間。<br>放懷具有黃花酒。一醉能教意轉閒。 |
| 次石華詞兄留別瑤韻 | 七言絕句<br>林友笛<br>《臺南新報》<br>11533 期：8 頁<br>1934-02-17 | 林友笛 | 話到投機興轉酣。無多酒量酒偏貪。<br>只愁明日長亭別。垂柳依依盡向南。 |
| 次石華詞兄留別瑤韻 | 七言絕句<br>林友笛<br>《臺南新報》<br>11533 期：8 頁<br>1934-02-17 | 林友笛 | 肝膽論交稱腹心。天涯至竟寡知音。<br>餞君忍唱陽關曲。生恐離情感不禁。 |
| 次石華詞兄留別瑤韻 | 七言絕句<br>林友笛<br>《臺南新報》<br>11533 期：8 頁<br>1934-02-17 | 林友笛 | 對酒談心到夜闌。論才倍覺愛才難。<br>臨岐勿吝生花筆。好寫風光寄我看。 |
| 次石華詞兄留別瑤韻 | 七言絕句<br>林友笛<br>《臺南新報》<br>11533 期：8 頁<br>1934-02-17 | 林友笛 | 風雅如君更惜春。傲遊未忍作閒人。<br>客人漫起家山感。我亦天涯寄此身。 |
| 遊關子嶺入山即景寄<br>懷錦棟君 | 七言絕句<br>林友笛<br>《臺南新報》<br>11576 期：8 頁<br>1934-04-01 | 林友笛 | 散策逍遙旅思寬。天然勝景盡青巒。<br>奉公未敢偷閒詠。只把山山次第看。 |
| 遊關子嶺入山即景寄<br>懷錦棟君 | 七言絕句<br>林友笛<br>《臺南新報》<br>11576 期：8 頁<br>1934-04-01 | 林友笛 | 約遊關嶺爽吟情。底事閒鷗竟負盟。<br>惆悵不來過今夕。泥人無夢到天明。 |

| | | | |
|---|---|---|---|
| 遊關子嶺入山即景寄懷錦棟君 | 七言絕句<br>林友笛<br>《臺南新報》<br>11576 期：8 頁<br>1934-04-01 | 林友笛 | 聽水庵前樂賞心。擬同流水契知音。<br>滿山風景多詩料。不見君來只自吟。 |
| 遊關子嶺入山即景寄懷錦棟君 | 七言絕句<br>林友笛<br>《臺南新報》<br>11576 期：8 頁<br>1934-04-01 | 林友笛 | 忍負生花筆一枝。空餘削壁景參差。<br>滿懷詩思偏難詠。君在崁南知不知。 |
| 深夜聽雨 | 七言絕句<br>林友笛<br>《臺南新報》<br>11579 期：8 頁<br>1934-04-05 | 林友笛 | 樓外瀟瀟惹恨生。孤燈獨坐到天明。<br>自憐我是風塵客。此夕何堪聽雨聲。 |
| 深夜聽雨 | 七言絕句<br>林友笛<br>《臺南新報》<br>11579 期：8 頁<br>1934-04-05 | 林友笛 | 品茗談詩破寂寥。怕聞簾外響瀟瀟。<br>無情最是今宵雨。滴碎鄉心恨未消。 |
| 過水火同際 | 七言絕句<br>林友笛<br>《臺南新報》<br>11583 期：8 頁<br>1934-04-09 | 林友笛 | 火勢炎炎出石坵。不知噴到幾時休。<br>稅融也解騷人意。一見偏教水便流。 |
| 宿大仙巖 | 七言絕句<br>林友笛<br>《臺南新報》<br>11584 期：8 頁<br>1934-04-10 | 林友笛 | 不宿新巖宿舊巖。抵因禪室景非凡。<br>寺中花木多蒼翠。玉枕山頭掛石帆。 |
| 宿大仙巖 | 七言絕句<br>林友笛<br>《臺南新報》<br>11584 期：8 頁<br>1934-04-10 | 林友笛 | 覽勝攜朋此寺登。枕頭山上白雲騰。<br>仙巖應有仙人住。不見仙人只見僧。 |
| 次明昆上人瑤韻 | 七言絕句<br>林友笛<br>《臺南新報》<br>11584 期：8 頁<br>1934-04-10 | 林友笛 | 選勝尋詩此寺來。枕頭山下待君回。<br>空門大有修真趣。莫怨滄桑歲月催。 |
| 錦棟君東渡觀光賦此以壯行旌 | 七言絕句<br>林友笛<br>《臺南新報》<br>12329 期：8 頁<br>1936-04-30 | 林友笛 | 東渡觀光不盡歡。扶桑千里路漫漫。<br>此行莫負生花筆。好寫風光寄我看。 |

| 寄鴻濤詞兄 | 七言絕句<br>林友笛<br>《南方》142 期：<br>33 頁<br>1941-11-15 | 林友笛 | 歸鄉省識一吟情。壽島新詩久未賡。<br>公務紛紜難下筆。海鷗斷不背前盟。 |
|---|---|---|---|
| 施雲從山人先生任日<br>滿支聯合書道大會審<br>查員賦此贈之 | 七言絕句<br>林友笛<br>《風月報》96 期：<br>35 頁<br>1939-10-16 | 林友笛 | 字劈義之學鄭虔。堪為書畫審查員。<br>從茲日滿支三國。到處爭觀筆似椽。 |
| 施雲從山人先生任日<br>滿支聯合書道大會審<br>查員賦此贈之 | 七言絕句<br>旋馬庭主人<br>《風月報》96 期：<br>35 頁<br>1939-10-16 | 旋馬庭<br><br>林友笛 | 畫畫會開日滿支。大方家喜薦為師。<br>鄭虔神妙義之筆。審判非君更有誰。 |
| 晚過新巖 | 五言古詩<br>林友笛<br>《臺南新報》<br>11581 期：8 頁<br>1934-04-07 | 林友笛 | 遊到新巖上。夕陽照未收。<br>放眼當前翠。山山列枕頭。<br>山中無虎跡。寺下有龍喉。<br>佛寺方新築。山僧久藏修。<br>山花自簇簇。山鳥自喝啾。<br>鐘聲催落日。月影掛歸牛。<br>屈曲路行險。高低水逆流。<br>隨行童告返。耕耘叟方休。<br>平沙纔落雁。遠諸乍歸舟。<br>我來欣晚景。絕好豁吟眸。 |
| 關子嶺曉望 | 五言律詩<br>林友笛<br>《臺南新報》<br>11577 期：8 頁<br>1934-04-02 | 林友笛 | 曉起開窗望。漫空煙正濃。<br>鄉關何處是。雲海恰初封。<br>不見行人跡。但聞流水淙。<br>滿山詩料好。遠寺響晨鐘。 |
| 嘉社大會後同爾材友<br>笛咸中先生乘車至朴<br>子蒙招飲旗賦此道謝<br>(次韻) | 五言律詩<br>林友笛<br>《臺南新報》<br>12505 期：8 頁<br>1936-10-24 | 林友笛 | 驅車過義竹。覓句破愁圍。<br>帽影隨風亂。鞭絲帶月歸。<br>徵歌情更動。縱酒興偏飛。<br>聯袂登樓醉。陶然共息機。 |
| 友笛先生以鷓鴣天詞<br>見示依韻奉酬 | 雜言古詩<br>林友笛<br>《朴雅詩存<br>[1994]》164 頁 | 林友笛 | 五鼓雞兒叫夢鄉，庭梧一葉報新涼。<br>縱橫世路君和我，舒卷蕉心綠又黃。<br>千古意，好時光，任教青女擣秋霜。<br>他時採藥西山去，并寫詩章亦不妨。 |